バーゼル規制とその実務

［編著］
大和総研 金融調査部 制度調査担当部長
吉井一洋

［著］
大和総研
鈴木利光／金本悠希／菅野泰夫

一般社団法人 金融財政事情研究会

は し が き

　本書『バーゼル規制とその実務』は、2007年に刊行された『よくわかる新BIS規制―バーゼルⅡの理念と実務―』の改訂版です。旧版で解説したバーゼルⅠ、バーゼルⅡに加え、新たに導入されたバーゼル2.5、バーゼルⅢを、Q&A形式で解説しています。

　旧版を刊行してから、早くも7年弱がたちましたが、この7年間は、国際金融にとっては、まさに激動の7年間でした。詳細な内容は本書の、たとえば、第2章（特にQ13）や第11章、第12章に譲りますが、バーゼルⅡの適用が開始された2006年の翌年（2007年）には、パリバショック、続く2008年にはリーマンショックが発生しました。これらは、米国の住宅バブル崩壊によるサブプライムローン問題のリスクの顕在化を端緒とするものです。一連の危機により、サブプライムローンを組み込んだ複雑な再証券化商品のリスクの把握と管理や、再証券化商品を格付けした格付機関の利益相反といった問題だけではなく、危機時において取引がなくなり、資金調達が困難になるという流動性リスクの問題、リーマン・ブラザーズの破綻にみられた大規模な金融機関の破綻によるシステミック・リスクの問題、金融仲介機能をもつが銀行ではない、いわゆるシャドー・バンキングの規制のあり方、金融機関の過度のリスク・テイクの抑制など、対応すべきさまざまな問題があぶり出されました。さらにその後は、ギリシャ危機などのソブリン・リスクも顕在化しました。

　バーゼル2.5およびバーゼルⅢは、上記の金融危機に対応して2008年から本格的に検討が開始されました。検討には、バーゼル銀行監督委員会だけでなく、G20（金融世界経済に関する首脳会合）や2009年に新設されたFSB（金融安定理事会）なども大きく関与しました。金融危機であぶり出された課題への対応のため、バーゼル規制の内容も複雑化・多層化しました。バーゼル2.5は2011年末（わが国も2011年12月31日）、バーゼルⅢは2013年（わが国では

2013年3月期）から適用が開始されています。

　前回のバーゼルⅡでは、信用リスク・アセットの算出のリスク・ウェイトの精緻化や、オペレーショナル・リスクへの対応など、分母の計算方法の見直しが中心でした。さらに規制自己資本比率の維持だけでなく、第2の柱、第3の柱が導入され、銀行のリスク管理の高度化や情報開示を通じた市場規律の導入を銀行に促す内容になっていました。

　バーゼル2.5では、サブプライムローン問題の反省から、分母において、複雑な再証券化商品のリスク・ウェイトの引上げが行われました。一方、バーゼルⅢは、分子の自己資本の見直しが中心となっています。今回の金融危機の主因の1つとして、金融機関が、リスクを甘く見積もり、金余りを背景に過剰なリスクをとったこと、すなわちリスク管理の失敗があげられます。したがって、新規制では、ストレス状況を反映したリスク管理を求める一方で、リスク管理モデルに依存するには限界があることをふまえ、銀行に対し、バッファーとしての自己資本の質の向上と積増しを求めています。さらに、従来の3本柱に加え、流動性規制やレバレッジ比率規制も、別途、導入される予定です。金融危機への対応ということだけではなく、危機の予防といった側面がかなり強く打ち出されています。

　もっとも、標準的手法の国債のリスク・ウェイトは相変わらず0％であるなど、ソブリン・リスクへの対応といった課題は積み残されています。また、シャドー・バンキングはバーゼル規制の対象外であり、バーゼル規制回避のため、活用される可能性も残されています。

　本書『バーゼル規制とその実務』のQの数は、規制の複雑化・多層化を反映し、117問と旧版の75問から大幅に増加しており、頁数も800頁を超えるに至りました。

　第1章は、従前のバーゼルⅠ、バーゼルⅡの導入の経緯とその概略を説明しています。現在の規制においては、すでに見直されている内容も含んで解説しておりますので、ご注意ください。

　第2章は、バーゼル2.5、バーゼルⅢの導入の経緯とその概略を解説して

います。バーゼルⅢは、その影響の大きさを懸念して、2019年にかけて段階的に導入することとされており、その導入スケジュールも解説しています。さらに、SIFIs（システム上重要な金融機関）への資本上乗せ、G20により要請されている金融商品の会計基準の見直しなどもあわせて解説しています。

第3章は、分母の信用リスク・アセットの算定方法を解説しています。デリバティブについては、与信相当額の算定方法、CCP（中央清算機関）を経由した場合の取扱いの見直し、CVAの導入など、かなり大きな見直しが行われています。株式等・ファンドについては、旧書の刊行後に明らかになった点を解説に加えています。重要な出資、金融機関の資本調達手段の取扱い、再証券化商品の取扱いの解説も盛り込んでいます。

第4章は、バーゼル2.5によるマーケット・リスク規制の見直しのほか、バーゼル銀行監督委員会から提案されている「トレーディング勘定の抜本的な見直し」（2012年5月）の内容を解説しています。

第5章は、オペレーショナル・リスク規制について解説しています。大幅な改正はありませんが、バーゼル銀行監督委員会が2011年6月に公表した「健全なオペレーショナル・リスク管理のための諸原則」の内容の解説、国内銀行の管理体制の高度化の状況などについて解説を追加しています。

第6章は、バーゼルⅢの肝ともいえる部分であり、国際統一基準行の自己資本の内容の見直しについて解説しています。全体像を解説した後、普通株式等Tier 1、その他Tier 1、Tier 2、ダブルギアリング規制についてそれぞれ解説しています。

第7章は、国内基準行向けのバーゼルⅢについて、全体像、コア資本、ダブルギアリング規制の順で解説しています。

第8章は、第2の柱の「銀行自身の自己資本戦略と監督当局の検証」を解説しています。自己資本の質の見直しに伴い、特にコンティンジェント・キャピタルや「意図的な持合い」の取扱いが監督指針で定められたため、これらの解説を追加しています。

第9章は、第3の柱のディスクロージャーに関する解説です。バーゼル

2.5による証券化商品の開示の拡充、バーゼルⅢによる自己資本の内容の開示の拡充に加え、IFRS（国際会計基準）やFSBでの検討状況についても解説しています。

　第10章は、銀行のコーポレート・ガバナンスに関するバーゼル銀行監督委員会やわが国での対応を、報酬規制も含めて解説しています。

　第11章は、バーゼル2.5およびバーゼルⅢの導入の影響について、大和総研が実施したアンケート調査の結果をふまえて、解説しています。執筆時期との関係から2012年度の調査が中心となっていますが、一部、2013年度のアンケート調査結果を盛り込んでいます。

　第12章は、バーゼル銀行監督委員会によるEUや各国の対応への評価、シャドー・バンキングへの対応状況について解説しています。さらに、今回の金融危機では、金融システム全体の安定性を確保するためのマクロプルーデンス政策の重要性があらためて認識されたことから、この点についても若干の解説を加えております。

　本書は、リスク・アセット等の計算方法の数学的な解説、他の解説書にみられる新規制導入の背景や趣旨の解説というよりはむしろ、バーゼル規制全体の複雑な内容を紐解くことを目的としており、旧版と同様にできるだけ平易な解説を心がけています。本書の原稿執筆や原稿の校正の途上においても、バーゼル銀行監督委員会やFSB、金融庁から、さまざまな文書や規則・指針が公表されました。このうち、わが国の規制、告示、Q&Aや監督指針については、2013年11月末までに公表されたものは可能な限り盛り込んだつもりです。これらの公表に伴う度重なる校正にご対応いただきました金融財政事情研究会出版部の方々には感謝いたします。

　本書が読者の方々の日々の業務に役立てば、これにまさる幸せはございません。

　　2013年12月初旬

　　　　　　　　　　　株式会社大和総研　金融調査部　制度調査担当部長

　　　　　　　　　　　　　　　　　　　　　　吉井　一洋

旧版刊行にあたって

　いよいよ、新BIS規制（バーゼルⅡ）が導入されます。2007年3月末からのことです。新しい自己資本比率規制をめぐって長い間混迷した資本市場も、これでようやく本来の姿に落ち着きます。

　最も注目すべきは、株式のリスク・ウエイトが大幅に引き上げられることです。銀行はこれまで以上に自己資本比率を積み増さねばならないのです。貸倒れなどがあっても銀行が致命的なダメージを受けることなく、十分に復旧の余地を残しておくために必要だというのですから、金融機関たるもの、進んでこれに従わなければなりません。

　当初、BIS規制（バーゼルⅠ）が導入された頃、世界の金融情勢は現在とは大きく違っていました。バーゼルⅠが導入され、現在の自己資本比率規制の基礎がつくられた当時、日本の株価の水準は高く、銀行は株価の含み益を利用して自己資本比率規制を楽にクリアすることができました。しかし、1990年代に入り株価がピークを打つと状況は一転しました。自己資本比率は前年比マイナスが続くようになり、銀行は不良債権問題とともに、株価の低迷に呻吟するようになりました。

　大和総研は当時、銀行の株式保有は禁止すべきであるという提言を発表しました。金融システム安定化のためには、株価低迷による銀行財務の悪化をぜひとも食い止めなければならなかったのです。自己資本比率規制を定めるバーゼル銀行監督委員会も、おそらくは日本を念頭に置きつつ、銀行の株式保有に伴うリスクの高まりを認識していたと思われます。それだからこそ、バーゼル銀行監督委員会は、バーゼルⅡにおける株式のリスク・ウエイトの引上げで、銀行の株式保有に対し、厳しい姿勢を示したものと推察されます。

　まさにこうした動きを受け、日本では銀行等株式保有制限法等が制定され、金融改革プログラムによる不良債権抑止とあいまって、大手銀行の株式

大量処分となって表れ、金融危機は遠ざかっていったのです。株式のリスク・ウエイト引上げは今後、ヘッジ・ファンドの投資行動にも影響を与えていくものと思われます。

　バーゼルⅡの特徴としてもう１つ、銀行にリスク管理体制の高度化を促している点も忘れることはできません。現行のバーゼルⅠは、信用リスクやいわゆるトレーディング勘定のマーケット・リスクに対応した自己資本の維持を求めています。

　しかし、バーゼルⅠは事業会社に対して、格付などに関係なく一律100％のリスク・ウエイトを適用するなど、信用リスクの実態を適切に反映していない面があります。バーゼルⅡでは、リスク・ウエイトをより精緻に設定することで、融資先や保有債券などに対する信用リスク管理の高度化を促進する一方、オペレーショナル・リスクへの対応を新たに求めています。さらに、規制上の自己資本を維持するだけではなく、与信の集中リスク、銀行勘定での金利リスクなども視野に入れた、経営上必要な自己資本（いわゆる経済資本）を銀行自身が算出し、当該自己資本に基づいて統合的にリスク管理を行う体制の整備を求めています。自己資本の内容やリスク管理体制について開示を義務づけ、銀行がマーケットから高い評価を受けるために、より先進的なリスク管理体制を構築していくよう促しています。

　現行のバーゼルⅠが導入されたのは、ラテン・アメリカの累積債務問題に苦しむ海外の銀行を尻目に、日本の大手銀行が積極的に海外に進出していた時期でした。バーゼルⅠに対しては、アメリカやイギリスの金融当局による日本の銀行の封じ込め策との意見もあり、海外の要請により仕方なく導入した余計な規制とみなす傾向がありました。しかし、リスクを適切に管理しそれに見合う収益を確保していくことは金融業務の根幹であり、バーゼルⅡは、銀行の経営のあり方そのものの変革を求めていく、重要な規制であるということができます。それゆえ、検討に非常に長い時間を要したわけです。

　本書はバーゼルⅡの内容を基本から解説しています。弊社は証券会社系の研究機関であることから、特に投資に重きを置いた入門書という面はありま

すが、バーゼルⅡの全体像から、投資商品ごとの規制内容に至るまで、できるだけ平易に解説しております。本書がぜひ皆様方の日常の業務のお役に立ちますよう、心から願ってやみません。

2006年12月

株式会社大和総研
理事長（当時）　清 田　瞭

旧版はしがき

　私が銀行の自己資本比率規制に関与することになったのは、17年前、いまの部署に異動してきた1989年からです。当時はいわゆるBIS規制（バーゼル合意）が行われてから間もない時期であり、ブラック・マンデーを乗り越え、株式市場はますます上昇していくものと信じられていました。日本の銀行の決算は絶好調であり、バーゼル合意についても、どちらかといえば、銀行の健全性維持のためのアイテムというよりは、日本の銀行の海外進出を抑制するために各国が合意した余計な規制であるとの考え方が主流であったかのように記憶しています。当時の自己資本比率規制は、銀行法上の根拠もなく、大蔵省の通達で導入されており、達成しなかった場合のペナルティも明確ではありませんでした。私が受ける質問内容はもっぱら銀行が投資する証券のリスク・ウエイトは何％かといった内容でした。当時の監督当局はまだ、現在のように専門の窓口を設けてていねいに対応してくれるような体制になっておらず、調べるのに四苦八苦したのを覚えております。

　その後、1989年末の３万8,915円87銭をピークに、株価は長い低迷に入り、地価も下落し、銀行の決算は急速に悪化していきました。それとともに、銀行の財務内容の健全性が重視されるようになり、バーゼル合意の重要性も認識されるようになっていきました。1992年には、金融制度改革法により銀行法上の根拠規定が設けられました。

　バーゼル合意は、銀行に対する重要な規制の導入とセットでもありました。当初の規制は信用リスクのみに対応するものでしたが、その後の金融自由化、銀行の証券業等への進出、デリバティブ取引の活発化により、銀行は金利、為替、価格変動といったマーケット・リスクへの対応を求められることになり、1997年末（日本では1998年１月１日）からマーケット・リスク規制が導入されました。その際、銀行や証券会社のトレーディング勘定への時価会計があわせて導入されました。これが、その後の時価会計導入の引き金に

もなりました。マーケット・リスク規制が導入されるころから、単なるリスク・ウエイトだけでなく、独立のリスク管理部署設置、VAR（バリュー・アット・リスク）によるリスクの定量的把握など、リスク管理態勢の整備に焦点が当たるようになりました。1998年には、バーゼル合意の自己資本比率をベースとした早期是正措置が導入されるとともに、国際的に業務を展開していない銀行にも適用範囲が拡大され、自己資本比率規制の重要性はいっそう高まりました。

　今回の新BIS規制（バーゼルⅡ）は、信用リスク規制におけるリスク・ウエイトを、銀行のリスク管理態勢にマッチした精緻なものになるよう見直しています。格付機関等の外部格付に基づく標準的手法と、銀行の内部格付を利用した内部格付手法の2つの手法を導入しております。内部格付手法では、株式のリスク・ウエイトを大幅に引き上げています。証券化の劣後部分のリスク・ウエイトを引き上げるなど、リスクに対してよりセンシティブになっています。さらに、オペレーショナル・リスクに対応する自己資本の維持を求めています。

　その一方で、規制上の自己資本維持を求める第1の柱だけではなく、第2の柱として銀行が自己資本戦略を立て、監督当局がそれを検証するプロセスを導入しています。銀行に対しては自ら必要と考えるエコノミック・キャピタルを設定し、それに基づく統合リスク管理態勢の導入を推進するよう求めています。さらに第3の柱として、自己資本比率に関するディスクロージャーを充実し市場規律を導入しています。このようにバーゼルⅡは、旧来の規制に比べ規制内容が高度化し、銀行の経営の根幹によりいっそうかかわるようになってきています。

　本書の構成は、まず第1章でバーゼルⅡ導入の経緯、第2章で旧来の規制の解説を行った後、第3章でバーゼルⅡにおける信用リスク規制の一部見直し（精緻化）、第4章でオペレーショナル・リスク規制の導入、第5章でマーケット・リスク規制の一部見直しといった「第1の柱」を解説しております。第6章では「第2の柱」、第7章で「第3の柱」について解説し、第8

章ではコーポレート・ガバナンス面での対応、第9章でバーゼルⅡの影響、それへの対応と今後の方向性について解説しております。

　本書は、リスク・ウエイト算出のための高度な数学的理論の専門的解説よりむしろ、バーゼルⅡの複雑な内容を紐解くことを目的としており、平易な解説を心がけました。本書が読者の方々の日々の業務に役立てば、これにまさる幸せはございません。

　　2006年12月

株式会社大和総研
制度調査部長　吉井　一洋

■編著者略歴
吉井　一洋（よしい　かずひろ）
大和総研　金融調査部　制度調査担当部長

　1964年生まれ。1987年3月大阪大学法学部卒業。同年大和證券株式会社に入社し9月に株式会社大和証券経済研究所（現・株式会社大和総研）に配属。アナリスト業務を経て、1989年4月に経済調査部制度調査室（現・金融調査部制度調査課）に異動。以来、証券・金融関係の法律・制度の調査を担当。2006年4月に現職に就任。

　旧版『よくわかる新BIS規制―バーゼルⅡの理念と実務―』（共著　金融財政事情研究会　2007）の執筆に携わった。その他の主な著書は下記のとおり。

『早わかり新証券税制』（共著、中央経済社　2002）
『早わかり新証券税制〈全面改訂版〉』（共著、中央経済社　2003）
『会社分割の戦略活用』（共著、財経詳報社　2002）
『金庫株・単元株制度の戦略活用』（共著、財経詳報社　2002）
『時価会計の実務』（共著、商事法務研究会　2001）
『デリバティブディスクロージャー』（共著、金融財政事情研究会　1997）
『ファンド法制―ファンドをめぐる現状と規制上の諸課題―』（神作裕之責任編集　共著、資本市場研究会　2008）
『企業法制の将来展望―資本市場制度の改革への提言　2013年度版―』（神作裕之責任編集　共著、資本市場研究会　2012）

■著者略歴
鈴木　利光（すずき　としみつ）
大和総研　金融調査部　制度調査課　上席課長代理

　1978年生まれ。2002年3月慶應義塾大学法学部政治学科卒業。2007年株式会社大和総研入社。制度調査部（現・金融調査部制度調査課）にて会計基準等の調査に従事。2010年2月よりロンドンリサーチセンターにて欧州・英国の金融制度の調査に従事。2012年7月より現職。

金本　悠希（かねもと　ゆうき）
大和総研　経営企画部　上席課長代理

　1979年生まれ。2005年3月東京大学大学院法学政治学研究科修了。同年株式会社大和総研入社、制度調査部（現・金融調査部制度調査課）配属。2009年7月から2011年6月まで財務省に出向し、国際通貨基金・金融安定理事会にかかわる業務に携る。2011年7月、大和総研資本市場調査部（現・金融調査部）に復帰。2012年6

月、経営企画部に異動し、ミャンマーの証券取引所設立支援プロジェクトに携る。
　主な著書は以下のとおり。
『ガイダンス　金融商品取引法』（共著、中央経済社　2006）
『米国発金融再編の衝撃』（共著、日本経済新聞出版社　2009）

菅野　泰夫（すげの　やすお）
大和総研　ロンドンリサーチセンター長　シニアエコノミスト
　1973年生まれ。1999年3月中央大学大学院理工学研究科博士前期課程修了。同年株式会社大和総研入社。年金運用コンサルティング部にて、大型企業年金基金のアセットアロケーションの策定、ヘッジファンド調査業務に携わる。その後、企業財務戦略部、資本市場調査部（現・金融調査部金融調査課）にて金融セクターおよび海外調査業務を経て、2013年4月より欧州経済・金融市場調査を担当。

目　次

第1章　旧BIS規制（バーゼル規制）の概略（バーゼルⅠ、Ⅱ）

Q1　バーゼル規制とは何ですか……………………………………………………2
Q2　そもそもバーゼル規制はなぜ導入されたのですか……………………………5
Q3　当初のバーゼル規制（バーゼルⅠ）はどのような内容でしたか……………9
Q4　バーゼル規制の導入にあたって、金融機関はどのような対策をとりましたか……………………………………………………………………………13
Q5　バブルの形成と崩壊で、株価は自己資本比率にどのような影響を与えましたか……………………………………………………………………………19
Q6　早期是正措置とは何ですか。なぜ早期是正措置が導入されたのですか……23
Q7　時価会計導入は、銀行の自己資本比率にどのような影響を与えましたか……………………………………………………………………………27
Q8　マーケット・リスク規制とはどういうものですか……………………………33
Q9　なぜ、マーケット・リスク規制が導入されたのですか。導入により金融機関はどのような影響を受けましたか…………………………………44
Q10　バーゼルⅡとは何ですか…………………………………………………47
Q11　なぜバーゼルⅡの導入が必要だったのですか……………………………55
Q12　バーゼルⅡではマーケット・リスク規制が一部見直されたようですが、どのような内容の改正が行われたのですか…………………………59

第2章　新規制（バーゼル2.5、Ⅲ）の導入の経緯

Q13　リーマンショック等の金融危機はバーゼル規制の見直しにどのような影響を与えましたか……………………………………………………66
Q14　バーゼル2.5ではどのような見直しがなされましたか……………………76
Q15　バーゼル2.5をふまえた改正告示において、マーケット・リスク規制関連ではどのような見直しが行われましたか……………………………80
Q16　バーゼル2.5をふまえた改正告示において、証券化商品の取扱いに関してはどのような見直しが行われましたか……………………………84
Q17　バーゼル2.5をふまえ、「第2の柱」に関してはどのような見直しがなされましたか……………………………………………………………89
Q18　バーゼル2.5をふまえ、「第3の柱」に関してはどのような見直しがなされましたか……………………………………………………………96

Q19	バーゼルⅢでは、どのような見直しがなされましたか	98
Q20	バーゼルⅢは、どのようなスケジュールで実施されますか	101
Q21	自己資本の質はどのように向上することとされましたか	104
Q22	自己資本の水準はどのように引き上げられましたか	111
Q23	資本保全バッファーとは何ですか	115
Q24	カウンターシクリカル資本バッファーとは何ですか	117
Q25	リスク捕捉の強化に関しては、どのような見直しがなされていますか	120
Q26	流動性カバレッジ比率とは何ですか	125
Q27	安定調達比率とは何ですか	162
Q28	レバレッジ比率とは何ですか	165
Q29	バーゼルⅢをふまえ、「第2の柱」に関してはどのような見直しがなされましたか	168
Q30	バーゼルⅢをふまえ、「第3の柱」に関してはどのような見直しがなされましたか	173
Q31	国内基準行向けバーゼルⅢでは、どのような見直しが予定されていますか	176
Q32	バーゼルⅢ導入後の自己資本比率規制の全体像はどのようになるのですか	180
Q33	グローバルにシステム上重要な金融機関に対する規制資本の上乗せについて教えてください	183
Q34	国内のシステム上重要な銀行に対する規制資本の上乗せについて教えてください	193
Q35	システム上重要な金融機関の破綻処理に関する議論について教えてください	199
Q36	リーマンショック時の金融危機において金融商品会計の見直しを求める声が高まりましたが、どのような対応がとられましたか	214
Q37	金融商品会計基準について、現在、どのような見直しが行われていますか	218
Q38	SIVなどを用いたオフバランス金融については、どのような対応が図られましたか	231

第3章　信用リスク規制

1　融資・債券

Q39	融資や債券のリスク・ウェイトの計算方法の基本を教えてください	238
Q40	標準的手法では外部の格付機関の格付を利用することになりますが、	

	外部の格付機関としてどこが指定されていますか ………………………	242
Q41	いわゆるソブリン（国、地方公共団体、公的機関等）向けの債権・債券のリスク・ウェイトはどのようになりますか ……………………	247
Q42	金融機関・証券会社向けの債権・債券のリスク・ウェイトはどのようになりますか …………………………………………………………………	253
Q43	事業会社向けの債権・債券のリスク・ウェイトはどのようになりますか ………………………………………………………………………………	259
Q44	その他の債権・債券、資産のリスク・ウェイトはどのようになりますか ………………………………………………………………………………	264
Q45	延滞債権はどのように取り扱われますか …………………………………	267
Q46	オフバランス取引のリスク・ウェイトはどのように取り扱われますか …	270
Q47	デリバティブ取引のリスク・ウェイトはどのようになりますか ………	273
Q48	カウンターパーティ・リスクの捕捉強化のうち、CVAと誤方向リスクについて、もう少し詳しく教えてください ………………………………	286
Q49	デリバティブについて中央清算機関（CCP）に取引を集中する動きがありますが、バーゼル規制上のリスク・ウェイトに何か変更はありますか …………………………………………………………………………………	297
Q50	内部格付手法とはどのような手法ですか。基本的な考え方を教えてください …………………………………………………………………………	310
Q51	内部格付手法ではオンバランスの資産のリスク・ウェイトはどのように計算されますか …………………………………………………………	315
Q52	プロジェクト・ファイナンス等はどのように取り扱われますか ………	319
Q53	第三者から購入した債権のダイリューション・リスクとは何ですか …	323
Q54	内部格付手法では、オフバランス取引、デリバティブ取引はどのように取り扱われますか …………………………………………………………	328
Q55	内部格付手法を導入するためには、どのような条件を達成する必要がありますか ………………………………………………………………………	330
Q56	担保・保証等による信用リスク削減効果は考慮されますか ……………	337
Q57	ダブル・デフォルト効果とは何ですか ……………………………………	340
Q58	銀行が金融資産を担保としている場合はどのように取り扱われますか …	344
Q59	保証やクレジット・デリバティブはどのように取り扱われますか ……	352
Q60	バスケット型のクレジット・デリバティブはどのように取り扱われますか …………………………………………………………………………………	357
Q61	その他の信用リスク削減手法はどのように取り扱われますか …………	360
Q62	信用リスク削減手法と原債権の満期が一致しない場合（マチュリティ・ミスマッチ）でも信用リスク削減効果は反映されますか ……………	363

2　株式等

- Q63　バーゼルⅡでは、株式等のリスク・ウェイトはどのように変更されましたか。なぜそのような改正が行われたのですか ······················ 366
- Q64　株式等にはどのようなものが含まれますか ······················ 368
- Q65　株式等のリスク・ウェイトはどのように計算されますか ············ 373
- Q66　各計算方法はどのように選択できますか ······················ 381
- Q67　ヘッジ取引はどのように取り扱われますか ······················ 384
- Q68　投資信託等はどのように取り扱われますか ······················ 388

3　ファンド等の取扱い

- Q69　ヘッジ・ファンドのリスク・ウェイトはどのように取り扱われますか ··· 397
- Q70　REITのリスク・ウェイトはどのようになりますか ··················· 405
- Q71　金銭信託、リパッケージ債はどのように取り扱われますか ············ 408
- Q72　どのような経過措置が設けられていますか ······················ 410

4　重要な出資等の取扱い

- Q73　重要な出資のエクスポージャーのリスク・ウェイトはどのように扱われますか ··· 412
- Q74　特定項目のうち調整項目に算入されない部分に係るエクスポージャーのリスク・ウェイトはどのように扱われますか ······················ 414
- Q75　金融機関等の劣後債等に係るエクスポージャーのリスク・ウェイトはどのように扱われますか ······························· 416

5　証券化

- Q76　証券化とは何ですか。バーゼルⅠでは、どのような点が問題とされていましたか ··· 421
- Q77　バーゼルⅡでは証券化はどのように取り扱われますか。その概略を教えてください ··· 424
- Q78　標準的手法では証券化はどのように取り扱われますか ··············· 428
- Q79　内部格付手法ではどのように取り扱われますか ····················· 435
- Q80　再証券化取引についてはどのように取り扱われますか ··············· 442
- Q81　ABCPプログラムにはどのような特例が認められていますか ········· 445
- Q82　証券化とプロジェクト・ファイナンス等はどのようにして区分されますか ··· 448

第4章 マーケット・リスク規制

- Q83 バーゼル2.5、バーゼルⅢ導入後のマーケット・リスク規制の内容を教えてください……452
- Q84 現在、マーケット・リスク規制についてどのような見直しが検討されていますか……468

第5章 オペレーショナル・リスク規制

- Q85 オペレーショナル・リスクとは何ですか……488
- Q86 なぜ、オペレーショナル・リスクの管理手法の高度化が求められているのですか……493
- Q87 オペレーショナル・リスクの管理手法、定量化の方法としてどのような方法がありますか……499
- Q88 バーゼル規制でのオペレーショナル・リスクの取扱いを教えてください……505
- Q89 どのような条件を満たせば、先進的計測手法を導入できますか……511

第6章 自己資本（国際統一基準行）

- Q90 バーゼルⅢ導入後の自己資本の構成を教えてください……522
- Q91 普通株式等Tier 1 資本はどのように算出するのですか……524
- Q92 Tier 1 資本はどのように算出するのですか……550
- Q93 総自己資本はどのように算出するのですか……569
- Q94 国際統一基準行向けのダブルギアリング規制の詳細について教えてください……587

第7章 自己資本（国内基準行）

- Q95 国内基準行向けバーゼルⅢ導入後の自己資本の構成を教えてください……596
- Q96 コア資本はどのように算出するのですか……598
- Q97 国内基準行向けのダブルギアリング規制の詳細について教えてください……627

第8章　銀行自身の自己資本戦略と監督当局の検証

- Q98　バーゼル規制では、規制上の自己資本でカバーできないリスクには、どのように対応することとしていますか ……………………………632
- Q99　バーゼル規制に対応するため、銀行にはどのようなリスク管理手法の導入が求められますか ……………………………637
- Q100　バーゼルⅢの公表に伴い、わが国の「第2の柱」にはどのような変更がもたらされましたか ……………………………644
- Q101　アウトライヤー規制とは何ですか ……………………………660
- Q102　アウトライヤー規制の実施が実際に金融機関へもたらした影響にはどのようなものがありますか ……………………………666

第9章　ディスクロージャー

- Q103　バーゼル規制では、なぜ銀行に自己資本に関する開示を求めるのですか ……………………………672
- Q104　開示が要請されるのは具体的にはどのような内容ですか ……………678
- Q105　会計上の開示ルールや他の国際機関が定める開示ルールとはどのような違いがありますか ……………………………697

第10章　銀行のコーポレート・ガバナンスとバーゼル規制

- Q106　なぜ銀行のコーポレート・ガバナンスが問題となるのですか …………708
- Q107　バーゼル銀行監督委員会は、銀行のコーポレート・ガバナンスがどうあるべきだとしていますか ……………………………712
- Q108　日本ではどのように対応していますか ……………………………728

第11章　バーゼル2.5およびバーゼルⅢ導入の影響

- Q109　バーゼルⅡの経過措置が切れる平成26年6月末の影響はありますか ……736
- Q110　バーゼル2.5が金融機関に与えた影響を教えてください ………………742
- Q111　コンティンジェント・キャピタルに対して銀行はどのように発行・投資を検討していますか ……………………………745
- Q112　バーゼルⅢが金融機関のバランスシートに与えた影響を教えてください ……………………………754

- Q113 バーゼルⅢ実施の際に導入される普通株式等Tier 1比率は邦銀に対してどのような影響がありますか ……………………………………758
- Q114 国内基準行がバーゼルⅢを実施するにあたり、投融資行動にどのような影響がありますか ………………………………………………763

第12章　バーゼルⅢ後の動き

- Q115 バーゼルⅢ規則の同等性評価およびバーゼルⅢへの対応状況について教えてください ………………………………………………770
- Q116 シャドーバンキングへの規制対応について教えてください ……………791
- Q117 マクロプルーデンス政策において、どのような対応が図られていますか ……………………………………………………………………803

事項索引 ………………………………………………………………………813

第1章

旧BIS規制(バーゼル規制)の概略(バーゼルⅠ、Ⅱ)

Q1 バーゼル規制とは何ですか

A

　バーゼル規制とは、銀行に対し一定水準の自己資本比率の維持を求める国際的な統一基準のことをいいます。国際決済銀行（BIS）に事務局があるバーゼル銀行監督委員会により、1988年6月に最初のバーゼル規制、すなわちバーゼルⅠの導入が決定されました。国際的に業務を展開している主要国の銀行の健全性を維持するとともに、各国のルールをそろえ競争上の不平等を軽減することを目的としています。

解　説

　バーゼル規制とは、銀行に対し一定水準の自己資本比率の維持を求める国際的な統一基準のことをいいます。国際決済銀行（BIS）に事務局があるバーゼル銀行監督委員会により、1988年6月に最初のバーゼル規制、すなわちバーゼルⅠの導入が決定され、同年7月に公表されました。正式な文書名（仮訳）を「自己資本の測定と基準に関する国際的統一化」といいます。

　バーゼル銀行監督委員会とは、国際的に業務を展開する銀行の監督のあり方を検討するために設立された銀行監督当局からなる委員会です。1974年のヘルシュタット銀行、フランクリン・ナショナル銀行の破綻を受け、1975年にG10諸国の中央銀行総裁会議により設立されました。当初は、ベルギー、カナダ、フランス、ドイツ、イタリア、日本、ルクセンブルク、オランダ、スペイン、スウェーデン、スイス、英国および米国の、銀行監督当局ならびに中央銀行の上席代表で構成されていました（本稿執筆時点では、アルゼンチン、オーストラリア、ブラジル、中国、香港特別行政区、インド、インドネシア、韓国、メキシコ、ロシア、サウジアラビア、シンガポール、南アフリカ、そしてトルコの代表も構成員に加わっています）。国際的に業務を展開している主

要国の銀行の健全性を維持するとともに、各国のルールをそろえ競争上の不平等を軽減することを目的としています。当初は銀行等に対して信用リスクをカバーするための自己資本の維持を求めていましたが、その後、マーケット・リスクをカバーするための自己資本の維持も求めるようになりました。

バーゼルⅠは1987年末（日本では1988年3月末）からさかのぼって適用されましたが、経過措置が設けられ、本格的に適用が開始されたのは1992年末（日本では1993年3月末）からでした。日本では、当初は大蔵省（現財務省）の通達で規定されていましたが、その後、銀行法に根拠規定が定められました。

バーゼル規制上の自己資本比率は、財務諸表上の数値をそのまま用いた会計上の自己資本比率とは異なった方法で算出します。資産等の額をそのまま分母に算入するのではなく、その信用リスクの程度に応じたリスク・ウェイトを掛けたうえで分母に算入します。バーゼル規制のリスク・ウェイトは資産の種類や債務者（融資や債券などの場合）によってあらかじめ定められています。バーゼルⅠでは、たとえば債券の場合は、国債・地方債なら0％、政府系金融機関による発行債券なら10％、銀行等や証券会社による発行債券なら20％、一般事業会社による発行債券なら100％とされていました。株式の場合はどこが発行するかにかかわらず、リスク・ウェイトは100％とされていました。オフバランス取引の場合は、想定元本額や再構築コスト（時価がプラスであった場合の時価）に基づいて算出した与信相当額にリスク・ウェイトを掛けて算出します。

分子の自己資本も、会計上の自己資本とは異なるカテゴリーを用いています。バーゼルⅡまでの自己資本は、Tier 1（資本金、法定準備金、剰余金）とTier 2（有価証券含み益の45％、土地再評価益の45％、貸倒引当金の一部、累積型配当優先株や劣後債・劣後ローンによる調達額など）からなることとされていました。さらに、同じくバーゼルⅡまでは、マーケット・リスクのみをカバーする自己資本として、Tier 3（短期劣後債務など）を分子に算入できることとされていました。

バーゼル規制は、国際的に業務を展開している主要国の銀行の健全性を維持するとともに、各国のルールをそろえ競争上の不平等を軽減することを目的としています。日本も当初は国際的に業務を展開している銀行（国際統一基準行）のみを対象としていました。しかし、1998年4月1日から、いわゆる早期是正措置（Q6参照）が導入され、それに伴い、海外に営業拠点をもたない銀行等（国内基準行）にもバーゼル規制が適用されることになりました。維持すべき自己資本比率は、国際統一基準行は8％以上、国内基準行は4％以上とされています。

Q2 そもそもバーゼル規制はなぜ導入されたのですか

A
　1982年からのラテンアメリカ地域の累積債務問題の深刻化や大手銀行の倒産を受けて、米国では1980年代前半に自己資本比率規制が強化されました。しかし、それにより米国の銀行が国際競争力を失うことは避けなければならず、国際業務を営む銀行が同じ条件で競争できるよう米国はバーゼル銀行監督委員会に自己資本比率規制の強化を提案しました。この提案に英国および日本が賛同し、その合意内容をベースに、1988年7月に最初の自己資本比率規制（バーゼルⅠ）の内容が決定されました。

解説

1　米国での規制統一とバーゼル銀行監督委員会への提案

　自己資本比率規制（バーゼル規制）の導入の背景としては、ラテンアメリカの累積債務問題の深刻化、米国での大手銀行の倒産などにより国際的なリスクの波及に対する懸念が高まっていたこと、EUの金融統合や日本の金融機関の海外進出に伴い、国際業務を営む銀行に対し、同じ条件での競争を求める意見が強くなっていたことなどがあげられます。

　バーゼル規制は、1987年1月の米国・英国両国の銀行監督当局（FRB・OCC・FDICとイングランド銀行）による自己資本比率規制に関する共同提案が骨格になっています。

　米国では従来自己資本比率を銀行の監督の指標として活用してきましたが、特に1970年代後半から自己資本比率規制を明確にする動きが始まりました。金融自由化により銀行の破綻が増加してきたことなどがその背景にはありました。米国には銀行監督当局として連邦準備制度理事会（FRB）、通貨監督庁（OCC）、連邦預金保険公社（FDIC）の3つがあり、1980年代初めには

それぞれ異なる自己資本比率規制を行うようになっていました。米国の監督当局間では劣後債務を自己資本として取り扱うか否かについて見解の相違がありましたが、1981年にはFRBとOCCが本来の自己資本と劣後債務を自己資本とする自己資本比率規制を導入しました。この規制では国際的に業務を展開する主要17行が最も緩やかな取扱いを受けました。しかし翌1982年にはメキシコがデフォルト宣言を行い、累積債務危機が顕在化しました。主な当事者はこれら主要行でした。監督当局が厳しい自己資本比率規制を課していれば、累積債務問題の影響はもっと小さかったとの反省などから、1983年に国際融資監督法が制定され、各監督当局に銀行の最低自己資本比率を設定する権限と資本不足の銀行に対する指揮命令権が与えられました。これを受け、1984年7月には自己資本比率規制強化案が公表され、1985年には新基準による自己資本比率指導が実施されることになりました。規制内容は監督当局間でほぼ統一されました。

　自己資本比率の計算方法は、当初は自己資本を総資産で割るギアリング・レシオ方式でしたが、1984年のコンチネンタル・イリノイ銀行の倒産を契機に、1986年1月にリスク・アセット・レシオ方式による自己資本比率規制案がFRBから公表されました。リスク・アセット・レシオ方式とは、資産のリスク度合いに応じてウェイトづけされた加重総資産を分母として自己資本比率を計算する方式です。コミットメントや保証などのオフバランス取引が規制の抜け道として利用され始めていたことから、1986年1月期の規制ではこれらのオフバランス取引もウェイトづけして分母に算入することとしました。

　一方、米国では厳しい自己資本比率規制を導入することにより、自国の銀行が国際金融市場で他国の銀行よりも不利になったのでは問題だと考えられていました。1983年の国際融資監督法でも主要国の監督当局が同様の規制を設けることを求めていました。そこで、米国のFRBは1984年3月から、バーゼル銀行監督委員会で国際的に統一された自己資本比率規制の導入が必要である旨を主張し始めました。しかし、委員会では各国の合意はなかなか得

られませんでした。

2　米国・英国による共同提案

　他方、米国以外でも、英国、フランス、ドイツ等多数の諸国で、不動産投機ブーム等による銀行の資産内容悪化などから、各国の事情にあわせた自己資本比率規制が導入されていました。英国では従来リスク・アセット・レシオ方式による自己資本比率規制を導入していました。ただし、累積債務問題への対応のため、永久劣後債を分子の自己資本に含めていました。これに対して、ドイツ・フランス主導により検討が進みつつあったEUの自己資本比率規制案では、永久劣後債を自己資本に算入しない方向で検討されていました。さらに、イングランド銀行が提案していた自己資本比率規制強化案も国内銀行の反対で導入できずにいました。そこで、自国の銀行の競争力確保のために国際的な自己資本比率規制導入を目指す米国と、EUでの検討を自国主導に導くとともに国内の状況の打開を図りたい英国の利害が一致し、1987年1月の共同提案が行われるに至ったわけです。

3　日本も米国・英国共同提案に参加

　米国と英国の当局は、当時、世界三大金融資本市場の一角を担っていた日本を自陣営に取り込み、上記の共同提案を国際的な統一基準とするため、日本の当局との交渉を開始しました。当時の日本の国内規則（銀行局通達）では、海外支店を有する銀行は、自己資本比率（ギアリング・レシオ方式による）の算定上、有価証券の含み益の70％を分子の自己資本に含めることとしていました。当時は株式市場が活況で株価が高騰していたことから、日本の銀行は政策投資株式や持合い株式により膨大な含み益を有していました。本来的な自己資本比率が低かった日本の銀行にとって、分子の自己資本に含み益を算入することは譲れない一線でした。しかし、バーゼル銀行監督委員会ではヨーロッパ諸国が含み益算入を批判していました。

　米国・英国の共同提案でも当初は有価証券の含み益を自己資本に含めるこ

とを認めていませんでしたが、日本の当局は、有価証券の含み益の分子への算入を認めることを条件に、米国・英国提案との合意に向けて交渉を開始しました。その結果、1987年9月の日本・米国・英国の合意では、有価証券の含み益の45％が補完的項目（Tier 2 自己資本）に算入できることとされました。この3カ国合意がバーゼル銀行監督委員会に提案され、若干の修正を経て、1988年7月に最初のバーゼル規制（バーゼルⅠ）として公表されるに至ったのです。

4　日本への導入方法

　バーゼル規制の内容は日本では当初は銀行局通達の改正により導入され、直接の根拠となる法改正は行われませんでした。バーゼル規制では、有価証券の含み益に関しては、強制ではなく各国の裁量で、その45％を自己資本の補完的項目（Tier 2）に算入できることとされていました。日本はこれに従って含み益を自己資本に算入しました。適用対象は国際的に業務を展開している銀行で、それ以外の銀行（海外に支店を有しない銀行）には、従来あった国内基準が継続して適用されました。この国内基準では有価証券の含み益を自己資本に算入することは認められていませんでした。

　その後、1992年の金融制度改革法により、銀行法14条の2として、大蔵大臣（当時）が銀行の健全性を判断するための基準を設けられる旨が明確に定められ、この条文に基づく告示によって、自己資本比率規制が定められることになりました。

Q3 当初のバーゼル規制(バーゼルⅠ)はどのような内容でしたか

A

当初のバーゼル規制(バーゼルⅠ)はいわゆる国際統一基準行に対してのみ導入され、いわゆる国内基準行には導入されませんでした。当初、国際統一基準行は所定の算式によって算出される自己資本比率が8%以上であることが求められていました。

解　説

1　国際統一基準行

　当初のバーゼル規制(バーゼルⅠ)は、日本では当初国際的に業務を展開している銀行(国際統一基準行)に対して導入されました。当初の規制では次の算式で計算した銀行の自己資本比率が8%以上であることが要求されていました。

$$\frac{自己資本の額(Tier1＋Tier2－控除項目)}{リスク・アセット}$$

　なお、自己資本比率規制は連結ベースで適用されます。連結対象となる子会社の範囲は、基本的には連結財務諸表と同様ですが、金融子会社のうち重要性の観点から連結対象から除外している会社も連結対象に含めます。連結子会社のなかに保険子会社が含まれていた場合、当該会社は除外します。

(1)　分母のリスク・アセット

　分母のリスク・アセットは資産の各項目にリスク・ウェイトを掛けた額とオフバランス取引の信用リスク相当額にリスク・ウェイトを掛けた額の合計額によります。バーゼルⅠのリスク・ウェイトは図表3-1のとおりとされていました。

図表3-1　自己資本比率の資産カテゴリー別リスク・ウェイト

リスク・ウェイト	資 産 項 目
0%	1　現金（外国通貨および金を含む） 2　OECD諸国の中央政府および中央銀行向け債権 3　上記2以外の諸国の中央政府および中央銀行向け現地通貨建て債権 4　自行預金またはOECD諸国中央政府債券により担保された債権 5　OECD諸国の中央政府により保証された債権
10%	1　日本の政府関係機関向け債権 2　日本の地方公共団体(注)または政府関係機関により保証された債権
20%	1　国際開発銀行向け債権およびこれらの銀行によって保証あるいはこれらの銀行の債権によって担保された債権 2　OECD諸国の金融機関向け債権およびこれらの金融機関により保証された債権 3　残存期間1年以下のOECD諸国以外の金融機関向け債権およびこれらの金融機関によって保証された残存期間1年以下の債権 4　日本を除くOECD諸国の中央政府以外の公共部門向け債権およびこれらの部門によって保証された債権 5　取立未済手形
50%	抵当権付住宅ローン
100%	上記以外の債権およびその他の資産(注)

（注）　その後、1997年に「日本の地方公共団体向け債権」のリスク・ウェイトは0％、1998年に「証券会社向け債権」のリスク・ウェイトは20％に引き下げられた。

　融資や債券の場合は、発行体がどこかによってリスク・ウェイトが変わります。債券についていえば、国債は0％、政府系金融機関の発行債券は10％、一般事業会社の発行債券は100％とされていました。しかし、株式の場合は、どこが発行するかにかかわらず、リスク・ウェイトは100％とされていました。

　オフバランス取引の信用リスク相当額は、各取引の想定元本額に取引の種

図表3－2　オフバランス取引の掛け目（派生商品取引を除く）

掛け目	資　産　項　目
0％	1　短期（原契約期間1年以下）または任意の時期に無条件で取消可能なコミットメント
20％	1　短期かつ流動性の高い貿易関連偶発債務
50％	1　特定の取引に係る偶発債務（含む元本補填信託契約） 2　NIFまたはRUF 3　長期（原契約期間1年超）のコミットメント（ただし、任意の時期に無条件で取消可能なものを除く）
100％	1　信用供与に直接的に代替する偶発債務 2　買戻条件付きまたは求償権付資産売却 3　先物資産購入、先渡預金、部分払込株式の購入または部分払込債券の購入

類ごとに定められた図表3－2の掛け目を掛けて算出します。この信用リスク相当額に資産と同様のリスク・ウェイトを掛けて、分母に算入するリスク・アセットの金額を算出します。先渡取引、スワップ取引、オプション取引等の派生商品取引の場合は、再構築コスト（時価がプラスであった場合の時価）にポテンシャル・エクスポージャー（想定元本額に取引ごとに定められた掛け目を掛けた金額）を加算するカレント・エクスポージャー方式により算出するのが原則です。ただし、日々の値洗いによる証拠金を必要としている取引所取引および原契約期間が14日（バーゼルⅡでは5営業日）以内の外為関連取引は、信用リスク相当額の算出対象から除外されていました。

当初は想定元本額に別途定められた掛け目を掛けるオリジナル・エクスポージャー方式によることも認められていましたが、1999年3月期から廃止されています。

(2)　自己資本の内容

分子の自己資本は、当初は基本的項目（Tier 1）と補完的項目（Tier 2）からなっていました。

Tier 1 は、事業を継続しながら損失を吸収できる（ゴーイング・コンサー

ン・ベースの）自己資本です。バーゼルⅢ導入前は、資本勘定および連結子会社の少数株主持分の合計額が含まれていました。優先株は非累積配当型永久優先株のみが含まれました。連結子会社の少数株主持分からは、期限付優先株等補完的項目に該当するものは除かれました。営業権、連結調整勘定、配当および役員賞与予定額は控除されました。

　Tier 2 は、清算時において損失吸収することができる（ゴーン・コンサーン・ベースの）自己資本です。バーゼルⅢ導入前は、以下の項目が含まれました。Tier 2 は Tier 1 と同額まで分子の自己資本に算入できました。

① 有価証券の含み損益（時価と帳簿価額の差額）の45％相当額。

② 貸倒引当金（債権償却特別勘定、特定海外債権引当勘定を除く）。1990年度末から92年度末前までは自己資本比率の算式の分母の1.5％、1992年度末以後は1.25％を上限。

③ 負債性資本調達手段のうち、無担保で、かつ、他の債務に劣後する払込済みのものであること、償還されないものであること、損失の補填に充当されるものであること等の性質を有するもの（永久劣後債・累積配当型優先株式など）。

④ 期限付劣後債（原契約期間 5 年超）および期限付優先株。ただし、残存期間が 5 年以内になったものは、年率20％で累積的な消却を行うことを条件に、Tier 1 の額の50％を限度として算入できる。

　控除項目とは、自己資本比率向上のため銀行が意図的に持ち合っていると認められる株式およびその他の資本調達手段（劣後債・劣後ローン等）の持合い相当額をいいました。

2　国内基準行

　バーゼル規制は当初、国際統一基準行のみに導入され、それ以外の銀行（国内基準行）に対しては導入されませんでした。国内基準行に同様の規制が導入されたのは、1999年 3 月期からです。

Q4 バーゼル規制の導入にあたって、金融機関はどのような対策をとりましたか

A

当初はエクイティ・ファイナンスと保有する有価証券の含み益により自己資本比率を達成しようとしましたが、1990年以後の長期にわたる株式市場の低迷により、それは困難となりました。そのため、主として機関投資家を対象とした優先株、海外SPCを通じた優先出資証券、劣後債の発行や劣後ローンなどにより分子の自己資本の充実を図る一方、貸付債権の流動化やバルクセール、ローン・パーティシペーション、シンセティックCLOなどにより、分母のリスク・アセットの圧縮が図られました。

解 説

1 大量のエクイティ・ファイナンスと株価の急落

バーゼル規制が検討・公表された当時の日本の銀行の自己資本比率は低水準でした。しかし、株式市場の活況を背景に、1985年から89年にかけて大手銀行は多額のエクイティ・ファイナンスを実施しました。それまで銀行に転換社債の発行は認められていませんでしたが、1985年に海外での転換社債発行、1987年には国内での転換社債発行が解禁されました。このことも銀行のエクイティ・ファイナンスに大きな影響を与えました。増資や転換社債の発行により、銀行は1985年に4,473億円、1986年に3,571億円、1987年に2兆5,517億円、1988年に4兆6,579億円、1989年に4兆2,746億円の資金を調達しました。さらに、株価の上昇に伴う保有株式の含み益の増加により、1990年度末で大部分の大手銀行が8％の自己資本比率を達成しました。

その後、1990年以後の株価の急落により、株式の含み益が減少するとともに、エクイティ・ファイナンスも事実上停止状態になりました。そのため、

銀行の自己資本充実のため、各種の方策がとられました。

2　Tier 1、Tier 2の強化策

自己資本の基本的項目（Tier 1）の強化策として、海外子会社を通じた優先株の発行、国内での優先株の発行（1994年3月に開始）のほか、海外SPCを通じた優先出資証券の発行が行われました。

Tier 1の代表的な項目は、普通株式の発行により調達された資本金・資本準備金、利益準備金、その他の公表準備金、内部留保です。これらは、「銀行が継続ベースで損失を吸収することを可能とし、こうした目的のために永久的に使用可能であること」「配当の金額と時期について銀行に完全な裁量が与えられるため、銀行が経営の悪化に直面した時に経営資源を温存することが十分に可能になること」「普通株式に付与される議決権は、銀行に市場規律が働く際の重要な要素となっていること」を理由に、銀行のTier 1の中心的な位置を占めることとされていました。

これに対して、優先株の場合、Tier 1に算入できるのは、非累積配当型の永久優先株に限られていました。累積配当型優先株の場合、銀行の収益が悪化した際には配当の支払が停止されますが、その後、収益が回復した際には、過去支払われなかった分を含めて配当が支払われるため、損失のバッファーとしての機能は非累積型配当優先株よりも劣ります。したがって、累積配当型優先株式はTier 2として取り扱われていました。償還が予定されている期限付きの優先株も、損失のバッファーとしての機能が劣るため、Tier 2として取り扱われていました。

海外SPCを通じた優先出資証券の発行とは、ケイマンなどに銀行の100%子会社としてSPC（特別目的会社）を設立し、SPCが優先出資証券を発行する方法です。調達した発行代り金はその全額を親銀行に劣後ローンとして貸し付けられます。この方法を用いた場合、優先出資証券は連結財務諸表上、少数株主持分として取り扱われ、連結自己資本比率の算出にあたってTier 1に算入できました。さらに、Tier 1の25%を上限に、単体自己資本比率の算出

にあたってもTier 1に算入することができました。この方法は、親銀行の株式の希薄化を回避できる、優先株の発行の場合のような定款の変更は不要である、税務上のメリット[1]があるなどの理由で用いられてきました。この優先出資証券を少数株主持分としてTier 1に算入するためには、次の要件を満たす必要がありました。

① 非累積的永久優先出資であること
② 無担保で、かつ、他の債務に劣後する払込済みのものであること
③ 発行代り金がその銀行に即時、かつ、無制限に利用可能であり、業務を継続しながらその銀行内の損失の補填に充当されるものであること

①は、優先株式のうち、非累積配当型永久優先株をTier 1に算入することとしているのと同じ理由により課せられている条件です。①の条件に対応して、償還期限は設けてはいないものの、あらかじめ定めた期間が経過した後に一定の金利または配当率（ステップ・アップ金利等）を上乗せする特約を付した優先出資証券を、海外SPCを通じて発行する例が多数みられました。1998年10月、バーゼル銀行監督委員会は、これらの証券のTier 1算入を一定の制限のもとで容認する旨を明らかにしました。この優先出資証券には発行体側に償還を行う権利が付されています。発行体は金利または配当率が上昇する前に償還しようとします。そこで、ステップ・アップ金利等が過大であ

---

[1] 銀行の資本調達手段の取得者として機関投資家が想定されています。国内で発行する優先株からの配当を法人が受け取る場合は益金不算入の適用が受けられますが、海外SPCが発行する優先出資証券からの配当は益金不算入の適用は受けられません。この点だけを取り上げれば、国内優先株のほうが税務上有利なように思われます。

　しかし銀行の優先株や優先出資証券の取得者は機関投資家です。機関投資家の場合は、負債利子の控除により受取配当の益金不算入の枠が少なかったり、保険会社のようにそもそも適用が認められなかったりするなど、受取配当の益金不算入のメリットはあまり享受できません。それよりもSPCから親銀行への劣後ローンの支払利子は親銀行では損金に算入され、SPCへの課税もケイマン等では低税率で行われること、SPCへの支払利子を銀行がオフショア勘定で処理し、SPCの配当を機関投資家が海外の口座で受け取った場合、日本での源泉徴収が免除されるメリットのほうが大きいと思われます。

り、償還する蓋然性の高い場合は、Tier 1 への算入は認めないこととされていました。ステップ・アップ金利等が過大でない場合でも、当該株式等（海外SPCが発行する優先出資証券を含みます）の発行予定株式等および発行済株式等の合計額には、発行時の Tier 1 の額の15％という上限が設けられていました。さらに、発行体の償還権が以下の条件をともに満たす場合に限り、Tier 1 に算入することができることとされていました。

　　◇優先出資証券発行後5年を経過した日以後に海外特別目的会社の任意により実行されるものであること
　　◇償還を行った後においてその銀行が十分な自己資本を維持できると見込まれるか、あるいは償還額以上の資本調達を行うとき

　親銀行が優先出資証券の配当支払を保証する場合は、それが銀行の一般債権者よりも劣後する内容でない限りは、②の無担保の要件は満たさないものと解されています。SPCが調達した発行代り金の全額を親銀行に劣後ローンとして貸し付けているのは、②の他の債務に劣後するという要件や③の要件を満たすためです。③に関連して、親銀行の配当が停止される場合は、親銀行が優先出資証券の配当支払をコントロールできるようにしておく等の制限が設けられていました。

　自己資本の補完的項目（Tier 2）の充実策には、Tier 2 全体で Tier 1 と同額までの上限が課せられているだけの Upper-Tier 2 と各々の上限が Tier 1 の50％とされている Lower-Tier 2 とがありました。前者として償還期限のない永久劣後債・劣後ローンがあげられます。後者として、期限付劣後債・劣後ローン、期限付優先株があげられます。いずれも、海外子会社を通じて調達する方法、国内の銀行本体で調達する方法、国内子会社や銀行持株会社を通じて調達する方法などがありました。期限付劣後債・劣後ローンの場合は、償還期限が5年以内となった時から20％ずつ減価していきました。

　Upper-Tier 2 の永久劣後債・劣後ローンの場合は、優先出資証券と同様に、次の要件を満たす必要がありました。

① 無担保で、かつ、他の債務に劣後する払込済みのものであること
② 期限前償還等の特約がある場合を除き、償還されないものであること
③ 業務を継続しながら損失の補填に充当されるものであること
④ 利払義務の延期が認められるものであること

　永久劣後債等にも、ステップ・アップ金利等が付されているものがありました。このステップ・アップ金利等が過大であるため、銀行が償還等を行う蓋然性が高い場合は、最初に償還等が可能となる日を償還期日とみなします。
　これまで述べてきたTier 1、Tier 2強化のための優先株、優先出資証券、劣後債や劣後ローン等の資本調達手段は、機関投資家が中心に取得・貸付を行ってきました。一般事業会社に取得を強制した場合は、融資等による優越的な地位を濫用したものとして独占禁止法に違反する可能性があります。銀行が他の銀行の資本調達手段を取得した場合は、他の銀行の資本強化のため意図的に取得したとみなされたときは、取得した金額を自己資本から控除することとされていました。これらの銀行が互いに資本の持合いを行い自己資本を水増しすることを防止するためです（ダブルギアリング規制）。したがって銀行の資本調達手段は保険会社が中心に取得してきました。しかし、保険会社は銀行から基金の拠出を受けており、銀行間と同様に、資本調達手段の持合いが問題となる可能性が指摘されていました。

3　資産の圧縮

　分子の充実策がとられる一方で、一般貸付債権の流動化の解禁、バルクセール、ローン・パーティシペーションなどによる分母のリスク・アセットの削減策も実施されました。
　一般貸付債権の流動化の方法として信託を用いる方法やSPCを用いる方法があります。信託を用いる場合、銀行は貸付債権を信託に拠出して信託受益権を取得します。この信託受益権をSPCに譲渡し、SPCは当該信託受益権を

裏付けに社債等を発行して調達した資金を銀行に信託受益権の譲渡代金として支払います。SPCを用いる場合は、銀行がSPCに貸付債権を直接譲渡し、SPCはこの貸付債権を裏付けに社債等を発行して調達した資金を、銀行に貸付債権の譲渡代金として支払います。

　バルクセールは、貸付債権を一括して売却する債権譲渡契約です。一般的に不良債権が対象になります。売却により銀行は不良債権を除去し、その元本の一部を回収することができます。売却先は外資系の投資銀行が中心でした。

　ローン・パーティシペーションは、貸付債権の権利・義務は移転することなく、銀行と参加者（投資家）間の契約により、貸付債権の経済的利益とリスクを、銀行から参加者（投資家）に移転させる取引をいいます。1995年に日本公認会計士協会から公表された実務指針では、一定の要件を満たすことを条件に貸付債権のオフバランス化を認めていました。2000年度から適用が開始された「金融商品に係る会計基準」では、リスクと経済価値の移転をオフバランス化の要件とはしておらず、ローン・パーティシペーションは原則としてオフバランス化が認められません。しかし、当面の間は、日本公認会計士協会の実務指針と同様の要件を満たすことを要件に、オフバランス化を認めることとしています。

　クレジット・デリバティブを用いて貸付債権の信用リスクを移転させ、リスク・ウェイトを引き下げる方法も用いられました。たとえばシンセティックCLOなどの手法がそれです。これは、銀行がSPCとの間で、貸付債権を参照債務とするクレジット・デフォルト・スワップ契約を締結するというものです。SPCは優先順位の異なる複数の社債を発行して資金を調達し、国債等の資産に投資します。発行社債の利息は、銀行がSPCに支払うプレミアム分高くなります。参照債務の貸付債権にデフォルトが発生した場合、SPCは国債等を売却して補填します。銀行は貸付債権に保証をつけたのと同様の効果を得ることができます。

Q5 バブルの形成と崩壊で、株価は自己資本比率にどのような影響を与えましたか

A
株価が上昇した1989年12月末までは、有価証券含み益の増加により自己資本の補完的項目（Tier 2）は増加し、銀行の自己資本比率は上昇しました。しかし、それ以後は株価の下落が銀行の自己資本比率を悪化させてきました。1998年3月期には株式の評価方法を従来の低価法から原価法に変えてまで、株価の影響を受けないようにする措置が講じられました。

解説

1　損益および自己資本比率への影響

日本の銀行の場合、バーゼル規制導入当時は、保有上場株式について低価法による評価が銀行局通達で義務づけられていました。したがって、株価が帳簿価額を下回り、評価損が発生した場合、当期純利益は減少し、それに伴い会計上の自己資本も減少しました。

国内基準行の場合、自己資本比率の分子は会計上の自己資本であり、株価が下落し低価法による評価損が発生した場合は、自己資本比率が悪化しました。

国際統一基準行の場合も自己資本の基本的項目（Tier 1）は会計上の自己資本をベースとしています。したがって、低価法による評価損の発生によりTier 1が減少します。さらに、時価が帳簿価額を下回っていない銘柄でも株価の下落により含み益が減少するため、自己資本の補完的項目（Tier 2）も減少します。すなわち、低価法による評価損の発生と含み益の減少の両方で影響を受けることになります。

低価法には、切り放し方式と洗い替え方式とがあります。切り放し方式と

は、ある期の期末において帳簿価額より時価が低いために時価で評価した場合、翌期はその時価を帳簿価額として期末の評価額を計算する方式です。この方式によれば、時価が継続して下がっている場合は、帳簿価額をどんどん切り下げていくことになります。洗い替え方式とは、帳簿価額より時価が低いために時価で評価した場合でも、翌期は時価で評価する前の帳簿価額にいったん戻し、期末の時価と比較して評価額の計算を行う方式です。1998年度に税務において切り放し方式が廃止され洗い替え方式に一本化されるまでは、一般的に切り放し方式の低価法が用いられていました。

　この切り放し方式の低価法の場合、評価損の計上後株価が回復したときには含み益が生ずることになります。含み益を自己資本に算入しない国内基準行の場合は、評価損計上後は株価の回復による影響を受けませんが、国際統一基準行の場合は、Tier 2 が増加します。

　このように、国際統一基準が適用される大手銀行の自己資本比率は、株価の変動によって大きな影響を受けることになります。

2　益出しと1992年9月中間期の低価法先送り

　1989年12月29日に3万8,915円87銭をつけた日経平均株価は翌年から下落に転じ、1992年8月18日に1万4,309円41銭をつけました。特に1991年3月以後は、株価はほぼ一貫して下落し続け、1992年3月期決算では、時価が帳簿価額を下回る銘柄が増加し、低価法による株式の評価損が多額に発生しました。しかし、銀行の保有株式は政策投資株式・持合い株式が中心であり、これらは一般的に帳簿価額が低く、大手銀行は、当時においてもなお、時価が帳簿価額を上回る含み益のある銘柄を多数保有していました。そのため、含み益のある銘柄を売却して利益を捻出することにより、低価法により計上された評価損をカバーできたわけです。

　政策投資株式・持合い株式について、銀行は継続保有を前提としていました。そのため、これらを売却して含み益を実現する場合、いったん売却したうえですぐに買い戻す、いわゆる「益出しクロス」という手法が用いられま

した。この手法を用いた場合、益出しした事業年度は損失をカバーできます。しかし、買い戻すことによって帳簿価額は買戻し時の時価まで引き上げられることになります。したがって、買い戻した後に株価が下落すれば銀行は含み損を抱え込むことになります。すなわち、「益出しクロス」は銀行の体力を消耗させるわけです。

　1992年9月中間期も、株価の下落により、銀行には低価法による評価損が多額に発生することが予想されました。そこで、大蔵省（当時）は1992年8月18日に「金融行政の当面の運営方針」を公表し、中間決算において低価法による評価損が生ずる場合は、注記を条件に、当該評価損の計上を年度末の決算（ここでは1993年3月期）まで先送りできる旨を明らかにしました。

　その後は、株式の下落だけでなく、不良債権問題も本格化し、これらの損失を株式の「益出しクロス」によりカバーする決算が続きました。「益出しクロス」により銀行が保有する株式の帳簿価額は上昇し、Tier 2 に算入される含み益は急速に減少していきました。

3　1998年3月期の貸渋り対策（株式の原価法導入、自己資本からの含み益除外）

　1997年11月に北海道拓殖銀行と山一證券が相次いで破綻し、株価は急落しました。低価法適用に伴う株式評価損の発生やTier 2 に算入する有価証券含み益の減少により、銀行等の自己資本比率の低下が見込まれました。1998年4月からは早期是正措置が導入される予定でした（早期是正措置の内容はQ6参照）。そのため、銀行等が自己資本比率の低下防止を目的に、貸出等の資産を減らし、貸渋りを招いているとの批判が強くなってきました。

　そこで、1997年12月24日、大蔵省（当時）は一連の「貸渋り対策」を発表しました。このなかで、自己資本比率規制対策として、上場株式の評価方法を変更することとしたのです。すなわち、銀行等が保有する上場株式に対しては低価法による評価が強制されていましたが、1998年3月期決算からは、特定金銭信託等のなかの短期売買目的のものを除き、低価法を強制せず、原

価法による評価も選択できることとしました。これにより、銀行等は、国際統一基準行、国内基準行ともに評価損の計上を回避できることになりました。

　株式の評価方法の変更にあわせ、国際統一基準行の自己資本比率規制も改正されました。原価法で評価した有価証券については含み益があったとしてもTier 2には算入しないこととされました。一方、含み損があった場合も自己資本からは控除されません。したがって、原価法を選択した銀行等の場合は自己資本が株価の変動の影響を受けないことになりました。

　1998年3月期決算では、大手銀行19行中、東京三菱銀行、三菱信託銀行、日本興業銀行を除く16行が上場株式の評価方法を低価法から原価法に変更しました。株価の下落と原価法の採用によって大手銀行の含み益は大幅に減少し、8行が保有上場株式全体で含み損を抱える状況となりました。しかし、当該含み損は自己資本比率規制上の自己資本には反映されませんでした。もっとも、これらは根本的な問題解決を先送りする一時しのぎの策にすぎず、その後も貸渋りに対する批判は続きました。株式市場もこの貸渋り対策を評価せず、その後の日本長期信用銀行や日本債券信用銀行の破綻の影響もあり、日経平均株価は1998年10月9日の1万2,879円97銭まで下落し続けました。

　なお、貸渋り対策と直接の関連はありませんが、1998年3月31日に土地再評価法が公布・施行され、土地の再評価差額を資本の部に計上することが認められるようになりました。これにあわせ、自己資本比率規制の改正が行われ、国際統一基準行、国内基準行ともに再評価差額の45％をTier 2に算入できることとされました。

　大手銀行は、自己資本比率規制対策、資本の効率性向上策の一環で政策投資株式や持合い株式の売り切りを計画していました。しかし、予想外の株価の急落により、これらの計画はあまり進捗しませんでした。

Q6 早期是正措置とは何ですか。なぜ早期是正措置が導入されたのですか

A

バブルの崩壊に伴う不良債権の増加など、銀行等の金融機関の財務内容が悪化し、倒産する金融機関も出てきました。そこで、金融機関が適切な自己査定や引当を行うことを前提に、自己資本比率が一定水準を下回る金融機関等に対して、監督当局が是正措置を発動し、破綻前に自助努力で経営を改善するよう求める早期是正措置が、1998年から導入されました。

解説

早期是正措置とは、金融機関の経営の健全性を早期にチェックし是正を求めるため、自己資本比率が一定水準を下回った場合に、監督当局が是正措置を発動し、金融機関の自己努力による経営改善を促すというものです。

バブルの崩壊による土地の価格下落や株価の下落に伴い、日本の金融機関の財務内容は悪化し、多額の不良債権を抱え込みました。その結果、大手の金融機関が破綻する事態に至りました。これは金融機関自身の資産の査定が十分な水準のものではなかったこと、金融機関のリスク管理態勢の整備が不十分だったこと、従来の監督方法では破綻する前の段階で早期に是正できなかったことなどに原因があったものと考えられました。

そこで、米国で導入されていた措置を参考に、いわゆる金融三法（1996年6月21日公布）のなかの健全性確保法（正式名称：金融機関等の経営の健全性確保のための関係法律の整備に関する法律）により、金融機関に対して早期是正措置が1998年4月1日から導入されました。この措置の導入により、自己資本比率の重要性はいっそう高まりました。

早期是正措置の導入にあわせて、国内基準行に適用される自己資本比率の

計算方法も従来のギアリング・レシオ方式から国際統一基準行と同様のリスク・アセット方式に改正されました。ただし、国際統一基準行と異なり、有価証券の含み益は自己資本の補完的項目（Tier 2）に算入しないこととし、そのかわり、維持すべき自己資本比率は 4％以上とされました。

早期是正措置に用いられる自己資本比率は、資産の適切な自己査定、適正な償却・引当を行った財務諸表に基づくことが前提とされました。しかし、金融機関の不良債権の償却・引当はその後も十分な水準に達しているとはいえず、毎年多額の損失を追加計上する決算が続きました。結局、大手銀行等の不良債権問題の解決は、2002年末の「金融再生プログラム」導入まで待たなければなりませんでした。同プログラムにより、貸出条件を緩和した融資先の債権や破綻懸念先の債権を、将来キャッシュフローの割引現在価値まで償却・引当をする方法（いわゆるDCF法）が2003年3月期に導入されるなどの措置がとられ、以後、不良債権処理は大幅に進捗しました。2005年3月期には、大手銀行の不良債権問題はおおむね解消しました。

バーゼルⅢ導入前までの早期是正措置の内容は、図表6－1のとおりです。

2013年3月31日以後、国際統一基準行に対してバーゼルⅢが導入されることに伴い、同日以後、早期是正措置は図表6－2のように内容が変更されます（第5章参照）。なお、2013年9月30日時点では、国内基準行向けバーゼルⅢの導入をふまえた早期是正措置の改正はなされていません。

図表6－1　早期是正措置（バーゼルⅢ導入前）——単体・連結共通

区分（パーセンテージは総自己資本比率）			早期是正措置
	国際統一基準行	国内基準行	
非対象区分	8％以上	4％以上	―
第一区分	4％以上8％未満	2％以上4％未満	経営の健全性を確保するための合理的と認められる改善計画（原則として資本の増強に係る措置を含むものとする）の提出の求めおよびその実行の命令
			自己資本の充実に資する措置に係

			る次の命令 ①資本の増強に係る合理的と認められる計画の提出およびその実行 ②配当または役員賞与の禁止またはその額の抑制 ③総資産の圧縮または増加の抑制 ④取引の通常の条件に照らして不利益を被るものと認められる条件による預金または定期積金等の受入れの禁止または抑制 ⑤一部の営業所における業務の縮小 ⑥本店を除く一部の営業所の廃止 ⑦付随業務等の縮小または新規の取扱いの禁止 ⑧その他金融庁長官が必要と認める措置
第二区分	2％以上4％未満	1％以上2％未満	
第二区分の二	0％以上2％未満	0％以上1％未満	次の措置のいずれかを選択したうえでそれを実施することの命令 ①自己資本の充実 ②大幅な業務の縮小 ③合併 ④銀行業の廃止等
第三区分	0％未満	0％未満	業務の全部または一部の停止の命令

(注1) 銀行が、自己資本比率が各区分を超えて低下したことを知った後、すみやかに、その自己資本比率を該当する区分を超えて確実に改善するための合理的と認められる計画を金融庁長官に提出した場合には、その早期是正措置は、当該計画の実施後に属することが見込まれる区分が掲げるものとする。

(注2) 第三区分に該当する場合でも、当該銀行の貸借対照表上の純資産に計上される金額の合計額が正の値である場合、すなわち資産の部に計上される金額の合計額（一定の資産については自己資本比率の算出日時点で評価替えを行う）が負債の部に計上される金額の合計額を上回る場合には、その早期是正措置令は、第二区分の二に掲げるものを含むものとする。

(注3) 第三区分以外の区分に該当する場合であっても、当該銀行の貸借対照表上の純資産に計上される金額の合計額が負の値である場合、すなわち資産の部に計上される金額の合計額（一定の資産については自己資本比率の算出日時点で評価替えを行う）が負債の部に計上される金額の合計額を下回る場合には、その早期是正措置令は、第三区分に掲げるものを含むものとする。

(出所) 大和総研金融調査部作成

図表6－2　国際統一基準行に対するバーゼルⅢ導入後の早期是正措置（2013年3月31日以後）――単体・連結共通

区分	国際統一基準行 本則―（2015年3月31日～）	国際統一基準行 ←経過措置→（2014年3月31日～2015年3月30日）	国際統一基準行 ←経過措置→（2013年3月31日～2014年3月30日）	国内基準行（パーセンテージは総自己資本比率）	早期是正措置
非対象区分	4.5%≦普通株式等Tier1比率 6%≦Tier1比率 8%≦総自己資本比率	4%≦普通株式等Tier1比率 5.5%≦Tier1比率 8%≦総自己資本比率	3.5%≦普通株式等Tier1比率 4.5%≦Tier1比率 8%≦総自己資本比率	4%以上	―
第一区分	2.25%≦普通株式等Tier1比率<4.5% 3%≦Tier1比率<6% 4%≦総自己資本比率<8%	2%≦普通株式等Tier1比率<4% 2.75%≦Tier1比率<5.5% 4%≦総自己資本比率<8%	1.75%≦普通株式等Tier1比率<3.5% 2.25%≦Tier1比率<4.5% 4%≦総自己資本比率<8%	2%以上 4%未満	経営の健全性を確保するための合理的と認められる改善計画（原則として資本の増強に係る改善計画を含むものとする）の提出の求めおよびその実行の命令
第二区分	1.13%≦普通株式等Tier1比率<2.25% 1.5%≦Tier1比率<3% 2%≦総自己資本比率<4%	1%≦普通株式等Tier1比率<2% 1.38%≦Tier1比率<2.75% 2%≦総自己資本比率<4%	0.88%≦普通株式等Tier1比率<1.75% 1.13%≦Tier1比率<2.25% 2%≦総自己資本比率<4%	1%以上 2%未満	自己資本の充実に資する措置に係る次の命令 ①資本の増強に係る合理的と認められる計画の提出およびその実行 ②配当または役員賞与の禁止またはその額の抑制 ③総資産の圧縮または増加の抑制 ④取引の通常の条件に照らして不利益を被るものと認められる条件による預金または定期積金等の受入れの禁止または抑制 ⑤一部の営業所における業務の縮小 ⑥本店を除く一部の営業所の廃止 ⑦付随業務若しくは新規の取扱いの禁止 ⑧その他金融庁長官が必要と認める措置
第二区分の二	0%≦普通株式等Tier1比率<1.13% 0%≦Tier1比率<1.5% 0%≦総自己資本比率<2%	0%≦普通株式等Tier1比率<1% 0%≦Tier1比率<1.38% 0%≦総自己資本比率<2%	0%≦普通株式等Tier1比率<0.88% 0%≦Tier1比率<1.13% 0%≦総自己資本比率<2%	0%以上 1%未満	次の措置のいずれかを選択したうえでそれを実施することの命令 ①自己資本の充実 ②大幅な業務の縮小 ③合併 ④銀行業の廃止等
第三区分	普通株式等Tier1比率<0% 総自己資本比率<0%	（本則に同じ）	（本則に同じ）	0%未満	業務の全部または一部の停止の命令

（出所）大和総研金融調査部作成

Q7 時価会計導入は、銀行の自己資本比率にどのような影響を与えましたか

A

　2000年度の時価会計導入により、金融機関の自己資本は有価証券の時価によって変動することになり、株価の下落の影響を受けることになりました。さらに、政策投資株式・持合い株式をいったん売却して買い戻す「益出しクロス」による売却益の計上も認められなくなりました。このような新しい会計基準の導入を契機に、金融機関は大量の保有株式の処分を進めました。

解　説

　前述したように、1998年3月期から、原価法による評価を選択すれば、自己資本比率は株価の変動による影響を受けないことになりました。しかし、その後、2000年度、2001年度から時価会計が導入され、大手銀行の自己資本比率は再び株価の影響を受けることになり、銀行等は政策投資株式・持合い株式の本格的な削減に乗り出し始めました。

1　トレーディング勘定への時価会計導入

　金融機関の場合、トレーディング勘定の時価会計が、1997年度から導入されました。トレーディング勘定とは、常時市場において売買することを前提に、市場価格の変動を利用して収益を獲得することを目的の取引を行う勘定（特定取引勘定）です。マーケット・リスク規制の導入がバーゼル銀行監督委員会で検討されていたことをふまえ、1996年1月にトレーディング勘定への時価会計導入が正式決定され、いわゆる健全性確保法により、1997年度からトレーディング勘定への時価会計が認められることになりました（強制ではなく、選択適用）。しかし、日本の金融機関は株式のトレーディング取引を行

うことは認められておらず、トレーディング勘定への時価会計導入は、銀行等の株式関連の損益に影響を与えることはなく、金融機関の株式保有にも影響を与えませんでした。

2 本格的な時価会計導入

(1) 持合い株式等への強制適用は2001年度から

1999年1月22日に、当時の会計基準設定主体であった企業会計審議会が、金融商品に時価会計を導入する新しい会計基準(「金融商品に係る会計基準」)を公表しました。

従来の取得原価主義に基づく会計基準では、金融商品の価値が正確に財務諸表に反映されず、さらに、損益操作目的で有価証券を売却し含み損益を実現したり、デリバティブ等の巨額の損失が突然計上されたりするといった問題が指摘されていました。海外をみても、米国では1994年からすでに時価会計を導入していました。米国では、含み益のある有価証券を売却し含み損のある銘柄は保有し続けるという「ゲイン・トレーディング」により、金融機関の財務内容が劣化しました。そこで、このような取引を防止することを目的に、時価会計が導入されました。国際会計基準委員会(IASC)[1]でも、米国基準と同様の内容の国際会計基準 (IAS)[2]第39号「金融商品―認識と測定―」を公表していました。

企業会計審議会では、これらを勘案して時価会計の導入を決定し、有価証券の場合は図表7－1のように評価されることになりました。

デリバティブは、売買目的有価証券と同様、時価評価し評価損益を当期の損益として計上することとされました。ただし、ヘッジ目的のものと認められる場合は、ヘッジ会計が適用できます。

売買目的有価証券やデリバティブの時価評価は、2000年度(3月決算会社の場合は2000年9月中間期、2001年3月決算期)から強制適用されましたが、

---

1 現在のIASB(国際会計基準審議会)。
2 現在のIFRS(国際財務報告基準)。

図表7－1　有価証券の分類と評価方法

有価証券の保有目的		評価方法	評価損益の計上方法
時価のある有価証券	①売買目的有価証券	時価で評価する	当期の損益として計上
	②満期保有目的の債券	償却原価で評価する	当期損益に計上せず
	③子会社・関連会社株式	取得原価で評価する	当期損益に計上せず
	④その他有価証券（①～③以外の有価証券） ○長期保有目的の有価証券 ○いわゆる「政策投資・持合い株式」など	○時価で評価する ○時価は、原則として、期末時点の市場価格等に基づいて算出する ○ただし、継続適用を条件に期末前1カ月の市場価格等の平均に基づき算出することも可能 （有価証券の種類ごとに選択）	○評価損益は当期損益に計上せず、貸借対照表の純資産の部に計上する
⑤時価のない有価証券		○債券は取得価額から貸倒引当金を控除した額を計上する ○債券以外の有価証券は取得原価で評価する	○貸倒引当金等を除き、当期の損益に計上せず

（注1）　売買目的以外の債券には、アモチゼーション・アキュムレーションを適用する。償却原価とはこれらを適用した後の原価である。アモチゼーション・アキュムレーションは損益計算書では利息として計上する。

（注2）　その他有価証券の場合、時価が取得原価を上回る銘柄には、評価益を直接自己資本に計上し、時価が取得原価を下回る銘柄には、評価損を損益計算書の当期の損失として計上する方法も選択できる。しかし、この方法で計上した評価損は、税務上損金に算入できない。したがって、通常は、評価益・評価損ともに資本の部に直接計上する方法が選択されている。

（注3）　売買目的以外の有価証券の場合、時価が著しく下落したときには、減損処理（強制評価減）が適用される。

（注4）　預金類似のもの（MMF、MRF、中期国債ファンド、貸付信託）は原価評価が認められている。

政策投資株式・持合い株式を含む「その他有価証券」の時価評価が強制されたのは、2001年度（3月決算会社の場合は2001年9月中間期、2002年3月決算期）からでした。大手銀行17行（当時）のうち、2000年度から適用を開始したのは東京三菱銀行、三菱信託銀行、日本信託銀行だけでした。

(2) 自己資本比率への影響

バーゼルⅡのもとでは、「その他有価証券」は図表7－2のように取り扱われました（現行の取扱いは、Q65、Q91、Q96参照）。

国際統一基準行では、分子の自己資本に「その他有価証券」の評価差額を算入しているのにあわせ、分母においても「その他有価証券」の時価評価額にリスク・ウェイト（株式の場合は100%）を掛けた額を算入します。一方、国内基準行では、「その他有価証券」のうち時価評価額が取得原価を上回っている（すなわち評価益が出ている）銘柄は取得原価にリスク・ウェイトを掛けた金額を分母に算入し、時価評価額がその取得原価を下回っている（すなわち評価損が出ている）銘柄は時価評価額にリスク・ウェイト（株式の場合は

図表7－2　「その他有価証券」の自己資本比率規制上の取扱い（分子・分母）

	その他有価証券のネットの評価差額	自己資本比率規制上の取扱い	
		分　子	分　母
国際統一基準行	評価益の場合	ネットの評価益の45%をTier 2に算入	「その他有価証券」の時価評価額にリスク・ウェイトを掛けた額を自己資本の分母に算入する
	評価損の場合	ネットの評価損（税効果相当額調整後）をTier 1から控除	
国内基準行	評価益の場合	自己資本には算入しない	評価益が出ている銘柄は取得価額、評価損が出ている銘柄は時価評価額にリスク・ウェイトを掛けた額を自己資本の分母に算入する（注）
	評価損の場合	ネットの評価損（税効果相当額調整後）をTier 1から控除	

（注）　マーケット・リスク規制不適用行。
（出所）　大和総研金融調査部制度調査課作成

100％）を掛けた額を分母に算入します。「その他有価証券」全体がネットで評価益があり分子の自己資本が影響を受けない場合でも、分母では時価評価額が取得原価を下回る銘柄は時価評価額にリスク・ウェイトを掛けます。

(3) 株式のヘッジは実務上困難

図表 7 − 1 で示したとおり、銀行等が「その他有価証券」として保有する株式の時価が下落した場合、自己資本比率規制上マイナスの影響が生じます。

それを回避する方法の 1 つとして、株価の下落をデリバティブでヘッジすることが考えられます。しかし、「金融商品に係る会計基準」および「金融商品会計に関する実務指針」（日本公認会計士協会）は、株式ポートフォリオを株価指数先物取引などでヘッジしている場合について、一般的にヘッジ会計の適用は認めていません。

したがって、株式にヘッジ会計を適用するためには、銘柄ごとに個別にヘッジする必要があり、ヘッジ手段が個別株オプションや先渡取引、信用取引の売建てなどに限定されるうえに、ヘッジ取引のコストもかさむことになります。よって、ヘッジ取引は、株式に関してはあまり活用されてきませんでした。

(4) 益出しクロスも不可

銀行等の金融機関は、持合い株式や融資先等の政策投資株式をいったん売却し、買い戻して売却益を計上し、損失をカバーしてきました。これらの株式は帳簿価額が低いため、多額の売却益を計上できました。しかし、このようないわゆる「益出しクロス」の結果、これらの株式の帳簿価額は上昇し、株価の下落によりかえって資産内容は悪化することになりました。「金融商品に係る会計基準」は、「益出しクロス」のように、あらかじめ買い戻す意図をもって売却を行った場合は、売却損益の計上を認めておらず、有価証券を担保とした金融取引として取り扱われます。このような取扱いは、2000年 9 月14日に公表された「金融商品会計に関するQ&A」で明らかにされ、2000年度（ 3 月決算の場合は2000年 9 月中間期）から適用が開始されました。

⑸　時価会計導入と持合い解消への影響

「金融商品に係る会計基準」に関してはその公開草案が1998年6月16日に公表されており、1998年度にはすでに、時価会計導入の概要と適用開始時期が明らかにされていました。

しかし、1998年は株価が乱高下したこともあり、大手銀行による政策投資株式・持合い株式の削減はあまり進捗しませんでした。これらの株式の削減が本格化するのは1999年度に入ってからでした。

2000年9月に「益出しクロス」では売却益が計上できない旨が日本公認会計士協会のQ&Aで明らかにされたことから、これ以後大手銀行は「益出しクロス」を行わなくなり、政策投資株式の削減、株式持合いの解消は急速に進みました。

実際に大手銀行の保有株式の残高（帳簿価額ベース）をみると、1998年3月期末には約37兆円あった（日本長期信用銀行、日本債券信用銀行を除く）のが、2001年3月期末は33兆円、2002年3月期末は25兆円、2003年3月期末は14兆円、2006年3月期末は11兆円まで減少しました。

Q8 マーケット・リスク規制とはどういうものですか

A

　銀行がトレーディング目的で保有する資産・負債やデリバティブ取引のマーケット・リスク（金利、株価、為替、商品価格の変動リスク）をカバーするため、銀行に当該リスクと同額の自己資本の維持を求める自己資本比率規制です。従来の信用リスク規制に加え、1997年末（日本では1998年3月期）から導入されました。マーケット・リスク規制の測定方法にはVaRを用いた内部モデル手法と金融庁の告示で定められた方法による標準的手法とがあります。

解　説

1　マーケット・リスク規制とは

　従来の自己資本比率規制は、信用リスクに備えた自己資本だけでなく、銀行のトレーディング勘定のマーケット・リスクに備えた自己資本の維持も求めています。このトレーディング勘定のマーケット・リスクに備えた自己資本の維持を求めるのがマーケット・リスク規制です。バーゼル銀行監督委員会では1997年末から導入することとしていました。日本では、1998年1月1日から導入されました。決算でいえば、1998年3月期から適用されています。

　マーケット・リスク規制の場合、信用リスク規制と異なりリスク・ウェイトは用いず、マーケット・リスク相当額そのものを算出します。信用リスクをカバーする自己資本のリスク・アセットに対する比率が8％以上であり、さらに、マーケット・リスク相当額と同額の自己資本が確保されていれば基準を満たすことになります。自己資本比率の計算上、信用リスクとマーケット・リスクの間で自己資本比率の整合性を図るため、マーケット・リスク相

当額に8％の逆数である12.5を掛けて分母に算入します。

　国際統一基準行については、バーゼルⅢの導入（2013年3月31日）前までは、分子にマーケット・リスクのみをカバーする自己資本の準補完的項目（Tier 3）を算入することができましたが、バーゼルⅢの導入を境に、Tier 3の概念は消滅しています。

　また、国内基準行についても、2013年3月8日に公表された「第1の柱」（最低所要自己資本比率）に係る改正告示に基づく「国内基準行向けバーゼルⅢ」の導入（2014年3月31日）を境に、Tier 3の概念は消滅します（Q31参照）。

　ちなみに、Tier 3の概略は以下のとおりです（カッコ内は国内基準行向けの要件）。

① 次の条件を満たす短期劣後債務を指し、マーケット・リスクのみをカバーする。
　(i) 無担保で、かつ、他の債務に劣後する払込済みのものであること
　(ii) 契約時における償還期間が2年以上のものであること
　(iii) 約定された償還期日以前に償還されないものであること
　(iv) 自己資本が不足した場合、利払い、償還を行うことができない特約が付されていること

② 次の金額のうちいちばん小さい額を上限として自己資本に算入できる。
　◇マーケット・リスクをカバーするTier 1、すなわち、Tier 1のうち（信用リスク規制およびオペレーショナル・リスク規制における）リスク・アセットの4％（2％）相当額を超える部分の250％
　◇マーケット・リスク相当額の7分の5（14分の5）
　◇Tier 1の金額

③ マーケット・リスクをカバーするTier 1が存在しない場合、すなわちTier 1が信用リスク・アセットの4％（2％）相当額以下である場合は、Tier 3を自己資本に算入できない。

④ 自己資本に算入できるのはTier 3とTier 2との合計がTier 1の金額

までである。

2 マーケット・リスク規制の対象

日本では、海外営業拠点を有する銀行（信託銀行を含む）、長期信用銀行、信用金庫連合会、農林中央金庫および商工組合中央金庫、すなわち国際統一基準行等が対象主体になります。トレーディング勘定（特定取引勘定）を設けて時価会計を導入している銀行等だけでなく、トレーディング勘定を設けていない銀行等も対象になります。ただし、次の銀行は適用除外が認められています。

① トレーディング勘定を設けている銀行等は下記条件をすべて満たしていれば適用除外になる。

（ⅰ） 直近の期末（中間期末を含む）から算出基準日（自己資本比率の算出を行う日）までの間のトレーディング勘定の資産・負債の合計額の最大額（算出基準日が期末である場合は、算出基準日における合計額）が1,000億円未満であり、かつ、直近の期末の総資産の10％未満（量的基準）

（ⅱ） 直近の算出基準日においてマーケット・リスク相当額を含めた自己資本比率を算出していないこと

② トレーディング勘定を設けていない銀行等は下記条件をすべて満たしていれば適用除外になる。

（ⅰ） 直近の期末（中間期末を含む）から算出基準日（自己資本比率の算出を行う日）までの間の「商品有価証券勘定」および「売付商品債券勘定」の合計額の最大額（算出基準日が期末である場合は、算出基準日における合計額）が1,000億円未満であり、かつ、直近の期末の総資産の10％未満（量的基準）

（ⅱ） 直近の算出基準日においてマーケット・リスク相当額を含めた自己資本比率を算出していないこと

国内基準行は、その選択により、マーケット・リスク相当額を分母に算入

しないことが認められていました。しかし、国内基準行向けバーゼルⅢの導入（2014年3月31日）を境に、協同組織金融機関以外の国内基準行はマーケット・リスク規制の対象主体となり、適用除外が認められるためには（国際統一基準行と同様に）前記①もしくは②の要件を満たすことが必要となります。

マーケット・リスク規制の対象商品となるのは、金利（債券）、株価、為替、コモディティ（商品）価格が変動するリスクです。オンバランスの資産、デリバティブ等のオフバランス取引すべてを対象としています。このうち、金利（債券）、株価の変動リスクはトレーディング勘定を対象としており、為替、コモディティ（商品）価格についてはバンキング勘定も含む銀行の全ポジションが対象になります。

日本の場合は、銀行等の本体・連結子会社の次の①②の取引等を対象として算出します（デリバティブ取引、その他のオフバランスのポジションを含みます）。

① トレーディング取引（特定取引）等に係る資産・負債（銀行等の本体でトレーディング勘定を設けている場合は当該勘定の資産・負債）
② ①以外の外国為替リスクおよびコモディティ・リスクを伴う取引・財産

トレーディング取引等とは、銀行等が次のような目的で行う取引（デリバティブ、その他のオフバランス取引を含む）その他これに類似する取引をいいます。すなわち、対顧客取引、マーケット・メーキング、短期売買目的、裁定取引およびこれらのヘッジなどが対象になります。

① 金利、通貨の価格、有価証券の相場その他の指標の短期的な変動、市場間の格差等を利用して利益を得ること
② ①の目的で行う特定取引により生じうる損失を減少させること（すなわち①のヘッジ）

トレーディング取引等を行う部署でリスク管理上トレーディング取引等と

一体のものとして管理・評価をしている現金預け金、預金およびコール資金（本支店間の取引を含む）も対象に含めることができます。

マーケット・リスク規制の対象である資産、すなわちトレーディング取引等に係る資産は、信用リスク規制の対象から除外されます。ただし、トレーディング取引等に属さない外国為替リスクおよびコモディティ・リスクを伴う取引・財産は信用リスク規制の対象から除外されません。

3　マーケット・リスクの測定方法

特定取引等に係るマーケット・リスクは、時価評価に基づいて測定されます。したがって、マーケット・リスク規制の適用対象銀行等はトレーディング取引等について時価会計を導入するか、または時価をベースとしたリスク管理態勢を整備することが前提になります。日本では、このマーケット・リスク規制の導入を契機に、トレーディング勘定（トレーディング勘定を設けていない場合は商品有価証券勘定等）を設定する銀行に対して、当該勘定の時価会計が導入されました。その後2000年度からは、トレーディング勘定に限らず、売買目的有価証券とデリバティブに時価会計が導入されました。マーケット・リスクの測定方法としては、次の2つの方式が認められています。

① 各銀行が内部のリスク管理に用いているVaR（バリュー・アット・リスク）に基づくモデル（一定の定性的・定量的基準を満たしているもの）を利用する「内部モデル方式」

② 金融庁の告示であらかじめ定められた「標準的方式」

(1) 内部モデル方式

金融庁長官の承認を得た銀行等は、リスクの内部管理に用いているモデルによりマーケット・リスク相当額を計算することができます。マーケット・リスク相当額は次の①②のいずれか大きいほうとなります。

① 算出基準日のVaR

② 算出基準日を含む直近60営業日の日々のVaRの平均値×乗数

乗数は、バック・テスティングの結果、実際の損失がVaRを超過する回数に応じて3（超過回数が4回まで）から4（同10回以上）までの数値を用います。バック・テスティングとは、実際の損失が、内部モデルにより算出したVaRをどれぐらいの頻度で上回るか比較し、モデルの正確性の検定を行うテストです。マーケット・リスク規制では、算出基準日を含む直近250営業日の日々の損益（実際に発生した損益またはポートフォリオを固定した場合において発生したと想定される損益）を算出し、その日々の損失が、保有期間1日として算出されるVaR（翌日までに生ずる損失は99％の確率でこの値の範囲内に収まる）を上回る回数を計測します。

　超過回数が5回以上である場合は、その原因分析をした書類を作成・保存します。超過回数が10回以上であって内部モデル方式を用いることが不適当と認められる場合は、標準的方式によりマーケット・リスク相当額を算出します。

　金利（債券）および株式のマーケット・リスク相当額は、発行体や銘柄ごとの個別リスクと一般市場リスクの合計によります[1]。

a　定性的基準

　内部モデル方式を採用すべく金融庁長官の承認を得るためには、以下の定性的基準を満たしている必要があります。

　　◇取引を行う部署から独立したリスク管理部署が設置されていること。
　　◇リスク管理部署は適切なバック・テスティングおよびストレス・テストを定期的に実施し、それらのテストの実施手続を記載した書類を作成していること。ストレス・テストとは、内部モデルで仮定している将来の価格変動を上回る価格変動が生じた場合に発生する損益を分析することをいう。
　　◇内部モデルの正確性が、リスク管理部署により継続的に検証されること。

1　バーゼル2.5導入（2011年12月31日）以後は、個別リスクと一般市場リスクに加えて、「追加的リスク」と「包括的リスク」の算出が求められています（Q15参照）。

◇内部モデルが、その開発から独立し、かつ、十分な能力を有する者により、開発時点およびその後定期的に、かつ、内部モデルへの重要な変更、市場の構造的な変化またはポートフォリオ構成の大きな変化によって内部モデルの正確性が失われるおそれが生じた場合に検証されること。

◇取締役等がリスク管理手続に積極的に関与していること。

◇内部モデルが通常のリスク管理手続に密接に組み込まれていること。

◇内部モデルの運営に関する内部の方針、管理および手続を文書化し、それらを遵守する手段が講じられていること。

◇リスク計測過程について、原則として、年1回以上の内部監査を行うこと。

b 定量的基準

VaRの算出方法は以下の定量的基準を満たしている必要があります。

◇VaRは信頼区間片側99％、保有期間は最短10営業日として計算すること。ただし、10営業日よりも短い保有期間により算出したVaRを、保有期間10営業日ベースに換算することもできる。

◇VaR算出の際のヒストリカル・データの観測期間が1年以上であること。データは3カ月に1回以上[2]更新しなくてはならない。また、ヒストリカル・データをその各数値に掛け目を掛けて使用する場合は、各数値を計測した日から算出基準日までの期間の長さにその掛け目を掛けて得たものの平均が6カ月以上でなければならない。

◇金利、株式、外国為替およびコモディティに関するマーケット・リスク・ファクターを設定すること。金利は6以上のマーケット・リスク・ファクターを設定する。

◇オプション取引のリスクは、リスク・カテゴリーごとに正確に計測する。

---

[2] バーゼル2.5導入（2011年12月31日）以後は、「1カ月に1回以上」に短縮されています。

◇金利、株式、外国為替およびコモディティの各リスク・カテゴリー間で、ヒストリカル・データから計測される相関関係に基づきポジション同士を相殺する場合は、これを合理的に説明した事項を記載した書類を作成・保存する。

◇国際統一基準に基づく自己資本比率が8％以上であること。

c 個別リスクの計測

内部モデルで個別リスクも計測する場合は、上記a、bのほかに、ポートフォリオに関する過去の価格変動を説明できること、リスクの集中度、市場環境の悪化の影響、期間・優先劣後関係・信用事由等の差異、イベント・リスク（個別リスクのうち例外的な事態が生じた場合に発生しうる損失）およびデフォルト・リスクを把握していること等の一定の基準を満たす必要があります。

(2) 標準的方式

標準的方式による場合、図表8－1の方法でマーケット・リスクを算定します。

図表8－1　標準的手法によるマーケット・リスクの算定

資産の種類	マーケット・リスクの測定方法（標準的手法）
トレーディング取引等	個別リスク（特定の債券・株式等の価格が、市場全体の価格変動と異なって変動することにより発生しうるリスク）と一般市場リスク（市場全体の価格変動によるリスク）の合計としてとらえる。ポジションは時価ベースで計算する。
金利リスク・カテゴリー（債券、譲渡性預金、転換権のない優先株その他金融商品。デリバティブおよびその他のオフ	◇個別リスクはそのネットのポジションに債券等の種類（政府債、優良債、その他）別、残存期間等（優良債について6月以内、6～24月以内、24月超）別のリスク・ウェイト（0～8％）を掛けて算出する。なお、ポジションの相殺は同一銘柄の債券等のポジションが対当している場合のみ可能。 ◇一般市場リスクは、マチュリティ法またはデュレーション法により、通貨ごとに算出する。 ・マチュリティ法では、債券等のロングおよびショートのポジションを13（表面利率3％未満のものは15）の期間帯のマ

バランス取引を含む)	チュリティ・ラダーに投入し、リスク・ウェイト（0～12.5%）を掛ける。 ・デュレーション法では、金利変動（残存期間に応じて1.0～0.6%ポイントの変動幅）に対する各金融商品の価格感応度を計算し、これに各債券等のポジションを掛けて算出した数値を、通貨ごとに、15の期間帯からなるデュレーション・ラダーに投入する。 ・期間帯ごとにロングとショートのポジションを相殺する。ただし、マチュリティ法の場合は、相殺の対象となる部分の10%のディスアローワンスが課される。デュレーション法では、5%のディスアローワンスが課せられる。 ・次に3つのゾーン（0～1年、1～4年、4年超）の同一ゾーン内、さらに異なるゾーン内で相殺する（相殺の対象となる部分の30%、40%、100%のディスアローワンスが課せられる）。 ・最後に残ったネットのポジション額と、各ディスアローワンスの合計が一般市場リスク額となる。 ◇個別リスク、一般市場リスクの算出過程において、異なる通貨間でのポジションの相殺はできない。 ◇デリバティブは、関連する原資産のポジションに置き換えて、以下のポジションの相殺の取扱いに留意して、個別リスクと一般市場リスクを算出する。 ①発行者、表面利率、通貨および満期が等しい同一商品の両側のポジションは、現物または想定上のポジションいずれの場合も、標準的方式によるリスク算出対象から、個別リスクおよび一般市場リスクの両方について除外することができる。 ②先物取引または先渡取引のポジションとこれらの取引に対応する原資産のポジションとが対当している場合は、これらを相殺することができる。 ③債券等のデリバティブのロング・ポジションまたはショート・ポジションは、(i)同一の原資産にかかわるものであり、(ii)名目価値が同額であり、かつ、(iii)同一通貨建てである場合は、一定の条件（先物取引間、スワップ・FRA間、スワップ・FRA・先渡取引間について定められている）を満たせば、相殺することができる。異なるスワップ取引の片側のポジション同士も、同様の条件を満たせば相殺できる。
株式リスク・カテゴリー	◇個別リスクは全ロングおよび全ショートのポジションの合計の8%（ただし、ポートフォリオの流動性が高く、かつ、分散さ

（株式、株式と同様の価格変動性を示す転換証券、株式売買に係るコミットメント） （デリバティブおよびその他のオフバランス取引を含む）	れている場合は4％）となる。 ◇一般市場リスクはロングのポジションの合計とショートのポジションの合計の差の絶対値の8％となる。 ◇デリバティブの場合は、関連する原資産のポジションに置き換えて、個別リスクと一般市場リスクを計算する。 　個別リスクの算定過程において、同一銘柄または同一株価指数のポジション同士は相殺できる。同一株価指数の先物取引について、異なる日付または異なる取引所で裁定取引を行っている場合は、一方の取引のみ個別リスクを算出し、他方の取引は個別リスクを算出しないことができる。 　一般市場リスクに関しては、分散度の高い株式等のポートフォリオからなる株価指数の取引を行う場合は、そのネット・ポジションの2％が一般市場リスク額になる。
外国為替リスク・カテゴリー	◇以下のポジションの合計額の8％がマーケット・リスク相当額となる。 ・通貨ごとにネットの外国為替ポジション（連結子会社および支店については、内部管理上保有できる外国為替持高の限度額をネット・ポジション額とみなすことができる）を算出し、これを全通貨のロング・ポジションと全通貨のショート・ポジションの別に分けて合計した額のうちいずれか大きいほう ・金のネット・ポジション額（円に換算）
コモディティ・リスク・カテゴリー （デリバティブおよびその他のオフバランス取引を含む。金は除く）	◇以下の合計額がマーケット・リスク相当額となる。 ・各コモディティ等のネット・ポジションの15％ ・各コモディティのロング・ポジションとショート・ポジションの合計額の3％ ◇一定の要件を満たせば、同一コモディティ等の間および相互に決済するために引渡し可能なコモディティ等の間のポジションの相殺ができる。
オプション取引（関連する原資産を含む）	◇オプションの購入のみを行う銀行等の場合は、簡便的な計算が認められている。 ◇オプションの売却も行う銀行の場合は、デルタ・プラス法またはシナリオ法による。 ◇デルタ・プラス法の場合は、オプションの原資産価格やボラ

	ティリティが一定量変動した場合のオプションの価格の感応度（デルタ、ガンマ、ベガ）をもとにリスクを算出する。デルタで換算したポジションを用いて、原資産に係る標準的手法によりマーケット・リスク相当額を算出し、これにガンマ、ベガに対するマーケット・リスク相当額を加算する（デルタ：オプション価格の原資産価格変動に対する感応度。ガンマ：デルタの原資産価格変動に対する感応度。ベガ：オプション価格のボラティリティ変動に対する感応度）。 ◇シナリオ法の場合は、オプションの原資産価格やボラティリティを原資産ごとに一定のシナリオに基づき同時に変動させ、それに応じてオプションの価格を再計算し、最もリスク量の多いものを抽出する。

Q9 なぜ、マーケット・リスク規制が導入されたのですか。導入により金融機関はどのような影響を受けましたか

A

　金融自由化の進展、銀行等の業務の多様化、デリバティブ取引により多額の損失を計上する金融機関が相次いだことなどに伴い、銀行等がマーケット・リスクの管理を高度化する必要性が高まっていたことが背景にあります。マーケット・リスク規制導入に伴い、日本ではトレーディング取引に時価会計が導入され、これがその後の本格的な時価会計導入のきっかけになりました。さらに、大手銀行を中心にVaRを利用したリスク管理態勢の整備が推進されました。

解　説

1　マーケット・リスク規制導入の経緯

　1988年にバーゼル銀行監督委員会で合意されたバーゼル規制は、銀行の健全性、安全性の強化、国際的に統一された競争条件の導入の第一歩でした。しかし、当初のバーゼル規制は、銀行等の信用リスクのみを対象としていました。

　その後の金融自由化の進展、銀行等の証券業への進出、デリバティブ取引の活発化に伴い、銀行等が金利や価格変動リスクの管理を高度化する必要性が高まってきました。1995年2月には、英国の名門マーチャントバンクのベアリング社がデリバティブで巨額の損失を出し、その後破綻に至りました。1995年9月には大和銀行のニューヨーク支店の行員が簿外の債券投資で巨額の損失を出し、その後同行は海外業務から撤退しました。このように金融機関のなかにも、デリバティブ取引などにより多額の損失を被る企業が出てきました。

折から、BISユーロ委員会が1992年11月に、Group of 30が1993年7月に行った提言により、急速に拡大しつつあったデリバティブ取引について、取引を制限するのではなく、リスク管理を徹底し、ディスクロージャーを進めていくことで対応する方向性が打ち出されつつありました。このような流れを受けて、1993年4月には、バーゼル銀行監督委員会は、マーケット・リスク規制の第一次案を公表しました。第一次案では、いわゆる標準的手法のみが示されていました。しかし、その後の関係者からのコメントを受け、1995年4月の改定規則案では、一定の定性的・定量的な基準を満たしていることを要件に、銀行が内部のマーケット・リスク管理のために実際に用いているVaRに基づくモデルを用いてマーケット・リスク量を算出するアプローチ（内部モデル方式）も選択肢として導入することとしました。その後1996年1月に最終規則が公表され、1997年末から適用することとされました。日本では1998年1月1日（1998年3月期決算）から導入されました。

2　導入による影響

　マーケット・リスク規制の導入は日本における時価会計導入の契機になりました。マーケット・リスク規制は対象となるトレーディング取引を時価評価することを前提としています。当時の欧米諸国の銀行等ではすでにトレーディング取引に時価会計が導入されていましたが、日本ではまだ導入されていませんでした。しかし、バーゼル銀行監督委員会での検討に歩調をあわせるかたちで、金融制度調査会や証券取引審議会から、銀行等および証券会社のトレーディング取引に時価会計の導入を提言する報告書が公表されました。これを受けて、1996年6月に健全性確保法（正式名称：金融機関等の経営の健全性確保のための関係法律の整備に関する法律）の成立により銀行法、証券取引法が改正され、1997年4月1日から銀行・証券会社のトレーディング取引に時価会計が導入されました。その後、2000年度から事業会社も含めた本格的な時価会計が導入されましたが、このトレーディング取引への時価会計導入がその引き金になったことは間違いないところでしょう。

マーケット・リスク規制は会計面だけでなく、銀行のリスク管理にも大きな影響を与えました。当時はまだVaRによる定量的なマーケット・リスク管理は普及していませんでした。しかし、マーケット・リスク規制導入を契機に、大手銀行を中心に、独立したリスク管理部署の設置、VaRを用いた定量的なリスクの把握など、マーケット・リスク管理の態勢整備が大きく前進しました。

Q10 バーゼルⅡとは何ですか

A

　バーゼルⅡとは、バーゼル銀行監督委員会が2006年末（日本では2007年3月末）からの適用を目指し検討してきた自己資本比率規制のことをいいます。信用リスク・アセットの計算方法をより精緻にするとともに、信用リスクとマーケット・リスクに加えてオペレーショナル・リスクも規制の対象としています。さらに、このような規制上の自己資本比率の維持を求めるだけではなく、銀行が自ら自己資本戦略を立てそれを当局が検証するプロセスを導入しているほか、自己資本の内訳やリスク管理態勢等の開示を義務づけることによる市場規律の導入も図っています。

解　説

　バーゼルⅡとは、バーゼル銀行監督委員会が検討してきた自己資本比率規制のことです。バーゼル銀行監督委員会はすでに2004年6月26日にその最終規則（正式名称（仮訳）：「自己資本の測定と基準に関する国際的統一化：改訂された枠組」）を公表しています。これに基づき、各国の監督当局が各国向けの規制を定めることとされています。

　日本では、自己資本比率に係る規制は、銀行法14条の2などの規定に基づき、金融庁の告示として公表・適用されています。バーゼル銀行監督委員会による最終規則（バーゼルⅡ最終規則）の公表を受けて、金融庁はこの告示の見直しの検討を開始しました。2004年10月に改正後の告示の素案を公表してコメントを募集し、さらに検討を続け、2005年3月末、同年12月に告示案を示し、2006年3月に最終的な告示（金融庁告示19号「銀行法第14条の2に基づき、銀行が保有する資産等に照らし自己資本の充実の状況が適当であるかどう

かを判断するための基準」）を公表しました。

バーゼルⅡのポイントとして、以下の点があげられます。

 ① 信用リスクを精緻に計算
 ② オペレーショナル・リスクに対応
 ③ 自己資本戦略と市場規律の導入

以下、順を追って説明します。

1 信用リスクを精緻に計算

(1) バーゼルⅠにおける問題点

バーゼルⅠでは、保有資産を5つの区分に分類し、それぞれに一定のリスク・ウェイトを掛けて信用リスク量を算出していました（図表10－1）。しかし、銀行業務、あるいはリスク管理技術との関係で次のような問題が生じました。

まず、規制緩和による保険業や証券仲介業への参入、金融商品の多様化に伴い、銀行の保有する資産やリスクも多様化しています。また、事業法人に対する融資や事業債等も、対象企業の財務状態によってリスクの度合いは当然異なります。しかし、バーゼルⅠの簡素な計測手法では、このような差異をリスク量に反映させることができません。その結果、実態に即さない、過少あるいは過剰な自己資本の割当てがなされることになってしまいます。さらに、こうした簡素な仕組みを利用し、規制を回避しようとする動きもみられました。たとえば、資産の証券化を利用することで、実質的に保有するリスク量が変わっていないにもかかわらず、規制上の信用リスクを過少にみせる方法が用いられるケースがありました（詳細はＱ76以後参照）。

次に、リスク管理技術の問題があります。近年のIT技術の進歩や過去の損失データの蓄積や共有化、統計的手法の導入などにより、リスク管理技術の高度化が進んでいます。銀行自身もバーゼルⅠとは別に自助努力を続けており、その結果、銀行内部におけるリスク管理態勢も高度化されてきています。これは望ましい流れではあるのですが、同時に、規制の内容が銀行内部

図表10−1　バーゼルⅠにおけるリスク・ウェイト

資産区分	リスク・ウェイト
1. 現金（外国通貨および金を含む） 2. OECD諸国の中央政府および中央銀行向け債権 3. 上記2.以外の諸国の中央政府および中央銀行向け現地通貨建て債権 4. 日本の地方公共団体向け債権 5. 自行預金またはOECD諸国中央政府・中央銀行債権により担保された債権 6. OECD諸国の中央政府または中央銀行により保証された債権 7. 上記2.以外の諸国の中央政府または中央銀行により保証された現地通貨建て債権	0％
1. 日本の政府関係機関向け債権 2. 日本の地方公共団体または政府関係機関により保証された債権 3. OECD諸国金融機関向け債権およびこれらの金融機関により保証された債権 4. 日本の信用保証協会等に保証された債権	10％
1. 国際開発銀行向け債権およびこれらの銀行により保証あるいはこれらの銀行の債券により担保された債権 2. OECD諸国金融機関向け債権およびこれらの金融機関により保証された債権 3. OECD諸国証券会社向け債権およびこれらの証券会社により保証された債権 4. 残存期間1年以下のOECD諸国以外の金融機関向け債権およびこれらの金融機関によって保証された残存期間1年以下の債権 5. 日本を除くOECD諸国の中央政府以外の公共部門向け債権、これらの部門によって保証された債権およびこれらの部門の発行債券により担保された債権 6. 取立未済手形	20％
抵当権付住宅ローン	50％
上記以外の債権およびその他の資産	100％

のリスク管理実務と大きく乖離してしまっていたことを表しています。

(2) バーゼルⅡの概要

以上のような問題をふまえ、バーゼルⅡでは信用リスク量の計測手法を精緻化するとともに、現在のリスク管理技術に対応した計測手法を導入しました。すなわち、大きく分けて標準的手法と内部格付手法の2種類を用意し、各行がいずれかを選択できるようにしました。内部格付手法はさらに基礎的内部格付手法と先進的内部格付手法に分かれます。また、内部格付手法を使用する場合は、予備計算の実施と報告、金融庁長官に対し所定事項を記載した申請書を提出し、承認を受けることが必要になります。以下、それぞれの概要を説明します。

a 標準的手法

標準的手法とは、外部の適格格付機関が付与する格付に応じ、監督当局が設定したリスク・ウェイトを使用して信用リスク量を算出する手法のことです。監督当局が設定したリスク・ウェイトを使用するという点では、標準的手法はバーゼルⅠにおける計測手法に類似しているといえます。ただし、外部格付を使用し、より多くの資産区分を設定することで、信用リスク計測の

図表10-2 バーゼルⅠとバーゼルⅡ（標準的手法）におけるリスク・ウェイト

区分（対象：日本国内）	バーゼルⅠ	バーゼルⅡ（標準的手法）
国・地方公共団体	0%	0%
政府関係機関等	10%	10%（一部20%）
銀行・証券会社	20%	20〜150%（現在は20%）
事業法人（中小企業以外）	100%	（格付あり）20〜150% （格付なし）100%
中小企業・個人	100%	75%
住宅ローン	50%	35%
延滞債権	100%	50〜150%
株式	100%	100%

精緻化が図られています。たとえば、従来5つだった資産区分は倍以上にふえ、リスク・ウェイトの幅も拡大しています。つまり、バーゼルⅠの簡素な仕組みを引き継ぎつつ、精緻化を図った手法ということができます。

図表10－2は、使用するリスク・ウェイトについてバーゼルⅠとバーゼルⅡ（標準的手法）を比較したものです。

b　内部格付手法

内部格付手法とは、銀行が蓄積した過去のデフォルトに関する内部データに基づき、債務者あるいは貸出案件ごとに内部格付を付し、その格付に応じてデフォルト確率を推計し、信用リスク量を計測する手法のことです。

内部格付手法には基礎的内部格付手法と先進的内部格付手法があります。金融庁告示19号「銀行法第14条の2の規定に基づき、銀行がその保有する資産等に照らし自己資本の充実の状況が適当であるかどうかを判断するための基準」の1条33号では、基礎的内部格付手法採用行は「事業法人等向けエクスポージャーについてLGD及びEADの自行推計値を用いないことを条件として、内部格付手法を使用することについて金融庁長官の承認を受けた銀行」と定義されています。一方、先進的内部格付手法採用行は「事業法人等向けエクスポージャーについてLGD及びEADの自行推計値を用いて内部格付手法を使用することについて金融庁長官の承認を受けた銀行」とされています（同告示1条34号）。つまり、図表10－3のように区分されます。

また、LGD、EADは次のように規定されています。

　　◇EAD……デフォルト時におけるエクスポージャーの額
　　◇LGD……EADに対するデフォルトしたエクスポージャーに生ずる損失額の割合

図表10－3　基礎的内部格付手法と先進的内部格付手法の違い

	基礎的内部格付手法	先進的内部格付手法
デフォルト確率（PD）	銀行による推計	銀行による推計
LGD、EAD	設定された値	銀行による推計

2　オペレーショナル・リスクに対応

次に、オペレーショナル・リスクに対応する自己資本の維持が新たに求められています。オペレーショナル・リスクとは事務事故や不正行為などによって損失が生ずるリスクをいいます。バーゼルⅠでは、信用リスクとマーケット・リスクに対応する自己資本の維持は求めていますが、オペレーショナル・リスクへの対応は求めていませんでした。しかし、バーゼルⅡでは銀行にオペレーショナル・リスクと同額以上の自己資本の維持を新たに求めています。

オペレーショナル・リスクの計算方法として、基礎的指標手法（基礎的手法）、標準的手法（粗利益配分手法）、先進的計測手法の3つの選択肢が設けられています。

証券仲介業務や信託代理店業務への進出など、銀行の業務の多角化は進んでいます。個人情報保護法（正式名称：個人情報の保護に関する法律）の施行を契機に、個人情報の漏洩リスクも重視されるようになってきています。今後日本の銀行のオペレーショナル・リスクは増加していく可能性があることから、慎重な対応が求められています。

3　自己資本戦略と市場規律の導入

(1)　バーゼルⅡの3本柱

そして、銀行が自己資本戦略を決定しこれを当局が検証するプロセスを導入していること、および、自己資本の内訳やリスク管理態勢等の開示を充実することにより、市場関係者のチェックにより規律が働くような仕組みになっています。

バーゼルⅠは、銀行等がリスクに備えて最低限維持すべき自己資本比率が設けられているのみです。これに対してバーゼルⅡでは、最低限の所要自己資本比率の維持を第1の柱としつつ、これに加えて第2・第3の柱を設けています。

(2) 第2の柱（自己資本戦略）

　第2の柱では、銀行自身が自己資本比率算定の対象となっていないリスクへの対応を含めた自己資本戦略を立て、それを当局が検証するよう求めています。自己資本戦略では、景気の動向、バンキング勘定（銀行勘定）の金利リスク、与信集中リスク、流動性リスクなども勘案して、必要な自己資本水準を設定することが想定されています。

　このうちバンキング勘定の金利リスクに関して、バーゼルⅡ最終規則では特別な規定が設けられています。監督当局が、ある銀行に対して金利リスクの水準に見合った十分な自己資本を有していないと判断した場合、監督当局はその銀行に対して、リスクの削減、一定額の追加的自己資本の保有、ないしはその両者の組合せを要請する是正措置をとることを検討すべきであるとしています。金利リスクに対して脆弱な銀行、具体的には金利ショックによりバンキング勘定でTier 1 自己資本とTier 2 自己資本の合計の20％を超える経済価値の低下が発生する銀行を「アウトライヤー銀行」と定義したうえで、このアウトライヤー銀行の自己資本充実度に対して、監督当局は、特に注意を払わなければならないこととしています。

　日本では金融庁が2005年11月に第2の柱に対応するための指針（2005年11月22日付「バーゼルⅡ第2の柱（金融機関の自己管理と監督上の検証）の実施方針について」）を公表しています。指針では、金融機関による統合リスク管理態勢の整備を促す措置を講ずるとともに、バンキング勘定の金利リスクや与信集中リスクについて早期警戒制度のなかで対応することとされています。すなわち、アウトライヤー銀行だからといって追加的自己資本の保有まで求められるわけではありません。

(3) 第3の柱

　第3の柱は、開示の充実です。銀行が自己資本の内訳、自己資本比率の算定根拠、バンキング勘定の金利リスクも含めたリスク管理方針・手続など、第1・第2の柱に関連する情報を開示し、開示内容を市場の評価にさらすことによって、市場規律が働くようにしています。2006年7月には、具体的な

開示内容を定めた告示（2006年7月28日付「銀行法施行規則第19条の2第1項第5号ニ等の規定に基づき、自己資本の充実の状況等について金融庁長官が別に定める事項」）が公表されています。告示では、定性的な情報のみならず、たとえば信用リスクに関する所要自己資本の内訳など定量的な情報についても詳細な開示を求めています。開示は年度、中間、四半期ベースで行われますが、標準的手法を採用する国内基準行は、四半期ベースの定量的な開示が免除されています。

Q11 なぜバーゼルⅡの導入が必要だったのですか

A

バーゼルⅠでは画一的なリスク・ウェイトが用いられており、融資先等の信用リスクが適切に反映されているとはいえませんでした。銀行のリスク管理の高度化、取引の多様化・高度化にも十分対応しきれていませんでした。維持すべき自己資本比率の水準自体が目的化してしまい、リスク管理の観点からはかえって不合理な取引が行われる事態も生じていました。さらに、オペレーショナル・リスクなどの新たに注目されるようになったリスクにも対応していない点、当局がきめ細かく規制内容を定めるかつての方法では金融機関の創意工夫を妨げているという点も問題になっていました。バーゼルⅡの検討は、これらの問題に対処するため1998年3月から開始されました。途中3回の市中協議案の公表を経て、2004年6月にようやく公表されるに至りました。

解 説

1 バーゼルⅠの問題点

バーゼルⅠでは、融資先・債券発行者等の債務者の信用力に関係なく、その債務者や資産などの種類に応じた画一的なリスク・ウェイトが用いられていました。事業法人向けの融資であれば、融資先の事業法人の信用力にかかわらず、一律100％のリスク・ウェイトが適用されていました。このような方法では融資先等の信用リスクを適切に反映することはできません。借り手の信用度が低下し実際の信用リスクが高い場合にはリスクを過小評価し、逆に借り手の信用度が高く実際の信用リスクが低い場合にはリスクを過大評価することになるという問題が生じてしまいました。

さらに、銀行のリスク管理態勢とのミスマッチも問題になっていました。

バーゼルIの施行後、銀行は信用リスクの計量化を進めました。しかし、バーゼルIは、銀行の信用リスク計測手法の発展に対応していませんでした。そのため、規制内容が銀行のリスク管理の実態と乖離してきている点が指摘されていました。

そうなると、実際の信用リスクが同程度の取引であったとしても、自己資本比率規制上の所要自己資本がより少なくてすむような取引を選択するインセンティブが働きます。さらには、8％という自己資本比率の数値を維持すること自体が目的化し、銀行がその目的のために、かえって経済的合理性のない行動をとる可能性があります。たとえば、ある銀行が8％の自己資本比率を維持させるために社債を処分しリスク・アセットを削減しなければならないとします。その銀行の保有する社債に格付が高く流動性のあるA社債と格付が低く流動性のないB社債があった場合、信用リスクをできるだけ抑制したいのであれば、本来はA社債を残しB社債を処分すべきです。しかし、バーゼルIでは社債は実際の信用リスクに関係なく、いずれもリスク・ウェイトが100％であるため、処分しやすいA社債が売却され、信用リスクの高いB社債が手元に残ることも起こりえます。このような取引が頻繁に行われれば、銀行の資産の質は悪化していくことになります。銀行等の金融機関は個々の預金者よりもはるかに情報収集能力があり、個々の預金者が自分で行うよりも適切に融資先・投資対象を選別できます。銀行等の金融機関の存在意義はそこにあるといえます。しかし、自己資本比率規制の内容が適切にリスクを反映していなければ、リスクとリターンに基づいた合理的な投資が必ずしも行われなくなり、銀行等の資産配分がゆがめられることになります。

信用リスク削減手法やヘッジの効果を適切に認めてこなかったことも問題点としてあげられていました。たとえば、バーゼルIでは担保等による最低限の所要自己資本の削減効果しか認めてきませんでした。新たに開発された信用リスク削減手法の効果も認めてきませんでした。その結果、信用リスク削減手法の開発を阻害するという問題も生じていました。

証券化等の新たな取引に対応できていないという問題もありました。証券

化では、銀行は資産を特別目的事業体（SPE）にいったん譲渡するものの、そのSPEの最劣後部分を保有して譲渡資産のリスクのほとんどを負担するなど、なんらかのかたちで資産のリスクを引き続き負担しているケースが多くみられます。このような場合、証券化した資産についてオリジネーターの銀行が負担するリスクは、証券化の前と後とで実質的には異なりません。にもかかわらず、資産残高が売却によって減少することで、規制上の所要自己資本が減少してしまうという問題が生じていました。

そのほか、銀行が対応しなければならないリスク要因が多様化しているにもかかわらず、バーゼルⅠで対応しているリスクが信用リスクとトレーディング勘定のマーケット・リスクに限られているという問題もありました。

加えて、主要国で金融業務の多角化や高度化が進むなかで、監督当局がきめ細かく規制していくアプローチでは対応がむずかしく、かえって金融機関の創意工夫を阻害してしまい、金融仲介機能を非効率にするという弊害も目立ってきました。

2　バーゼル銀行監督委員会での検討とバーゼルⅡの決定

このような問題に対処するため、バーゼル銀行監督委員会は1998年3月から、バーゼルⅠの見直しに着手しました。1999年6月には第一次市中協議案が公表されました（1999年6月3日付日本銀行「バーゼル銀行監督委員会による市中協議ペーパー「新たな自己資本充実度の枠組み」（日本銀行仮訳）」）。これはバーゼルⅡの骨格を示すものです。第一次市中協議案に寄せられた200通あまりの意見書、各種のヒアリングの結果などをふまえ、2001年1月には第二次市中協議案が公表されました（2001年1月17日付日本銀行「バーゼル銀行監督委員会によるバーゼル合意見直しに関する第二次市中協議文書「自己資本に関する新しいバーゼル合意」（仮訳）」）。第二次市中協議案に対しては250通あまりのコメントが寄せられました。

ただし、第二次市中協議案の段階では株式、証券化やオペレーショナル・リスクの取扱いの詳細は示されておらず、その後、2001年8月に株式、同年

9月にオペレーショナル・リスク、同年10月および2002年10月には証券化に関するワーキング・ペーパーが公表されました（2001年12月27日付「バーゼル合意見直しに関するバーゼル委員会ワーキング・ペーパー等について（参考資料）」）。

 その一方で、第二次市中協議案を適用した場合の影響度調査（QIS 2）が2001年から実施されました。QIS 2の結果は、2001年11月、2002年1月（オペレーショナル・リスクが対象）に公表されました。

 第二次市中協議案では、新しい規制による銀行の平均的な自己資本の負担水準は、現行規制よりも重くも軽くもならないようにするという基本方針が示されていました。しかし、調査結果では、第二次市中協議案を適用すると、現行規制よりも所要自己資本が増加すること、標準的手法よりも基礎的内部格付手法のほうが所要自己資本の負担が重く、より高度なリスク管理に銀行を誘引する要因にはなっていないことが明らかになりました。これらをふまえ、バーゼル銀行監督委員会は基礎的内部格付手法の検討を継続し、2003年4月に第三次市中協議案を公表しました（2003年4月30日付日本銀行「バーゼル銀行監督委員会によるバーゼル合意見直しに関する第三次市中協議文書「自己資本に関する新しいバーゼル合意」（仮訳）」）。バーゼルⅡの適用は、第二次市中協議案の段階では2004年からの適用を予定していました。しかし、作業の難航を受けて、第三次市中協議案では2006年末からの適用とされました。

 さらに、第三次市中協議案に対しても、200通以上のコメントが寄せられ、引当金の取扱い（期待損失と非期待損失を分離する必要性）、証券化取引、クレジット・カード債権などの問題点が指摘されました。これらの問題点をさらに検討し、2004年6月26日にバーゼルⅡの最終規則（正式名称（仮訳）：「自己資本の測定と基準に関する国際的統一化：改訂された枠組」）が公表されるに至りました。

Q12 バーゼルⅡではマーケット・リスク規制が一部見直されたようですが、どのような内容の改正が行われたのですか

A

　国内基準行にも原則としてマーケット・リスク規制を適用することとされたこと、内部モデル方式を用いる場合は国内基準行でも国際基準で8％以上の自己資本比率を維持すべきとされたことに加え、2005年7月のバーゼル銀行監督委員会における改正内容をふまえた見直しが行われました。具体的には、バンキング勘定で行われているレポ取引の一部がマーケット・リスク規制の対象にできるようになったこと、内部モデル認可のための要件が見直されたこと、標準的方式の個別リスクの算定方法、内部モデルの個別リスクに関する認定要件が見直されたことがあげられます。

解 説

1　適用対象

　バーゼルⅡ導入前の自己資本比率規制では、国際統一基準行にはマーケット・リスク規制の適用が強制されていましたが、国内基準行にはマーケット・リスク規制は適用されませんでした。しかし、バーゼルⅡに基づく金融庁告示19号「銀行法第14条の2の規定に基づき、銀行がその保有する資産等に照らし自己資本の充実の状況が適当であるかどうかを判断するための基準」（2007年3月31日適用）では、国内基準行に対しても原則としてマーケット・リスク規制を適用することとしています。そのうえで、マーケット・リスク規制の適用除外の選択を認めています。

　マーケット・リスク規制の適用を選択した国内基準行がマーケット・リスクの測定方法として内部モデル方式を用いる場合は、国際統一基準に基づく

自己資本比率が8％以上であることを要求されます。

2　マーケット・リスク相当額の算定対象

　2005年7月のバーゼル銀行監督委員会による追加的な修正を受け、バンキング勘定で行われているレポ取引のうち、特定取引等を行う部署においてリスク管理上特定取引等と一体として管理・評価しているものは、マーケット・リスク規制の適用対象に含めることができることとされました。ただしその場合、レポ取引の相手方の信用リスクについては、別途、信用リスク・アセット額を算出する必要があります。

3　個別リスクの算定方法

(1)　標準的方式

　標準的方式の場合、債券（金利）の所要自己資本額は、個々の債券の発行者に関連した要因による「個別リスク」と市場が変動することにより被る「一般市場リスク」の合計になります。このうち個別リスクは、債券のカテゴリー別に下記のリスク・ウェイトを掛けた額とされていました。

　　◇政府債券0％
　　◇優良債券（残存期間6カ月以内）0.25％
　　◇優良債券（残存期間6カ月超24カ月以内）1.00％
　　◇優良債券（残存期間24カ月超）1.60％
　　◇その他債券8.00％

　しかし、2006年3月公表の金融庁告示19号では、信用リスク・アセットのリスク・ウェイトが精緻化されたことにあわせて、個別リスクをより細かく設定しています。このうち、12.00％のリスク・ウェイトは、2005年7月のバーゼル銀行監督委員会による追加的な修正を受けて導入されました。

　優良債券の定義も変更されました。従来は以下が優良債券とされていました。

　　①　公共部門、国際開発銀行の発行した債券

② 銀行・証券会社等の発行する債券のうちバーゼル合意（従来の規則）に基づく自己資本比率規制または類似の基準を満たしているものが発行した債券等
③ 次の(i)または(ii)を満たす債券等
　(i) 二以上の指定格付機関により投資適格の格付が付与されていること
　(ii) 一の指定格付機関より投資適格の格付が付与されており、他の指定格付機関より投資不適格の格付が付与されていないこと

改正後は下記のようになります。
① 公共部門、国際開発銀行の発行した債券
② 銀行・証券会社等（銀行持株会社や証券持株会社を含む）の発行する債券で20%のリスク・ウェイトが適用されるもの

図表12－1　債券等（金利）の個別リスクのリスク・ウェイト

債券等の種類			リスク・ウェイト
政府債	AA－相当以上		0%
	BBB－相当以上	残存期間等が6カ月以内	0.25%
		6カ月超24カ月以内	1.00%
		24カ月超	1.60%
	B－相当以上		8.00%
	B－相当未満		12.00%
	無格付		8.00%
優良債		残存期間等が6カ月以内	0.25%
		6カ月超24カ月以内	1.00%
		24カ月超	1.60%
その他	BB－またはA－3／P－3相当以上		8.00%
	BB－またはA－3／P－3相当未満		12.00%
	無格付		8.00%

③ 適格格付機関の格付がBBB−、A−3／P−3以上である債券

すなわち、②の対象に銀行持株会社や証券持株会社も加えられ、要件も「20％のリスク・ウェイトが適用されるもの」に改められました。さらに、③も大きく改められました。個別リスクのリスク・ウェイトは具体的には図表12−1のように設定されています。一般市場リスクの計算方法（マチュリティ方式、デュレーション方式）は変わっていません。

その他、債券（金利）のデリバティブのポジション相殺について、クレジット・デリバティブの規定が新たに設けられています。

(2) 内部モデル方式

内部モデル方式では、2005年7月のバーゼル銀行監督委員会による追加的な修正を受けて見直しが行われています。内部モデルの承認要件に新たな要件が追加されました。

a 定性的基準

定性的基準には以下の要件が追加されています。

　◇リスク計測モデルの正確性がマーケット・リスク管理部署により継続的に検証されること

　◇リスク計測モデルが、そのモデル開発から独立した十分な能力を有する者により、開発時点およびその後定期的に、モデルの重要な変更、市場の構造的な変化、ポートフォリオ構成の大きな変化によってモデルの正確性が失われるおそれが生じた場合に検証されること

b 定量的基準

定量的基準には以下の要件が追加されています。

　◇VaR算出の際のヒストリカル・データは3カ月に1回以上[1]更新しなくてはならないこととされているが、市場価格に大きな変動がある場合は、当該変動を反映するための更新および推計を行うこと

---

1 バーゼル2.5導入（2011年12月31日）以後は、「1カ月に1回以上」に短縮されています。

c　個別リスク

　さらに、個別リスクに関連した見直しが行われています。当初は、イベント・リスクおよびデフォルト・リスクを正確に把握するという要件を満たさなくても、他の要件を満たすことと、内部モデル方式で算出した個別リスクのVaRを一般市場リスクも含めた全体のマーケット・リスク相当額に追加することを条件に、当局は内部モデル方式による個別リスクの算出を承認することとしていました。しかし、金融庁告示19号では、イベント・リスクおよびデフォルト・リスクを正確に把握することを例外なく求めることとしたほか、デフォルト・リスクの把握について次の要件を満たすよう求めています。

　　◇計測対象ポジションの流動性、集中度、ヘッジ状況およびオプション性に関する特性に応じて調整のうえ、内部格付手法の基準を適切に充足していること
　　◇証券化エクスポージャーのうち、自己資本控除とすることが規定されているものは同様に取り扱い、かつ、無格付の流動性補完または信用補完の所要自己資本は証券化の枠組みに基づき賦課される額を下限とすること

　その他、以下の要件も追加されました。

　　◇流動性の劣るポジションまたは価格の透明性が限られているポジションから発生しうるリスクを、現実的な市場シナリオのもとで保守的に把握していること
　　◇イベント・リスクを内部モデルで計測する場合、片側99％の信頼区間、10営業日の保有期間を超えるイベント・リスクを計測すること。ただし、リスク計測モデルで把握されていない部分は、銀行が当該リスクの与える影響を、ストレス・テスト等の適切な方法により、第2の柱のエコノミック・キャピタル上把握していること

第 2 章

新規制（バーゼル2.5、Ⅲ）の導入の経緯

Q13 リーマンショック等の金融危機はバーゼル規制の見直しにどのような影響を与えましたか

A

サブプライムローン問題やパリバショックでは、バーゼルⅡによる自己資本比率規制の、再証券化商品、流動性リスク管理への対応に不備があることが明らかになったため、これらの規制の強化（いわゆるバーゼル2.5）が図られました。

リーマンショック以降は、資本の質・量の強化、レバレッジの抑制、流動性の確保などに焦点が当たり、バーゼルⅢによる自己資本比率規制の強化が図られました。さらに、グローバルにシステム上重要な銀行（G-SIBs）については、資本の上乗せが図られたほか、破綻処理の枠組みの整備にも取り組んでいます。

解説

1 金融危機の経緯

今回の金融危機は、以下の段階に分けられます。

① サブプライムローン問題、パリバショック

② リーマンショック

(1) **サブプライムローン問題、パリバショック**

今回の金融危機の端緒は、いわゆる米国で発生したサブプライムローンの問題です。サブプライムローンとは、「信用力の劣る借り手に対する住宅ローン」[1]です。これまで住宅取得ができなかった層が新しい金融技術により住宅取得が可能となったことや住宅価格の上昇を背景に、2004年以降、米国に

---

1 金融庁金融市場戦略チーム第一次報告書（平成19年11月30日）

おいて増加していました。2002年以降の米国の低金利を背景に、当初の一定期間において返済が金利相当分に限定されるタイプのものが開発され、低所得層でもローンが借りやすくなりました。

このようなサブプライムローンの多くは、当該ローンを担保とする資産担保証券（ABS：Asset Backed Securities）といった証券化商品だけでなく、これらを原資産とした債務担保証券（CDO：Collateralized Debt Obligation）といった再証券化商品を組成することにより、米国のみならずヨーロッパの金融機関やファンドからも投資資金を幅広く集めていました。

他方で、短期の市場性資金をABCP（Asset Backed Commercial Paper）により調達し、長期のABSやCDO等に投資することで長短の金利差を利用して運用益を獲得するSIV（Structured Investment Vehicle）やコンデュイットといったスキームを用いる金融機関が多数出てきました。これらのスキームを用いて、資産・負債を貸借対照表に計上しない（オフバランス）ままで、資金調達をふやしレバレッジを大幅に効かせてリターンの最大化を目指す金融機関が拡大していきました。

しかし、2006年から米国住宅市場の価格の下落や初期の低金利期間の終了などにより、サブプライムローンの延滞率が上昇し、2007年6月に米国系投資銀行のベア・スターンズ傘下のヘッジファンド2社の経営危機が表面化し、同行による救済融資が発表されました。同年7月に、サブプライムローン関連商品の格付が急速に引き下げられ、CDOだけでなく、貸出債権証券化商品（CLO）、社債証券化商品（CBO）、商業不動産証券化商品（CMBS：Commercial Mortgage Backed Securities）、ヨーロッパの住宅ローン証券化商品（RMBS：Residential Mortgage Backed Securities）、カードローンなど証券化商品全般の流動性の急低下が生じました。

また、裏付資産に対する不安から米国のMMF等がABCPによる運用を手控え、ABCPの借換えが困難となったことに伴い、欧米の金融機関が流動性補完を提供するため短期市場で資金調達を行いました。そのため短期金融市場の流動性が逼迫し、2007年8月以降、欧米の中央銀行による短期金融市場

への資金供給、米国のFRB（連邦準備制度理事会）による短期金利の引下げや資金供給手段の拡充が行われました。2007年8月には、ドイツの銀行2行が、流動性補完を行っている傘下のファンドの資金繰りが困難となったことにより政府公庫や銀行団の救済・支援を受けることとなりました。さらにフランスではBNPパリバが、傘下のファンドについて純資産価額の算出、新規募集、解約の凍結を発表し（いわゆるパリバショック）、サブプライムローン問題の欧州金融機関への波及が鮮明になりました。9月には、英国のノーザンロック銀行が、サブプライムローン商品をほとんど保有していなかったにもかかわらず、短期市場のタイト化により資金調達が困難となり、英国当局の緊急融資を受け、その後、取付騒ぎによる預金全額保護の措置を受けました。2007年第3四半期、第4四半期の欧米の金融機関の決算では、サブプライム関連商品・ビジネスによる多額の損失が計上されました。

　12月に入ると、SIVやコンデュイット、傘下ファンドから資産を買い戻し、オンバランス化して損失処理を行う動きが表れました。証券化商品の保証業務を行っていたモノライン保険会社の業績も悪化しました。流動性確保のため、レバレッジの解消（デレバレッジ）の動きの加速や潜在的損失発生の可能性がある資産のオフバランス化等により証券化商品全般、さらには、ファニーメイやフレディーマックなど政府支援機関（GSE：Government Sponsored Enterprise）が保証するモーゲージ債券の価格が低下しました。その結果、欧米の大手金融機関は、2008年第1四半期においても多額の損失を計上しました。2007年後半以降、サブプライム関連の損失が最大でいくらになるかが明確でなく、さまざまな情報が市場で飛びかっていました。デレバレッジは2月から3月にかけて加速し、2008年3月以降は、流動性の高い金融商品においても、レポ市場も含め、流動性が低下する事態が生じました。この時に、米国の大手投資銀行であるベア・スターンズの経営危機が表面化し、3月に救済措置（JPモルガン・チェースが買収、この際、ニューヨーク連銀が融資）が講じられました。GSEについては、2008年に入って住宅ローン買取価格の限度額引上げや住宅ローン投資の限度額撤廃により経営状況が悪化

したため、7月に融資や資本注入等の支援法が成立しました。

(2) リーマンショック

1999年のグラム・リーチ・ブライリー法の制定により、米国の商業銀行は、金融持株会社を設立し、傘下の証券会社を通じて投資銀行ビジネスに進出していきました。これによる投資銀行ビジネスの競争激化に対応し、投資銀行系グループ各社は、トレーディング業務やプリンシパル・インベストメント業務を拡大していきます。とりわけ当該業務のなかで、ウェイトが大きくなっていたのが証券化商品の組成・販売（オリジネート・トゥ・ディストリビュート）です。投資銀行は収益拡大のため、レバレッジを拡大する一方で、証券化商品の組成・販売に注力していきます。その結果、サブプライムローン問題、パリバショック以降のデレバレッジの状況下においては、経営内容が急速に悪化していきます。

そしてついに、2008年9月15日には、米国の大手投資銀行であるリーマン・ブラザーズの破綻、メリルリンチのバンク・オブ・アメリカによる救済合併、同年9月21日にはゴールドマン・サックスとモルガン・スタンレーの銀行持株会社移行が認可され、米国の投資銀行は姿を消すに至りました。同年9月16日には、金融機関が行うCDSの引受け主体であった米国最大の保険会社のAIGが実質的に破綻し政府の救済を受けることになりました。さらに、ワシントン・ミューチュアル、ワコビアという米国の大手商業銀行まで破綻（それぞれJPモルガン・チェース、ウェルズ・ファーゴに吸収される）するに至りました。とりわけ、リーマン・ブラザーズに対して米国政府が救済せずに破綻に至らせたことは、「Too Big To Fail」（大きすぎてつぶせない。以下、「TBTF」）の対象になると思われていただけに、金融市場に大きなショックを与え、銀行間の短期市場を中心に、流動性が枯渇し、9月29日に日米欧の主要10中央銀行が、ドル資金を自国市場に供給する協調策の拡充、10月には協調利下げを実施することを発表しました。さらに、欧米では、多くの金融機関が公的資金の注入を受けることになりました。米国では10月に金融安定化法が可決し、最大7,000億ドルの公的資金で金融機関から不良資産を

買い取ることが可能となり、JPモルガン・チェースなど大手9行への公的資金注入、AIGへの追加的な支援が行われました。ヨーロッパでも各国政府が公的資金の資本注入を発表しました。G7も、10月10日に金融機関への公的資金注入や短期金融市場の機能回復のため、あらゆる手段をとるとの行動計画を採択しました。

2　金融危機への対応とバーゼル規制

(1)　サブプライムローン問題、パリバショック

　米国政府は2007年12月に短期金融市場の安定化のため、ヨーロッパでのドル資金供給を円滑化するスワップ手法の活用、長めの資金を供給するTAF、2008年3月にはモーゲージ証券を担保に国債を供給するターム物債券貸出制度（TSLF）、プライマリーディーラーに中央銀行の資金を直接供給するPDCFなど一連の流動性供給策を相次いで打ち出しました。この段階では、次のような点が問題点として指摘されていました。

　◇長期にわたる金融緩和を背景とした不動産バブルの発生が背景
　◇借り手による安易な借入れ、証券化による信用リスクの移転（オリジネート・トゥ・ディストリビュート）を前提とした貸し手の甘い審査、銀行以外の貸し手に対する不十分な監督体制、証券化商品の組成者における不十分な情報収集・分析・不適切なリスク評価、証券化商品の組成者から格付の手数料をもらうことに伴う格付会社の利益相反、証券化商品販売者の不十分なリスク情報の説明、投資家の不十分なリスク管理態勢・過度なレバレッジ・保有ポジションの不十分な開示。流動性リスクに対する脆弱性、流動性が不十分な金融商品の公正価値評価の問題など

　これらに対処するため、2008年4月にFSF（金融安定化フォーラム）[2]は、「市場と制度の強靭性強化に関する金融安定化フォーラム報告書」を取りまとめました。それを受けた2008年4月のG7ワシントン会合では100日以内の措置として、複雑で流動性のない商品の情報開示を求める、厳格なストレ

2　現FSB（金融安定理事会）

ス・テストを含めたリスク管理慣行の強化、SIVなどのオフ・バランス事業体に関する会計・ディスクロージャー基準の改善、IOSCO（証券監督者国際機構）に格付機関のための行動規範の改訂を求める一方で、バーゼル銀行監督委員会には、流動性リスク管理の改訂ガイドラインの発出を求めました。さらに、2008年末までに実施すべき措置として①自己資本、流動性、リスク管理に関する健全性監督の強化、②金融商品の評価基準の強化と透明性の強化、③格付機関の役割、利用の変更、④当局のリスク対応力の強化、⑤金融システムにおけるストレスに対応するための堅固な体制の整備を求めました。①については、バーゼル銀行監督委員会に、複雑な仕組みの商品とオフバランス関連会社に関して所要自己資本を引き上げるとともに、追加的なストレス・テストを求めるなど、モニタリングを強化するよう求めました。

バーゼル銀行監督委員会は、2008年2月に「流動性リスク：管理と監督上の課題」という文書を公表したほか、2008年4月には、「銀行システムの強靭性強化のための対策」として以下の対策を実施することを公表しました。

◇バーゼル規制の枠組みの強化（複雑なストラクチャード・クレジット商品、ABCPのコンデュイットに対する流動性補完、トレーディング勘定の所要自己資本強化）

◇流動性リスクの管理や監督に係るグローバルな健全性基準（サウンド・プラクティス）の強化

◇銀行のリスク管理実務および当局による監督強化のための取組み。特にストレス・テスト、オフバランスシート管理、価格評価実務などについて取組みを行う。

◇情報開示の改善等を通じた市場規律の強化

これらは、その後、バーゼル2.5として実現していくことになります。

流動性リスクに関しては、バーゼル銀行監督委員会は2008年9月に「健全な流動性リスク管理及びその監督のための諸原則」を公表しました。同原則では、銀行にさまざまなストレス（危機的な）状況に耐えうるような流動性リスク管理の枠組みを構築するよう求めており、流動性リスク管理のガバナ

ンス、上級管理職によるモニタリングと取締役会への定期的な報告、すべての重要な業務における流動性コストの測定、資産・負債、オフバランスシート（デリバティブ、特別目的会社、保証等を含む）から生じるキャッシュフローを適切に評価し、それが流動性にどのような影響を与えるか把握、測定、管理するシステムの構築などの諸原則を定めています。

(2) リーマンショック後の対応とバーゼルⅢ

　リーマンショック後の2008年11月にワシントンで開催されたG20の金融サミットでは、金融危機の再発防止や金融システム強化の観点から、①透明性および説明責任の強化、②健全な規制の拡大、③金融市場における公正性の促進、④国際連携の強化、⑤国際金融機関の改革の5つの共通原則とそれを実施するための47の行動計画が合意されました。さらに共同声明では、①に関連して市場混乱時の仕組商品等複雑な証券に適用する国際会計基準の見直し、②の健全な規制拡大に関連して、自己資本比率規制のプロシクリカリティ（景気循環をさらに増幅させる効果）の緩和、CDSの清算機関設立、金融機関の報酬体系の見直しなどに対する追加的な提案を求めています。④の国際連携の強化では、国際的に活動する金融機関に対して各国の監督当局が情報を共有する「監督カレッジ」の設置が提案されました。

　その後、各国の監督当局者、中央銀行関係者、学識者などからなるG30（グループ・オブ・サーティー）が2009年1月に「金融改革─金融安定の枠組み」を、欧州委員会から委託を受けたド・ラロジエール氏が同年2月にいわゆる「ド・ラロジエール報告」を、英国では同年3月にFSAの会長であるターナー氏がいわゆる「ターナー・レビュー」を公表し、いずれも、自己資本比率規制の、資本の質と量（所要自己資本）の両面での強化を求めました。

　自己資本の質とは、一言でいえば、損失吸収力です。この自己資本の質については、1998年に一度問題となったことがあります。各種の新しい資本調達手段の増加により、自己資本の質が低下することを防ぐために、1998年10月にバーゼル銀行監督委員会は、普通株式、内部留保等がTier 1自己資本の中心的な形態となるべきとしたうえで、資本の質の要件を厳格化しました。

しかし、その後も資本と負債の双方の性格をもつハイブリッドな資本調達手段が用いられてきました。これらの資本調達手段は、銀行が破綻した際には通常の負債より先に損失を負担することを前提としており、その分、保有者はリスクプレミアムの乗った高い利回りを得られました。にもかかわらず、先般の金融危機では、多くの銀行は公的資本注入によって破綻を免れ、これらの資本調達手段は元本削減等の負担をしなかったため、その損失吸収力に疑問が呈されるようになりました。またTier 2自己資本として、破綻時においてのみ機能する劣後債や劣後ローンを積んでいても、市場は評価しないことが明らかになりました。そこで、自己資本の損失吸収力を向上させるため、資本の量だけではなく、質の向上を求める意見が強まってきました。

　これらを受けて、2009年4月に開催されたロンドンのG20金融サミットでは、自己資本の質・量の強化が盛り込まれました。ただし、金融危機の影響が比較的軽微なわが国の主張も取り入れ、2010年以降に経済回復が確実となるまでは、従来の最低所要自己資本を変更しないことが確認されました。内容としては、最低所要自己資本を超える資本バッファーの積増し、資本の質の強化を求めました。金融機関の過度のレバレッジを抑制するため、リスク・アセット・ベースでないレバレッジ規制の導入を求めることとされました。リーマン・ブラザーズやAIGの破綻により金融市場がパニック状態になった経験をふまえ、銀行以外のノンバンク（証券会社・保険会社など）も規制および監督の対象とし、大規模で業務内容が複雑で、クロスボーダーに事業を展開している金融機関は特に注意深い監視が必要としました。さらに、FSFがロンドンサミットと同時に公表した「危機管理における国際的連携に関する原則」を直ちに実施することとしました。そのほか、FSFをFSB（金融安定理事会）に組織変更し強化すること、ヘッジファンド規制の強化、会計基準の改善（金融商品会計―評価・引当基準の改善および単一の質の高いグローバルな会計基準の実現）、格付機関規制の強化などが盛り込まれました。さらに、FSFが、ロンドンサミットと同時に、好況時に資本を積み増しておき不況時に取崩しを可能とする等を求める「金融システムにおけるプロシクリ

カリティへの対応」、短期的な業績に依存する報酬体系が金融危機の一因になったとして報酬体系の見直しを求める「健全な報酬慣行に関する原則」などの報告書を公表しました。

バーゼル銀行監督委員会も、ロンドン金融サミットに先立つ2009年3月12日に公表した「バーゼル銀行監督委員会が発表した自己資本（比率規制）の改善策」で以下の方法を組み合わせることで資本水準を強化する必要があることとしていました。

> ◇ストレス時に取り崩す（draw down）ことができる資本のバッファー（緩衝装置）の構築を促すような基準を導入する。
> ◇銀行の資本の質を強化する。
> ◇自己資本枠組みにおけるリスク捕捉（risk coverage）を改善する。
> ◇リスク・ベースでない補完的指標を導入する。

そのうえで、最低所要自己資本の水準について、より高いレベルの資本水準と資本の質を達成するために、2010年に検討を行う予定である旨、ただし、現在の経済と金融のストレスが継続している間は、世界的な最低所要自己資本の引上げは行わない旨を述べていました。

2009年9月6日に、バーゼル銀行監督委員会の上位機関である中央銀行総裁・銀行監督当局長官グループが、銀行への規制強化の主要な措置として、下記に合意したことを公表しました。

① Tier 1 資本の質の向上のため、その主要な部分は普通株式と内部留保で構成されなければならない旨
② 補完的指標としてのレバレッジ比率の導入
③ ストレス時の流動性カバレッジ比率とそれを補完するより長期な構造に関する安定調達比率を含む、流動性に関する最低基準の導入
④ 景気変動性を抑制するような、最低水準を上回る資本バッファーの枠組みの導入と、期待損失に基づいたフォワード・ルッキングな引当

基準の導入
　⑤　国境を越えて活動する銀行の破綻処理に関連するシステミックリスクを軽減する勧告の公表

　さらに、9月24日から25日のピッツバーグのG20金融サミットでは、国際的に合意された新しい自己資本比率規制を、2010年末までに策定することにコミットすることが公表されました。

　以上の経緯を経て、2009年12月にバーゼルⅢの市中協議案が公表され、2010年12月にはその内容が固まりました。バーゼルⅢの実施には、わが国の意見なども反映し、十分な経過措置が設けられることになりました。

3　システム上重要な金融機関への対応

　バーゼルⅢの枠組みが決定した後、議論の焦点は、システム上重要な金融機関（SIFIs：Systemically Important Financial Institutions）への対応に移りました。SIFIs問題が取り上げられる端緒となったのは、リーマン・ブラザーズの破綻です。リーマンショック後の市場の混乱により、TBTFの問題にあらためて焦点が当たりました。TBTFを認める場合、その対象とならない金融機関との競争条件を確保するための措置として資本を上乗せすることが考えられます。他方で、TBTFを認めない場合は、破綻処理の枠組みの整備が必要となります。バーゼル銀行監督委員会とFSBは、両方の手法で対応を図ってきました。

　バーゼル銀行監督委員会は、グローバルにシステム上重要な銀行（G-SIBs）については、2011年11月に資本を上乗せすること決定しています。国内で活動するシステム上重要な銀行（D-SIBs）については、2012年10月に「国内のシステム上重要な銀行の取扱いに関する枠組み」を公表しています。破綻処理の枠組みの整備に関しては、FSBが2011年11月に「金融機関の実効的な破綻処理の枠組みの主要な特性」を公表し、引き続き議論が続けられています。FSBは2013年8月には市中協議文書「金融機関の実効的な破綻処理の枠組みの主要な特性」の評価手法を公表しています。

Q14 バーゼル2.5ではどのような見直しがなされましたか

A

　バーゼル2.5では、リーマンショックを発端とする金融危機をふまえ、主にマーケット・リスク規制と証券化商品に関する規制が強化されました。マーケット・リスク規制関連では、対象資産の発行体の信用力の悪化による価格下落のリスク（「追加的リスク」）の捕捉や、内部モデル方式でマーケット・リスク相当額を算出する際、従来のVaRに加えてストレス期間を前提とするVaR（ストレスVaR）を算出する見直しがなされました。証券化商品に関しては、再証券化商品に通常の証券化商品よりも高いリスク・ウェイトが適用され、個別リスクについてはトレーディング勘定と銀行勘定で所要自己資本額が等しくなるような見直しが行われました。

　わが国では、このバーゼル2.5をふまえた改正告示が、2011年12月31日から適用されています。

解説

　バーゼル銀行監督委員会はバーゼルⅡに合意した後も、引き続き合意に至らなかった論点について検討を続け、2005年7月にトレーディング業務に関する扱いを含む論点について合意に至りました。論点の1つに、内部モデル方式においてマーケット・リスクを計測する指標であるVaRは、金融商品の発行体がデフォルトした場合の金融商品の価格下落を適切に捕捉できないため、デフォルト・リスクによる追加的資本賦課額をいかに算出するかという問題がありました。そこで、バーゼル銀行監督委員会は2007年10月に、このデフォルト・リスクに関する扱いを明確化するための市中協議案を公表しました。2008年7月には、この市中協議案について、追加的に資本賦課額を算

出するマーケット・リスクとして、デフォルト・リスクに加えて、格下げなど格付が変更されたことによって生じる金融商品の価格変動リスク（格付遷移リスク）を追加した、市中協議案の改訂版を公表しました（VaRに加えて、追加的に資本賦課額を算出するという趣旨から、デフォルト・リスクと格付遷移リスクを「追加的リスク」と呼びます）。

　しかし、2008年9月にいわゆるリーマンショックが発生し、金融市場の混乱が深刻化しました。そのため、2008年11月に、バーゼル銀行監督委員会はトレーディング勘定などリスク捕捉を強化することを含め、バーゼルⅡの枠組みを抜本的に強化することを表明しました。これを受けて、2009年1月に、上記の市中協議案の改訂版をさらに強化した、マーケット・リスク規制に関する市中協議案と、再証券化商品や流動性補完の扱いの強化など（マーケット・リスク規制以外で）バーゼルⅡの枠組みを強化する内容の市中協議案を公表し、2009年7月に合意に至りました。

　これらの見直しは、バーゼルⅢが合意に至る前にバーゼルⅡを応急的に見直したものであり、「バーゼル2.5」と呼ばれています。「バーゼル2.5」（のうちの「第1の柱」の部分）は、2009年7月の合意時点では、実施時期は「2010年末まで」とされていました。しかし、2010年5月に、米国とEUが、自国の金融機関に与える影響を懸念してか、突如、「バーゼル2.5」のトレーディング勘定に係る規制の実施時期を2011年からとすることを公表しました。これを受けて、バーゼル銀行監督委員会は2010年6月、「バーゼル2.5」の実施時期を「2011年末まで」に1年延期することを公表しました。

　バーゼル2.5の主な内容は、リーマンショックを発端とする金融危機で顕在化した、証券化商品の取引に関するリスクやトレーディング取引に関するリスクの取扱いを強化し、バーゼルⅡを（バーゼルⅢの前に）応急的に見直すものです。バーゼル2.5は、「バーゼルⅡの枠組みの強化」「バーゼルⅡにおけるマーケット・リスクの枠組みに対する改訂」「トレーディング勘定における追加的リスクにかかる自己資本の算出のためのガイドライン」の3つの文書で構成されています。

「バーゼルⅡの枠組みの強化」の構成は、おおむね以下のとおりです。

---

① 「第1の柱」の見直し（Q16参照）
　◇再証券化エクスポージャーの取扱いの導入
　◇外部格付の利用に際する要件の強化
　◇適格流動性補完の取扱いの強化
② 「第2の柱」の強化（Q17参照）
　◇銀行横断的なガバナンス
　◇オフバランス取引と証券化業務のリスクの捕捉
　◇リスクと収益を長期的視野で管理するインセンティブ
③ 「第3の柱」の見直し（Q18参照）

「バーゼルⅡにおけるマーケット・リスクの枠組みに対する改訂」および「トレーディング勘定における追加的リスクにかかる自己資本の算出のためのガイドライン」の内容は、おおむね以下のとおりです。

---

① 　マーケット・リスクの算出方法の強化
　　◇（クレジット関連商品について）追加的リスク（デフォルト・リスクおよび格付遷移リスク）の導入
　　◇内部モデル方式の強化（ストレスVaRの導入、VaRモデル運用条件の見直し）
② 　証券化商品に関する取扱い（リスク捕捉）の強化
　　◇トレーディング勘定で保有する証券化商品について、原則として銀行勘定に準じる取扱い（外部格付に応じた自己資本賦課）を導入

これらの見直しは、銀行の自己資本比率の計算式上は、分母（信用リスク・アセットとマーケット・リスクの部分）を増大させるという効果をもたらします。特に、金融危機前に証券化商品関連の取引やトレーディング取引を

拡大させていた欧米の銀行には影響が大きいと考えられ、バーゼル銀行監督委員会は、バーゼル2.5による見直しの結果、国際的に活動する大手銀行のマーケット・リスクに係る所要自己資本額は、平均3～4倍増加すると推計しています。

バーゼル銀行監督委員会は、この他、第2の柱に関連する文書として下記のガイダンスを公表しています。

◇「健全な流動性リスク管理及びその監督のための諸原則」（2008年9月）
◇「銀行の金融商品公正価値実務の評価のための監督上のガイダンス」（2009年4月）
◇「健全なストレス・テスト実務及びその監督のための諸原則」（2009年5月）

わが国では、バーゼル2.5をふまえ、2011年5月に金融庁が告示を改正し、2011年12月31日から適用されています。

第2の柱に関しては、わが国でも2008年4月に公表された「市場と制度の強靭性の強化に関する金融安定化フォーラム（FSF）[1]報告書」の提案を受け、監督指針の改正が、2008年8月に行われました。さらに、報酬に関する主要行等監督指針の改正が、2010年3月に行われました。

なお、バーゼル2.5の見直しの対象となったトレーディング勘定の取扱いおよび証券化商品の取扱いは、あくまでも金融危機を受けた当面の措置として、バーゼル銀行監督委員会で見直しが行われたものです。そのため、バーゼル銀行監督委員会は、いずれについても抜本的な見直しを行う意向を示しており、現在議論が行われているところです。

2012年5月には市中協議文書「トレーディング勘定の抜本的見直し」、2012年12月には市中協議文書「証券化商品の資本賦課枠組みの見直し」を公表しています。このうち、トレーディング勘定の抜本的見直しに関する議論については、Q84をご参照ください。

---

[1] 現金融安定理事会（FSB）

Q15 バーゼル2.5をふまえた改正告示において、マーケット・リスク規制関連ではどのような見直しが行われましたか

A

バーゼル2.5をふまえた改正告示では、マーケット・リスク規制に関して、①マーケット・リスクへのデフォルト・リスク、格付遷移リスク（「追加的リスク」）の導入、②内部モデル方式の強化（ストレスVaRの加算）、③標準的方式の一部見直し、が行われました。

解　説

1　マーケット・リスクへのデフォルト・リスク、格付遷移リスク（「追加的リスク」）の導入

従来は、トレーディング勘定取引について、焦点を市場価格の変動に由来するマーケット・リスクに当てる一方、発行体（債務者）のデフォルト・リスクや信用度が悪化するリスクといった信用リスクは十分に織り込まれていませんでした。そこで、バーゼル2.5をふまえた改正告示では、それを改善する見直しが行われています。この見直しの概要は図表15－1のように整理されます。

バーゼル2.5をふまえた改正告示では、（信用リスクを有する）債券等の個別リスクを内部モデル方式で計測する場合に、その債券等のデフォルト・リスクおよび格付遷移リスク（格下げなど格付が変更されたことによって生じる金融商品の価格変動リスク）（デフォルト・リスクと格付遷移リスクの2つをまとめて「追加的リスク」と呼びます）を計測し、マーケット・リスクに加えることが求められています。

追加的リスクを算出する対象となるポジションは債券等のクレジット関連商品ですが、上場株式とその派生商品取引を追加的リスクの算出対象に追加

図表15−1　トレーディング勘定に係るマーケット・リスク計測手法の見直しの概要

所要自己資本＝一般市場リスク＋個別リスク＋追加的リスク＋包括的リスク

リスクの種類			標準的方式	内部モデル方式
一般市場リスク	金利リスク		（変更なし（注2））	●ストレスVaR（99％、10日）を新たに算出し、これと従来どおりのVaR（99％、10日）の両方を用い算出
	株式リスク			
	為替リスク			
	コモディティ・リスク			
個別リスク	金利リスク	(イ)コリレーション・トレーディングの対象商品（注1）以外の証券化商品	●銀行勘定に準じた方法で算出（ロング・ポジションとショート・ポジションの双方に係る所要自己資本額を合算） ●2年間の移行措置期間中は、ロング・ポジションとショート・ポジションいずれか大きい方の所要自己資本額を採用	
		(ロ)コリレーション・トレーディングの対象商品	●上記と同様。ただし、ロング・ポジションとショート・ポジションいずれか大きい方の所要自己資本額を採用	●包括的リスクに係る所要自己資本を算出 ⇒包括的リスク参照
		(ハ)上記以外の金利リスクを有する商品	（変更なし（注3））	●ストレスVaR（99％、10日）を新たに算出し、これと従来どおりのVaR（99％、10日）の両方を用い算出
	株式リスク		●リスク・ウェイトを8％に統一（従来、流動性が高く、かつ分散されているポートフォリオには4％）	
追加的リスク	上記(ハ)に係る金利リスク		（計測対象外）	●デフォルト・リスク及び格付遷移リスクを対象に、VaR（99.9％、1年）を追加的リスクとして算出
	株式リスク			●監督当局の承認を条件に、上場株とそのデリバティブを追加的リスクの算出対象に加えることも可
包括的リスク	上記(ロ)に係るリスク			●デフォルト・リスク及び格付遷移リスクに加え、信用スプレッド・リスク、ベーシス・リスク等を含めた包括的リスクを算出 ●標準的方式の所要自己資本額に対し、8％のフロアを設定

(注1)　コリレーション・トレーディングの対象商品とは、参照対象（裏付）資産が単一名（シングル・ネーム）の商品で構成され、かつ当該資産が売買双方向に流動性の

ある市場を有する証券化商品およびバスケット型クレジット・デリバティブ。
(注2) 金利リスクは、マチュリティ法またはデュレーション法で算出。株式リスク・為替リスクは、所定の方法で算出したポジションの額に8％を掛けて算出。コモディティ・リスクは、各コモディティ等のネット・ポジションの額に15％を、当該コモディティ等のロング・ポジションとショート・ポジションの合計額に3％を掛けて合算。
(注3) 所定の方法で算出したポジションの額に債券等の種類別のリスク・ウェイトを掛けて算出。
(出所) 金融庁・日本銀行「バーゼル銀行監督委員会による規制改革案に関する最近の議論」（2010年8月）に（注2）（注3）を加筆。

することも認められます。

内部モデル方式の場合、このポジションに関してVaRモデルで追加的リスクを計測することとなりますが、このVaRモデルでは、信頼区間99.9％、ポジションの保有期間は原則として1年以上としなければなりません。さらに、追加的リスクを計測するモデルは、主に以下のような条件を満たさなければなりません（詳細については、Q83参照）。

◇債務者間でのデフォルトおよび格付遷移が連鎖することにより追加的リスクが増幅される効果を勘案していること
◇追加的リスクとその他のリスクとの間の分散効果を勘案していないこと
◇同一の金融商品に係るショート・ポジションとロング・ポジションとの間以外でのエクスポージャーの額の相殺をしていないこと

2　内部モデル方式の強化

金融危機時にトレーディング勘定において多額の損失が発生したことに対する反省をふまえ、バーゼル2.5をふまえた改正告示では、トレーディング勘定のリスク計測を強化するため、マーケット・リスクを算出する内部モデル方式を強化する改正が行われています（Q83参照）。

すなわち、従来、内部モデル方式で算出されたマーケット・リスク相当額

はVaRの値によって求められていましたが、改正告示では、ストレス期間を前提とするVaR（ストレスVaR）を算出することとされました。さらに、マーケット・リスクに対する所要自己資本賦課が有するプロシクリカリティ（景気循環増幅効果）を抑制すべく、このストレスVaRに通常のVaRを加えたものがマーケット・リスク相当額とされました。このストレスVaRは、「適切なストレス期間を含む12月を特定し、当該ストレス期間におけるヒストリカル・データを銀行が現に保有するポートフォリオに適用して算出したVaR」と定義されており、金融商品によっては、（金融危機発生時の）2007年から08年のストレス期間のヒストリカル・データに基づいて算出されることとなります。

3　標準的方式の一部見直し

　従来、標準的方式においては、株式ポートフォリオの流動性が高く、かつ分散されている場合、通常の株式よりも低いリスク・ウェイト（4％）が適用されていました（Q8参照）。しかし、改正告示では、株式ポートフォリオのマーケット・リスクの捕捉を強化すべく、この緩和措置が廃止され、標準的方式で株式の個別リスクを算出する場合のリスク・ウェイトが8％に統一されました。

Q16 バーゼル2.5をふまえた改正告示において、証券化商品の取扱いに関してはどのような見直しが行われましたか

A

バーゼル2.5をふまえた改正告示では、証券化商品に関して、①再証券化商品についてのリスク・ウェイトの導入（信用リスク・アセットの引上げ）、②証券化商品についての外部格付利用条件の厳格化、③証券化商品のマーケット・リスク算出方法の強化、④流動性補完の取扱いの強化、が行われました。

解説

1 再証券化商品についてのリスク・ウェイトの導入（信用リスク・アセットの引上げ）

証券化商品の信用リスク・アセットの計算手法としては、標準的手法と内部格付手法が認められています。両手法ともに、証券化商品に対して格付機関が（外部）格付を付与している場合は、それに応じて決められるリスク・ウェイトをエクスポージャーに掛けることによって、信用リスク・アセットが求められます。

従来は、証券化商品を再度証券化して組成した再証券化商品についても、通常の証券化商品と同様のリスク・ウェイトが適用されていました。しかし、金融危機の際、再証券化商品は通常の証券化商品以上に大幅な格下げやデフォルトの発生が相次いだため、改正告示では、再証券化商品に対して通常の証券化商品よりも高いリスク・ウェイト（約1.1～3.5倍）を適用することとされました。再証券化商品の定義や具体的なリスク・ウェイトについては、Q80をご参照ください。

2　証券化商品についての外部格付利用条件の厳格化

　従来は、標準的手法採用行が証券化商品に付与された外部格付を利用するには、以下の条件を満たす必要がありました。

---
① 銀行が、同種の証券化エクスポージャーに対して利用する一または複数の適格格付機関を定め、当該適格格付機関が付与する格付を継続性をもって利用すること
② 同一の証券化取引を構成する証券化エクスポージャーについて個別の証券化エクスポージャーごとに異なる適格格付機関から取得した格付を利用していないこと

　しかし、金融機関が証券化商品の投資決定の際、格付に過度に依存していたことを背景として、金融危機時に、証券化商品について（大幅な）格下げやデフォルトが発生しました。そこで、改正告示では、外部格付を利用する条件として、以下の条件が追加されました。

---
③ 銀行の保有する証券化エクスポージャーについて、リスク特性に係る情報を、包括的に、かつ継続的に把握するために必要な体制が整備されていること
④ 銀行の保有する証券化エクスポージャーの裏付資産について、リスク特性に係る情報を、包括的に、かつ継続的に把握するために必要な体制、およびパフォーマンスに係る情報を適時に把握するために必要な体制が整備されていること
⑤ 銀行の保有する証券化エクスポージャーについて、当該証券化エクスポージャーに係る証券化取引についての構造上の特性を把握するために必要な体制が整備されていること
⑥ 銀行が、再証券化取引から除かれる証券化取引に係るエクスポージャーを保有している場合には、当該証券化取引の裏付資産の一部また

は全部となっている証券化エクスポージャーに係る裏付資産について、リスク特性に係る情報を、包括的に、かつ継続的に把握するために必要な体制、およびパフォーマンスに係る情報を適時に把握するために必要な体制が整備されていること
⑦ ③から⑥までに掲げる基準を満たすための管理規程等を作成していること

3 証券化商品のマーケット・リスク算出方法の強化

　従来の所要自己資本額の計算方法では、(トレーディング勘定取引によるリスクである) マーケット・リスクに対する所要自己資本額が (銀行勘定によるリスクである) 信用リスクに対する所要自己資本額より小さくなる傾向がありました。そのため、金融危機以前、一部の金融機関が本来銀行勘定に計上すべき取引をトレーディング勘定に計上して所要自己資本額を少なくするケースがみられました。

　そこで、改正告示では、特にそのような事例がみられた証券化商品について、個別リスクに関し、(内部モデル方式、標準的方式のいずれを採用する場合でも、) トレーディング勘定に計上される証券化商品については銀行勘定に準じた取扱いとし、マーケット・リスクに対する所要自己資本額を基本的に信用リスクに対する所要自己資本額に準じた方法 (外部格付に応じた自己資本賦課) で算出することで、そのような裁定行為を防止しています。もっとも、いわゆるコリレーション・トレーディング (裏付資産が単一名 (シングル・ネーム) の証券化商品について、そのリスクを、類似の証券化商品や指数を用いてヘッジする取引をいう) に該当する商品については、別の方法で所要自己資本額を算出することが認められています。詳しくは、Q83をご参照ください。

4 流動性補完の取扱いの強化

　金融危機前、特に米国の大手銀行が証券化商品を組成する際に、バーゼル規制が適用されないよう、銀行本体とは別の組織としてSIVと呼ばれる一種のSPCを設立して組成を行わせていました。その際、証券化商品の販売促進のため、その大手銀行がSIVに対して流動性補完を行っていました。

　流動性補完のような信用供与についても自己資本規制は適用されます。従来は、その信用リスク・アセットを算出する際、一定条件を満たした場合に、信用供与全額ではなく（一定の掛け目を掛けることによって）その一部に軽減して算出するというかたちで、流動性補完の取扱いを緩和していました。

　しかし、金融危機の際に、流動性補完のリスクが想定以上に高いことが判明したため、改正告示では、図表16－1のように掛け目を引き上げ、流動性補完の取扱いを強化しています。また、「市場破綻時にのみ引き出し得る適格流動性補完」は廃止されました。

図表16－1　流動性補完に適用される掛け目

〈標準的手法の場合〉

改正前	改正後
①市場破綻時にのみ引き出しうる適格流動性補完：0％ ②契約期間が1年以下である無格付の適格流動性補完：20％ ③契約期間が1年を超える無格付の適格流動性補完：50％ ④その他の流動性補完：100％	①無格付の適格流動性補完：50％ ②その他の流動性補完：100％

〈内部格付手法の場合〉

改正前	改正後
①市場破綻時にのみ引き出しうる適格流動性補完：20％ ②契約期間が1年以下である適格流動	すべての流動性補完：100％

性補完：50% ③契約期間が1年を超える適格流動性 　補完：100% ④その他の流動性補完：100%	

Q17 バーゼル2.5をふまえ、「第2の柱」に関してはどのような見直しがなされましたか

A

バーゼル2.5は、バーゼルⅡの「第2の柱」(金融機関の自己管理と監督上の検証) を補完するガイダンスの公表を含んでいます。当ガイダンスは、2007年に始まった金融危機により明らかとなった、銀行のリスク管理実務の不備に対処するものであり、主に、①銀行横断的なリスク管理の強化、②オフバランス取引と証券化業務のリスクの捕捉、③リスクと収益を長期的視野で管理するインセンティブ構造の確立、を意図しています。

解説

このガイダンスの目的は、銀行横断的なリスク管理と資本政策のプロセスに関して、バーゼルⅡの「第2の柱」を補完することです。具体的には、金融機関と監督当局において、将来のリスクを特定したうえで緩和すること、そして自己資本の充実に関して金融機関自身が内部評価をする場合において、そこに内在するリスクの把握を容易にすることです。

ガイダンス策定の背景には、2007年に始まった金融危機が、実効的な信用リスク管理の重要性を浮かび上がらせたという事情があります。すなわち、金融機関は、この金融危機を経て、信用リスクが他のリスク(マーケット・リスク、流動性リスク、風評リスク等)とどのように相互作用しているかを理解することに加えて、信用リスクを実効的に把握、計測、モニタリング、そして統制することの必要性を強く認識するに至りました。

というのも、金融危機に際しては、たとえば住宅ローンの貸し手が市場を通じて原債権の信用リスクを投資家に分散させるというビジネスモデル(オリジネート・トゥ・ディストリビュート)、オフバランスのビークルの活用、信

用デリバティブや証券化市場の急拡大といったサブプライムローン問題で懸案となった事項が、金融機関のリスク管理を著しく困難にしていたためです。加えて、多くの投資家は、ストラクチャード・ファイナンス商品（仕組金融商品。「証券化商品」を包含）に投資するか否かを決定するに際して、独自のデューデリジェンスを行うことなく、格付機関（CRA）のによる格付に過度に依拠していました。さらに、多くの金融機関は、ABCPのコンデュイットやSIVといったオフバランスの事業体から生じるリスクを実効的に管理する十分なプロセスを有していなかったのです。

こうした背景のもと、バーゼル2.5は、主に、①銀行横断的なリスク管理の強化、②オフバランス取引と証券化業務のリスクの捕捉、③リスクと収益を長期的視野で管理するインセンティブ構造の確立、を意図したガイダンスを策定しています。ガイダンス全般にわたって共通するテーマは、証券化、オフバランス、ストラクチャード・ファイナンスといった金融機関の資本市場における行動に関して、銀行横断的なリスク管理と統制を確立する必要性です。

ガイダンスの具体的な項目は、それぞれ次のとおりです。

「第2の柱」の強化①：銀行横断的なガバナンスとリスク管理の強化
(1) 取締役会及び経営陣の積極的な関与
　●取締役会及び経営陣は、銀行横断的なリスク特性を理解すること
　●新しい業務や金融商品の取扱いを始める際には、取締役会及び経営陣は、銀行横断的なリスクへの影響とリスク管理のための適切なインフラ及び内部統制を整備すること　等
(2) 適切なリスク管理方針・手続及びリミット
　●リスク管理方針・手続及びリミットは、業務部門及銀行全体のレベルで、リスクの適切かつ時宜的な把握、計測、モニタリング、統制、削減を可能にすること　等
(3) リスクの包括的かつ時宜的な把握・計測・削減・統制・モニタリング・報告
　●銀行のMIS（経営情報システム）は、取締役会及び経営陣に明確かつ端的な方法で、銀行のリスク特性に関する時宜的かつ適切な情報を提供するこ

と　等
(4) 業務部門及び銀行全体レベルでの適切なMIS（経営情報システム）の構築
　●取締役会及び経営陣は、銀行全体のリスク特性及びリスク集計の主要な前提に関する定期的で、正確かつ時宜的な情報を、MISが提供できるよう努める必要があること　等
(5) 包括的な内部統制
　●リスク管理態勢は、独立した内部統制部門及び内部（又は外部）監査人によって、頻繁にモニタリング・検証されること　等

「第2の柱」の強化②：オフバランス取引と証券化業務のリスクの捕捉

(1) リスク管理と評価
　●銀行は、ストラクチャード商品に投資する際は、裏付けとなるリスクの分析を行い、外部格付のみに依存してはならない。
　●証券化エクスポージャーの評価に際しては、裏付けとなるエクスポージャーの信用力とリスク特性（リスク集中を含む）をすべて把握していなければならない。
　●銀行は、証券化取引の仕組みに関する包括的な理解に基づき、リスク評価を行わねばならない。
　●証券化取引のオン及びオフバランス・エクスポージャーの業績に影響を与え得るトリガー、信用事由その他の契約上の要件を把握し、資金調達／流動性や信用リスク管理と統合しなければならない。
　●銀行は、証券化市場を通じた資金調達が困難に陥った場合のコンティンジェンシー・プランを策定しなければならない　等
(2) 風評リスクと契約外の支援（implicit support）
　●経営陣は、新しい市場・商品・業務に算入する場合、風評リスクの原因を把握するための適切な方針を定めなければならない。
　●銀行は、風評上の懸念を有するエクスポージャーを把握した場合、提供するかもしれない支援額、又は劣悪な市場環境の下で生じ得る損失額を計測しなければならない　等

「第2の柱」の強化③：リスクと収益を長期的視野で管理するインセンティブ構造の確立
　FSF／FSB「健全な報酬慣行に関する原則」（2009年4月公表）の概要

(1) 報酬についての実効的なガバナンス
　●取締役会は、報酬制度の仕組み・運用を主体的に管理しつつ、意図された

> 通りに機能していることを確保すべく、報酬制度を監視・点検しなければならない。
> ●財務・リスク管理に携わる職員には、①独立性と適切な権限が与えられなければならず、②管理対象とする業務分野から独立した形で、その重要な役割に見合うような報酬が支払われなければならない。
> (2) 健全なリスクテイクとの整合性確保
> ●銀行は、報酬と引き受けたリスクとのバランスが取れているように、報酬があらゆるタイプのリスクと整合的であることを確保しなければならない。
> ●銀行は、報酬の支払いスケジュールがリスクの発生する時間軸に応じたものであること、また、現金・株式等の報酬の組み合わせがリスクと整合的であることを確保し、その合理性を説明できなければならない。
> (3) 実効的な監督と関係者の関与
> ●監督当局は、厳格かつ継続的な検証(レビュー)を行わなければならない。また、問題に対しては監督上の措置で迅速に対処しなければならない。
> ●規制・監督上の措置は、国によって当然異なるかたちを採る。
> ●銀行は、自らの報酬慣行について、明確で包括的かつ適時の情報開示を行わなければならない。

(出所) 金融庁／日本銀行「バーゼルⅡの枠組みの強化 バーゼルⅡの枠組みの強化の概要」

　もっとも、当ガイダンスは、あくまでも「第2の柱」を補完するという位置づけがされていることから、「第2の柱」の規定そのものを修正するものではありません。

　わが国でも、2008年4月に公表された「市場と制度の強靭性の強化に関する金融安定化フォーラム(FSF)[1]報告書」の提案を受け、2008年8月に監督指針が改正され、リスク管理体制、リスク管理の内容・手法、証券化商品等のクレジット投資のリスク管理、カウンターパーティ・リスクの管理、情報開示の適切性・十分性に関して、監督上の着眼点として下記が盛り込まれました。

　　① リスク管理の意義

---

1 現金融安定理事会 (FSB)

・特に複雑なリスクを抱える金融商品等のリスク管理においては、経営陣が十分な資質・能力を備え、各事業部門等が抱える多種多様なリスクについて、担当部門等より適時適切に報告を受け、統合リスク管理（中小・地域金融機関は統合的なリスク管理）の態勢を整えたうえで、指導的・横断的見地から、迅速・的確な経営判断を行う態勢を整えることが求められる。

② リスク管理体制
・経営陣は、幅広い視点から能動的かつ迅速に業務運営やリスク管理等の方針を決定しているか。
・内外の経済動向等を含め、保有資産の価格等に影響を与える情報を広く収集・分析するとともに、経営陣が適切かつ迅速に業務運営やリスク管理等の方針を決定できる態勢が整備されているか。
・保有資産の種類等ごとに業務部門が相互の連携なく投資運用を行う場合、全体としてリスクの集中を招く等効果的なリスク管理に支障が生じうることを認識し、ポートフォリオ全体の観点から適切かつ迅速な投資判断を行える態勢が整備されているか。
・海外拠点を含めたグループレベルで、リスク管理は実施されているか。必要な情報を迅速に把握できる態勢が整備されているか。

③ リスク管理の内容・手法
・現在価値に換算したポジション、およびリスクの保有資産別・期日別等の内訳を適切に把握しているか。特に、特殊なリスク特性を有する保有資産のリスクを適切にとらえているか。
・VaR値をリスク管理に用いる際は、商品の特性をふまえて、観測期間、保有期間、信頼区間、計測手法および投入するデータ等の適切な選択に努めるとともに、計測結果を検証し、妥当性の確保に努めているか。
・統計的なリスク計測手法には一定の限界があることをふまえ、多様なリスク計測手法の活用、ストレステストを含むリスク管理手法の

充実を図っているか。
　　・ストレステストについては、ヒストリカルシナリオのみならず、仮想のストレスシナリオによる分析を行うなど、内容の充実を図っているか。
　　・ストレステストの設定内容・結果につき、取締役会等において、リスク管理に関する具体的な判断に活用される態勢が整備されているか等。
④　証券化商品等のクレジット投資のリスク管理
◇価格評価
　・価格評価にあたっては、可能な限り客観的な価格評価を行っているか。
　・価格評価モデルを用いる場合にその適切性を検証しているか。
　・フロント部門の算出価格を、リスク管理上も使用する場合は、リスク管理部門等で、独立した立場から検証しているか。
　・第三者から価格評価を取得する場合は、情報を求めたうえでその妥当性の検証に努めているか等。
◇商品内容の把握
　・証券化商品等への投資・期中管理にあたり、外部格付に過度に依存しないための態勢が整備されているか。
　・商品ストラクチャーの分析等、内容把握に努めているか。
　・オリジネーター、マネージャー等の関係者の能力・資質、体制等の把握・監視に努めているか等。
◇市場流動性リスクの管理
　・証券化商品等への投資や期中管理において、市場流動性を適切に検証しているか。
　・証券化商品等の市場流動性につき、懸念が認められた場合、適時に対応を検討する態勢となっているか。
◇証券化商品の組成等に係るリスク管理

- 証券化商品等の組成・販売業務において、パイプラインリスク（市場環境の変化により、原資産のリスクを投資家に移転することが困難になる）について、あらかじめ検討が行われているか。
- 非連結の特別目的会社等を用いて証券化商品等の組成・販売等を行う際に留意すべきリスク（レピュテーショナルリスク等）について検討が行われているか。

⑤　カウンターパーティ・リスクの管理

　デリバティブ取引等における主なカウンターパーティについて、適切なリスク管理（カウンターパーティ別・類型別のエクスポージャー管理、市場流動性が低下する状況等も勘案した適切なストレステストの実施等）を行っているか等。

⑥　情報開示の適切性・十分性

　市場の関心の強い分野に係るエクスポージャー等については、国際的なベストプラクティスをふまえつつ、自行のリスク特性に即した有用な情報を積極的に開示することが望ましい。

以上の着眼点を示しています。

Q18 バーゼル2.5をふまえ、「第3の柱」に関してはどのような見直しがなされましたか

A

バーゼル2.5における「第1の柱」の見直しをふまえ、「第3の柱」でも、証券化商品に関する見直しとマーケット・リスク規制に関する見直しがなされています。前者に関しては、主に、①証券化商品の内訳として再証券化商品の保有額、②証券化商品に関する外部格付の利用におけるモニタリング要件を補うための体制・運用状況の概況、③証券化取引を行っている場合に用いているSPEのリスト、④自ら組成した証券化商品を連結外のグループ会社で保有している場合におけるその名称、の開示が求められることとなりました。後者に関しては、①「追加的リスク」「包括的リスク」を計測する内部モデルの概要や所要自己資本額、②ストレスVaRの値、の開示が求められることとなりました。

解説

バーゼル2.5では、「第3の柱」による開示も強化されており、わが国では、証券化商品とマーケット・リスク規制に関して、開示に関する告示も改正されています。「第1の柱」に関する改正と同じく、2011年12月31日から適用されています（本項では、開示に関する改正告示を、自己資本比率に関する改正告示（自己資本比率改正告示）と区別するため、開示関連改正告示と呼ぶこととします）。

まず、証券化商品に関しては、開示関連改正告示では、Q16で述べたとおり、バーゼル2.5をふまえた自己資本比率告示において、再証券化商品が通常の証券化商品と区別されるようになったことを受けて、保有している証券化商品の額の内訳として再証券化商品の保有額の開示が求められています。

また、Q16で述べたとおり、バーゼル2.5をふまえた自己資本比率改正告

示において、銀行が証券化エクスポージャーの信用リスク・アセットを算出する際に外部格付を利用するための要件が厳格化され、証券化商品やその裏付資産について包括的なリスク特性を把握する体制を整備していることや、裏付資産のパフォーマンス情報を適時に把握する体制を整備していることなどが求められました。これを受けて、開示関連改正告示では、これらの体制の整備・運用状況の概況の開示が求められています。

さらに、金融危機時に、証券化取引の濫用によって、実質的にリスク移転がなされないケースがみられたことにかんがみ、オリジネーターやスポンサーとして証券化取引を行っている場合は、利用した証券化目的導管体（SPE）のリストや、自ら組成した証券化商品を連結外のグループ会社で保有している場合は、その会社の名称を開示することが求められています。

加えて、開示関連改正告示は、証券化商品を銀行勘定で保有しているかトレーディング勘定で保有しているかを区別することとし、トレーディング勘定で保有している場合に銀行勘定で保有している証券化商品並みの詳細な情報の開示を求めています。

次に、マーケット・リスク規制に関しては、Q 15で述べたとおり、バーゼル2.5をふまえた自己資本比率改正告示において、「追加的リスク」「包括的リスク」が導入されたことをふまえ、これらを内部モデル方式で計測している場合には、そのモデルの概要、および「追加的リスク」「包括的リスク」に係る所要自己資本額などを開示することが求められています。また、自己資本比率改正告示において導入されたストレスVaRについても、その値などを開示することが求められています。

具体的な開示事項はQ 104の証券化エクスポージャー、マーケット・リスクの欄をご参照ください。

Q19 バーゼルⅢでは、どのような見直しがなされましたか

A

バーゼルⅢでは、①自己資本の質の向上と最低水準の引上げ、②リスク捕捉の強化、③資本バッファー（資本保全バッファーおよびカウンターシクリカル資本バッファー）の導入、④流動性規制の導入、⑤レバレッジ比率の導入、と多岐にわたる見直しが行われています。

解説

バーゼルⅢでは、金融危機で明らかになった従来のバーゼル規制の不備に対応するため、以下のようにさまざまな見直しが行われています。

① 自己資本の質の向上と最低水準の引上げ

② リスク捕捉の強化

③ 資本バッファー（資本保全バッファーおよびカウンターシクリカル資本バッファー）の導入

④ 流動性規制の導入

⑤ レバレッジ比率の導入

各項目の詳細については後述しますが、各項目は以下のように位置づけられます。まず、上記のうち、①②は、自己資本比率規制を強化するものです。自己資本比率は、自己資本をリスク・アセットで割って求められますが、①は自己資本比率（普通株式等Tier 1比率、Tier 1比率）の最低所要水準を引き上げ（総自己資本比率の最低所要水準は維持されています）、自己資本に算入できる条件を厳格化することで自己資本の質を向上させています。また、自己資本比率の分母において、銀行が業務を行ううえで直面するリスク（信用リスク、マーケット・リスク、オペレーショナル・リスク）が所定の方式で

リスク・アセットとして計測されていますが、②では、従来バーゼル規制が捕捉していなかった種類の信用リスクを新たに捕捉することとされ、リスク・アセットを算出する際に反映されることとなります。

次に、③は、自己資本比率規制の最低所要水準に上乗せして、バッファーとなる資本を積むことを求めるものです。自己資本比率規制を拡充することが期待されます。

次に、④は、自己資本比率規制に加えて、銀行の流動性に着目した新しい規制枠組みを導入するものです。流動性規制では、流動性に関する所定の比率（「流動性カバレッジ比率」「安定調達比率」）が一定水準以上であることが求められますが、比率の算出は自己資本比率とは異なる枠組みで行われます。なお、従来のバーゼル規制は一般に自己資本比率規制と呼ばれるのに対し、バーゼルⅢは、④の流動性規制の導入を受けて「資本・流動性規制」と呼ば

図表19－1　バーゼルⅢの全体像

資本水準の引上げ
　普通株等Tier 1 比率、Tier 1 比率の最低水準を引上げ

資本の質の向上
　①普通株等Tier 1 に調整項目を適用
　②Tier 1 、Tier 2 適格要件の厳格化

$$自己資本比率 = \frac{自己資本}{リスク・アセット}$$

リスク捕捉の強化
　カウンターパーティ・リスクの資本賦課計測方法の見直し

補完

定量的な流動性規制（最低基準）を導入
　①流動性カバレッジ比率（ストレス時の預金流出等への対応力を強化）
　②安定調達比率（長期の運用資産に対応する長期・安定的な調達手段を確保）

エクスポージャー積上りの抑制
$$レバレッジ比率 = \frac{自己資本}{ノン・リスクベースのエクスポージャー}$$

プロシクリカリティの緩和
　資本流出抑制策（資本バッファー〈最低比率を上回る部分〉の目標水準に達するまで配当・自社株買い・役員報酬等を抑制）など

（出所）　金融庁／日本銀行「バーゼル銀行監督委員会によるバーゼルⅢテキストの公表等について」（2011年1月）

れることもあります。

　最後に、⑤も、自己資本比率規制に加えて、銀行のレバレッジに着目した新しい規制枠組みを導入するものです。自己資本比率では、分母のリスク・アセットを算出する際に資産ごとのリスク・ウェイトが勘案されますが、レバレッジ比率は、自己資本を単純に総資産額（一定のオフ・バランス項目を含みます）で割って求められる点が異なります。個別資産のリスクを勘案しリスク感応的な自己資本比率規制が複雑化したため、単純なレバレッジ比率規制によって自己資本比率規制を補完する役割が期待されています。

Q20 バーゼルⅢは、どのようなスケジュールで実施されますか

A

　バーゼルⅢの見直しのうち、自己資本の質の向上・リスク捕捉の強化は2013年から実施され、自己資本の水準の引上げは、2013年から19年にかけて段階的に実施されます。一方、流動性カバレッジ比率、安定調達比率は、それぞれ2015年、2018年に導入される見込みで、レバレッジ比率は、2018年1月から「第1の柱」のもとでの取扱いに移行することが視野に入れられています。

　なお、わが国においてバーゼルⅢを国内法化する告示が2012年3月に公表されましたが、その内容は上記のうち2013年から導入するものに限られています。2013年よりも後に導入される、資本保全バッファー、カウンターシクリカル資本バッファー、流動性カバレッジ比率、安定調達比率、レバレッジ比率については、本稿執筆時点において告示で定められていません。

解　説

　バーゼルⅢは、銀行の自己資本比率規制を強化するものであるため、銀行は増資や内部留保の蓄積などによって自己資本を増大する必要が生じます。しかし、それだけでは所要自己資本比率が達成できない場合など、場合によっては銀行は自己資本比率の分母（リスク・アセット）を減少させようとし、それが融資の減少につながれば、景気に悪影響を与える可能性があります。

　そこで、バーゼルⅢは、世界的な景気回復への影響を考慮して比較的長い移行期間がとられています。バーゼルⅢは2013年から導入され、資本の水準の引上げは2019年にかけて段階的に実施されます（ただし、後述のように、

図表20-1 バーゼルIIIの段階的実施

	2011	2012	2013	2014	2015	2016	2017	2018	2019
	監査上のモニタリング期間		試行期間 2013年1月1日〜17年1月1日 各銀行による開示開始 2015年1月1日					第1の柱への移行を視野	
レバレッジ比率			3.5%	4.0%	4.5%	4.5%	4.5%	4.5%	4.5%
普通株式等の最低所要水準									
資本保全バッファー					0.625%	1.25%	1.875%	2.5%
G-SIBs（グローバルにシステム上重要な銀行）サーチャージ				G-SIBs公表（11月）			段階的実施		完全実施（注2）
D-SIBs（国内のシステム上重要な銀行）サーチャージ				D-SIBs公表（11月）？		「2016年1月1日から」（G-SIBsと同様に段階的実施？）（注3）			
普通株式等の最低所要水準＋資本保全バッファー			3.5%	4.0%	4.5%	5.125%	5.75%	6.375%	7.0%
普通株式等からの段階的控除（繰延税金資産、モーゲージ・サービシング・ライツおよび金融機関に対する出資を含む）				20%	40%	60%	80%	100%	100%
Tier1最低所要水準			4.5%	5.5%	6.0%	6.0%	6.0%	6.0%	6.0%
総資本最低所要水準			8.0%	8.0%	8.0%	8.0%	8.0%	8.0%	8.0%
総資本最低所要水準＋資本保全バッファー			8.0%	8.0%	8.0%	8.625%	9.25%	9.875%	10.5%
その他Tier1またはTier2に算入できなくなる資本のグランドファザリング			10年間（2013年1月1日開始）						
流動性カバレッジ比率（LCR）	観察期間開始				60%	70%	80%	90%	100%
安定調達比率（NSFR）		観察期間開始						最低基準の導入	

(注1) すべての日付は1月1日時点。
(注2) G-SIBsのグループに応じて、1.0％、1.5％、2.0％、2.5％のサーチャージ（追加資本賦課）。
(注3) サーチャージの数値は各国当局の裁量。
(出所) 金融庁／日本銀行「バーゼル銀行監督委員会によるバーゼルIIIテキストの公表等について」（2011年1月）を参考に大和総研金融調査部制度調査課作成

その他Tier 1資本・Tier 2資本に算入される要件が厳しくなりますが、従来その他Tier 1資本・Tier 2資本に算入されていたものは、2023年まで10年間かけて算入額が段階的に減少していきます）。この移行期間のうちに、増資や内部留保の蓄積などにより、銀行はバーゼルⅢに対応することが期待されます。

　一方、流動性規制・レバレッジ比率は、2013年よりも後に実施されることが合意されています。まず、流動性カバレッジ比率については、2011年から始まる観察期間の後、2015年から段階的に実施されることが合意されました。安定調達比率については、同じく2011年から始まる観察期間の後、2018年から実施される見込みです。レバレッジ比率は、2011年から監督上のモニタリング期間が開始され、2013年１月から17年１月まで試行期間が設けられ（2015年１月から、各銀行はレバレッジ比率およびその構成要素の開示が求められる予定です）、2018年１月に「第１の柱」のもとでの取扱いに移行することを視野に、2017年前半に最終的な調整が行われる予定です。

　以上の内容を含め、バーゼルⅢは図表20－１のようなスケジュールで実施されることになります。

　なお、わが国においてバーゼルⅢを国内法化する告示が2012年３月に公表されましたが、その内容は上記のうち2013年から導入するものに限られています。2013年よりも後に導入される、資本保全バッファー（およびカウンターシクリカル資本バッファー）、流動性カバレッジ比率、安定調達比率、そしてレバレッジ比率規制については、2013年９月30日時点では告示で定められていません。また、これらの規制がわが国で導入される時期は、バーゼルⅢの内容を定めた規則文書から若干ずれる可能性も考えられます。というのは、バーゼルⅢのうち2013年から導入される項目は、規則文書では「2013年１月１日」からとされていますが、わが国では銀行の決算時期にあわせて「2013年３月31日」からとされているからです。2013年より後に導入される項目でもこのような扱いがなされる可能性があります。

Q21 自己資本の質はどのように向上することとされましたか

A

損失吸収力の高い資本を十分備えるべきという考えから、バーゼルⅢでは、普通株式・内部留保（その他の包括利益を含みます）で構成される普通株式等Tier 1 資本が導入されました。バーゼルⅢは、普通株式等Tier 1 資本を中心とした枠組みとされ、控除項目は原則として普通株式等Tier 1 資本から控除されます。さらに、その他Tier 1 資本、Tier 2 資本の算入要件が強化されています。

なお、バーゼルⅡにおいてマーケット・リスク規制に対応する資本として認められているTier 3 資本は、バーゼルⅢでは廃止されています。

解説

1　普通株式等Tier 1 資本の導入

バーゼルⅢでは、普通株式・内部留保（その他の包括利益を含みます）で構成される普通株式等Tier 1 資本が導入されました。このような見直しが行われたのは、金融危機以前に多数発行されていたハイブリッド商品の損失吸収力に疑問が呈され、損失吸収力の高い普通株式・内部留保で構成される普通株式等Tier 1 資本を導入する必要が生じたためです。

金融危機以前、多くの銀行は、資本効率の向上のため資本と負債の双方の性格をもつハイブリッド商品を発行し、Tier 1 資本に算入していました。しかし、金融危機の際、一部の米国の大手金融機関で、普通株式等が毀損した結果、Tier 1 資本を厚めに保有していたにもかかわらず、損失吸収力が不十分であると市場から判断され、株価が急落するケースがみられました。

また、このハイブリッド商品は、通常、法的には債券として扱われるため、発行銀行が破綻した場合は元本削減等のかたちでハイブリッド商品の投

資家は損失を負担します。しかし、先般の金融危機においては、ある銀行の破綻が金融システム全体に波及しかねないというシステミック・リスクが発生する懸念から、多くの銀行は公的資本注入によって破綻を免れました。その結果、ハイブリッド商品の投資家は、配当・利払いの停止を超えて元本削減等のかたちで損失を負担せず、その損失吸収力に疑問が呈されることとなったのです。このような背景から、損失吸収力の高い普通株式・内部留保で構成される普通株式等Tier 1 資本が導入されました。

　他方で、普通株式等Tier 1 資本には、会計上のその他の包括利益累計額が含まれます。わが国ではバーゼルⅡにおいて、その他の包括利益累計額に含まれるその他有価証券評価損益は、評価益の45％のみが補完的項目（Tier 2 資本）に算入される取扱いとされており（評価損は基本的項目（Tier 1 資本）から控除します）、この点だけをみれば規制が緩和されているとの見方もできます。このような取扱いとされた背景には、会計基準上の取扱いと自己資本規制上の取扱いの整合性を図ることがありますが、この取扱いに関して、今後もバーゼル銀行監督委員会で議論される予定であるため、各銀行はその他の包括利益累計額の変動に左右されない安定的な普通株式等Tier 1 資本を確保することが期待されます。

2　控除項目の普通株式等Tier 1 資本への適用

　わが国では、バーゼルⅡのもとで、意図的に保有している他の金融機関の資本調達手段などが、自己資本全体（基本的項目、補完的項目、準補完的項目の合計額）から控除され、のれんや、繰延税金資産は基本的項目から控除されます（繰延税金資産が控除されるのは、主要行の場合に限られ、控除額は繰延税金資産の純額のうち、基本的項目の20％を超える額です）。控除項目は、実体の乏しい資産やリスクの高い資産等であるため、自己資本の計算上控除されます。意図的に保有している他の金融機関の資本調達手段については、資本の持合いにより他の金融機関にリスクが伝播することを防ぐため、自己資本の計算上控除されます。

一方、バーゼルⅢでは、控除項目（バーゼルⅢをふまえた改正告示では「調整項目」という文言が使用されています）が適用されるのは、基本的に普通株式等Tier 1 資本とされ、控除項目の範囲も拡大されています（図表21－1 参照）。追加された項目としては、のれん同様、市場での換金がむずかしいソフトウェア等の無形資産や、前払年金費用などがあります。また、繰延税金資産については、控除されるのがバーゼル規制対象行全体に拡大されており、繰越欠損金については全額控除されます。ただし、将来収益があがった場合に税金が減額されることを前提に計上される、会計と税務の一時差異に

図表21－1　バーゼルⅢにおける調整（控除）項目の強化

		バーゼルⅡ	バーゼルⅢ
主な対象	のれん以外の無形資産	（控除対象外）	全額控除
	前払年金費用	（控除対象外）	全額控除
	連結外金融機関向け出資	下記を控除 ・国内預金取扱金融機関への意図的保有 ・関連会社向け出資	銀行、証券、保険を含む国内外の金融機関について、 ①資本かさ上げ目的の持合い→全額控除 ②（その金融機関の）普通株式の10％以下を出資している場合 →自己の普通株等Tier 1 部分の10％超相当分を控除 ③（その金融機関の）普通株式の10％超を出資している場合 →(i)普通株について自己の普通株等Tier 1 部分の10％超相当分を控除（注2）、(ii)その他資本について全額控除
	繰延税金資産	主要行につき、Tier 1 の20％超相当分を控除	・繰越欠損金については全額控除 ・会計と税務の一時差異に基づくものは、自己の普通株等Tier 1 部分の10％超相当分を控除（注2）
被控除資本		Tier 2	普通株等Tier 1

（注1）　普通株等Tier 1 に適用される控除項目は、2014年より20％ずつ段階的に適用される。
（注2）　10％超出資先の普通株出資相当額と一時差異に係る繰延税金資産相当額は、本邦に該当のないモーゲージ・サービシング・ライツとあわせて、自己の普通株等Tier 1 の最大15％までが控除対象外。
（出所）　金融庁作成資料を一部修正

基づく繰延税金資産については、自己の普通株式等Tier 1 資本の10％を超える部分を控除することとされており、自己の普通株式等Tier 1 資本の10％以下であれば、控除する必要はありません。

　連結外金融機関向け出資に関しては、わが国ではバーゼルⅡにおいて、国内預金取扱金融機関への意図的保有と関連会社向け出資が控除項目とされていますが、バーゼルⅢにおいては、控除される範囲が拡大されています（このように、自己資本から控除される金融機関向け出資をダブルギアリングと呼びます）。まず、相手方の金融機関は、国内預金取扱金融機関（国内銀行等）に限らず、銀行、証券、保険を含む国内外の金融機関に拡大されています。控除される場合は、①資本かさ上げ目的で相互に持合いを行っている場合、②①以外で、当該銀行が普通株式の10％以下を出資している金融機関の場合、③①以外で、当該銀行が普通株式の10％超を出資している金融機関の場合、に分類されます。そして、①、および③のうちその他Tier 1 資本調達手段とTier 2 資本調達手段に係るものについては全額控除され、②、および③のうち普通株式に係るものについては、自己の普通株式等Tier 1 資本の10％を超える部分が控除されます。

　会計と税務の一時差異に基づく繰延税金資産と、普通株式の10％超を出資している金融機関への普通株式出資について、上記のように自己の普通株式等Tier 1 資本の10％を超える部分を控除する（自己の普通株式等Tier 1 資本の10％以下の部分は控除する必要がありません）際には、次の点に留意が必要です。それは、控除する必要がないのは、これら 2 項目および「モーゲージ・サービシング・ライツ」（住宅ローンに係る回収サービス権）の合計で、自己の普通株式等Tier 1 資本の15％までに限られ、 3 項目の合計で自己の普通株式等Tier 1 資本の15％を超える部分は控除されるということです。

　このような取扱いとなったことには、次のような経緯があるといわれています。バーゼルⅢ規則文書の当初案では、これら 3 項目は、普通株式等Tier 1 資本から全額控除することとされていました。しかし、これによって自己資本が大きく減少する懸念から、日米欧各地の金融機関が反対したため、三

地域に公平になるように、会計と税務の一時差異に基づく繰延税金資産（日本）、普通株式で10％超の出資先への普通株式出資（ヨーロッパ）、モーゲージ・サービシング・ライツ（米国）について、自己の普通株式等Tier 1 資本の10％以下の部分は控除する必要がない（自己の普通株式等Tier 1 資本の10％を超える部分のみ控除する）が、控除不要な額は 3 項目合計で普通株式等Tier 1 資本の15％まで、というように緩和したためといわれています。

3　その他Tier 1 資本、Tier 2 資本の算入要件の強化

　バーゼルⅢでは、自己資本の質の向上の一環として、その他Tier 1 資本、Tier 2 資本についても算入要件の強化が行われています。まず、その他Tier 1 資本は、普通株式以外であり、負債より劣後し、償還期限がなく、仮に償還（コール）を行う場合でも発行後 5 年以後にしか行ってはならず（その際には監督当局の事前承認が必要になります）、剰余金の配当・利息の支払をコントロールする資本調達手段でなければならないとされており、優先株が典型例と考えられます。さらに、会計上の負債に該当する場合は、一定の場合には元本の削減または普通株式への転換を通じて、ゴーイング・コンサーン水準（事業継続ベース）での損失吸収力を備えることが必要です。

　一方、Tier 2 資本は、普通株式・その他Tier 1 資本以外であり、一般債務（劣後債務以外の債務）に劣後し、償還期限が定められている場合は償還期限までの期間が 5 年以上でなければならず、償還を行う場合は発行後 5 年以後にしか行ってはならない（その際には監督当局の事前承認が必要になります）とされており、劣後債が典型例と考えられます。

　さらに、その他Tier 1 資本、Tier 2 資本は、公的資金注入等を通じた公的救済などが行われなければ存続できないと認められるような実質的な破綻状態の場合に、元本の削減または普通株式への転換が行われる条項（PON：Point of Non-viability条項）をあらかじめ契約条項に含んでいなければならないとされています。ただし、PON条項は、各国の法制上、PON条項を付さなくても、同様の効果を実現させることが可能であれば、バーゼル銀行監督

委員会メンバーの相互審査によってそのことが確認され、ディスクロージャーが行われることを条件として、PON条項を付さないことも認められます。この点に関して、バーゼル銀行監督委員会作成資料において、わが国の銀行の優先株式は預金保険法106条に規定する資本金の減少が適用され、元本削減による損失吸収の条件を満たしていると記述されています。

　このようなPON条項が導入された趣旨は、ゴーン・コンサーン・ベース（清算処理ベース）での損失吸収力を備えさせるためです。金融危機の際、銀行に公的資金が注入され納税者の負担が生じたケースにおいて、ハイブリッド商品が損失吸収を行わず、当該商品の投資家が損失を負担せずにすむという事態が生じました。そこで、そのような事態が生じないよう、公的資金注入の前に、その他Tier 1 資本・Tier 2 資本に分類されるハイブリッド商品の投資家に損失を負担させる仕組みとしてPON条項が導入されたわけです。

　ただし、このようなPON条項を備えた商品は金融危機の前には発行されたケースはほとんどありません。PON条項は、普通株式への転換の場合は、発行銀行による普通株式発行の授権枠に抵触する問題があります。一方、元本削減の場合は、優先株（その他Tier 1 資本）や劣後債（Tier 2 資本）は、通常とは逆に普通株式より前に損失吸収を行うため、そのリスクはそれだけ高まり、従来よりも高いリターンが要求されると考えられます。

　このような問題があり、PON条項を備えたその他Tier 1 資本・Tier 2 資本の市場が拡大するかは不透明な状況です。そのため、わが国の告示では、PON条項に関して経過措置が設けられ、PON条項を満たしていなくても、バーゼルⅡのもとでの告示の要件を満たし、2011年 9 月12日（バーゼルⅢがバーゼル銀行監督委員会の上位機関である中央銀行総裁・銀行監督当局長官グループで合意された日）より前に発行された優先出資証券・非累積的永久優先株（ステップ・アップ金利等が上乗せされたものを除きます）は、2013年 3 月期にその90％がその他Tier 1 資本に算入されます。算入額は毎年10％ずつ減額され、2022年 3 月期以降 0 になります。

　また、バーゼルⅡのもとでの告示の要件を満たし、2011年 9 月12日より前

に発行された一定の負債性資本調達手段・期限付劣後債務・期限付優先株（ステップ・アップ金利等が上乗せされたものを除きます）と、2011年9月12日から2013年3月30日までに発行されたもので、PON条項以外のTier 2資本の要件を満たすものは、2013年3月期にその90％がTier 2資本に算入されます。算入額は毎年10％ずつ減額され、2022年3月期以降0になります。

　バーゼルⅡからの変更点として、たとえば、配当や利払いが期間中に上昇するというステップ・アップ条項は、バーゼルⅡのもとでは条件付きで認められていましたが、バーゼルⅢのもとでは全面的に禁止されています。また、償還を行う場合は発行後5年以後にしか行ってはならないとされたため、初回コール日までが5年未満の資本調達手段は、バーゼルⅡのもとでは自己資本に算入することが認められていましたが、バーゼルⅢのもとでは自己資本への算入が認められなくなっています。

図表21－2　その他Tier 1、Tier 2資本の主な算入要件

	その他Tier 1	Tier 2
配当・利払いの裁量	必要	不要
配当・利払いの原資	分配可能額からのみ可	要件なし
満期の有無	期限付不可（永久のみ）	期限付可（ただし5年以上）
初回コールまでの期間	最低5年	最低5年
ステップ・アップ条項	不可	不可
会計上の負債	算入可（ただし普通株式等Tier 1比率が一定水準を下回った際に元本削減または普通株転換が必要）	算入可（追加要件なし）
PON（Point of Non-viability）条項	必要（公的救済がなければ存続できないと認められる場合等に元本削減または普通株転換が必要）	左に同じ

（出所）　金融庁監督局総務課健全性基準室課長補佐・北野敦史「バーゼルⅢをふまえた自己資本比率規制（第1の柱）に関する告示の一部改正」(2012年4月23日金融財政事情)

Q22 自己資本の水準はどのように引き上げられましたか

A

バーゼルⅢでは、普通株式等Tier 1 比率の最低所要水準が、バーゼルⅡのもとでの実質 2 ％から4.5％に、Tier 1 比率がバーゼルⅡのもとでの 4 ％から 6 ％に、それぞれ引き上げられています。総自己資本比率の最低所要水準は 8 ％のまま変更されていません。

ただし、普通株式等Tier 1 比率で2.5％の水準が要求される資本保全バッファーも、実際上達成することが必須であるため、普通株式等Tier 1 比率の実質的な最低所要水準は 7 ％となります。さらに、グローバルにシステム上重要な銀行に認定されれば、普通株式等Tier 1 資本で 1 ～2.5％の上乗せ水準を達成することが求められます。

解説

バーゼルⅡのもとでは、Tier 1 比率（基本的項目）、総自己資本比率（基本的項目＋補完的項目＋準補完的項目）の最低所要水準が、それぞれ 4 ％、 8 ％とされています。バーゼルⅡのもとでは、バーゼルⅢの普通株式等Tier 1 資本は明確に規定されていませんでしたが、Tier 1 資本のうち普通株式・内部留保がTier 1 資本の中心的な形態であるべき（いわゆるシドニー合意（1998年10月））とされているため、普通株式等Tier 1 比率に相当する比率が、実質的に 2 ％以上であることが求められています。なお、わが国では、この点については、「主要行等向けの総合的な監督指針」に規定されています。

一方、バーゼルⅢでは、普通株式等Tier 1 比率、Tier 1 比率（普通株式等Tier 1 ＋その他Tier 1）、総自己資本比率（普通株式等Tier 1 ＋その他Tier 1 ＋Tier 2 ）の最低所要水準が、それぞれ4.5％、 6 ％、 8 ％とされています。つまり、普通株式等Tier 1 比率、Tier 1 比率の最低所要水準が引き上げられ

ましたが、総自己資本比率は8％のまま変更されていません。

　以上が形式的な最低所要水準ですが、バーゼルⅢでは、後述のように、最低所要水準に上乗せでバッファーとなる資本（資本保全バッファー）を備えることが求められます。資本保全バッファーはバッファーといっても、実際上、銀行は資本保全バッファーを備えることが必須となります。これは、資本保全バッファーを下回ると、配当、自社株買いや役職員への賞与など社外流出が制限されることとなりますが、通常そのようなことは投資家に受け入れられないためです。その結果、形式的な最低所要水準に資本保全バッファーを加えた水準が、実質的な最低所要水準となります。資本保全バッファーは、普通株式等Tier 1 資本で2.5％の水準が求められます（図表22－1 参照）。

　普通株式等Tier 1 資本は、総自己資本比率の最低所要水準を達成する際と資本保全バッファーを達成する際のいずれにも必要ですが、前者のほうに先に充当されることに留意が必要です。たとえば、普通株式等Tier 1 資本が8％、その他Tier 1 資本が1％、Tier 2 資本が1％であった場合、普通株式等Tier 1 資本だけをみれば、最低所要水準と資本保全バッファーの合計の7％を達成しているようにみえますが、そのようには扱われません。この場合、総自己資本比率の最低所要水準の8％を達成するために、普通株式等Tier 1 資本の6％、その他Tier 1 資本の1％、Tier 2 資本の1％が充当されます。その結果、資本保全バッファーとして認められるのは普通株式等Tier 1 資本の残額である2％のみであり、資本保全バッファーが0.5％不足しているという扱いになります。

図表22－1　水準の見直し

	普通株式等Tier 1 比率	Tier 1 比率	総自己資本比率
バーゼルⅡ（最低所要水準）	実質2％	4％	8％
バーゼルⅢ　最低所要水準	4.5％	6％	8％
バーゼルⅢ　実質的な最低所要水準(注)	7％	8.5％	10.5％

（注）　資本保全バッファーを加算

図表22-2 段階的実施

	2013	2014	2015	2016	2017	2018	2019
普通株式等Tier1資本の最低所要水準	3.5%	4.0%	4.5%	4.5%	4.5%	4.5%	4.5%
資本保全バッファー				0.625%	1.25%	1.875%	2.5%
普通株式等Tier1資本の最低所要水準＋資本保全バッファー	3.5%	4.0%	4.5%	5.125%	5.75%	6.375%	7.0%
Tier1資本の最低所要水準	4.5%	5.5%	6%	6%	6%	6%	6%
総自己資本の最低所要水準	8.0%	8.0%	8.0%	8.0%	8.0%	8.0%	8.0%
総自己資本の最低所要水準＋資本保全バッファー	8.0%	8.0%	8.0%	8.625%	9.25%	9.875%	10.5%

(注) 網掛けは移行期間

図表22-3 バーゼルⅢの段階適用

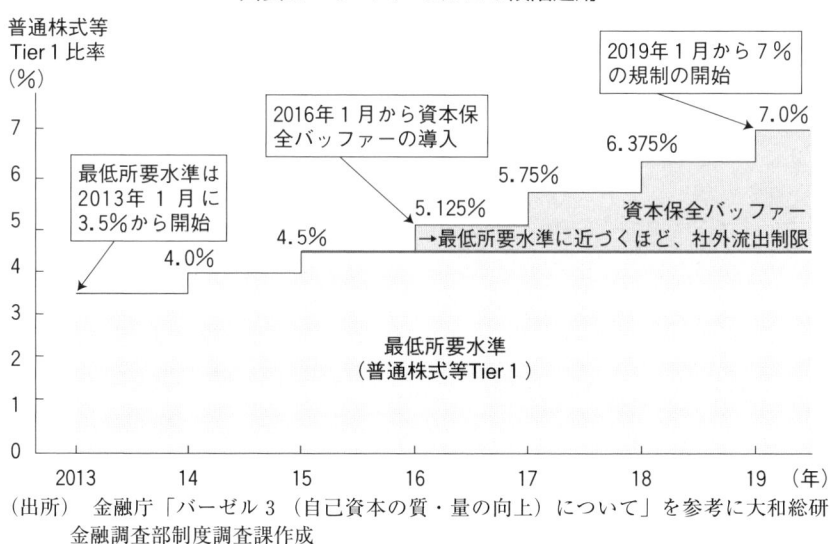

普通株式等Tier1比率(％)

- 最低所要水準は2013年1月に3.5%から開始
- 4.0%
- 4.5%
- 2016年1月から資本保全バッファーの導入
- 5.125%
- 5.75%
- 6.375%
- 2019年1月から7%の規制の開始
- 7.0%
- 資本保全バッファー →最低所要水準に近づくほど、社外流出制限
- 最低所要水準（普通株式等Tier1）

(出所) 金融庁「バーゼル3（自己資本の質・量の向上）について」を参考に大和総研金融調査部制度調査課作成

前述のように（Q20参照）、自己資本の水準については経過措置が設けられ、資本保全バッファーも考慮すると、上記の水準が実施されるのは2019年からになります（図表22－2参照）。

　普通株式等Tier 1資本の最低所要水準と資本保全バッファーの合計の水準は、図表22－3のようになります。

Q23 資本保全バッファーとは何ですか

A

資本保全バッファーとは、自己資本が減少している場合に社外流出が行われることを抑制するため、最低所要水準に上乗せで求められる資本であり、普通株式等Tier 1 資本の形式で2.5％の水準が求められます。2.5％の水準を達成できないと、その水準に応じて、配当、自社株買いや役職員への賞与などの社外流出が制限されます。資本保全バッファーは2016年から19年にかけて段階的に導入されます。

解説

金融危機において、金融機関のなかには、財務状況や銀行セクターの見通しが悪化していたにもかかわらず、配当や自社株買いを行って市場の信頼をつなぎとめようとしたり、役職員への手厚い報酬を支払い続けたところもありました。しかし、このような資本の社外流出の結果、新規の貸出が困難になり、経済状況の悪化を促進したとも考えられます。

そのため、バーゼルⅢでは、資本の社外流出を抑制し、内部留保の蓄積を促すため、最低所要自己資本に上乗せして自己資本を備えることを銀行に求めています。これが資本保全バッファーです。前述のように、資本保全バッファーの水準は普通株式等Tier 1 資本で2.5％が求められます（Q22参照）。普通株式等Tier 1 資本の最低所要水準は4.5％であるため、合計で7.0％の普通株式等Tier 1 を備えることが求められることになります。銀行の自己資本が資本保全バッファーを割り込み、普通株式等Tier 1 比率が4.5％〜7.0％になった場合、図表23−1のように普通株式等Tier 1 比率に応じて、資本の社外流出（配当、自社株買い、役職員への賞与）が制限されることとなります。たとえば、普通株式等Tier 1 比率が5.5％であれば、利益の80％は社外流出

第2章　新規制（バーゼル2.5、Ⅲ）の導入の経緯

図表23－1　バッファー水準を下回った場合

普通株式等Tier 1 比率	社外流出の制限割合（利益対比）
4.5 ％～5.125％	100％
5.125％～5.75 ％	80％
5.75 ％～6.375％	60％
6.375％～7.0 ％	40％
7.0％超	0 ％

（出所）　金融庁／日本銀行「バーゼル銀行監督委員会によるバーゼルⅢテキストの公表等について」（2011年1月）より作成

が制限され、利益処分が可能となるのは利益の20％のみとなります。

　資本保全バッファーは、それを下回ると利益処分が制限されるものの、バッファーという用語が示唆するように、取崩しが禁止されているわけではなく、逆に、ストレス時に資本保全バッファーを取り崩して貸出に回すことにより、経済状況を改善させることが期待されているものです。この意味で、資本保全バッファーには、景気変動を抑制する効果が期待されます。しかし、配当や自己株式取得などの株主還元が制限されることは、通常投資家に受け入れられませんし、役職員への賞与の支払も制限されるため、銀行は資本保全バッファーを割り込まないことを目指すと考えられます。そのため、実際上、銀行は資本保全バッファーの水準を達成することが必須となると考えられます。

　Q22の図表22－2で示したように、資本保全バッファーは2016年から19年にかけて段階的に導入されます。

Q24 カウンターシクリカル資本バッファーとは何ですか

A

カウンターシクリカル資本バッファーとは、過剰な信用供与が行われた場合に発生しうる巨額の損失に備えるバッファーとなる資本です。原則として普通株式等Tier1資本で、0〜2.5％の範囲で各国当局の裁量によって水準が定められます。水準を決定する際、主な共通指標として「総与信／GDP比のトレンドからの乖離」が参照されるため、わが国では低水準となる見込みです。水準を達成できないと、資本保全バッファー同様、その水準に応じて社外流出が制限されます。2016年から19年にかけて段階的に導入されます。

解 説

金融危機にみられたとおり、過剰な信用供与が行われて生じたバブルが崩壊すると、銀行セクターの損失は巨額となりえます。そのような将来的な損失から金融機関を守るため、バーゼルⅢではバッファーとしての資本を備えさせるべく、カウンターシクリカル（景気変動抑制的な）資本バッファーが導入されます。カウンターシクリカル資本バッファーは、このように将来的な損失に備えるためのバッファーであると同時に、資本保全バッファーとは異なり信用拡張期には所要水準が引き上げられるため、信用拡張期において銀行に追加的なバッファーを積み立てさせることにより、過剰に信用供与額が増大することを抑制する効果も期待されます。

カウンターシクリカル資本バッファーは、資本保全バッファーと同様、水準を下回ると、その水準に応じて資本の社外流出（配当、自社株買い、役職員への賞与）が制限されます。カウンターシクリカル資本バッファーは、資本保全バッファーを拡張するものとして規定されていますので、普通株式等

図表24－1　銀行が2.5％のカウンターシクリカル資本バッファーを求められた場合の、個別銀行における自己資本保全の最低基準

普通株式等Tier 1 比率 【カウンターシクリカル資本バッファーが2.5％に設定された場合】	社外流出の制限割合 （利益対比）
バッファーの第1四分位内【4.5％～5.75％】	100％
バッファーの第2四分位内【5.75％～7.0％】	80％
バッファーの第3四分位内【7.0％～8.25％】	60％
バッファーの第4四分位内【8.25％～9.5％】	40％
バッファーの上限超【9.5％超】	0％

（出所）　バーゼルⅢ規則文書より大和総研金融調査部制度調査課作成

Tier 1 資本で2.5％の水準が求められる資本保全バッファーとあわせて表すと、図表24－1のようになります。

　カウンターシクリカル資本バッファーは、原則として普通株式等Tier 1 資本で満たすことが求められ、その水準は、0～2.5％の範囲で、各国当局が主に「総与信／GDP比のトレンドからの乖離」を共通指標として参照しながら裁量によって決定します。カウンターシクリカル資本バッファー水準を引き上げる場合は、銀行に資本の水準を調整する時間を与えるため、引上げの12カ月以上前に予告されます。逆に、カウンターシクリカル資本バッファー水準を引き下げる決定は、即時に発効します。このように経済全体での総与信の状況によってカウンターシクリカル資本バッファーの水準を変動させることにより、総与信が減少している時期には水準が引き下げられ、社外流出の制限にかかることなく取崩しが可能な額が増加し、信用状況の悪化を緩和することが期待されます。

　2010年12月にバーゼル銀行監督委員会が提示した運用指針において、カウンターシクリカル資本バッファーの水準を決定する際に参照される「総与信／GDP比のトレンドからの乖離」の過去の水準が示されています。それによると、わが国における同指標の水準は1993年から2009年までは0％となっているため、わが国のカウンターシクリカル資本バッファーの水準は低く設

定されることが予想されます。

　留意しなければならないことは、海外向け信用エクスポージャーを有する場合、その銀行に適用されるカウンターシクリカル資本バッファーの水準は、エクスポージャーを有するそれぞれの国で適用される資本バッファーの水準を、エクスポージャー額で加重平均した水準になるということです。たとえば、カウンターシクリカル資本バッファーの水準が仮に日本で0％、中国で2％であった場合、ある銀行の信用エクスポージャーが日本で60％、中国で40％であれば、その銀行に適用されるカウンターシクリカル資本バッファーはそれらの加重平均である0.8％（＝0％×60％＋2％×40％）となります。そのため、銀行はエクスポージャーがどの国に対するものかを把握しておかなければなりません。各国のカウンターシクリカル資本バッファーの水準は、国際決済銀行（BIS）のウェブサイトに公表される予定です。

　なお、上記のように、カウンターシクリカル資本バッファーは原則として普通株式等Tier 1 資本で満たす必要がありますが、バーゼル銀行監督委員会が追加でガイダンスを公表した場合、普通株式等Tier 1 資本のほかに、「その他の完全に損失吸収力のある資本」も認められることとされています。しかし、当該ガイダンスは2013年9月30日時点では公表されていません。

　カウンターシクリカル資本バッファーは、資本保全バッファー同様、2016年から19年にかけて段階的に導入されます。

Q25 リスク捕捉の強化に関しては、どのような見直しがなされていますか

A

バーゼルⅢでは、時価評価の対象となるデリバティブ取引のエクスポージャーについて、取引相手方の信用力低下によって損失が発生するリスクが新たに捕捉されるようになりました（カウンターパーティ・リスクの資本賦課計測方法の見直し）。

ほかに、金融機関のリスクが金融システム全体に波及するシステミック・リスクの明示的な把握、「誤方向リスク」（取引相手のデフォルト確率（PD）と取引相手に対するエクスポージャー額（EAD）が正の相関関係をもつことにより、リスクがさらに高まるというリスク）への対応、担保に関する取扱いの強化、外部格付への依存の見直しなどもなされました。

解 説

1 CVAリスクの捕捉

会計基準上、デリバティブ取引は公正価値評価（時価評価）の対象とされています。そして、欧米の会計基準では、取引相手（カウンターパーティ）の信用力の低下によってデリバティブ取引の価値が下落した場合、カウンターパーティがデフォルトした場合の損失額の期待値の現在価値をデリバティブ取引の評価に織り込むというかたちで損失を計上するという処理が行われています。このような処理を「信用評価調整」（CVA：Credit Valuation Adjustment）と呼びます（わが国では、カウンターパーティの信用状況が悪化してから引当金を計上して対応することが多く、信用状況が悪化する可能性をふまえたCVAは利用されていないもようです）。

金融危機において、このCVAによって金融機関に多額の損失が発生しました。カウンターパーティの信用力低下・デフォルトによって生じた損失の

うち、実際のデフォルトによる損失はその約3分の1であったのに対し、損失の約3分の2は、カウンターパーティがデフォルトに至る前の信用力低下を示す、格下げやクレジット・スプレッドの拡大に伴うものだったといわれています。

しかし、従来のバーゼル規制（バーゼルⅡ）ではCVAによる損失発生リスクは捕捉されていませんでした。そこで、バーゼルⅢでは、CVAリスク相当額を信用リスク・アセットに加えるというかたちで、新たにCVAを捕捉することとしています（詳しい計測方法はQ48参照）。

2　システミック・リスクの明示的な把握

金融危機において、ある金融機関が破綻するリスクが金融システム全体に波及し、他の金融機関の破綻リスクを生じさせるというシステミック・リスクが顕在化しました。そのため、バーゼルⅢでは、システミック・リスクを把握する見直しが行われています。

システミック・リスクの把握は次のように行われます。内部格付手法の場合、事業法人等向けエクスポージャーの信用リスク・アセットは、デフォルト時エクスポージャー（EAD）に「所要自己資本率」を掛け合わせた額を12.5倍して求められます。この「所要自己資本率」は、複数のパラメーターで構成される所定の計算式によって算出され、パラメーターには、カウンターパーティとの相関を計測する「相関係数」が含まれています。バーゼルⅢでは、カウンターパーティが一定の金融機関である場合、「相関係数」が1.25倍されることとなります。対象の金融機関には、総資産1,000億ドル以上の銀行・証券会社・保険会社等や、金融業を営む者のうちバーゼル規制のような健全性規制が課されていない者（規模は問いません）が含まれます。他方、標準的手法についてはこのような見直しは行われていません。

3　誤方向リスクへの対応

一般に、あるカウンターパーティのデフォルト確率（PD）とそのカウン

ターパーティに対するエクスポージャー額（EAD）は、必ずしも高い相関関係をもちません。しかし、金融危機において、PDとEADが高い相関関係を示し、EADが増大するとともにPDも上昇し、リスクがさらに高まるという事態が生じました。このように、両者の相関関係が高まるリスクを「誤方向リスク」と呼びます。

　たとえば、金融危機以前、一部の金融機関はサブプライム関連の証券化商品の価格の下落リスクをヘッジすべく、モノラインと呼ばれる金融保険会社から保証を受けていました。金融危機時に同商品の価格が下落した際、これらの金融機関はモノラインに対するエクスポージャー（EAD）が急増すると同時に、保険金支払額の急増によりモノラインがデフォルトする確率（PD）も大幅に上昇するという事態が生じました。

　バーゼルⅢでは、このような誤方向リスクに対応すべく、誤方向リスクが特定された取引について信用リスク・アセットを算出する際、誤方向リスクの特性を勘案することが求められます。ただし、この見直しは、デリバティブ取引の与信相当額を算出する方式として期待エクスポージャー方式（Q47参照）を採用している場合に適用されますが、同方式を実際に採用しているのは欧米の大手金融機関が中心で、2013年3月期の時点では、わが国では採用している金融機関はないもようです（野村ホールディングスが証券会社の自己資本比率規制において採用）。

4　担保に関する取扱いの強化

　バーゼルⅢでは、担保に関する取扱いの強化もなされています。金融危機時に、担保を現金化するのにかかる時間が想定以上に長くかかってしまうケースがみられたため、流動性の低い担保等について、その最低保有期間を長期化する見直しがなされました。この最低保有期間は、適格金融資産担保の信用リスク削減効果において勘案されるため、その長期化は信用リスク削減効果を低下させ、信用リスク・アセットを増大させる方向に働きます。

　担保に関する取扱いの強化に関しては、格下げなどのカウンターパーティ

の信用力低下をトリガーとして担保の提供を求めることができる担保契約に基づく担保の効果の勘案の禁止（そのような担保の提供が流動性を逼迫させ、むしろリスクを増大させてしまうため）、非現金担保の価格変動を反映すること、期待エクスポージャー方式における簡便な方法の見直しなどが行われています。ただし、これらは期待エクスポージャー方式を採用している場合に適用されますが、前述のように、2013年3月期の時点では、わが国で同方式を採用している預金取扱金融機関はないもようです。

5　中央清算機関への店頭デリバティブ取引の集中化

バーゼルⅢでは、デリバティブ取引の清算を中央清算機関に集中させるため、一定の要件を満たす清算機関等向けエクスポージャーについては、店頭デリバティブ取引のエクスポージャーよりも低いリスク・ウェイトを適用するという変更が盛り込まれています。詳細については、Q49をご参照ください。

6　外部格付への依存の見直し

バーゼルⅢでは、外部格付（格付機関による格付）への依存の見直しも行っています。これは、金融危機時に、主に証券化商品に関連して、外部格付には、①銀行自身によるリスク評価が疎かになる、②格付機関にビジネス獲得目的で高格付を付与するインセンティブが生じる、③一定水準を下回る格下げが行われるとリスク・ウェイトが急上昇し、市場参加者の行動がゆがめられる、といった問題が指摘されたためです。

そこで、バーゼルⅢでは、それぞれの問題への対応がなされています。①については、外部格付を使用する標準的手法採用行に対して、銀行の自己管理型のリスク管理を定めた「第2の柱」を通じた信用リスク評価の強化が行われ、格付の有無にかかわらず銀行自身が保有エクスポージャーのリスクを適切に評価すべきことが求められています。特に、標準的手法採用行において、BB－未満の法人等向けエクスポージャー等のリスク・ウェイトが150％

であるのに対し、無格付エクスポージャーのリスク・ウェイトが100％であるため、低格付エクスポージャーについて格付を取得しないインセンティブが存在します。そこで、無格付エクスポージャーについて、実際のリスクがリスク・ウェイトが100％の場合よりも著しく高い場合は、より高いリスク・ウェイトの適用を検討すべき旨が明確化されています。

　②については、勝手格付の利用要件の厳格化が行われています（勝手格付の利用は、見直し以前は各国当局の裁量で認められていますが、わが国では従来から禁止されています）。

　③については、信用リスク削減効果を認められる適格保証人には、格付がＡ－以上という要件が課されていますが、この要件が緩和されています。具体的には、これにより、適格保証人の格付がＡ－未満に引き下げられた際に、信用リスク削減効果が一挙になくなるという、「クリフ（cliff崖）効果」と呼ばれる事態が防止されます。ただし、適格保証人に外部格付が付されていることは依然必要です。

Q26 流動性カバレッジ比率とは何ですか

A

流動性カバレッジ比率とは、銀行に厳しいストレス期間（30日間）を乗り越えるのに十分な流動性を備えるようにさせるべく、流動性の高い資産（「適格流動資産」）を、30日間のストレス期間における資金流出額（純額）以上に保有することを求めるための指標です。2015年から19年にかけて段階的に実施される予定です。なお、わが国において対応する告示等はまだ公表されていません。

――― 解 説 ―――

1 流動性カバレッジ比率とは

流動性カバレッジ比率（LCR：Liquidity Coverage Ratio）とは、「適格流動資産」を「30日間のストレス期間に必要となる流動性」で除することによって得た割合を指します。バーゼル銀行監督委員会は、2010年12月に公表したバーゼルⅢにて、新たにLCRをバーゼル規制に加えています。

バーゼルⅢでは、LCRを100％以上と定めています（図表26－1参照）。

図表26－1　LCR基準の概要(1)

$$\text{LCR} = \frac{\text{適格流動資産}}{\text{30日間のストレス期間に必要となる流動性}} \geq 100\%$$

（出所）　金融庁／日本銀行「バーゼル銀行監督委員会によるバーゼルⅢテキストの公表等について」（2011年1月）

図表26－2　LCR基準の概要(2)

$$\text{LCR} = \frac{\text{「1.適格流動資産」}}{\text{「3.資金流出項目×掛け目」} - \text{「2.資金流入項目×掛け目」}}$$

（出所）　金融庁／日本銀行「バーゼル委市中協議文書　流動性規制の導入」（2010年1月）

図表26-3 LCRの主な項目とその掛け目

1 適格流動資産

項 目	掛け目
レベル1資産	
現金、中銀預金（危機時に引出し可）、リスク・ウェイトが0%の国債等、リスク・ウェイトが0%でない母国政府・中銀の母国通貨建て債務等	100%
レベル2A資産	
リスク・ウェイトが20%の政府・中銀・公共セクターの証券・保証債、高品質（AA-以上）の非金融社債、カバードボンド、事業会社CP（適格流動資産全体の15%を上限）	85%
レベル2B資産	
RMBS（AA格以上）	75%
非金融社債（A+～BBB-）、上場株式（主要インデックス構成銘柄）	50%

2 主な資金流入項目（資金流出総額の75%を上限）

項 目	掛け目
以下を担保としたリバース・レポと証券借入	
レベル1資産	0%
レベル2A資産	15%
レベル2B資産（適格RMBS）	25%
レベル2B資産（その他）	50%
その他の資産	100%
カウンターパーティごとのその他資金流入	
リテール向け健全債権	50%
事業法人（リテールを除く）、政府・公共セクター向け健全債権	50%
金融機関、中銀向け健全債権	100%
金融機関から付与されている与信・流動性ファシリティ	0%
デリバティブのネット受取	100%

3 主な資金流出項目

項 目	掛け目
リテール預金（中小企業預金を含む）	
安定預金（注1）	5%
準安定預金（注2）	10%
ホールセール調達	
無担保調達	
オペレーショナル預金（注3）（付保対象）	5%
オペレーショナル預金（付保対象外）	25%
（上記以外の）事業法人、政府・中銀・公共セクターからの調達（全額付保）	20%
事業法人、政府・中銀・公共セクターからの調達（預金全額付保でない場合）	40%
金融機関からの調達	100%
有担保調達	
レベル1資産を担保とした調達	0%
レベル2A資産を担保とした調達	15%
レベル2B資産（適格RMBS）	25%
レベル2B資産（その他）	50%
中銀からの調達（政府・公共セクターからの調達：25%（レベル1、2A担保除く））	0%
上記以外の有担保調達	100%
与信・流動性ファシリティ（注4）	
事業法人（リテールを除く）、政府・中銀・公共セクター向け	10%
金融機関向け	40%
流動性ファシリティ（未使用額）	
事業法人（リテールを除く）、政府・中銀・公共セクター向け	30%
金融機関向け（LCR適用対象先のみ40%、それ以外は100%）	40%
デリバティブのネット支払	100%

(注1) リテール安定預金とは、付保対象かつ顧客との関係が強固（給与振込先口座である等）な預金。当該預金が、一定の条件（預金保険制度について事前積立方式を採用していること、預金保険発動後、速やかに預金者が付保預金を引出可能であること（7営業日以内が目安）、LCRで想定するストレス状況下の付保預金の流出率が3％を下回る実績があること等）を満たすと3％の流出率を適用可。
(注2) リテール準安定預金とは、安定預金と残存期間30日超の定期預金を除く預金。各国裁量で10％より高い流出率を設定可。
(注3) オペレーショナル預金とは、クリアリング、カストディ、キャッシュマネジメントを目的とする預金（協同組織金融機関の系統預金の最低預入額を含む）。当該預金が預金保険によって全額保護されている場合は、リテール安定預金と同じ取扱いを適用可。なお、預け側の資金流入は0％。
(注4) 表中に該当しない与信・流動性ファシリティについては、リテール向けの流出率が5％、その他の法人（SPE、導管体等）向けの流出率が100％。
(出所) 金融庁／日本銀行「流動性規制（流動性カバレッジ比率）に関するバーゼルⅢテキスト公表」（2013年1月）

　これを言い換えると、「銀行は30日間のストレス期間を切り抜けるのに十分な流動資産を保有していなければならない」ということになります。ノーザン・ロックやリーマン・ブラザーズの破綻が発端となった新たな規制枠組みです。

　図表26－1の分母の「30日間のストレス期間に必要となる流動性」は、「資金流出項目（×掛け目）－資金流入項目（×掛け目）」と言い換えられます（図表26－2参照）。

　LCRの主な項目とその掛け目は、図表26－3のとおりです（より詳細なものについては、本稿末尾の【Annex】をご参照ください）。

2　改訂テキストの公表

　2013年1月7日、バーゼル銀行監督委員会は、LCRの改訂版（以下、「改訂テキスト」）を公表しています。

　改訂テキストは、2010年12月公表のLCRテキスト（以下、「ドラフト」）のアップデート版であり、一部の要件の緩和や明確化が施されています。

　ドラフトからの主な変更点は、以下の3点です。

(1)　適格流動資産の範囲拡大

　改訂テキストは、高めのヘアカット（すなわち低めの掛け目）を課したう

えで、以下の資産を新たに適格流動資産に追加しています（各国裁量）。

> ◇信用格付A＋〜BBB－の非金融社債（掛け目：50%）
> ◇株式指数構成銘柄である非金融法人の上場株式（掛け目：50%）
> ◇信用格付AA以上のRMBS（掛け目：75%）

　上記の資産は「レベル2B資産」と分類されています（ドラフトにおけるレベル2資産が「レベル2A資産」）。

　レベル2B資産は流動性が相対的に低いことから、適格流動資産全体の15％という算入上限が設けられています（レベル2資産の算入上限（適格流動資産全体の40％）には変更なし）。

　なお、レベル2B資産の適格要件については、後述をご参照ください。

(2)　一定の資金流出項目の掛け目の緩和

　改訂テキストは、主に以下のような資金流出項目の掛け目をドラフトから緩和しています。

> ◇預金保険制度や実績率に関する追加要件を満たす「安定的なリテール預金」：3％（←5％）
> ◇事業法人等（非金融法人、政府・中銀、多国間開発銀行（MDB）、公共セクター）からの無担保ホールセール調達：40％（←75％）
> ◇コミットメントライン（与信ファシリティおよび流動性ファシリティ）のうち、事業法人等向けの流動性ファシリティ：30％（←100％）
> ◇銀行向けのコミットメントライン：40％（←100％）
> ◇中銀からの有担保調達：担保の種類にかかわらず0％（←担保の種類に応じて0％ or 15％ or 25％）

(3)　2015年から19年の段階的実施

　改訂テキストでも、LCRの適用開始時期は、従来どおり2015年1月とされ

図表26-4　LCRの実施スケジュール

	2015年1月1日	2016年1月1日	2017年1月1日	2018年1月1日	2019年1月1日
LCR最低水準	60%	70%	80%	90%	100%

(出所)　金融庁／日本銀行「流動性規制（流動性カバレッジ比率）に関するバーゼルⅢテキスト公表」（2013年1月）

ています。もっとも、ドラフトが2015年1月の完全実施（最低水準100%）としていたのに対し、改訂テキストは、2015年から19年にかけての段階的実施を定めています。具体的には、2015年1月の最低水準を60%とし、その後毎年10%ずつ引き上げ、2019年1月の最低水準を100%としています（図表26-4参照）。

3　適格流動資産

(1)　特　徴

適格流動資産とは、「①ストレス時においても大きく減価することなしに換金できる資産（『高品質な流動資産』）であって②換金に係る障害がない（『運用上の要件』を満たす）もの」[1]をいいます（図表26-5参照）。LCRの算式

図表26-5　適格流動資産の特徴

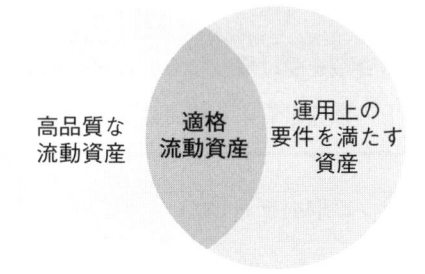

(出所)　金融庁／日本銀行「流動性規制（流動性カバレッジ比率）に関するバーゼルⅢテキスト公表」（2013年1月）

における分子に該当します（図表26－1・26－2参照）。

この2つの要件は、ドラフトから変更されていません。

もっとも、改訂テキストでは、ドラフトに対して、「危機時における実際の経験をより適切に反映する観点から高品質な流動資産の範囲を拡大したほか、解釈相違（トレーディング部門で取り扱ったものはすべて不適格）をなくす観点から運用上の要件の明確化などを行」[2]うという変更を加えています。

(2) 運用上の要件

前述のとおり、運用上の要件とは、資産の換金に係る障害がないことを求めるものです。適格流動資産に係る主な運用上の要件は、次のとおりです。

◇換金にあたっていかなる制約も受けないこと（注1）（注2）
◇流動性リスク管理の所管部署（トレジャリー部門等）のコントロール下にあること（注3）

（注1） ただし、中銀または公共セクターに担保として差し入れられている資産のうち、担保として未使用の資産は、制約がないものとして扱うことができる。
（注2） 銀行に換金する事務能力（operational capability）がない場合は、適格流動資産に含めることができない。
（注3） 当該コントロールは、①使途を資金繰り目的に特化した資産を当該部署が分別管理すること、もしくは②当該部署がその資金を業務やリスク管理方針と相反することなく資金繰り目的でいつでも換金可能であると証明すること、のいずれかの方法によって立証されなければならない。

なお、転貸権のある資産を受け取っても、本来の所有者が30日以内に当該資産を引き出す契約上の権利を有する場合は、当該資産を適格流動資産に含めることはできません。

銀行は、売却またはレポ取引を通じて、これらの資産を定期的に市場で換

---

1 金融庁／日本銀行「流動性規制（流動性カバレッジ比率）に関するバーゼルⅢテキスト公表」（2013年1月）より引用。
2 脚注1に同じ。

金し、市場へのアクセス等をテストしなければなりません。

(3) カテゴリーと算入上限

適格流動資産は、その流動性の高さに応じて、「レベル１資産」と「レベル２資産」の２つのカテゴリーに分類されます。

さらに、レベル２資産は、その流動性の高さに応じて、「レベル２Ａ資産」と「レベル２Ｂ資産」の２つのカテゴリーに分類されます。

レベル１資産には、算入上限はありません。

これに対して、レベル２資産には、適格流動資産全体の40％（掛け目適用後）という算入上限が設けられています。さらに、レベル２Ｂ資産にも、適格流動資産全体の15％（掛け目適用後）という算入上限が設けられています（図表26－６参照）。

図表26－６　適格流動資産のカテゴリーと算入上限

レベル１資産（≧60％）	レベル２Ａ資産（２Ｂ資産と合計で≦40％）	レベル２Ｂ資産（≦15％）

（出所）　金融庁／日本銀行「流動性規制（流動性カバレッジ比率）に関するバーゼルⅢテキスト公表」（2013年１月）

(4) レベル１資産

レベル１資産は、流動性が高いことから、算入上限がなく、ヘアカットの適用も不要です[3]。ただし、各国当局は、満期、信用リスクおよび流動性リスク、そして典型的なレポのヘアカット率等に基づき、レベル１資産にヘアカットを適用することも可能です。

レベル１資産は、次の資産に限定されます。

① 現金

---

[3] LCRの算出にあたっては、レベル１資産の価値は市場価格を上限とします。

② 中銀預金（ストレス時に引出可能な範囲に限る）
③ 政府・中銀・公共セクター、国際決済銀行（BIS）、国際通貨基金（IMF）、欧州中央銀行（ECB）、欧州委員会（EC）または多国間開発銀行（MDB）が発行・保証する市場性のある証券で、次の要件をすべて満たすもの
◇バーゼルⅡの標準的手法におけるリスク・ウェイトが0％である
◇集中度が低いことに特徴づけられるような、大規模で厚みがあり、活発なレポ市場または売買市場で取引されている
◇市場がストレス下にある状況においても、（レポまたは売却を通じて）市場から流動性を調達できる実績を有している（"have a proven record"）
◇債務者が金融機関（もしくはその関連会社）ではない
④ 銀行が流動性リスクをとっている国又は銀行の母国のうち、リスク・ウェイトが0％でない国の政府・中銀が発行する自国通貨建て債券
⑤ 銀行が流動性リスクをとっている国又は銀行の母国のうち、リスク・ウェイトが0％でない国の政府・中銀が発行する外貨建て債券（注）

（注）銀行が流動性リスクをとっている国における銀行の運用から生ずる当該外貨のネット資金流出の額（銀行のストレス下）を上限とする。

(5) レベル2Ａ資産

レベル2Ａ資産には、各々の市場価格に対して、15％のヘアカット（85％の掛け目）が適用されます。レベル2Ａ資産は、次の資産に限定されます。

① 政府・中銀・公共セクターまたはMDBが発行・保証する市場性のある証券で、次の要件をすべて満たすもの
◇バーゼルⅡの標準的手法におけるリスク・ウェイトが20％である

◇集中度が低いことに特徴づけられるような、大規模で厚みがあり、活発なレポ市場または売買市場で取引されている
　　◇市場がストレス下にある状況においても、（レポまたは売却を通じて）市場から流動性を調達できる実績を有している（"have a proven record"）（具体的には、深刻な流動性ストレス下において、30日間、価格の下落幅またはヘアカットの増加幅の最大値が10％を超過しないこと）
　　◇債務者が金融機関（もしくはその関連会社）ではない
②　社債（コマーシャルペーパーを含む）およびカバード・ボンドで、次の要件をすべて満たすもの
　　◇金融機関（もしくはその関連会社）が発行したものでない（※社債の場合）
　　◇銀行自身（もしくはその関連会社）が発行したものでない（※カバード・ボンドの場合）
　　◇適格格付機関（ECAI）からAA−以上の長期格付を付与されているか、（ECAIからの格付はないが、）内部格付のデフォルト確率（PD）がAA−以上に相当する
　　◇集中度が低いことに特徴づけられるような、大規模で厚みがあり、活発なレポ市場または売買市場で取引されている
　　◇市場がストレス下にある状況においても、（レポまたは売却を通じて）市場から流動性を調達できる実績を有している（"have a proven record"）（具体的には、深刻な流動性ストレス下において、30日間、価格の下落幅またはヘアカットの増加幅の最大値が10％を超過しないこと）

(6)　レベル２Ｂ資産

　各国当局は、その裁量により、レベル２Ｂ資産を適格流動資産に算入することができます。

レベル2B資産には、各々の市場価格に対して、25％または50％のヘアカット（75％または50％の掛け目）が適用されます。

レベル2B資産は、次の資産に限定されます。

① RMBS（住宅ローン担保証券）のうち、次の要件をすべて満たすもの（掛け目：75％）
◇発行および裏付資産の組成が銀行自身（もしくはその関連会社）によるものでないこと
◇適格格付機関（ECAI）からAA以上の長期格付を付与されているか、（長期格付はないが）AA以上の長期格付に相当する短期格付を付与されていること
◇集中度が低いことに特徴づけられるような、大規模で厚みがあり、活発なレポ市場または売買市場で取引されていること
◇市場がストレス下にある状況においても、（レポまたは売却を通じて）市場から流動性を調達できる実績を有している（"have a proven record"）こと（具体的には、深刻な流動性ストレス下において、価格の下落幅の最大値が20％を超過せず、または30日間のヘアカットの増加幅の最大値が20％を超過しないこと）
◇裏付資産が住宅ローンに限定されており、ストラクチャード商品を包含しないこと
◇裏付資産となる住宅ローンが、完全償還請求権付（フル・リコース）であり、発行時における平均の担保掛け目（LTV）を80％以下としていること
◇証券化にあたっては、リスク・リテンション規制（発行者に対して証券化する資産に係るリスクの一部を保有することを要求する規制）が課されていること
② 社債（コマーシャルペーパーを含む）のうち、次の要件をすべて満たすもの（掛け目：50％）

◇金融機関（もしくはその関連会社）が発行したものでないこと
◇適格格付機関（ECAI）からA＋～BBB－の長期格付を付与されているか、（ECAIからの格付はないが）内部格付のPDがA＋～BBB－に相当すること
◇集中度が低いことに特徴づけられるような、大規模で厚みがあり、活発なレポ市場または売買市場で取引されていること
◇市場がストレス下にある状況においても、（レポまたは売却を通じて）市場から流動性を調達できる実績を有している（"have a proven record"）こと（具体的には、深刻な流動性ストレス下において、価格の下落幅の最大値が20％を超過せず、または30日間のヘアカットの増加幅の最大値が20％を超過しないこと）

③ 普通株式のうち、次の要件をすべて満たすもの（掛け目：50％）
◇金融機関（もしくはその関連会社）が発行したものでない
◇取引所で取引されており、中央清算機関により清算・決済される
◇銀行の母国または銀行が流動性リスクをとっている国の主要指数（インデックス）の構成銘柄である
◇銀行の母国または銀行が流動性リスクをとっている国の通貨建てである
◇集中度が低いことに特徴づけられるような、大規模で厚みがあり、活発なレポ市場または売買市場で取引されている
◇市場がストレス下にある状況においても、（レポまたは売却を通じて）市場から流動性を調達できる実績を有している（"have a proven record"）（具体的には、深刻な流動性ストレス下において、30日間、価格の下落幅またはヘアカットの増加幅の最大値が40％を超過しないこと）

4　累積的なネット資金流出額

「累積的なネット資金流出額」という用語は、30日間の特定のストレス・シナリオにおいて、「累積的な期待資金流出額」から「累積的な期待資金流入額」を差し引いたものと定義されます（下記算式）。これを簡潔に言い換えると、「30日間のストレス期間に必要となる流動性」となります。LCRの算式における分母に該当します（図表26－1、26－2参照）。

30日間の「累積的なネット資金流出額」	＝	「累積的な期待資金流出額」	－	「累積的な期待資金流入額」（「累積的な期待資金流出額」の75％を上限）

「累積的な期待資金流出額」は、さまざまなカテゴリーの負債やオフバランスシート・コミットメントの残高に、期待流出率や期待引出率を掛け合わせることによって算出されます。以下、この用語を、「資金流出項目」と簡潔に言い換えるものとします（図表26－2参照）。

「累積的な期待資金流入額」は、さまざまなカテゴリーの売掛金債権の残高に、期待受取率を掛け合わせることによって算出されます（ただし、資金流出項目の75％を上限とする）。以下、この用語を、「資金流入項目」と簡潔に言い換えるものとします（図表26－2参照）。

5　資金流出項目

(1)　リテール預金（自然人からの預金）の流出

a　安定預金（流出率：原則5％以上）

安定預金とは、実効的な預金保険制度[4]または政府保証によって付保されていることに加えて、預金者と銀行との間に給振口座等の確立された取引関係がある場合（すなわち、預金者が預金を（全額）引き出す可能性が著しく低い

---

[4] 実効的な預金保険制度とは、①迅速な保証金の支払があり、②保護範囲が明確に定義され、③公的に認知されている制度をいいます。

場合）の預金をいいます。

　なお、各国当局は、その裁量により、預金保険制度について次のような追加要件を満たす場合は、過去の危機時の付保預金の流出率が3％を下回った実績を示すことにより、安定預金に対して3％の流出率を適用することができます。

◇保険料が事前積立方式であること
◇預金の大規模な引出しが発生した際に、政府からの保証等による機動的な調達が可能であること
◇預金保険発動後、速やかに（7営業日が目安）預金者が付保預金を引出し可能であること

---

b　準安定預金（流出率：10％以上）

　各国当局は、その裁量により、たとえば次のような預金を準安定預金として分類することができます。

◇実効的な預金保険制度や公的保証でカバーされていない預金
◇高額預金
◇富裕層による預金
◇迅速な引出しが可能な預金（例：インターネット預金）
◇外貨預金

　なお、リテール定期預金のうち、残存期間または引出しに係る通知期限が30日を超えるものや、期限前償還に（金利の喪失を大きく上回る）重大なペナルティが課されるものは、資金流出項目から除外されます。もっとも、各国当局は、その裁量により、このようなリテール定期預金を資金流出項目に含めることも許容されます（その場合、流出率は0％超としなければならない）。

(2) 無担保ホールセール調達の流出

「無担保ホールセール調達」は、30日間にコーラブル（期限前償還が可能）な調達、同期間中に満期を迎える調達、および満期の定めのない調達のすべてを包含します。

これには、30日間に投資家の裁量で行使可能なオプション付きの調達が含まれます。銀行の裁量で行使可能なオプション付きの調達については、監督当局は、銀行によるオプションの行使を促す風評ファクターを考慮すべきこととされています。資金提供者によってコーラブルな調達のうち、30日を超える通知期限のあるものは、「無担保ホールセール調達」に含まれません。

なお、デリバティブ契約に関連する債務は、「無担保ホールセール調達」にいっさい含まれない点にご留意ください。

「無担保ホールセール調達」のカテゴリーとその流出率は、以下のとおりです。

a 中小企業顧客からの無担保ホールセール調達（流出率：5％、10％およびそれ以上）

中小企業顧客からの無担保ホールセール調達は、リテール預金のケースと同様に、各国当局の定義に従って、「安定的」と「準安定的」に区分されます。リテール預金同様、「安定的」な区分の流出率は5％以上、「準安定的」な区分の流出率は10％以上です。

このカテゴリーは、非金融中小企業顧客からの預金およびその他の資金提供によって構成されます。ここでいう「中小企業顧客」は、その資金提供の総額（連結ベース）が100万ユーロ未満でなければなりません[5]。

中小企業顧客からの定期預金は、リテール定期預金と同様に取り扱われる（前記(1)参照）。

---

[5] この定義は、中小企業向け融資をリテール向けエクスポージャーに区分するための要件（バーゼルⅡ231）と整合的です。

b　クリアリング、カストディ、キャッシュ・マネジメントから派生するオペレーショナル預金（流出率：25％）

ここでいうクリアリング、カストディ、キャッシュ・マネジメントは、次の要件を満たすものです。

> ◇これらの業務を遂行するにあたって、顧客が銀行に依存している（注）
> ◇これらの業務が、法的拘束力を有する契約に基づき、法人顧客に対して提供されている
> ◇これらの契約を解約するにあたっては、30日以上の通知期限があるか、もしくは仮にオペレーション預金が30日以内に移動された場合に顧客に重大なスイッチング・コストが発生する

（注）　たとえば、顧客に適切なバックアップ措置があることを銀行が認識している場合、この要件は満たされない。

余剰残高（引出し後もなおこれらのクリアリング、カストディ、キャッシュ・マネジメントの遂行に十分な資金を残す分）は、ここでいうオペレーショナル預金に含まれません[6]。

預金者が銀行である場合、オペレーショナル預金は当該銀行にとっての資金流入項目に含まれません。というのは、オペレーショナル預金はあくまでもオペレーション向けであり、その他の資金流出の穴埋めに用いることができないためです。

上記のようなオペレーションの区分にかかわらず、コルレス銀行業務（外国為替代行業務）やプライム・ブローカレッジ業務から派生した預金は、オペレーショナル預金に含まれません（流出率：100％）。

---

[6]　銀行は、オペレーショナル預金に含まれない余剰残高の特定メソッドを開発しなければなりません。

c 協同組織金融機関の系統預金（流出率：25％または100％）

協同組織金融機関の系統預金のうち、法律上の最低預金預入規制の遵守や相互補助の目的等に基づき系統中央機関に預け入れられたものについては、25％の流出率を適用することができます。

オペレーショナル預金と同様に、これらの系統預金は資金流入項目に含まれません。というのは、これらの資金は系統中央機関に留まることが想定されているためです。

協同組織金融機関の系統預金のうち、コルレス銀行業務（外国為替代行業務）については、100％の流出率が適用されます。

また、前記②のクリアリング、カストディ、キャッシュ・マネジメントから派生して系統中央機関に預け入れられた系統預金についても、100％の流出率が適用されます。

d 事業法人等（非金融法人、政府・中銀、MDB、公共セクター）からの無担保ホールセール調達（流出率：20％または40％）

このカテゴリーには、中小企業顧客からの預金（前記a）およびオペレーショナル預金（前記b）は含まれません。

このカテゴリーに対しては、原則として40％の流出率が適用されます。

もっとも、このカテゴリーの資金調達に基づく預金の全額が、実効的な預金保険制度または政府保証によって付保されている場合は、20％の流出率を適用することができます。

e その他の法人からの無担保ホールセール調達（流出率：100％）

このカテゴリーは、金融機関（銀行、証券会社、保険会社等）、受託者[7]、受益者[8]、導管体（コンデュイット）、特別目的事業体（SPV）、銀行の関連会社およびその他の企業等からの預金およびその他の資金調達のうち、オペレーション目的で保有していないものにより構成されます。流出率は100％です。

---

[7] 年金ファンドをはじめとする集団投資ビークルのような資産管理会社をいいます。

[8] 遺言、保険契約、退職積立、年金、信託およびその他の契約に基づき利益を受領することができる法人をいいます。

銀行が発行する証券はすべて、(リテール市場でのみ発行され、かつリテール口座にて保管されている場合を除き、)このカテゴリーに区分されます。

(3) 有担保調達の流出

有担保調達のカテゴリーとその流出率は、図表26－7のとおりです。

図表26－7　有担保調達のカテゴリーとその流出率

カテゴリー	流出率
◇レベル１資産を担保とした調達 ◇中銀からの有担保調達	0％
◇レベル２Ａ資産を担保とした調達	15％
◇政府、公共セクター（注）またはMDBからの有担保調達（レベル１資産・レベル２Ａ資産を担保とした調達を除く） ◇レベル２Ｂ資産に算入されるRMBSを担保とした調達	25％
◇レベル２Ｂ資産（RMBS以外）を担保とした調達	50％
◇その他	100％

(注)　ここでいう「公共セクター」は、リスク・ウェイトが20％以下のものに限られる。
(出所)　改訂テキストを参考に大和総研金融調査部制度調査課作成

(4) 追加的な要件

a　デリバティブ取引の支払

デリバティブ取引に基づくネットの資金流出の合計については、100％の流出率が適用されます。

キャッシュフローは、カウンターパーティ（有効なマスター契約が存在する先のみ）ごとにネットで算出されます。担保時価の下落による担保の追加分は、この計算に含まれません。

オプションは、買い手がインザマネーの場合は権利行使されるものとみなされます。

b　資金調達取引、デリバティブ取引等の契約における格下げトリガーの発動に伴う流動性ニーズの増加

これは、3ノッチまでの格下げで積増しが求められる追加担保額やそれに

よって生じる資金流出の100％に相当する金額を想定しています。

c　デリバティブ取引等の契約に伴い差し入れている担保の価格変動の可能性に伴う流動性ニーズの増加

　市場慣行では、デリバティブ取引におけるカウンターパーティの多くが、ポジションの時価変動リスクを担保することを求められており、その場合、典型的には、バーゼルⅡの標準的手法におけるリスク・ウェイトが０％である現金、ソブリン債、中銀債、MDB債、公共セクター債、すなわちLCRにおけるレベル１資産が担保として差し入れられています。

　これらのレベル１資産がここでいう担保として差し入れられている場合には、追加的な適格流動資産の保有を求めることはありません。

　これに対し、ここでいう担保がレベル１資産以外の資産の場合は、担保の20％（掛け目適用後）に相当する金額を適格流動資産に追加しなければなりません。

d　契約上（カウンターパーティ側が）常時コーラブルな超過担保に伴う流動性ニーズの増加

　これは、当該超過担保の100％に相当する金額を想定しています。

e　将来的に担保の差入れが求められ得る契約に伴う流動性ニーズの増加

　これは、当該担保の100％に相当する金額を想定しています。

f　非適格流動資産への担保差替を許容する契約に伴う流動性ニーズの増加

　これは、差替えの対象となりうる適格流動資産の100％に相当する金額を想定しています。

g　デリバティブ取引またはその他の取引の時価変動に伴う流動性ニーズの増加

　デリバティブ取引またはその他の取引の時価変動リスクに対して担保の差入れを要求する市場慣行に伴い、銀行はこれらの時価変動に伴う潜在的な流動性リスクを抱えています。

　こうした流動性ニーズの増加に伴う資金流出は、過去２年間に認識されたなかで最大のネット資金流出額（30日間ベース）を想定しています。

各国当局は、その環境に応じて、この点に関する取扱いを柔軟に調整することができます。

h　資産担保証券（ABS）、カバード・ボンドおよびその他のストラクチャード・ファイナンス商品による資金調達の喪失

銀行自身がこれらの商品を発行している場合、これらの商品のうち30日以内に満期・償還を迎える部分の100％に相当する金額が流出することが想定されています（リファイナンス市場が存在しないことを前提とする）。

i　資産担保コマーシャルペーパー（ABCP）、コンデュイット、SIVおよびその他の類似する資金調達ファシリティの喪失

これは、償還額および返還されうる資産の100％に相当する金額を想定しています。

短期負債の発行やABCPの発行を含むストラクチャード・ファイナンス・ファシリティを抱える銀行は、これらのファシリティから生じうる潜在的な流動性リスクを十分に考慮しなければなりません。

このような流動性リスクには、たとえば次のようなものが含まれません（これらに限定されない）。

◇満期を迎える負債のリファイナンスが不可能であること
◇資金調達の取決めにおいて資産の「返還」（"return"）を許容するストラクチャーに関する契約書に記載されているデリバティブまたはデリバティブ類似の要素
◇当初の資産譲渡人に対して流動性を供給し、30日以内に有効に資金調達の取決めを終了させるストラクチャー（流動性プット・オプション）に関する契約書に記載されているデリバティブまたはデリバティブ類似の要素

銀行のストラクチャード・ファイナンス商品による資金調達が特別目的会社（SPV、コンデュイットまたはSIV）を通じて行われる場合、銀行は、LCR

規制への対応にあたって、当該特別目的会社が連結されるか否かにかかわらず、当該特別目的会社によって発行された負債性商品の満期、および資金調達の取決めにおいて資産の「返還」（"return"）または流動性ニーズを潜在的に引き起こしうる組込オプション（embedded option）をルックスルーするべきとされています（図表26－8参照）。

図表26－8　資金調達ファシリティの損失に伴う資金流出項目

潜在的なリスク要因	保有が求められる適格流動資産
計算期間内に満期を迎える負債	満期を迎える部分の100％に相当する金額
資金調達の取決めにおいて資産の返還または潜在的な流動性支援を許容する組込オプション	潜在的に返還されうる資産または拠出が求められうる流動性の100％に相当する金額

（出所）　改訂テキストを参考に大和総研金融調査部制度調査課作成

ｊ　コミットメントライン（与信および流動性ファシリティ）の引出し

　ここでは、コミットメントライン（与信および流動性ファシリティ）とは、リテール顧客または法人顧客に対し、将来の一定期日において、資金を提供することが契約上明確に義務づけられているものをいいます。

　コミットメントラインには、取消し不可能な（コミットされた）契約、または条件付きで取消可能な契約のみが含まれます。銀行によって（借り手の事前の同意を得ることもなく）無条件で取消し可能な契約は、ここでいうコミットメントラインからは除外され、「その他の偶発債務」（Other Contingent Funding Liabilities）に含まれます（後記ｌ参照）。

　こうしたオフバランスシートのコミットメントラインの満期は、長期のものと短期のものの双方があります。短期のコミットメントラインは、頻繁に更新されるか、または自動的に借換え（ロールオーバー）が行われます。

　ストレス下においては、これらのファシリティから資金を引き出した顧客が、その満期いかんにかかわらず、債務を速やかに返済することが困難とな

ることが想定されます。したがって、ここでは、引出しが予定されるすべてのファシリティは、その満期にかかわらず、ストレステスト期間全体にわたって、その引出予定額の全額が未使用残高として残るものとします。

　ここでは、ファシリティが引き出された場合に担保を再利用する権利を銀行が有しており（担保の再利用にあたって運用上の障害がないことが前提）、かつファシリティの引出しの可能性と担保の時価との間に過度の相関がない場合、ファシリティの未使用部分は、ファシリティの担保として差し入れられた適格流動資産とネッティングして計算されます。適格流動資産にカウントされない担保については、無条件にファシリティの未使用残高とネッティングすることができます。

　流動性ファシリティとは、顧客が金融市場において負債をロールオーバーすることができない場合に、当該顧客の負債をリファイナンスするために用いられるバックアップ・ファシリティの未使用部分をいいます。

　流動性ファシリティに分類されるコミットメントラインの金額は、顧客によって発行されており、30日以内に満期を迎える負債のうち、コミットメントライン契約に包含されているものの残高です。流動性ファシリティ以外の部分のコミットメントラインは、与信ファシリティとして分類されます。

　もっとも、ヘッジファンド、マネー・マーケット・ファンド（MMF）、SPV、コンデュイットまたは銀行自身の資金調達に用いられるその他のビークルに対して供給されるファシリティは、これを全体で1つの流動性ファシリティとしてカウントします。

　前記h、iの資金調達によって得た部分については、これらの資金調達手段に関連する流動性ファシリティの供給主体たる銀行は、満期を迎えつつある資本調達手段と流動性ファシリティを二重にカウントする必要はありません。

　コミットメントラインからの契約上の引出し額、および30日以内に取消し可能なコミットメントラインからの引出し見込額は、次のようなかたちで資金流出にカウントされます（図表26-9参照）。

図表26-9 コミットメントラインの流出率

	与信ファシリティ（未使用額）	流動性ファシリティ（未使用額）
リテール・中小企業	5%	
事業法人等（非金融法人、政府・中銀、MDB、公共セクター）	10%	30%
銀行	40%	
銀行以外の金融機関（証券会社、保険会社、受託者、受益者等）	40%	100%
その他の法人（コンデュイット、SPV等）	100%	

（出所） 改訂テキストを参考に大和総研金融調査部制度調査課作成

① リテール顧客または中小企業顧客向けのコミットメントライン：未使用額の5%
② 事業法人等（非金融法人、政府・中銀、MDB、公共セクター）向けの与信ファシリティ：未使用額の10%
③ 事業法人等向けの流動性ファシリティ：未使用額の30%
④ 健全性監督に服する銀行向けのコミットメントライン（与信および流動性ファシリティ）：未使用額の40%
⑤ 銀行以外の金融機関（証券会社、保険会社、受託者（注1）、受益者（注2）等）向けの与信ファシリティ：未使用額の40%
⑥ 銀行以外の金融機関向けの流動性ファシリティ：未使用額の100%
⑦ その他の法人（コンデュイット、SPV等）向けのコミットメントライン（与信および流動性ファシリティ）：未使用額の100%

（注1） 年金ファンドをはじめとする集団投資ビークルのような資産管理会社をいう。
（注2） 遺言、保険契約、退職積立、年金、信託およびその他の契約に基づき利益を受領することができる法人をいう。

k　30日以内に資金を提供する契約上の義務

これは、金融機関に対するその他の資金提供義務を想定しています。

これに対しては、100％の流出率が適用されます。

30日以内に発生するリテール顧客および非金融法人顧客向けの契約上の資金提供義務の総額が、これらの顧客から30日以内になされる契約上の入金の総額の50％に相当する金額を上回る場合は、その差額に対して100％の流出率が適用されます。

l　「その他の偶発債務」（Other Contingent Funding Liabilities）

これに適用される流出率は、各国当局の裁量に委ねられます。

「その他の偶発債務」には、契約に基づくものと、契約に基づかないものの双方があります。

契約に基づかないものの例としては、将来的なストレス下で、提供している商品やサービスに伴う提携関係やスポンサー業務において、サポートや資金の提供が必要になる可能性です。こうした偶発債務は、すでに販売、スポンサー業務、発行を行った商品やサービスに組み込まれており、風評リスクを考慮して履行した結果、予期せぬバランスシートの拡大を強いられます。

「その他の偶発債務」のなかには、ストレス・シナリオで想定されている流動性イベントとは必ずしも関連性のないクレジット・イベントに明確に付随するものがあります。しかし、それにもかかわらず、これらの債務にはストレス下において深刻な流動性の枯渇を招く可能性があります。そこで、各国当局および銀行は、想定するストレス状況時において実現しうる「その他の偶発債務」を見極めておく必要があります。すべての認識された「その他の偶発債務」は、その前提およびトリガーを含めて報告されなければなりません。監督当局と銀行は、適切な流出率を決めるにあたって、最低限のヒストリカル・データを用いるべきとされています。

契約に基づかない「その他の偶発債務」のうち、（連結対象外の）ジョイント・ベンチャーへの出資や企業の少数株主持分から生ずる流動性リスクに関連するものは、当該ジョイント・ベンチャーや企業の流動性危機に際しては

銀行がメインの流動性供給主体となることが期待されるという前提のもとに成り立っています。

「その他の偶発債務」がトレードファイナンスから派生している場合、各国当局は、比較的低率の流出率（たとえば5％または5％未満）を適用することができます。トレードファイナンスとは、次のようなモノの移動またはサービスの提供を直接の裏付けとする貿易関連の債務です。

◇荷為替信用状、荷為替取立て、輸入手形、輸出手形
◇トレードファイナンスの債務に直接関連する引取保証（荷物引取保証）

なお、輸出入金融のような非金融法人向けの貸出予約（lending commitments）は「その他の偶発債務」には含まれず、前記 j のコミットメントラインの流出率が適用されます。

「その他の偶発債務」には、次のようなものが含まれます。

① 無条件に取消し可能な（コミットされていない）与信・流動性ファシリティ
② 引取保証および荷為替信用状
③ 次のような、契約に基づかない債務
　◇銀行自身、または関連するコンデュイット、SIVおよびその他の類似する資金調達ファシリティが発行した債券の潜在的な買戻要求
　◇顧客が高い換金性を期待しているストラクチャード商品（例：変動金利証券、変動金利償還請求権付債券（VRDNs））
　◇MMFまたはその他の集団投資ファンドのように、安定した価値の維持を目的として売買される合同運用ファンド
④ ディーラーやマーケットメーカーと関連のある発行体は、30日以上の満期を有する債券の残高に関して、その買戻しの可能性を考慮し、資金流出項目にカウントする必要がありうる。

⑤　顧客のショート・ポジションが他の顧客の担保によってカバーされている場合における、契約に基づかない債務：銀行が内部で顧客資産を他の顧客のショート・ポジションの担保（適格流動資産に該当しないものとする）としてマッチさせており、かつ、顧客の引出しの際には銀行に他の顧客のショート・ポジションをカバーするための追加の資金調達義務が発生しうる場合には、50％以上の流出率が適用されるべきである。

m　その他の契約上の資金流出（流出率：100％）

　これは、その他すべての契約上の資金流出（例：無担保借入れおよびネイキッド・ショート・ポジションをカバーするための資金、配当金、契約上の金利支払等）のうち、30日以内に流出されるものを想定しています。銀行は、このカテゴリーの内訳を説明しなければなりません。なお、経費関連の支出はこのカテゴリーに含まれない点にご留意ください。

6　資金流入項目

　銀行は、契約上の資金流入（利息を含む）のうち、30日以内のデフォルトが見込まれない健全債権に基づくもののみを資金流入項目にカウントする必要があります。したがって、偶発的な資金流入は、資金流入項目に含まれません。

　銀行および監督当局は、銀行の流動性ポジションが1社または限られた数のカウンターパーティからの資金流入に過度に依存していない状態を確保すべく、法人のカウンターパーティ間における資金流入の集中度合いをモニターする必要があります。

　銀行が流動性規制を満たすにあたり期待される資金流入のみに依存するという事態を防止し、適格流動資産の最低限の保有水準を確保すべく、資金流出項目と相殺できる資金流入項目の金額に、資金流出項目の75％に相当する金額という上限を設定します。したがって、銀行は、少なくとも資金流出項

目の25％に相当する金額以上の金額に相当する適格流動資産を保有していなければならないということになります。

(1) 担保付貸付（リバース・レポ、証券貸借取引を含む）

期限付リバース・レポまたは証券貸借取引のうち、レベル１資産によって担保されているものについては、ロールオーバーされると推測されるため、いっさいの資金流入をもたらしません（流入率：０％）。

これに対して、期限付リバース・レポまたは証券貸借取引のうち、レベル２資産によって担保されているものについては、関連する特定の資産のヘアカット分に相当する金額と同等の資金流入をもたらします。

期限付リバース・レポまたは証券貸借取引のうち、適格流動資産以外の資産によって担保されているものについては、ロールオーバーされないと推測されるため、取引価格の100％に相当する金額の資金流入が見込まれます。

レバレッジをかけてトレーディングのポジションをとるためのいわゆる「マージン・ローン」もまた、担保付貸付の形態の一種です。もっとも、期

図表26－10　担保付貸付のカテゴリーとその流入率

担保付貸付における担保資産のカテゴリー	流入率 (担保がショート・ポジションのカバーに利用されない場合)	流入率 (担保がショート・ポジションのカバーに利用される場合)
レベル１資産	０％	
レベル２Ａ資産	15％	０％
レベル２Ｂ資産		
適格RMBS	25％	０％
その他	50％	０％
非適格流動資産		
マージン・ローンの担保	50％	０％
その他	100％	０％

（出所）　改訂テキストを参考に大和総研金融調査部制度調査課作成

限付マージン・ローンは、顧客向けサービス（一部継続が前提）のため、適格流動資産以外の資産によって担保されているものであっても、流入率は50％にとどまるものとします。

ここまでの取扱いにかかわらず、30日以内に満期を迎えるリバース・レポ、証券貸借取引、または担保スワップを通じて取得した担保が、30日を超過しうる期間にわたって再利用され（再担保に供され）、ショート・ポジションのカバーに利用される場合、これらの取引はロールオーバーされると推測されるため、いっさいの資金流入をもたらさないものとします（流入率：0％）。

ここまでの担保付貸付の取扱いをまとめたのが、図表26－10です。

(2) ファシリティ

コミットメントライン（与信および流動性ファシリティ）、およびその他の偶発的な資金調達ファシリティはすべて、引出しが不可能であることを前提とします（流入率：0％）。その趣旨は、流動性不足の伝播（contagion）リスクを緩和することにあります。

(3) カウンターパーティによるその他の資金流入

その他すべてのタイプの取引の流入率については、担保の有無にかかわらず、カウンターパーティによって決定されます。ローンの組成やさまざまなカウンターパーティのロールオーバーへの関与といった銀行のニーズを反映すべく、ストレス下にあっても、カウンターパーティのタイプごとに流入率の上限が適用されるものとします。

ローンの返済金の場合、健全債権からのもののみを資金流入項目にカウントすべきとされています。

特定の満期のないローンの返済金は資金流入項目に含まれません。もっとも、リボルビング契約におけるミニマムペイメント（最少返済金額）については、契約上30日以内になされることが定められていることから、例外的に資金流入項目に含めることができます。流入率については、ａをご参照ください。

a　リテール顧客および中小企業顧客からの資金流入

　これは、健全債権の債務者たるリテール顧客および中小企業顧客からの返済金で、契約上30日以内に支払がなされるものを想定しています。この場合、銀行は、当該債権の50％のローンを継続延長することが想定されています。したがって、この資金流入項目の流入率は50％です。

b　その他の法人からの資金流入

　ここでは、銀行は、健全債権の債務者たる法人顧客からの返済金で、契約上30日以内に支払がなされるものについては、全額受け取ることを前提としています。

　加えて、銀行は、金融機関・中銀向けの債権についてはローンの継続延長をせず、その他の法人顧客（非金融法人、政府、公共セクター、MDB）向けの債権についてはその50％のローンを継続延長することが想定されています。したがって、資金流入率は次のようになります。

◇金融機関・中銀向けの債権：流入率100％
◇非金融法人等向けの債権：流入率50％

　30日以内に満期を迎える証券のうち、適格流動資産に含まれないものからの資金流入については、金融機関からの資金流入と同様の取扱いとなります（流入率：100％）。

　クリアリング、カストディ、キャッシュ・マネジメントといったオペレーション目的で他の金融機関に預けているオペレーショナル預金は、資金流入項目に含まれません（流入率：0％）。

　協同組織金融機関の系統預金のうち、法律上の最低預金預入規制の遵守や相互補助の目的等に基づき系統中央機関に預け入れられたものは、資金流入項目に含まれません（流入率：0％）。

(4) その他の資金流入

a　デリバティブ取引からの資金流入

デリバティブ取引に基づくネットの資金流入の合計については、100％の流入率が適用されます。

b　その他の契約上の資金流入

その他の契約上の資金流入の流入率は、各国当局の裁量に委ねられます。銀行は、このカテゴリーの内訳を説明しなければなりません。

7　ストレス下における適格流動資産の利用

前述のとおり、LCRは、平時においては100％以上でなければなりません。

もっとも、ストレス下において適格流動資産を弾力的に取り崩すことが認められないとすると、流動性危機の拡散につながりかねません。

そこで、改訂テキストは、ストレス下においては、適格流動資産を利用し、その結果としてLCRが100％を下回ることを許容しています。この場合、銀行は、LCRの100％割れの要因等を報告しなければなりません。

8　LCRの適用

(1) 報告の頻度

銀行は、少なくとも月次でLCRを監督当局に報告する必要があります（報告頻度は可能な限り高くあるべきであり、理想的には、2週に1度を下回るべきではない）。そして、監督当局は、その裁量により、ストレス下における報告頻度を週次または日次にふやすことができます。

銀行は、LCRが100％を下回った場合（または下回ることが見込まれる場合）、直ちに監督当局に通知しなければなりません。

(2) 適用範囲

LCRの適用範囲は、既存のバーゼル規制の適用範囲（バーゼルIIテキストのパート1）と同様です。すなわち、LCRは、国際的に活動する銀行に対して適用されます（連結ベース）。

もっとも、国内銀行とクロスボーダー銀行との間の規制整合性やレベル・プレイング・フィールド（公平な競争条件）を確保するという観点から、国際的に活動する銀行以外の銀行や、国際的に活動する銀行の支店または子会社に対しても適用することも認められます。

　各国当局は、連結対象外の事業体への出資のうちいずれが「重要」であるかについて、当該出資の銀行に対する流動性のインパクトを考慮しつつ、決定すべきとされています。通常、ジョイント・ベンチャー出資や少数株主持分のような非支配持分（事業体）は、当該事業体の流動性危機に際しては銀行（連結グループ）がメインの流動性供給主体となることが想定されている場合（たとえば、その他の出資者がノンバンクであるか、または当該銀行が当該事業体の日々の流動性管理および流動性リスクのモニタリングを担っている場合）には、「重要」と見なされるでしょう。各国当局は、このような非支配持分の（「その他の偶発債務」としての、特にストレス下で風評リスクを考慮して履行した結果生じうる潜在的な資金流出の）適切な流出率を決定するにあたっては、ケースバイケースで、関連する銀行と協議する必要があります。

　LCRの適用における各管轄間の規制整合性を確保すべく、次の2点に留意すべきとされています。

a　母国とホスト国との間におけるLCR規制の相違

　LCRにおける項目のパラメーターの多くは国際的に統一されています。

　もっとも、各国当局には、いくつかの項目（預金、偶発債務、デリバティブ取引の時価変動等）のパラメーターについての裁量が認められています。また、ある管轄の監督当局が最低水準を上回るパラメーターを適用することも考えられます。そのため、各管轄間においてLCRのパラメーターに相違が生じる可能性があるということになります。

　LCRを連結ベースで算出する場合、クロスボーダーの銀行グループは、母国で採用されたパラメーターを用いて算出する必要があります。

　もっとも、当該銀行グループの支店または子会社は、リテール顧客および中小企業顧客からの預金について、活動を行っているホスト国で採用された

パラメーターを用いてカウントする必要があります。ただし、次のような場合には、これらの預金についても母国で採用されたパラメーターを用いてカウントすべきとされています。

---

① 特定の法域におけるリテール顧客および中小企業顧客からの預金について、ホスト国に規制がない場合
② ホスト国がLCRを導入していない場合
③ ホスト国のパラメーターよりも母国のそれのほうが厳格なケースで、母国の監督当局が母国のパラメーターの採用を義務づける場合

---

b 流動性の移転（liquidity transfer）に対する制約

最低水準を上回る分の適格流動資産のうち、銀行グループの支店または子会社によって保有されているものは、それがストレス下において親会社レベルでも完全な流動性を有する場合にのみ、連結ベースの適格流動資産に含めるべきとされています。

流動性の移転（liquidity transfer）に対する制約（例：リングフェンス規制、現地通貨の交換制限、外国為替管理等）は、適格流動資産の移転や銀行グループ内における資金循環を禁ずることにより、流動性のアベイラビリティに影響をもたらします。

連結ベースのLCRは、こうした流動性の移転に対する制限を反映して算出する必要があります。

なお、実務上の理由から、連結ベースのLCRの算出にて反映される流動性の移転に対する制約は、法律や監督上の規制に基づいて課されている既存のもののみに制限されます。

(3) 通　貨

LCRは連結ベースで算出され、共通通貨によって報告されることが想定されています。

もっとも、監督当局と銀行は、主要通貨ごとの流動性ニーズについても把

握しておく必要があります。また、監督当局と銀行は、ストレス下においては、通貨の移転や交換が自由に行えると仮定すべきではありません。

(4) 適用時期

前述のとおり、改訂テキストは、2015年から19年にかけての段階的実施を定めています。

具体的には、2015年1月の最低水準を60％とし、その後毎年10％ずつ引き上げ、2019年1月の最低水準を100％としています（図表26－4参照）。

9　若干の検討

以上が、改訂テキストの概要です。

LCRの改訂により、世界最大手銀行約220行の平均LCRが、ドラフトで換算した場合の100％弱から、約123％に上昇しています（2012年12月末時点のデータに基づく）（Q115参照）。

この数字だけみると、LCRの改訂は純粋に「緩和」ということができそうです。しかし、必ずしもそうとはいえないケースも考えられるようです。

今回の改訂の目玉は、RMBSを適格流動資産に組み入れることの許容でしょう。これを「証券化商品の帰還」と表現できるかもしれません。しかし、報道によると、米国にて発行されているRMBSの多くは、今回の改訂の恩恵を受けることができないということです[9]。

というのは、改訂テキストは、適格流動資産に組み入れることができるRMBSを、完全償還請求権付き（フル・リコース）のものに限定しているが、米国のRMBSの多くはこの要件を満たさないためです。

こうしたフル・リコース要件は、ヨーロッパの多くの国におけるRMBSをも適格流動資産から除外することになるということです[10]。

バーゼル銀行監督委員会加盟国が改訂テキストを自国の法規に落とし込む

---

[9] Reuter "Us Industry group says Basel RMBS rule may not work"［2013年1月7日］等参照。
[10] Financial Times "RMBS 'comes in from the cold'"［2013年1月10日］等参照。

際に、こうしたフル・リコース要件をそのまま受け入れるか否かについては、注視する必要があるでしょう。

Annex 流動性カバレッジ比率（LCR）の項目とその掛け目（一覧）

(1) 適格流動資産

<table>
<tr><th colspan="2">1　適格流動資産</th></tr>
<tr><th>項　目</th><th>掛け目</th></tr>
<tr><td colspan="2">レベル1資産</td></tr>
<tr><td>◇現金
◇政府・中銀、公共セクター、MDBが発行・保証する市場性のある証券
◇中銀預金
◇銀行が流動性リスクをとっている国または銀行の母国のうち、リスク・ウェイトが0％でない国の政府・中銀が発行する債券</td><td>100％</td></tr>
<tr><td colspan="2">レベル2資産（適格流動資産全体の40％まで）</td></tr>
<tr><td colspan="2">レベル2A資産</td></tr>
<tr><td>◇政府・中銀、公共セクター、MDBが発行・保証する債券でリスク・ウェイトが20％のもの
◇格付AA－以上の非金融社債
◇格付AA－以上のカバード・ボンド</td><td>85％</td></tr>
<tr><td colspan="2">レベル2B資産（適格流動資産全体の15％まで）</td></tr>
<tr><td>◇格付AA以上のRMBS</td><td>75％</td></tr>
<tr><td>◇格付A＋～BBB－の非金融社債</td><td>50％</td></tr>
<tr><td>◇株式指数構成銘柄である非金融法人の上場株式</td><td>50％</td></tr>
</table>

（出所）　改訂テキストを参考に大和総研金融調査部制度調査課作成

(2) 資金流出項目

<table>
<tr><th colspan="2">2　資金流出項目</th></tr>
<tr><th>項　目</th><th>掛け目</th></tr>
<tr><td colspan="2">リテール預金</td></tr>
<tr><td>要求払預金および引出しに係る通知期限が30日未満の定期預金
◇安定預金（預金保険制度について追加要件を満たす場合）
◇安定預金
◇準安定預金</td><td>
3％
5％
10％</td></tr>
</table>

引出しに係る通知期限が30日を超える定期預金	0％
無担保ホールセール調達	
中小企業顧客からの預金のうち、要求払預金および引出しに係る通知期限が30日未満の定期預金 ◇安定預金 ◇準安定預金	 5％ 10％
クリアリング、カストディ、キャッシュ・マネジメントから派生するオペレーショナル預金 ◇預金保険でカバーされている部分	25％ 5％
協同組織金融機関の系統預金のうち、系統中央機関に預け入れられたもの	25％
事業法人等（非金融法人、政府・中銀、MDB、公共セクター）からの無担保ホールセール調達 ◇全額が預金保険でカバーされている場合	40％ 20％
その他の法人からの無担保ホールセール調達	100％
有担保調達	
◇レベル１資産を担保とした調達 ◇中銀からの有担保調達	0％
◇レベル２Ａ資産を担保とした調達	15％
◇政府、公共セクターまたはMDBからの有担保調達（レベル１資産・レベル２Ａ資産を除く）	25％
◇レベル２Ｂ資産に算入されるRMBSを担保とした調達	
◇レベル２Ｂ資産（RMBS以外）を担保とした調達	50％
◇その他	100％
追加的な要件	
資金調達取引、デリバティブ取引等の契約における格下げトリガーの発動	3ノッチの格下げにおける追加担保額の100％
デリバティブ取引の時価変動（過去２年間における最大のネット資金流出額（30日ベース））	過去２年間における最大のネット資金流出額（30日ベース）

項目	掛け目
デリバティブ取引の担保（レベル1資産以外）の価格変動	20％
契約上（カウンターパーティ側が）常時コーラブルな超過担保（デリバティブ取引関連）	100％
将来的に担保の差入れが求められうる契約に伴う流動性ニーズの増加	100％
非適格流動資産への担保差替を許容するデリバティブ取引に伴う流動性ニーズの増加	100％
ABCP、SIV、コンデュイット、SPV等 ◇ABCP、SIV、SPV等から派生する債務 ◇ABS、カバード・ボンド	 100％ 100％
コミットメントライン（与信および流動性ファシリティ） ◇リテール顧客・中小企業顧客向け ◇事業法人等（非金融法人、政府・中銀、MDB、公共セクター）向け ◇銀行向け ◇銀行以外の金融機関（証券会社、保険会社、受託者、受益者等）向け ◇その他の法人向け	 5％ 10％（与信） 30％（流動性） 40％ 40％（与信） 100％（流動性） 100％
その他の偶発債務 ◇トレードファイナンス ◇他の顧客の担保によってカバーされている顧客のショート・ポジション	各国当局の裁量 0－5％ 50％
契約上の融資枠拡大義務に伴う資金流出	100％
デリバティブ取引の支払	100％
その他の契約上の資金流出	100％

（出所）改訂テキストを参考に大和総研金融調査部制度調査課作成

(3) 資金流入項目

3　資金流入項目（注）	
項　目	掛け目
次の資産を担保とした担保付貸付	
レベル1資産	0％
レベル2A資産	15％

レベル2B資産 ◇適格RMBS ◇その他	25% 50%
上記以外の資産を担保とするマージン・ローン	50%
その他	100%
コミットメントライン（与信および流動性ファシリティ）	0%
オペレーショナル預金（系統中央機関に預け入れた協同組織金融機関の系統預金を含む）	0%
カウンターパーティによるその他の資金流入 ◇リテール顧客からの資金流入 ◇非金融法人からの資金流入 ◇金融機関・中銀からの資金流入	50% 50% 100%
デリバティブ取引に基づくネットの資金流入	100%
その他の契約上の資金流入	各国当局の裁量

（注）　資金流出項目の75％を上限とする。
（出所）　改訂テキストを参考に大和総研金融調査部制度調査課作成

Q27 安定調達比率とは何ですか

A

　安定調達比率とは、1年以上安定的に残存する負債・資本（安定調達額）を、1年以上固定化し、短期に流動性を生むことができない資産（所要安定調達額）よりも多く保有することを求めることにより、資産が短期に現金化できないリスクに備える規制です。2018年から実施される見込みです。

解　説

　銀行は金融仲介業務を行っており、預金等で集めた資金を、貸出に回したり、資産を購入したりすることによって運用しています。その際、現金化するのに時間がかかる資産を、短期に返済する資金によって購入した場合、流動性のミスマッチが生じます。金融危機時にこのような流動性に関するリスクが認識されたため、バーゼルⅢにおいて導入されたのが安定調達比率（NSFR：Net Stable Funding Ratio）です。

　NSFRでは、資産が短期に現金化できないリスクに備えるべく、自己資本や預金といった1年以上銀行にとどまる資金（「安定調達額」）を、1年以上固定化し、短期に流動性を生むことができない資産の総額（「所要安定調達額」）よりも多く保有することが求められます。「安定調達額」「所要安定調達額」に該当する項目は、図表27−1のようにバーゼルⅢの内容を定めた規則文書に列挙されており、それぞれその性質に従って掛け目が定められています。

　NSFRが規制として導入されるのは、2018年からの見込みです（なお、バーゼルⅢの内容を定めた規則文書では、「2018年1月1日までに導入予定」とされていますが、金融庁作成の資料では「2018年から実施見込み」とされているた

図表27-1　安定調達比率（NSFR）における主な項目と掛け目

1　所要安定調達額（Required Stable Funding）

主な項目	掛け目
現金、残存期間1年未満の証券・貸出 (注1)	要検討 (注2)
国債、政府保証債、国際機関債等	5％
信用・流動性供与枠（未使用額）	5％
非金融機関発行の社債等（AA格以上）	20％
非金融機関発行の社債等（A－格～AA－格）、金、上場株式、事業法人向け貸出（残存期間1年未満）	50％
個人向け貸出（残存期間1年未満、抵当権付住宅ローンを除く）	85％
高品質の貸出 (注3)	65％
上記以外の資産	100％

2　安定調達額（Available Stable Funding）

主な項目	掛け目
資本（Tier 1、Tier 2等）	100％
残存期間が1年以上の負債	100％
個人・中小企業からの安定した預金 (注4)	90％
個人・中小企業からのその他の預金	80％
協同組織金融機関の系統預金のうち最低預入額 (注5)	75％まで
非金融機関からのホールセール調達（残存期間1年未満）	50％
その他の負債（残存期間が1年未満）	要検討 (注2)
上記以外の負債および資本	0％

(注1)　金融機関に対する更新されない貸出に限定。
(注2)　残存期間1年未満の証券・貸出および負債の掛け目については、より詳細な期間区分に応じた掛け目を設定する方向で観察期間中に見直される予定。
(注3)　バーゼルIIの標準的手法において、リスク・ウェイトが35％以下のa）抵当権付住宅ローン（満期を問わない）およびb）金融機関向けを除くその他の貸出（残存満期1年以上）。
(注4)　安定性を判断する基準は、預金保険制度の保護対象かつ給与振込先口座である等、顧客との関係が強固であること（LCRと同じ）。
(注5)　最終顧客がリテール／中小企業の場合75％、それ以外の場合は、顧客属性に応じた掛け目（たとえば、非金融機関であれば50％）。
(出所)　金融庁／日本銀行「バーゼル銀行監督委員会によるバーゼルIIIテキストの公表等について」より作成

図表27-2　日米欧の銀行のNSFR推計（2010年末時点）

日本	米国	ユーロ圏	英国	スイス
78%	80%	73%	90%	67%

(出所)　国際金融協会 "The Cumulative Impact on the Global Economy of Changes in the Financial Regulatory Framework"（2011年9月）より、大和総研金融調査部制度調査課作成

め、本稿ではこちらの表現によっています）。

　すでに2011年初めから、監督当局が各銀行のNSFRをモニタリングし、NSFRがもたらす影響を検討する期間（観察期間）が開始されています。また、NSFRが想定外の影響をもたらした場合に対処できるよう、必要であればバーゼル銀行監督委員会が規則の内容を見直すことも予定されており、最終案は2016年半ばまでに取りまとめられる予定です。

　なお、2011年9月に国際金融協会（IIF）が、日米欧の銀行のNSFR（2010年末時点）を推計しており、図表27-2のような状況にあるもようです。

Q28 レバレッジ比率とは何ですか

A

　レバレッジ比率とは、過剰なレバレッジの拡大を防ぐべく、自己資本（バーゼルⅢにおけるTier 1 資本）をエクスポージャー総額で割って求めるレバレッジ比率が一定水準以上であることを求める規制です。試行期間（2013年1月1日から17年1月1日まで）において、3％以上であることが求められます。水準調整された後、2018年1月1日から導入される予定です。

解　説

　先般の金融危機では、金融危機以前の緩和的な金融状況を受けて、銀行のなかには借入れをふくらませ、自己資本に対する借入れの割合を増大（レバレッジを拡大）させていたものもありました。しかし、金融危機の発生により、過大なレバレッジの引下げ（デレバレッジ）を市場に求められたため、資産の投売りによる資産価格の急激な下落が生じ、損失の拡大、銀行の自己資本の減少、信用収縮という悪循環を招くこととなりました。

　そのためバーゼルⅢでは、過大なレバレッジの積上りを防ぐべく、新たにレバレッジ比率を導入しています。レバレッジ比率は、自己資本を単純に総資産（後述のように一定のオフバランスシートのエクスポージャーも含みます）で割って求められるレバレッジ比率が一定水準以上であることを求める規制です（通常、レバレッジの大きさを測る際には総資産を自己資本で割って考えるため、バーゼルⅢのレバレッジ比率では分母と分子が逆転していることには留意が必要です）。レバレッジ比率は、自己資本を単純に総資産で割る点が、資産ごとにリスク・ウェイトを勘案する自己資本比率規制と異なっており、自己資本比率規制を補完する役割が期待されています。

レバレッジ比率は、2018年1月1日から規制として導入される予定であり、2013年1月1日から17年1月1日まで試行期間が設けられています。バーゼルⅢの内容を定めた規則文書において、試行期間におけるレバレッジ比率の枠組みが規定されており、レバレッジ比率は以下の計算式で求められるとされています。

$$\text{レバレッジ比率} = \frac{\text{Tier 1 資本}}{\text{エクスポージャー（オンバランス項目＋オフバランス項目）}} \geq 3\% \text{（試行期間）}$$

　分子となる自己資本は、総自己資本ではなく、バーゼルⅢで定義されたTier 1 資本とされます。分母は、オンバランスのエクスポージャーと一定のオフバランスのエクスポージャーの合計とされており、以下のような取扱いが規定されています。

　　◇Tier 1 資本からの控除項目は、エクスポージャーからも控除する。
　　◇担保や保証による信用リスク削減効果は適用せず、それらによってエクスポージャーは減少させない。
　　◇オンバランスの資産項目は、会計上の計数を利用して計測し、引当額等は控除する。
　　◇レポ取引・証券金融について、バーゼルⅡの枠組みにおけるネッティングを認める。
　　◇デリバティブのエクスポージャーは、会計上のエクスポージャーに、カレント・エクスポージャー方式による将来の潜在的エクスポージャーを加えて算出し、バーゼルⅡの枠組みにおけるネッティングを認める。
　　◇オフバランス項目は、原則として100％の掛け目を適用し、無条件で取消可能なコミットメントには10％の掛け目を適用する。

　レバレッジ比率は、月次で上記の計算式によって計算した値を、四半期ごとに平均した値として求められます。

前述のように、レバレッジ比率には、2013年1月1日から17年1月1日まで試行期間が設けられ、その期間中はレバレッジ比率が3％以上であることが求められます。試行期間の結果をふまえ、2018年1月1日から「第1の柱」（各国が遵守すべき最低水準の規制）として導入することを視野に、2017年前半にレバレッジ比率の定義と水準について最終的な調整が行われる予定です。なお、2015年1月1日から各銀行はレバレッジ比率とその構成要素を開示することが求められる予定です。

　その後、2013年6月26日に、バーゼル銀行監督委員会が、市中協議文書「改訂されたバーゼルⅢレバレッジ比率の枠組みと開示要件」を公表しています（コメント期限は2013年9月20日）。主な変更点は下記のとおりです。
　　◇会計上の連結対象とバーゼル規制上の連結対象が異なる場合のエクスポージャー額（分母）の計測方法について詳述
　　◇デリバティブの取扱いの見直し
　　　・デリバティブの担保（変動証拠金として現金担保を授受した場合であっても）についてはネッティングに使用せず、グロスで認識
　　　・クレジット・デリバティブを売却した場合に想定元本も加味する等取扱いを見直し
　　◇レポ取引等の証券金融取引（SFT）の取扱いの見直し（会計上のネッティングは認めず、グロスで計上する等）

　概要は、下記の資料をご参照ください。
・金融庁／日本銀行「バーゼルⅢレバレッジ比率の枠組みに関する市中協議文書の公表について」（2013年7月）
・大和総研レポート「バーゼル委、レバレッジ比率の厳格化へ」（鈴木利光 2013年8月23日）

Q29 バーゼルⅢをふまえ、「第2の柱」に関してはどのような見直しがなされましたか

A

バーゼルⅢでは、外部格付への依存を見直し、銀行自身による十分なリスク評価を促進すべく、「第2の柱」を通じて、(外部格付を使用する)標準的手法採用行による信用リスク評価を強化しています。具体的には、標準的手法採用行に対し、外部格付の有無にかかわらず、保有エクスポージャーのリスクを自ら適切に評価すべきことを求めています。また、バーゼル銀行監督委員会は、バーゼルⅢの公表から1年後の2011年12月に、高コストの信用保証取引を用いた規制裁定を防止する旨のステートメントを公表しています。このステートメントは、一部の信用保証取引の取引事例において自己資本比率規制の規制裁定の可能性が懸念されていることから、監督当局がそのような取引に対して、「第2の柱」における監督上の検証プロセスおよび資本の適切性という広い観点から精査していくことを、銀行に対して警告するものです。

解 説

1 標準的手法採用行による信用リスク評価の強化

前述（Q25）のとおり、バーゼルⅢでは、外部格付への依存を見直し、銀行自身による十分なリスク評価を促進すべく、「第2の柱」を通じて、(外部格付を使用する)標準的手法採用行による信用リスク評価を強化しています。

具体的には、標準的手法採用行に対し、外部格付の有無にかかわらず、保有エクスポージャーのリスクを自ら適切に評価、すなわちリスク・ウェイトに実際のリスクを適切に反映すべきことを求めています。

こうした見直しの背景には、標準的手法採用行において、BB－未満の法人等向けエクスポージャー等のリスク・ウェイトが150％であるのに対し、

無格付エクスポージャーのリスク・ウェイトは100％であるため、低格付エクスポージャーについて外部格付を取得しないインセンティブが存在するということがあります。

そこで、バーゼルⅢは、特に無格付エクスポージャーについて、実際のリスクが「リスク・ウェイト100％」よりも著しく高い場合には、より高いリスク・ウェイトの適用を検討すべき旨明確化しているというわけです。

なお、バーゼルⅢにおけるこの部分の改訂については、わが国の「第2の柱」に当たる「主要行等向けの総合的な監督指針」等（第8章参照）には明確なかたちで反映されていません。このことから察するに、当局は、従来までの内容で対応が可能と判断しているものと思われます。

2　高コストの信用保証取引を用いた規制裁定の防止

前述（Q25）のとおり、バーゼルⅢでは、外部格付への依存を見直し、「クリフ（cliff崖）効果」を防止すべく、保証およびクレジット・デリバティブ（以下、「信用保証取引」）を用いた信用リスク削減手法に係る適格保証人要件（A－以上）を緩和しています。

バーゼル銀行監督委員会は、これとは別の観点から、バーゼルⅢ公表（2010年12月16日）から1年後の2011年12月16日に、「バーゼル銀行監督委員会による高コストの信用保証に係るステートメントの公表」（以下、「ステートメント」）を公表しています。

ステートメントは、一部の信用保証取引の取引事例において自己資本比率規制の規制裁定の可能性が懸念されていることから、監督当局がそのような取引に対して、「第2の柱」における監督上の検証プロセスおよび資本の適切性という広い観点から精査していくことを、銀行に対して警告するものです。

ステートメントは、信用保証取引を用いた信用リスク削減手法においては、保証（プロテクション）が証券化エクスポージャーに対して提供されるケースを含めて、とりわけ、保証に伴う損失や費用の認識を遅らせるととも

に、形式的なリスク移転によって保証対象のエクスポージャーのリスク・ウェイトを軽減させることで、自己資本比率規制上の便益を直ちに享受できる場合に、自己資本比率規制の規制裁定の余地があるとしています。そして、こうした懸念は信用リスク削減手法の枠組み全般に存在するが、信用リスク削減手法を用いた規制裁定の機会は、保証の購入前後でリスク・ウェイトの差異が拡大する証券化エクスポージャーに対して保証が提供されるケースに特に発生しやすいとしています。

ステートメントは、このような規制裁定の懸念が顕在化する取引の具体例をあげています。その1つは、銀行が、最初に損失を被る（ファースト・ロス）証券化ポジションに対する保証を購入するにあたって、その契約条項が、保証期間にわたって支払うプレミアム額と将来の実現損失とを等しくさせる内容となっているケースです。このケースでは、保証購入直後に認識される規制資本の信用リスク削減効果は、結局は契約期間にわたって費用として認識されるプレミアムの支払総額によって相殺されることになります。このような高コストの信用保証取引の目的は、信用リスク削減効果を通じた健全なリスク管理への貢献というよりは、むしろ、有効な信用リスクの削減や移転を伴わないにもかかわらず、保証の伴う損失や費用の認識を遅らせることによって短期的に自己資本比率規制上の優遇的な取扱いを享受することにあるものと考えられます。

そこで、ステートメントは、信用保証取引を用いた信用リスク削減手法を評価するにあたって、銀行に対し、以下の点を考慮すべき点を求めています。また、監督当局に対しても、以下の点をふまえ、その信用リスク削減手法が適用可能であるか否かを判断するよう求めています（金融庁仮訳、図表29－1）。

また、ステートメントは、監督当局に対して、以下のような特徴をもつ信用保証取引（を用いた信用リスク削減手法）についてはよりいっそうの注意を払うよう求めています（金融庁仮訳、図表29－2）。

ステートメントの内容は、わが国の「第2の柱」に当たる「主要行等向け

図表29－1

●プレミアムおよび資本勘定で認識されていないその他コストの現在価値と、保証されたエクスポージャーの様々なストレスシナリオの下における期待損失との比較
●現金以外でのプレミアム支払いを適切に勘案した上での当該取引の市場価格対比のプライシングの妥当性
●保証されたエクスポージャーに対する銀行による引当金計上あるいは償却認識の時期と、保証の売り手による支払い時期との潜在的な乖離（時間差）を含めた、保証の買い手によるプレミアム支払い時期
●潜在的な将来の損失発生時期との対比で信用保証の適用期間を評価しうるコール実施可能日についての検証
●特定の状況が、取引相手の債務履行力の低下と同時に、銀行の当該取引相手への依存度を高めるかの分析
●銀行による、自行の収益力、資本水準および全般的な財務状態を踏まえた、プレミアムの支払負担能力の慎重な分析
●当該取引の合理性および銀行が実施したコストベネフィット分析の概要が記述された内部メモや記録の検証

図表29－2

●保証されたエクスポージャーの金額に比して、プレミアム額が高いもの。例えば、保証期間中にかかる保証コストが、購入した保証の対象となるエクスポージャーの金額と等しい、あるいは上回る場合である。払い戻しの仕組み（保証の売り手が、保証されたエクスポージャーの実績や信用劣化度合いに応じて、保証の買い手にプレミアムの一部を払い戻すことに合意した場合等）は、過大なプレミアム、ひいては、規制裁定を示唆するものである。
●保証されたエクスポージャーの公正価値評価がなされておらず、エクスポージャーに係る損失が認識されていない取引。こうした状況は、損失認識を先送りする形で、当該取引が自己資本規制の規制裁定に繋がる可能性を高める。
●保証取引の結果、リスク・ウェイトや所要自己資本の軽減余地が非常に大きくなる取引。これは、保証されたエクスポージャーについて、保証がなければ例えば150％超といった高いリスク・ウェイトを適用される取引が該当する蓋然性が高い。しかしながら、規制裁定の可能性はリスク・ウェイトが比較的低いエクスポージャーにおいても存在し、監督当局は取引に係る固有の特徴に起因する懸念が存在する場合は個別取引のレベルでも注意していく必要

がある。
●保証のプレミアムが、保証されたエクスポージャー額に比例していないもの。これは例えば、①参照エクスポージャーの償却やデフォルトに関わりなく、保証期間中はプレミアムが保証されている場合（すなわち、プレミアムの支払いが保証されたポートフォリオのうち問題なく履行されているポジション額の一定割合となっていない場合）、もしくは、②プレミアムを前払いもしくは取引終了時に支払う場合に内部留保に認識されていない場合である。
●信用リスク削減に係る総コストを高め得る構造上の特徴を有する取引。こうした特徴としては、保証の買い手にとっての取引コストが高い場合、保証の買い手が取引相手に追加的な担保提供義務を負う場合、保証の買い手が、満期に追加支払い義務を負う場合、そして、保証の買い手が満期前終了オプションを持つ場合、等が挙げられる。この他、精査が必要となる取引には、事前合意の仕組みがある。例えば、時価の計測方法を事前に特定し、将来申し合わせた時価で取引を終了させることを保証の売り手と買い手が合意する「時価での解約」が挙げられる。

の総合的な監督指針」等（第8章参照）にほとんどそのままの内容で追加されるというかたちで反映されています。詳細については、Q100をご参照ください。

　バーゼル銀行監督委員会は、さらに、2013年3月23日に、市中協議文書「信用保証取引のコスト認識」を公表しました。同文書では、高コストの信用保証取引について、第1の柱においても対応することを提案しています。リスク・ウェイト150%超の資産に対する信用保証取引については、原則として、信用保証コストの現在価値を保証提供者に対するエクスポージャーとみなし、当該エクスポージャーに対して1250%のリスク・ウェイトを適用することを提案しています。

Q30 バーゼルⅢをふまえ、「第3の柱」に関してはどのような見直しがなされましたか

A

バーゼルⅢでは、資本の質の開示に係る一貫性、明確性、そして比較可能性を確保すべく、「第3の柱」を強化することとしています。具体的には、貸借対照表と規制資本の開示との間における「資本」の構成要素の差異の完全なる突合せ、発行された資本調達手段の主要な特徴の説明、規制資本に含まれるすべての資本調達手段の契約条件、経過措置の適用によって便益を受けている資本構成要素といった項目を、逐一開示することを求めています。

―― 解 説 ――

1 バーゼルⅢ本文の規定

バーゼル銀行監督委員会は、資本の質の開示に係る一貫性、明確性、そして比較可能性の欠如が、金融危機時における金融機関の経営状況の不透明性の一端を担っていたと考えています。

そこで、バーゼルⅢでは、2010年12月公表の本文にて、自己資本の質の向上（Q21参照）に伴い、規制資本の透明性と市場規律の改善に資するべく、図表30－1のような開示項目を追加することとしています。

また、バーゼルⅢ本文は、銀行に対し、規制資本に含まれるすべての資本調達手段の契約条件をウェブサイトにて公開することを求めています。

そして、経過措置が適用される移行期間中であっても、銀行に対し、経過措置の適用によって便益を受けている資本構成要素（基礎項目と調整項目の双方を含む）を開示することを求めています。

図表30−1

●監査済みの財務諸表（貸借対照表）と規制資本の開示との間における「資本」の構成要素の差異の完全なる突合せ
●すべての規制上の調整項目と、「特定項目に係る10％基準超過額」および「特定項目に係る15％基準超過額」に該当するとして普通株式等Tier 1 から控除しなかった項目（Q91参照）の個別開示
●すべての算入限度と最低基準、およびそれぞれの算入限度と最低基準が適用されるプラスとマイナスの資本要素の明示
●発行された資本調達手段の主要な特徴の説明
●規制資本の構成要素を包含する非規制上の指標（たとえば、「エクイティTier 1 比率」「コアTier 1 比率」「有形普通株式比率」等）を開示する場合、その指標の算出方法に関する包括的な説明

2　規則文書「資本構成の開示要件」の規定

　バーゼル銀行監督委員会は、バーゼルⅢ本文にて、より詳細な「第3の柱」の開示要件を2011年中に公表することとしていました。

　これに基づき、バーゼル銀行監督委員会は、2012年6月、規則文書「資本構成の開示要件」（以下、「規則文書」）を公表しています。規則文書は、前述のバーゼルⅢ本文の規定をより詳細に規定したものです。

　規則文書は、図表30−2の5つのセクションによって構成されています。

図表30−2

①　2018年1月1日以降（注）の開示テンプレート
②　「突合せ」要件
③　「主要な特徴」テンプレート
④　その他の開示要件
⑤　移行期間中のテンプレート

（注）　わが国では「2018年3月31日以降」（Q20参照）

　バーゼル銀行監督委員会は、各国の管轄当局に対し、規則文書を遅くとも2013年6月30日までに適用することを求めています。

具体的な開示事項については、Q104をご参照ください。

なお、FSBが2012年5月に設置したタスクフォース、EDTF（Enhanced Disclosure Task Force）は、2012年10月、金融機関のリスク開示の質の向上を提唱するレポートを公表しています。このレポートでは、30を超えるレコメンデーションのなかで、リスク・ガバナンスおよびリスク管理戦略、事業のモデル、資本の適切性とリスク・アセット、流動性、資金調達、マーケット・リスク、信用リスク、その他のリスクに関する開示の質の向上が提唱されています。資本の適切性とリスク・アセットに関しては、たとえば、資本構成の推移、資本プランに関する経営陣の議論、（特に内部格付手法採用行の）リスク・アセットの計算方法のより詳細な開示等が提唱されています。このレポートはバーゼル規制の変更を直接的に生じさせるものではありませんが、バーゼル銀行監督委員会による「第3の柱」の開示フレームワークの将来的な発展に影響を及ぼす可能性があります。

Q31 国内基準行向けバーゼルⅢでは、どのような見直しが予定されていますか

A

国内基準行向けバーゼルⅢを定める改正告示は、最低自己資本比率については、従来の4％を維持しています。もっとも、改正告示は、「コア資本」という概念を導入したうえで、調整・控除項目を厳格化することにより、自己資本の質の向上を図っています。

解 説

1 改正告示の公表

2013年3月8日、金融庁は、国内基準行を対象として、「第1の柱」（最低所要自己資本比率）に係る告示の一部改正（改正告示）を公表しています。

国際統一基準行を対象とした自己資本比率規制については、2013年3月31日よりバーゼルⅢの段階的な実施が開始されています（Q20参照）。

改正告示は、いうなれば、「国内基準行向けバーゼルⅢ」であり、（国際統一基準行から1年遅れて）2014年3月31日から適用されます。

2 改正告示の概要

金融庁は、改正告示の概要を、次のように説明しています（金融庁「自己資本比率規制（国内基準）の見直しについて」より引用）。

(1) 最低自己資本比率（4％）の維持
　　最低自己資本比率については、従来の4％を維持。
(2) 自己資本の質の向上
　　規制上の自己資本を普通株式・内部留保等を中心とした「コア資本」と定義し、自己資本の質の向上を促す。なお、協同組織金融機関

については、その資本調達の特性に鑑み、優先出資をコア資本に算入することを認める。

コア資本＝普通株式＋内部留保＋強制転換条項付優先株式
　　　　＋優先出資（協同組織金融機関のみ）＋／－調整・控除項目

---

(3) 実施時期

2014年3月末から適用開始。ただし、原則10年間の経過措置を導入し、十分な移行期間を確保しながら、段階的に実施。

3　最低自己資本比率（4％）の維持

改正告示は、現行の最低自己資本比率（4％）には変更を加えていません（図表31－1）。

ただし、改正告示は、内部格付手法採用行については、当該銀行を国際統一基準行であるとみなし、普通株式等Tier 1 比率4.5％以上（Q22参照）を維持することを内部格付手法の採用および継続使用の要件としています（もっとも、適用日から起算して1年を経過する日までの間、すなわち2014年3月31

図表31－1　最低自己資本比率（4％）の維持

最低自己資本比率		
現行告示	$\dfrac{\text{自己資本の額（Tier 1 ＋Tier 2 ＋Tier 3 －控除項目）}}{\text{信用リスク・アセット額合計額＋マーケット・リスク相当額合計額×12.5＋オペレーショナル・リスク相当額合計額×12.5}}$	≧4％
改正告示	$\dfrac{\text{自己資本の額（コア資本に係る基礎項目－調整項目）}}{\text{信用リスク・アセット額合計額＋マーケット・リスク相当額合計額×12.5＋オペレーショナル・リスク相当額合計額×12.5}}$	≧4％

（出所）　改正告示を参考に大和総研金融調査部制度調査課作成

日から15年3月30日までの間（2014年3月期を含む）については、この要件を普通株式等Tier 1 比率4％以上とすることとされています）。

4　自己資本の質の向上

改正告示は、「コア資本」という概念を導入したうえで、調整・控除項目を厳格化することにより、自己資本の質の向上を図っています（第7章参照）。

5　自己資本比率の分母に係る改正

改正告示では、自己資本比率の分母の算出方法について、概ね次のような見直しが行われています。

> ・「マーケット・リスク相当額不算入の特例」に係る要件の厳格化（Q 8 参照）
> ・CVAリスク相当額（信用リスク・アセット額）の算出に係る簡便的手法の導入（Q 48参照）
> ・中央清算機関（CCP）向けエクスポージャーの見直し（信用リスク・アセット額）（Q 49参照）
> ・重要な出資のエクスポージャーに係る信用リスク・アセット額の引き上げ（Q 73参照）
> ・特定項目のうち調整項目に算入されない部分に係る信用リスク・アセット額の引き上げ（Q 74参照）
> ・普通株式等出資を除く金融機関等の資本調達手段に対するエクスポージャーに係る信用リスク・アセット額の引き上げ（Q 75参照）

これまでマーケット・リスク規制を適用してこなかった銀行や銀行持株会社であっても、特定取引勘定・商品有価証券勘定の資産・負債合計額の最大額が1,000億円以上等の一定の場合は、マーケット・リスク規制の適用が求められます。ただし、国内基準を適用する信用金庫・同連合会、信用協同組合・同連合会、労働金庫・同連合会、農業協同組合・同連合会、漁業協同組合・同連合会は、適用されません。一方、CVAリスク相当額やCCP（中央清算機関）関連エクスポージャーに係る信用リスク・アセットの算出規定は、

銀行・銀行持株会社のみならず、信用金庫・同連合会、信用協同組合・同連合会、労働金庫・同連合会、農業協同組合・同連合会、漁業協同組合・同連合会も対象となります。

Q32 バーゼルⅢ導入後の自己資本比率規制の全体像はどのようになるのですか

A

バーゼルⅢ導入後の自己資本比率規制の全体像は、図表32－1のようになります。流動性規制やレバレッジ規制を含んだバーゼルⅢの概要はQ19、Q31を参照してください。

図表32－1　バーゼルⅢ導入後の新自己資本比率規制の概要

第1の柱　最低所要自己資本比率

(1)　国際統一基準行

$$\text{自己資本比率} = \frac{\text{自己資本（普通株式等Tier 1 + その他Tier 1 + Tier 2 －控除項目）(注1)}}{\text{信用リスク + (マーケット・リスク + オペレーショナル・リスク)} \times 12.5 \text{(注2)}} \geq 8\,\% \text{(注1)}$$

- 融資・債券等　◇標準的手法
  - ◇内部格付手法
     (基礎的・先進的)
- 株式　◇標準的手法
  - (リスク・ウェイト100%)
  - ◇内部格付手法(注3)
    - ・融資と同様の手法
       (同100～1250%)
    - ・マーケット・ベース方式
       (同200%以上)
- デリバティブ　CVA、CCP向けを考慮

- ◇基礎的手法
  - (全体の粗利×15%)
- ◇粗利益配分手法
  - (ビジネスライン別粗利×12% or 15% or 18%)
- ◇先進的計測手法

(2)　国内基準行(注4)

$$\text{自己資本比率} = \frac{\text{自己資本（コア資本－控除項目）(注1)}}{\text{信用リスク + (マーケット・リスク + オペレーショナル・リスク)} \times 12.5 \text{(注2)}} \geq 4\,\% \text{(注1)(注5)}$$

第2の柱　銀行自身が経営上必要な自己資本額を検討（資本戦略の決定と当局の検証）

銀行自身が第1の柱（最低所要自己資本比率）の対象となっていないリスク（バンキング勘定の金利リスク、流動性リスク等）も含めて主要なリスクを把握したうえで、経営上必要な自己資本額を検討⇒当局が検証(注6)

第3の柱　開示の充実を通じた市場規律
・自己資本比率とその内訳
・各リスクのリスク量と計算方法など
・銀行は原則として四半期、協同組織金融機関については半期開示を目標
（注1）　自己資本の質の向上については普通株式等Tier比率≧4.5％、Tier 1 比率≧6％、資本保全バッファー2.5％、カウンターシクリカル資本バッファー0～2.5％（Q22からQ24、Q31）、控除項目はQ21（図表21－1）を参照。
（注2）　8％の逆数。
（注3）　2004年9月末時点保有分は2014年6月末までは100％。
（注4）　2014年3月末から適用開始。
（注5）　内部格付手法採用行は、上記に加えて国際統一基準で普通株式等Tier 1 比率4.5％以上。
（注6）　アウトライヤー銀行に特に注意を払う。
（出所）　大和総研金融調査部作成

解　説

バーゼルⅢ導入後の日本の新しい自己資本比率規制の全体像を要約して示すと、図表32－1のとおりです。

維持すべき自己資本比率は、従来どおり、国際統一基準行が8％以上、国内基準行が4％以上となっています（ただし、内部格付手法を採用している国内基準行の場合は、国際統一基準行と同じ算式で計算した普通株式等Tier 1 比率を4.5％以上に維持しなければなりません）。

もっとも、国際統一基準行および国内基準行の双方とも、分子の自己資本の質の向上が図られています。国際統一基準行においては、従来のTier 3（準補完的項目）を廃止したうえで、従来のTier 1（基本的項目）を普通株式等Tier 1 とその他Tier 1 に区分しています。国内基準行においては、現行のTier 1（基本的項目）・Tier 2（補完的項目）・Tier 3（準補完的項目）の区分を廃止し、新たに「コア資本」という概念が導入される予定です（Q31参照）。

分母のリスク・アセットについては、国際統一基準行および国内基準行の双方とも、従来の（国内基準行においては現行の）算出方法から一定の厳格化がなされているとはいえ、大枠に変更はありません。

信用リスク・アセットの算出方法に内部格付手法を用いている場合は、そ

の合計額を1.06倍した額を分母に算入します。これは内部格付手法で算出した信用リスク・アセットの額を調整するために設けられた数値で、スケーリング・ファクターと呼ばれています。

マーケット・リスクやオペレーショナル・リスクの場合は、信用リスク規制のように、資産額にリスク・ウェイトを掛けたリスク・アセットの額を分母に算入するのではなく、算出したリスク相当額と同額の自己資本の維持が求められます。したがって、分母にはリスク相当額を8％で割り返した額、すなわちリスク額を12.5倍した額を算入することになります。

現行の規制では、国内基準行も原則としてマーケット・リスク相当額とTier3自己資本とを自己資本比率の算式に算入することとされていますが、銀行の選択によりこれらを算式から除外できることとしています。ただし、国内基準行向けバーゼルⅢを定める改正告示では、たとえばトレーディング勘定の資産および負債の合計額が1,000億円未満であること等、マーケット・リスク相当額不算入の特例に係る要件が厳格化されています（Q8参照）。

Q33 グローバルにシステム上重要な金融機関に対する規制資本の上乗せについて教えてください

A

2011年11月に開催されたG20カンヌ・サミットにおいて、グローバルにシステム上重要な銀行（G-SIBs）に対する規制資本の上乗せ（サーチャージ）が承認されました。サーチャージが課されるG-SIBsは、バーゼル銀行監督委員会が選出した73行について、銀行の規模やグローバルな活動の程度等の5分野に基づいて作成されたランキングによって選定されます。ランキングは毎年新しいデータで更新され、毎年11月にG-SIBsが公表されます。G-SIBsに対しては、ランキングに応じて、1.0％、1.5％、2.0％、2.5％のサーチャージが課されます。サーチャージとして認められる「資本」は、普通株式等Tier1のみです。サーチャージは、2016年1月から段階的に実施され、2019年1月から完全実施されます。最初にサーチャージを課されるG-SIBsの公表は、2014年11月となる予定です。なお、わが国において対応する告示等の改正はまだ行われておりません。

解 説

1 グローバルにシステム上重要な金融機関への対策措置の公表

2011年11月3日、4日にG20カンヌ・サミットが開催され、G20首脳によって、金融安定理事会（FSB）等によって策定された、システム上重要な金融機関（SIFIs：Systemically Important Financial Institutions）が国際金融システムにもたらすリスクに対処するための一連の措置とその実施スケジュールが承認されました。「一連の措置」には、以下のようなものがあります。

> ① 各国の破綻処理制度を改革するための評価基準となる、新しい国際的スタンダードの策定
> ② グローバルなSIFIs（G-SIFIs：Global Systemically Important Financial Institutions）に関する、破綻処理の実行可能性についての評価、再建・破綻処理計画の策定、個別金融機関レベルでの各国当局間の協力取決めの策定
> ③ G-SIFIsに対する規制資本の上乗せ（サーチャージ）
> ④ より強力で実効的な監督

このうち、①②については、FSBがG20カンヌ・サミット後に公表した、「金融機関の実効的な破綻処理の枠組みの主要な特徴」という報告書にまとめられています（Q35参照）。

ここでは、③の「G-SIFIsに対する規制資本の上乗せ（サーチャージ）」について解説します。具体的には、バーゼル銀行監督委員会が公表した、「グローバルにシステム上重要な銀行に対する追加的な損失吸収力の要件に関する規則文書」（規則文書）において示された、グローバルにシステム上重要な銀行（G-SIBs：Global Systemically Important Banks）の選定方法、そしてG-SIBsに対するサーチャージの規模について解説します。

2　議論の経緯

前提として、G-SIBsに対するサーチャージの決定に至るまでの議論の経緯を簡単に紹介します。

いわゆるリーマンショックに端を発する2008年秋の金融危機の反省をふまえ、G20サミットの提言を受け、FSBやバーゼル銀行監督委員会では、国際的な銀行の自己資本規制であるバーゼル規制の見直しを行い、2010年12月に最終合意に至りました（いわゆるバーゼルⅢ）。

バーゼルⅢの検討と並行するかたちで、FSBとバーゼル銀行監督委員会で

は、金融機関のうち破綻した場合の経済への影響が通常の金融機関よりも大きいSIFIsへの対応策についても検討を進めており、FSBは、2010年10月、「システム上重要な金融機関がもたらすモラルハザードの低減」という報告書を公表しました。この報告書は、FSBと各国当局が、バーゼル銀行監督委員会等と協議しつつ、2011年半ばまでに、G-SIFIsを選定することを提言しています。

これを受け、FSBやバーゼル銀行監督委員会で検討が進められ、2011年6月には、(バーゼル銀行監督委員会の上位機関である) 中央銀行総裁・銀行監督当局長官グループが、G-SIBsに対するサーチャージに関して、①G-SIBsの選定方法、②サーチャージの内容、③段階的実施のスケジュールについて合意に達しています。

規則文書の公表は、この合意をふまえたものです。

3　G-SIBsの選定方法

(1)　選定方法の概要

G-SIBsは、銀行の規模やグローバルな活動の程度等の5分野に関して、その銀行がバーゼル銀行監督委員会選出の計73行 (サンプル銀行。具体名は不明) 全体のなかで占める割合を計算し、各カテゴリーの割合の値 (スコア) を合計した値のランキングによって選定されます。

なお、G-SIBsに選定される銀行は毎年新たなデータのもとで見直され、毎年11月に更新されます。後述のとおり、サーチャージが適用されるのは2016年からとされているため、2014年11月の時点でG-SIBsに選定された銀行にサーチャージが課されることとされています。また、G-SIBsの選定方法自体も、3年ごとに見直されることとされています。

(2)　5つのカテゴリー

G-SIBsは、①グローバルな (国境を超える) 活動、②規模、③相互関連性、④代替可能性、そして⑤複雑性の5つのカテゴリーに含まれる指標で選定されます。この5つのカテゴリーには、具体的には図表33－1のような指

図表33－1

カテゴリー	個別指標	指標のウェイト
①国境を越える活動 (20%)	国境を越える債権（claim）(注1)	10%
	国境を越える債務	10%
②規模（20%）	合計エクスポージャー	20%
③相互関連性 (20%)	金融システム内の資産	6.67%
	金融システム内の債務	6.67%
	ホールセール資金割合	6.67%
④代替可能性 (20%)	カストディアン業務で保有する資産	6.67%
	その銀行の支払システムを通じて清算・決済される支払額	6.67%
	債券・株式の引受額	6.67%
⑤複雑性 (20%)	店頭（OTC）デリバティブ取引想定元本	6.67%
	「レベル3資産」(注2)	6.67%
	トレーディング勘定・売却可能証券	6.67%

（注1） 他の銀行に預けている預金、銀行・非銀行に対する融資・前払金、証券保有、共同出資（participation）が含まれる（連結データを利用し、グループ内債権は除かれる）。
（注2） 資産のうち、市場価格がなく、保有企業が社内モデルに基づいて評価額を決定する資産をいう。

標が含まれます。

a　国境を越える活動

　各銀行の「国境を越える活動」のカテゴリーのスコアは、次の2つの指標（債権・債務）の金額を、全サンプル銀行の金額で割って得られた数値（にウェイトを掛け合わせた数値）を合計して得ることができます。

> ①　国境を越える債権：ウェイト10%
> 　◇他国の借り手に対する債権および銀行と同じ国に所在する借り手に対する外貨建て債権

②　国境を越える債務：ウェイト10％

◇母国外の事業体に対する銀行のグループの債務と母国内非居住者に対する全債務を含み、グループ内の債務は相殺する。

b　規　　模

各銀行の「規模」のカテゴリーのスコアは、その銀行の合計エクスポージャー（バランスシート上の資産に一部オフバランスシートの項目を加えたもの）の額を全サンプル銀行の合計エクスポージャーの額で割って得られた数値（にウェイト（20％）を掛け合わせた数値）です。

c　相互関連性

各銀行の「相互関連性」のカテゴリーのスコアは、次の3つの指標の数値（にウェイトを掛け合わせた数値）を合計して得ることができます。

①　金融システム内の資産：ウェイト6.67％

◇金融機関への貸付（未引出しコミットメントラインを含む）、その他の金融機関が発行した証券の保有、リバースレポ取引の時価（ネットベース）、金融機関への証券貸付の時価（ネットベース）、そして金融機関との店頭（OTC）デリバティブ取引の時価（ネットベース）の合計額が全サンプル銀行に占める割合

②　金融システム内の債務：ウェイト6.67％

◇金融機関による預金（未引出しコミットメントラインを含む）、その他の金融機関が所有している銀行が発行した証券、レポ取引の時価（ネットベース）、金融機関からの証券借入れの時価（ネットベース）、そして金融機関との店頭（OTC）デリバティブ取引の時価（ネットベース）の合計額が全サンプル銀行に占める割合

③　ホールセール資金割合：ウェイト6.67％

◇（合計債務－リテール資金（リテール預金とリテール顧客が保有するその銀行が発行した負債証券の合計））を合計債務で割って得られた数

値

d 代替可能性

　各銀行の「代替可能性」のカテゴリーのスコアは、次の３つの指標の数値を全サンプル銀行の数値で割って得られた数値（にウェイトを掛け合わせた数値）を合計して得ることができます。

◇カストディアン業務で保有する資産：ウェイト6.67％
◇その銀行の支払システムを通じて清算・決済される支払額：ウェイト6.67％
◇債券・株式の引受額：ウェイト6.67％

e 複　雑　性

　各銀行の「複雑性」のカテゴリーのスコアは、次の３つの指標の数値を全サンプル銀行の数値で割って得られた数値（にウェイトを掛け合わせた数値）を合計して得ることができます。

◇店頭（OTC）デリバティブ取引想定元本：6.67％
◇「レベル３資産」：ウェイト6.67％
◇トレーディング勘定・売却可能証券：ウェイト6.67％

(3)　G-SIBsの選定とグループ分け

　G-SIBsの選定は、前述のように、バーゼル銀行監督委員会が（その規模と監督当局の判断により）抽出した73のサンプル銀行について、前記(2)の指標に基づいてランキングを作成することによって行われます。
　そのうえで、G-SIBsは、後述のように、４つのサーチャージ・レベルによってグループ分けされます。

(4) 各国監督当局の判断による銀行スコアの修正

前記(2)の方法でG-SIBsが選定されることになりますが、前述の指標では容易に定量化できない情報を捕捉するため、厳格な手続のもとで、各国監督当局の判断によって各銀行のスコアを修正することが認められています。

ただし、各国の監督当局が個別の銀行のスコアの調整を提案した後に、バーゼル銀行監督委員会がその旨をFSBに通知し、FSBと各国の監督当局がバーゼル銀行監督委員会と協議のうえで最終決定を行うという厳格な手続を経る必要があります。特に、スコアを引き下げる方向で修正する（銀行に課される資本規制を軽減する）提案は、強固な正当化理由が必要とされています。

(5) 選定方法・データの定期的見直し

前記の選定方法は定期的に見直されます。具体的には、前記(2)の方法で計算される銀行のスコアは、毎年新しいデータで更新され、ランキングは毎年更新されたうえで、G-SIBsは毎年11月に公表されます。

また、サンプル銀行も3年ごとに見直され、さらに、選定方法自体も3年ごとに見直されます。

4 サーチャージの内容

(1) サーチャージの規模

G-SIBsを4つのグループに分類したうえで、グループごとに1.0％、1.5％、2.0％、2.5％のサーチャージが課されます（これらは最低水準であ

図表33－2

グループ	サーチャージ（最低水準）
第5グループ（現在該当なし）	3.5％
第4グループ	2.5％
第3グループ	2.0％
第2グループ	1.5％
第1グループ	1.0％

り、各国当局はより高い水準のサーチャージを課すことも可能です）（図表33－2参照）。

さらに、現在最上位にランクされている銀行が、将来的にさらに大規模になった場合に備えて、現在の最上位グループのうえに、3.5％のサーチャージが課されるグループが設けられています。

なお、毎年のデータ見直し等により、G-SIBsが現在のグループからより高い水準のグループに移行した場合、12カ月以内により高い水準のサーチャージを遵守することが求められます。

(2) サーチャージを充足するために利用できる「資本」

サーチャージは、資本のうち、普通株式や内部留保で構成される普通株式等Tier 1のみによって充足することが求められます。

したがって、バーゼルⅢで定められた普通株式等Tier 1の最低所要水準（4.5％）と資本保全バッファー（2.5％）の合計（7.0％）とあわせて、G-SIBsは、そのグループごとに、8.0％、8.5％、9.0％、9.5％の普通株式等Tier 1比率が求められることになります。

なお、銀行の破綻時に資本に転換するベイルイン債務や、破綻が懸念されている場合に破綻する前に資本に転換するコンティンジェント・キャピタルは、サーチャージを充足するためには利用できないとされています。もっとも、バーゼル銀行監督委員会は、最低水準を上回る水準のサーチャージを独自に課している国の場合は、最低水準を超過する部分のサーチャージについては、コンティンジェント・キャピタルによって充足することを支持するとしています。

5　段階的実施のスケジュール

サーチャージは2016年1月1日から18年末にかけて段階的に導入され、2019年1月1日に完全実施されます（図表33－3）。

2016年1月1日の実施に備え、2013年末のデータに基づき、2014年11月までに、G-SIBsと選定されるかどうかの境界線となるスコアが確定・公表さ

図表33－3　バーゼルⅢおよびサーチャージの段階的実施のスケジュール

	2011	2012	2013	2014	2015	2016	2017	2018	2019
レバレッジ比率	監督上の モニタリング期間		試行期間　2013年1月1日～17年1月1日 各銀行による開示開始　2015年1月1日					第1の柱 への移行 を視野	4.5%
普通株式等の最低所要水準			3.5%	4.0%	4.5%	4.5%	4.5%	4.5%	4.5%
資本保全バッファー						0.625%	1.25%	1.875%	2.5%
G-SIBs（グローバルにシステム上重要な銀行）サーチャージ				G-SIBs公表（11月）		段階的実施			完全実施 （注2）
D-SIBs（国内のシステム上重要な銀行）サーチャージ				D-SIBs公表（11月）？		「2016年1月1日から （G-SIBsと同様に段階的実施？）			（注3）
普通株式等の最低所要水準＋資本保全バッファー			3.5%	4.0%	4.5%	5.125%	5.75%	6.375%	7.0%
普通株式等からの段階的控除（繰延税金資産、モーゲージ・サービシング・ライツおよび金融機関に対する出資を含む）				20%	40%	60%	80%	100%	100%
Tier 1 最低所要水準			4.5%	5.5%	6.0%	6.0%	6.0%	6.0%	6.0%
総資本最低所要水準			8.0%	8.0%	8.0%	8.0%	8.0%	8.0%	8.0%
総資本最低所要水準＋資本保全バッファー			8.0%	8.0%	8.0%	8.625%	9.25%	9.875%	10.5%
その他Tier 1またはTier 2に算入できなくなる資本のグランドファザリング			10年間（2013年1月1日開始）						

流動性カバレッジ比率（LCR）	観察期間 開始				60%	70%	80%	90%	100%
安定調達比率（NSFR）	観察期間 開始							最低基準 の導入	

(注1) すべての日付は1月1日時点。
(注2) G-SIBsのグループに応じて、1.0%、1.5%、2.0%、2.5%のサーチャージ（追加資本賦課）。
(注3) サーチャージの数値は各国当局の裁量。
(出所) 金融庁／日本銀行「バーゼル銀行監督委員会によるバーゼルⅢテキストの公表等について」（2011年1月）を参考に大和総研金融調査部制度調査課作成

れます。各国当局は、2014年1月1日までに、必要な法律・規則等の改正を行うことが求められています。

なお、前述したとおり、G-SIBsに選定される銀行は毎年新たなデータのもとで見直され、毎年11月に更新されます。サーチャージが適用されるのは2016年からとされているため、2014年11月の時点でG-SIBsに選定された銀行にサーチャージが課されることとされています。

6　暫定G-SIBs

FSBは、2013年11月、暫定G-SIBs（29行）を公表しています（図表33－4）。

図表33－4　暫定G-SIBs（2012年末のデータに基づく）

サーチャージ	G-SIBs	サーチャージ	G-SIBs
2.5%	HSBC		Bank of China
	JP Morgan Chase		Bank of New York Mellon
2.0%	Barclays		BBVA
	BNP Paribas		Groupe BPCE
	Citigroup		Industrial and Commercial Bank of China Limited
	Deutsche Bank		ING Bank
1.5%	Bank of America	1.0%	Mizuho FG
	Credit Suisse		Nordea
	Goldman Sachs		Santander
	Group Credit Agricole		Societe Generale
	Mitsubishi UFJ FG		Standard Chartered
	Morgan Stanley		State Street
	Royal Bank of Scotland		Sumitomo Mitsui FG
	UBS		Unicredit Group
			Wells Fargo

（出所）　FSB "2013 update of global systemically important banks (G-SIBs)"（2013年11月）

Q34 国内のシステム上重要な銀行に対する規制資本の上乗せについて教えてください

A

2012年10月、バーゼル銀行監督委員会は、国内のシステム上重要な銀行（D-SIBs）に対する追加的資本賦課（HLA）に関する最終報告書を公表しました。HLAが課されるD-SIBsは、規模や複雑性等の4分野に基づいて選定されます。各国当局は、そのシステム上の重要性の推移にかんがみ、D-SIBsのリストを定期的にアップデートしなければなりません。HLAの数値は、グローバルにシステム上重要な銀行（G-SIBs）のケース（普通株式等Tier 1を1～2.5％追加）とは異なり、各国当局の裁量に委ねられています。HLAは、G-SIBsと同様、2016年1月から段階的に実施されます。なお、わが国では対応する告示等の改正はまだ行われておりません。

解　説

1　国内のシステム上重要な銀行への対策措置の公表

2012年10月、バーゼル銀行監督委員会は、国内のシステム上重要な銀行（D-SIBs：Domestic Systemically Important Banks）の取扱いに関する枠組みに係る最終報告書（D-SIBsフレームワーク）を公表しています。

D-SIBsフレームワークは、バーゼル銀行監督委員会が2011年11月に公表した、グローバルにシステム上重要な銀行（G-SIBs：Global Systemically Important Banks）に対する規制資本の上乗せ（サーチャージ）に関する規則文書（G-SIBsフレームワーク）（Q33参照）を補完するという位置づけがなされています。

ここでは、D-SIBsフレームワークにおいて示された、D-SIBsの特定メソッド（原則1～7）およびD-SIBsに対する追加資本賦課（HLA：Higher Loss

Absorbency)（原則8～12）について解説します。

2　議論の経緯

前提として、D-SIBsフレームワークの決定に至るまでの議論の経緯を簡単に紹介します。

G20首脳は、G-SIBsフレームワークを承認したG20カンヌ・サミット（2011年11月）にて、金融安定理事会（FSB）とバーゼル銀行監督委員会に対し、G-SIBsフレームワークをD-SIBsまで拡張するよう要請しています。

これを受けて、バーゼル銀行監督委員会は、D-SIBsの取扱いに関する枠組みに係る市中協議文書を2012年6月に、そして最終報告を2012年10月に公表しています。

このように、D-SIBsフレームワークは、G20カンヌ・サミットの要請をふまえたものとなっています。

3　D-SIBsの特定メソッド

(1)　原則1：特定メソッドの開発

各国当局は、D-SIBsの特定メソッドを開発しなければなりません。

(2)　原則2：「破綻インパクト」の反映

D-SIBs特定メソッドの開発にあたっては、（G-SIBsフレームワーク同様）「破綻リスク」ではなく、「破綻インパクト」を反映しなければなりません。

すなわち、コンセプトとしては、デフォルト確率（PD：Probability of Default）の概念ではなく、デフォルト時損失率（LGD：Loss Given Default）の概念を考慮しなければならないということです。

(3)　原則3：自国経済への影響を勘案

D-SIBs特定メソッドの開発にあたって考慮すべき「破綻インパクト」は、自国経済に対する影響を勘案したものでなければなりません。

⑷　原則4：ホーム国は連結ベース、ホスト国は自国子会社（サブ連結）ベース

　D-SIBsに該当するか否かの判断は、ホールディング・カンパニーや連結親会社のホーム国であれば連結ベースで、その海外子会社のホスト国であれば自国子会社（およびそのサブ連結）ベースでなされなければなりません。

　英国の例を紹介すると、サンタンデール銀行（スペイン）の英国子会社であるサンタンデールUKは、リテール当座預金について、（バークレイズと並んで）英国内第4位（13％）のシェアを有しています（2010年時点）[1]。ホスト国である英国は、（サンタンデール銀行の自国子会社である）サンタンデールUKがD-SIBsに該当するか否かを判断しなければなりません。

⑸　原則5：4つの指針

　D-SIBsに該当するか否か、すなわちその破綻インパクトが自国経済にとってシステム上重要であるか否かを判断するにあたっては、次の4つの指針に基づかなければなりません。

---

① 　規模（size）
② 　相互連関性（interconnectedness）
③ 　代替可能性（substitutability）
④ 　複雑性（complexity）

　G-SIBsフレームワークと異なり、これらの指標に具体的なウェイトの数値は提示されておらず、各国当局の裁量に委ねられています。

　なお、各国当局は、自国経済の特有の要素をも考慮することが認められます。そのサンプルとしては、「GDPに占める規模の割合」（the size of a bank relative to domestic GDP）[2]があげられています。

---

[1]　Independent Commission on Banking "Interim Report – Consultation on Reform Options"［2011年4月］参照。

(6) 原則6：D-SIBsリストの定期的なアップデート

各国当局は、そのシステム上の重要性の推移にかんがみ、D-SIBsのリストを定期的にアップデートしなければなりません。

アップデートの頻度は、G-SIBsフレームワークのそれ（1年ごと）よりも著しく低い（著しく間隔の長い）ものであってはなりません。

(7) 原則7：D-SIBsの特定メソッドの開示

各国当局は、D-SIBs特定メソッドの概要を公に開示しなければなりません。

4　D-SIBsに対する追加資本賦課（HLA）

(1) 原則8：HLAメソッドの文書化

各国当局は、HLAを算出するためのメソッドを文書化しなければなりません。

HLAは数値によって指定されます。

この数値は、G-SIBsフレームワークのケース（普通株式等Tier 1 を1～2.5％追加）とは異なり、各国当局の裁量に委ねられています。

(2) 原則9：システミック・リスクに応じたHLA

HLAの数値は、D-SIBsが自国経済に対して有するシステミック・リスクの大きさに応じて決定されなければなりません。

(3) 原則10：より高いHLAの適用

D-SIBsがG-SIBsにも該当する場合、HLAは、（合計ではなく）G-SIBsフレームワークとD-SIBsフレームワークのいずれか高いほうを適用します。

(4) 原則11：クロスボーダーの協議

自国（ホーム国）の銀行の子会社が他国（ホスト国）でD-SIBsに認定された場合、ホーム国とホスト国は、適切なHLAの決定に向けて協議をしなけ

2　バーゼルⅢにおけるカウンターシクリカル・バッファーの決定にあたっては、融資残高をGDPで割った「credit／GDP比率」が有力な指標としてあげられていますが、D-SIBsフレームワークではそこまで踏み込んだ提案はされておらず、単に「GDPに占める規模の割合」と記載されるにとどまっています。

ればなりません。

(5) 原則12：HLA＝普通株式等Tier 1のみ

HLAへの算入が認められる金融商品は、G-SIBsフレームワーク同様に、普通株式等Tier 1のみです。その位置づけもまたG-SIBsフレームワーク同様であり、資本保全バッファーの拡張です。

したがって、コンティンジェント・キャピタル（CoCos等）の発行による資本調達はHLAには算入されません。

5　実施スケジュール

前述のとおり、D-SIBsフレームワークは、G-SIBsフレームワークを補完するという位置づけがなされています。そのため、バーゼル銀行監督委員会は、各国当局がD-SIBsであると特定した銀行に対して、G-SIBsフレームワークの段階的実施（Q33参照）と同様、2016年1月から原則を満たすよう求めることが適切であると考えています。

問題は、最初のD-SIBsがいつ頃に認定されるかです。

D-SIBsフレームワーク同様に2016年1月から適用が開始されるG-SIBsフレームワークの場合、最初の（正式な）G-SIBsは2014年11月に認定される予定となっています。これとの整合性を考えれば、最初のD-SIBsが認定されるのも2014年11月であることが自然といえましょう（図表34－1参照）。

そのため、各国当局における法制化プロセスは、2014年11月の最初のリスト認定に間に合うよう、遅くとも2014年上半期までに完了される必要があるでしょう。

図表34-1　バーゼルⅢおよびHLAの実施スケジュール

	2011	2012	2013	2014	2015	2016	2017	2018	2019
レバレッジ比率	監査上のモニタリング期間		試行期間 2013年1月1日～17年1月1日 各銀行による開示2015年1月1日					第1の柱への移行を視野	4.5%
普通株式等の最低所要水準			3.5%	4.0%	4.5%	4.5%	4.5%	4.5%	4.5%
資本保全バッファー						0.625%	1.25%	1.875%	2.5%
G-SIBs（グローバルにシステム上重要な銀行）サーチャージ				G-SIBs公表（11月）			段階的実施		完全実施（注2）
D-SIBs（国内のシステム上重要な銀行）サーチャージ				D-SIBs公表（11月）？			［2016年1月1日から G-SIBsと同様に段階的実施］（注3）		
普通株式等の最低所要水準＋資本保全バッファー			3.5%	4.0%	4.5%	5.125%	5.75%	6.375%	7.0%
普通株式等からの段階的控除（繰延税金資産、モーゲージ・サービシング・ライツおよび金融機関に対する出資を含む）				20%	40%	60%	80%	100%	100%
Tier1最低所要水準			4.5%	5.5%	6.0%	6.0%	6.0%	6.0%	6.0%
総資本最低所要水準			8.0%	8.0%	8.0%	8.0%	8.0%	8.0%	8.0%
総資本最低所要水準＋資本保全バッファー			8.0%	8.0%	8.0%	8.625%	9.25%	9.875%	10.5%
その他Tier1またはTier2に算入できなくなる資本のグランドファザリング			10年間（2013年1月1日開始）						
流動性カバレッジ比率（LCR）	観察期間開始				60%	70%	80%	90%	100%
安定調達比率（NSFR）	観察期間開始							最低基準の導入	

（注1）すべての日付は1月1日時点。
（注2）G-SIBsのグループに応じて、1.0%、1.5%、2.0%、2.5%のサーチャージ（追加資本賦課）。
（注3）サーチャージの数値は各国当局の裁量。
（出所）金融庁／日本銀行「バーゼル銀行監督委員会によるバーゼルⅢテキストの公表等について」（2011年1月）を参考に大和総研金融調査部制度調査課作成

Q35 システム上重要な金融機関の破綻処理に関する議論について教えてください

A

金融安定理事会（FSB）は、2011年11月のG20カンヌ・サミットにて採択された報告書、「金融機関の実効的な破綻処理の枠組みの主要な特性」（"Key Attributes"）において、納税者負担を強いる従来型のベイルアウトを廃止し、債権者や株主による損失負担（ベイルイン）、そして金融業界による破綻処理費用の負担といった「主要な特性」を備えた"resolution"枠組みの策定を提唱しています。金融庁は、"Key Attributes"をふまえ、わが国における金融危機対応のための"resolution"枠組みを見直す方向で検討を進めています。

解　説

1　はじめに──「ベイルアウト」から「ベイルイン」へ──

金融庁は、2012年5月29日から13年1月25日の間、金融審議会「金融システム安定等に資する銀行規制等の在り方に関するワーキング・グループ」（以下、「WG」）を開催しました（全14回）。

WGでは、テーマの1つとして、「金融機関の破綻処理の枠組み」を審議しました。

ここでいう「破綻処理」は、金融危機以降のG20や金融安定理事会（FSB）が用いる"resolution"の日本語訳です。この"resolution"は、破産法や会社更生法等に基づく通常の清算・再建手続ではなく、金融危機対応のための金融安定化措置を指しています。

欧米では、昨今の金融危機において、このような金融安定化措置に基づき、公的資金注入による大規模金融機関の救済（以下、「ベイルアウト」）が行われています（いわゆる"Too Big To Fail"）。

英国では、時限立法によるノーザン・ロック銀行の国有化（2008年2月）を契機として、預金取扱銀行のベイルアウトを恒久化する「2009年銀行法（Banking Act 2009）」を制定しています。米国では、金融危機の深刻化にあたって、2008年10月に「緊急経済安定化法（Emergency Economic Stabilization Act of 2008）」を制定し、預金取扱銀行（グループ）のみならず、保険会社や証券会社のような「ノンバンク」をもベイルアウトの対象としていました。

　しかし、FSBは、2011年11月のG20カンヌ・サミットにて採択された報告書「金融機関の実効的な破綻処理の枠組みの主要な特性」（以下、「"Key Attributes"」）において、このような納税者負担を強いるベイルアウトを廃止し、債権者や株主による損失負担（以下、「ベイルイン」）、そして金融業界による破綻処理費用の負担といった「主要な特性」を備えた"resolution"枠組みの策定を提唱しています。

　"Key Attributes"の概要は、図表35－1のとおりです。

　図表35－1⑦の「再建・処理計画」（RRPs：Recovery and Resolution Plans）のうち、再建計画（Recovery Plans）とは、「厳しいストレスがかかった場合に、金融機関が財務の健全性及び存続可能性を回復するためのオプションを特定するための計画」（WG第5回「事務局説明資料」）をいい、金融機関自身が策定するものです。これに対し、処理計画（Resolution Plans）とは、「当局の権限を有効に利用することを促すことで、システム上重要な機能を保護しながら、金融システムの混乱や納税者による負担を回避しつつ、金融機関の処理を実行可能なものにするための計画」（WG第5回「事務局説明資料」）をいい、当局が策定するものです。

　FSBは、2012年8月より、各国の"resolution"の枠組みについて、"Key Attributes"との整合性に関する現状調査（ピア・レビュー）を行っており、その結果を2013年上半期に公表する予定としています。

　わが国では、金融危機対応のための金融安定化措置として、預金保険法102条が据えられています。同条は、内閣総理大臣が「金融危機対応会議」

図表35-1 "Key Attributes"の概要

① 目　的
　以下を確保しながら、金融機関を破綻処理することを可能とする
・深刻な金融システムの混乱回避
・納税者負担の回避
・株主や担保で保護されない債権者に損失を吸収させることを可能とするメカニズムを通じた重要な経済的機能の確保
② 対象となる金融機関
　「主要な特性」を備えた破綻処理制度は、あらゆるシステム上重要な金融機関に対して適用されるべき
③ 当局の権限
　破綻処理を行う当局は、以下を行う権限を含む、広範な権限を有するべき
・経営陣の選解任、破綻金融機関を管理する者の任命
・破綻金融機関の財産の管理処分（契約の解除・資産の売却等）
・ブリッジ金融機関の設立
・ベイルイン（無担保債権のカットまたは株式化）の実行　等
④ 早期解約条項の発動の停止
　破綻処理を行う当局は、デリバティブ契約等の早期解約条項の発動を一時的に（たとえば、2営業日以内）停止する権限を有するべき
⑤ 破綻処理のための基金
➤秩序だった破綻処理のためになされる一時的な資金提供のコストをまかなうため、民間資金でまかなわれる預金保険、破綻処理基金、または業界から事後徴収するメカニズムが設けられるべき
➤当局による一時的な資金提供は、モラルハザードを防止するため、厳格な要件のもとでなされるべき
⑥ クロスボーダーの協力のための法的枠組み
　破綻処理を行う当局は、他国の当局と協調しながら破綻処理を行う権限を有するべき（本国破綻処理との関係）
⑦ グローバルなシステム上重要な金融機関（G-SIFIs）について再建・処理計画を策定
⑧ G-SIFIs毎の破綻処理の実行可能性の評価　等

（出所）　WG第4回「事務局説明資料」

の議を経てシステミック・リスクのおそれを認定した場合、ケースの特性に応じて、資本増強（第1号措置）、預金全額保護（第2号措置）、一時国有化（第3号措置）を講ずる必要がある旨認定できることを定めています（図表35－2）。2003年のりそな銀行の資本増強、足利銀行の一時国有化は、同条に

図表35-2　預金保険法102条における金融危機対応のための金融安定化措置

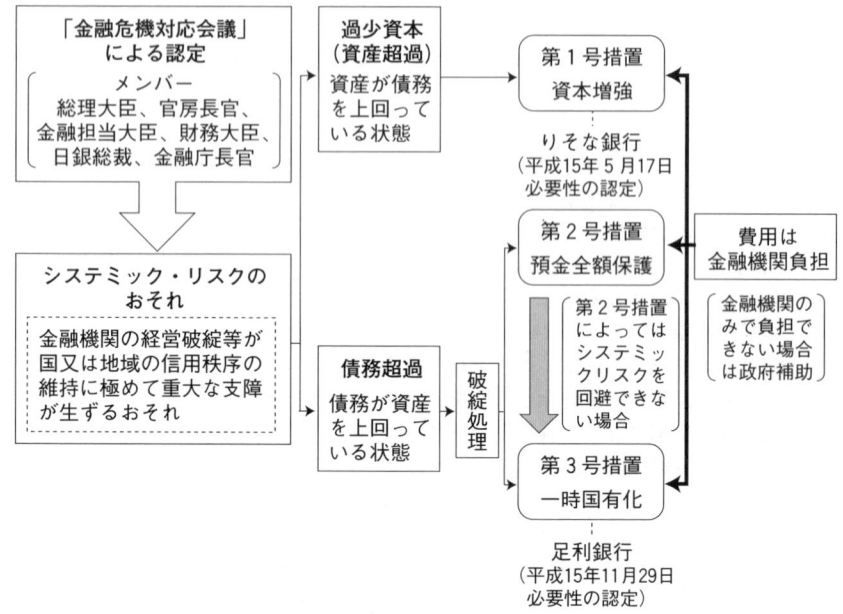

「金融危機対応会議」による認定			
メンバー：総理大臣、官房長官、金融担当大臣、財務大臣、日銀総裁、金融庁長官			

- 過少資本（資産超過）：資産が債務を上回っている状態 → 第1号措置　資本増強（りそな銀行　平成15年5月17日必要性の認定）
- システミック・リスクのおそれ：金融機関の経営破綻等が国又は地域の信用秩序の維持に極めて重大な支障が生ずるおそれ
- 債務超過：債務が資産を上回っている状態 → 破綻処理
- 第2号措置　預金全額保護
- 第2号措置によってはシステミックリスクを回避できない場合 → 第3号措置　一時国有化（足利銀行　平成15年11月29日必要性の認定）
- 費用は金融機関負担（金融機関のみで負担できない場合は政府補助）

（出所）　WG第10回「これまでの事務局説明資料」

基づく金融安定化措置です。

　WGは、FSBのピア・レビューに対応すべく、"Key Attributes"をふまえ、わが国における金融危機対応のための"resolution"枠組みを見直す方向で検討を進めています。

　以下、本稿では、"resolution"枠組みの見直しに関する欧米の議論の概要を簡潔に紹介したうえで、わが国における議論の状況、すなわちWGにおける審議状況をまとめるものとします。

2　"resolution"枠組みの見直しに関する欧米の議論の概要

　米国は、"Key Attributes"の公表に先んじて、2010年7月にドッド・フランク法を制定し、銀行持株会社、ノンバンク金融会社等のベイルアウトを廃止しています。

　欧州連合（EU）においても、行政執行機関である欧州委員会が、2012年

6月に公表した法案（以下、「EU指令案」）にて、銀行および証券会社（investment firms）を対象に、"Key Attributes"を踏襲した"resolution"枠組みを提案しています。

また、欧州委員会は、2012年10月に公表したコンサルテーション文書（以下、「EUコンサルテーション」）にて、システム上重要なノンバンク（EU指令案の対象たる証券会社を除く）を対象に、こちらも"Key Attributes"を踏襲した"resolution"枠組みを提案しています。

もっとも、EU加盟国である英国は、2012年8月に公表したコンサルテーション文書（以下、「UKコンサルテーション」）にて、証券会社をもベイルアウト（ただし、ここでは一時国有化のみ）の対象とする旨の提案をしています。これは、「2009年銀行法」に基づくベイルアウトの対象を証券会社にまで拡大する提案といえます。こうした英国の動向は、（公的資金注入は極力避けるべきであるというアプローチをとってはいるものの）ベイルアウトを廃止するというFSBやEUの議論とはその方向性を異にするようにも思われます。

これらの議論をまとめたものが、図表35-3です。

3 わが国における議論の状況

(1) 基本的なアプローチ

前述のとおり、WGは、FSBのピア・レビューに対応すべく、"Key Attributes"をふまえ、わが国における金融危機対応のための"resolution"枠組みを見直す方向で検討を進めています。

2013年1月28日は、WGの報告書に当たる、「金融システム安定等に資する銀行規制等の見直しについて」（以下、「報告書」）が提示されています[1]。

報告書の方向性を端的に表すと、「預金保険法102条に基づく金融安定化措置をそのまま残しつつ、これに加えて、"Key Attributes"をふまえた"resolution"枠組みを新設する」ということになるでしょう。

---

1 WGは、2013年の通常国会に関連法の改正案を提出することが見込まれています。

図表35－3 米国・英国・EUにおける"resolution"枠組みの整備

	米国	英国		
	ドッド・フランク法	2009年銀行法	UKコンサルテーション	
対象	◆銀行持株会社 ◆FRB監督ノンバンク金融会社（証券会社・保険会社等をいい、CCP等のFMIは含まれない） ◆FRBが本源的金融業務等と判断した業務を支配的に行う会社 ◆上記の子会社	◆銀行 ◆銀行の親会社	◆証券会社（親会社を含む） ◆中央清算機関（CCP） ◆CCP以外の金融市場インフラ（FMI）（※） ◆保険会社（※） ※具体的な提案なし	
当局の権限	FDICは管財人として、 ―合併、資産・負債の移転 ―対象機関への貸付（※）の措置をとることが可能 ※財務省が当座の資金繰りを手当	◆事業の民間部門・ブリッジバンクへの移管（イングランド銀行による権限行使） ◆一時国有化（財務省による権限行使） ※銀行の親会社には、一時国有化のみ可能	〈証券会社〉 ◆事業の民間部門・ブリッジファームへの移管（イングランド銀行による権限行使） ◆一時国有化（財務省による権限行使）	〈CCP〉 事業の民間部門・ブリッジCCPへの移管（イングランド銀行による権限行使）
早期自動解約条項の発動の停止	○ FDICの管財人任命の翌営業日の午後5時まで、および契約の移転後は、解約・清算・ネッティングの権利行使は不可	○ 移管・一時国有化の命令に、デフォルト条項の発動の判断は当該措置がなかったものとみなして行う旨を定めることが可能 ※ただし、現行EU指令により対象となる契約の範囲に制限	○ (EU指令案に準ずる)	？（言及なし）
費用負担	◆連結資産500億ドル以上の銀行持株会社 ◆FRB監督ノンバンク金融会社から、事後的にリスクベースの賦課金を徴収	株主・債権者のほか、他の銀行等による事後負担	(2009年銀行法に準ずる)	CCPのオーナーとメンバーで負担（徴収のタイミングは不明）

(出所) 各種公式資料を参考に大和総研金融調査部作成

EU		
EU指令案	EUコンサルテーション	
◆預金取扱金融機関 ◆証券会社 ◆上記の持株会社およびその金融子会社 ◆EU域外に本店のある預金取扱金融機関・証券会社	◆FMI 例）CCP、証券集中保管機関（CSD） ◆保険会社	
◆民間部門・ブリッジ金融機関への事業譲渡 ◆資産運用会社への不良資産の移転 ◆債務の削減・株式化（ベイルイン） ◆対象機関への貸付（※） ※事前徴収した資金では不足が生じるときは、中央銀行・他国の破綻処理基金等から借入れ	〈FMI〉 ◆民間部門・ブリッジ金融機関への事業譲渡 ◆当初証拠金（initial margin）のヘアカット ◆変動証拠金（variation margin）のヘアカット ◆債務の株式化（ベイルイン）等	〈保険会社〉 ◆民間部門・ブリッジ金融機関への事業譲渡 ◆ランオフ（新規契約の引受けの停止） ◆ポートフォリオ移転 ◆ベイルイン（無担保の負債に適用し、ポリシーや顧客資産には適用しない） ◆システム上重要な非伝統的業務の分離　等
○ 当局は、早期解約権の行使を短期間（金融機関が破綻処理開始の要件に抵触した旨の通知がされた日の翌営業日の午後5時まで）禁止することが可能	○（詳細不明） ※そもそもこのオプションがFMIに関連するものといえるか否かにつきコメントを求めている	○（詳細不明）
◆事前徴収 ◆事前徴収した資金では生じた費用をまかなうことができないときは、預金取扱金融機関・証券会社から事後負担金を徴収	事前徴収	事前徴収もしくは事後負担

なお、WGは、新設する"resolution"枠組みの発動については、預金保険法102条に基づく「金融危機対応措置と同様に、高度な判断を要するため、金融危機対応会議（構成員：内閣総理大臣、官房長官、金融担当大臣、財務大臣、日本銀行総裁、金融庁長官）の議を経て、内閣総理大臣が、金融システムの安定を図るために、金融機関の秩序ある処理の必要性を認定することが適当である」（報告書）としています（図表35－2参照）。

(2) 対　　象

"Key Attributes"は、"resolution"の対象を「システム上重要な金融機関」としており、預金取扱金融機関のみならず、証券会社・保険会社等のノンバンクも対象となりうるとしています。

WGもまた、新設する"resolution"枠組みの対象を、「金融業全体（預金取扱金融機関、保険会社、金融商品取引業者、金融持株会社等）とすることが適当である」（報告書）としています。

このうち、預金取扱金融機関以外のノンバンクについては、「市場等を通じてグローバルに伝播するような危機に対して、その秩序ある処理が必ずしも制度的に担保される枠組みが整備されていないことから、「主要な特性」やIMF・FSAPレポート[2]における指摘を踏まえ、新たな制度を設ける必要がある」（報告書）としています。

そして、WGは、すでに預金保険法102条に基づく金融安定化措置でカバーされる預金取扱金融機関をも、新設する"resolution"枠組みの対象に含めることとしています。その理由については、「現在の金融危機対応措置に加えて、金融システムの安定を図るために必要な債務等を保護することを可能とする制度を設けることで、事案に応じた柔軟な対応が可能となる」（報告書）点をあげています。

なお、"Key Attributes"がその対象を「システム上重要な金融機関」としていることから、わが国でもあらかじめこのような金融機関をリストアッ

---

[2] IMFが実施したわが国の金融部門評価プログラム（FSAP：Financial Sector Assessment Program）のレポート（2012年8月公表）をいいます。

プするようなアプローチをとるか否かが問題となります。この点については、WGは、「システミック・リスクの発生やその具体的な態様を見通すことはできないことを踏まえ、その適用範囲を予め線引きしておくことは適切でないのではないか」（WG第10回「事務局説明資料」）としています。かわりに、「市場等を通じて伝播するような危機に対して、金融機関の秩序ある処理に関する枠組みを整備する必要性や通常の金融監督を通じてモラル・ハザードを低減することができる範囲等を考慮しながら、金融グループ単位を基礎として、業法規制等で金融監督の及ぶ範囲を参考にしつつ、その範囲を決めるべきである」（報告書）としています。

(3) 当局の権限

WGは、以下のように、新設する"resolution"枠組みの実行主体たる「当局」として、預金保険機構を想定していることを明らかにしています。

「市場の著しい混乱の回避のために必要と認められる場合、金融機関の財産の管理処分が適切に行なわれるよう、破綻処理の体制やノウハウを有する預金保険機構が、金融機関について必要な関与（監視、命令、財産管理処分等）を行うことが適当である。

その際、保険契約者保護機構や投資者保護基金との連携を図っていくことが重要である。また、預金保険機構の機能（例えば立入検査等）・体制を強化することも必要である」（報告書）

そして、WGは、債務超過の有無に従って、以下のような措置がとられることを想定しています（図表35－4）。

「金融機関が債務超過でないことを前提に、市場取引等の縮小・解消を図りつつ、預金保険機構が流動性を供給し、全債務を約定通り履行させることを確保すること等を通じて市場の安定を図る措置が必要である。更に、監視等の終了に向けて、預金保険機構が優先株式等の引受け、資産の売却、事業の譲渡等を行うことを可能とする措置が必要である」（報告書）

「金融機関が債務超過等の場合には、金融システムの安定を図るために不可欠な債務等を承継金融機関に迅速に引き継ぎ、その際に資金援助すること

図表35-4 "resolution"枠組み

〈金融機関の秩序ある処理(1)(債務超過でないことを前提)〉

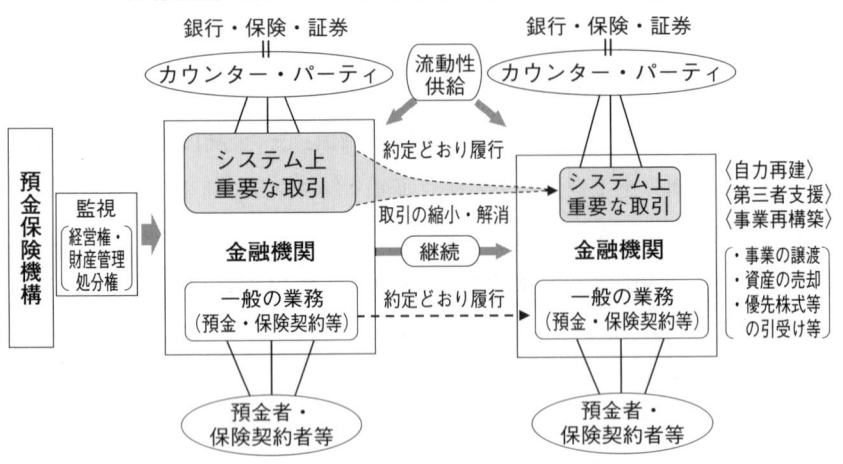

〈金融機関の秩序ある処理(2)(債務超過等の場合)〉

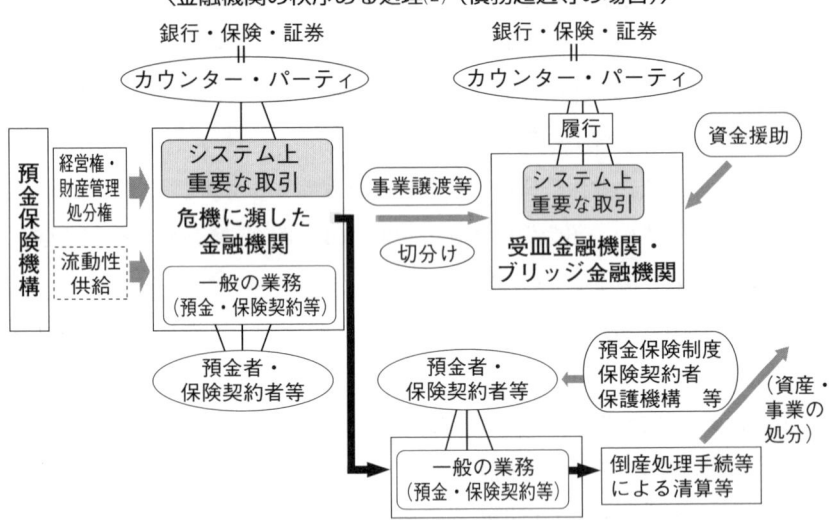

(出所) WG第13回「事務局説明資料(金融機関の秩序ある処理の枠組みについて)」

により、当該債務等を履行させる(その他の債務等は基本的に清算する)措置が必要である」(報告書)

　預金保険機構によるすみやかな流動性供給を可能とすべく、WGは、預金

保険機構による資金調達に政府保証を付すことを想定しています。

　ベイルインについては、「金融機関の秩序ある処理においては、金融機関の債権者にも負担を求めるため、契約等に定められたベイルイン（債務の元本削減や株式化等）は発動させることが適当である」（報告書）とするにとどまり、FSBやEUが検討しているような法定ベイルインの導入は想定していないもようです。

　なお、グループの"resolution"については、「金融持株会社、その傘下の金融機関等のどちらに対しても、金融システムの安定を図る観点から、これらの措置等を可能とすることが適当である」（報告書）としており、持株会社レベルと各子会社レベルのいずれによっても可能とすることを想定しています。

(4)　早期自動解約条項の発動の停止

　"Key Attributes"、ドッド・フランク法、そしてEU指令案は、"resolution"に基づく事業譲渡を2日間程度で行うことを想定していることから、これをスムーズに実行することを可能とすべく、当局に対し、デリバティブ契約等の早期自動解約条項の発動を「一時的に」停止する権限を付与しています。この発動停止の期間としては、「2営業日以内」が想定されています（図表35－3参照）。

　これをふまえ、WGは、以下のようなアプローチを提案しています。

　「金融機関の秩序ある処理及びこれに付随する事由を原因とする解約の効力については、市場の著しい混乱を回避するために必要な範囲において、その効力の変更・停止を可能とすることが適当である。現行の預金保険法における金融危機対応措置にも、同様の措置を講ずることが適当である。

　その場合、デリバティブ取引等を（強制的に終了させ、）ネッティングして清算する一括清算法や、デリバティブ取引等を解除させる破産法・民事再生法・会社更生法の法的効果は生じないものとすることが適当である」（報告書）。

(5)　費用負担

　"resolution"にかかる費用は、対象金融機関の資産売却や事業譲渡等によ

ってまかなわれることが前提です。しかし、これらでは不足する場合には、一時的な資金提供の必要性が生じます。

"Key Attributes"は、こうした一時的な資金提供のコストをまかなうため、民間資金でまかなわれる預金保険、破綻処理基金、または業界から事後徴収するメカニズムを設けるべき旨提言しています。

WGは、これをふまえ、新設する"resolution"枠組みの費用負担については、以下のように、預金保険法102条に基づく金融安定化措置のそれ[3]を踏襲するというアプローチを提案しています。

「万一損失が生じた場合の負担は、金融業界の事後負担を原則とすることが適当である。ただし、事後負担の徴求により金融システムの安定に極めて重大な支障を生じさせるおそれがあるといった例外的な場合には、政府補助も可能とする必要がある」（報告書）

そして、WGは、新設する"resolution"枠組みから生じる費用の経理についても、預金保険法102条に基づく金融安定化措置と同様に、預金保険機構の危機対応勘定を想定しています。

(6) その他（G-SIFIs関連）

a 再建・処理計画（RRPs）

秩序立った"resolution"を実行するためには、あらかじめ対象となる金融機関ごとの再建・処理計画（RRPs：Recovery and Resolution Plans）を定めておくことが不可欠です。

そのため、"Key Attributes"は、すべての「グローバルにシステム上重要な金融機関（G-SIFIs：Global Systemically Important Financial Institutions）」に対し、RRPsの策定・提出を要求しています[4]（図表35－1参照）。

WGは、これをふまえ、以下のように、わが国におけるRRPsの導入の必要性を示しています。

---

[3] 預金保険法102条に基づく金融安定化措置に要する費用は、預金取扱金融機関から負債の額に応じて事後的に徴収します。もっとも、事後徴収によると、預金取扱金融機関の財務状況を著しく悪化させ、信用秩序にきわめて重大な支障を生じさせるおそれがある場合には、政府補助が可能とされています。

「金融機関の秩序ある処理を可能とする制度が整備された場合には、それを踏まえつつ、大規模で複雑な業務を行う金融機関の再建・処理計画の策定を引き続き進めていくとともに、円滑な処理の実施のため、予め、金融機関のグループ内外との取引状況の適時の把握や、そのために必要な態勢整備を進めておく必要がある」(報告書)

現に、金融庁は、2013年2月、"Key Attributes"を受けて、G-SIFIsの再建・処理計画(RRPs)に係る着眼点と監督手法・対応を、「主要行等向けの総合的な監督指針」および「金融商品取引業者等向けの総合的な監督指針」に新設するという改正(以下、「RRPs改正」)を公表しています。

RRPs改正は、G-SIFIsに認定された金融機関(および必要に応じてその他のシステム上重要な金融機関)に対して、年1回または事業やグループ構造等に重要な変更があった場合に、再建計画の策定・提出を求めることとしています。再建計画の内容は、各金融機関のグループ構造やビジネスモデルの実態に応じて異なるものとなることが想定されていますが、"Key Attributes"をふまえ、最低限、図表35－5の項目が含まれていることが求められています。

また、RRPs改正は、G-SIFIsに認定された金融機関(および必要に応じてその他のシステム上重要な金融機関)について、当局にて処理計画を策定すること、そして当該計画の見直しおよびこれらの処理の実行可能性の評価を年1回または当該金融機関の事業・グループ構造に重要な変更があった場合に実施することとしています。

b　個別金融機関レベルでの当局間の協力合意(COAGs)

グループで国際的に活動する大規模な金融機関の"resolution"を秩序立ったものとするためには、当該金融機関の母国当局と関連ホスト国当局との間で、情報共有等の協力体制が築かれていることが不可欠です。

4　"Key Attributes"公表時点では、G-SIFIsによるRRPs策定・提出の期限は「2012年末」としていました。しかし、FSBは、2012年11月のG20財務大臣・中央銀行総裁会議(メキシコシティ)への進捗報告にて、この期限を6カ月延長し、「2013年半ば」としています。

図表35－5

① 再建計画の概要
　イ　当該金融機関における再建計画の位置づけ
　ロ　再建計画の策定体制
② 再建計画策定にあたって前提となるべき事項
　イ　事業概要およびグループ構造の概要
　ロ　財務の健全性および流動性に係る平時におけるリスク管理態勢
③ 再建計画発動に係るトリガー
　イ　危機時の対応が手遅れとならないような十分に早い段階のトリガー（財務の健全性および流動性それぞれに係る定量的・定性的トリガーを含む）
　ロ　通常よりも高いストレスを想定したストレステストおよびリバース・ストレステスト（市場全体のストレスシナリオおよび当該金融機関固有のストレスシナリオの双方を含む）
　ハ　トリガー抵触についての判断およびトリガー抵触時の対応策の検討における内部意思決定プロセス
　ニ　通常時における危機の程度に応じたリスク管理運営と再建計画発動時のリスク管理運営との関係
④ グループの子法人等、海外拠点および各事業部門の概要
　イ　各子法人等および海外拠点のプロファイル
　　a　事業概要・財務情報・金融システム上の重要性（市場シェア等をふまえたビジネスや子法人等のグループにとっての重要性（コア度）および金融システム上の重要性（クリティカリティ）の分析）
　　b　海外子法人等や海外拠点の経営戦略上の位置づけ
　ロ　主な子法人等、海外拠点および事業部門相互の連関性
　　グループ内の資本関係・グループ内の資金取引関係・グループ内の保証関係・ITシステムの相互依存性・クリティカルな機能を有する部門等へサービスを提供する子法人等の特定・人事上の関係
⑤ リカバリー・オプションの分析
　イ　ストレスシナリオごとの各リカバリー・オプション（流動性対策、財務の健全性対策）の有効性・適切性・十分性（定量的評価を含む）
　ロ　各リカバリー・オプション実行にあたっての留意点と実行可能性の評価
⑥ その他
　イ　経営情報システム
　　再建計画の策定およびリカバリー・オプションの実行の検討に必要な情報の一覧ならびに当該情報の入手に要する期間

（出所）　RRPs改正より作成

そのため、"Key Attributes" は、（少なくとも）すべてのG-SIFIsについて、このような当局間の協力体制に関する合意（COAGs：Institution-specific cross-border Cooperation Agreements）が締結されるべきこととしています。COAGsは、当該金融機関の再建・処理計画（RRPs）の策定における情報共有プロセスや、危機前の段階（RRPsフェーズ）および危機時における役割と責任を明確化するものです。

　WGは、これをふまえ、以下のように、わが国のG-SIFIsに関して、関連ホスト当局との間でCOAGsを締結する必要性を示しています。

　「金融機関のクロスボーダーでの処理、特に外国金融機関の現地法人や支店の処理と、我が国金融機関の海外現地法人や海外支店の処理の双方については、FSB等における監督当局間の議論や、処理実施機関相互の対話等を通じて、その国際的な協調を確保しつつ、我が国の金融システムの安定性を維持しながら、グループで国際的に活動する大規模な金融機関の秩序ある処理を検討する中で、その再建・処理計画について情報共有等を図っていくことが適当である」（報告書）

　その後、2013年6月12日に、「金融商品取引法等の一部を改正する法律」が国会で可決・成立し、預金保険法が改正され、報告書で提案された新しい "resolution" の枠組みが導入されることになりました。新しい枠組みでは、債務超過でないことを前提とする特定第一号措置として特別監視（業務の遂行、財産の管理・処分に関する預金保険機構による監視）、資金の貸付け等（流動性供給）、特定株式等の引受け等（資本増強）、債務超過・支払停止やそのおそれがある金融機関等が対象の特定第二号措置として特別監視、特定資金援助（救済金融機関等や証券金融機関等への資金援助）を整備することとしています。破綻処理に伴う損失は、金融業界（銀行・証券・保険等）の事後負担を原則とし、当該負担金だけでは、わが国の金融システムに著しい混乱が生じる可能性がある場合は、政府補助も可能としています。詳細は、大和総研レポート「証券・保険にも公的資金注入が可能に」（鈴木利光　2013年5月20日）などをご参照ください。

Q36 リーマンショック時の金融危機において金融商品会計の見直しを求める声が高まりましたが、どのような対応がとられましたか

A

　リーマンショック時の金融危機においては、時価会計が危機を増幅したとの批判が、金融機関やシステミック・リスクを担当する監督機関などから主張され、それに対応するかたちで、金融商品関連の会計の見直しが行われました。1つは、時価の算定方法の見直し、もう1つは、金融商品の保有目的区分の変更に関する制限の緩和です。

解　説

1　時価の算定方法の見直し

　時価の算定方法の見直しに関しては、まず、米国で動きがありました。米国では、時価会計による金融機関の多額の評価損計上が金融危機を加速しているとし、時価会計の凍結を求める声が議会を中心に高まっていました。そこで、米国のSECは2008年9月30日に、「SECの主任会計士室及びFASBスタッフによる時価会計の解説」という文書を公表しました。この文書は、活発な市場が存在しない証券等の時価の算定に関する考え方を示していました。米国の会計基準設定主体であるFASB（財務会計基準審議会）も、同様の趣旨の解釈指針を公表しました。

　米国では、時価（公正価値）の算定方法を定める基準として、SFAS第157号があります。SFAS第157号では、時価（公正価値）を資産の取得の際に支払う（または負債を引き受ける際に受け取る）「入口価格」ではなく、資産・負債の主要な市場（主要な市場がない場合は最も有利な市場）で資産を売却（または負債を移転）するとした場合の「出口価格」としていること、公正価値の評価技法に用いる「インプット」（市場参加者が資産または負債の価格を算定

図表36－1　SFAS第157号のインプットの優先順位（当初）

優先順位	内　容
レベル1（最優先で使用）	同一の資産・負債の活発な市場における公表価格
レベル2（レベル1のインプットがない場合に使用）	当該資産・負債について観察可能なインプットのうち、レベル1以外のもの。以下の①～③を含む。 ①活発な市場における類似の資産・負債の公表価格 ②活発でない市場（わずかな取引しかない、価格が現在のものではない、または時の経過やマーケット・メーカー間で公表価格が著しく異なる、または情報がほとんど公開されない市場）における同一または類似の資産・負債の公表価格 ③その資産・負債の公表価格以外の観察可能なインプット（たとえば、金利やイールドカーブのうち一般に公表されている間隔で観察できるもの、ボラティリティ、期限前償還の速さ、損失の厳しさ、信用リスク、デフォルト確率など） ④相関関係または他の方法により観察可能な市場データから主として得られた、または裏付けられたインプット
レベル3（レベル1のインプットもレベル2のインプットも入手不可能な範囲で使用）	当該資産・負債の「観察不能なインプット」 ◇市場参加者が資産・負債の価格算定にあたり用いるであろう仮定についての、保有企業（報告主体）自身の仮定を反映しなければならない。 ◇その状況において用いることのできる最善の情報に基づいて開発されたインプットでなければならない。 ◇不当な費用や努力なしに、合理的に入手できる市場参加者の仮定に関する情報を無視してはならない。

するにあたり使用する仮定）を、レベル1からレベル3に分け、保有者（報告企業）の恣意を可能な限り排除した客観性のある公正価値を用いることを求めています。

このSFAS第157号は、2007年11月15日後開始する事業年度からの適用とされていましたが、早期適用も認められていました。米国の大手金融機関や

証券会社はSFAS第157号を2007年年初から適用を開始していました。この基準の導入時期が、今回の金融危機と重なったことが、混乱を招いた一因ともいえます。当時の金融危機においては、CDOなどをはじめ、マーケットでの流動性が著しく低下し、投売りに近い価格で取引されている例がありました。しかし、そのような価格であっても、優先して使用して評価することになると解釈され、多額の損失を計上する金融機関が続出しました。

　SECの文書およびFASB（財務会計基準審議会）の解釈指針では、証券に活発な市場が存在せず、適切な市場のデータを入手できない場合、市場価格等のかわりに、その証券から得られると期待される将来キャッシュフローや適切なリスクプレミアムを含んだ経営者の評価を用いることが許容されること、時価（公正価値）は、市場参加間の秩序ある取引を前提としており、市場が混乱している状況におけるその市場での取引結果は、時価（公正価値）を決定する力はもたないこと、秩序ある取引とは、取引を望む市場参加者が関与する取引であり、市場に対する適切なエクスポージャーを考慮して行われるものであり、資金に窮したことに伴う売却（いわゆる投売り）や清算による強制的な売却は、秩序ある取引には該当しないことなどが示されました。その後、この取扱いは、SFAS第157号において明文化されました。IASB（国際会計基準審議会）も、2011年5月に、同様の内容を織り込んだIFRS（国際会計基準、正確には国際財務報告基準）第13号「公正価値の測定」を公表しています。わが国でも、企業会計基準委員会（ASBJ）が、金融資産の時価について理論値を用いることができる旨を確認する実務対応報告第25号「金融資産の時価の算定に関する実務上の取扱い」を2008年10月に公表し、2008年の第2四半期から適用されており、変動利付国債について市場価格ではなく「合理的に算定された価額」として、額面金額で評価している金融機関が多数みられます。

2　保有区分の変更制限の緩和

　一方、時価の算定方法ではなく、時価会計の枠組みの見直しを求める動き

として、IASBが、金融商品の保有目的区分の変更の制限を緩和するため、IAS第39号「金融商品：認識及び測定」およびIFRS第7号「金融商品：開示」を改正し、2008年10月13日に公表しました。見直しの背景にはEUからの強い要望がありました。改正により、「稀な状況」[1]下という限定的な状況ではあるものの、従来は認められていなかった保有目的の変更が認められ、時価評価による損失計上を回避することができるようになりました。この改正は、公開草案の公表やコメントの募集という正式な手続を経ずに行われました。IASBは、正規の手続を経ずに改正した理由として、早急に対応が求められたこと、米国基準ですでに認められている変更をIFRSでも認めるよう改正しただけであり、基準の後退ではなかったと説明しましたが、EUというIFRSの最大のユーザーの主張をIASBがのまざるをえなかったというのが実際のところであると推察され、特定の地域の圧力に対応した今回の改正は、IASBの会計基準設定主体としての信頼性を大きく損ないました。

わが国でも、ASBJが、まれな場合に限り債券の保有目的の変更（売買目的から満期保有目的、売買目的からその他有価証券、その他有価証券から満期保有目的）を認める実務対応報告第26号「債券の保有目的区分の変更に関する当面の取扱い」を2008年12月に公表しました。ただし、わが国ではあくまでも時限措置としての対応でした。

---

1 「稀な状況」とは、「通常ではなく、かつ、近い将来再発することが全くありそうにない単独の事象から生じるもの」とされている。

Q37 金融商品会計基準について、現在、どのような見直しが行われていますか

A

G20の要請を受け、IFRS（国際会計基準）と米国基準の金融商品会計基準の統一化を目指し、金融商品の評価、減損、ヘッジ会計、時価（公正価値）の測定、資産と負債の相殺表示の見直しプロジェクトが2009年から開始されましたが、プロジェクトはまだ完了しておらず、IFRSと米国基準の違いの解消も十分には行われておりません。

解説

1 取り上げられたテーマ

金融商品会計基準に対する金融機関や金融当局の批判を受け、2009年3月、IASBとFASBは、定例の合同会議後に、金融商品に関するそれぞれの現行基準を、共通基準に置き換える提案を遅くとも1年以内に行うと発表しました。その後、G20（20カ国財務大臣・中央銀行総裁会議）の要請もあり、プロジェクトが本格的に始動しました。金融商品会計基準の見直しプロジェクトでこれまで検討されてきたテーマは、下記のとおりです。IASBは、それぞれのテーマについて別々に検討してきました。これに対してFASBは、金融商品の分類と測定方法、金融資産の減損、ヘッジ会計について、当初は包括的に検討し2010年5月に公開草案を公表しましたが、IASBの検討内容と乖離が大きく、その後は、IASBと調整を図りながら検討を続けてきました。

① 金融商品の分類と測定方法（評価方法、時価評価の範囲など）
② 金融資産の減損
③ ヘッジ会計
④ 時価（公正価値）の測定
⑤ 資産と負債の相殺表示

作業は難航しており、現在までのところ、IFRSと米国基準の間で、基準の内容がほぼ統一されたのは「公正価値の測定」のみです。資産と負債については、プロジェクトは終了しましたが、結局、両基準の違いは解消しませんでした。

2　金融商品の分類と測定

(1)　金融資産

金融商品会計プロジェクトで最も重視されたテーマといえます。金融商品の時価会計が金融危機を増幅しているとの批判を受けて検討を開始し、2009年11月にはIASBが新基準IFRS第9号「金融商品―分類と測定―」を公表し、金融資産の評価方法を決定し、その後、2010年10月に金融負債の評価方法に関する規定を盛り込みました。IFRS第9号では、金融資産は時価（公正価値）で評価し時価の変動を損益に計上するか、償却原価で評価するかのいずれかで評価することを基本とし、償却原価の適用範囲を「満期保有目的」のものに限定せず、次の要件を満たすものに拡大しています。

①　保有する企業や部門等のビジネスモデルが、契約上のキャッシュフローを回収する目的で金融資産を保有するビジネスモデルであること
②　契約条件が特定日に元本とそれに基づく金利の支払のみからなるキャッシュフローを発生させるものであること

これにより債券については、償却原価で評価できる範囲が拡大しました。

一方、株式などの持分金融商品は、償却原価では評価できず、時価の変動を損益に計上することが原則となります。ただし、企業が指定した持分非金融商品に関しては、OCI（その他の包括利益）に計上することができます（OCIオプション）。これは、持合い株式や政策投資株式などの保有が多いわが国の企業に配慮したものとされています。OCIオプションを適用した持分金融商品については、売却時において、その時点までにOCIに計上した評価

差額の累計を当期の損益に振り替えること（リサイクリング）は認められていません。すなわち、株式の売却損益の計上による当期の損益の調整を行うことはできないこととされています。減損についても計上しません。配当については、投資元本の償還に当たるものを除いて、当期の損益に計上できます。仕組債は時価の変動を損益に計上することになります。

　このIFRS第9号は、当初は2013年からの適用を予定していましたが、IFRSの最大のユーザーであるEUが、時価会計の範囲が広すぎる等の理由でこの改正内容をいまだに受け入れていないことや、ヘッジなど他の項目の見直しもあり、現在のところ、2015年1月に発効することとされています。

　一方、米国が2010年5月の論点整理で示した案では、IFRS第9号よりも、時価評価を幅広く適用する内容となっていました。その後、IASBとFASBの間で調整が図られましたが、FASBは債券について、償却原価で評価できる範囲をIFRS第9号よりも限定する一方で、時価の変動を当期損益ではなく、「その他の包括利益」に計上する分類の導入を検討するなど、両者の乖離はなかなか縮小しませんでした。

　その後、IASBは、2011年11月に方針を転換し、IFRS第9号に対する実務からのフィードバック、保険会計のプロジェクトとの整合性を図ること、FASBとのコンバージェンスを念頭に、IFRS第9号について、一部の債券について、FV-OCIによる評価を適用する事業モデルを設けるなど、限定的

図表37－1　IASB・FASBの公開草案での分類カテゴリー

評価方法	要件	
	契約キャッシュフローの特性	事業モデル
償却原価	○（達成）	償却原価に関する事業モデル
FV-OCI	○（達成）	FV-OCIに関する事業モデル
FV-TNI	○（達成）	上記以外の事業モデル
	×（未達成）（注）	事業モデルは関係なし

（注）　IASBでは株式のOCIオプションの見直しは俎上にのぼっていない。
（出所）　大和総研金融調査部制度調査課作成

に修正する案を2012年11月に公表しました。

一方、FASBもほぼ同様の内容の基準案を、2013年2月に公表しました。

(2) 金融負債

IFRS第9号では、金融負債は、一部の例外を除き、償却原価で評価することとしています。ただし、下記(3)の公正価値オプションを適用する場合、金融負債の公正価値（時価）の変動額のうち、自社の信用リスクに基づき生じた変動額はOCIに計上します。当該変動額は、金融負債の移転や償還の際に、リサイクリング（当期損益への振替え）は行いません。

一方、FASBは、金融負債のうち、コア預金については、2010年5月の公開草案では、再測定金額（平均残高を、暗黙の満期期間にわたる代替資金レートとコア預金提供総コスト込レートとの差で割り引いた金額）で評価することとしていました。しかし、現在はこれを撤回しており、償却原価で評価することとしています。ただし、そのかわりコア預金の残高、過重平均した暗黙の満期期間、コア預金提供総コスト込レートを開示することとしています。

(3) 公正価値オプション（FVO）

IFRS第9号では、金融商品の当初計上時に、その金融商品を、公正価値（時価）の変動を当期の損益に計上するものとして、あらかじめ指定することができます（公正価値オプション：Fair Value Option）。この特例は、金融資産については、対応する金融負債との会計上のミスマッチを解消する場合、金融負債については、対応する金融資産との会計上のミスマッチを解消する場合や、その金融負債または金融資産と金融負債のグループが文書化されたリスク管理戦略・投資戦略により公正価値（時価）により業績を評価・管理され、経営幹部に情報が報告されている場合に適用できます。

FASBでも、金融資産および金融負債のグループに対して公正価値オプションの適用を認めることとしています。公正価値オプションの適用は、対象となる金融資産および金融負債グループの当初認識の際に選択します。

この公正価値オプションについて、IFRSと米国基準の差異を解消するため調整を行うことで合意がされており、IASBでは、2012年11月の公開草案

図表37-2 IASBとFASBの金融商品の評価方法比較

IASB／米国（現行）		IASB（IFRS）の新公開草案（2012.11）		米国FASBの新公開草案（2013.2）	
金融商品の分類	評価方法				
売買目的／デリバティブ（注1）	時価評価（当期損益計上）	時価評価（当期損益計上）		時価評価（当期損益計上）	
満期保有投資（米国は満期保有目的の債券）	償却原価法（注2）減損あり	償却原価法（注4）かつ（注5）、（注6）		償却原価法（注4）かつ（注5）、（注11）、（注12）	
貸付金および債権	償却原価法（注2）減損あり（DCF法）	減損あり（信用状況に応じて3つのバケットに区分した予想損失アプローチ）		減損あり（全期間の予想損失アプローチ）	
売却可能金融資産（米国は売却可能証券）	時価評価(OCI(注3)経由)・減損あり・リサイクリングあり	債券等	時価評価(OCI(注3)経由)(注4)かつ（注7）減損・リサイクリングあり	債券等	時価評価(OCI(注3)経由)(注4)かつ（注7）減損・リサイクリングあり
			時価評価（当期損益計上）		時価評価（当期損益計上）
		株式等	時価評価(OCI(注3)経由)(注8)減損・リサイクリングなし	株式等	時価評価（当期損益計上）（注13）
			時価評価（当期損益計上）		
金融負債	償却原価法(注2)	償却原価法 公正価値オプション（注9）を適用する場合は時価評価（当期損益計上）。（注10）		償却原価（通常はこちら）または時価評価（当期損益計上）（注14）公正価値オプション（注15）を適用する場合は時価評価（当期損益計上）。（注16）	
コア預金	額面（要求払い金額）				

(注1) ヘッジ目的のデリバティブを除く。
(注2) アモチゼーション・アキュムレーション付きの原価法。
(注3) 「その他の包括利益」
(注4) 当該金融資産の契約条件が特定日に元利の支払からなるCFのみを生じさせるものである。
(注5) 保有企業・部門等のビジネスモデルが契約上のCF（キャッシュフロー）を回収する目的で金融資産を保有するビジネス・モデルである。
(注6) 売却損益は独立した勘定科目（「その他の包括利益」ではなく、当期損益のなかの項目）として表示。
(注7) 保有企業・部門等のビジネスモデルが契約上のCF（キャッシュフロー）を回収

(注8) 企業が指定した持分金融商品が対象。
(注9) いわゆる会計上のミスマッチ－資産・負債の評価や損益の計上において生じる不整合－を除去または大幅に削減する場合は、金融商品を最初に計上する際に、時価評価（損益計上）するものとして指定することが認められる。
(注10) 企業自身の信用状態の変動による時価の変動はOCI経由で計上する（リサイクリングなし）。
(注11) 売却に関して、現行基準の満期保有目的の債券の規定を一部引継ぎ。
(注12) 売却損益は計上。当期の金利収入や信用損失とは区分して表示。
(注13) 市場性のない持分証券（株式など）については修正コスト（取得原価＋観察可能な価格変動で調整、減損あり）も可能。
(注14) 企業の事業戦略が事後的に時価で取引する（たとえば第三者に移転）意図である・ショートセールのいずれかに該当する場合。
(注15) 金融資産・金融負債のグループのネットのエクスポージャーを時価で管理しており、経営陣に報告している企業が当初計上時に選択する場合や一定の複合金融負債などに認められる。
(注16) 企業自身の信用状態の変動による時価の変動をOCIに含めて別個に表示する（リサイクリングはあり）。
(出所) 大和総研金融調査部制度調査課作成

で、適用要件を緩和し、FASBは2013年2月の公開草案で対象を限定しています。

3　金融資産の減損

　減損会計の手法も、G20のロンドン金融サミットなどの意向を受け、トリガーとなる事象の発生を減損の要件とする現行基準の手法（発生損失アプローチ）から、トリガーとなる事象に関係なく予想される損失を反映させる「予想損失アプローチ」に改める方向で検討されています。

　IASBは2009年11月に、金融資産の減損の会計処理の改正のための公開草案を公表しました。当該公開草案では、金融資産を最初に取得したときに、その予想損失を将来キャッシュフローに反映し、その割引現在価値が金融資産の取得価額と一致するような実効金利を算出し、当該実効金利に基づいて満期にわたって収入（利息）を計上することとしていました。すなわち、当初の予想損失は実効金利に反映して期間配分し、その後生じた期待損失の増減については「貸倒引当金」の計上を通じて、金融資産の帳簿価額に反映す

ることとしていました。

しかし、この公開草案に対しては、金融機関の実務、特に中身が入れ替わる貸付金のオープン・ポートフォリオの管理手法と整合しないとの批判が寄せられました。そこで、IASBはFASBと共同で検討を重ね、2013年3月に、3つのステージに分けたアプローチを盛り込んだ会計基準案を公表しています（図表37－3）。

図表37－3　金融資産の減損に関するIASBの2013年3月公開草案の概要

分類	ステージ1	ステージ2	ステージ3
対象	◇ステージ2にもステージ3にも該当しない金融資産が含まれる。 ◇原則として、当初は、ステージ1に分類される。	報告日において ◇当初認識時以降、信用リスクが著しく増大（PDの著しい増加、支払期日を30日超経過（注1）など）しており、かつ ◇信用リスクが低いとはいえない場合（たとえば「投資適格」の格付けより低い場合）	報告日時点で客観的な減損の証拠（注2）がある金融資産
予想信用損失	12カ月の予想信用損失	全期間の予想信用損失	全期間の予想信用損失
利息の計上方法	総額での帳簿価額×実効金利（注3）		償却原価（注4）×実効金利

（注1）　支払期日を30日超過する場合は、信用リスクの著しい増大に該当するとの反証可能な推定あり。
（注2）　発行者・債務者の重大な財政的困難、契約違反（債務不履行・元利の支払延滞など）、借り手の財政上の困難に伴う貸し手の譲歩、借り手の破産・財務上の再編の可能性が高くなった、財政上の困難による対象金融資産の活発な市場の消滅、信用損失を反映したディープ・ディスカウントでの金融資産購入。
（注3）　残存期間の見積もりキャッシュフローを金融資産の帳簿価額・金融負債の償却原価まで割り引く率。予想信用損失は織り込まない。
（注4）　総額での帳簿価額－損失評価引当金。
（出所）　大和総研金融調査部制度調査課作成

しかしながら、3つのステージに分けたアプローチによると、ステージ1では今後12カ月に生じる損失事象に基づく将来の損失、ステージ2、ステージ3では全予想損失を計上することとしており、この2種類の評価を用いるアプローチ（dual-measurement approach）が財務諸表の利用者にとってわかりにくいということで、米国のFASBは、全予想損失を計上する方法に統一する内容の公開草案を2012年12月に公表しています。

4　ヘッジ会計

　IASBは、2010年12月にヘッジ会計の公開草案を公表しました。公開草案では、現行のルールベースのヘッジ会計の基準を、より密接にリスク管理活動に沿ったものに改める内容となっています。ヘッジの有効性評価、ヘッジ対象の指定方法、会計処理など広範な範囲にわたって見直しを提案しましたが、いくつかの部分はその後の審議で修正されています。実質的な議論は終了し、2012年9月に見直し後のドラフトが公表されており、2013年第3四半期中に新基準が公表される予定です。2010年12月の公開草案の内容と2012年9月の見直し後の案（レビュードラフト）をまとめると図表37－4のとおりになります（その後2013年11月に新基準を公表しました）。

　ヘッジの有効性評価については、定量的な評価における現行の数値基準（80％から125％のカバー）を廃止し、目的ベースの判断基準を設けることとしています。ヘッジ関係がヘッジ会計の要件を満たさなくなった場合はヘッジ会計の要件を満たすようバランス再調整（ヘッジ比率の調整等）を行うこととしており、ヘッジ指定の意図的な解除は認めないこととしています。

　公開草案の段階では、OCIオプションを適用する株式等についてはヘッジ対象として認めていませんでしたが、この点は修正されました。さらに、公開草案では、資産（または負債）のグループの公正価値のヘッジについては、ヘッジ対象リスクに起因する個々の資産（または負債）の公正価値（時価）の変動がグループ全体の公正価値（時価）の変動におおむね比例すると見込まれるという要件を削除しています。したがって、OCIオプションを適

図表37-4　一般的なヘッジ会計

	現行	公開草案	レビュードラフト（2012年9月）
リスク管理との関係	関連性は必要ない。	密接な関連性が期待される。	—
ヘッジ会計の目的	明確な記載なし	純損益に影響を与えるものが対象	FVOCI指定の株式等も対象として認める。
ヘッジ手段	外貨リスクを除き、現金商品は不適格	FV-TNIの現金商品は適格	FVOを適用してFV-TNIとなったものも対象。ただし、信用リスクの変動がOCI計上される金融負債は対象外
ヘッジ対象	●デリバティブは対象外 ●非金融商品は全体または為替リスクのみ対象	●デリバティブも対象 ●非金融商品も含め、リスク要素のヘッジ可能	—
・階層アプローチ	予定取引以外は不可	●予定取引以外も可能 ●ただし、期限前償還オプションのついた契約が入っている階層は、オプションの公正価値がヘッジされたリスクの影響を受ける場合は、公正価値ヘッジとして不適格	期限前償還オプションのついた契約も、ヘッジ対象（階層）のFV変化を決めるにあたり、期限前償還オプションの効果を反映していれば適格
・グループヘッジ	ヘッジ対象リスクに対するヘッジ対象項目の公正価値変動とグループ全体の公正価値変動が比例的であることが必要	左記の要件は撤廃	—
・純額ヘッジ	不可	●許容。ただし、CFヘッジで純損益に与える期間がまたがるものは不可 ●損益計算書の独立科目に表示	CFヘッジについては、為替リスクのヘッジで、ヘッジ指定時に損益計算書に与えるパターンが決まっている場合は適格
有効性評価	●過去の実績および将来に向かってのテストが必要 ●80%-125%の数値基準	●将来に向かってのテストのみ要求 ●数値基準を廃止し、目的ベースの判断基準	目的ベースの判断基準の明確化 ●経済的関係の存在 ●信用リスクの影響が著しく優越しない。 ●ヘッジ比率は実際の使用量に基づく
非有効部分	損益に計上	損益に計上	—
バランス再	●ヘッジ関係の変更はヘッ	●ヘッジ関係の変更は、	●有効性評価の要求に従う

調整	ジの中止による。 ●バランス再調整の概念なし	ヘッジ比率のバランスの再調整で対応 ●ヘッジ関係が将来有効性要件を充足しないと見込まれるときは、前もってバランス再調整可能（自発的なバランス再調整）	ヘッジ比率を維持する目的でヘッジ対象またはヘッジ手段の量を調整する場合 ●自発的なバランス再調整という概念を削除する
ヘッジの中止	●数値基準から外れれば中止 ●任意に中止可能	●ヘッジ関係が、バランス再調整を行っても要件（リスク管理目的＋有効性評価）を満たさなくなった場合、将来に向かって中止 ●任意の中止は不可	リスク管理目的とリスク管理戦略のガイダンスを設ける
公正価値ヘッジの会計手法	ヘッジ対象とヘッジ手段の公正価値変動を損益に計上	●ヘッジ対象とヘッジ手段の公正価値変動をOCIに計上 ●ヘッジ対象の公正価値変動は独立の科目で表示	●EDの提案を撤回 ●ヘッジ対象がFVOCI指定の株式の場合はFVの変動はOCIで処理
オプションの時間的価値	公正価値変動を損益計上	時間的価値の公正価値変動はいったんOCIに計上し、ヘッジ対象の性格にあわせて処理 ・取引関連は、ヘッジ対象の実現等に伴い損益計上 ・時間関連は、ヘッジ期間にわたり合理的に配分	先物予約の直先差額に適用（時間関連の処理）
クレジット・デリバティブによるヘッジ	特別な規定なし（実務上適用不可）	具体的な提案に至らず	ローン、債券、ローン・コミットメントの信用リスクのヘッジに対して公正価値オプションの適用を認める（当初のみならず事後の指定も可能）

（出所）　大和総研金融調査部制度調査課作成

用する株式等について、株価指数先物でヘッジすることも、ヘッジが有効であれば、可能となります。また、公開草案では、階層アプローチの適用を、期限前償還オプションがついた契約を含む階層の公正価値ヘッジに適用することを制限していました。階層アプローチとは、たとえば100億円のヘッジ対象に対して最初の80億円の部分をヘッジするといった指定を可能とするも

のです。仮にヘッジ対象が100億円から90億円に減少した場合、IAS第39号の考え方だと、ヘッジ手段のうち有効なのは、80億円×90億円／100億円の72億円ということになりますが、階層アプローチだと、ヘッジ対象金額は80億円を上回っているため、80億円部分のヘッジは依然有効ということになります。期限前償還オプションが付された契約が対象外ということになると、たとえば、期限前償還オプションのついた住宅ローンのポートフォリオに対して階層アプローチが適用できなくなります。この制約については緩和を求める意見が多く、レビュードラフトでは、期限前償還オプションがついたヘッジ対象にも階層アプローチを認めるよう修正しています。

レビュードラフトでは資産と負債のネットポジションのキャッシュフローヘッジへのヘッジ会計の適用を、為替リスクのヘッジに限り認めることとしています。

5　マクロヘッジ会計

IASBでは、一般的なヘッジ会計とは別に、金融機関のALMで用いられているリスク管理手法に対応するためのヘッジ会計について、一般ヘッジ会計とは切り離して検討しています。主として金融商品の金利リスク管理が対象としています。たとえば、固定金利の貸付金ポートフォリオと固定金利の預金・借入れがある場合に、そのネットポジションを金利スワップでヘッジするといったリスク管理に対応するためのヘッジ会計を検討するものです。ヘッジ対象は、恒常的に増減が生じるオープン・ポートフォリオを想定しています。

IASB単独のプロジェクトで、2011年9月から実質的な審議が開始しました。現在までのところ、たとえば、ヘッジ手段（金利スワップ等のデリバティブ）は公正価値で評価し、ヘッジ対象も相殺の効果を得るため公正価値で評価（ヘッジ対象リスク部分を再評価）し、差額を損益に計上する方法またはOCIに計上する方法などが検討されています。ヘッジ対象としては、対象となるポートフォリオ全体ではなく、そのなかのリスク管理で規定されるリス

クポジションを想定しています。ヘッジ対象リスクの評価にあたってはコア預金の再評価も考慮する方向で検討されています。その他、ポートフォリオ全体からリスクポジションを抽出するための下記の11のステップなどが検討されています。為替リスク、コモディティ・リスクなど金利リスク以外のリスクも対象になるも検討されています。ただし、いままでのところ決定されたものはありません。IASBでは、公開草案を公表する前に、論点整理を2013年下半期に公表する予定です。

  ステップ 1 すべてを公正価値評価
  ステップ 2 金利リスクに起因するものを抽出
  ステップ 3 純利息マージンに着目した「金利」の決定
  ステップ 4 ポートフォリオを会計単位とする
  ステップ 5 オープンポートフォリオに拡大
  ステップ 6 タイミングの相違
  ステップ 7 多面的なリスク管理
  ステップ 8 変動金利商品の検討
  ステップ 9 カウンターパーティ・リスクの検討
  ステップ10 内部デリバティブ
  ステップ11 リスク限度

6　金融資産と金融負債の相殺表示

　従来のIFRSと米国基準では、法的に有効な相殺権が存在し、相殺による決済の意図がある場合に、金融資産と金融負債について相殺表示をするまたはできる（IFRSは強制、米国基準は任意）こととしていました。ただし、米国基準では相殺の意図がなくても、マスターネッティング契約下の取引であれば相殺表示可能としている点で、大きな違いがありました。

　バーゼルⅢの導入に伴い、レバレッジ比率の算定において金融資産と金融負債の相殺表示のルールが異ならないよう、会計基準をそろえる必要が生じたため、2010年6月から相殺表示の取扱いを見直すためのプロジェクトが開

始しました。しかし、マスターネッティング契約下の取引について相殺表示を認めるか否かで合意が得られず、会計基準の統一は断念し、注記における開示で調整を図ることとし、2011年12月にそれぞれの開示基準の見直しを公表しました。

7　G20の要請

　上記のように、これまでのところ、金融商品の会計基準について、IASBとFASBとの間で調整が行われたとは言いがたい状況になっております。特に金融資産の減損の判断基準において、大きな違いが残っています。このような状況を受け、2013年2月にFSBは、G20に対して、減損についてIASBとFASBを共通のアプローチに収束させ、質の高い単一の会計基準というG20の目的を達成するためのロードマップを、2013年末までに準備するよう求めることを提案しました。これを受けて、G20は2013年2月以降、IASBとFASBに対して、質の高い単一の会計基準を達成するための主要な未決着のプロジェクトに関する作業を2013年末までに最終化することを要請する旨を、再三、述べております。今後のIASBとFASBの対応が注目されるところです。

Q38 SIVなどを用いたオフバランス金融については、どのような対応が図られましたか

A

特別目的会社等を連結対象とするか否かについては、形式ではなく実質を重視した基準の厳格化が図られる一方、連結対象外となった場合についても、当該特別目的会社等への関与の内容など注記の充実が図られました。

解説

今回の金融危機ではSIV (Structured Investment Vehicle) などのオフバランスのスキームを用いた資金運用が端緒となりました。これは、SIVなどを用いてABCPやMTNなどの負債性証券とエクイティ性証券であるキャピタル・ノートを発行し、長期の比較的高い格付の金融資産に投資し、利鞘を獲得するスキームです。満期はなく、CP、短期・中期債を定期的に頻繁に発行してリファイナンスを行います。SIVの設立に関与する金融機関はSIVのマネージャーやスポンサーとして関与はしますが、SIVが連結対象となるほどの直接の出資や融資は行わないし、資金調達に対する信用保証も行いません。ABCPや短期・中期債が満期を迎え再発行するまでの間の流動性補完は行われていました。しかし、SIVの運営や経営が悪化した際の手続は設立時に定められルールに従って運営されるので、SIVの運営に対し影響力は行使できないため、従来の会計ルールでは、SIVは、金融機関の連結対象からは除外されることになります。

このSIVの運用資産に、サブプライムローン関連のRMBSやCDO等が含まれていたため、運用資産に評価損が生じ、ABCPや短期・中期債の再発行が困難となり、これらの償還のため資産を投売りしなければならない可能性が生じました。スポンサーである金融機関は、法的義務はないにもかかわら

ず、SIVの発行するABCPなどを自分で購入しました。その結果、SIVが連結対象に加わり、多額の損失を計上することとなりました。

このSIVの問題には、次の2つの論点があります。
① 金融資産の認識の中止：特別目的会社等への金融資産の譲渡について、どのような場合に、オフバランス化が認められるか
② 特別目的会社等の連結：特別目的会社等にどのように関与している場合に連結が必要か

1 金融資産の認識の中止

金融資産の譲渡については、譲渡者が譲渡した後でも、対象資産についてなんらかのかたちで関与する例が多々みられます。譲渡者が譲渡後も、その金融資産のリスクを保証したり、利益を享受したりする場合は、経済的な実態を考えると、その資産を継続的に保有するのと変わらないこともありえます。

米国基準では、金融資産を権利・義務の束と考え、これらを構成要素に分解し、譲渡者の支配が移転していると判断される部分については譲渡したものとしてオフバランス化し、譲渡者の支配が移転していない部分は、引き続き、財務諸表に計上する「財務構成要素アプローチ」を採用しています。

これに対して、IFRSでは、対象となる金融資産のリスクと経済的価値のほとんどすべてが移転した場合に、資産全体を譲渡したものとみなす「リスク・経済価値アプローチ」をベースに、「支配」が移転したか否か等で補正するアプローチを採用しています。基準の内容が複雑で理解が困難であること、米国基準とも一致していないこと、金融危機によるオフバランスの金融への関心が高まったことから、IASBでは見直しを検討し、2009年3月に、いったん、公開草案を公表しました。この公開草案のアプローチでは、現在金融取引として会計処理されているレポ取引について、売買取引として会計処理することになることなどから、関係者の賛成は得られませんでした。結局、会計基準としての見直しは行われず、2010年10月に開示基準の見直しが

行われるにとどまりました。新しい開示基準では、譲渡として会計処理されたものの、譲渡企業が継続的な関与を有する金融資産については、継続的関与により生じる損失に対する企業の最大エクスポージャーの見積りを見積方法とあわせて開示することなどが求められています。

2　特別目的会社等の連結

　特別目的会社等の連結については、米国が先行していました。米国ではエンロン問題が発生した際に、特別目的会社等の連結基準の厳格化が図られました。エンロンの事例は連結対象外の特別目的会社等を利用して粉飾を行った事例でした。FASBは、特別目的会社等の連結の要件の見直しを行い、2003年1月に新しいルールを発表しました。このルールでは、VIE（変動持分事業体）という新しい概念を導入しています。VIEとは、出資額（エクイティ）が不十分（総資産の10％未満、ただし10％以上でも不十分な場合もある）、あるいは、出資者が財務的に支配していない事業体をいいます。VIEは、その変動持分（VI）の過半を保有している企業が連結します。VIは、VIEのリスクと経済的便益を生み出す持分で、劣後受益権、劣後債をはじめ、さまざまな形態をとります。

　FASBは、さらにルールの見直しを行い、特別目的会社等がVIEに該当するか否かについて、エクイティが不十分というだけでなく、議決権や類似の権利を通じて企業の活動を指図する能力、企業の期待損失を負担する義務、企業の期待残余利益の受取権のいずれか1つでも欠ける場合にもVIEに該当することとしています。そのうえで、連結対象にするか否かを変動持分を過半保有するという定量的な基準でのみ判断していた点を改め、支配的財務持分を有するか定性的分析を行うこととしています。

　定性的な分析においては、VIEの変動持分の性質の評価や、他のVIを有する者の関与と同様にVIEに対するその他の関与の性質の評価、VIEの目的や構造（リスクが保有者までパススルーするかなど）を考慮します。その企業がVIEの活動に最も重要な影響をもたらす直接的なパワーがある場合や、その

企業がVIEから利益を受ける権利やVIEの損失を負担する義務がVIEにとって潜在的に重要となりうる場合は、VIEの支配的持分を有していることになります。

　一方、IASBでは、そもそも一般的な事業会社向けの実質支配基準に基づく連結基準と、リスク・経済価値アプローチを判断基準とする特別目的会社等向けの指針とで整合性がとれていなかったこともあり、これらを統合した整合的な基準の開発を検討し、2011年5月に新基準を公表しました。同基準では、被投資企業に対するパワーを有する、被投資企業への関与により生じる変動リターンへのエクスポージャーと権利を有する、当該パワーを投資企業のリターンに影響を与えるように用いる能力を有するといった要件をすべて満たす場合に連結するという新しい支配概念を導入しています。

　その判定にあたっては、被投資企業が企業単位か、サイロ（特定の資産）か、被投資企業の目的とデザイン（株式会社か、それ以外か等）、被投資企業の関連性のある活動（重要な影響を及ぼす活動：商品の売買、金融資産の運用、資産の選別・取得・売却、研究開発、資本調達の決定など）、関連する活動の決定がどのように行われているか（運営上の主要な意思決定（予算を含む）、主要な経営陣やサービス提供者の指名と報酬決定や解任・中止など）、パワーを有するか否か（当該活動を指図する能力を有しているか：議決権、潜在的議決権（オプション、CB等）、他の議決権保有者との間の契約上の取決め、他の契約上の取決めから生じる権利、主要経営幹部の選任・配転・解任権、関連する活動の決定に参加する他の当事者の選任・解任権、投資者の便益のための取引を実行するまたはその変更を拒否するよう指示する権利、マネジメント契約に定められる意思決定権等）、権利は実質的であるかどうかなど、さまざまな要因を考慮する必要があります。

　通常は議決権または類似の権利がパワーを付与しますが、議決権についても相対的な規模—議決権の保有割合の高さ、他の議決権保有者の分散度合い、一緒に行動できる当事者が多いかなどを考慮します。さらにその企業特

有の追加的な事実も考慮します。

　変動リターンには、配当、その他の経済的便益の分配（発行社債等の利息、ローンの金利を含む）および被投資企業に対する投資の価値の変動、被投資企業の資産または負債のサービシングの報酬、信用補完、流動性サポートの手数料とロス、残余持分、税務上の便益、被投資企業への関与から得られる将来の流動性、他の持分保有者には得られないリターン（規模の経済の達成、コスト削減、希少な商品の入手、固有の知識へのアクセス、活動や資産の制限など）も含まれます。変動リターンはプラスの場合もあれば、マイナスの場合もあります。

　保有している持分等を通じてリターンに影響を受けるか否かについては、持分のみならず、保証の提供、報酬等も考慮します。

　パワーを投資企業のリターンに影響を与えるように用いる能力の有無を判断するにあたっては、本人のためにパワーを行使するのか、だれかの代理人として行使するのかを判断します。判断にあたっては、意思決定権限保有者が指示できる範囲、他の当事者が有する権利（権利行使を抑制する権利や解任権）、意思決定権限保有者の報酬などを考慮します。保有している持分等を通じてリターンに影響を受けるか否かについては、持分のみならず、保証の提供、報酬等も考慮します。たとえば、特別目的会社等のアセット・マネージャーである場合、代理人なら連結しませんが、本人なら連結の可能性があります。ファンド・マネージャー、ABSのアセット・マネージャーなどでも、運用に関する裁量の広さ、報酬と自己の投資による変動リターンへの重要性、解任権等の排除のメカニズムなどによっては、ファンドやSPEの連結が必要となる場合があります。ABCPなど短期の負債証券を発行し、中期資産ポートフォリオに投資するコンデュイットのスポンサーでも、残余利益への権利、信用補完や流動性補完の提供、広範な意思決定権限などにより、コンデュイットの連結を求められる場合があります。

　IASBはさらに、子会社、関連会社、共同契約、仕組企業（SPE等）の開示基準を定めています。共通する開示項目としては以下を定めています。

① 他の企業への関与の内容および関連するリスク
② それらの関与が財政状態、財務業績およびCFに及ぼす財務上の影響
③ 支配、共同支配、重要な影響力の重要な判断と仮定（本人か代理人かの判断の詳細なども含む）

連結対象の特別目的会社等については、下記を開示することとしています。

① 契約上の財務支援（保証、流動性供給や資産購入等）の条件
② 契約上義務づけられていない支援を行った場合は、その種類、金額、理由
③ 支援を行う現在の意思

連結対象外の特別目的会社等については、下記を開示することとしています。

① 仕組企業の性格、目的、規模、活動、資金調達手法、スポンサーの場合は決定方法や仕組企業からの収益、仕組企業へ移転したすべての資産の簿価
② 報告企業において計上された仕組企業への関与に関連する資産・負債の帳簿価額と表示項目、関与による最大損失見込額、関与に関連する資産・負債の簿価と最大損失見込額の比較
③ 契約上義務づけられていない支援を行った場合はその種類、金額、理由

第3章

信用リスク規制

1　融資・債券

Q39 融資や債券のリスク・ウェイトの計算方法の基本を教えてください

A

　バーゼルⅡ以後の信用リスク量の測定には、標準的手法と内部格付手法が用意されています。標準的手法では、資産区分をバーゼルⅠの5つから大幅に細分化しています。さらに資産ごとに外部格付に応じたリスク・ウェイトが設定されています。簡素で明快というバーゼルⅠの手法の性質を残しつつ、よりきめ細やかにリスク・ウェイトが適用されるよう工夫されています。内部格付手法では、過去のデフォルト案件に関するデータをもとに、各行の内部管理で用いられる内部格付を利用し、各資産のデフォルト確率等を推計し、リスク・ウェイトが決定されるようになっています。

解　説

　バーゼルⅠでは、5つの資産区分に応じて0％、10%、20%、50%、100%の5段階のリスク・ウェイトが設定されていました。このようなリスク・ウェイトの設定は非常に簡素でわかりやすい半面、区分が大まかすぎるため、実際の信用リスク量と大きく乖離してしまうことが指摘されてきました。

　バーゼルⅡ以後の信用リスク量の測定については、標準的手法と内部格付手法が用意されています。標準的手法はいわばバーゼルⅠにおける測定手法を発展させたもので、融資や債券等の資産区分を与信先ごとに細分化するとともに、資産区分ごとに外部格付に応じた一定のリスク・ウェイトを適用することになっています。簡素でわかりやすいというバーゼルⅠの計測手法を

受け継ぎつつ、その精緻化が図られています。

内部格付手法は、過去の内部データ等に基づき、銀行内部のリスク管理実務で用いられている内部格付を利用し、信用リスク量を計測するものです。銀行の推計値を適用する範囲により、基礎的内部格付手法と先進的内部格付手法に分類されます。標準的手法とは異なる基準で資産を区分し、それぞれのデフォルト確率などに応じてリスク・ウェイトが算出されます。こうした方法により、過去の実績に基づいた、より精緻化された信用リスク量の算出が可能になると思われます。ただし、データの収集や分析、金融庁長官の承認を受けること等が前提となっており、実際に使用するにはクリアしなければならない課題も数多くあります。

1　標準的手法

標準的手法の場合、融資・債券のリスク・ウェイトは、外部の適格格付機関の付与する格付に応じて監督当局が決定することになっています。融資・債券等については以下のように与信先を区分し、与信先ごとに外部格付に応じたリスク・ウェイトが定められています（詳細はQ41以後参照）。

① 政府・中央銀行向けエクスポージャー……格付に応じて０〜150％の５段階

② 国際決済銀行、国際通貨基金、欧州中央銀行、欧州共同体向けエクスポージャー……０％

③ 日本の地方公共団体向けエクスポージャー……円建ての場合は０％、それ以外は①に準ずる

④ 外国の中央政府以外の公共部門向けエクスポージャー……各国の中央政府の格付に応じ、金融機関に準ずる

⑤ 国際開発銀行向けエクスポージャー……国際復興開発銀行等の一定の機関は０％。それ以外は格付に応じて20〜150％の４段階

⑥ 日本の政府機関向けエクスポージャー（財投機関債を含む）……所定の機関10％。それ以外は政府に付与された格付に応じ、金融機関に準

ずる

⑦　地方三公社向けエクスポージャー：土地開発公社、地方住宅供給公社、地方道路公社……円建ての場合は20％。それ以外は政府に付与された格付に応じ、金融機関に準ずる

⑧　金融機関向けエクスポージャー……当該金融機関の設立国中央政府の格付に応じて20～150％の4段階

⑨　証券会社向けエクスポージャー……金融機関と同等の規制を受ける場合は金融機関に準ずる

⑩　法人等向けエクスポージャー……格付に応じて20～150％の4段階

⑪　中小企業等・個人向けエクスポージャー……一定の要件を満たす場合は75％。それ以外は⑩に準ずる

⑫　抵当権付住宅ローンに係るエクスポージャー……一定の要件を満たす場合は35％

⑬　不動産取得等事業向けエクスポージャー……一定の要件を満たす場合は100％

⑭　延滞エクスポージャー……引当率に応じて50～150％の3段階

⑮　取立未済手形……20％

⑯　信用保証協会等により保証されたエクスポージャー……10％

⑰　株式会社産業再生機構により保証されたエクスポージャー……10％

⑱　出資等のエクスポージャー……100％

⑲　その他のエクスポージャー……100％

2　内部格付手法

　内部格付手法を使用する場合、銀行は融資や債券を与信先ごとに大きく事業法人等向けエクスポージャーとリテール向けエクスポージャーに区分します。

　事業法人等向けエクスポージャーには事業法人向け、ソブリン（政府・中央銀行等）向け、銀行・証券向けの各エクスポージャーが含まれます。さら

に通常の債権と特定貸付債権に区分し、前者は売上高によってさらに区分されます。特定貸付債権はプロジェクト・ファイナンス、オブジェクト・ファイナンス、コモディティ・ファイナンス、事業用不動産向け債権、ボラティリティの高い事業用不動産向け債権とに区分します。

リテール向けエクスポージャーは、居住用不動産向け（住宅ローン等）、適格リボルビング型（クレジット・カード債権等）、その他に区分します。

このような資産区分にデフォルト確率等を勘案し、それぞれのリスク・ウェイトが決定されます。過去のデフォルト実績等に基づいた、より精緻化されたリスク・ウェイトの算出が可能になりますが、データ収集や分析等に高度な技術と手間を要すること、予備計算や金融庁長官への申請・承認の手続が必要になる等、使用するには高いハードルが設けられています（詳細はQ50以後参照）。

図表39－1　事業法人等向けエクスポージャーの分類

		事業法人向け	ソブリン向け	銀行・証券向け
事業法人等向けエクスポージャー	通常の債権	※売上高50億円未満の事業法人向けエクスポージャーは「中堅中小企業向けエクスポージャー」となる（Q51参照）		
	特定貸付債権	プロジェクト・ファイナンス オブジェクト・ファイナンス コモディティ・ファイナンス 事業用不動産向け債権		
		ボラティリティの高い事業用不動産向け債権		

図表39－2　リテール向けエクスポージャー

リテール向けエクスポージャー	居住用不動産向け
	適格リボルビング型
	その他

Q40 標準的手法では外部の格付機関の格付を利用することになりますが、外部の格付機関としてどこが指定されていますか

A

適格格付機関として日本の2格付機関、米国の3格付機関が指定されています。格付機関の恣意的な利用を防止するため、標準的手法を適用する金融機関等は、適格格付機関の格付を使用するための基準を設けることが義務づけられています。融資先等に複数の適格格付機関が格付をしている場合は、その格付に対応するリスク・ウェイトのうち、2番目に小さいリスク・ウェイトを用います。

解　説

1　適格格付機関とは

　標準的手法では、適用されるリスク・ウェイトは、あらかじめ監督当局（日本では金融庁）が決定します。金融庁の告示では、リスク・ウェイトは適格格付機関が債務者に対して付与する外部格付に応じて設定されています。格付の公正性を確保するため、適格格付機関の認定、適格格付機関の格付とリスク・ウェイトの対応（マッピング）は金融庁長官が決定します。2006年3月末には、「バーゼルⅡにおける適格格付機関の格付と告示上のリスク・ウェイトとの対応関係（マッピング）について」が公表され、以下の格付機関が適格格付機関として選定されました。

　　◇株式会社格付情報センター（R&I）
　　◇株式会社日本格付研究所（JCR）
　　◇ムーディーズ・インベスターズ・サービス・インク（Moody's）
　　◇スタンダード・アンド・プアーズ・レーティング・サービシズ（S&P）
　　◇フィッチレーティングスリミテッド（Fitch）

2　選定基準

適格格付機関として認定されるためには、以下の6つの適格性の基準を満たす必要があります。上記の適格格付機関はこれらを満たしたと認められたわけです。

① 客観性の基準
◇厳格かつ体系的な手法を用いて格付を付与している
◇過去の格付付与の実績に基づき上記手法の検証を行っている
◇格付の継続的な見直しを行っている
◇付与対象者の財務状況の変化に応じて格付を付与または変更している

② 独立性の基準
◇独立して格付しており、不当に影響を与えうるいかなる圧力からも自由である
◇格付の付与および変更にあたって利益相反が生ずるおそれがある場合、適正な防止措置を講じている

③ 透明性の基準
◇個々の格付情報を国内外の関心をもつ者に対して同条件で提供している
◇格付を付与する手法に関する一般的な情報を公開している

④ 情報開示の基準……次の情報を公開していること
◇デフォルトの定義、対象債務の満期・残存期間の考慮方法、各格付の定義を含む格付の評価手法
◇格付ごとのデフォルト確率の実績
◇格付推移マトリックス（各格付間の発行体の年次ベースの推移状況）

⑤ 人材および組織構成の基準……次の事項を可能とするために十分な人材と組織を有していること
◇面会等の方法で格付の付与対象者の取締役等から格付付与に必要な情報の提供を継続的に受けていること

◇定性的手法および定量的手法を統合した手法に基づき、質の高い格付を付与すること
　⑥　信頼性の基準
　　　◇格付の利用者等から信頼を得ていること
　　　◇機密性を有する情報の不正使用防止のための内部手続を有していること　など

3　格付のマッピング

　適格格付機関の格付とリスク・ウェイトの対応（マッピング）の際は、適格格付機関の格付対象、格付の定義、デフォルトの定義、その他の定性的要因等と、以下の定量的要因を考慮することとされています。
　①　3年累積デフォルト確率の過去10年間の平均値が図表40－1の基準レベルとおおむね適合しているか
　②　直近年の3年累積デフォルト確率が図表40－2のモニタリング・レベルを上回っている場合、その原因は格付付与基準が厳格でないことによるものではないか
　③　直近年およびその前年の3年累積デフォルト確率が図表40－3のト

図表40－1　3年累積デフォルト確率の基準レベル　（単位：％）

格付	AAA～AA	A	BBB	BB	C
基準レベル	0.10	0.25	1.00	7.50	20.00

（注）　上記格付は例示。
（出所）　金融庁

図表40－2　3年累積デフォルト確率のモニタリング・レベル　（単位：％）

格付	AAA～AA	A	BBB	BB	C
モニタリング・レベル	0.80	1.00	2.40	11.00	28.60

（注）　上記格付は例示。
（出所）　金融庁

図表40−3　3年累積デフォルト確率のトリガー・レベル （単位：％）

格　　付	AAA〜AA	A	BBB	BB	C
トリガー・レベル	1.20	1.30	3.00	12.40	35.00

（注）　上記格付は例示。
（出所）　金融庁

リガー・レベルを上回っていないか

　格付機関のある格付が上記②③に該当したので、その格付を上記①の基準レベルに対応する格付より低い格付に対応させた後、3年累積デフォルト確率が2年連続で②のモニタリング・レベル以下に収まった場合は、格付の対応関係を見直すこととされています。

4　格付利用のルール

　非依頼格付（いわゆる勝手格付など）をリスク・ウェイトの判定に用いることは禁じられています。格付機関がある企業に対してその企業の依頼なしに厳しい格付を行い、その企業が格付を緩和してもらうために、その格付機関に格付を依頼するよう仕向けるといった行為を防止するためです。ただし、その非依頼格付が中央政府に対して付与されたものである場合は、リスク・ウェイトの判定に用いることができます。

　標準的手法を採用する金融機関等は、適格格付機関の格付（後述するカントリー・リスク・スコアを含む）を使用するための基準を設けなければなりません。当該基準はその金融機関のリスク管理と整合していなければなりません。融資先のリスク管理について、Xという適格格付機関の格付を利用している金融機関が、Xよりも有利な格付を融資先に付与しているYという適格格付機関があった場合に、自己資本比率のリスク・ウェイトを意図的に引き下げるためYの格付を利用するといった行為は認められません。

　ある融資先等に複数の適格格付機関が格付をしている場合は、その格付に対応するリスク・ウェイトのうち、2番目に小さいリスク・ウェイトを用い

ることとされています。たとえば3つの適格格付機関に格付が付与されており、それに対応するリスク・ウェイトが20％、20％、50％である場合は、最も小さいリスク・ウェイトは20％、2番目も20％、3番目が50％とされています。

Q41 いわゆるソブリン（国、地方公共団体、公的機関等）向けの債権・債券のリスク・ウェイトはどのようになりますか

A

日本政府向け・地方公共団体向け円建て債権、BIS等の特定の国際機関向け債権（債券）、国際開発銀行向け債権（債券）は0％、日本の円建ての政府関係機関向け債権（債券）は10％のリスク・ウェイトが適用されます。外国の中央政府・中央銀行以外の公共部門向け債権（債券）は金融機関向け債権（債券）と同じリスク・ウェイトが適用されます。

解　説

1　政府・中央銀行向け債権（債券）

政府・中央銀行向け債権には国債も含まれます。バーゼルⅠのリスク・ウェイトは0％ですが、バーゼルⅡ以後のリスク・ウェイトは図表41－1のとおりになります。

バーゼルⅡ最終規則（正式名称（仮訳）：「自己資本の測定と基準に関する国際的統一化：改訂された枠組」）では、政府・中央銀行向けの自国通貨建ての与信は、各国の裁量でより低いリスク・ウェイトの適用が可能とされています。日本国債の格付は、現在はAA－～A＋ですが、仮にA－に下がったとしても、円建ての日本国債は、日本政府の裁量で0％のリスク・ウェイトを適用できることとされています。さらに、経済協力開発機構（OECD）や輸出信用機関（ECA）のカントリー・リスク・スコアによることも認められています。カントリー・リスク・スコア別のリスク・ウェイトは、図表41－2のとおりです。日本のカントリー・リスク・スコアは0です。

これらをふまえ、金融庁告示19号「銀行法第14条の2の規定に基づき、銀行がその保有する資産等に照らし自己資本の充実の状況が適当であるかどう

かを判断するための基準」の56条２項でも、日本政府および日本銀行向けの円建て債権のうち、円建てで調達されたもののリスク・ウェイトはゼロとされています。すなわち、円建ての日本の国債のリスク・ウェイトはゼロになります。ただし、外国の金融機関等が円建ての日本国債について日本と同様に取り扱うかは、その金融機関等の設立国の監督当局の判断によります。日本政府および日本銀行向けの外貨建て債権のリスク・ウェイトは図表41－１

図表41－１　政府・中央銀行向け債権

バーゼルⅠ	リスク・ウェイト	OECD加盟国０％、その他の諸国０％						
バーゼルⅡ	格付（バーゼルⅡ最終規則）	AAA～AA－	A＋～A－	BBB＋～BBB－	BB＋～BB－	B＋～B－	B－未満	無格付
	信用リスク区分	1－1	1－2	1－3	1－4	1－5	1－6	
	リスク・ウェイト	0％	20％	50％	100％		150％	100％
	マッピング R&I	AAA～AA－	A＋～A－	BBB＋～BBB－	BB＋～BB－	B＋～B－	B－未満	
	マッピング JCR	AAA～AA－	A＋～A－	BBB＋～BBB－	BB＋～BB－	B＋～B－	B－未満	
	マッピング Moody's	Aaa～Aa3	A1～A3	Baa1～Baa3	Ba1～Ba3	B1～B3	B3未満	
	マッピング S&P	AAA～AA－	A＋～A－	BBB＋～BBB－	BB＋～BB－	B＋～B－	B－未満	
	マッピング Fitch	AAA～AA－	A＋～A－	BBB＋～BBB－	BB＋～BB－	B＋～B－	B－未満	

（出所）　大和総研金融調査部制度調査課作成

図表41－２　カントリー・リスク・スコア別リスク・ウェイト

カントリー・リスク・スコア	0	1	2	3	4	5	6	7
リスク・ウェイト	0％		20％	50％	100％			150％

（出所）　大和総研金融調査部制度調査課作成

によります。

　外国政府等向け債権の場合は、その国が裁量で低いリスク・ウェイトを適用していても、日本ではそれは用いず、格付等に基づき、図表41－1、41－2のリスク・ウェイトを適用します。

2　BIS、IMF、ECB、EU向け債権（債券）

　国際決済銀行（BIS）、国際通貨基金（IMF）、欧州中央銀行（ECB）、および欧州連合（EU）向けの債権（債券）のリスク・ウェイトはゼロです。

3　日本の地方公共団体向け債権（債券）

　バーゼルⅠでは、地方公共団体向け債権（地方債を含む）のリスク・ウェイトはゼロでした。金融庁告示19号でも、円建てで調達された日本の地方公共団体向けの債権に係るリスク・ウェイトはゼロとされています。したがって、円建ての日本の地方債のリスク・ウェイトはゼロになります。それ以外の、たとえば、日本の地方公共団体向けの外貨建て債権（債券）は、図表41－1、41－2に準じて取り扱われます。特定の事業からの収入のみで返済されることになっている債権（債券）は、ここでいう地方公共団体向け債権には含まれず、バーゼルⅠと同様に法人等向け債権（債券）として取り扱われます。

　2004年6月26日に公表されたバーゼルⅡ最終規則では、自国の公共部門向け債権は原則として、金融機関向けの債権と同様に取り扱うこととしています。ただし、国の裁量によりその公共部門を政府・中央銀行向けの債権として取り扱うことも認められています。これを受けて、日本の地方公共団体向け債権は、政府向けと同じ取扱いを適用することとしています。バーゼルⅡ最終規則では、日本の監督当局が中央政府以外の公共部門向け債権を政府・中央銀行向け債権として取り扱う場合、他のBIS加盟国の監督当局も、その監督下の金融機関に対し、適用対象となった日本の公共部門向け債権を同様に取り扱ってよいこととしています。ただし、これについては国によって対応が異なる可能性があるので注意が必要です。

4　政府保証債

　政府保証債もバーゼルⅠでは国債と同様にリスク・ウェイトはゼロとされていました。バーゼルⅡでも保証されている部分のリスク・ウェイトは0％になります。

5　外国の中央政府・中央銀行以外の公共部門向け債権（債券）

　バーゼルⅠでは金融機関等向け債権と同様に20％のリスク・ウェイトが適用されていました。金融庁告示19号でも銀行等向け債権と同様に取り扱われます。

6　国際開発銀行向け債権（債券）

　バーゼルⅠでは国際開発銀行向け債権のリスク・ウェイトは20％でした。金融庁告示19号では、適格格付機関の格付に応じて、図表41－3のリスク・ウェイトが適用されます。ただし、以下の機関向けの債権（債券）のリスク・ウェイトは0％になります。

　　◇国際復興開発銀行
　　◇国際金融公社
　　◇多数国間投資保証機関
　　◇アジア開発銀行
　　◇アフリカ開発銀行
　　◇欧州復興開発銀行
　　◇米州開発銀行
　　◇欧州投資銀行
　　◇欧州投資基金
　　◇北欧投資銀行
　　◇カリブ開発銀行
　　◇イスラム開発銀行
　　◇予防接種のための国際金融ファシリティ

図表41−3　国際開発銀行向け債権──原則

バーゼルⅠ	リスク・ウェイト	20%					
バーゼルⅡ	格付（バーゼルⅡ最終規則）	AAA〜AA−	A+〜BBB−	BB+〜BB−	B+〜B−	B−未満	無格付
	信用リスク区分	2−1	2−2	2−3	2−4	2−5	
	リスク・ウェイト	20%	50%	100%		150%	50%
	マッピング R&I	AAA〜AA−	A+〜BBB−	BB+〜BB−	B+〜B−	B−未満	
	マッピング JCR	AAA〜AA−	A+〜BBB−	BB+〜BB−	B+〜B−	B−未満	
	マッピング Moody's	Aaa〜Aa3	A1〜Baa3	Ba1〜Ba3	B1〜B3	B3未満	
	マッピング S&P	AAA〜AA−	A+〜BBB−	BB+〜BB−	B+〜B−	B−未満	
	マッピング Fitch	AAA〜AA−	A+〜BBB−	BB+〜BB−	B+〜B−	B−未満	

（出所）　大和総研金融調査部制度調査課作成

◇欧州評議会開発銀行

　バーゼルⅡ最終規則では、下記の基準を満たす場合はリスク・ウェイトをゼロとすることとしており、金融庁告示19号はこれを受けたものと思われます。

　◇外部評価の大多数がAAAとなっていること
　◇出資者の大部分がAA−以上の格付を取得している政府または中央銀行であること、あるいは資金の過半が払込資本のかたちで調達され、レバレッジがほとんどないこと
　◇出資者の強いサポートがあること
　◇資本と流動性の適切な基準を満たしていること
　◇厳格な法令上の貸出要件と保守的な財務方針があること

7　日本の政府関係機関向け債権（財投機関債・その他特殊債などを含む）

日本の政府関係機関向け債権（債券）とは、特別の法律に基づき設立された法人向け債権（債券）で、以下のいずれかに該当するものをいいます。

◇政府が過半を出資している法人（株式会社を除く）

◇政府が出資しており、かつ、法律により予算・決算に国会の議決または承認、主務大臣または総理大臣の認可（承認）が必要とされている法人

◇政府が過半を出資しており、かつ、法律により予算・決算に国会の議決または承認、主務大臣または総理大臣の認可（承認）が必要とされている法人（株式会社に限る）

◇政府が過半を出資しており、かつ、法律により債券および借入金の償還計画について主務大臣または総理大臣の認可（承認）が必要とされている法人（株式会社に限る）

金融庁告示19号では、日本の円建ての政府関係機関向け債権（債券）のうち円建てで調達されたものは、従来どおりリスク・ウェイトを10％としています。それ以外のもの、たとえば日本の政府関係機関向けの外貨建て債権（債券）は、日本の日本政府や日本銀行に対する格付等に応じ、銀行と同じリスク・ウェイトを適用することとしています。

8　地方三公社向け債権（債券）

地方三公社とは、土地開発公社、地方住宅供給公社、地方道路公社をいいます。バーゼルⅠでは10％のリスク・ウェイトが適用されていました。金融庁告示19号では、地方三公社向けの円建て債権（債券）で、円建てで調達されるものに対しては、20％のリスク・ウェイトを適用することとしています。円建てでない場合等は、日本政府や日本銀行に対する格付に応じ、金融機関と同じリスク・ウェイトが適用されます。

Q42 金融機関・証券会社向けの債権・債券のリスク・ウェイトはどのようになりますか

A

バーゼルⅠでは、金融機関向け債権・債券、証券会社向け債権・債券のリスク・ウェイトは20％でした。

バーゼルⅡ以後は、当該金融機関・証券会社が設立国に対する格付等に基づいて決定されます。現状の格付に基づけば、日本の金融機関・証券会社向けの債権・債券のリスク・ウェイトは20％になります。

解説

1 金融機関向け債権（債券）

バーゼルⅠでは、日本を含むOECD諸国の金融機関（銀行その他の預金取扱金融機関が対象で、保険会社は含みません）向け債権（債券）やOECD諸国以外の残存期間1年以下の金融機関向け債権（債券）に対しては、20％のリスク・ウェイトが適用されていました。金融債や銀行の社債（劣後債を除く）なども対象となっていました。

バーゼルⅡに基づく金融庁告示19号「銀行法第14条の2の規定に基づき、銀行がその保有する資産等に照らし自己資本の充実の状況が適当であるかどうかを判断するための基準」では、銀行その他の預金取扱金融機関、外国銀行、銀行持株会社、銀行持株会社に準ずる外国の会社向け債権（債券）を金融機関向け債権の対象としています。保険会社向けの債権は含みません。

日本の場合、預金取扱金融機関には次のものが含まれます。

◇銀行
◇長期信用銀行
◇信用金庫
◇信用金庫連合会

◇信用協同組合

◇信用協同組合連合会

◇労働金庫

◇労働金庫連合会

◇農林中央金庫

◇農業協同組合※

◇農業協同組合連合会※

◇漁業協同組合※

◇漁業協同組合連合会※

◇水産加工業協同組合※

◇水産加工業協同組合連合会※

◇商工組合中央金庫

※信用事業を行うものに限ります。

　適用するリスク・ウェイトは、これらの金融機関自身の格付ではなく、金融機関の設立国（日本の金融機関の場合は日本）に対する格付等に応じ、図表42－1、42－2のように定められています。OECD諸国かそれ以外かという区分は用いていません。

　日本の金融機関の場合は、現状の日本政府の格付やカントリー・リスク・スコアを前提とする限りは20％のリスク・ウェイトが適用されることになります。日本政府・日本銀行のリスク・ウェイトは円建てなら格付等に関係なく０％ですが、金融機関のリスク・ウェイトは、あくまで日本政府の格付やカントリー・リスク・スコアに基づいて決定されます。したがって、仮に日本政府の（上から２番目の）格付がＡ＋～Ａ－相当になり、カントリー・リスク・スコアが２以上になった場合などは、円建て日本国債のリスク・ウェイトが０％であっても、銀行等のリスク・ウェイトは50％になります。

　円建ての金融機関向け債権（債券）のうち、円建てで調達され、信用供与日から満期までの期間が３カ月以内の債権（債券）に対しては、図表42－

図表42−1　銀行等向け債権

バーゼルⅠ	リスク・ウェイト	20%				
バーゼルⅡ	格付 （バーゼルⅡ最終規則）	AAA 〜AA−	A+ 〜A−	BBB+ 〜B−	B−未満	無格付
	信用リスク区分	3−1	3−2	3−3	3−4	
	リスク・ウェイト	20%	50%	100%	150%	100%
	マッピング R&I	AAA 〜AA−	A+ 〜A−	BBB+ 〜B−	B−未満	
	マッピング JCR	AAA 〜AA−	A+ 〜A−	BBB+ 〜B−	B−未満	
	マッピング Moody's	Aaa 〜Aa3	A1 〜A3	Baa1 〜B3	B3未満	
	マッピング S&P	AAA 〜AA−	A+ 〜A−	BBB+ 〜B−	B−未満	
	マッピング Fitch	AAA 〜AA−	A+ 〜A−	BBB+ 〜B−	B−未満	

（出所）　大和総研金融調査部制度調査課作成

図表42−2　銀行等向け債権（カントリー・リスク・スコアの場合）

カントリー・リスク・スコア	0	1	2	3	4	5	6	7
リスク・ウエイト	20%		50%	100%				150%

（出所）　大和総研金融調査部制度調査課作成

1、42−2に関係なく、20％のリスク・ウェイトが適用されます。

　金融機関向け債権（債券）がその金融機関の資本調達手段である場合は、リスク・ウェイトは100％になります。もっとも、金融機関の資本調達手段の保有がいわゆるダブル・ギアリングに該当する場合は、自己資本から控除されるという取扱いになります（詳細については、Q94、Q97をご参照ください）。

　2004年6月のバーゼルⅡ最終規則（正式名称（仮訳）：「自己資本の測定と基

準に関する国際的統一化：改訂された枠組」）では、以下の２つの選択肢を認めていました。

① 金融機関の設立国の政府に適用されるリスク・ウェイトよりも１段階高いリスク・ウェイト（ただし、BB＋以下は政府と同様）を適用する方法。国債のリスク・ウェイトがゼロとすれば、20％のリスク・ウェイトを適用することになる。

② 個々の金融機関自身の格付等に従ったリスク・ウェイトを適用する方法。原契約期間が３カ月以下の短期債権の場合は、AA－以上の場合やB－未満の場合を除き、１段階低いリスク・ウェイトを適用できる。

日本では、基本的には①が採用されたわけです。金融機関の信用リスクは、その国の政策、たとえば預金保険制度や公的資金注入などによって左右される面が多いことや、日本の金融機関のすべてが格付を取得しているわけではないというのがその理由です。

2 証券会社向け債権（債券）

バーゼルⅠでは、金融機関に類似する自己資本比率規制が適用されている証券会社向け債権（債券）に対しては、金融機関向け債権（債券）と同じく20％のリスク・ウェイトが適用されていました。日本の証券会社の場合、証券取引法により、自己資本比率規制が課せられています。証券会社の規制上の自己資本比率は、金融機関のそれとは異なり、自己資本がリスク量の何％であるかを算出します。金融商品取引法（旧証券取引法）では、証券会社に対して自己資本比率を120％以上に維持するよう求めています（同法46条の6第2項）。自己資本比率が100％を下回る証券会社は登録を取り消されます（同法53条3項）。証券会社に対して適用されるこの自己資本比率規制は、金融機関の自己資本比率規制に類似の規制として取り扱われていました。したがって、日本では証券会社向け債権（債券）に対しては、20％のリスク・ウェイトが適用されていました。

図表42-3　日本の証券会社の自己資本比率規制

自己資本比率＝	$\dfrac{\text{自己資本－控除項目}}{\text{市場リスク相当額＋取引先リスク相当額＋基礎的リスク相当額}}$
自己資本	資本金＋資本剰余金＋利益剰余金＋その他有価証券評価差額金（負の場合）－自己株式 －社外流出予定額 ＋その他有価証券評価差額金（正の場合）＋土地再評価差額金など上記以外の資本項目 ＋証券取引責任準備金等 ＋一般貸倒引当金 ＋長期劣後債務（残存期間5以内のものは20％ずつ減価） ＋短期劣後債務
控除項目	その他有価証券（上場有価証券、国債を除く） 繰延資産、預託金、顧客への立替金、関係会社への貸付金、前払金、前払費用 関係会社発行有価証券、他の会社・第三者発行CP・社債券（意図的に保有しているもの） 株式、出資証券、優先出資証券、新株予約権証券、新株引受権（上場有価証券、引受けで取得したもので保有期間が6カ月を超えないものを除く）
市場リスク相当額	保有する有価証券の価格変動その他の理由により発生しうるリスク相当額 株式リスク＋金利リスク＋外国為替リスク＋コモディティ・リスク（標準的方式の場合）
取引先リスク相当額 （信用リスク）	取引の相手方の契約不履行その他の理由により発生しうるリスク
基礎的リスク （オペレーショナル・リスク）	事務処理の誤り等日常的な業務の遂行上発生しうるリスク（1年間の営業費用の25％）

　金融庁告示19号でも、金融機関に類似する自己資本比率規制が適用されている証券会社向け債権（債券）は、金融機関向け債権（債券）と同様の取扱いになります。金融機関に類似する自己資本比率規制が適用されているか否かは、証券会社の本店所在地によって判断します。本店所在地は連結ベース

の親会社ではなく、個々の証券会社の本店所在地で判断します。金融機関に類似する自己資本比率規制が適用されていれば、その証券会社の設立国（日本の金融機関の場合は日本）に対する格付等に応じ、図表42－1、42－2のリスク・ウェイトが適用されます。日本に本店所在地のある証券会社の場合は、現在の日本に対する格付等によれば、20％のリスク・ウェイトが適用されます。

なお、かつては、日本の証券持株会社に対しては日本では自己資本比率規制は適用されていませんでした。したがって、バーゼルⅠでは、日本の証券持株会社への債権（債券）は、金融機関向け債権（債券）ではなく、事業法人等向け債権（債券）として取り扱われることになっていました。

しかし、2010年の金融商品取引法の改正により、2011年4月1日以後、総資産の額が1兆円を超える証券会社（特別金融商品取引業者）を子会社にもつグループの頂点となるべき親会社（最終指定親会社）に対しては、バーゼル規制に基づく連結自己資本比率に係る基準（「最終指定親会社及びその子法人等の保有する資産等に照らし当該最終指定親会社及びその子法人等の自己資本の充実の状況が適当であるかどうかを判断するための基準を定める件」）が適用されています。そのため、最終指定親会社には金融機関に類似する自己資本比率規制が適用されているといえ、最終指定親会社向け債権（債券）は金融機関向け債権（債券）と同様の取扱いになります。

Q43 事業会社向けの債権・債券のリスク・ウェイトはどのようになりますか

A

　法人等（事業会社等）向け債権（債券）は、バーゼルⅠは一律100％のリスク・ウェイトが適用されていましたが、バーゼルⅡ以後は、適格格付機関の格付に応じて20％、50％、100％、150％のリスク・ウェイトが適用されます。適格短期格付のある場合は、当該格付に応じて20％、50％、100％、150％のリスク・ウェイトが適用されます。格付に関係なく、法人等（事業会社等）向け債権（債券）全体に対して一律100％のリスク・ウェイトを適用することもできます。

　中小企業向け債権（債券）、個人向け債権のリスク・ウェイトは、従来の100％が75％に軽減されています。

解　説

1　法人等（事業会社等）向け債権（債券）

(1) 原　則

　法人等（事業会社等）には、保険会社も含まれます。また、法人等（事業会社等）向け債権（債券）には、事業会社が発行する社債も含まれます。

　バーゼルⅠの法人等（事業会社等）向け債権（債券）のリスク・ウェイトは100％でした。これに対してバーゼルⅡに基づく金融庁告示19号「銀行法第14条の2の規定に基づき、銀行がその保有する資産等に照らし自己資本の充実の状況が適当であるかどうかを判断するための基準」では、適格格付機関による格付に応じて、図表43－1のリスク・ウェイトを適用することとしています。無格付の場合は、リスク・ウェイトは100％です。ただし、その法人等の設立国の格付等に対応するリスク・ウェイトが150％の場合は、その法人等のリスク・ウェイトも150％になります。

図表43−1　事業法人等向け債権──原則

バーゼルI	リスク・ウェイト		100%					
バーゼルII	格付 （バーゼルII最終規則）		AAA 〜AA−	A＋ 〜A−	BBB＋ 〜BBB−	BB＋ 〜BB−	BB−未満	無格付
	信用リスク区分		4−1	4−2	4−3	4−4	4−5	
	リスク・ウェイト		20%	50%	100%	150%		100%
	マッピング	R&I	AAA 〜AA−	A＋ 〜A−	BBB＋ 〜BBB−	BB＋ 〜BB−	BB−未満	
		JCR	AAA 〜AA−	A＋ 〜A−	BBB＋ 〜BBB−	BB＋ 〜BB−	BB−未満	
		Moody's	Aaa 〜Aa3	A1 〜A3	Baa1 〜Baa3	Ba1 〜Ba3	Ba3未満	
		S&P	AAA 〜AA−	A＋ 〜A−	BBB＋ 〜BBB−	BB＋ 〜BB−	BB−未満	
		Fitch	AAA 〜AA−	A＋ 〜A−	BBB＋ 〜BBB−	BB＋ 〜BB−	BB−未満	

（出所）　大和総研金融調査部制度調査課作成

(2) 例　外

　2004年6月のバーゼルII最終規則（正式名称（仮訳）：「自己資本の測定と基準に関する国際的統一化：改訂された枠組」）では、各国当局の裁量により、金融機関が保有する法人等（事業会社等）向け債権（債券）すべてに100％のリスク・ウェイトを用いることを認めてもよいこととされています。その場合、金融機関は、法人等（事業会社等）向け債権（債券）に100％のリスク・ウェイトを用いることについて、事前に監督当局の承認を得る必要があるとされています。これは、リスク・ウェイトのつまみ食いを防止するためです。すなわち、外部格付に基づくリスク・ウェイトが100％より低くなる債権（債券）には、格付に基づくリスク・ウェイトを適用し、高くなる債権（債券）には100％のリスク・ウェイトを適用する行為を防止することを目的

としています。

これを受けて、金融庁告示19号でも、標準的手法採用機関に対して格付に関係なく100％のリスク・ウェイトを適用することを認めています。ただし、その場合、保有する法人等（事業会社等）向け債権（債券）のすべて（短期の債権・債券も含みます）に100％のリスク・ウェイトを継続適用する必要があります。

この特例を適用する場合、あるいはやむをえない理由で取りやめる場合は、事前に金融庁長官に届け出なければなりません。

2　短期債権・債券（CPを含む）の例外

法人等（事業会社等）向け債権（債券）に適格短期格付が付されている場合は、図表43－2のリスク・ウェイトを適用します。たとえば、事業法人が発行するCPなどがこれに該当します。

ある法人等に対する短期の債権（債券）は無格付だが別の短期債権（債

図表43－2　事業法人等向け債権（適格短期格付がある場合）

バーゼルⅠ	リスク・ウェイト	20%				
バーゼルⅡ	格付（バーゼルⅡ最終規則）	A-1／P-1	A-2／P-2	A-3／P-3	A-3／P-3未満	無格付
	信用リスク区分	5-1	5-2	5-3	5-4	
	リスク・ウェイト	20%	50%	100%	150%	100%、150%
	マッピング R&I	a-1	a-2	a-3	a-3未満	
	マッピング JCR	J-1	J-2	J-3	J-3未満	
	マッピング Moody's	P-1	P-2	P-3	P-3未満	
	マッピング S&P	A-1	A-2	A-3	A-3未満	
	マッピング Fitch	F1	F2	F3	F3未満	

（出所）　大和総研金融調査部制度調査課作成

券）に短期格付が付されている場合は、無格付の短期債権（債券）のリスク・ウェイトは次のようになります。

　　◇他の短期格付によれば、50％または100％のリスク・ウェイトが適用される法人等の場合……100％を下回らないリスク・ウェイトを適用
　　◇他の短期格付によれば、150％のリスク・ウェイトが適用される法人等の場合……150％のリスク・ウェイトを適用

　上記以外の場合は、1の法人等（事業会社等）向け債権（債券）として取り扱われます。

　金融機関が、格付等に関係なく、保有する法人等（事業会社等）向け債権（債券）すべてに継続的に100％のリスク・ウェイトを適用する方法を選択している場合は、適格短期格付の有無に関係なく、短期債権（債券）にも、100％のリスク・ウェイトが適用されます。

3　中小企業向け債権（債券）・個人向け債権

　バーゼルⅠでは、中小企業向け債権（債券）・個人向け債権は、法人等向けと区分はなく100％のリスク・ウェイトが適用されていました。これに対して、金融庁告示19号では、まず中小企業を業種（日本標準産業分類によります）ごとに、図表43－3の「資本金または出資金」「常勤従業員数」のいずれかに該当する企業（法人・個人）と定義しています。

図表43－3　中小企業の要件

業　　種	資本金または出資金	常勤従業員数
小　売　業	5,000万円以下の会社	50人以下の会社、個人
サービス業		100人以下の会社、個人
卸　売　業	1億円以下の会社	
製造業、建設業、運輸業ほか	3億円以下の会社	300人以下の会社、個人

（出所）　大和総研金融調査部制度調査課作成

そのうえで、中小企業向け債権（債券）または個人向けの債権で、以下の2つの要件をすべて満たすものには75%のリスク・ウェイトを適用することとしています。①は債権額が過大でないこと、②は小口に分散していることを求めています。

① 1中小企業または1個人向けの債権（信用リスク削減手法適用前）の合計額から信用保証協会等により保証された債権の額を控除した額が、1億円以下であること
② 1中小企業または1個人向けの債権（信用リスク削減手法適用前）の合計額から信用保証協会等により保証された債権の額を控除した額が、①の要件を満たす中小企業向け債権の合計額の0.2％以下であること

中小企業向け債権について、法人等向け債権としてのリスク・ウェイトを適用することもできます。しかし、リスク・ウェイトのつまみ食いは認められません。

中小企業向け債権が、抵当権付住宅ローン、不動産取得等事業向け債権、信用保証協会等の保証付債権に該当する場合は、これらの債権として取り扱います。

Q44 その他の債権・債券、資産のリスク・ウェイトはどのようになりますか

A

住宅ローンのリスク・ウェイトは、バーゼルⅠでは50%でしたが、バーゼルⅡ以後は35%に軽減されています。

不動産事業等向け債権(債券)は100%、取立未決手形は20%、信用保証協会等による保証付債権は10%、出資等、不動産等その他の資産は100%のリスク・ウェイトが適用されます。

解説

1 抵当権付住宅ローン債権

バーゼルⅠでは、抵当権付住宅ローン債権に対しては50%のリスク・ウェイトが適用されていました。

これに対してバーゼルⅡに基づく金融庁告示19号「銀行法第14条の2の規定に基づき、銀行がその保有する資産等に照らし自己資本の充実の状況が適当であるかどうかを判断するための基準」では、リスク・ウェイトが35%に軽減されています。対象となる抵当権付住宅ローンとは、以下の要件をすべて満たすものを指します。

① その住宅が債務者の居住用(別荘は除きます)または賃貸用で、抵当権が第一順位(独立行政法人住宅金融支援機構等の公的機関が第一順位の場合は、担保余力があり第二順位であるときも可)であること
② 債権が抵当権で完全に保全されていること
③ 住宅建設・宅地開発業者向け、社宅等の増改築用、返済はもっぱら賃料に依存するが賃貸が行われていない住宅用のうちいずれにも該当しないこと

すなわち、自己の居住用住宅(別荘は除きます)および賃貸用住宅の取得・

建築、増改築を目的とするものに限られます。次のようなものは対象に含まれません。

　　◇別荘等購入資金用の抵当権付貸出
　　◇社宅建築用資金の貸出
　　◇分譲住宅または転売目的の住宅取得用資金の貸出
　　◇従業員用住宅ローンへの転貸を目的とする会社向け貸出
　　◇住宅担保付きで資金使途自由の消費者ローン

　１つの不動産に賃貸住宅以外の事業用部分がある場合は、自己居住用と併用になっていても、抵当権付住宅ローン向けの債権としては取り扱われません。

　抵当権の設定対象である住宅・敷地全部がその住宅ローンにより取得されたものである必要はなく、一部が自己資金等で取得されていても、その住宅ローンが抵当権により完全に保全されていれば問題はありません。

　抵当権は根抵当権でもかまいません。根抵当権の場合は、算出基準日において、住宅ローンの残高が極度額（担保評価額が極度額を下回る場合は、担保評価額）の範囲内であれば、抵当権により完全に保全されているものとして取り扱えます。

　保証会社により保証されている住宅ローンの場合は、保証会社による抵当権も、抵当権付住宅ローンの抵当権として取り扱うことができます。

2　不動産取得等事業向け債権

　不動産取得等事業向け債権（債券）とは、以下のすべてに該当する債権（債券）をいいます。

　　◇不動産の取得または運用を目的とした事業を対象
　　◇法人等、中小企業または個人向け債権である
　　◇返済がもっぱら取得不動産の賃貸収入等に依存

　バーゼルⅠでは100％のリスク・ウェイトが適用されていました。金融庁告示19号でもリスク・ウェイトは100％ですが、リスク・ウェイトが150％の

法人等向けの債権に該当する場合は150%のリスク・ウェイトが適用されます。

3　その他の債権

その他の主な債権とそのリスク・ウェイトは以下のとおりです。

　　◇取立未決手形……20%
　　◇信用保証協会等の保証付債権……10%
　　◇中小企業信用保険法により全額保証（国による必要な財政措置付）された債権……0％
　　◇出資等（株式を含む）……100%
　　◇株式会社地域経済活性化支援機構、株式会社東日本大震災事業者再生支援機構……10%
　　◇保管有価証券等（債券貸借取引の借入有価証券、先物取引受託により受け入れた証拠金代用有価証券等）……リスク・アセットの対象外

Q45 延滞債権はどのように取り扱われますか

A

延滞債権は引当率に応じてリスク・ウェイトに差を設け、引当率が低い延滞債権ほどリスク・ウェイトを高くしています。引当率が20％未満の延滞債権には150％、20％以上50％未満の延滞債権には100％、50％以上の延滞債権の場合は50％のリスク・ウェイトが適用されます。抵当権付住宅ローン債権の延滞債権には100％、引当率が20％以上の場合は、50％のリスク・ウェイトが適用されます。

解 説

1　住宅ローン向け以外の延滞債権

延滞債権とは、次のいずれかの債権を指します。

◇元本または利息の支払が約定支払日の翌日から3カ月以上（または90日超）延滞している者に対する債権。債務者単位で考えるので、その債務者向けに複数の債権がある場合、いずれか1つでも3カ月以上（または90日超）の延滞が生じていれば、すべての債権が延滞債権に該当する。

◇リスク・ウェイトが150％となる債権。

バーゼルⅠでは、個別貸倒引当金、部分償却額を控除した後の金額に対してリスク・ウェイトを掛けることとしていました。

この点は、バーゼルⅡに基づく金融庁告示19号「銀行法第14条の2の規定に基づき、銀行がその保有する資産等に照らし自己資本の充実の状況が適当であるかどうかを判断するための基準」でも同様です。ただし、金融庁告示19号では、引当率に応じてリスク・ウェイトに差を設け、引当率が低い延滞

債権ほどリスク・ウェイトを高くしています。引当率とは、債権等と部分直接償却の額の合計額に対する個別貸倒引当金等（個別貸倒引当金、特定海外債権引当勘定の額および部分直接償却の額）の額の割合をいいます。一般貸倒引当金やディスカウント部分は個別貸倒引当金等には含まれません。将来キャッシュフロー（CF）を当初契約金利で割り引くDCF法による一般貸倒引当金も、個別貸倒引当金等には含まれません。

　バーゼルⅠとバーゼルⅡにおけるリスク・ウェイトを比較すると図表45－1のようになります。日本では延滞債権のうち、いわゆる「要管理債権」は、一般貸倒引当金の計上のみが認められ、個別貸倒引当金の計上は認めら

図表45－1　延滞債権のリスク・ウェイト

引　当　率	バーゼルⅠ	バーゼルⅡ
20％未満	100％	150％（注1）
20％以上50％未満		100％（注2）
50％以上		50％

(注1)　抵当権または売掛債権で完全に保全されており、引当率が15％以上20％未満の場合は100％。抵当権付住宅ローンは100％。
(注2)　抵当権付住宅ローンの場合は50％。
(出所)　大和総研金融調査部制度調査課作成

図表45－2　延滞債権の所要自己資本（標準的手法）

引　当　率	バーゼルⅠ	バーゼルⅡ
0％	8	12（注1）
0％超　20％未満	8未満　6.4超	12未満　9.6超（注1）
20％	6.4	6.4（注2）
20％超　50％未満	6.4未満4.0超	6.4未満4.0超（注2）
50％以上	4以下	2以下

(注1)　抵当権または売掛債権で完全に保全されており、引当率が15％以上20％未満の場合は6.8以下6.4超。抵当権付住宅ローンは12を8に、9.6を6.4に読み替える。
(注2)　抵当権付住宅ローンの場合は6.4を3.2に、4.0を2.0に読み替える。
(出所)　大和総研金融調査部制度調査課作成

れていないため、リスク・ウェイトは150％になります。引当前の債権額を100とした場合の所要自己資本の額は図表45－2のとおりです。

延滞債権に対する個別貸倒引当金等の額をＡ、債権額のうち担保等の信用リスク削減手法が適用されている部分をＢ、残りをＣとすると、引当率は「Ａ÷（Ｂ＋Ｃ）」で判断し、リスク・アセットの額はＢに信用リスク削減手法を適用したリスク・アセット額とＣに延滞債権に対するリスク・ウェイトを適用した額の合計になります。

不動産による担保効果はバーゼルⅠでは認められていませんでした。金融庁告示19号でも引き続き認めていません。

2 住宅ローン向けの延滞債権

抵当権付住宅ローン向け債権が延滞債権に該当する場合は100％のリスク・ウェイトが適用されます。引当率が20％以上の場合は、リスク・ウェイトは50％になります。

Q46 オフバランス取引のリスク・ウェイトはどのように取り扱われますか

A

想定元本額に項目別の交換比率を掛けて算出した与信相当額に、取引相手のリスク・ウェイトを掛けてリスク・アセットを算出します。買戻条件付資産売却や求償権付資産売却では、取引相手に係る信用リスク・アセットではなく、取引資産に係る信用リスク・アセットを算出します。

解説

デリバティブ以外のオフバランス取引に対しても、リスク・ウェイトが適用されます。金融庁告示19号「銀行法第14条の2の規定に基づき、銀行がその保有する資産等に照らし自己資本の充実の状況が適当であるかどうかを判断するための基準」では、リスク・アセット額の算出方法を、取引相手および取引資産ごとに、次のとおりとしています。

① 取引相手に係る信用リスク・アセット

信用リスク・アセット額＝与信相当額×取引相手のリスク・ウェイト

※与信相当額＝想定元本額×項目別の交換比率（CCF）（図表46－1）

② 取引資産に係る信用リスク・アセット

信用リスク・アセット額＝与信相当額×取引資産のリスク・ウェイト

※与信相当額＝想定元本額×項目別の交換比率（CCF）（100％、図表46－2）

バーゼルⅠでは、オフバランス項目は原則として上記①の方法で信用リスク・アセットを算出し、買戻条件付きまたは求償権付きの資産売却などは、②の方法で算出することとしていました。

図表46-1　オフバランス取引の交換比率（CCF）…①の場合

CCF	オフバランス取引の種類
0%	ⅰ．任意の時期に無条件で取消可能なコミットメント（スタンドバイ契約、クレジットライン等）または任意の時期に無条件で取消可能なコミットメント
20%	ⅱ．原契約期間が1年以下のコミットメント ⅲ．短期かつ流動性の高い貿易関連偶発債務
50%	ⅳ．特定の取引に係る偶発債務（契約履行保証、入札保証、品質保証等） ⅴ．NIFまたはRUF（一定期間一定の枠内で証券を反復的に発行することにより資金調達する仕組みにおいて、発行された証券が予定された条件で消化できない場合に、銀行が一定の条件の範囲内で、その証券の買取りまたは金銭の貸付等を行うことを約束する契約） ⅵ．原契約期間が1年超のコミットメント
100%	ⅶ．信用供与に直接的に代替する偶発債務（一般的な債務保証、手形の引受け、元本補填信託契約等） ⅷ．有価証券の貸付、現金もしくは有価証券による担保の提供または有価証券の買戻条件付売却もしくは売戻条件付購入

（出所）　大和総研金融調査部制度調査課作成

図表46-2　オフバランス取引の交換比率（CCF）…②の場合

CCF	オフバランス取引の種類
100%	ⅸ．買戻条件付きまたは求償権付きの資産売却（当該資産の貸借対照表への計上が継続される場合を除く） ⅹ．先物資産購入（将来の一定期日において一定の条件により金銭債権または証券等の購入を行う契約で、外国為替関連、金利関連のものを除く） 　　先渡預金（将来の一定期日において一定の条件により預入れを行う契約） 　　部分払込株式・債券の購入（発行時に発行価格または額面金額の一部が払い込まれ、発行後の一定時期または発行者の指定する時期において追加的な払込みが行われる株式または債券の購入）

（出所）　大和総研金融調査部制度調査課作成

求償権付きの資産売却とは、金融債権、証券または固定資産を売却した後も、原債務者の債務不履行または資産価値の低下が生じたことによる損失の全部または一部を売却した銀行が負担するというものです。この求償権付きの資産売却について、②の方法では、売却した銀行の負担する最大損失額が、取引資産の与信相当額にリスク・ウェイトを掛けた換算額の8％（国内基準行は4％）相当額を下回る場合は、その下回る額を8％（国内基準行は4％）で割り返した額を換算額から控除して信用リスク・アセット額を算出することとしていました。

　金融庁告示19号では、当初、買戻条件付きまたは求償権付きの資産売却などは、資産計上が継続されている場合を除いて、上記①と②の合計で信用リスク・アセットを算出することとしていました。しかし、この方法は二重計上との批判が高まったことから、②のみを信用リスク・アセット額とする改正が2007年3月23日に公表されました。想定元本額はその資産の買戻金額とします。資産計上が継続される場合は、②は、オンバランスの資産としてのリスク・ウェイトが適用されます。これに対し、貸付有価証券の場合は、①のオフバランス取引としての有価証券貸付取引に対するリスク・アセット額と資産計上されている当該有価証券のリスク・アセット額とを算出する必要があります。ただし、①のリスク・アセット額算出時には、担保の効果を反映できます（Q58参照）。

　その他、以下の点が変更されています。

　　◇元契約期間が1年以内のコミットメントの交換比率（CCF）は、バーゼルⅠでは0％だったが、バーゼルⅡ以後は20％に引き上げられている。

　　◇レポ形式の取引（レポ取引、リバース・レポ取引、証券貸借取引）の場合も含めて、金融機関が貸し付けた有価証券または担保として提供した有価証券の場合、100％の交換比率（CCF）が適用される。

Q47 デリバティブ取引のリスク・ウェイトはどのようになりますか

A

デリバティブ取引も、与信相当額にリスク・ウェイトを掛けて、取引先の信用リスクに係る信用リスク・アセット額を算出します。与信相当額の算出方法には、カレント・エクスポージャー方式、標準方式、期待エクスポージャー方式があります。長期決済期間取引も同様に取り扱われます。

解説

1　3つの方式

デリバティブ取引（派生商品取引）の場合も、取引の相手方に対する信用リスクに対応する信用リスク・アセット額は、与信相当額にリスク・ウェイトを掛けて算出します。

与信相当額は、カレント・エクスポージャー方式、標準方式、期待エクスポージャー方式の3方式のいずれかで算出します。バーゼルIではカレント・エクスポージャー方式のみでしたが、標準方式、期待エクスポージャー方式が見直しの過程で加わりました。

次の取引は与信相当額の算出対象から除くことができます（②③についてはQ49参照）。

① 原契約期間が5営業日以内の外国為替関連取引
② 信用取引（その他これに類する海外の取引）および現物・直物取引により生ずる中央清算機関（CCP）向けエクスポージャー（または間接清算参加者の直接清算参加者に対するエクスポージャー）
③ 預託金または担保の差入れにより生ずる「資金清算機関等」（「資金決済に関する法律」2条6項）向けエクスポージャー

2 カレント・エクスポージャー方式

カレント・エクスポージャー方式では、次の方法で与信相当額を算出することとしています。

バーゼルⅠでは、この与信相当額に掛ける取引相手のリスク・ウェイトに上限（50％）が設けられていました。しかし、金融庁告示19号「銀行法第14条の2の規定に基づき、銀行がその保有する資産等に照らし自己資本の充実の状況が適当であるかどうかを判断するための基準」（以下、「告示」）ではこれが撤廃されています。

与信相当額＝時価評価により算出した再構築コスト（＞0）＋ポテンシャル・エクスポージャー（グロスのアドオン）

※ポテンシャル・エクスポージャー（グロスのアドオン）
　　＝想定元本額×掛け目（図表47－1）

外国為替関連取引とは、異種通貨間の金利スワップ、為替先渡取引（FXA）、先物外国為替取引、通貨先物取引、通貨オプション取引（オプション権の取得）等をいいます。金関連取引とは、金に基づく先渡し、スワップ、オプション（オプション権の取得）等をいいます。

金利関連取引とは、同一通貨間の金利スワップ、金利先渡取引（FRA）、金利先物取引、金利オプション取引（オプション権の取得）等をいいます。

株式関連取引とは、個別の株式や株価指数に基づく先渡し、スワップ、オ

図表47－1　デリバティブ（クレジット・デリバティブを除く）の掛け目

残存期間	外国為替・金関連	金利関連	株式関連	貴金属(金を除く)関連	その他のコモディティ関連
1年以内	1.0％	0.0％	6.0％	7.0％	10.0％
1〜5年以内	5.0％	0.5％	8.0％	7.0％	12.0％
5年超	7.5％	1.5％	10.0％	8.0％	15.0％

（出所）　大和総研金融調査部制度調査課作成

プション（オプション権の取得）等をいいます。

　貴金属関連取引とは、貴金属に基づく先渡し、スワップ、オプション（オプション権の取得）等をいいます（金関連取引を除く）。

　その他のコモディティ関連取引とは、エネルギー取引、農産物取引、貴金属その他の貴金属以外の金属のコモディティ取引に基づく先渡し、スワップ、オプション（オプション権の取得）等をいいます。上記各区分の取引に該当しない取引も、その他のコモディティ関連取引として取り扱われます。

　上記の取引のうち、原契約期間が5営業日以内の外国為替関連取引や清算機関等との間で成立しているデリバティブ取引は与信相当額の算定の対象から除外されます。

　金利スワップのうち、同一通貨間の変動金利同士の金利スワップ取引は、ポテンシャル・エクスポージャーの算定は不要とされています。優良債務者とは、Q41の債務者、リスク・ウェイト20％（または適格格付機関により付与された格付がBBB－／Baa3以上の）の銀行・証券会社等を指します。

　クレジット・デリバティブは、ポテンシャル・エクスポージャーを計算する際の新しい掛け目が設けられています（図表47－2）。

　バスケット型クレジット・デリバティブは次のように取り扱うこととされています。バスケット型クレジット・デリバティブには、ファースト・トゥ・デフォルト型とセカンド・トゥ・デフォルト型などがあります。別々の事業法人等への債権など、複数のエクスポージャーを対象とするクレジット・デリバティブで、いずれかの債権（エクスポージャー）について最初にクレジット・イベントが発生した段階でプロテクションの提供者から取得者に支

図表47－2　クレジット・デリバティブの掛け目

原債務者の種類	トータル・リターン・スワップまたは クレジット・デフォルト・スワップ
優良債務者	5.0%
その他の債務者	10.0%

（出所）　大和総研金融調査部制度調査課作成

払が行われるタイプのものをファースト・トゥ・デフォルト型、2番目にクレジット・イベントが発生した段階でプロテクションの提供者から取得者に支払が行われるタイプのものをセカンド・トゥ・デフォルト型といいます。ファースト・トゥ・デフォルト型はプロテクションの対象とする複数の資産のうち最も信用リスクの高い資産、セカンド・トゥ・デフォルト型は2番目に信用リスクの高い資産に基づいて原債務者の種類を決定します。

　法的に有効なネッティング契約が締結されている取引は、再構築コストはネットの額（ただしゼロを下回らない）とすることができます。ポテンシャル・エクスポージャーも以下のネットのアドオンによることができます。

ネットのアドオン＝$0.4\times$グロスのアドオン$+0.6\times$

$$\frac{\text{ネットの再構築コスト}}{\text{グロスの再構築コスト}}\times \text{グロスのアドオン}$$

3　標準方式

　取引間のヘッジ効果を与信相当額の算定により適切に反映する方式として標準方式が認められています。ネッティング・セット（法的に有効な相対ネッティング契約下にある取引は当該取引の集合、それ以外の取引は個別取引）ごとに、以下の算定式で与信相当額を算出します。

$$\text{与信相当額} = \beta \times \max\left(CMV - CMC\, ;\, \sum_{j}\left|\sum_{i} RPT_{ij} - \sum_{l} RPC_{lj}\right| \times CCF_{j}\right)$$

CMV：ネッティング・セットに含まれる取引（担保の受入れ・差入れを除く）の時価の合計額

CMC：ネッティング・セットに含まれる担保（受入れ担保は適格金融資産担保に限る）の時価の合計額

RPT_{ij}：ヘッジ・セット j における取引 i のリスク・ポジション

RPC_{lj}：ヘッジ・セット j における担保 l のリスク・ポジション

CCF$_j$：ヘッジ・セット j に対する掛け目

β　：スケーリング・ファクター（＝1.4）

〈リスク・ポジション〉
① 負債性商品（債券・貸付金を含む）以外

$$リスク・ポジション＝原資産価格\times\frac{\delta v}{\delta p}$$

v：原資産・デリバティブの時価、p：原資産の価格

② 負債性商品（債券・貸付金を含む）または支払部分

$$リスク・ポジション＝原資産価格\times\frac{\delta v}{\delta r}$$

v：原資産の時価、支払部分の価値、デリバティブの価値

r：金利水準

③ クレジット・デフォルト・スワップ（CDS）

　　リスク・ポジション＝想定元本額×残存期間

〈ヘッジ・セット〉
① 個別リスクの低い負債性商品を原資産とするリスク・ポジション等は中央政府・地方公共団体が負う金利に係るものか、残存期間等が1年以下、1年超5年以内、5年超のいずれかに区分し、通貨ごとに6つのヘッジ・セットを設ける。

② 個別リスクの高い負債性商品を原資産とするリスク・ポジション等は、クレジット・デフォルト・スワップ等に係るリスク・ポジションは、発行体、担保金の取引相手方または参照資産の発行体ごとに1つのヘッジ・セットを設ける。

③ 負債性商品以外を原資産とする場合、同一・類似の商品（原資産が以下の区分の場合は以下の区分）ごとにヘッジ・セットを設ける。

　（i）株式：同一の発行体ごと、またはインデックスごと

（ii） 貴金属：同一の貴金属ごと、またはインデックスごと
（iii） 電力：送電時間帯を同一とする権利ごと
（iv） コモディティ：同一のコモディティごと、またはインデックスごと

④ 外国為替に関するヘッジ・セットは同一通貨ごとに区分する。

〈CCF_j〉

原資産	負債性商品以外				
	金	株式	貴金属（金を除く）	電力	コモディティ
掛け目(%)	5	7	8.5	4	10

原資産	負債性商品			外国為替	その他
	個別リスクが		その他		
	高い	低い（CDSに限る）			
掛け目(%)	0.6	0.3	0.2	2.5	10

4　期待エクスポージャー方式

　標準的手法採用行は、金融庁長官の承認を受けた場合、期待エクスポージャー方式により与信相当額を算出できます。期待エクスポージャー方式は、銀行の内部モデルを用いて、与信相当額に影響を与えうる各種のリスク・ファクター（金利、為替、株価等）の変動を推計し、将来発生しうる正のエクスポージャーの期待値を見積もる方法です。バーゼル銀行監督委員会では、この方式の算式を次のように定めています。

　　与信相当額＝α×実効EPE
　　α＝1.4（αが、すべての取引相手方に対するエクスポージャーに係る経済

> 資本（リスク管理、資本配賦、業績評価その他の内部管理において用いられている資本）の額をEPEを融資残高とみなした場合の経済資本の額で除した数値と推計されること、すべての取引相手方に係る取引または取引のポートフォリオのエクスポージャーの額の推計において主要な要因を把握していること等の要件を満たす場合には、αを独自に推計できる（1.2のフロアあり））。ただし、取引相手方の信用リスクに関する固有の特徴がある場合には、当該特徴に応じたより保守的なαを用いる
>
> ※αは、景気後退期の信用リスク増大等を反映するためのスケーリング・ファクター。
>
> EE：将来発生しうる正のエクスポージャー（取引相手の信用リスクが発生する場合）の各時点での期待値
>
> EPE：一定の観測期間（たとえば1年）内におけるEEの平均値
>
> 実効EPE：EEが低下局面にある場合は直近のピーク値を用いて計算した実効EEを、観測期間内において平均した値

バーゼルⅢをふまえた告示の改正（2012年3月30日公表）（以下、「改正告示」）では、期待エクスポージャー方式における担保管理の強化がなされています。改正の概要は、以下のとおりです。

(1) 格付低下トリガーを備えた担保の効果の勘案の禁止

デリバティブ取引において、エクスポージャーの額が一定額（いわゆる信用極度額）を超えると担保の提供を求めるという形式の担保契約が結ばれる場合があり、これを告示では「マージン・アグリーメント」と呼んでいます。従来の告示では、期待エクスポージャー計測モデルにおいて、マージン・アグリーメントに基づいて担保による効果を反映している場合には、実効EEのかわりにEEを用いて実効EPEを算出する簡便な方法が認められています（標準的手法採用行）。

しかし、改正告示では、期待エクスポージャー計測モデルにおける担保の

効果の反映に関して、いわゆる格付低下トリガーを備えた担保の効果を勘案することを禁止しています。

このような担保の効果を勘案することを禁止したのは、金融危機時において、信用力悪化時に担保提供を求めると、それが逆に流動性を逼迫させ、むしろカウンターパーティ・リスクを増大させてしまったためと考えられます。

⑵ （担保関連の）実効EPEの簡便な算出方法の見直し

告示では、標準的手法採用行について、⑴の方法にかえて、（担保契約を勘案する実効EPEのモデルを作成できない銀行のために）実効EPEの簡便な算出手法が認められています。改正告示ではこの簡便な算出手法が見直されています。

具体的には、標準的手法採用行は、以下の額のうち、いずれか小さい額を実効EPEとする方法を使用することができるようになりました。

---

① 「担保の効果を反映しない場合の実効EPE」＋「取引相手に提供するすべての担保の額」

② (A)(B)のうち大きい額＋「マージン期間（後述）を通じた取引の時価の変化額の期待値」

(A)：取引相手に提供した、または提供を受けた担保（コールされたもの・係争中のものを除く）の効果を反映した場合の現時点のエクスポージャー額

(B)：取引相手に提供した、または提供を受けた担保の効果を反映した場合の最大エクスポージャー額

⑶ 「マージン期間」の長期化

⑵の「マージン期間」は、担保を現金化するまでにかかる期間を指します。従来の告示では、ネッティング・セット（ネッティングが認められる取引の集合）ごとに、以下のように最低期間が定められていました。

> ① 日々の値洗いにより担保の額が調整されているレポ形式の取引のみから構成されるネッティング・セット：5営業日
> ② ①以外のすべてのネッティング・セット：10営業日

　しかし、金融危機の際に、担保の現金化に予想より時間がかかってしまったことをふまえ、改正告示では、以下のネッティング・セット（日々の値洗いにより担保の額が調整されているもの）については、マージン期間が20営業日に長期化されています。

> ① 流動性の低い担保または再構築の困難なデリバティブ取引を含むネッティング・セット
> ② 1期前の四半期内のいずれかの時点で取引件数が5,000件を超えたネッティング・セット

　また、改正告示は、担保額調整に関して当事者間で紛争が生じ、取引を清算するのに上記マージン期間よりも長時間かかった場合が（直近の2四半期の間に）3回以上生じた場合には、（次の2四半期については）当該ネッティング・セットについては、上記マージン期間の少なくとも2倍以上の期間をマージン期間としなければならないとしています。

　(2)で述べたように、実効EPEの簡便な算出方法において、「マージン期間を通じた取引の時価の変化額の期待値」が加算されるため、「マージン期間」の長期化は、「期待エクスポージャー方式」採用行のうちこの簡便方法を利用しているものについては、その分だけ信用リスク・アセットが増加（自己資本比率は低下）する可能性があります。

(4) 非現金担保の価格変動の反映

　改正告示は、マージン・アグリーメントにより提供をし、または提供を受ける担保が現金以外の資産を含む場合についても規定を追加し、「当該担保

の価格変動を適切に反映しなければならない」旨規定しています。

(5) 担保管理の体制整備

期待エクスポージャー方式を採用するには、金融庁長官の承認が必要とされており、承認が得られる基準（独立した期待エクスポージャー管理部署の設置、適切なバック・テスティングとストレス・テストの定期的実施、モデルの正確性の継続的検証、取締役等の積極的関与、リスク管理手続への組込み等）も告示に明記されています。

改正告示では、期待エクスポージャー管理部署について、月1回以上のストレス・テストの実施、一般誤方向リスクや個別誤方向リスク（Q48参照）の特定、モニタリングおよび管理を行うための体制整備を求めています。担保管理に関連しても、上記承認基準として以下の項目が追加されています。

> ◇適切な担保管理に係る体制を整備するとともに、以下の事項に関して正確な日次報告を行い、かつ、適切な担保管理に係る情報を取締役等に定期的に報告するための部門を設置していること。
> ―担保の計算・徴求、担保に係る係争の管理、個別の担保額・当初証拠金・追加証拠金の水準

(6) 担保の最低保有期間の長期化

a 担保の最低保有期間の長期化の意味

後述するように、改正告示では適格金融資産担保の最低保有期間が一部長期化されています。ここでは、まず、その意味について説明します。

信用リスク削減のため適格金融資産担保を受け入れている場合、信用リスク削減効果を勘案する手法として、簡便手法と包括的手法が定められています。包括的手法においては、担保価額を時価よりも保守的に減額したうえで、エクスポージャーの額から差し引くことによって信用リスク削減効果を反映します。

担保価額を時価よりも減額するのは、担保となっている金融資産の価格変

動のリスクを勘案するためです。その際、ボラティリティ調整率が用いられ、「適格金融資産担保の額×（1－ボラティリティ調整率）」がエクスポージャー額から差し引かれます。

標準的手法採用行の場合、ボラティリティ調整率は、（適格金融資産担保の対象となっている）取引の種類に応じて定められている（適格金融資産担保の）最低保有期間に従って、以下の算式で調整を行うことが求められます。

$$\text{所定の調整率} \times \sqrt{\frac{\text{所定の最低保有期間}}{\text{所定の期間}}}$$

よって、適格金融資産担保の最低保有期間の長期化は、ボラティリティ調整率を増加させ、信用リスク削減効果（「適格金融資産担保の額×（1－ボラティリティ調整率）」の額）を減少させます。これは、信用リスク削減効果勘案後のエクスポージャー額を増加させるため、信用リスク・アセットが増加し、結果的に自己資本比率が低下することになります。

b 改正告示の見直しの内容

従来の告示では、適格金融資産担保の最低保有期間は以下のように定められていました。

---

① レポ形式の取引のうち、担保額調整に服しているもの：5営業日
② その他資本市場取引のうち、担保額調整に服しているもの：10営業日
③ ①②に該当しない適格金融資産担保付取引：20営業日

改正告示では、この適格金融資産担保の最低保有期間について、(3)「『マージン期間』の長期化」と同様の趣旨の改正が行われ、以下に該当するものは（上記①②には該当せず）、最低保有期間が20営業日と規定されています。

> ◇流動性の低い担保または再構築の困難なデリバティブ取引を含むネッティング・セット
> ◇１期前の四半期内のいずれかの時点で取引件数が5,000件を超えたネッティング・セット

　さらに、(3)「『マージン期間』の長期化」と同様、改正告示は、担保額調整に関して当事者間で紛争が生じ、取引を清算するのに上記最低保有期間よりも長時間かかった場合が（直近の２四半期の間に）３回以上生じた場合には、（次の２四半期については）当該取引については、上記最低保有期間の少なくとも２倍以上の期間を最低保有期間とみなすとしています。

5　クレジット・デリバティブの特例

　標準的手法を採用する金融機関は、次の場合は、クレジット・デリバティブの与信相当額の算定は不要とされています。

①　クレジット・デリバティブをマーケット・リスク規制の対象資産以外の資産等（すなわち銀行勘定の資産等）の信用リスク削減のために用いている場合

②　クレジット・デリバティブのプロテクションの提供者となる場合

6　長期決済期間取引

　デリバティブ取引の与信相当額の算出方法は、長期決済期間取引にも準用されます。ただし、デリバティブ取引と長期決済期間取引の与信相当額の算出方法を一致させる必要はありません。長期決済期間取引とは次の要件をすべて満たすものをいいます。

①　有価証券、コモディティ、外国通貨（以下、「有価証券等」）およびその対価の受渡しまたは決済を行う取引であること

②　約定日から受渡しまたは決済の期日までの期間が５営業日または市

場慣行による期間のいずれかを超えていること
③　同時決済取引の場合は、約定上の決済期日前の取引および約定上の決済期日の経過後において支払または引渡しが行われていない営業日数が4日以内の取引、非同時決済取引のうち取引の相手方に対して有価証券等の引渡しまたは資金の支払を反対取引に先立って行うものの場合は、当該引渡し・支払を行っていない取引であること

Q48 カウンターパーティ・リスクの捕捉強化のうち、CVAと誤方向リスクについて、もう少し詳しく教えてください

A

CVAとは、カウンターパーティの信用力の変化に伴い、エクスポージャーの時価を調整する枠組み（会計上の時価評価の枠組みの一環）を指します。社債にとっての評価損、ローンにとっての引当金に類似するものです。誤方向リスクとは、カウンターパーティの信用力の悪化とエクスポージャーの時価の上昇があわせて起こるリスクを指します。バーゼルⅡ（2.5）では、これらのリスクを十分に捕捉する枠組みがなく、今般の金融危機においてはこれらのリスクに基づいて多額の損失が計上されました。バーゼルⅢでは、これらのリスクを十分に捕捉するための見直しがなされています。

解説

1 カウンターパーティ・リスクとは

カウンターパーティ・リスク（CCR）とは、「あるカウンターパーティ（取引先）との間のOTCデリバティブ取引や証券金融取引（レポ取引等）が正の価値を持つ場合、当該カウンターパーティが破綻したときに、正の価値の金額を取り損なってしまうリスク（銀行勘定とトレーディング勘定の双方が対象）」（金融庁／日本銀行「バーゼル委市中協議文書　カウンターパーティ・リスクの取扱いの強化の概要」）を指します。

バーゼルⅡ（2.5）におけるCCRの取扱いは、基本的には、カウンターパーティのデフォルト・リスク、すなわち信用リスクをとらえる枠組みでした。CCRの計測手法は、カレント・エクスポージャー方式、標準方式、期待エクスポージャー方式の3つです（Q47参照）。

もっとも、CCRには、通常の与信等と異なり、市場リスク・ファクターやカウンターパーティの信用力の変化等に伴いエクスポージャーの時価が変動することから、価格変動リスク、すなわちマーケット・リスクも内在しています。

　しかし、バーゼルⅡ（2.5）は、価格変動リスクを一部織り込む枠組みとはなっていたものの、カウンターパーティの信用力の変化に伴う価格変動リスクを明示的にとらえる枠組みとはなっていませんでした。

　また、CCRには、カウンターパーティの信用力の悪化とエクスポージャーの時価の上昇があわせて起こるという「誤方向リスク」（後述参照）もありますが、バーゼルⅡ（2.5）はこれを十分にとらえる枠組みとはなっていませんでした。

　そこで、バーゼルⅢでは、CCRの捕捉を強化しています（Q25参照）。ここでは、そのうち、信用評価調整（CVA）と誤方向リスクについて説明します。

2　CVAへの対応──時価変動リスクを捕捉するための新たな資本賦課

(1)　CVAリスクの捕捉強化の背景

　CVAの額は、デリバティブ取引について、カウンターパーティの信用リスクを勘案しない場合の公正価値（時価）評価額と、勘案した場合の公正価値評価額との差額を指します（図表48－1）。いわば、カウンターパーティに係る期待損失であり、ローンにとっての引当金、社債の評価損に該当するものということができます。CVAの額は将来のエクスポージャーの額の変化を織り込んだ期待エクスポージャー額（期待エクスポージャーを計測できない銀行は、カレント・エクスポージャー方式、標準方式で計測したエクスポージャーを使用）に、期待損失率を乗じた額となります。期待損失率は、カウンターパーティのPD（デフォルト確率）にLGD（デフォルト時損失率）を乗じた率です。PD、LGD等が不明な場合は、カウンターパーティのCDSスプ

図表48－1　CVAとは

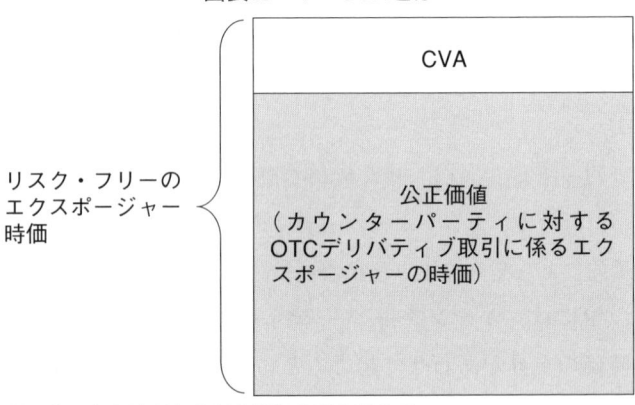

	CVA
リスク・フリーの エクスポージャー 時価	公正価値 （カウンターパーティに対する OTCデリバティブ取引に係るエクスポージャーの時価）

（出所）　大和総研金融調査部制度調査課作成

レッドを用いて算出します。なお、カウンターパーティの信用力だけでなく、自社の信用力も考慮する「双方向CVA」という考え方もありますが、バーゼル規制ではそのような方法は採用していません。

　CVAリスクとは、「クレジット・スプレッドその他の信用リスクに係る指標の市場変動により」このCVAの額が「変動するリスク」をいいます。

　カウンターパーティの信用力が悪化すると、CVAの額が上昇し、その分だけエクスポージャーの時価が下落します。その結果、銀行は損失を計上しなければなりません。

　バーゼルⅡ（2.5）では、このCVAの変動に係るリスク、すなわちカウンターパーティの信用力の変化に伴うエクスポージャーの時価変動リスクに対する具体的な所要自己資本計測の枠組みはありませんでした。

　しかし、今般の金融危機では、クレジット・スプレッドの急速な拡大等に伴い、カウンターパーティの信用力が悪化したことから、CVAを通じた損失を多くの金融機関が計上しました。そして、今般の金融危機で生じたCCR関連損失のうち、3分の2がCVAによるもの（残りが実際のデフォルトによるもの）であったとされており、CVAへの対処の必要性が顕在化しました。

　このため、バーゼルⅢでは、CVAリスク相当額を信用リスク・アセット

に加えるというかたちで、新たにCVAを捕捉することとしています。

(2) CVAリスク相当額の算出方法

バーゼルⅢに基づくCVAリスク相当額の算出方法は、2009年公表の当初案では、当該カウンターパーティが発行した債券の期待損失に係るマーケット・リスク相当額とみなして算出する債券相当アドオン方式を用いることとしていましたが、その後、これを修正し、原則として、標準的リスク測定方式と先進的リスク測定方式のいずれかの方法で所要自己資本額を算出することとしています。いずれの方法も、単一の債務者を参照するCDSやインデックスCDSを用いてCVAリスクをヘッジしている場合に、ヘッジ効果を全部または一部勘案することとしています。

先進的リスク測定方式を採用できるのは、CCR計測手法として期待エクスポージャー方式を、そしてマーケット・リスク計測手法として（一般市場リスクのみならず）個別リスクについても内部モデル方式を採用することを承認されている金融機関のみとなります（図表48－2）。

図表48－2　CVAリスク相当額の算出方法

			カウンターパーティ・リスク（CCR）計測手法	
			カレント・エクスポージャー方式	期待エクスポージャー方式
			標準方式	
マーケット・リスク計測手法	標準的方式		標準的リスク測定方式	
	内部モデル方式	一般市場リスクのみ承認		
		個別リスク承認		先進的リスク測定方式

（出所）　大和総研作成

(3) 標準的リスク測定方式

標準的リスク測定方式を用いて算出するCVAリスク相当額は、次の計算式で算出した所要自己資本額（K）に12.5を乗じた額です。

$$所要自己資本額(K) = 2.33 \times h^{0.5} \times ((\sum_i 0.5 \times w_i \times (M_i \times EAD_i^{total} - M_i^{hedge} \times B_i) - \sum_{ind} w_{ind} \times M_{ind} \times B_{ind})^2 + \sum_i 0.75 \times w_i^2 \times (M_i \times EAD_i^{total} - M_i^{hedge} \times B_i)^2)^{0.5}$$

- h：保有期間（＝1）
- w_i：カウンターパーティiに係る掛け目（※）
- M_i：カウンターパーティiとの取引の実効マチュリティ
- EAD_i^{total}：カウンターパーティiに係るネッティング・セットの与信相当額の割引現在価値
- M_i^{hedge}：CVAリスクのヘッジ手段として用いるカウンターパーティに係る取引のマチュリティ
- B_i：CVAリスクのヘッジ手段として用いるカウンターパーティiに係る取引の想定元本額の割引現在価値
- w_{ind}：CVAリスクのヘッジ手段として用いるインデックスCDSに係る掛け目（※）
- M_{ind}：CVAリスクのヘッジ手段として用いるインデックスCDSのマチュリティ
- B_{ind}：CVAリスクのヘッジ手段として用いるインデックスCDSの想定元本額の割引現在価値

信用リスク区分（外部格付）	AAA	AA	A	BBB	BB	B	CCC
掛け目（※）	0.7%	0.7%	0.8%	1.0%	2.0%	3.0%	10.0%

(4) 先進的リスク測定方式

先進的リスク測定方式を用いて算出するCVAリスク相当額は、次の計算式で算出した所要自己資本額に12.5を乗じた額です。

$$所要自己資本額 = CVA\ VaR \times 3 + CVAストレスVaR \times 3$$

「CVA VaR」はクレジット・スプレッドをマーケット・リスク・ファクターとして、期待エクスポージャーの算出に用いた現在の市場データに基づき算出し、「CVAストレスVaR」はその場合におけるストレス期間（期待エクスポージャーの算出に用いたストレス期間のうち適切な1年間）のデータを用いて算出します。その際には、次の①から③の方法に応じた算式により得られるCVAや感応度の数値を用いて算出します。

①ポジション時価の再計算による場合	$CVA = (LGD_{MKT}) \times \sum_{i=1}^{T} Max(0, EXP(-\frac{s_{i-1} \times t_{i-1}}{LGD_{MKT}}) - EXP(-\frac{s_i \times t_i}{LGD_{MKT}})) \times (\frac{EE_{i-1} \times D_{i-1} + EE_i \times D_i}{2})$
②特定の期間帯におけるクレジット・スプレッドの変動に対する感応度を用いる場合	$Regulatory\ CS01_i = 0.0001 \times t_i \times EXP(-\frac{s_i \times t_i}{LGD_{MKT}})$ $\times (\frac{EE_{i-1} \times D_{i-1} + EE_{i+1} \times D_{i+1}}{2})$ （i＜Tのとき） $Regulatory\ CS01_T = 0.0001 \times t_t \times EXP(-\frac{s_T \times t_T}{LGD_{MKT}})$ $\times (\frac{EE_{T-1} \times D_{T-1} + EE_T \times D_T}{2})$ （i＝Tのとき）
③パラレル・シフトを仮定したクレジット・スプレッドの変動に対する感応度を用いる場合	$Regulatory\ CS01 = 0.0001 \times \sum_{i=1}^{T} (t_i \times EXP(-\frac{s_i \times t_i}{LGD_{MKT}})$ $- t_{i-1} \times EXP(-\frac{s_{i-1} \times t_{i-1}}{LGD_{MKT}}))$ $\times (\frac{EE_{i-1} \times D_{i-1} + EE_i \times D_i}{2})$

・LGD_{MKT}：カウンターパーティに係る債券等の市場におけるスプレッドに基づく当該カウンターパーティのLGD
・t_i：現時点からEE_iをi回目に再評価するまでの期間
・t_T：カウンターパーティとのネッティング・セットにおける最長の契

約満期
- s_i：期間t_iに対応するカウンターパーティのクレジット・スプレッド
- D_i：期間t_iに対応するディスカウント・ファクター
- EE_i：期間t_iにおけるカウンターパーティに対する期待エクスポージャー

(5) 簡便的リスク測定方式（国内基準行）

　国内基準行（協同組織金融機関1を含む）についても、国内基準行向けバーゼルⅢ（Q 31参照）の導入（2014年3月31日）を境に、新たにCVAリスク相当額を信用リスク・アセット額に加えることとなっています。

　もっとも、国内基準行向けバーゼルⅢでは、内部格付手法採用行（信用リスク）、内部モデル方式採用行（マーケット・リスク）、先進的計測手法採用行（オペレーショナル・リスク）、そして期待エクスポージャー方式（派生商品取引の与信相当額）の使用について金融庁長官の承認を受けた銀行のいずれにも該当しない国内基準行については、CVAリスク相当額の算出にあたって、簡便的な手法である「簡便的リスク測定方式」を用いることができるとされています。

　「簡便的リスク測定方式」の内容は、次のとおりです。

<u>デリバティブ取引（注）の信用リスク・アセット額×12％</u>

（注）　中央清算機関（CCP）、CCPの直接清算参加者（clearing member）のうち一定の要件を満たすもの、そして資金清算機関等を相手方とする派生商品取引を除く。

1　農林中央金庫、信用協同組合・同連合会、信用金庫・同連合会、労働金庫・同連合会、農業協同組合・同連合会、漁業協同組合・同連合会、水産加工業協同組合・同連合会をいいます。

3　誤方向リスクへの対応

(1)　誤方向リスクの捕捉強化の背景

誤方向リスク（wrong-way risk）とは、CCRの一種であり、「カウンターパーティの信用力の悪化とエクスポージャーの時価の上昇が併せて起こるリスク」（金融庁／日本銀行「バーゼル委市中協議文書　カウンターパーティ・リスクの取扱いの強化の概要」）を指します。

一般に、カウンターパーティの信用力と、当該カウンターパーティとの取引に係るエクスポージャーは、必ずしも高い相関関係をもちませんが、今般の金融危機においては、この両者が高い相関関係を示し、誤方向リスクによるリスク量の急増がみられました。

この誤方向リスクには、「一般誤方向リスク」（general wrong-way risk）と「個別誤方向リスク」（specific wrong-way risk）があります。

一般誤方向リスクとは、カウンターパーティのPDと一般的な市場のリスク・ファクターが正の相関をもつことによりエクスポージャー額が増加するリスクを指します。具体例として、途上国銀行との通貨スワップの例があげられます（図表48－3）。

これに対して、個別誤方向リスクとは、特定のカウンターパーティに対す

図表48－3　一般誤方向リスクの例（途上国銀行との通貨スワップの例）

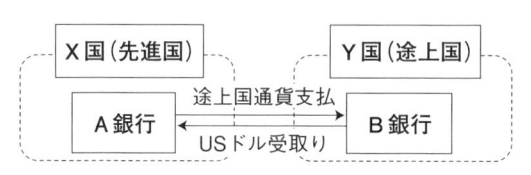

```
┌─ X国（先進国）─┐           ┌─ Y国（途上国）─┐
│                │  途上国通貨支払  │               │
│    A銀行       │ ←――――――→  │    B銀行      │
│                │   USドル受取り  │               │
└────────────────┘           └───────────────┘
```

金融危機等によりY国の信用力悪化
↓
Y国の通貨価値が50％減価するとともに、B銀行が破綻
↓
Y国通貨価値が半分に下落したことにより、A銀行のB銀行に対する債権額が50万ドル発生
↓
当初想定の5万ドルのエクスポージャーが10倍に拡大

｝正の相関

- 想定元本100万ドル。途上国通貨支払、USドル受取りの通貨スワップ
- 開始時および終了時に想定元本を交換（開始時にA銀行がドル支払、途上国通貨受取り、終了時にA銀行がドル受取り、途上国通貨支払）
- 契約時点での契約終了時の期待エクスポージャー額を5万ドルと推定（想定元本の5％の水準）

（出所）　金融庁／日本銀行作成資料（2010）より作成

図表48-4　個別誤方向リスクの例（グループ会社保証の例）

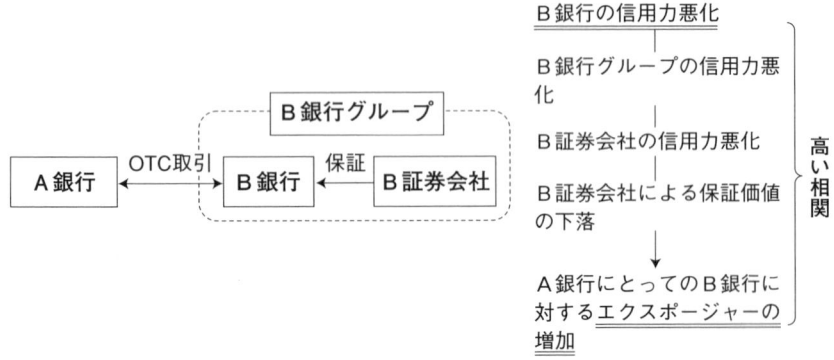

```
                    ┌─ B銀行グループ ─┐
                    ┊              ┊
  ┌─────┐  OTC取引  ┊ ┌─────┐ 保証 ┊ ┌───────┐
  │ A銀行 │←────────┊→│ B銀行 │←────┊─│ B証券会社 │
  └─────┘          ┊ └─────┘     ┊ └───────┘
                    └──────────────┘
```

B銀行の信用力悪化
↓
B銀行グループの信用力悪化
↓
B証券会社の信用力悪化
↓
B証券会社による保証価値の下落
↓
A銀行にとってのB銀行に対するエクスポージャーの増加

｝高い相関

（出所）　金融庁／日本銀行作成資料（2010）より作成

る将来のエクスポージャー額が、当該カウンターパーティのPDと高い相関をもって増減するリスクを指します。具体例として、グループ会社保証の例があげられます（図表48-4）。

それでは、バーゼルⅡ（2.5）では、誤方向リスクはどのように取り扱われていたのでしょうか。

一般誤方向リスクについては、期待エクスポージャー方式採用行のエクスポージャー額計測の際に掛け合わされる乗数「$α$」により、一部勘案されていました。

これに対して、個別誤方向リスクについては、モニタリングに関する要件はあるものの、具体的に所要自己資本を計測する枠組みはありませんでした。

ちなみに、わが国の告示等では、誤方向リスクへの明確な言及はされていませんでした。

このように、バーゼルⅡ（2.5）は、誤方向リスクを十分に捕捉する枠組みを有していなかったということができます。そこで、バーゼルⅢでは、誤方向リスクの捕捉が強化されています。

(2)　バーゼルⅢによる見直し

それでは、バーゼルⅢでは、どのように誤方向リスクの捕捉を強化しているのでしょうか。

誤方向リスクへの対応が必要とされているのは、期待エクスポージャー方式採用行です。
　一般誤方向リスクについては、以下の2点において見直しがされています。
　1点目は、ストレス期のデータを用いた期待エクスポージャーの計測です。バーゼルⅡ（2.5）では、期待エクスポージャーを計測する際、直近3年間の市場データを用いることとされていました。これに対し、バーゼルⅢでは、ストレス期の一般誤方向リスクを捕捉すべく、次の①②のうちいずれか大きいほうを期待エクスポージャーとして採用することとしています。

①　トレーディング勘定のストレスVaRの計算に用いられるストレス期間1年間を含む3年間のデータを用いて計測されたエクスポージャー
②　直近3年間のデータを用いて計測されたエクスポージャー

　2点目は、一般誤方向リスクの特定・モニタリングの強化です。具体的には、おおむね、次のようなプロセスが導入されています。

◆一般誤方向リスク特定のためのストレステスト、シナリオ分析の実施
◆商品、地域、業態等ごとの一般誤方向リスクのモニタリング
◆上級管理職等に対する定期的な報告の実施

　個別誤方向リスクが特定されたカウンターパーティとの取引については、EAD計算において異なる取扱いをすべきことが、第1の柱に明記されています。具体的には、おおむね、次のような取扱いが求められています。

◆カウンターパーティと参照企業との間に法的関係がある場合、当該取引はネッティング・セットから除外
◆シングルネームのCDSについて、カウンターパーティと参照企業と

の間に法的関係がある場合、EADは参照企業がデフォルトしたと仮定した原資産残存公正価値における期待損失の全額に等しいものとする（保守的なエクスポージャーを採用）。
・内部格付手法採用行：LGDを100％に設定
・標準的手法採用行：無担保のリスクウェイトを適用
◆シングルネームの株式デリバティブ等について、カウンターパーティと参照企業との間に法的関係がある場合、EADは参照企業がデフォルトしたとの仮定に基づく価値に等しいものとする。

(3) わが国の改正告示等による見直し

前述のとおり、バーゼルⅢでは、誤方向リスクへの対応が必要とされているのは、期待エクスポージャー方式採用行です（(2)参照）。

わが国の告示では、標準的手法採用行は、金融庁長官の承認を受けた場合に、期待エクスポージャー方式を採用することが認められることとされています。

改正告示では、期待エクスポージャー方式の採用にあたっては、誤方向リスクの捕捉に関する次のようなプロセスの導入を求めています。

① カウンターパーティと参照企業との間に法的関係がある場合、当該取引はネッティング・セットから除外（個別誤方向リスク）
② カウンターパーティと参照企業との間に法的関係がある場合、信用リスク・アセットの額の算出については、誤方向リスクの特性を勘案（個別誤方向リスク）
③ 期待エクスポージャー方式の承認基準として、期待エクスポージャー管理部署が、誤方向リスクの特定、モニタリングおよび管理を行うための体制を整備していることを追加（一般誤方向リスクおよび個別誤方向リスク）

Q49 デリバティブについて中央清算機関（CCP）に取引を集中する動きがありますが、バーゼル規制上のリスク・ウェイトに何か変更はありますか

A

　従来、金融機関の中央清算機関（CCP）向けエクスポージャーについては、一般的にエクスポージャー額を「ゼロ」とする取扱いが認められていました。しかし、G20ピッツバーグ・サミットにおいて合意した、標準化された店頭（OTC）デリバティブの清算集中（CCPでの清算義務づけ）を促進すべく、こうした取扱いが見直されました。すなわち、CCPに取引を集中させることにより生じうる潜在的なシステミック・リスクにかんがみ、エクスポージャー額「ゼロ」を認めるための要件を厳格化しつつも、一定の要件を充足するCCP向けエクスポージャーに対するリスク・ウェイトを本則よりも緩和しています。

解　説

1　従来の取扱いと見直しの背景

　金融機関の中央清算機関（CCP）向けエクスポージャーについては、バーゼルⅡ（2.5）では、一般的に（当該エクスポージャーが日々の値洗いにより担保でカバーされている場合に限り）エクスポージャー額を「ゼロ」とする取扱いが認められていました。

　このようななかで、G20ピッツバーグ・サミット（2009年9月）では、各国政府は標準化された店頭（OTC）デリバティブの清算集中（CCPでの清算義務づけ）に合意しました。これをふまえて、わが国では、標準化されたOTCデリバティブ（インデックスCDS等）の清算集中が法制化されており、すでに2012年11月から施行されています。

さらに、バーゼル銀行監督委員会は、2012年7月に、バーゼルⅢのなかで唯一最終化されていなかった、CCP向けエクスポージャーの資本賦課に関する暫定規則（BCBS暫定規則）を公表しています。

　BCBS暫定規則による従来の取扱いの見直しの背景には、CCPに取引を集中させることにより生じうる潜在的なシステミック・リスクにかんがみ、エクスポージャー額「ゼロ」を認めるための要件を厳格化しつつも、一定の要件を充足するCCP向けエクスポージャーに対する資本賦課を本則よりも緩和することで、清算集中を促進する必要性があります。

　BCBS暫定規則をふまえ、わが国でも、2012年12月、「告示」の一部改正（改正告示）が公表されています。改正告示は、国際統一基準行については2013年3月31日から適用されています。国内基準行については2014年3月31日から適用されます。

　それでは、改正告示の内容を簡潔に説明することといたします。

2　CCP向けエクスポージャーに対する資本賦課

(1)　イメージ図

　改正告示が定めるCCP向けエクスポージャーに対する資本賦課は、当然のことならが、BCBS暫定規則を踏襲したものとなっています。

　これをイメージ図で表すと、図表49－1のようになります。

(2)　用語の定義

　続いて、改正告示における用語の定義を紹介します（図表49－1もあわせてご参照ください）。

図表49－1　CCP向けエクスポージャーに対する資本賦課

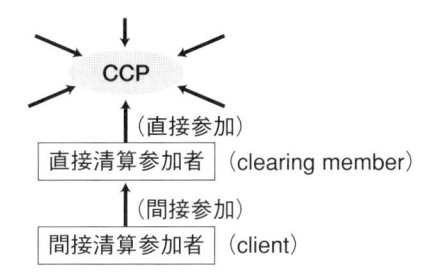

```
        ↘  ↓  ↙
          CCP
           ↑
       （直接参加）
      ┌──────────┐
      │直接清算参加者│（clearing member）
      └──────────┘
           ↑
       （間接参加）
      ┌──────────┐
      │間接清算参加者│（client）
      └──────────┘
```

CCP向けエクスポージャー＼リスク・ウェイト	適格CCP 直接参加	適格CCP 間接参加		不適格CCP
トレード・エクスポージャー	2％	要件充足○	2％ or 4％（注1）	相対取引
		要件充足×	相対取引	
	0％（倒産隔離されている場合）			
清算基金（default funds）（注2）	モデルアプローチ			1250％

⇓ Method 1 と Method 2 のいずれかを選択して信用リスク・アセットの額を算出

Method 1：リスク・センシティブ手法	ステップ1	全直接清算参加者に対するカウンターパーティ・リスク（CCR）について、当該適格CCPに求められる仮想所要自己資本額を算出
	ステップ2	ステップ1で算出した仮想所要自己資本額を当該適格CCP自身の財務資源や全直接清算参加者の清算基金拠出と比較したうえで、「平均的な直接清算参加者が2つデフォルトし、その拠出した清算基金が使用不可」というシナリオを前提に全直接清算参加者の合計所要自己資本額を算出
	ステップ3	ステップ2で算出した合計所要資本額を、(当該適格CCPのグラニュラリティ（ここでは直接清算参加者の数）および当該適格CCPの集中度（上位2社のシェア）をも考慮したうえで、)各直接清算参加者に対し、その清算基金への拠出割合に応じて割り当てる（＝各直接清算参加者の所要自己資本額を算出）
Method 2：簡便的手法		当該適格CCPに拠出した清算基金の額に1250％のリスク・ウェイトを掛けて算出した額と、当該適格CCPに対するトレード・エクスポージャーの額の20％のいずれか小さい額とする（⇒当該適格CCPに対するトレード・エクスポージャーの信用リスク・アセットの額もこれと同額とする）

(注1)　直接清算参加者および他の（自分以外の）間接参加者のダブル・デフォルト時においてのみ損失を免れない場合に4％のリスク・ウェイトを適用。
(注2)　直接参加にのみ係る。
(出所)　改正告示、BCBS暫定規則および「バーゼルⅢにおけるカウンターパーティーリスク取扱いの見直し」（安達ゆり／丹羽文紀、金融財政事情2012.2.13）図表3を参考に大和総研金融調査部制度調査課作成

a　CCP

CCP（改正告示では「中央清算機関」）とは、次に掲げる者を指します。

・「金融商品取引法（中略）第2条第28項に規定する金融商品債務引受業を営む者」
・「商品先物取引法（中略）第2条第17項に規定する商品取引債務引受業を営む者」
・「外国の法令に準拠して設立された法人で外国において金融商品債務引受業又は商品取引債務引受業と同種類の業務を行う者」
---

b　適格CCP

適格CCP（改正告示では「適格中央清算機関」）とは、リスク・センシティブ手法（図表49－1参照）により所要自己資本額を算出するにあたって必要な情報を銀行に提供している者であって、次に掲げる者を指します。

・「金融商品取引法第2条第29項に規定する金融商品取引清算機関」
・「商品先物取引法第2条第18項に規定する商品取引清算機関」
・「外国の中央清算機関のうち当該中央清算機関が設立された国において適切な規制及び監督の枠組みが構築されており、かつ、当該規制及び監督を受けている者」

本稿では、便宜上、これに該当しないCCPを「不適格CCP」と表記します。

c　トレード・エクスポージャー

トレード・エクスポージャーとは、「派生商品取引及びレポ形式の取引並びにこれらに関する担保の差入れにより生ずるエクスポージャー」を指します。

トレード・エクスポージャーには、次の3種類があります。

> ①　直接清算参加者（d参照）のCCPに対するトレード・エクスポージャー
> ②　間接清算参加者（e参照）の直接清算参加者に対するトレード・エクスポージャー
> ③　直接清算参加者の間接清算参加者に対するトレード・エクスポージャー

本稿では、便宜上、①と②を「CCP向けトレード・エクスポージャー」と総称します。このうち、①が生じるケースを「直接参加」、②が生じるケースを「間接参加」と表記します。

③はCCP向けトレード・エクスポージャーとは厳密に区分されます。③の信用リスク・アセットの額の算出方法については、3をご参照ください。

なお、金融庁によると、直接清算参加者がCCPのデフォルトに伴う損失を間接清算参加者に補填する必要がない場合は、トレード・エクスポージャーとして認識する必要はないとされています。

d　直接清算参加者

直接清算参加者とは、「トレード・エクスポージャーに係る債務を、引受け、更改その他の方法により負担させる契約を中央清算機関との間で直接締結する者」を指します。

e　間接清算参加者

間接清算参加者とは、「直接清算参加者を通じて中央清算機関に対するトレード・エクスポージャーを有する者」を指します。

f 清算基金

清算基金とは、「自ら及び他の直接清算参加者が中央清算機関に対し債務不履行又は支払不能により損失を与えた場合における当該損失を補填するために、直接清算参加者が中央清算機関に預託する金銭その他の財産」を指します。

本稿で「CCP向けエクスポージャー」という場合、CCP向けトレード・エクスポージャー（ c 参照）と清算基金を指します。

(3) CCP向けトレード・エクスポージャーのリスク・ウェイト

CCP向けエクスポージャーは、自己資本比率の分母のうち、信用リスク・アセットの額に算入しなければなりません。

そこで、まず、CCP向けトレード・エクスポージャーの信用リスク・アセットの額を簡潔に説明します。

従来の取扱いでは、前述のとおり、CCP向けエクスポージャーについては、一般的に（当該エクスポージャーが日々の値洗いにより担保でカバーされている場合に限り、）エクスポージャー額を「ゼロ」とする取扱いが認められていました。

改正告示では、CCP向けトレード・エクスポージャーの信用リスク・アセットの額は、原則として、信用リスクの標準的手法を準用して算出することとされています。

この原則に従い、不適格CCP向けトレード・エクスポージャーの信用リスク・アセットの額も、信用リスクの標準的手法を準用して算出します。

しかし、適格CCP向けトレード・エクスポージャーについては、信用リスク・アセットの額の算出にあたって、次のようなリスク・ウェイトの軽減が認められます。

・直接参加の場合、リスク・ウェイトは2％に軽減されます。
・間接参加の場合、直接清算参加者および他の（自分以外の）間接清算参加者がともにデフォルトとなった場合（ダブル・デフォルト時）で

も、銀行への損失の発生を防ぐための施策を適格CCPまたは直接清算参加者が講じている場合に限り、リスク・ウェイトは２％に軽減されます。
・間接参加の場合で、(直接清算参加者または他の間接清算参加者のいずれかがデフォルトとなった場合は損失を免れるが) ダブル・デフォルト時においてのみ損失を免れない場合には、リスク・ウェイトは４％となります。

なお、CCP向けトレード・エクスポージャーが倒産隔離されている場合、すなわち、当該エクスポージャーがCCP以外の第三者において分別管理されており、かつ、CCPの倒産手続に伴う損失の発生を防ぐために必要な施策が講ぜられている場合は、信用リスク・アセットの額を算出することを要しません。すなわち、リスク・ウェイトはゼロです。

(4) 清算基金の信用リスク・アセットの額

最後に、CCPに預託する清算基金の信用リスク・アセットの額を簡潔に説明します（図表49－１をあわせてご参照ください）。

不適格CCPに預託する清算基金の信用リスク・アセットの額は、当該不適格CCPに拠出した清算基金の額に1250％のリスク・ウェイトを乗じた額とされています。

適格CCPに預託する清算基金の信用リスク・アセットの額は、「リスク・センシティブ手法」と「簡便的手法」のいずれかを用いて算出します。

a Method １：リスク・センシティブ手法

リスク・センシティブ手法では、図表49－２から図表49－６（～49－８）に掲げる、３つのステップからなる算式群により算出した所要自己資本額（K_{CM}）に12.5を乗じて信用リスク・アセットの額を算出します。

まず、ステップ１として、全直接清算参加者に対するカウンターパーティ・リスク（CCR）について、当該適格CCPに求められる仮想所要自己資本額（K_{CCP}）を算出します（図表49－２）。

図表49－2　リスク・センシティブ手法：ステップ1

ステップ1	$K_{ccp} = \sum_i max(EBRM_i - IM_i - DF_i, 0) \cdot 20\% \cdot 8\%$

- $EBRM_i$＝当該適格CCPが有する直接清算参加者 i に対するエクスポージャーの額＋当該直接清算参加者が拠出した当初証拠金の額
- IM_i＝直接清算参加者iが拠出した当初証拠金
- DF_i＝直接清算参加者iが拠出した清算基金

（出所）　改正告示およびBCBS暫定規則を参考に大和総研金融調査部制度調査課作成

図表49－3　ネットのアドオン

$$\text{ネットのアドオン} = 0.15 \times \text{グロスのアドオン} + 0.85 \times \frac{\text{ネット再構築コスト}}{\text{グロス再構築コスト}} \times \text{グロスのアドオン}$$

（出所）　改正告示

図表49－4　ネットのアドオン：2013年6月29日までの経過措置

$$\text{ネットのアドオン} = 0.15 \times \text{グロスのアドオン} + 0.85 \times 0.30 \times \text{グロスのアドオン}$$

（出所）　改正告示

　ここでいう「適格CCPが有する直接清算参加者iに対するエクスポージャーの額」は、「信用リスク削減手法適用後エクスポージャー額」とされています。

　この「信用リスク削減手法適用後エクスポージャー額」の計算は、デリバティブ取引の場合、カレント・エクスポージャー方式（Q47参照）を用いることとされています。

　この場合、法的に有効な相対ネッティング契約下にあるデリバティブ取引については、図表49－3の算式により得られた額（ネットのアドオン）とします（本則の算式は「0.4×グロスのアドオン＋0.6×ネット再構築コスト／グロス再構築コスト×グロスのアドオン」（Q47参照））。

　もっとも、図表49－3の算式における「ネット再構築コスト／グロス再構築コスト」の計算が不可能な場合は、2013年6月29日までの間に限り、これ

図表49－5　リスク・センシティブ手法：ステップ2

ステップ2

$$K^*_{CM} = \begin{cases} 100\% \cdot 1.2 \cdot (K_{CCP} - DF') + 100\% \cdot DF'_{CM} & if \ DF' < K_{CCP} \quad (\text{i}) \\ 100\% \cdot (K_{CCP} - DF_{CCP}) + c_1 \cdot (DF' - K_{CCP}) & if \\ & DF_{CCP} < K_{CCP} \leq DF' \quad (\text{ii}) \\ c_1 \cdot DF'_{CM} & if \ K_{CCP} \leq DF_{CCP} \quad (\text{iii}) \end{cases}$$

$DF'_{CM} = DF_{CM} - 2 \cdot DF_{CM} / N$

$DF' = DF_{CCP} + DF'_{CM}$

$c_1 = Max \left\{ \dfrac{1.6\%}{(DF'/K_{CCP})^{0.3}} ; 0.16\% \right\}$

・DF_{CCP}＝当該適格CCPが有する資本その他これに類するものであって、直接清算参加者の債務不履行によりCCPに生ずる損失を清算基金（債務不履行参加者の清算基金を除く）に先立ち負担するものの額
（※）「DF_{CM}」の定義は図表49－6をご参照ください。

（出所）改正告示およびBCBS暫定規則を参考に大和総研金融調査部制度調査課作成

図表49－6　リスク・センシティブ手法：ステップ3

ステップ3

$$K_{CM} = \left(1 + \dfrac{A_{Net,1} + A_{Net,2}}{\sum_i A_{Net,i}} \cdot \dfrac{N}{N-2} \right) \cdot \dfrac{DF}{DF_{CM}} \cdot K^*_{CM}$$

$DF_{CM} = \sum_i DF_i$

・DF_{CM}＝各直接清算参加者が拠出した清算基金の額の合計額
・K^*_{CM}＝当該適格CCPに係るみなし所要自己資本額
・N＝当該適格CCPに係る直接清算参加者の数
・DF＝当該適格CCPに銀行が拠出した清算基金の額
・$A_{Net,i}$＝直接清算参加者 i に対する$EBRM_i$の額
・$A_{Net,1}$＝当該適格CCPが有する各直接清算参加者に対するエクスポージャーの額のうち最大の額
・$A_{Net,2}$＝当該適格CCPが有する各直接清算参加者に対するエクスポージャーの額のうち二番目に大きい額
・$\sum_i A_{Net,i}$＝当該適格CCPが有する各直接清算参加者に対するエクスポージャーの額の合計額

（出所）改正告示およびBCBS暫定規則を参考に大和総研金融調査部制度調査課作成

を「0.30」として算出することが認められていました（図表49－4）。

続いて、ステップ2として、ステップ1で算出した仮想所要自己資本額を

図表49－7　DF_{CM}（図表49－6）がゼロを上回らない場合

$$K_{CM} = \left[1 + \frac{A_{Net,1} + A_{Net,2}}{\sum_i A_{Net,i}} \cdot \frac{N}{N-2} \right] \cdot \frac{DF^*}{\sum_i DF^*_i} \cdot K^*_{CM}$$

・DF^*＝当該適格CCPに対する銀行の未拠出の清算基金の額
・DF^*_i＝直接清算参加者iの未拠出の清算基金の額

（出所）　改正告示

図表49－8　$\sum_i DF^*_i$（図表49－7）がゼロを上回らない場合

$$K_{CM} = \left[1 + \frac{A_{Net,1} + A_{Net,2}}{\sum_i A_{Net,i}} \cdot \frac{N}{N-2} \right] \cdot \frac{IM}{\sum_i IM_i} \cdot K^*_{CM}$$

・IM＝当該適格CCPに銀行が拠出した当初証拠金の額

（出所）　改正告示

　当該適格CCP自身の財務資源や全直接清算参加者の清算基金拠出と比較したうえで、「平均的な直接清算参加者が2つデフォルトし、その拠出した清算基金が使用不可」というシナリオを前提に全直接清算参加者の合計所要自己資本額（K^*_{CM}）を算出します（図表49－5）。

　最後に、ステップ3として、ステップ2で拠出した合計所要自己資本額を、（当該適格CCPのグラニュラリティ（ここでは直接清算参加者の数）および当該適格CCPの集中度（上位2社のシェア）をも考慮したうえで）各直接清算参加者に対し、その清算基金への拠出割合に応じて割り当てます。すなわち、各直接清算参加者の所要自己資本額（K_{CM}）を算出します（図表49－6）。

　ステップ3で、各直接清算参加者の所要自己資本額（K_{CM}）を算出するにあたって、各直接清算参加者が拠出した清算基金の額の合計額（DF_{CM}）がゼロを上回らない場合は、各直接清算参加者の未拠出の清算基金の額を清算基金の額とみなして、所要自己資本の額（K_{CM}）を算出します（図表49－7）。

　ここで、各直接清算参加者の未拠出の清算基金の額の合計額（$\sum_i DF^*_i$）がゼロを上回らない場合は、各直接清算参加者が拠出した当初証拠金を清算基金の額とみなして、所要自己資本の額（K_{CM}）を算出します（図表49－8）。

図表49−9　簡便的手法

$$Min\left\{(2\%\cdot TE+1250\%\cdot DF), 20\%\cdot TE\right\}$$

・TE＝当該適格CCPに対するトレード・エクスポージャーの額
・DF＝当該適格CCPに銀行が拠出した清算基金の額

(出所)　改正告示

b　Method 2：簡便的手法

簡便的手法とは、図表49−9の算式により信用リスク・アセットの額を算出する手法を指します。

この手法は、いうなれば、当該適格CCPに拠出した清算基金の信用リスク・アセットの額を、当該適格CCPに拠出した清算基金に1250％のリスク・ウェイトを掛けたものとする一方で、当該適格CCPに対するトレード・エクスポージャーの額の20％を上限（キャップ）とするものです。

また、この手法を採用する場合、当該CCPに対するトレード・エクスポージャーの信用リスク・アセットの額もまた図表49−9の算式により算出された額となることから、別途これを算出することを要しません。

3　直接清算参加者の間接清算参加者に対するトレード・エクスポージャーの信用リスク・アセットの額の算出方法の特例

(1)　標準的手法採用行

改正告示により、標準的手法採用行が直接清算参加者として間接清算参加者の適格CCP向けトレード・エクスポージャーに係る清算取次等を行うことにより生ずる間接清算参加者に対するトレード・エクスポージャーについて、与信相当額の算出に期待エクスポージャー方式を用いていない場合には、当該エクスポージャーに係る信用リスク・アセットの額は、次の算式により算出した額を当該信用リスク・アセットの額とみなすことが認められています。

$$RWA^* = RWA \times \sqrt{(Tm/10)}$$

- RWA^* ＝この特例を適用した後の信用リスク・アセットの額
- RWA ＝（この特例を適用せずに）本則の規定により算出した当該トレード・エクスポージャーに係る信用リスク・アセットの額
- Tm ＝リスクのマージン期間（告示79条の4第7項参照。同条項1号の規定にかかわらず、日々の値洗いにより担保額が調整されるネッティング・セットに係るリスクのマージン期間は、5営業日とすることができる）

(2) 内部格付手法採用行

改正告示により、内部格付手法採用行が直接清算参加者として間接清算参加者の適格CCP向けトレード・エクスポージャーに係る清算取次等を行うことにより生ずる間接清算参加者に対するトレード・エクスポージャーの額（EAD）を算出する場合であって、当該EADの算出にあたって期待エクスポージャー方式を用いていない場合は、本則の規定（告示157条1項から5項）により算出したEAD（当該エクスポージャーに係るものに限る）に次の掛け目を乗じた額を、当該間接清算参加者に対するトレード・エクスポージャーのEADとすることが認められています。

$$\text{掛け目} = \sqrt{(Tm/10)}$$

- Tm ＝リスクのマージン期間（告示157条5項が準用する告示79条の4第7項参照。この場合、告示79条の4第7項1号の規定にかかわらず、日々の値洗いにより担保額が調整されるネッティング・セットに係るリスクのマージン期間は、5営業日とすることができる）

4 従来からの取扱いの維持

次に掲げるものについては、従来どおり、信用リスク・アセットの額を算

出することを要しません。

> ・信用取引（その他これに類する海外の取引）および現物・直物取引により生ずるCCP向けエクスポージャー（または間接清算参加者の直接清算参加者に対するエクスポージャー）
> ・預託金または担保の差入れにより生ずる「資金清算機関等」（「資金決済に関する法律」2条6項）向けエクスポージャー

　上記「資金清算機関」に該当する先としては、一般社団法人全国銀行資金決済ネットワークが想定されています。
　また、先物取引（たとえば株価指数先物取引）は、「先物資産購入」に該当することから、従来どおり、当該取引の対象資産に係る与信相当額に当該資産に係るリスク・ウェイトを適用して、当該取引の対象資産に係る信用リスク・アセットの額を算出する必要があります。これは、当該取引の相手方がCCPに該当する場合であっても同様である点に留意が必要です（株価指数先物取引の相手方がCCPに該当する場合は、そのCCP向けトレード・エクスポージャーが倒産隔離されている場合に限り、当該取引の相手方（すなわち当該CCP）の信用リスク・アセットの額を算出することは要しないという取扱いになるものと思われます）。

5　CCPで清算されない取引の証拠金規制案

　2013年9月2日、バーゼル銀行監督委員会と証券監督者国際機構は、「中央清算されないデリバティブ取引に係る証拠金規制」の第二次市中協議文書を公表しています。市中協議文書はG20カンヌ・サミット（2011年11月）の要請をふまえ、システミック・リスクの低減および清算集中の促進を目的として、CCPで清算されないデリバティブ取引について一定の証拠金（当初証拠金および変動証拠金）の授受を求めることに合意しています。

Q50 内部格付手法とはどのような手法ですか。基本的な考え方を教えてください

A

　金融機関は、一般的に、信用リスクを管理するために借り手や貸出案件ごとに格付を付与しています。内部格付手法はこの格付を利用して、あらかじめ設定された関数を用いて、リスク・ウェイトを算出する方法です。信用リスクを経常的に発生する期待損失とストレス的な状況で発生する非期待損失に分け、前者は貸倒引当金、後者を自己資本でカバーすることとしています。内部格付手法には、倒産確率（PD）、満期（M）のみを金融機関が算出する基礎的内部格付手法と、倒産時損失率（LGD）、与信相当額（EAD）も金融機関が算出する先進的内部格付手法とがあります。

解　説

　金融機関は、信用リスク管理のため、債務者や貸出案件ごとに過去の与信データ等を蓄積しています。一般的には、そのデータに基づき、債務者・貸出案件別に信用格付等の信用力評価（与信額の把握、デフォルト確率の推定、回収率の設定）を行っています。さらに信用リスク量を定量化している金融機関の場合は、この信用力評価を前提に、債務者・与信案件ごと、あるいは個別の与信の相関等を考慮して、与信ポートフォリオごとの信用リスク量を計測しています。

　一般的に信用リスク量は期待損失と非期待損失に分けて把握されます。

　期待損失とは、デフォルトにより生じうる平均的な損失をいい、以下の式で算定されます。

> 期待損失額＝与信額（EAD、エクスポージャー）
> 　　　　　×デフォルト確率（PD）×デフォルト時損失率（LGD）
> LGD＝1－回収率

　非期待損失額とは、デフォルト時の最大損失から期待損失を控除したものです。最大損失とは、一定の保有期間（M）経過後（たとえば1年）に、一定の確率（信頼区間、たとえば99.9％）のもとで生じうる最大の損失のことをいいます。最大損失額は、大まかにいえば、以下の手順で算出します。

　　◇過去一定の観測期間の変動に係るデータをもとに、一定の保有期間（M）経過後の損失額の分布（確率密度関数）を見積もる。与信ポートフォリオ全体について損失額の分布を見積もる場合は、個別の与信の信用リスクに基づき、個別の与信の信用力相関も考慮に入れたうえで見積もる。

　　◇この一定の保有期間（M）経過後の損失額の分布（確率密度関数）を基礎として、一定の確率（たとえば信頼区間99.9％）のもとで生じうる最大損失額を算出する。

　信頼区間99.9％という場合、その意味は、発生する損失が当該最大損失額の範囲内に収まる確率が99.9％であるということです。逆にいえば、当該最大損失額を超える損失が生ずる確率が0.1％ということです。このような信用リスク量を算定するモデルは、金融機関ごとに異なり、それぞれのモデルの妥当性を検証するまでには至っていません。バーゼルⅡ最終規則（正式名称（仮訳）：「自己資本の測定と基準に関する国際的統一化：改訂された枠組」）でも、各金融機関の信用リスク量の算出モデルをそのまま用いることは見送り、かわりに導入されたのが内部格付手法です。

　内部格付手法では、信用リスク量を算出するための関数はあらかじめ基準で定めています。いわゆるマートンモデルといわれるモデルを活用した関数

図表50-1　信用リスク量

（平均地点）　　　　　　　　　（信頼区間99.9%地点）

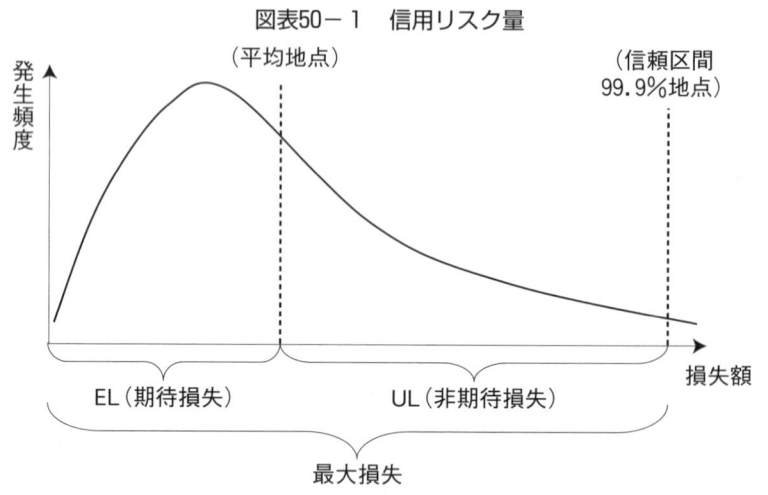

EL（期待損失）　　UL（非期待損失）　　損失額

最大損失

（出所）　大和総研金融調査部制度調査課作成

です。関数に入力すべきデータは、金融機関が債務者に対して付与した内部格付を利用し、内部格付区分ごとのデフォルト確率（PD）、債務者のデフォルト時損失率（LGD）、債務者がデフォルトを起こしたときの資産残高（エクスポージャー、EAD）、満期（M）などを用いています。内部格付手法は、さらに、データの利用方法によって次の二通りの方法に分けられます。

① 　基礎的内部格付手法

　　金融機関はPDを推計する。LGD、EADは監督当局が設定する。Mは、日本では銀行が推計（バーゼルⅡ最終規則では2.5年または銀行推計を各国当局が選択）する。

② 　先進的内部格付手法

　　銀行がLGD、EADも推計する。

　信用リスク量を算定するための関数は、バーゼルⅡの第三次市中協議案までは期待損失も含めた最大損失への対応を前提に設定されていました。しかし、これに対して、信用リスクのうち期待損失は貸倒引当金により対応すべきであり、自己資本で対応すべきなのは予想外の損失である非期待損失部分

図表50-2　内部格付方式（基礎的方式）のリスク・ウェイト（第三次市中協議案） (単位：％)

PD（％）	0.03	0.05	0.1	0.25	0.5	1	2.5	5	10	20
リスク・ウェイト	14.75	20.03	30.19	50.63	72	97.44	136	178.27	250.22	352.49

（出所）　大和総研金融調査部制度調査課作成

図表50-3　内部格付方式（基礎的方式）のリスク・ウェイト（バーゼルⅡ最終規則） (単位：％)

PD（％）	0.03	0.05	0.1	0.25	0.5	1	2.5	5	10	20
リスク・ウェイト	14.44	19.65	29.65	49.47	69.61	92.32	122.16	149.86	193.09	238.23

（出所）　大和総研金融調査部制度調査課作成

であるとの批判が寄せられました。このような批判を受け、バーゼルⅡ最終規則では、信用リスクを期待損失と非期待損失とに区分し、自己資本で対応するのは非期待損失のみとしました。このようにして、信用リスク量を算出するための関数は非期待損失を対象に設定されています。バーゼルⅡ最終規則によるリスク・ウェイトは期待損失には対応していないため、第三次市中協議案で示されたリスク・ウェイトに比べて、それだけ低くなっています。参考までに事業法人向けのリスク・ウェイトを第三次市中協議案とバーゼルⅡ最終規則とを比較すると図表50-2、50-3のとおりになります。

期待損失は貸倒引当金等の計上で対応します。引当金が期待損失を上回っている場合は、超過額を自己資本の補完的項目（Tier 2）に算入し、引当金が期待損失を下回っている場合は、引当不足額を自己資本から控除することとしています。

非期待損失に備えて設定されたリスク・ウェイト関数の考え方を整理すると下記のとおりになります。

信用リスク・アセットの額＝所要自己資本率（K）×12.5×EAD

※EADは信用リスク・エクスポージャー（与信額等）
※12.5倍にするのは8％の逆数を出すため

  K＝非期待損失（UL）×マチュリティ（M）調整額

 ・第1項は信頼区間99.9％として所定の関数で算出

 ・第2項は所定の関数において資産の相関関数を考慮

※UL＝最大損失－期待損失
※最大損失＝ストレス時のPD（デフォルト確率）×LGD（デフォルト時損失率）×EAD
※期待損失＝PD×LGD

 ・PDは確実に発生すると考えられる平均的な損失

 ・LGDは貸倒引当金で対応

※マチュリティ調整項は、所定の関数にPD、Mを入力して算出、M2.5年をベース

　バーゼルⅡのリスク・ウェイト関数では、借り手の価値の変動はマクロ的な共通要因と借り手固有の要因からなるものと考えています。金融機関が内部格付により算出したデフォルト確率（PD）を関数に入れることにより、信頼区間99.9％に対応するマクロのストレス的な状況下での借り手固有の要因の変動に基づき、0.1％（1－99.9％）の確率で生ずるマクロのストレス的な状況下でのデフォルト確率（PD）が算出されます。これにデフォルト時損失率（LGD）を掛ければ、最大損失額を算出できます。この最大損失額から期待損失（EL）を控除すれば、非期待損失（UL）となります。この非期待損失に満期の違いに対する調整項目（M）を掛けると所要自己資本率（K）が算出されます。この所要自己資本率（K）を8％で割り返した（すなわち12.5倍した）のが、リスク・ウェイトとなります。リスク・ウェイトを与信額（EAD）に掛ければ、信用リスク・アセット額が算出されます。

Q51 内部格付手法ではオンバランスの資産のリスク・ウェイトはどのように計算されますか

A

オンバランスの資産等は、事業法人等（政府・中央銀行や金融機関・証券会社を含みます）向け、リテール向け、株式の別に異なるリスク・ウェイト関数で算出します。

事業法人向けのうち、中堅・中小企業向け、プロジェクト・ファイナンス向けは、別の計算方法が認められています。リテール向けは、リスク・ウェイトが低く設定されています。

解 説

1　エクスポージャー別の算定方法

内部格付手法の場合、金融機関は債権・債券（エクスポージャー）を、①事業法人向け、②政府・中央銀行向け、③銀行・証券向け、④リテール向け、⑤株式に分類します。①のうちプロジェクト・ファイナンスなど特定の資産を返済源とするものは、別途5種類に分類します。③は大規模規制金融機関等向けとそれ以外の2種類に分類、④も居住用財産で担保されたもの、リボルビング型消費者信用、その他の3種類に分類されます。さらに、①〜④のうち一定の条件に該当する購入売掛債権は区分して取り扱います。

2　事業法人等向けエクスポージャー

①〜③、つまり事業法人、政府・中央銀行、銀行・証券向け（以下、「事業法人等向け」と総称）のエクスポージャーのリスク・ウェイトは同じ方法で計算します。デフォルト確率（PD）は1年間の推計値を用い、推計の際は5年以上の観測期間を必要とします。②を除いて、PDは0.03%を下回らない

第3章　信用リスク規制

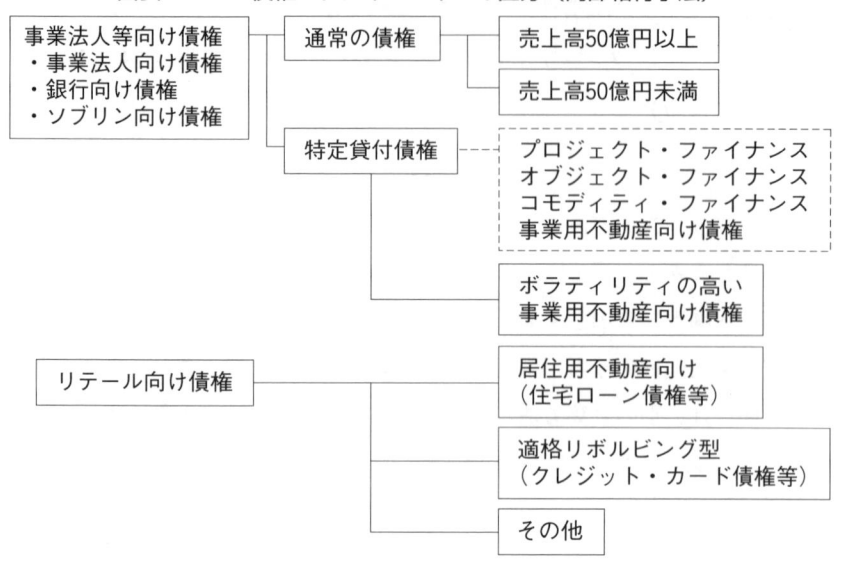

図表51-1　債権エクスポージャーの区分（内部格付手法）

```
事業法人等向け債権 ─┬─ 通常の債権 ─┬─ 売上高50億円以上
・事業法人向け債権    │              └─ 売上高50億円未満
・銀行向け債権        │
・ソブリン向け債権    └─ 特定貸付債権 ┈┈ プロジェクト・ファイナンス
                                       オブジェクト・ファイナンス
                                       コモディティ・ファイナンス
                                       事業用不動産向け債権

                                     ─ ボラティリティの高い
                                       事業用不動産向け債権

リテール向け債権 ─┬─ 居住用不動産向け
                  │   （住宅ローン債権等）
                  ├─ 適格リボルビング型
                  │   （クレジット・カード債権等）
                  └─ その他
```

（出所）　大和総研金融調査部制度調査課作成

こととされています。基礎的内部格付手法の場合、デフォルト時損失率（LGD）は45％（劣後債権は75％）として計算します。資産残高（エクスポージャー、EAD）は、債権等のオンバランスの資産については、全額償却した場合の所要自己資本減少額と個別引当金・部分直接償却額の合計額以上とされています。すなわち、引当・償却前の帳簿価額がEADと等しくなるものと思われます。

調整項目（M（マチュリティ））については、以下の算式で実効的なマチュリティを算出します。ただし、1年未満の場合は1年、5年超の場合は5年として計算します。

$$M（実効マチュリティ）= \sum_{t} t \times CF_t \bigg/ \sum_{t} CF_t$$

※CF_tはt期に支払われるキャッシュフロー

図表51－2　PD・LGD方式のリスク・ウェイト

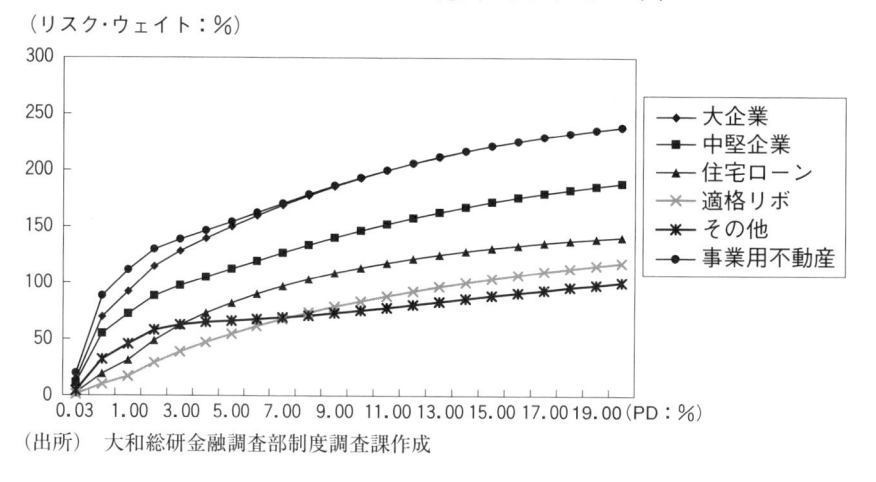

(リスク・ウェイト：％)

凡例：大企業／中堅企業／住宅ローン／適格リボ／その他／事業用不動産

（出所）　大和総研金融調査部制度調査課作成

　先進的内部格付手法を用いている場合は、LGD、EADも自行で推計します。

　①のうち中堅中小企業（その企業を含む連結グループの売上高が50億円未満（バーゼルⅡ最終規則（正式名称（仮訳）：「自己資本の測定と基準に関する国際的統一化：改訂された枠組」）では5,000万ユーロ未満））向けの債権は、売上規模に応じて修正した方法で計算することが認められています。これにより、中堅中小企業のリスク・ウェイトは大企業に比べかなり削減されます（図表51－2）。中堅中小企業向けの債権は大企業向けに比べ小口分散によるリスク削減効果があることなど、日本の中小企業・リテール向け金融機関の主張を反映した内容になっています。

　①のうち、プロジェクト・ファイナンスなど特定の資産を返済源とするものは、プロジェクト・ファイナンス型の高リスク商業用不動産貸出（HVCRE）を除き、通常の事業法人向けと同じ方法でリスク・ウェイトを計算します。PDの推計が困難な場合は、別途簡便的に定めたリスク・ウェイト（スロッティング・クライテリア）を用います。

　事業法人向けの不良債権のリスク・ウェイトは図表51－3のとおりです。

図表51-3　内部格付手法における不良債権向けのリスク・ウェイト（企業向け、要管理先以下向け）
(単位：％)

引当率	0％	20％	35％	45％
無担保融資リスク・ウェイト	562.50	312.50	125	0
不動産担保付融資リスク・ウェイト	437.50〜562.5	187.50〜312.5	0〜125	0

(出所)　金融庁資料

3　大規模規制金融機関等向けエクスポージャー

　連結財務諸表の資産の部の計上額（総資産額）が、1,000億米ドル相当額以上の金融機関（保険会社、証券会社を含みます）とその子法人等向けのエクスポージャーを指します。リスク・ウェイトの計算に用いる相関係数が事業法人等向けの1.25倍となります。

4　リテール向けエクスポージャー

　④の計算式は、①〜③とは別に定められています。基礎的内部格付手法を採用する金融機関、先進的内部格付手法を採用する金融機関の別なく、PD、LGD、EADは自金融機関で推計します。これらの数値は、類似のものをプールして計算します。計算式は居住用財産で担保されたもの、リボルビング型消費者信用、その他の3つで異なります。PDは1年間の推計値を用い、推計にあたっては5年以上の観測期間を必要とします。PDは0.03％を下回りません。Mの推計は必要ありません。④も小口分散によるリスク削減効果があることを反映して、リスク・ウェイトは低く設定されています。

5　その他

　⑤は、PD／LGD方式による場合は①を用いて、LGDを90％、Mを5年としてリスク・ウェイトを計算します。
　現金は0％のリスク・ウェイトが適用されます。その他の資産は100％のリスク・ウェイトが適用されます。

Q52 プロジェクト・ファイナンス等はどのように取り扱われますか

A

プロジェクト・ファイナンス、オブジェクト・ファイナンス、コモディティ・ファイナンス、事業用不動産向け貸付など、ノン・リコースの特定貸付債権の場合、デフォルト確率（PD）を推計できるのであれば、通常の事業法人と同じ方法でリスク・ウェイトを計算します。ただし、ボラティリティの高いプロジェクト・ファイナンス型の高リスク商業用不動産貸出の場合は特別な相関係数を用います。PDを推計できない場合は、別途定めるスロッティング・クライテリアを用います。

解説

1 特定貸付債権とは

事業法人向け債権・債券（エクスポージャー）のうち、プロジェクト・ファイナンス、オブジェクト・ファイナンス、コモディティ・ファイナンス、事業用不動産向け貸付など、特定の資産を返済源とする特定貸付債権の場合は、リスク・ウェイトの特別な計算方法が認められています。

プロジェクト・ファイナンスとは、事業法人向け貸付等のうち、発電プラント、化学プラント、鉱山事業、交通インフラ、環境インフラ、通信インフラその他の特定の事業に対する信用供与で、次の①②両方の要件を満たすものをいいます。

① 利払いおよび返済の原資を主として当該事業からの収益に限定し、当該事業の有形資産を担保の目的とするものであること
② 信用供与の条件を通じて信用供与を行った金融機関が当該有形資産およびその収益について相当程度の支配権を有していること

この場合、主要な返済原資がプロジェクトではなく、プロジェクトに関連する特定の事業法人等の事業からの収入に依存している場合は、そのプロジェクトに対する信用供与の信用リスクとその特定の事業法人等の信用リスクとを同一とみなして取り扱うことは可能です。ただし、どのような場合に同一とみなせるかといった基準を信用リスク管理方針等に定める必要があります。これにより、たとえばPFIのような特定目的会社（SPC）を利用するプロジェクト・ファイナンスで、特定の事業体、政府または地方公共団体向けの債権を保有するSPCに対する貸付等を、証券化エクスポージャーではなく、その事業体、政府または地方公共団体向けの貸付等として取り扱うこともできます。

　オブジェクト・ファイナンスとは、事業法人等向け貸付等のうち、船舶、航空機、衛星、鉄道、車両その他の有形資産取得のための信用供与のうち、次の③④両方の要件を満たすものをいいます。

　　③　利払いおよび返済の原資を当該有形資産からの収益に限定し、当該有形資産を担保の目的とするものであること
　　④　信用供与の条件を通じて信用供与を行った金融機関が当該有形資産およびその収益について相当程度の支配権を有していること

　コモディティ・ファイナンスとは、事業法人等向け貸付等のうち、原油、金属、穀物その他の商品取引所の上場商品の支払準備金、在庫または売掛債権の資金調達のための短期の信用供与のうち、次の⑤⑥両方の要件を満たすものをいいます。

　　⑤　利払いおよび返済の原資を当該商品の売却代金に限定していること
　　⑥　信用供与の条件を通じて、信用供与を行った金融機関が当該商品およびその収益について相当程度の支配権を有していること

　事業用不動産向け貸付とは、事業法人等向け貸付等のうち、賃貸用オフィスビル、商業ビル、居住用不動産、ホテル、工場、倉庫その他の不動産取得

のための信用供与のうち、次の⑦⑧両方の要件を満たすものをいいます。

⑦ 利払いおよび返済の原資を当該不動産からの収益に限定し、当該不動産を担保の目的とするものであること

⑧ 信用供与の条件を通じて信用供与を行った金融機関が当該不動産およびその収益について相当程度の支配権を有していること

2　リスク・ウェイトの計算方法

PD（1年間に債務者がデフォルトする確率）を推計するための要件を満たしている場合は、通常の事業法人向けと同じ方法でリスク・ウェイトを計算します。ただし、ボラティリティの高いプロジェクト・ファイナンス型の高リスク商業用不動産貸出（HVCRE）の場合は、他の事業法人向けとは異なる相関係数を用いて算出します。HVCREとは、事業用不動産向け貸付のうち、次のいずれかに該当するものをいいます。

◇他の特定貸付債権に比べ損失のボラティリティが高い事業用不動産の取得に対する信用供与。

◇土地の取得、開発および建物の建築のための信用供与であって、信用供与の実行日にその信用供与の返済原資がその不動産の不確実な売却または相当程度不確実なキャッシュフローに基づいているもの（その不動産の所在地での同様の不動産の使用率に満たない場合を含む）。ただし、債務者が金融機関以外の第三者から株式発行等、株式等エクス

図表52－1　スロッティング・クライテリア　　（単位：％）

		優	良	可	弱い	デフォルト
リスク・ウェイト	特定貸付債権	70（注1）	90（注2）	115	250	0
	HVCRE	95（注3）	120（注4）	140	250	0

（注1）　満期までの残存期間が2.5年未満の場合は50％。
（注2）　満期までの残存期間が2.5年未満の場合は70％。
（注3）　満期までの残存期間が2.5年未満の場合は70％。
（注4）　満期までの残存期間が2.5年未満の場合は95％。

ポージャーを通じた相当程度の資金の提供を受けている場合を除く。
　◇外国の銀行監督においてボラティリティの高い事業用不動産貸付として扱われている当該外国に所在する事業用不動産向けの信用供与。

　PDの推計が困難な場合は、内部格付を図表52−1に定めたリスク・ウェイト（スロッティング・クライテリア）に割り当て、貸付額（EAD）にこれらのリスク・ウェイトを掛けた額をリスク・アセットとすることができます。

Q53 第三者から購入した債権のダイリューション・リスクとは何ですか

A

ダイリューション・リスク（希薄化リスク）とは、銀行が第三者から購入した事業法人等向け債権またはリテール向け債権の額が債務者の返品や債務者がもつセラー（売却元）向けの債権との相殺により減少するリスクをいいます。銀行の購入債権の信用リスク・アセット額は、デフォルト・リスク相当部分の信用リスク・アセットの額と希薄化リスク相当部分の信用リスク・アセットの額の合計額によります。希薄化リスク相当部分を算出するためには、返品や相殺による債権額の減少を実績データとして把握しておく必要があります。

解 説

1 希薄化リスクとは

銀行が他者から購入した購入債権には希薄化リスクがあります。希薄化リスクとは、「購入債権に係る契約の取消しまたは解除、購入債権の債務者の譲渡人に対する債権を自働債権、当該購入債権の譲受人が保有する債権を受働債権とする相殺その他の事由により、購入債権が減少するリスク」をいいます。言い換えれば、返品や相殺などにより債権額が減少するリスクをいいます。

たとえば、A銀行がB社のC社に対する売掛債権や貸付債権をB社から購入したとします。仮にC社もB社に対する債権を有していて、これとB社がA銀行に譲渡した貸付債権とが相殺された場合、A銀行が購入した貸付債権の額は減少することになります。あるいは、B社の売掛債権をA銀行が購入したが、その回収前にB社の顧客が売掛債権の対象となる商品を返品してきた場合、A銀行が購入した売掛債権の額は減少することになります。このよ

うなリスクを希薄化リスクといいます。

したがって、銀行が第三者から購入した購入債権の信用リスク・アセット額は、デフォルト・リスク相当部分の信用リスク・アセットの額と希薄化リスク相当部分の信用リスク・アセットの額の合計額によります。

購入債権の信用リスク・アセット額 ＝ デフォルト・リスク相当部分の信用リスク・アセット額 ＋ 希薄化リスク相当部分の信用リスク・アセット額

ただし、希薄化リスク相当部分が重要でない場合は、デフォルト・リスク相当部分の信用リスク・アセットの額のみによることもできます。

2　購入債権の種類

購入債権には他者から購入したリテール向けおよび事業法人等向けの債権が含まれます。証券化債権・債券（エクスポージャー）に該当しない信託受益権、一括ファクタリングのため譲渡された債権、ローン・パーティシペーションの参加権なども含まれます。

3　デフォルト・リスクの算定方法

デフォルト・リスク相当部分の信用リスク・アセット額の算出方法にはボトム・アップ・アプローチとトップ・ダウン・アプローチとがあります。

ボトム・アップ・アプローチは事業法人等向け債権を個別に購入した場合に用います。購入債権が自行の債権であるかのように個々の債権についてデフォルト確率（PD）、デフォルト時損失率（LGD）を推計する方法です。したがって、PDは、購入債権の債務者に対する自行の債務者格付に基づく1年間のPDの推計値（下限は0.03%）を用いるのが基本です。

しかし、PDについて自行の推計値を用いることが困難な場合もあります。そのような場合は、トップ・ダウン・アプローチによることもできます。トップ・ダウン・アプローチとは、その購入債権が自行のリテール向け

債権であるかのように、プール単位でPD、LGDを推計する方法です。このアプローチを採用するためには、以下の要件を満たす必要があります。

◇法的枠組みに関する基準を満たしていること

◇購入債権、購入債権の譲渡人およびサービサーの財務状態を監視しており、監視に関する基準を満たしていること

◇購入債権の購入契約上、購入債権の譲渡人の業況や購入債権の質の悪化の早期発見および生じうる問題状況に対して予防措置を可能にするシステム・手続が設けられており、ワークアウトのシステムに関する基準を満たしていること

◇担保、購入債権の債権者から債務者への信用供与の上限および回収された資金の管理に関する明確かつ有効な基準が設けられていること

◇すべての主要な行内の指針および手続の遵守に関する基準を満たしていること

さらに、その購入債権が「適格購入事業法人等向けエクスポージャープール」に含まれていれば、次の方法によることができます。

① 基礎的内部格付手法採用行の場合

適格購入事業法人等向けエクスポージャープールに劣後債権が含まれなければ、次のいずれかの方法が選択できる。この場合、LGDは45％とすることができる。

◇適格購入事業法人等向けエクスポージャープールに対応する1年間のPDの推計値（下限は0.03％）

◇期待損失（$EL_{default}$）を45％で割った数値

適格購入事業法人等向けエクスポージャープールに劣後債権が含まれる可能性があるときは、期待損失（$EL_{default}$）をPDとすることができる。この場合、LGDを100％とすることができる。

② 先進的内部格付手法採用行の場合

PDとして、自行の推計値にかえて、次の値を用いることができ

る。LGDは自行の推計値による。
◇適格購入事業法人等向けエクスポージャープールに対応する長期的な損失率をLGDで割った値LGDとして長期的な損失率をPDで割った値によることもできる。

いずれの場合も、実効マチュリティ（M）は適格購入事業法人等向けエクスポージャー内の購入債権のMの加重平均値を用います。EADは、希薄化リスクの所要自己資本額（希薄化リスク相当部分の信用リスク・アセット額の8％＋購入事業法人等の債権のEAD×$EL_{dilution}$）控除後の額によります。信用枠内で何度も融資を行うリボルビング型購入債権の未引出しの信用引出枠の場合、Mは融資枠契約の残存期間に未引出信用枠から引き出され譲り受けられうる債権について考えられる最も長いMと購入債権の信用供与枠のM、EADは未引出信用供与枠の75％から希薄化リスクの所要自己資本額を控除した額によります。

リテール向けの購入債権の場合、その購入債権または購入債権が属するプールに対応するPD（下限0.03％）、LGDを用います。

なお、適格購入事業法人等向けエクスポージャープールの要件は以下のとおりです。
◇購入債権の譲渡人が独立した第三者であり、かつ、購入債権を譲り受けた銀行等が直接・間接に信用供与を行ったものではないこと
◇購入債権の譲渡人と購入債権の債務者との間における購入債権に関する取引が独立した第三者間の取引であること
◇購入事業法人等向け債権の譲受人が購入事業法人等向け債権のプールからの元利払いの全部または一部について権利を有すること（一部の場合は、購入事業法人等向け債権の他の権利者と保有債権額の割合に応じて比例配分する場合に限る）

4　希薄化リスクの算定方法

　希薄化リスク相当部分を算出する際は、PDとして希薄化リスクに伴う期待損失（$EL_{dilution}$）を推計しなければなりません。そのためには、返品や相殺による債権額の減少を実績データとして把握しておく必要があります。LGDは100％、満期は1年として計算します。

　ただし、当該債権の希薄化リスク相当部分の$EL_{dilution}$が推計できない場合は、一定の要件を満たせば、購入債権の$EL_{dilution}$にかえて債権の譲渡人（セラー）のPDを希薄化リスク相当部分のPDとして用いることができます。購入債権の希薄化リスクが相殺リスクのみであり、相殺リスクが顕在化する局面はその債権のセラーにデフォルト事由が生じた場合に限られると想定することが、その銀行等の内部のリスク管理の適切性を損なうものでない旨を合理的に説明できれば、セラーのPDを用いることができます。

Q54 内部格付手法では、オフバランス取引、デリバティブ取引はどのように取り扱われますか

A

デリバティブ取引の場合は、カレント・エクスポージャー方式、標準方式、期待エクスポージャー方式で算出した与信相当額、デリバティブ以外のオフバランス取引は、未引出しの信用供与枠等にCCFを掛けて算出した与信相当額に、内部格付手法で算出したリスク・ウェイトを掛けて信用リスク相当額を算出します。

解説

1 オフバランス取引（デリバティブ取引以外）

オフバランス取引（デリバティブ取引を除く）の与信相当額（EAD）は、基礎的内部格付手法採用行の場合は、信用供与枠の未引出額と債務者の報告するキャッシュフローに応じた上限その他の利用制限を考慮した信用供与可能額のうち低いほうにCCFを掛けて算出します（CCFはQ46参照）。事業法人等向けエクスポージャーのリスク・ウェイト算出にはこのEADを用います。ただし、次の場合はそれぞれ次に定めたCCFを適用します。

◇融資枠契約、NIF、RUF（NIFおよびRUFはQ46参照）は75％。ただし任意の時期に無条件で取り消しうる、または債務者の信用力悪化により自動的に取り消しうる場合は０％のCCFを用いる。

◇任意の時期に無条件で取り消しうる当座貸越枠の未引出額や、その他の信用供与枠の未引出額の場合は０％のCCFを用いる。

先進的内部格付手法採用行の場合はEADも自行で推計します。具体的にいえば、信用供与枠の未引出額に自行で推計したCCFを掛けてEADを算出

します。ただし、基礎的内部格付手法で100％のCCFが適用される場合は先進的手法でも100％のCCFを適用します。

信用リスク・アセット額は、上記により算出したEADの額に内部格付手法で算出したリスク・ウェイトを掛けて算出します。

2 デリバティブ取引

デリバティブ取引のEADの計算は標準的手法に準じて算出します（Q47参照）。すなわち、取引の相手方に対する信用リスクに対応する信用リスク・アセット額を算出するための与信相当額は、カレント・エクスポージャー方式、標準方式、期待エクスポージャー方式の3つのいずれかで算出します。信用リスク・アセット額は、上記により算出したEADの額に内部格付手法で算出したリスク・ウェイトを掛けて算出します。

ただし、次の取引は与信相当額の算出対象から除くことができます（②③についてはQ49参照）。

① 原契約期間が5営業日以内の外国為替関連取引
② 信用取引（その他これに類する海外の取引）および現物・直物取引により生ずる中央清算機関（CCP）向けエクスポージャー（または間接清算参加者の直接清算参加者に対するエクスポージャー）
③ 預託金または担保の差入れにより生ずる「資金清算機関等」（「資金決済に関する法律」2条6項）向けエクスポージャー

しかし、デリバティブ取引の場合、取引の相手方に対する信用リスクだけでなく、資産に対するリスクの算定が別途必要になります。したがって、デリバティブ取引の与信相当額が不要だとしてもそれは取引の相手方のリスクに関する話であり、資産に対するリスクに対応する信用リスク・アセットを算出する必要があります。この場合は、想定元本額または契約額に内部格付手法で算出したリスク・ウェイトを掛けて算出します。

Q55 内部格付手法を導入するためには、どのような条件を達成する必要がありますか

A

基礎的内部格付手法、先進的内部格付手法のいずれを採用しようとする場合も、内部格付制度の設計、内部格付手法の運用、内部統制、格付の利用、リスクの定量化、バック・テスティング、開示、自己資本比率における最低基準を満たす必要があります。

解説

内部格付手法では、信用リスクを算定するための関数はあらかじめ定められていますが、関数に入力するデータは各銀行に依存しています。入力するデータの内容や信頼性が異なっていた場合、算定式は同じでも、計算結果の内容と質は銀行間で異なるものとなってしまいます。そのため、バーゼルⅡでは内部格付手法を用いるための最低要件を定めています。銀行が内部格付手法を採用するためには、金融庁長官の承認を受けなければならないこととし、さらに承認を受けるためには、以下の要件を満たす必要があることとしています。

① 基礎的内部格付手法の場合
　◇図表55-1中の1～6の最低要件に沿った内部格付制度を承認に先立って3年間使用している。
　◇図表55-1の7・8の最低要件を内部格付手法の使用を開始する日以後満たすことが見込まれる。
　◇内部格付手法実施計画が合理的なものである。
② 先進的内部格付手法の場合
　◇以下の最低要件に沿った内部格付制度を、承認に先立って3年間使用している。

・図表55－1の1～6の最低要件の5のなかのLGDおよびEADの自行推計値を用いるための最低要件
◇内部格付手法実施計画または内部格付手法移行計画が合理的なものである。
◇①の基準を満たすこと。

図表55－1　内部格付手法採用の最低要件

1．内部格付制度の設計
① 内部格付制度
●内部格付制度とは、信用リスクの評価、エクスポージャーへの内部格付の付与やPD・LGD・EADを推計する方法、手続、統制、データの収集、情報システムを指す
●内部格付手法採用行は、内部格付制度の設定、各債務者を最も適切な内部格付制度に割り当てるための基準の設定・文書化を行わなければならない
●事業法人等向けエクスポージャー：
・内部格付制度は、一定の要件（債務者のPDに対応、同一の債務者には同一の格付など）を満たす債務者格付と、LGDに対応する案件格付からなる
・信用リスク管理指針に、各債務者格付の関係が明確に規定されている、債務者格付が下がるとリスクの水準が高くなる、各債務者格付はデフォルト確率等の水準を判断する基準により規定されている等の要件を満たす債務者格付の規定を記載する
●リテール向けエクスポージャー：
・エクスポージャーは適切に区分された各プールに、債務者や取引のリスクの特性、延滞状況をふまえて割り当てられる
・プールごとにPDのみならず、LGDおよびEADも推計する
② 格付の構造
●事業法人等向けエクスポージャー：
・過度に集中することがないようエクスポージャーを適切に分布させる
・デフォルトしていないもの7以上、デフォルトしているもの1以上の債務者格付を設ける
・先進的手法採用行は十分な数の案件格付を設ける　　など
●リテール向けエクスポージャー：
・プールごとのPD、LGDおよびEADが定量化されている
・エクスポージャーが1つのプールに不当に集中しない　　など
③ 格付の基準

- 各エクスポージャーへの格付付与、各プールへの割当てのための明確な格付およびプールの定義、手続、基準を設定すること
- 同様のリスクを有する債務者およびエクスポージャーについて同一の格付付与や同一のプールへの割当てを可能とする、格付・プールの定義・基準を設けること
- 格付付与やプールへの割当ての基準が信用供与の基準等と一貫していること
- 格付付与やプールへの割当ての際に入手可能なあらゆる情報を利用すること
- 格付付与やプールへの割当ての基準と手続を定期的に見直すこと　など

④　債務者格付の格付付与時の評価対象期間
- 1年以上にわたる期間を評価の対象とすること
- ストレス・シナリオの利用や経済状況の悪化等に対する債務者の耐性の考慮　など

⑤　モデルを利用する場合の要件
⑥　内部格付制度・運用に関する書類の作成

2. 内部格付制度の運用

① 格付の対象
- 事業法人等向けエクスポージャーの場合は、事業体等ごとに個別に付与すること
- リテール向けエクスポージャーは信用供与の審査手続において、各プールに割り当てる。各プールへの割当てにおいて、保証またはクレジット・デリバティブ等の信用リスク削減効果を勘案している場合は、これらがないと仮定した場合のプールへの割当てとそれに基づくPD、LGDおよびEADの推計を行わなければならない　など

② 格付付与手続の健全性の維持
- 少なくとも年1回以上は格付、プールを見直すこと　など

③ 格付の書換え
- 人的判断に基づく内部格付制度の運用を行っている場合は、変更の方法、変更可能な範囲、変更の責任者などについて明確な規定を置く
- モデルに基づく内部格付制度の運用を行っている場合は、モデルの結果の人的判断による変更、モデルに用いる変数の除外、モデル入力値の変更を監視するための手続・ガイドラインを設けなければならない　など

④ データの維持管理
⑤ ストレス・テスト
- 所要自己資本の充実度を評価するために、適切なストレス・テストを実施しなければならない
- ストレス・テストは経済状況の悪化、市場環境の悪化および流動性の悪化

等、好ましくない効果を与える事態の発生・経済状況の将来変化を識別するものであって、こうした変化への銀行の対応能力の評価を含む

3. **内部統制**
① 取締役会等
   ・格付付与手続に関するすべての重要事項は取締役会等および執行役員の承認を得ていること
   ・取締役会等および執行役員が内部格付制度の概要を理解していること
   ・既存の方針の重要な変更について取締役等へ報告
   ・執行役員による内部格付制度の設計・運用の理解、適切な運用の確保、信用リスク管理部署との定期的会合
   ・格付に関する重要な事項が取締役会または執行役員に報告されていること
② 信用リスク管理部署
   ・内部格付制度の設計または選択、実施および実績について責任を負い、独立した信用リスク管理部署を設置する　など

4. **格付の利用**
   ・格付、PD、LGDは、与信審査、リスク管理、内部の自己資本配賦および内部統制において、重要な役割を果たすものでなければならない
   ・自己資本比率算定用のPD、LGDと与信審査等に用いる推計値が異なる場合は、信用リスク管理手法にその相違点と理由を記載しなければならない

5. **リスクの定量化**
① デフォルト
   ●債務者に次の事由が生ずることをいう
   ・債務者に対するエクスポージャーに、破産・更生債権およびこれらに準ずる債権、危険債権または要管理債権に該当する事由が生ずること（リテール向けの場合は3カ月以上延滞債権に該当する事由が生じた場合でも、元利の支払の延滞日が180日間を超えない範囲で信用リスク管理方針に記載された一定の日数を超えないときは除外する）
   ・その銀行が債務者に対するエクスポージャーについて、重大な経済的損失を伴う売却を行うこと
   ・当座貸越について約定の限度額（限度額が設定されていない場合はゼロ）を超過した日または現時点の貸越額より低い限度額を通知した日の翌日から3カ月以上限度額を超過していること
② 推計の対象と共通要件等
   ●内部格付手法採用行は次の要件を満たさなければならない
   ・事業法人等向けエクスポージャーについて、各債務者格付に対応するPDを、先進的手法採用行の場合はLGD、EADも推計する
   ・リテール向けエクスポージャーについて、基礎的手法採用行、先進的手法採用行の別なく、PD、LGD、EADを推計する

- ●PD、LGD、EADは、デフォルト事由の発生に基づいて推計する（事業法人等向けエクスポージャーのPDをマッピングや内部モデルにより推計する場合やリテール向けエクスポージャーで外部のデータ・モデルを用いる場合などで、デフォルト事由を用いた場合と同等の結果となるようデータを適切に調整している場合を除く）
- ●PD、LGD、EADの推計にあたり、推計に関連するすべての重要かつ入手可能なデータ、情報および手法を用いなければならないなど

③ PDの推計
- ●5年以上の観測期間のデータに基づいて推計する
- ●事業法人等向けエクスポージャー
- ・次に掲げる手法（または類似の情報・手法）を1以上用いてPDを推計する
- a. デフォルト実績の内部データから長期平均PDを推計する方法
- b. 外部信用評価機関による外部格付に対応したPDを割り当て、PDを推計する手法（一定の要件を満たしたマッピングによる手法）
- c. 債務者のデフォルト確率を内部モデルに基づいて推計し、単純平均してPDを算出する方法
- ●リテール向けエクスポージャー
- a. 内部データを一次的な情報源として推計する
- b. プールへの割当基準と外部のデータ提供者が用いている基準、内部データと外部データの構成に強い関連性がある場合は、外部のデータ・モデルを推計に用いることができる

④ LGDの推計
- ●事業法人等向けエクスポージャーについて、先進的手法を用いる場合のみ推計する。なお、7年以上の観測期間に基づくデータを利用する
- ●リテール向けエクスポージャーについては基礎的手法、先進的手法に関係なく推計する。なお、5年以上の観測期間に基づくデータを利用する
- ●推計の際は、次のすべての要件を満たさなければならない
- ・「経済的損失」に基づき推計する
- ・「経済的損失」は回収期間に応じた重要な割引効果、回収コストその他関連要素を考慮して計測する
- ・その銀行の回収能力が勘案されていること（実証的な裏付けが十分でない場合は保守的に勘案する）
- ●推計の際は、次の性質をすべて満たす景気後退期を勘案したものになるように、エクスポージャーごとに推計する
- ・長期平均デフォルト時損失率以上であること
- ・各エクスポージャーの特定期間の損失率が長期平均デフォルト時損失率を上回る可能性を考慮に入れたものであること
- ●債務者のリスクと担保・担保提供者のリスクに顕著な正の相関がある場

合、原債務と担保の表示通貨が異なる場合などは、保守的に考慮する
　●LGDの推計にあたり、担保の市場価値のみならず、回収実績値を基礎とする
　●LGDの推計にあたり、信用リスク削減効果を勘案する場合は、標準的手法とおおむね合致する、担保に関する内部基準をつくらなければならない
　●デフォルトしたエクスポージャーについては期待損失（EL）を推計しなければならない
⑤　保証およびクレジット・デリバティブに関する最低要件
⑥　EADの推計
　●オンバランス項目
　・現在において実行済みの信用供与の額を下回る値を用いてはならない
　・ただし、事業法人等向けエクスポージャーの場合は、担保・保証、クレジット・デリバティブ、貸出金と自行預金の相殺による信用リスク削減効果を反映できる
　・リテール向けエクスポージャーは、貸出金と自行預金の相殺を反映できる
　●オフバランス項目
　・デフォルト事由発生前および発生後に債務者が追加的引出し行為を行う可能性を勘案すること
　・EADの推計方法がエクスポージャーの種類によって異なる場合、エクスポージャーの種類の区分が明確になされていること
　●EADの推計にあたり、EADが以下の性質をすべて満たすよう、エクスポージャーごとに算出する
　・類似のエクスポージャーおよび債務者の長期的なデフォルト加重平均を用いている
　・誤差等について保守的な修正をしている
　・デフォルトの頻度とEADの大きさに正の相関関係が合理的に予想できる場合、より保守的に修正する
　・景気の下降期に配慮する
　●事業法人等向けは7年、リテール向けは5年以上の観測期間のデータに基づく
6．バック・テスティング（内部格付制度および推計値の検証）
　●年1回以上の頻度で推計値と実績値を比較し、乖離の度合いが想定範囲内にあることを確認しなければならない
　●推計方法以外の定量的な検証の手法を用いて、関連する外部データ・ソースとの比較を行わなければならない
　●推計値の妥当性が疑われる基準を設けなければならない
　●PD、LGD、EADの実績値が推計値を長期間上回る状況が続く場合は、これらの推計方法・推計値を修正しなければならない

7. **開　　示**
    - ●後述する事項を開示しなければならない（Q103～Q105参照）
8. **内部格付手法を用いるための自己資本比率**
    - ●国際統一基準に基づく総自己資本比率が８％以上でなければならない（国内基準行も同様。もっとも、国内基準行向けバーゼルⅢの改正告示によれば、国内基準行が内部格付手法を採用するためには、2014年３月31日から2015年３月30日までの間は国際統一基準に基づく普通株式等Tier１比率４％以上、2015年３月31日以降は同比率4.5%以上を維持しなければならないとされている。Q31参照）

Q56 担保・保証等による信用リスク削減効果は考慮されますか

A

　標準的手法の場合は、金融資産による担保、保証やクレジット・デリバティブ、貸出金と預金の相殺による効果、内部格付手法の場合は、これらに加え、その他の担保（適格債権担保、適格不動産担保、または適格その他資産担保等）も信用リスク削減手法（CRM手法）として認められています。削減効果の反映方法は標準的手法と内部格付手法とで違いがあります。

解　説

1　信用リスク削減効果が反映される手法

　バーゼルⅠでは、担保や保証により信用リスクが削減されている場合は、所要自己資本も軽減されました。バーゼルⅡ以後も、標準的手法、内部格付手法の両方で、担保・保証といった信用リスク削減（CRM）手法の効果を反映する取扱いになっています。

　対象となるCRM手法には①適格金融資産担保（担保付取引）、②保証、クレジット・デリバティブ、③貸出金と自行預金の相殺があります。さらに、内部格付手法の場合は、④その他の担保（適格債権担保、適格不動産担保、または適格その他資産担保等）もCRM手法として認められています（図表56－1参照）。

　①の適格金融資産担保の場合、CRM効果を反映する方法として簡便手法と包括的手法があります。簡便手法は債務者のリスク・ウェイトを、担保金融資産の発行体のリスク・ウェイトと置き換える方法です。包括的手法は、担保による保全部分を一定の調整をしたうえで控除し、残額に被担保資産のリスク・ウェイトを掛ける方法です。標準的手法採用行の場合、マーケッ

図表56−1　信用リスク削減手法（CRM）

	標準的手法	内部格付手法
① 適格金融資産担保	○	○
② 保証、クレジット・デリバティブ	○	○
③ 貸出金と自行預金の相殺	○	○
④ 適格債権担保、適格不動産担保、または適格その他資産担保	×	○

（出所）　大和総研金融調査部制度調査課作成

ト・リスク規制の対象となるオフバランス取引やデリバティブ取引は包括的手法を用いますが、それ以外の資産の場合は簡便手法と包括的手法のいずれかを選択できます。しかし、内部格付手法採用行の場合は、包括的手法を用いなければなりません。

②の保証、クレジット・デリバティブの場合は置換え方式によります。標準的手法採用行は、債務者のリスク・ウェイトを、保証人やプロテクションの提供者のリスク・ウェイトに置き換えることでCRM効果を反映します。内部格付手法採用行は、デフォルト確率（PD）、デフォルト時損失率（LGD）を置き換えて算出します。さらに、算出の際には、ダブル・デフォルト効果（債務者と保証・プロテクションの提供者が両方ともデフォルトするリスクに基づいて信用リスクを削減すること）を勘案できます。

③の貸出金と自行預金の相殺は、相殺により減額した貸出金の額に、標準的手法、内部格付手法それぞれによるリスク・ウェイトを掛けてリスク・アセット額を算出します。

2　信用リスク削減手法適用の要件

標準的手法採用行は、債権等の外部格付に信用リスク削減手法による信用補完の効果が反映されているときには、CRM手法を適用できません。これは信用補完の効果が二重に反映されることを避けるためです。外部格付に関しては、元本のみの償還可能性を評価している格付は用いてはいけないこと

とされています。そのほかに、標準的手法採用行はCRM手法に関する事項を開示する必要があります（Q103～105参照）。

　標準的手法の場合も内部格付手法の場合も、CRM手法に関する契約文書が取引当事者をすべて拘束するとともに、取引に関連するすべての法律に照らして有効である必要があります。

Q57 ダブル・デフォルト効果とは何ですか

A

被保証債権の債務者や原債権の債務者と、保証人やプロテクションの提供者の両方がデフォルトするリスクはそれぞれがデフォルトするリスクよりも小さくなります。この効果を、保証やクレジット・デリバティブによる信用リスク削減効果を勘案する際に考慮します。これをダブル・デフォルト効果といいます。

解説

1 ダブル・デフォルト効果とは

バーゼルⅠでは、保証やクレジット・デリバティブは、被保証債権の債務者や原債権の債務者を保証人やプロテクションの提供者のリスク・ウェイトに置き換えることを基本としています。

しかし、バーゼルⅡ以後は、内部格付手法において、ダブル・デフォルト効果を限定的に認容しています。ダブル・デフォルト効果とは、以下の①②について、それぞれの(ⅰ)(ⅱ)がともにデフォルトするリスクに基づいて信用リスクを削減することをいいます。

① 保証の場合
  (ⅰ) 被保証債権の債務者
  (ⅱ) 保証人
② クレジット・デリバティブの場合
  (ⅰ) 原債権の債務者
  (ⅱ) プロテクションの提供者

(ⅰ)(ⅱ)が両方ともデフォルトするリスクは、(ⅰ)(ⅱ)のいずれかがデフォルトす

るリスクよりも低いことから、それを反映して最低所要自己資本を軽減することとしています。この取扱いは2005年7月にバーゼル銀行監督委員会が公表した「トレーディング業務に対するバーゼルⅡの適用及びダブル・デフォルト効果の取扱い」により導入されることになりました。

2　適用要件

適用対象となるのは、バーゼルⅡに基づく金融庁告示19号「銀行法第14条の2の規定に基づき、銀行がその保有する資産等に照らし自己資本の充実の状況が適当であるかどうかを判断するための基準」上、信用リスク削減（CRM）手法として適格であると認められる以下の保証とクレジット・デリバティブです。

　① 単一の債務者の信用事由に基づいてCRM効果が提供される保証またはクレジット・デリバティブ
　② ファースト・トゥ・デフォルト型クレジット・デリバティブ
　③ その他の特定順位参照型クレジット・デリバティブ

保証やプロテクションの提供者は、以下の①～③の要件を満たす金融機関、証券会社または保険会社です。

　① バーゼル規制と同等の監督を受けている、または外部格付で投資適格（BBB－相当）以上である。
　② 保証またはプロテクションの提供時から算出基準日のいずれかにおいて外部格付のA－相当以上のデフォルト確率（PD）に対応した内部格付を取得している。
　③ 外部格付の投資適格（BBB－相当）と同等以上のPDに対応した内部格付を取得している。

ダブル・デフォルト効果が認められるためには、その他、以下の要件を満たす必要があります。

① 被保証債権、原債権のリスク・ウェイトが他のCRM手法の効果を反映していないこと
② 保証、クレジット・デリバティブが、中央政府等または日本の地方公共団体によるものとして取り扱われないこと
③ 被保証債権、原債権が政府等（ソブリン）、金融機関、証券会社、保険会社、保証・プロテクション提供者の子会社・関連会社、デフォルト主体向けでないこと
④ 保証人やプロテクション提供者に対して、訴訟による請求を行うことなく、すみやかに支払を請求できること
⑤ 保証またはクレジット・デリバティブに基づく支払を受けるために被保証債権・原債権の債務者に対する貸出債権、社債、その他の債権を譲渡することが予定されている場合は、法的確実性を確保して譲渡を行えること
⑥ 上記の場合、譲渡対象債権を市場から調達することを予定している場合は、市場に調達のための十分な流動性があること
⑦ 希薄化リスクについて保証またはクレジット・デリバティブのCRM効果を勘案する場合、保証人やプロテクションの提供者が、保証・プロテクションの対象となる購入債権の売り手やその子会社・関連会社でないこと
⑧ 保証人やプロテクション提供者が、被保証債権・原債権の債務者とデフォルトの相関関係が過大となる要因を有するものでないことが銀行の内部プロセスで確認され、そのような関係がない場合にのみ、ダブル・デフォルト効果を勘案する取扱いになっていること

ダブル・デフォルト効果の算式は下記のとおりです。算出したKDDを8％で割り返し（12.5倍し）、保証人またはプロテクション提供者のエクスポージャー額（すなわち、保証またはクレジット・デリバティブの想定元本額）に掛ければ、最低所要自己資本額が算出できます。

$$K_{DD} = K_O \times (0.15 + 160 \times PD_g)$$

K_{DD}：ダブル・デフォルト効果を勘案した所要自己資本率

K_O：保証されていないまたはプロテクションが提供されていない取引に対する所要自己資本率

PD_g：保証人またはプロテクション提供者のデフォルト確率

　K_Oは通常のリスク・ウェイト関数で計算します。K_Oを算出する際のデフォルト時損失率（LGD）は、契約形態等に照らし、被保証債権・原債権の債務者と保証人やプロテクション提供者のうち適切な者のLGDを用います。

　ダブル・デフォルト効果をPDで勘案する場合も、クレジット・デリバティブの差入担保等は、LGDに反映することができます。

　被保証債権・原債権の債務者と保証人やプロテクション提供者の双方から回収する効果（ダブル・リカバリー効果）をLGDに反映することは認められません。

　マチュリティは保証、クレジット・デリバティブのマチュリティに基づく実効マチュリティを用います（1年を下回る場合は1年）。

Q58 銀行が金融資産を担保としている場合はどのように取り扱われますか

A

銀行が金融資産を債権等の担保としている場合、一定の要件を満たせば、信用リスク・アセット額の算定において、担保による信用リスク削減（CRM）効果を反映できます。CRM効果の反映方法には、リスク・ウェイト等を置き換える簡便手法と、担保でカバーされている部分を調整したうえで控除する包括的手法があります。標準的手法採用行は両方用いることができ、内部格付手法採用行は包括的手法を用います。担保として適格な金融資産の範囲は包括的手法のほうが広くなっています。

解　説

1　標準的手法採用行での取扱い

銀行が貸出金など債権等の担保として金融資産を受け入れている場合、バーゼルⅡでは、この担保付取引について信用リスク削減（CRM）効果が認められるための最低条件が定められています。法的な有効性が確保されていること、取引相手（債務者）の信用リスクと当該担保の信用リスクとの間に顕著な正の相関がないこと、担保の実行等のための手続が明確で固まっていることなどがあげられています。

法的な有効性が確保されていることの要件はQ56で述べたとおりです。取引相手（債務者）の信用リスクと当該担保の信用リスクについて、両者に顕著な正の相関がある場合は当該担保をCRM手法として用いてはなりません。たとえば取引相手（債務者）の親会社や子会社が発行する証券を担保とする場合などは、一般的に取引相手（債務者）の信用リスクとその親会社や子会社の信用リスクとに顕著な正の相関があると考えられます。これら以外の関連会社、系列企業でも、担保として不適格と考えられる程度の相関の高

さが認められれば、担保としては不適格と取り扱うべきです。

担保に関しては、担保権の維持・実行に必要なすべての措置を講じていること、担保権の実行を可能とする事由が発生した場合に担保を適切に管理・処分できる権限を有していること、担保の管理・処分のための適切な内部手続を設けていること、担保の管理を第三者に委託している場合は委託先の財産と明確に分別管理されていることといった要件を満たす必要があります。

これらの要件を満たし、担保資産が下記(1)(2)にあげる適格金融資産担保である取引を「適格金融資産担保付取引」といいます。

有価証券の貸付、現金や有価証券による担保の提供、有価証券の買戻条件付売却または売戻条件付購入の場合、担保の効果は取引の両当事者において考慮されます。たとえば債券レポ取引（現金担保付債券貸借取引）の場合、債券の貸し手は現金担保による効果を反映して信用リスク・アセット額を算出します。一方、借り手の銀行等は現金貸付の担保として有価証券を受け入れたものと考え、現金貸付額に債券による担保効果を反映して、信用リスク・アセット額を算出します。

担保の効果を反映する方法は「簡便手法」と「包括的手法」の2つがあり、どちらかの方法を選択できます。ただし、マーケット・リスク規制を適用している標準的手法採用行が、オフバランス取引やデリバティブ取引の与信相当額に対してCRM手法を適用する場合は包括的手法によります。

原則として簡便手法と包括的手法のいずれかを継続的に適用することになりますが、リスク管理の高度化などに伴い、簡便手法から包括的手法に変更することは認められます。

(1) 簡便手法

簡便手法では、取引相手（債務者）のリスク・ウェイトを担保されている部分について担保資産のリスク・ウェイトに変換します。部分的な担保も認められます。担保として有効な資産（以下、「適格金融資産担保」）は次のとおりです。

① 現金および自行預金。自行の債券（銀行がバンキング勘定の債権・債

券（エクスポージャー）に対してクレジット・リンク債を発行している場合など）および信託受益権（元本補塡契約が締結されているものに限る）等も含まれる。

② 金

③ 日本国政府もしくはわが国の地方公共団体が発行する円建ての債券または国際決済銀行、国際通貨基金、欧州中央銀行、欧州共同体もしくは標準的手法で０％のリスク・ウェイトが適用される国際開発銀行の発行する債券

④ 適格格付機関が格付を付与している債券であって、次のいずれかに該当するもの（③に該当するものを除く）
  ◇ソブリン（政府・中央銀行、公共部門）が発行する場合はBB－以上
  ◇それ以外の発行者の場合は長期債がBBB－以上、短期債がA－3／P－3以上（長期債・短期債ともに、再証券化エクスポージャーに該当するものを除く）

⑤ 格付がない債券の場合は、次のすべての条件を満たすもの
  ◇発行者が銀行または証券会社であること
  ◇取引所金融商品市場、店頭売買有価証券市場または外国金融商品市場において売買されていること
  ◇劣後債権でないこと
  ◇同順位の債務の格付が、長期債でBBB－以上、短期債でA－3／P－3以上であること
  ◇標準的手法採用行が、当該債券の格付が長期債でBBB－以上、短期債でA－3／P－3以上を下回ると信ずるに足る情報を有しないこと
  ◇当該債券に十分な流動性があること

⑥ 指定国の代表的な株価指数に含まれている株式（図表58－1）

⑦ 日々価格が公表されており、投資対象が担保適格のものである投資信託等

図表58－1　指定国の代表的な株価指数

a.日本	日経平均株価指数 日経300株価指数 TOPIX（東京証券取引所株価指数）	h.スイス	SMI株価指数
b.米国	S&P500株価指数	i.スウェーデン	OMX株価指数
c.イタリア	MIB30株価指数	j.スペイン	IBEX株価指数
d.オーストラリア	オール・オーディナリー株価指数	k.ドイツ	DAX株価指数
e.オランダ	EOE株価指数	l.フランス	CAC40株価指数
f.カナダ	TSE35株価指数	m.ベルギー	BEL20株価指数
g.英国	FTSE100株価指数 FTSE-Mid250株価指数	n.香港	ハンセン株価指数

　簡便手法は、担保の残存期間が、担保が付されているエクスポージャーの残存期間以上でなければ適用できません。さらに担保資産は少なくとも6カ月に1回は再評価されている必要があります。

　取引のうち担保の時価でカバーされた部分は担保資産に適用できるリスク・ウェイトを適用します。リスク・ウェイトの下限は20％ですが、以下の場合は20％よりも低いリスク・ウェイトを適用できます。

　　◇取引により生じた資産等とその担保が現金または0％のリスク・ウェイトが適用される債券であり、通貨が同じで、オーバーナイトまたは取引と担保が日々値洗いされるなど、全部で8つの条件を満たすレポ取引の場合は、リスク・ウェイトはゼロになる。

　　◇ただし、上記8つの条件のうちの1つである、「取引相手が中核的市場参加者」という条件のみを満たさない場合は、リスク・ウェイトは10％になる。中核的市場参加者とは、政府・中央銀行、日本の地方公共団体や政府関係機関、外国の中央政府以外の公共部門、銀行等、証券会社、リスク・ウェイトが20％のその他の金融会社（保険会社を含

む)、レバレッジが規制されている投資信託、年金基金、金融商品取引清算機関をいう。

◇日々時価評価され、現金または自行預金により担保されており、取引と担保の通貨も同じである店頭デリバティブ取引のリスク・ウェイトは0％になる。ただし、リスク・ウェイト0％の国債や日本の地方債が担保である場合は10％のリスク・ウェイトが適用される。

◇取引と担保が同一通貨であり、担保が自行預金(銀行がバンキング勘定のエクスポージャーに対してクレジット・リンク債を発行している場合は、そのエクスポージャーは預金で担保しているものとして取り扱われる)である、または担保が国債や日本の地方債で、そのリスク・ウェイトが0％であり、担保としての評価が時価より20％以上減額されている場合は、リスク・ウェイトをゼロとすることができる。

(2) 包括的手法

包括的手法による場合は、簡便手法の①～⑦に加え、以下の⑧⑨も担保として有効です。

⑧ 主要な株価指数には含まれていないが上場している株式

⑨ 前記①～⑧のみを投資対象とし、市場取引価格が毎取引日において公表されている投資信託

さらに、マーケット・リスク規制を適用している銀行等の場合、レポ形式の取引で取引対象資産がマーケット・リスク規制の対象になっているもの(再証券化エクスポージャーに該当するものを除く)については、適格金融資産担保の範囲は制限されません。

包括的手法では、担保によるCRM効果考慮後の債権・債券等(エクスポージャー)の額は取引により生じたエクスポージャーの現在の価値から担保の現在の価値を控除して計算します。その際は市場の変動による将来の価格変動を考慮して、エクスポージャーの額と担保の価値をボラティリティ調整率という数値を用いて修正することとしています。エクスポージャーと担保の

通貨が異なる場合は、さらにボラティリティ調整率を追加します。このボラティリティ調整率の値が小さいほど、CRM効果は大きくなります。具体的には次の算式により担保によるCRM効果考慮後のエクスポージャーの額を算出します。これにエクスポージャーのリスク・ウェイトを適用したものが信用リスク・アセット額になります。

$$E^{※} = E \times (1 + He) - C \times (1 - Hc - Hfx)$$

$E^{※}$：CRM効果考慮後のエクスポージャー額（下限はゼロ）

E：当初のエクスポージャー額

He：エクスポージャーが証券貸借取引等の与信相当額である場合に、取引相手に引き渡した資産の種類に応じて適用するボラティリティ調整率

C：適格金融資産担保額

Hc：適格金融資産担保に適用するボラティリティ調整率

Hfx：エクスポージャーと適格金融資産担保の通貨が異なる場合のボラティリティ調整率

上記のボラティリティ調整率の標準的ボラティリティ調整率（図表58-2）を用います。このボラティリティ調整率は、対象取引について日々時価評価または担保額調整を行う必要があり、かつ、調整率計算に用いる保有期間が10営業日の場合に用いられるものです。時価評価の頻度や保有期間が異なる場合は調整する必要があります。

金融庁長官に申請し承認を受けた場合は、銀行等が自行で推計したボラティリティ調整率を用いることもできます。自行推計のボラティリティ調整率の使用が認められるためには、調整率が一定の定性的基準・定量的基準を満たす必要があります。

取引により生じた資産等とその担保が現金または0％のリスク・ウェイトが適用される債券であり、通貨が同じで、オーバーナイトまたは取引と担保

図表58-2 適格金融資産担保が債券の場合の調整率

信用リスク区分（格付）	残存期間	ボラティリティ調整率（％）		
		発行体がソブリン等の場合	発行体がソブリン等以外で、証券化エクスポージャー以外の場合	証券化エクスポージャーの場合（注1）
AA－相当以上 A－1／P－1相当以上	1年以下	0.5	1	2
	1～5年以下	2	4	8
	5年超	4	8	16
BBB－相当以上 A－3／P－3相当以上	1年以下	1	2	4
	1～5年以下	3	6	12
	5年超	6	12	24
BB－相当以上	全期間	15	—	—

（注1） 2012年12月7日公表の改正告示にて追加。
（注2） ボラティリティ調整率適用対象資産が上場株式で主要な株価指数の対象の場合は15％、上場株式であっても主要な株価指数の対象でない場合は25％、投資信託等の場合は15％または25％、現金および自行預金の場合は0％、適格金融資産担保以外（証券貸借取引等、マーケット・リスク規制対象のレポ取引）の場合は25％。
（注3） Hfxは8.0％。
（出所） 大和総研金融調査部制度調査課作成

が日々値洗いされるなど、全部で8つの条件を満たすレポ取引の場合は、ボラティリティ調整率はゼロになります。ただし、取引相手が中核的市場参加者である場合に限ります。レポ取引に一定の条件を満たす一括清算条項等、法的に有効な相対ネッティング契約が付されている場合は、その効果を反映させることができます。

　包括的手法では、担保付きの店頭デリバティブ取引を行っている場合も、カレント・エクスポージャー方式により、CRM効果を反映することができます。カレント・エクスポージャー方式の場合は、与信相当額（再構築コスト＋アドオン）から担保を控除（控除後の与信相当額がゼロ以下ならゼロ）してCRM効果を反映します。

2　内部格付手法採用行の場合

　内部格付手法採用行も適格金融資産担保の効果をデフォルト時損失率（LGD）、与信相当額（EAD）に反映できます。EADは、包括的手法により調整することが認められています。LGDは、基礎的内部格付手法採用行の場合はあらかじめ数値が定められていますが、事業法人等向けエクスポージャーの場合は次の方法で調整できます。ただし、法的に有効な相対ネッティング契約にあるレポ取引を除きます。当該レポ取引はEADに反映できます。

$LGD = 45\% \times E^{※} / E$

$E^{※}$：CRM効果考慮後の事業法人等向けエクスポージャー額（下限ゼロ）

E：当初の事業法人等向けエクスポージャー額

　先進的内部格付手法採用行の場合は、LGDの推計において担保を考慮することができます。そのためには、エクスポージャーと担保の間に顕著な正の相関がある場合や通貨が異なる場合は保守的に考慮すること、担保は市場価値のみならず回収実績値を基礎とすること、法的確実性、担保管理、リスク管理手続の内部基準を設ける等の要件を満たすことが求められています。

Q59 保証やクレジット・デリバティブはどのように取り扱われますか

A

債権等に対して保証やクレジット・デリバティブが付されている場合も一定の要件を満たせばリスク削減効果が認められます。標準的手法採用行は保証によりカバーされている部分について債務者のリスク・ウェイトを保証やプロテクションの提供者のリスク・ウェイトに置き換えます。内部格付手法採用行の場合は債権等のデフォルト確率（PD）、デフォルト時損失率（LGD）を保証やプロテクションの提供者のPD、LGDに置き換えてリスク・ウェイトを算出します。なお、クレジット・イベントにリストラクチャリング条項が含まれないクレジット・デリバティブの場合は、信用リスク削減（CRM）効果が最大でも60％に削減されます。

解説

1　CRM効果の反映方法

バーゼルⅡでは、保証またはクレジット・デリバティブについても信用リスク削減（CRM）効果を認めています。クレジット・デリバティブの基本的な仕組みは図表59－1のとおりです。

標準的手法採用行の場合は、バーゼルⅠの保証の取扱いと同じく、リスク・ウェイトを置き換える方式でCRM効果を反映します。すなわち、債権・債券等（エクスポージャー）のうち保証やクレジット・デリバティブでカバーされている部分は、エクスポージャーのリスク・ウェイトではなく、保証者やクレジット・デリバティブの提供者（プロテクション提供者）のリスク・ウェイトに置き換えます。

内部格付手法採用行の場合は債権等のデフォルト確率（PD）、デフォルト

図表59－1　クレジット・デリバティブの仕組み

クレジット・デフォルト・スワップ

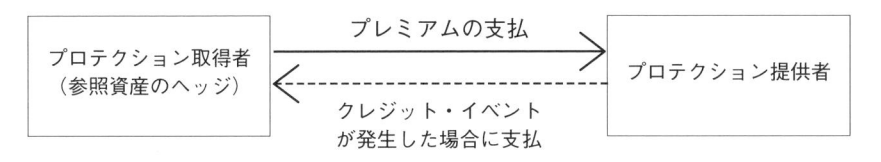

```
┌─────────────┐   プレミアムの支払   ┌─────────────┐
│プロテクション取得者│ ─────────────→ │             │
│ (参照資産のヘッジ) │                  │プロテクション提供者│
│             │ ←─────────────  │             │
└─────────────┘  クレジット・イベント  └─────────────┘
                が発生した場合に支払
```

トータル・リターン・スワップ

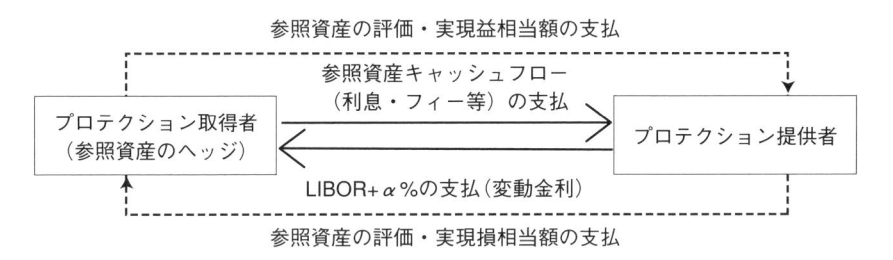

```
           参照資産の評価・実現益相当額の支払
      ┌───────────────────────────────┐
      │   参照資産キャッシュフロー         │
      │    (利息・フィー等) の支払         │
┌─────────────┐ ─────────────→ ┌─────────────┐
│プロテクション取得者│                  │             │
│ (参照資産のヘッジ) │                  │プロテクション提供者│
│             │ ←─────────────  │             │
└─────────────┘ LIBOR+α%の支払 (変動金利) └─────────────┘
      │                              │
      └───────────────────────────────┘
           参照資産の評価・実現損相当額の支払
```

(出所)　大和総研金融調査部制度調査課作成

時損失率（LGD）を保証者やクレジット・デリバティブの提供者（プロテクション提供者）のPD、LGDに置き換えてリスク・ウェイトを算出します。

　たとえば、事業法人等向けエクスポージャーの場合、基礎的内部格付手法採用行は下記①、先進的内部格付手法採用行は下記①または②の方法によります。

　①　債権等のリスク・ウェイトにかえて、保証またはクレジット・デリバティブに対応する信用リスク・アセット額の算式、PDおよびLGDを適用する。原債権の債務者の信用リスクが保証者またはクレジット・デリバティブのプロテクション提供者により完全には代替されない場合は、保証者またはクレジット・デリバティブのプロテクション提供者の債務者格付に対応するPDにかえて、原債権の債務者と保証者またはプロテクション提供者の間に位置する債務者格付に対応するPDを用いる。

②　算式は代替せず、保証またはクレジット・デリバティブを勘案したPDまたはLGDを適用する。

　リテール向けエクスポージャーの場合は、原債権の債務者の信用リスクが保証者またはクレジット・デリバティブのプロテクション提供者により完全に代替されている場合に限り、①の方法によりCRM効果を反映することができます。

2　適用要件

　バーゼルⅡでは、保証またはクレジット・デリバティブによるCRM効果を反映するための要件が定められています。以下の要件は、標準的手法採用行、基礎的内部格付手法採用行および前出1の①の方法を用いる先進的内部格付手法採用行を対象とします。先進的手法採用行のうちCRM効果の反映方法として前出1の②の方法を用いる銀行にはこのような規定は設けられていませんが、別途適用が認められるための最低要件が設けられています。

(1)　適格提供者

　まず、保証者やプロテクション提供者は以下の者でなければなりません。

　　◇中央政府、日本の地方公共団体・政府関係機関、外国の公共部門、国際開発銀行、銀行・証券会社等で、被保証債権または原債権の債務者より低いリスク・ウェイトが適用されるもの

　　◇適格格付機関が格付を付与しているもの[1]。保証やクレジット・デリバティブが、債務者の親会社、子会社および関連会社により提供される場合でも、これらの企業のリスク・ウェイトが債務者のリスク・ウェイトより低い場合は対象に含まれる。

---

[1]　バーゼルⅡまでは、格付がA－相当以上のものという要件が付されていました（標準的手法採用行および基礎的内部格付手法採用行）。しかし、バーゼルⅢの導入により、外部格付への依存の見直しという観点から、この要件は緩和されています（Q25参照）。

⑵ 保証またはクレジット・デリバティブの要件

保証またはクレジット・デリバティブに共通する要件として、次のものがあげられます。

- ◇直接的（保証者またはプロテクション提供者に対する直接の債権）であること
- ◇明示的（保護の範囲が明確）であること
- ◇取消不能であること
- ◇信用リスク削減効果を享受するために追加的支払を必要としないこと
- ◇契約文書が作成されていること
- ◇支払事由が生じた場合に適時の支払を妨げる条項が含まれていないこと

保証の場合は、上記に加え、さらに次の2条件が、CRM効果が認められるための条件として定められています。

- ◇訴訟によらずすみやかに履行を請求できること
- ◇元本以外（利息等）も保証の対象とする（元本のみ対象とする場合は比例的な保証として認められる部分についてCRM効果が認められる）こと

クレジット・デリバティブは、7つの追加条件が定められています。ここでは主な2つの条件を紹介します。

- ◇保証と同等の効果を有するクレジット・デフォルト・スワップとトータル・リターン・スワップのみが対象になること
- ◇支払のトリガー（クレジット・イベント）になる信用事由として以下が盛り込まれていること
  - (i) 原債権の支払義務の不履行
  - (ii) 破産手続開始の決定、民事再生手続開始の決定、会社更生手続開始の決定、特別清算開始命令、支払不能・債務不履行となる可能性がきわめて高いことを認定した文書の存在、その他これらに類する

事由

(iii) リストラクチャリング（原債権の債務者の経営再建・支援を図ることを目的として行われた原債権の元本、利息、手数料等の支払の減免・猶予）

なお、(iii)の発動を規定した条項がない場合は、原債権のうちクレジット・デリバティブの想定元本の60％について、CRM効果を勘案（想定元本が原債権額を上回る場合は原債権額の60％が限度）することになります。

このなかで、クレジット・デリバティブの支払のトリガー（クレジット・イベント）になる信用事由に関しては、当初はリストラクチャリングを含めなければならないこととされていました。その後、銀行が返済条件に関するコントロール権を有している場合は、信用事由に条件緩和が含まれていなくても、リスク削減効果を認めることとされました。しかし、最終的には、信用事由に原則としてリストラクチャリングを含めることとし、含めていない場合のCRM効果を含めている場合の60％に削減することとしています。

Q60 バスケット型のクレジット・デリバティブはどのように取り扱われますか

A

ファースト・トゥ・デフォルト型の場合は参照資産のうち最も低いリスク・ウェイトの債権等、セカンド・トゥ・デフォルト型の場合は2番目に低いリスク・ウェイトの債権等だけが信用リスク削減効果が認められます。プロテクションの提供者には証券化のリスク・ウェイトが適用されます。

解　説

　バスケット型クレジット・デリバティブとは、別々の事業法人等に対する債権など、複数の債権・債券等（エクスポージャー）を参照資産とするクレジット・デリバティブのことをいいます。バスケット型クレジット・デリバティブにはファースト・トゥ・デフォルト型とセカンド・トゥ・デフォルト型などがあります。

　ファースト・トゥ・デフォルト型とは、参照資産である複数のエクスポージャーのうちいずれかの債権等について最初にクレジット・イベントが発生した段階でプロテクションの提供者から取得者に支払が行われるタイプのものをいいます。たとえば、A社、B社、C社向けの債権が5億円ずつあった場合に、別々にクレジット・デリバティブでヘッジしたのではコストがかかるため、3つまとめてヘッジすることがあります。ファースト・トゥ・デフォルト型の場合、A社、B社、C社向けの債権のうち最初にデフォルトを起こした債権のデフォルトによる損失がカバーされます。

　標準的手法採用行がこのファースト・トゥ・デフォルト型クレジット・デリバティブで複数の保有債権等をヘッジしている場合は、バーゼルⅠでは、クレジット・デリバティブの想定元本が最大支払額になるように任意の資産

を選択し、カバーされている部分は当該資産とプロテクション提供者のうち低いリスク・ウェイトを掛けた額を用いていました。バーゼルⅡ以後は、クレジット・デリバティブの想定元本を限度として、プロテクション提供者のリスク・ウェイトに置き換えたときに信用リスク削減（CRM）効果が最も小さくなる（すなわち、最もリスク・ウェイトの低い）1つの債権等に限り、CRM効果が認められます。この取扱いは内部格付手法採用行にも準用されます。

セカンド・トゥ・デフォルト型とは、参照資産である複数のエクスポージャーのうち、いずれかについて2番目にクレジット・イベントが発生した段階でプロテクションの提供者から取得者に支払が行われるタイプのものをいいます。前述の例でいえば、たとえば最初にC社向け債権等にデフォルトが発生し、次にB社向け債権等にデフォルトが生じた場合に、B社向け債権等のデフォルトによる損失がカバーされます。

標準的手法採用行がこのセカンド・トゥ・デフォルト型クレジット・デリバティブで複数の保有債権等をヘッジしている場合は、次のいずれかのように取り扱われます。

　　◇同じエクスポージャーを対象とするファースト・トゥ・デフォルト型クレジット・デリバティブのプロテクションも購入している場合は、プロテクション提供者のリスク・ウェイトに置き換えたことによるCRM効果が2番目に小さい1つの債権に限り、CRM効果を認める。

　　◇プロテクションの対象債権等のうちいずれか1つにすでにクレジット・イベントが生じている場合は、クレジット・イベントが発生していない残りの対象債権等に対するファースト・トゥ・デフォルト型クレジット・デリバティブのプロテクションを購入しているものとして取り扱う。

その他の特定順位参照型クレジット・デリバティブも同様です。

上記の取扱いは内部格付手法にも準用されます。クレジット・デリバティ

ブを勘案したデフォルト確率（PD）またはデフォルト時損失率（LGD）を用いたときに、ファースト・トゥ・デフォルト型はCRM効果が1番目、セカンド・トゥ・デフォルト型は2番目に小さくなる1つの債権等に限り、CRM効果が認められます。クレジット・デリバティブについてダブル・デフォルト効果を勘案する場合も同様の取扱いになります。

　一方、これらのクレジット・デリバティブのプロテクションの提供者に対しては、適格格付機関の格付がある場合は証券化取引に適用されるリスク・ウェイトが適用され、格付がない場合は各参照資産のリスク・ウェイトを合計します（上限は国際統一基準行が1250%、国内基準行が2500%[1]）。

---

[1] 国内基準行向けバーゼルⅢの改正告示によれば、国内基準行についても、2014年3月31日の適用日以降は、格付がない場合のリスク・ウェイトの上限を1250%とすることとされています。

Q61 その他の信用リスク削減手法はどのように取り扱われますか

A

標準的手法採用行、内部格付手法採用行のいずれも、法的な有効性が確保されている等の要件を満たした場合、銀行の貸出金と貸出先の自行への預金を相殺したものとして信用リスク・アセット額を算出することができます。内部格付手法採用行の場合は、債務者が提供した債権、不動産、その他の資産の担保の効果を与信相当額の算出に反映できます。

解説

1 貸出金と自行預金の相殺

標準的手法採用行は、以下の要件をすべて満たせば、相殺契約下にある貸出金と自行預金の相殺後の額に基づいて信用リスク・アセット額を算出することができます。

◇取引相手(自行預金の預金者)の倒産等(債務超過、破産手続開始の決定、民事再生手続開始の決定、会社更生手続開始の決定、特別清算開始の命令その他これらに類する事由)にかかわらず、取引に関連する国において貸出金と預金の相殺が法的に有効であることを示す十分な根拠を有している。

◇同一の取引相手との間で相殺契約下にある貸出金と自行預金(すなわち相殺対象)をいつでも特定できる。

◇自行預金が継続されないリスクが監視・管理されている。

◇貸出金と自行預金の相殺後の額が監視・管理されている。

「相殺契約」として、各行が定める銀行取引約定書、消費者ローン契約書、BBA (British Bankers Association) International Deposit Netting Agreement等、法的相殺を可能とする相殺適状の特約条項が入っている契約が考えられます。

「貸出金」は、コールローンや金融機関への預け金を含みます。同様に、貸出金（コールローンや預け金を含む）より発生する未収収益についても、「貸出金」として取り扱うことができます。

満期のない流動性預金、譲渡性預金は、受働債権として確実な残存期間を有するとはいえないため、相殺対象となる「自行預金」には含まれません。コールマネーは自行預金と同様に取り扱えます。

貸出金と自行預金の通貨が異なる場合（たとえば貸出金は米ドルだが自行預金は円）は、債権等とその担保の通貨が異なる場合と同様に、ボラティリティ調整率を用いて調整します（Q58参照）。

内部格付手法採用行の場合は、与信相当額（EAD）の算定上、貸出金と自行預金の相殺の効果を反映できます。

2 適格債権担保、適格不動産担保または適格その他資産担保

内部格付手法採用行は、適格金融資産担保以外の担保の効果を反映することができます。売掛債権、不動産、船舶、自動車等を担保としている場合、標準的手法では担保の効果は反映されません。しかし、内部格付手法の場合は担保の効果を反映することができます。たとえば、基礎的内部格付手法採用行の事業法人等向け債権に対する担保の場合は、デフォルト時損失率（LGD。原則45％）を調整して担保の効果を反映します。具体的には、担保割合が最低所要担保カバー率を超える場合に、適格担保額を超過担保カバー率で割った部分に対して図表61－1のLGDを適用します。

債務者が担保として提供した債権（売掛金その他）が担保として適格である、すなわち、適格債権担保であると認められるためには、次の要件をすべて満たす必要があります。

　　◇当初の満期が1年以内であり、被担保債権の債務者が第三者と行った商取引に基づき支払を受ける債権である。

図表61-1　適格債権担保、適格不動産担保または適格その他資産担保とLGD

	最低所要担保カバー率（％）	超過担保カバー率（％）	LGD（％）
適格債権担保	0	125	35
適格不動産担保	30	140	35
適格その他資産担保	30	140	40

（出所）　大和総研金融調査部制度調査課作成

　　◇証券化、ローン・パーティシペーションまたはクレジット・デリバティブに関連する債権ではない。
　　◇債務者の子法人等または関連法人等その他債務者とデフォルトの相関関係の高いものに対する債権ではない。
　また、図表61-1のLGDの運用要件として、担保の有効性が確保されていること、被担保債権と担保として提供した債権の差額には回収費用や与信集中リスク等勘案すべき要素がすべて織り込まれていること、被担保債権を適切かつ継続的に監視していることなどの要件を満たす必要があります。
　不動産が適格不動産担保として認められるためには、次の性質をすべて有する必要があります。
　　◇被担保債権の債務者のリスクが、当該不動産または当該不動産に係るプロジェクト以外を原資とする債務者の返済能力に依存する。
　　◇担保の目的である不動産の価値が、債務者の業績に大きく依存するものではない。
　　◇被担保債権が事業用不動産向け貸付に該当しない。
　また、図表61-1のLGDの運用要件として、担保の有効性の確保のほか、評価額が公正な時価以下であること、年1回以上の頻度で不動産の担保価値が評価されていること、不動産を価値の劣化から保全する措置がとられていること等の要件を満たす必要があります。
　その他資産の場合は、不動産と同様の要件のほか、担保が第1順位であるなどの運用要件を満たす必要があります。

Q62 信用リスク削減手法と原債権の満期が一致しない場合(マチュリティ・ミスマッチ)でも信用リスク削減効果は反映されますか

A

標準的手法採用行の場合、①契約当初の信用リスク削減(CRM)手法の残存期間が1年以下、②CRM手法の残存期間が3カ月以下のいずれの要件も満たさなければ、所定の調整式を用いてマチュリティ・ミスマッチの調整を行うことができます。

解 説

1　標準的手法におけるマチュリティ・ミスマッチの調整

　担保、保証、クレジット・デリバティブ等の信用リスク削減(CRM)手法の残存期間が原債権の残存期間よりも短い場合は、CRM手法の満期到来後はカバーされないことになります。そのため、バーゼルIでは、このような場合はCRM効果を認めていませんでした。

　バーゼルII以後も、標準的手法採用行が適格金融資産担保に簡便手法を用いる場合は、CRM手法の残存期間が原債権の残存期間よりも短ければCRM効果を認めていません。これに対して標準的手法採用行が適格金融資産担保に包括的手法を用いている場合は、そのようなケースでも、以下のいずれにも該当しないことを条件に、CRM効果を認めています。適格金融資産担保以外のCRM手法(保証、クレジット・デリバティブ、貸出金と自行預金の相殺)も同様に取り扱われています。

　①　契約当初のCRM手法の残存期間が1年以下
　②　CRM手法の残存期間が3カ月以下
ただし、CRM効果を以下の調整式で削減することとしています。

$$Pa = P \times \{(t-0.25) / (T-0.25)\}$$
Pa：残存期間調整後のCRM手法の額
P：CRM手法の額（異通貨のボラティリティ調整率適用後）
t：CRM手法の残存期間（年）、tのほうがTより長いときはT
T：原債権（エクスポージャー）の残存期間（年）、最長5年

　債権・債券等（エクスポージャー）の残存期間は原則として債務の履行期日のうち最も遅い期日によります。猶予期間があれば残存期間に含めます。一方、CRM手法の残存期間は、CRM効果を終了させる権利を保証やプロテクションの提供者がもつ場合は、当該終了が可能となる最初の日までになります。CRM効果を終了させる権利を銀行がもち、その銀行がCRM効果を早期に終了させる相応の動機をもつときは、CRM手法の残存期間は、当該終了が可能となる最初の期日までになります。さらにCRM手法に残存期間を短縮するオプションが組み込まれている場合は、オプションの行使の可能性を考慮して最短の残存期間を用いなければなりません。
　貸出金と自行預金の相殺の場合、預金の残存期間は次のように取り扱われます。
　　◇自動継続定期預金の残存期間は次の回の自動継続日まで
　　◇期日指定定期預金など一定の据置期間経過後は解約が自由な定期預金の残存期間は、据置期間満了時まで

2　マチュリティ・ミスマッチの調整が不要な場合

　質権を設定した担保対象預金が定期預金として継続されない場合、満期後の預金や供託金の上に引き続き質権を維持するかすみやかに回収することとされているときは、マチュリティ・ミスマッチの調整は不要です。総合口座の当座貸越も、預金に質権が設定されている場合は同様に取り扱われます。
　担保付きのデリバティブ取引の場合、適時に担保差入れを請求できる契約

内容および体制になっており、かつ、担保差入れがなされないことがデフォルト事由に該当し、強制的に与信を回収できるのであれば、マチュリティ・ミスマッチは考慮しなくてもよいこととされています。

約定弁済が行われる場合、約定弁済が行われる部分は、最終弁済日ではなく、約定弁済日までの期間を残存期間とすることができます。その場合、CRM手法の満期よりも前に約定弁済が行われる部分については、マチュリティ・ミスマッチの調整は不要です。逆に、CRM手法の満期より後に約定弁済される部分は、前記1の調整式でマチュリティ・ミスマッチの調整を行います。

2　株　式　等

Q63　バーゼルⅡでは、株式等のリスク・ウェイトはどのように変更されましたか。なぜそのような改正が行われたのですか

A

　バーゼルⅠでは、株式のリスク・ウェイトは100％でした。しかし、株式には価格変動リスクがあり、デフォルト時の回収に係る優先順位も融資に劣後します。そこで、バーゼルⅡ以後の内部格付手法では、バーゼルⅠよりも高く、かつ、融資等に比べて高いリスク・ウェイトが適用されるようになりました。

解　説

　バーゼルⅠでは、銀行が保有する株式に対して100％のリスク・ウェイトが適用されていました。これは事業会社向け債権（貸付金）等と同じリスク・ウェイトです。株式も貸付金も同じ会社に対する資金の提供であれば、信用リスクに関しては、出資や貸付という形態に関係なく同じリスク・ウェイトを適用するという考えに基づくものと思われます。

　しかし、株式は貸付金とは異なり価格変動リスクを負っています。銀行が株式のような価格変動リスクが高い商品を大量に保有すれば、その価格下落によって元利確実を建前とする預金を中心とした銀行の財務内容が悪化し、それが金融システム全体に悪影響を与えることが予想されます。つまり、銀行から株価変動リスクを遮断する必要があります。また、発行会社が倒産した場合の回収の順位も株式は融資に劣後します。さらに、日本の場合は、銀行の株式保有により事業会社との株式持合いが促進され、資本の空洞化や銀行の産業支配力の強化という弊害も生じていました。

バーゼル銀行監督委員会でも、株式の保有リスクの高さを考慮し、株式のリスク・ウェイトを引き上げる方向で議論が行われました。その結果、バーゼルⅡでは、内部格付手法で、バーゼルⅠよりも高く、かつ、融資等に比べても高いリスク・ウェイトを適用することとされました。

Q64 株式等にはどのようなものが含まれますか

A

株式（償還株式を除きます）のほかに、海外SPCを通じて発行した優先出資証券や永久劣後債の一部、他社株転換可能債、株式関連のデリバティブなどが含まれます。転換社債（転換社債型新株予約権付社債）は、転換前は債券として取り扱われ、株式等には含まれません。

解説

バーゼルⅡ以後は、銀行の信用リスク規制の対象となる「株式等エクスポージャー」の範囲は以下の①〜④のように定義されています。ただし、この定義は内部格付手法においてのみ適用されます。標準的手法では株式等の定義は特にされていません。

① 株式または次の要件をすべて満たすもの
　(i) 償還されない（2004年6月のバーゼルⅡ最終規則（正式名称（仮訳）：「自己資本の測定と基準に関する国際的統一化：改訂された枠組」）では、その投資の売却や投資に対する権利の売却あるいは発行体の清算以外には、投資金額が回収されないこととされていた）。
　(ii) 発行体側の債務を構成するものではない。
　(iii) 発行体に対する残余財産請求権または剰余金配当請求権を付与するものである。
② 自己資本のうち、Tier 1 資本（国際統一基準行）または基本的項目（国内基準行）[1]に算入できる資本調達手段と同じ仕組みの商品
③ 発行体の債務を構成する金融商品であって、以下のいずれかの性質

---

[1] 国内基準行向けバーゼルⅢの改正告示によれば、2014年3月31日以降、国内基準行の自己資本は、「コア資本」と定義することとされています（Q31参照）。

を有するもの

(i) 発行体が当該債務の支払を無期限に繰り延べることができること

(ii) 発行体による一定数の上記①または②に掲げる金融商品の発行により債務を支払うことが要件とされていること、または発行体が一定数の上記①または②に掲げる金融商品の発行により債務の支払に充当することができること

(iii) 発行体による不特定数の上記①または②に掲げる金融商品の発行により債務を支払うことが条件とされており、かつ、(他の条件が同じであれば) 債務額の変動が一定数の上記①または②に掲げる金融商品の額に連動するものであること、または発行体の裁量により当該支払方法を選択できること

(iv) その金融商品の保有者が上記①または②に掲げる金融商品による弁済を要求する選択権を有すること。ただし、以下の場合を除く
◇その商品が債務と同様の性質を有するものとして取引されている場合
◇その商品を債務として扱うことが適当な場合

④ 返済額が株式からの収益に連動する債務、株式の保有と同様の経済的効果をもたらす意図のもとに組成された債務、有価証券、デリバティブその他いっさいの金融商品

　転換社債(転換社債型新株予約権付社債)は、一定の価格(基準価格)を上回った場合に当該発行体の株式に「転換」(厳密には新株予約権の行使)をする権利を債券の保有者が有している場合は、「転換」までは事業法人向けのエクスポージャー(融資等)として取り扱い、「転換」後は株式として取り扱います。

　すなわち、転換社債(転換社債型新株予約権付社債)である間は、株式ではなく通常の社債と同様に取り扱うことになります。標準的手法でも、転換前は債券として取り扱われるものと思われます。

一方、他社株転換社債は株式として取り扱われる場合が多いと考えられます。たとえば、一度でも対象とする株価が一定の価格（基準価格）を下回ったときには他社株で償還するような商品設計がなされている場合で、発行体のデフォルトより前に株価が当該基準価格を下回る蓋然性が高いときは、債券の保有者が引き受けているリスクは「転換」の対象たる他社株であると考えられます。したがって「転換」前であっても他社株として取り扱われます。ただし、標準的手法では、転換前はどう取り扱われるか明確ではありません。

　銀行等がいわゆるUpper-Tier 2（Q 4 参照）に算入してきた永久劣後債は、株式等エクスポージャーに含まれます。Upper-Tier 2 に算入する永久劣後債は、以下の 4 つの要件をすべて満たすことが要求されていました。

 (i) 無担保で、かつ、他の債務に劣後する払込済みのものであること
 (ii) 期限前償還等の特約がある場合を除き、償還されないものであること
 (iii) 業務を継続しながら損失の補填に充当されるものであること
 (iv) 利払いの義務の延期が認められるものであること

　さらに、金融庁の旧「主要行向けの総合的な監督指針」等では、(iii)に該当するためにはたとえば当局が要求する最低自己資本比率基準の 2 分の 1 に相当する水準を下回る場合は利払いの義務の延期が認められる旨の契約となっていること、(iv)に該当するためには少なくとも当該銀行に配当可能利益がない場合および利払いを行うと当該銀行が債務超過になる場合に利払いの義務の延期が認められるものである旨の契約となっていることなどを求めていました。

　バーゼルⅢ導入後（国際統一基準行は2013年 3 月31日以後、国内基準行は2014年 3 月31日以後）は、上記のUpper-Tier 2 の規定の適用はなくなります（ただし、経過措置があります）。

　現行の「主要行等向けの総合的な監督指針」等では国際統一基準行が2013

年3月30日までに発行した資本調達手段のうち、バーゼルⅢの新告示においてその他Tier 1 資本調達手段又はTier 2 資本調達手段に該当しないものが、適格旧その他Tier 1 資本調達手段又は適格旧Tier 2 資本調達手段として適格であるか確認する際にも旧監督指針の規定を準用することとしています。さらに、「国内基準行の資本調達手段の自己資本比率規制の自己資本としての適格性の確認」でも上記と同様の規定が盛り込まれています。これらの要件は、株式に該当するための要件の1つである「発行体が当該債務の支払を無期限に繰り延べることができること」という要件に該当します。したがって、銀行等がUpper-Tier 2 に算入してきた永久劣後債は、株式等エクスポージャーに含まれることになります。国内基準行へのバーゼルⅢ適用開始後は、永久劣後債はコア資本には該当しませんが、2013年11月22日に公表された「主要行等向けの総合的な監督指針」等の改訂では、国内基準行が2014年3月30日までに発行した資本調達手段のうち、コア資本に該当しないものについて、それぞれ自己資本比率規制上の適格旧Tier 1 資本調達手段もしくは適格旧Tier 2 資本調達手段または適格旧非累積的永久優先株もしくは適格旧資本調達手段として適格であるかについて確認するためには、旧監督指針にも留意して行うものとしています。

一方、Lower-Tier 2 （Q 4 参照）や期限付劣後債は、「支払を無期限に繰り延べる」ことができないため、他の要件に該当しない限りは、株式等エクスポージャーには含まれません。

バーゼルⅢ導入後も、新告示に基づく資本調達手段が内部格付手法における株式等エクスポージャーに該当するかは、368〜369頁の①〜④に基づき判断します。国際統一基準行の普通株式等Tier 1 資本、国内基準行のコア資本は、①により株式等エクスポージャーに該当するものと思われます。国際統一基準行のその他Tier 1 ・Tier 2 資本や、資本調達手段の要件を満たさない劣後債・劣後ローン等は、①〜④の要件に基づき検討する必要があります。従来のUpper-Tier 2 と同様の要件を備えるものは、株式等エクスポージャーに該当する可能性がありますが、国際統一基準行の場合、資本調達手

段に該当するためには、さらに、コンティンジェント・キャピタル条項が付されることになります。なお、控除項目の取扱いや劣後債・劣後ローン等のリスク・ウェイトはQ74、Q75をご参照ください。

Q65 株式等のリスク・ウェイトはどのように計算されますか

A

融資等に標準的手法を適用している銀行には100％のリスク・ウェイトが適用されます。融資等に内部格付手法を適用している銀行の場合はマーケット・ベース方式とPD／LGD方式のいずれかの方法でリスク・ウェイトを算出します。マーケット・ベース方式には内部モデル手法と簡易手法とがあります。内部モデル手法、PD／LGD方式では、リスク・ウェイトの下限は上場株式で200％、非上場株式で300％です。ただし、売却予定のない株式にPD／LGD方式を適用する場合のリスク・ウェイトの下限は100％になります。簡易手法では上場株式に300％、非上場株式に400％のリスク・ウェイトを適用します。

解説

株式等のリスク・ウェイトの算出方法にも標準的手法と内部格付手法とがあります。それぞれの手法の概要を示すと図表65－1のとおりになります。以下、それぞれの手法について解説します。

1　標準的手法

標準的手法では、株式等エクスポージャーの額に100％のリスク・ウェイトを適用します。すなわち、バーゼルⅠと同じリスク・ウェイトが適用されます。2004年6月に公表されたバーゼルⅡ最終規則（正式名称（仮訳）：「自己資本の測定と基準に関する国際的統一化：改訂された枠組」）では、ベンチャー・キャピタルによる投資や非上場株式など、リスクの高い投資に対しては、各国当局の裁量で150％以上のリスク・ウェイトを適用できることとされていました。しかし、日本で2006年3月に公表された金融庁告示19号「銀行法第

図表65－1　銀行の保有株式等の取扱い

旧規制	金融庁告示19号（2006年3月）		
融資同様100％のリスク・ウェイトを適用（資産保有額が100の場合は、8以上の自己資本を要求）	銀行が標準的手法を選択する場合	現行規制と同様に100％のリスク・ウェイトを適用	開示を通じた市場規律の充実
	銀行が内部格付手法を選択する場合（注1・2）	既保有株式（2004年9月末までに取得） 2014年6月末までの経過措置 　　　　　　　　→標準的手法を適用	
		新規取得株式： マーケット・ベース方式（注3） ●内部モデル手法（VaR）（注4） ●簡便手法（300％、400％）（注5） →旧規制に比べかなりの負担増となる見込み PD／LGD方式（注6） →リスク・ウェイトは信用力に応じて決定（融資を行っていない場合等は1.5倍） ◇リスク・ウェイトの下限 ①政策投資株式等（注7）は100％ ②①以外の上場株式は200％ 　　　非上場株式は300％	

(注1)　融資等について内部格付手法を採用している銀行（内部格付手法採用行）は、保有株式も内部格付手法によることになる。

(注2)　ただし、内部格付手法採用行も、全体のなかで比重の小さいポートフォリオは標準的手法の適用が認められる。株式ポートフォリオは自己資本（Tier 1 ＋ Tier 2）の10％内に収まる場合には標準的手法の適用可。

(注3)　株価変動リスクを把握する方式。

(注4)　内部モデルで算出したVaR（保有期間四半期、信頼区間99％（片側））に見合う自己資本の保有が要求される。分母にはVaRを8％で割り返した（すなわち12.5倍した）数値を算入する。ただし、当該数値が上場株式は200％、非上場株式は300％のリスク・ウェイトを掛けた数値を下回ってはならない。

(注5)　上場株式の場合は300％、非上場株式の場合は400％のリスク・ウェイトによる。

(注6)　融資と同様の枠組みで取り扱い、信用リスクを把握する方式をいう。リスク・ウェイトは100〜1250％。

(注7)　長期的な顧客関係の一環として投資されている上場株式でキャピタル・ゲインを期待されていないもの（最低5年は保有）、および非上場株式でキャピタル・ゲインが期待されていないものをいう。

(出所)　金融庁、日本銀行等の資料をもとに大和総研作成

14条の2の規定に基づき、銀行がその保有する資産等に照らし自己資本の充実の状況が適当であるかどうかを判断するための基準」では150％のリスク・ウェイトは採用されていません。したがって、日本の銀行が保有する非上場株式や銀行がベンチャー・キャピタルを通じて行う投資なども100％のリスク・ウェイトを適用します（重要な出資に該当する場合はQ73）。

2　内部格付手法

内部格付手法には、融資とは異なり信用リスクよりも価格変動リスクへの対応を重視する「マーケット・ベース方式」と、融資と同様の方法でリスク・ウェイトを算出する「PD／LGD方式」とがあります。

(1)　マーケット・ベース方式

マーケット・ベース方式は信用リスクのみならず、マーケット・リスクへの対応を念頭に置いた方式です。この方式は、トレーディング勘定を除くすべての保有株式に対して適用可能です。

マーケット・ベース方式は、さらに「内部モデル手法」と「簡易手法」とに分類されます。いずれを用いるかは、ポートフォリオごとに選択できます。

a　内部モデル手法

内部モデル手法では、保有期間四半期の収益率とリスク・フリー・レートとの差について、信頼区間99％（片側）で算出したVaR（バリュー・アット・リスク）に見合う自己資本の維持を義務づけています。VaRを算出する際は、入手可能かつ有効な最も長期の景気後退期を含むサンプルデータが必要とされています。

マーケット・リスク規制では、VaRによる最大損失額を所要自己資本とし、その12.5倍（8％の逆数）を分母に算入しています。内部モデル手法も同様に、VaRによる最大損失額の12.5倍を分母に信用リスク・アセットとして算入することとしています。さらに、この数値が、簡易手法で算出した額（ただし、リスク・ウェイトは上場株式で200％、非上場株式で300％を用いる）以上であることを要求しています。すなわち、リスク・ウェイトの下限が上場

株式は200%、非上場株式は300%ということになります。この下限は、内部モデル手法を適用するポートフォリオ全体に対してではなく、個々の株式等に対して適用されます。

内部モデル手法を採用する場合は、金融庁に承認申請書を提出し、金融庁長官の承認を受ける必要があります。承認を受けるためには「リスクの定量化に関する基準」「内部統制に関する基準」「検証に関する基準」を満たすための態勢が整備されている必要があります。

「リスクの定量化」は、市況の悪化に対応できるよう、市況や景気の循環を織り込んだ長期間のデータに基づきリスク量が保守的に算出されることを求めて細かい条件を設けています。さらに、①厳格で包括的なストレス・テストが実施されていること、②内部モデルがその銀行の株式等エクスポージャーに特有のリスクその他の株式等エクスポージャーの収益に関する重要なリスクを適切に捕捉できる等の要件を満たしていること、③株式等エクスポージャーのポートフォリオの相関を内部モデルに組み込む場合は当該相関が実証分析によって裏付けられていることなどの要件が定められています。

「内部統制」は、①内部モデルの構築過程について確立した指針、手続および統制が設けられていること、②内部モデルが銀行全体の経営情報システムおよび株式等のポートフォリオ管理と統合されていること、③内部モデルの定期的見直しのための確立した経営システム・手続・統制機能が設けられていること、④投資限度額が設定されかつ株式等の額を監視する適切なシステム・手続が設けられていること、⑤内部モデルの設計に関連する部署が投資管理部門から独立していること、⑥関連部署が十分な能力を有することなどが求められています。

「検証」は、①内部モデルおよび内部モデルを構築する過程の有効性および一貫性の検証ができること、②年1回以上株式等の収益率の実績値が予想の範囲内に収まっていることが検証できること、③ポートフォリオに整合し、定期的に更新された、適切な観測期間を含む、長期の外部データで検証を実施していることなどの要件を満たすことが求められています。

b 簡易手法

保有株式を上場株式と非上場株式に分け、それぞれの保有額に対して上場株式は300％、非上場株式は400％のリスク・ウェイトを掛けた額を分母の信用リスク・アセットに算入します。

(2) PD／LGD方式

PD／LGD方式では、債務者に対して内部格付を付与し、内部格付の区分ごとのデフォルト確率（PD）、債務者のデフォルト時損失率（LGD）などを考慮してリスク・ウェイトを算出します。算出したリスク・ウェイトを、保有株式等の金額（株式等エクスポージャー額）に掛けて、分母に算入する信用リスク・アセット額を算出します。信用リスクは期待損失と非期待損失とからなり、融資の場合、期待損失は貸倒引当金、非期待損失は自己資本でカバーすることとしています。しかし、株式等の場合は、貸倒引当金は計上されません。そのため、バーゼルⅡ（2.5）までは、PD／LGD方式の適用対象となる株式等エクスポージャーの期待損失部分は、自己資本の控除項目（すなわち、期待損失部分は全額自己資本から控除）とされていました。したがって、算出したリスク・ウェイトは非期待損失にのみ対応することになります。なお、PD／LGD方式の適用対象となる株式等エクスポージャーの期待損失部分の取扱いは、バーゼルⅢの導入を機に、従前の自己資本控除にかえて、期待損失部分に1250％のリスク・ウェイトを乗じた額を信用リスク・アセットの額に加算することとされています。もっとも、「自己資本控除」をリスク・ウェイトに換算すると1250％であることから、この変更は実質的なものではないものと考えられます。

PD／LGD方式では、リスク・ウェイトは、銀行のその企業に対する債権等（融資、債券など）とほぼ同様の方法で算出します。ただし、債権等の場合とは以下の点が異なります。

　　◇LGDは90％で計算する。

　　◇満期を5年とする。

融資等の基礎的内部格付手法の場合は、LGDは45％、満期は融資の場合

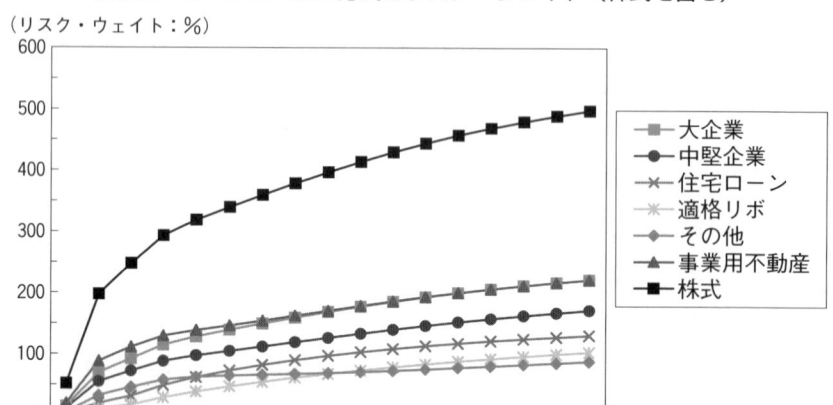

図表65-2 PD／LGD方式のリスク・ウェイト（株式を含む）

（リスク・ウェイト：％）

凡例：
- 大企業
- 中堅企業
- 住宅ローン
- 適格リボ
- その他
- 事業用不動産
- 株式

（出所）大和総研金融調査部制度調査課作成

1年以上5年以内とされており、同じPDの場合でも、株式等のリスク・ウェイトは融資等（基礎的内部格付手法の場合）の2倍以上になります（図表65－2）。

　なお、保有株式等の期待損失は、PD、90％のLGD、保有株式等の金額（株式等エクスポージャー額）を掛けて算出します。

　PD／LGD方式でもリスク・ウェイトには下限が設けられています。下限は、保有目的に応じて次のような差が設けられています。
① 売却によるキャピタル・ゲイン獲得を本来の目的としていない株式
　100％を最低限のリスク・ウェイトとする。具体的には、PD／LGD方式で計算した信用リスク・アセット額と期待損失額を8％で割り返した（すなわち12.5倍した）金額との合計額が、当該株式等エクスポージャーの額に100％を掛けた額を下回る場合は100％になる。すなわち、期待損失分も含めた信用リスク・アセットに対するリスク・ウェイトの下限が100％になる。
② それ以外の株式（買いポジションと相殺したネットの売りポジションを含む）
　PD／LGD方式で計算した信用リスク・アセット額と期待損失額を8％

で割り返した（すなわち12.5倍した）金額との合計額が、当該株式等エクスポージャーの額に、上場株式は200％、非上場株式は300％のリスク・ウェイトを掛けた額を下回ってはならない。すなわち、期待損失分も含めた信用リスク・アセットに対するリスク・ウェイトの下限は、上場株式で200％、非上場株式で300％になる。

①の「売却によるキャピタル・ゲイン獲得を本来の目的としていない株式」とは上場・非上場の株式別に次の(i)(ii)を指します。
　(i)　上場株式：長期的な顧客取引の一部をなしており、短期的な売買により譲渡益を取得することが期待されておらず、長期的にトレンド以上の譲渡益を取得することが予定されていないものを対象とする。銀行が発行体と融資ないしは一般的な銀行取引の関係にあり、デフォルト確率の推計値が容易に入手できる場合がほとんどと期待されている。2004年6月のバーゼルⅡ最終規則（2006年6月の改訂版も同様）によれば、最低5年超の長期にわたり保有することが期待されている。
　(ii)　非上場株式：当該株式投資に対する回収が譲渡益ではなく定期的なキャッシュフローに基づいており、トレンド以上の譲渡益または利益を得ることを予定していないものを対象とする。

①には日本の銀行の政策保有株式などが該当するものと解されているもようです。日本の場合、政策保有株式のクロス取引は会計上売買と認められないため、すでに行われなくなってきています。しかし、クロスに該当しなくても、一部について益出しを行った場合は、①の株式として取り扱われないことになります。

リスク・ウェイトの上限は1250％です。厳密にいえば、信用リスク・アセット額と期待損失額を8％で割り返した（すなわち12.5倍した）金額との合計額が、当該株式等エクスポージャーの額に1250％のリスク・ウェイトを掛けた額を超過する場合は1250％です。国際統一基準行のみならず国内基準

行も、内部格付手法を用いる場合は8％の自己資本比率の維持が求められる[1]ため、リスク・ウェイトの上限は同じ1250％になります。

　保有株式の発行会社に融資等を行っていない場合や、その会社のデフォルトに関する十分な情報をもたない場合でも、PD／LGD方式で計算するための最低要件を満たしている場合は、自行で推計したPDを用いて算出した当該株式等エクスポージャーの信用リスク・アセットの額を1.5倍した額を当該信用リスク・アセットの額とすることができます。この場合もリスク・ウェイトの上限は1250％です。保有株式の発行会社のデフォルトに関する十分な情報をもたないケースで、その保有株式についてPD／LGD方式を用いるための最低要件を満たしていない場合は、マーケット・ベース方式の簡易手法を適用し、上場株式には300％、非上場株式には400％のリスク・ウェイトを用います。

3　株式等エクスポージャー額の測定方法

　日本の銀行の場合、市場価格のある保有株式は2001年9月から「その他有価証券」として時価評価することが義務づけられています。株式等エクスポージャーの額は、国際統一基準行の場合は、会計基準に従い時価評価額がリスク・ウェイトを掛ける株式等エクスポージャーの金額になります。マーケットリスク規制の適用のない国内基準適用行は、銘柄ごとの時価と帳簿価額の低いほうの金額が株式等エクスポージャーの金額とされていましたが、2014年3月31日からは、標準的手法を用いる国内基準適用行は帳簿価額を用い、内部格付手法を用いる国内基準適用行は国際統一基準行とほぼ同じ取扱いになります。

---

[1]　もっとも、国内基準行向けバーゼルⅢの改正告示によれば、国内基準行が内部格付手法を採用するためには、2014年3月31日から15年3月30日までの間は国際統一基準に基づく普通株式等Tier 1 比率4％以上、2015年3月31日以降は同比率4.5％以上を維持しなければならないとされています（Q31、Q55参照）。

Q66 各計算方法はどのように選択できますか

A

融資等に標準的手法を適用している銀行は株式等にも標準的手法を、融資等に内部格付手法を採用している銀行は株式等にも内部格付手法を用います。内部格付手法のうちマーケット・ベース方式（さらには内部モデル手法と簡易手法）とPD／LGD方式のいずれによるかは、ポートフォリオごとに選択することになります。

解説

1 標準的手法と内部格付手法の選択

バーゼルⅡでは、銀行の保有株式等（株式等エクスポージャー）に対しても、信用リスクの算定方法として、標準的手法と内部格付手法の選択が認められています。標準的手法を選択すれば、株式等のリスク・ウェイトは100％になります。もっとも、債権等（融資、債券等）に内部格付手法を採用している銀行は、保有株式等にも原則として内部格付手法の適用が求められます。ただし、以下の場合は標準的手法の適用が認められています。

① 保有株式等の合計額の直近1年間の平均残高が自己資本の額の10％以内の場合。ただし、株式ポートフォリオが10社以下の発行体の株式等で構成されている場合は、保有株式の額の合計が総自己資本（国内基準適用行は自己資本）の額の5％以内の場合に限る。

② 標準的手法における発行企業への債権等のリスク・ウェイトが0％の場合。ただし、実際にはこのような例はないものと思われる。

株式等の規定とは別に、信用リスク・アセットを算出する際に重要でない事業単位または資産区分は、内部格付手法実施計画（または基礎的内部格付

手法採用行が先進的内部格付手法採用行として承認申請する際に提出する先進的内部格付手法移行計画）に記載があることを条件に、標準的手法を採用することができることとされています。ただし、以下の場合はこのような特例は認められません。

◇標準的手法を用いる事業単位または資産区分全体の信用リスク・アセット額がその内部格付手法採用行の信用リスク・アセット総額の10％超の場合

◇標準的手法を用いる１つの事業単位または資産区分の信用リスク・アセット額がその内部格付手法採用行（他の銀行や銀行持株会社の子銀行である場合は、親銀行または銀行持株会社）の信用リスク・アセット総額の２％を超える場合

　この規定の株式等に対する適用関係はどのように考えればよいのでしょうか。仮に、上記の要件に該当せず、重要でない事業単位として標準的手法を適用しうる事業単位があり、そのなかに株式等が含まれていたとします。この場合、重要でない事業単位に含まれる株式等に標準的手法を適用することはできません。株式等の場合はあくまで上述した①の要件で判定します。①の要件で判定する際に、仮に重要でない事業単位のなかの株式等が含まれていたとしても、その銀行が保有する株式等全体の直近１年間における平均残高が総自己資本（国内基準適用行は自己資本）の額の10％（株式ポートフォリオが10社以下の発行体の株式等で構成されている場合は５％）を超えるならば、重要でない事業単位に含まれる株式等も内部格付手法を適用することになります。

2　内部格付手法の「マーケット・ベース方式」と「PD／LGD方式」の選択

　内部格付手法には、「マーケット・ベース方式」と「PD／LGD方式」とがあります。2004年６月のバーゼルⅡ最終規則（正式名称（仮訳）：「自己資本の

測定と基準に関する国際的統一化：改訂された枠組」）では、銀行がマーケット・ベース方式とPD／LGD方式のいずれの方法をどのような場合に用いるかは各国の監督当局が決定することとされていました。日本では2006年3月の金融庁告示19号「銀行法第14条の2の規定に基づき、銀行がその保有する資産等に照らし自己資本の充実の状況が適当であるかどうかを判断するための基準」により各株式等エクスポージャーのポートフォリオごとに一貫して同じ方式を用いることとされています。

3　マーケット・ベース方式の「内部モデル手法」と「簡易手法」の選択

　マーケット・ベース方式には「内部モデル手法」と「簡易手法」とがあります。いずれを用いるかは、ポートフォリオごとに選択できます。

Q67 ヘッジ取引はどのように取り扱われますか

A

　分母においては、標準的手法の場合は、ヘッジ効果は反映されません。内部格付手法のうち、マーケット・ベース方式の簡易手法とPD／LGD方式では、ヘッジ対象とヘッジ手段が個別対応で、ヘッジ手段の残存期間が1年を超える場合は、ポジションの相殺が認められます。ヘッジとして認められなければ買いポジションと同様に取り扱われます。内部モデル手法の場合は、VaRの算定においてヘッジ効果が反映されます（ただし、200％フロアに係る銘柄は個別に計算します）。
　分子においては、国際統一基準行の場合はヘッジ効果が反映されます。

解　説

1　標準的手法の場合

　標準的手法による場合は、現物の保有株式を銘柄ごとにその売りポジションや株式関連デリバティブ等でヘッジし、ヘッジ会計の適用が認められたとしても、自己資本比率規制上ヘッジ効果は分母においては反映されません。現物に加えてヘッジ手段のデリバティブ等も、別途所要自己資本を賦課することになります。要するに、現物は現物として、デリバティブ等はデリバティブ等として信用リスク・アセット額を算出し、分母に算入するわけです。したがって、自己資本比率規制では、信用リスク・アセットの額はヘッジをしない場合よりもかえって増加してしまうことになります。

　その場合、当初は売りポジションのデリバティブ等について、取引先（カウンターパーティ）の信用リスクだけでなく、裏付けとなる資産（株式等）の信用リスクに対応するリスク・アセットも算出することも検討されていたようです。しかし、結局、標準的手法では取引先の信用リスクのみに対応する

リスク・アセットを算出することになりました。

　仮に資産の信用リスクもカウントするとしたら、たとえば先物取引の場合、与信相当額は先物取引の帳簿価額（時価）ではなく、契約金額によります。ある株式を一定期間後に100円で売買する先物取引を売り建てた場合、その株価が95円になったときは、先物取引の時価は金利等を考慮せずに単純に考えれば5円になります。先物取引の数量が1,000万株だとすると、契約金額は10億円、時価は5,000万円になります。上記の取扱いに従えば、時価の5,000万円ではなく契約金額の10億円にオフバランス取引ごとの掛け目（100％を想定）を掛け、さらにリスク・ウェイトを掛けた金額を分母に算入することになります。リスク・ウェイトが200％とすれば、20億円が分母に算入されてしまいます。これを取引先（カウンターパーティ）の信用リスクに対応するリスク・アセット額に加算することになります。しかし、標準的手法ではこのような取扱いはしないことになりました。これに対し、内部格付手法では両方を合算します（下記2の387頁参照）。

2　内部格付手法

(1) 簡易手法、PD／LGD方式の場合

　内部格付手法の場合は、分母においてヘッジ効果が反映されます。

　株式等の信用リスク・アセットの算出に、マーケット・ベース方式の簡易手法やPD／LGD方式を用いている場合は、保有株式等のヘッジとして用いられる現物株式等の売りポジションや株式等関連のデリバティブ取引は、以下の要件の両方を満たせば、保有株式等と相殺できることとされています。

　　① 特定の株式等（個別銘柄）のヘッジとして明示的に仕組まれている。

　　② ヘッジ手段の株式等の売りポジションや株式等関連のデリバティブ取引の残存マチュリティが1年以上である。

　上記①の要件を満たすケースとして、ある銘柄をその銘柄の売りポジショ

ンやその銘柄のデリバティブ取引の売りポジションでヘッジする場合が想定されています。ただし、必ずしもこれらに限定されるものではなく、たとえば、株価指数先物取引が金融機関の内部管理において特定の保有株式のヘッジとして利用されており、ヘッジ対象の個別銘柄と相応の相関を安定的に有していることなど、そのヘッジ効果を合理的な証拠に基づき疎明できる場合は、①の要件を満たすものとして取り扱うことも認められています。しかし、現実にはそのような疎明は非常に困難と予想されます。企業会計上ヘッジ効果が認められるためには、ヘッジ対象銘柄の価格変動による損益の80～125％をヘッジ手段の価格変動による損益でカバーできていなければなりません。株価指数先物取引がこのような要件を満たすことはまれでしょう。個別銘柄ではなく保有株式等のポートフォリオを株価指数先物取引で包括的にヘッジしたとしても、自己資本比率規制上のヘッジ効果は認められません。会計上もポートフォリオ内の個々の銘柄が価格変動に同様に反応しない限りヘッジ会計の適用は認められません。

　上記②の要件も、ヘッジの有効性を保つために設けられました。株式等の場合は償還されないことが前提になっており、PD／LGD方式では実効マチュリティが5年に設定されています。株式等の保有期間の長さを考えると、ヘッジ手段の残存マチュリティが1年未満ではその後に生じた保有株式等の損失をほとんどカバーできないことになります。したがって、ヘッジ手段の残存マチュリティが1年以上であることを要件として課しているわけです。

　上記①②の要件を満たしても保有株式とヘッジ手段である売りポジションやデリバティブの残存期間にミスマッチが生じている場合は、標準的手法におけるCRM手法のマチュリティ・ミスマッチの規定が準用されます。同規定では、ヘッジ手段の予想残存期間が保有株式等の残存期間よりも短い場合は、ヘッジ手段の契約当初の残存期間が1年を超えていることが求められています。もっとも、契約当初の残存期間はヘッジ手段の残存期間よりも長いため、上記②の要件を満たせば自動的にこの要件を満たすことになります。

そのうえで、以下の式でマチュリティ・ミスマッチを調整します。

$Pa = P \times \{(t - 0.25) / (T - 0.25)\}$
Pa：残存期間調整後のヘッジ手法の額
P ：ヘッジ手法の額（異通貨のボラティリティ調整率適用後）
t ：ヘッジ手法の残存期間（年）。tのほうがTより長いときはT
T ：保有株式等（エクスポージャー）の残存期間（年）。5年を超える場合は「5」

上記①②の要件を満たさない株式等やデリバティブの売りポジションは、買いポジションとみなされ、保有株式等とは別に、所要自己資本を賦課されることになります。すなわち、保有株式等は保有株式等のみならず、株式等やデリバティブの売りポジションも信用リスク・アセット額を算出し、分母に算入することになります。

(2) 内部モデル手法

マーケット・ベース方式の内部モデル手法を適用する場合、保有株式を売りポジションやデリバティブでヘッジした効果は、VaRの算定において反映されます。ただし、ヘッジ効果は銘柄ごとに反映されます。内部モデル手法では各銘柄のポジション（現物・デリバティブを含む）ごとにリスク・ウェイトを算出します。算出したリスク・ウェイトが下限（上場200％、非上場300％）に達していない銘柄ポジションは、下限のリスク・ウェイトを適用します。これら下限のリスク・ウェイトを適用する銘柄群を除いた残りの銘柄等はまとめてVaRを用いて所要自己資本を算出できます。

3　規制上の自己資本比率の分子における取扱い

国際統一基準行の場合は、標準的手法採用行も内部格付手法採用行も、分子の普通株等Tier 1資本の「その他の包括利益」の変動をヘッジにより抑制できます。

Q68 投資信託等はどのように取り扱われますか

A

標準的手法の場合、ファンドの中身を直接保有しているとみなして信用リスク・アセット額を算出します。内部格付手法でも基本はこの方法によりますが、修正単純過半数方式、マンデート方式、内部モデル手法（ファンドベース）の適用も認められています。いずれの方法も適用できなければリスク・ウェイトは400％か1250％になります。ファンド単位の内部モデル手法はヘッジ・ファンドなどを念頭に置いていますが、3つの適用要件を満たすことが求められます。

解　説

1　標準的手法

投資信託は、証券化に該当しなければ、原則として構成資産の信用リスク・アセットの額を用いて信用リスク・アセットの額を計算します。ファンドの構成資産を直接保有しているものとみなし、その残高に構成資産ごとのリスク・ウェイトを適用して計算した額の保有口数分を分母のリスク・アセットに算入することになります。

なお、投資信託等に借入れ等によりレバレッジがかかっている場合のリスク・ウェイトの計算例については、Q69の図表69－1をご参照ください。

株式の場合は、銘柄に関係なく100％のリスク・ウェイトが適用され、国債や地方債のリスク・ウェイトは0％なので簡単です。しかし、社債は外部格付に応じたリスク・ウェイトを適用することになります。したがって、ファンド内の社債の銘柄や格付を把握できなければリスク・アセット額を算出できないことになります。

ファンドの裏付けとなる資産構成の全部または一部を把握することが困難

な場合には、裏付けとなる資産の運用基準等に基づき、裏付けとなりえる資産のリスク・ウェイトのうち最大のものを、把握が困難な部分の額に適用することが認められています。具体的には、たとえば、以下の方法が想定されます（「自己資本比率規制に関するQ&A」第48条－Ｑ１）。

① ファンドの裏付けとなる資産の運用基準において、組み入れる資産の内容が制限されていない場合または、1250％のリスク・ウェイトが適用される証券化商品を組み入れることができる場合は、不明な部分について1250％のリスク・ウェイトが適用されます。

② ファンドの裏付けとなる資産の運用基準において、証券化商品や金融機関等向け出資が含まれないことが定められている場合は、不明な部分について150％のリスク・ウェイトが適用されます。

③ ファンドの裏付けとなる資産の運用基準において、たとえば、1250％のリスク・ウェイトが適用される証券化商品の組入れ割合が、全資産の60％に制限されている場合であって、かつ、全組入れ資産の把握が困難な場合：

　保有するエクスポージャーの60％は1250％のリスク・ウェイトを適用し、残りの40％については、1250％の次に高い650％を適用します。

　なお、ファンドの裏付けとなる資産の運用基準自体が把握できない場合には、上記①と同様に、不明な部分について1250％のリスク・ウェイトが適用されます。

　ETFのリスク・ウェイトは、発行形態が株式であれば、出資等として100％のリスク・ウェイト（Q65参照）、債券であれば、法人等（事業会社等）向け債権と同様のリスク・ウェイト（Q43参照）を適用されるものと思われます（Q69図表69－３：市場性証券化商品・ファンドの取扱い事例参照）。もっとも、形式が債券でも実態は投資信託と同様のものであれば、投資信託と同様に扱われることもありうると思われます。

2　内部格付手法

投資信託等のファンドは、内部格付手法では、次のように取り扱われることとしています。

なお、投資信託等のなかで株式等を売り買い両建てしている場合のリスク・ウェイトの計算例については、Q69の図表69－2をご参照ください。

① ルック・スルー方式……投資信託等のファンド内の個々の資産が明らかな場合は、個々の資産のリスク・アセットの合計額を当該投資信託等の信用リスク・アセットの額とすることができる。

② 修正単純過半数方式……ファンド内に株式等が含まれており、かつ、ファンド内の資産の合計額の過半数を株式等が占める場合は、ファンドの額に株式等に対応するリスク・ウェイトを掛けた額を当該投資信託等の信用リスク・アセットの額とすることができる。

③ マンデート方式……①②は適用できず、資産の運用基準が明らかな場合は、資産運用基準に基づき最も信用リスク・アセットの額が大きくなる資産構成を想定して算出することができる（リスク・ウェイト等の高い資産から順に、運用基準で許容された上限まで投資していると仮定して、信用リスク・アセット額を算出する）。ただし、次に掲げる方法による場合は、それぞれの要件を満たさなければならない。

（i）個々の資産について計算されたリスク・ウェイトを最大投資可能額に対応するリスク・ウェイトとして適用する場合……当該資産について内部格付手法が付与されていること

（ii）外部信用評価機関等（外部信用評価機関またはそれに類する機関）が付与する格付が運用基準として用いられている場合……外部格付と内部格付が紐付けされていること

④ 内部モデル手法（ファンドベース）……①②は適用できず、資産の運用基準が明らかでない場合でも、以下の要件をすべて満たしていれば、株式等エクスポージャーにおけるマーケット・ベース方式の内部モデル手法（Q65参照）を準用することを認めている。なお、ここで

想定しているのは、ファンド内の個別銘柄への内部モデル手法の適用ではない。ファンド全体を1つの銘柄と考え、その時価等をベースに、VaRモデルを用いてリスク・ウェイトを算出する方法を想定している（以下、「内部モデル手法（ファンドベース）」）。
(i) 保有するエクスポージャーの額が日々または週次で時価評価されており、当該評価額で第三者に売却できること
(ii) 保有するエクスポージャーが公認会計士または監査法人による監査証明またはそれに準ずる外部監査を年1回以上の頻度で受けていること
(iii) 保有するエクスポージャーの裏付けとなる資産の運用に関する業務を行う者が、主務官庁の監督を受けていること
⑤ 400％か1250％を適用する方法……①②は適用できず、かつ、資産の運用基準が明らかでない場合は以下のとおりになる。
◇裏付けとなる個々の資産のリスク・ウェイトの加重平均が400％を下回る蓋然性が高い場合は、400％を適用できる。
◇それ以外は1250％のリスク・ウェイトを適用できる。

なお、ETFの場合は、発行形態が株式であれば、株式等エクスポージャー（Q65参照）、債券であれば、事業法人等向けエクスポージャーとして（Q51参照）として取り扱われるものと思われます（Q69図表69－3：市場性証券化商品・ファンドの取扱い事例参照）。もっとも、形式が債券でも実態は投資信託と同様のものであれば、投資信託と同様に扱われることもありうると思われます。

(1) 各計算方法の適用の順位

上記①②の方法は、「裏付けとなる資産の構成が把握できる場合」に適用されます。③の方法は、「裏付けとなる資産の構成が把握できないため①②は適用できないが、そのファンドの詳細な運用基準が把握できる場合」に適用されます。裏付けとなる資産構成も詳細な運用基準も把握できない場合

は、④⑤の方式によります。④の方式を適用するためには3つの条件を満たす必要があります。3つの条件を満たさない場合は⑤の方法によります。

(2) 各方法の留意点

a　ルック・スルー方式

　金融庁告示19号「銀行法第14条の2の規定に基づき、銀行がその保有する資産等に照らし自己資本の充実の状況が適当であるかどうかを判断するための基準」では、上記①②の方法による場合、各エクスポージャーのポートフォリオごとに一貫して同じ方法を適用するよう求めています。したがって、①の方法による場合、基本的には、直接保有している株式と同じ方法でファンド内の株式等の信用リスク・アセットを算出することになります。直接保有している株式に対してPD／LGD方式やマーケット・ベース方式の内部モデル手法（銘柄ベース）（内部モデル手法に基づき銘柄ごとに計算する方式）を適用している場合は、これらの手法をファンド内の株式等にも適用することになります。

　ただし、ファンド内にその銀行が直接保有していない銘柄が含まれている場合、信用リスク・アセットの算出の際に必要なデータの収集に困難が予想されます。PD／LGD方式であれば、発行会社に対してその銀行が融資等を行っていないことなどからデフォルトに関する信頼性のあるデータを収集できない場合は、自行推計したデフォルト確率（PD）を1.5倍する方法や簡易手法（上場株式300％、非上場株式400％のリスク・ウェイト）を適用します。しかし、内部モデル手法の場合はそのような特例はありません。

　ファンド内の株式等すべてに対して簡易手法を適用できれば、計算は簡単です。直接保有している株式等に簡易手法を適用しているなら問題はありませんが、PD／LGD方式や内部モデル手法を適用している場合は、ファンドもそれにあわせるのが原則です。もし、ファンドについてのみ簡易手法を用いるのであれば、あらかじめどのようなファンドに対して簡易手法を用いるかという方針を定めておくことなどが必要になると思われます。その場合でも、ファンドごとに有利な方法を適用するチェリー・ピッキングは認められ

ません。

　マーケット・ベース方式（内部モデル手法や簡易手法）は株式等を対象とする方法です。ファンド内の債券等はPD／LGD方式によることになります。同じPD／LGD方式でも、株式等の場合は、デフォルトに関する信頼性のあるデータを収集できないときに自行推計したPDを1.5倍する方法や簡易手法を適用できます。しかし、債券等はこのような特例は認められていません。したがって、銀行等が直接にはその発行債券を保有しておらず、融資等も行っていない会社の債券がファンド内にある場合、データの収集に困難が予想されます。

　デフォルトに関する信頼性のある情報を収集できない場合であっても、銀行等は、外部格付等の外部の情報を用いた債務者格付等の付与を、より保守的な方法で外部格付以外の関連情報も考慮に入れて行い、これに基づくPD等の推計を行う必要があります。そのためには、銀行等は外部格付と自らの債務者格付等の違いを十分に認識したうえで、外部格付と内部格付の紐付け（マッピング）を行うことが求められます。なお、ファンドの裏付けとなる資産構成が容易に変化しうる場合や対象となる事業法人等のデフォルトに関する情報を適時適切に入手することが困難な場合は、当該事業法人等を各内部格付に対応するPD推計のための母集団には含めないことが基本となります。

b　修正単純過半数方式

　上述したさまざまな理由から①の方法を適用するために必要なデータが収集できない場合でも、ファンド等の資産に占める株式等の比率が50％超であれば②の方法によることができます。株式等の比率が50％超の場合に限定されているのは、たとえば国債の比率が50％超のファンドに国債のリスク・ウェイト０％を掛けることを認めると、信用リスク・アセットの額は０になってしまいます。規制を回避するために、そのようなファンドが組成される可能性があるからです。

　②の方法では、株式等に対応するリスク・ウェイトとして何を用いるかが

問題になります。基本的には、直接保有している株式と同じ方法でファンド内の株式等の信用リスク・アセットを算出します。したがって、ファンド内の各銘柄等への投資額が明らかな場合は、PD／LGD方式やマーケット・ベース方式の内部モデル手法（銘柄ベース）により計算した各銘柄のリスク・ウェイトの加重平均などを用いることになるのではないかと思われます。ファンド内の銘柄はわかっているが個別の投資額はわからない場合は、加重平均値を用いることはできません。保守的に見積もるとすれば、ファンド内の銘柄について、直接保有の株式等と同じ方法で計算した結果算出されたリスク・ウェイトのうち最も重いリスク・ウェイトを適用することになるでしょう。ただし、個別の銘柄名や投資額はわからない場合は、この方法では対応できません。簡易手法により上場株式に300％、非上場株式に400％のリスク・ウェイトを適用することが認められれば対応できます。しかし、直接保有している株式等に対して簡易手法以外の方法を適用している場合に、ファンドのみ簡易手法が適用できるのかという問題があります。もしファンドのみ簡易手法を用いることができるのであれば、たとえば「銘柄名と投資額はわからないが、ファンドに占める株式等の比率が50％超であることが明らかな場合は簡易手法を用いる」という方針をあらかじめ定めておくことなどが必要になると思われます。その場合、ファンド内に１銘柄でも非上場株式が入っていれば400％のリスク・ウェイトをファンド全体に適用することになります。

c　マンデート方式

　マンデート方式の場合は、金融庁告示19号では、各エクスポージャーのポートフォリオごとに一貫して同じ方法を適用することは要求されていません。したがって、直接保有する株式等について、PD／LGD方式や内部モデル手法（銘柄ベース）を用いている場合でも、ファンド内の株式等について簡易手法を用いることができます。簡易手法を用いた場合、運用方針で株式の投資上限が30％となっていれば、簡易手法によるリスク・ウェイトをファンドの金額の30％に対して適用することになります。この場合、投資対象が

すべて上場株式であれば300％、非上場株式に投資できることとなっている場合は、400％のリスク・ウェイトが適用されると思われます。

d　内部モデル手法（ファンドベース）

④の方法を用いる場合、リスク・ウェイトの下限が上場株式の200％になるか、非上場株式の300％になるかが問題になります。まず、ファンド自体が上場していればリスク・ウェイトの下限は200％になります。ファンド自体が非上場でもファンドの中身がすべて上場株式であることが明らかな場合は、①②が適用され、リスク・ウェイトの下限は200％になります。ファンド自体が非上場で、かつ、ファンドのなかに上場株式以外の証券等が混じっている場合は、リスク・ウェイトの下限は300％になります。公募株式投資信託でも証券取引所に上場していなければ非上場として取り扱われます。

e　400％か1250％を適用する方法

⑤の方法による場合は「リスク・ウェイトの加重平均が400％を下回る蓋然性が高い」ことの根拠をどのように説明するかという点が問題になります。この点、金融庁は、2006年12月17日に公表した「バーゼルⅡにおけるファンドの取扱い」にて、「ファンド内に証券化商品（メザニン部分、劣後部分）や不良債権等の高リスク商品が含まれないことを確認できる場合は400％のリスク・ウェイトを適用」という指針を示しています。そのため、ファンドの中身についてなんら情報をもたないまま「400％を下回る蓋然性が高い」ということはさすがに困難であると思われます。その結果、1250％のリスク・ウェイトが適用される可能性があります。それを避けるためには、①～④のどの要件も満たさないファンドについて、少なくともそのファンドのリスク・ウェイトの加重平均が「400％を下回る蓋然性が高い」ことを疎明できるだけの情報を運用会社に開示してもらう必要があると思われます。

3　外国為替リスク

標準的手法でも内部格付手法でも、ファンド内の資産に外国為替リスクがある場合には、当該外国為替リスク部分は、マーケット・リスク規制の対象

となります。この点は、Q69、Q70でも同じです。

3　ファンド等の取扱い

Q69 ヘッジ・ファンドのリスク・ウェイトはどのように取り扱われますか

A

　ヘッジ・ファンドでは、ファンド内の株式等は売り買い両建てで取引されることが多く、両建てで取引される場合は、買いポジションと売りポジションの両方にリスク・ウェイトを掛けて信用リスク・アセット額を算出します。

　ファンド（ファンド・オブ・ファンズの子ファンドを含む）の中身がわからない場合は、内部格付手法では、400％または1250％のいずれかのリスク・ウェイトを適用します。

　プライベート・エクイティ・ファンドは投資対象が明確であるため、ルック・スルー方式を適用するものと思われます。

解　説

1　ヘッジ・ファンド

(1)　標準的手法

　バーゼルⅡに基づく金融庁告示19号「銀行法第14条の2の規定に基づき、銀行がその保有する資産等に照らし自己資本の充実の状況が適当であるかどうかを判断するための基準」の内容は、ヘッジ・ファンドにとっては非常に厳しい内容になっています。ヘッジ・ファンドといった場合その定義は明確でなく、投資戦略も株式ロング・ショート、株式市場中立型、債券裁定、転換社債裁定、ディストレスト、キャピタル・ストラクチャー裁定、グローバル・マクロなどさまざまな戦略があります。しかし、基本は割安の銘柄等を購入し、割高の銘柄等を売却するという手法です。

標準的手法の場合、原則として構成資産の信用リスク・アセットの額を用いて信用リスク・アセットの額を計算することになります。ファンドの構成資産の残高に構成資産ごとのリスク・ウェイトを適用して計算することになります。ファンド内で売り・買いを両建てしている場合やファンドが借入れ等をしている場合などレバレッジがかかっている場合については、ロング・ポジションの資産のリスク・アセットの総額を、当該ファンドの信用リスク・アセットの額とすることになります（図表69－1）。なお、ファンドに貸付をしている場合やファンドが発行する社債（ファンドのデット部分）を保有する場合は、法人等向けエクスポージャーとして取り扱われます。

　ファンドが借入れ等をしている場合は、借入れ等と出資の構造によっては、優先・劣後構造となっているとみなされ、証券化として取り扱われるリスクもあります。

　証券化として取り扱われる場合、ファンドへの出資（エクイティ部分）、ファンドへの貸付や発行債券（デット部分）ともに証券化として取り扱われます。ファンドへの出資が証券化の最劣後部分とみなされ、格付がない場合

図表69－1　レバレッジのかかったファンドの取扱い

ファンド構成		計算
株式（ロング）：4億円	株式他（ショート）：2億円	標準的手法のリスク・ウェイトは、 ・株式が100％ ・日本国債が0％ ・A格社債が50％
日本国債：6億円	借入れ：8億円	リスク・アセットの額 ＝4億円×100％＋6億円×0％ 　＋2億円×50％ ＝5億円
A格以上社債等：2億円	投資額2億円	リスク・ウェイト ＝5億円÷2億円（投資額） ＝250％

（出所）　金融庁「自己資本比率規制に関するQ&A」第48条－Q2に基づき大和総研金融調査部制度調査課作成

は1250％のリスク・ウェイトが適用されます。

(2) 内部格付手法

内部格付手法の場合、投資信託と同様の方法が適用されます（Q68参照）。ファンドの中身に関する情報が得られず、ルック・スルー方式、修正単純過半数方式が適用できない場合でも、資産運用基準が明らかであればマンデート方式が適用できます。資産運用基準が明らかでなければ内部モデル手法（ファンドベース）、400％か1250％を適用する方法のいずれかによることになります。

ヘッジ・ファンドが株式等に買いと売りと両建てで投資する場合、購入する株式等の銘柄と売却する銘柄は通常別です。したがって、ルック・スルー方式、修正単純過半数方式、マンデート方式のいずれかを用いる際に、ファンドの中身をマーケット・ベース方式の簡易手法やPD／LGD方式で評価した場合、ヘッジとしてポジションを相殺することは認められません。マーケット・ベース方式の内部モデル（銘柄ベース）手法でも、リスク・ウェイトの下限の200％が適用される銘柄の場合、買いポジションと売りポジションを相殺することは認められません。すなわち、ヘッジ・ファンドでは、買いポジションと売りポジションのそれぞれに対してリスク・ウェイトを適用した額を信用リスク・アセットとして分母に算入することになります。それだけ信用リスク・アセットの額は大きくなります。

金融庁のQ&Aには「ファンドに含まれる派生商品取引等の取扱い」という項目が示されています。これは、ファンドのなかに株式の買いポジションとヘッジ目的ではない株価指数先物取引の売りポジションが含まれている場合の内部格付手法の取扱いを示しています。具体的な内容は図表69－2のとおりです。

この設例では、ファンドの信用リスク・アセット額は裏付けとなる個々の資産の信用リスク・アセット額の合計とするルック・スルー方式、リスク・ウェイトはマーケット・ベース方式の簡易手法のリスク・ウェイトを用いています。

図表69-2　株式等の売り買い両建ての場合のファンドのリスク・ウェイト

前提条件
◇ファンドの時価および当該ファンドを保有する金融機関における簿価：1億円
◇株式ロング・ポジション（非上場株式）：9,000万円
◇派生商品取引（取引所における株価指数先物、取引相手方は適格中央清算機関）
　のショート・ポジション（ロング・ポジションとすべて異なる銘柄で構成）
　：想定元本9,000万円（日経平均株価1万5,000円、取引単位1,000円、6単位、
　　時価1,000万円、残存期間1年以内）

信用リスク・アセット額

	EAD（エクスポージャーの額）	リスク・ウェイト	信用リスク・アセットの額
株式ロング・ポジション	9,000万円	400%	3億6,000万円
株式ショート・ポジション（資産に対するリスク）	9,000万円	300%	2億7,000万円
株価指数先物のショート・ポジション（取引の相手方に対するリスク）	1,000万円 +540万円 （=9,000万円 ×6.0%）	2%（注1）	30万円
CVAリスク相当額			0円（注2）
合　計			6億3,030万円

（注1）　適格中央清算機関に対するトレード・エクスポージャーのリスク・ウェイト（Q49参照）。
（注2）　中央清算機関との間の派生商品取引については、CVAリスク相当額の捕捉は不要。
（出所）　金融庁「自己資本比率規制に関するQ&A」第167条－Q2より作成

　ルック・スルー方式の場合、ファンド内に株価指数先物取引が含まれているときは、まず、取引の相手方に対する信用リスク・アセット額とCVAリスク相当額を算出する必要があります。加えて、株式等エクスポージャーのリスク・ウェイトをPD／LGD方式またはマーケット・ベース方式の簡易手法で算出している場合は、ヘッジに該当しないショート・ポジションはロング・ポジションとみなして株式等エクスポージャーとしての信用リスク・ア

セット額を算出します。そのうえで取引の相手方に対する信用リスク・アセット額と株式等エクスポージャーとしての信用リスク・アセット額を合計します。

　設例の株価指数先物取引は取引所取引であり、取引の相手方（適格中央清算機関）に対するリスクは30万円（リスク・ウェイト2％）になりますが、当該株価指数先物取引はファンド内の現物株式のヘッジになっていないためロング・ポジションとみなして株式等エクスポージャーとしての信用リスク・アセット額を算出することになります。すなわち、想定元本額9,000万円に上場株式としてのリスク・ウェイト300％を掛けて、信用リスク・アセット額2億7,000万円を算出し、これを現物株式の信用リスク・アセット額3億6,000万円と合計し、さらに、上記の30万円を加算します。したがって、当初の投資金額は1億円であるにもかかわらず信用リスク・アセット額は6億3,030万円にふくらみます（このケースは、CVAリスク相当額の算出は不要）。

　もう1つ問題となるのは、ヘッジ・ファンドには構成資産の内容を把握できないファンドも多数あるということです。ファンドの投資内容がルック・スルー方式などを用いてもれた場合、投資のノウハウが流出し、かえって投資のパフォーマンスが削がれる可能性があります。そこで、投資家である銀行にもその内容を報告しないヘッジ・ファンドも多数あるようです。たとえば、ファンド・オブ・ファンズ形式で子ファンドがヘッジ・ファンドに投資している場合、子ファンドの情報入手が困難なことがあります。内容がわからなければルック・スルー方式や修正単純過半数方式を用いることはできません。運用方針が明らかにされていなければマンデート方式も用いることはできません。さらに、内部モデル手法（ファンドベース）を用いることができなければ、400％か1250％を適用する方法で評価することになります。400％か1250％を適用する方法による場合、加重平均したリスク・ウェイトが「400％を下回る蓋然性が高い」ことを疎明できるだけの情報をヘッジ・ファンドの運用会社に開示してもらう必要があると思われます。もし十分な情報が得られなければ、1250％のリスク・ウェイトを適用せざるをえなくな

ります（Q68参照）。

　内部モデル手法（ファンドベース）が使えれば、これまで述べた問題点に対処できます。ファンドの時価をベースにリスク・ウェイトが算出されるため、売り買い両建ての取引でも、ファンドの時価を算出する段階で相殺されます。図表69－1の例の場合、買いポジションの10の評価損が株価指数先物取引の売りポジションの10の評価益で相殺され、評価額は当初の100のままになります。この方法だと、売り買い両建てだからといって、信用リスク・アセット額がふくらむことはありません。

　さらに、400％か1250％を適用する方法により1250％のリスク・ウェイトが適用される可能性を排除することもできます。

　なお、デット部分については、事業法人等向け債権として取り扱われるものと思われます。

2　プライベート・エクイティ・ファンド

　プライベート・エクイティ・ファンドは、エクイティ形態の場合は、証券化に該当する場合を除き、基本的には投資信託等の取扱いが適用されるものと思われます。

(1)　標準的手法

　標準的手法の場合、原則として構成資産の信用リスク・アセットの額を用いて信用リスク・アセットの額を計算します。構成資産は非上場会社の株式等です。株式に対しては上場・非上場に関係なく100％のリスク・ウェイトが適用されます。したがって、基本的には100％のリスク・ウェイトが適用されるものと思われます。

　デット部分については、法人等向け債権として取り扱われるものと思われます。

　なお、事業再生を目的とする投資事業組合等への出資枠については、出資額を除いた未引出額に、出資契約をいつでも無条件に取消可能な場合は0％、出資契約の契約期間が1年以内の場合は20％、1年超の場合は50％の

掛け目を掛けた金額を出資額に加算した額が与信相当額となります。これにリスク・ウェイトを乗じた額がリスク・アセットの金額となります。

(2) 内部格付手法

内部格付手法の場合、何に投資しているかは通常明確であるため、基本的にはルック・スルー方式や修正単純過半数方式（Q68参照）によることになると思われます。非上場株式等が投資対象であるため、時価のデータは入手が困難であり、マーケット・ベース方式の内部モデル手法（銘柄ベース）は適用できません。したがって、PD／LGD方式か（可能であれば）簡易手法によることになります。

PD／LGD方式による場合、プライベート・エクイティ・ファンドによる投資対象に対して、銀行が融資等を行っていないこと等により、デフォルトに関する信頼性のあるデータを得られなければ、用いている内部格付手法が最低要件を満たしていることを条件に、自行推計したデフォルト確率（PD）を1.5倍する方法が認められます。内部格付が十分にできず、最低要件を満たさない場合は、簡易手法により非上場株式400％のリスク・ウェイトを適用することになると思われます。

デット部分については、事業法人等向け債権として取り扱われるものと思われます。

なお、事業再生を目的とする投資事業組合等への出資枠について、基礎的内部格付手法においては、出資額を除いた未引出額または債務者の報告するキャッシュフローに応じた信用供与可能額の上限の存在その他の利用制限を勘案した額のいずれか低いほうに、出資契約をいつでも無条件に取消可能な場合は0％、それ以外の場合は75％の掛け目をかけた金額を出資額に加算した額が与信相当額となります。これにリスク・ウェイトを乗じた額がリスク・アセットの金額となります。

ヘッジファンド、プライベート・エクイティ・ファンドなどの形態ごとの取扱いについては、図表69－3：市場性証券化商品・ファンドの取扱い事例

図表69−3 市場性証券化商品・ファンドの取扱い事例*

主要な市場証券化商品・ファンドのスキーム	① ノンリコース**	② 優先劣後構造**	標準的手法	内部格付手法
・投資事業を業務の一部とする上場株式会社	×	×	デット：法人等（65条）エクイティ：出資等（76条）	デット：事法等エクイティ：株式等
・上場証券投資信託（ETF）	△	×		
・公募ファンド：証券投資法人、証券投資信託	△	△	デット：法人等（65条）エクイティ：ファンド（ルックスルー）	デット：事法等エクイティ：ファンド（ルックスルー）
・私募ファンド：証券投資法人、証券投資信託	△	△		
・私募ファンド：ヘッジファンド	△	△		
・PE/LBOファンド：投資事業組合	△	△		
・CDO（Collateralised Debt Obligation）	○	○	デット：証券化エクイティ：証券化（経過措置あり）	デット：証券化エクイティ：証券化

* ここで取り上げている市場性証券化商品・ファンドのスキームの取扱いは、あくまで代表的な事例を想定したもの（目安）であり、個々の取引については各金融機関が証券化エクスポージャーに該当するか否かを確認・判断していくこととなります。また、「デット」および「エクイティ」は、法的形式や呼び名ではなく、経済実態をもとに判断されることとなります。
** ○は「通常は明確な特性を有している」、△は「明確な特性を有している場合と有していない場合がある（ケースバイケース）」、×は「通常は明確な特性を有していない」を指します。
（出所） 金融庁「自己資本比率規制に関するQ&A」第１条－Ｑ３図２

をご参照ください。

Q70 REITのリスク・ウェイトはどのようになりますか

A

標準的手法採用行の場合は、証券化に該当しなければ、100%のリスク・ウェイトが適用されると思われます。

内部格付手法採用行の場合は株式等と同様に取り扱われるものと考えられます。リスク・ウェイトの下限は上場していれば200%、非上場なら300%です。簡易手法の場合は上場していれば300%、非上場なら400%です。

解説

1 標準的手法

標準的手法では、証券化エクスポージャーに該当しなければ、上場REITへの出資の場合は、株式等と同様に100%のリスク・ウェイトを適用することになると思われます。私募のREIT（不動産投資法人）への出資の場合は、原則として構成資産の信用リスク・アセットの額を用いてファンド全体のリスク・アセットを計算することになると思われます。その場合、土地のリスク・ウェイトが100%であることから、REITへの出資のリスク・ウェイトは100%となります。

証券化に該当した場合、無格付であれば出資は1250%のリスク・ウェイトを適用することになります。証券化に該当するか否かはファンドの投資対象がオリジネーターから分離されており、ノン・リコースであることや資金の調達に優先・劣後構造を用いていることなどで判断されます。

不動産証券化商品・ファンドの形態による標準的手法での取扱いについては、図表70-1：不動産証券化商品・ファンドの取扱い事例をご参照ください。

REIT向けの融資や債券購入は、不動産取得等事業向け債権（エクスポージャー）に該当すればリスク・ウェイトは原則100％です。ただし、以下に該当した場合は150％のリスク・ウェイトが適用されます。

　　◇当該事業等を行う法人（債務者）の格付がBB－未満（短期格付でA－3／P－3未満）の場合
　　◇当該事業等を行う法人（債務者）が無格付で、その所在地国のリスク・ウェイトが150％である場合

2　内部格付手法

　内部格付手法では特定貸付債権という区分があります。特定貸付債権には事業用不動産向け貸付なども含まれています。REITへの貸付等が特定貸付債権に該当した場合は証券化エクスポージャーからは除外されます。REITへの融資やREITが発行する債券の購入が特定貸付債権とみなされれば、REITは証券化商品としては取り扱われず、REITへの出資も証券化エクスポージャーとは取り扱われないものと思われます。

　証券化エクスポージャーに該当しなければ、REITへの出資は、株式等エクスポージャーとみなされるものと考えられます（図表70－1参照）。

　仮に株式等と考えた場合、簡易手法を用いれば、上場しているREITのリスク・ウェイトは300％、非上場なら400％になります。内部モデル手法では、上場していれば200％、非上場なら300％がリスク・ウェイトの下限となります。PD／LGD方式による場合も、REITは「投資目的」で保有するので、上場していれば200％、非上場なら300％がリスク・ウェイトの下限となります（Q65参照）。

　不動産証券化商品・ファンドの形態による内部格付手法での取扱いについては、図表70－1：不動産証券化商品・ファンドの取扱い事例をご参照ください。

図表70-1 不動産証券化商品・ファンドの取扱い事例*

主要な不動産証券化・ファンドのスキーム	① ノンリコース**	② 優先劣後構造**	標準的手法	内部格付手法
・上場不動産会社：株式会社	△	×	デット：法人等／不動産取得等事業向け（65条、70条） エクイティ：出資等（76条）	デット：事法等 エクイティ：株式等
・上場不動産ファンド：上場J-REIT	△	×	デット：不動産取得等事業向け（70条） エクイティ：出資等（76条）	デット：事法等／特定貸付債権 エクイティ：株式等
・私募ファンド：不動産投資法人	△	△	デット：不動産取得等事業向け（70条） エクイティ：ファンド（ルックスルー）	デット：特定貸付債権 エクイティ：株式等
・私募ファンド：匿名組合（TK）＋有限会社（YK）／株式会社（KK）	△	○		
・不動産証券化（裏付資産は不動産・信託受益権）：TK＋YK／KK	○	○	デット：証券化 エクイティ：証券化 （経過措置あり） ***	
・不動産証券化（裏付資産は不動産・信託受益権）：特定目的会社（TMK）	○	○		
・不動産証券化（裏付資産はノンリコースローン）：TK＋YK／KK	○	○		デット：証券化 エクイティ：証券化
・不動産証券化（裏付資産はノンリコースローン）：TMK	○	○		

* 　ここで取り上げている不動産証券化・ファンドのスキームの取扱いは、あくまで代表的な事例を想定したもの（目安）であり、個々の取引については各金融機関が証券化エクスポージャーに該当するか否かを確認・判断していくこととなります。また、「デット」および「エクイティ」は、法的形式や呼び名ではなく、経済実態をもとに判断されることとなります。

** 　○は「通常は明確な特性を有している」、△は「明確な特性を有している場合と有していない場合がある（ケースバイケース）」、×は「通常は明確な特性を有していない」を指します。

*** 　特定貸付債権に該当するものについては、証券化エクスポージャーに係る計算方法により信用リスク・アセットの額を算出してさしつかえありません。

（筆者注）　有限会社は2006年4月まで。2006年5月1日の会社法施行後は、「合同会社」などを活用。

（出所）　金融庁「自己資本比率規制に関するQ＆A」第1条－Q3図1

Q71 金銭信託、リパッケージ債はどのように取り扱われますか

A
金銭信託の場合は構成資産、リパッケージ債は裏付資産の信用リスク・アセット額を用います。証券化に該当する場合は証券化商品として信用リスク・アセット額を算出します。

解説

1　金銭信託

(1)　標準的手法

標準的手法の場合、投資信託と同じく、証券化に該当しなければ、原則として構成資産の信用リスク・アセットの額を用いて信用リスク・アセットの額を計算します。

(2)　内部格付手法

内部格付手法の場合、投資信託と同様の取扱いになると思われます。単独運用の場合は、基本的には直接保有しているのと同じ取扱いになると思われます。

2　リパッケージ債

(1)　標準的手法

標準的手法の場合、リパッケージ債で証券化取引に該当しないものは、原則として裏付けとなる資産の信用リスク・アセット額を計算することになると思われます。

(2)　内部格付手法

内部格付手法の場合、リパッケージ債はスキームが多様で一概にはいえませんが、証券化に該当する場合などを除き、投資信託と同様に考えることも

可能と思われます。すなわち、リパッケージ債を発行するSPC等の信用リスクではなく、リパッケージ債の発行の裏付けとなる資産等に対応する信用リスク・アセット額を算出するものと思われます。当該SPCがスワップ等を行っていれば、スワップの信用リスクに対応する信用リスク・アセット額を算出します。

Q72 どのような経過措置が設けられていますか

A

内部格付手法採用行でも、2004年9月末までに取得済みの株式等は2014年6月末まで標準的手法と同じ100％のリスク・ウェイトを適用できます。投資信託等の場合、この経過措置の対象となるのは株価指数に連動するインデックス・ファンドなどに限られます。

解説

1 基本的な取扱い

バーゼルⅡの最終規則（正式名称（仮訳）：「自己資本の測定と基準に関する国際的統一化：改訂された枠組」）では、内部格付手法採用行であっても、バーゼルⅡ制定時においてすでに保有していた株式等に対しては10年間100％のリスク・ウェイトを適用できるという経過措置が設けられています。日本の銀行等の場合は2004年9月末時点（厳密には2004年6月28日以後9月30日までの間で銀行が選択した基準日）で保有している既保有株式等（その後の追加取得分は除く）に対して、2014年6月末までは標準的手法による100％のリスク・ウェイトの適用が認められています。

この経過措置の対象となるのは、次のものです。

① 株式または次の要件をすべて満たすもの
　(i) 償還されない（2004年6月にバーゼル銀行監督委員会が公表した原文（International Convergence of Capital Measurement and Capital Standards）では、その投資の売却や投資に対する権利の売却あるいは発行体の清算以外には、投資金額が回収されないこととされていた）
　(ii) 発行体側の債務を構成するものではない
　(iii) 発行体に対する残余財産請求権または剰余金配当請求権を付与す

るものである

② 信託受益権または投資法人その他これに類するものの持分で、信託財産または投資法人に属する資産が上記①の要件を満たし、かつ、保有する銀行が信託財産または投資法人に属する当該資産のうち、継続して保有する銘柄とその額を特定できる場合

上記②は、信託・投資法人等が2004年9月末までに設定されているだけでなく、信託または投資法人内の投資対象も2004年9月末以前から継続的に保有されている必要があります。主要な株価指数に沿って運用されるインデックス型の株式投資信託は「保有銀行が信託財産または投資法人等に属する当該資産のうち継続して保有される銘柄およびその額を特定できる」ものとみなすことができます。しかし、アクティブ型の株式投資信託の場合は、当該要件を満たすことは困難であると思われます。

2 留意点

2004年9月末時点で保有している銘柄を2004年9月末より後に追加取得し売却した場合は、後から購入した分を先に売却するものとして取り扱うことができます。

2004年9月末時点の既保有株式等の保有株式数が合併、株式交換・移転、会社分割等の組織変更や株式分割により増加した場合は、当該増加分も既保有株式等として取り扱うこととしています。

親子銀行間または子銀行間で保有主体が変更された場合（自己資本比率操作目的のものを除く）も経過措置の対象となりえます。

4　重要な出資等の取扱い

Q73 重要な出資のエクスポージャーのリスク・ウェイトはどのように扱われますか

A

　国際統一基準行においては、バーゼルⅡ（2.5）までは、出資その他これに類するエクスポージャーのリスク・ウェイトは、標準的手法においては一律100%とされていました。しかし、バーゼルⅢの導入（2013年3月31日）を機に、重要な出資のエクスポージャーについては、信用リスク・アセットの額が引き上げられています。これに対し、国内基準行については、出資その他これに類するエクスポージャーの標準的手法のリスク・ウェイトは、従来どおり、一律100%とされています。もっとも、国内基準行向けバーゼルⅢによれば、国内基準行についても、2014年3月31日以降は、重要な出資のエクスポージャーについて、国際統一基準行と同様の方法で、信用リスク・アセットの額が引き上げられることとされています。なお、内部格付手法においても同様の引上げが行われています。

解説

1　国際統一基準行

　バーゼルⅡ（2.5）までは、国際統一基準行における出資その他これに類するエクスポージャーのリスク・ウェイトは、標準的手法では一律100%、内部格付手法では株式等エクスポージャーとしてのリスク・ウェイトが適用されていました。

　しかし、バーゼルⅢの導入（2013年3月31日）を機に、重要な出資のエクスポージャーについては、信用リスク・アセットの額が引き上げられていま

す。

　具体的には、10％超の議決権を保有している法人等（営利を目的とする者に限り、銀行・証券・保険を含む国内外の連結外金融機関等を除く）に係る出資（以下、「対象出資」）のうち、（この条項の規定の適用がないものとして算出した）総自己資本の額の15％に相当する額（以下、「重要な出資に係る15％基準額」）を上回る部分に係るエクスポージャーの信用リスク・アセットの額には、1250％のリスク・ウェイトが適用されます。

　また、対象出資が複数あり、重要な出資に係る15％基準額を下回る部分の額の合計額が、（この条項の規定の適用がないものとして算出した）総自己資本の額の60％に相当する額を上回るときは、その上回る部分に係るエクスポージャーの信用リスク・アセットの額についても、1250％のリスク・ウェイトが適用されます。

　なお、内部格付手法採用行の場合、これらの信用リスク・アセットの額を自己資本比率の分母に加算するにあたっては、それぞれの額に1.06を乗じることとされている点に留意が必要です。

2　国内基準行

　国内基準行における出資その他これに類するエクスポージャーの標準的手法のリスク・ウェイトは、従来どおり一律100％、内部格付手法では株式等エクスポージャーとしてのリスク・ウェイトが適用されています。

　もっとも、国内基準行向けバーゼルⅢ（Q31参照）によれば、国内基準行についても、2014年3月31日以降は、重要な出資のエクスポージャーについて、国際統一基準行と同様の方法で、信用リスク・アセットの額が引き上げられることとされています。

Q74 特定項目のうち調整項目に算入されない部分に係るエクスポージャーのリスク・ウェイトはどのように扱われますか

A

国際統一基準行においては、バーゼルⅢにより、特定項目（①「その他金融機関等」（10％超の議決権割合を保有しているもの等）への普通株式出資、②モーゲージ・サービシング・ライツ、および③（一時差異に基づく）繰延税金資産の3項目を指します）は、それぞれ普通株式等Tier 1資本の10％を超える部分について、調整項目として、銀行の普通株式等Tier 1資本から控除されることとなりました。そして、特定項目のうち、普通株式等Tier 1資本に係る調整項目に算入されなかった部分に係るエクスポージャーの信用リスク・アセットの額には、250％のリスク・ウェイトが適用されることになりました。国内基準行向けバーゼルⅢによれば、2014年3月31日以降は、国内基準行についても同様の取扱いとなることとされています。

―― 解 説 ――

1 国際統一基準行

「特定項目」とは、自己資本の控除項目（調整項目）に関連して、バーゼルⅢの導入（2013年3月31日）を機に導入された新たな概念であり、次の3項目を指します（Q91参照）。

① 「その他金融機関等」（10％超の議決権割合を保有しているもの等）への普通株式出資
② モーゲージ・サービシング・ライツ（注）

③　（一時差異に基づく）繰延税金資産

(注)　「回収サービス権」（将来のキャッシュの流入の管理・回収業務に係る権利。「金融商品会計に関する実務指針」第36項参照）のうち、住宅ローンに係るものをいう。

　国際統一基準行においては、バーゼルⅢにより、特定項目は、それぞれ普通株式等Tier 1 資本の10％を超える部分について、調整項目として、銀行の普通株式等Tier 1 資本から控除されることとなりました（Q 91参照）。
　そして、特定項目のうち、普通株式等Tier 1 資本に係る調整項目に算入されなかった部分に係るエクスポージャーの信用リスク・アセットの額には、250％のリスク・ウェイトが適用されることになりました。
　なお、内部格付手法採用行の場合、ここで算出された信用リスク・アセットの額を自己資本比率の分母に加算するにあたっては、それぞれの額に1.06を乗じることとされている点に留意が必要です。

2　国内基準行

　国内基準行向けバーゼルⅢ（Q 31参照）によれば、国内基準行についても、2014年 3 月31日以降、特定項目はそれぞれ自己資本の10％を超える部分を調整項目とし（Q 96参照）、特定項目のうち調整項目に算入されない部分に係るエクスポージャーのリスク・ウェイトは国際統一基準行と同様に250％となることとされています。

Q75 金融機関等の劣後債等に係るエクスポージャーのリスク・ウェイトはどのように扱われますか

A

わが国のバーゼルⅡ規制では、金融機関、外国銀行、銀行持株会社およびこれに準ずる外国の会社の資本調達手段に対するエクスポージャーの信用リスク・アセットの額は、標準的手法採用行であれば一律100％のリスク・ウェイトが適用されています。国際統一基準行は、バーゼルⅢ適用により、標準的手法は100％のリスク・ウェイト、内部格付手法では、株式等エクスポージャー（これに該当しなければ、事業法人等向けエクスポージャー）としてのリスク・ウェイトを適用されます。国内基準行へのバーゼルⅢ適用後（2014年3月31日以後）は、銀行・証券・保険を含む国内外の連結外金融機関等の劣後債等（普通株式または強制転換条項付優先株式に該当しない資本調達手段をいう）に対するエクスポージャーの信用リスク・アセットの額については、控除項目に該当しない場合、250％のリスク・ウェイトが適用されることとなります。もっとも、経過措置により、当該エクスポージャーのうち適用日（2014年3月31日）において保有するものについては、5年間にわたってリスク・ウェイトが段階的に引き上げられます（100％→150％→200％）。また、当該エクスポージャーのうち、適用日前に銀行等が発行した適格旧非累積的永久優先株や適格旧資本調達手段のリスク・ウェイトについては、2029年3月30日までの間、（本則の250％ではなく）100％とされています。

解 説

わが国のバーゼルⅡ規制では、金融機関、外国銀行、銀行持株会社およびこれに準ずる外国の会社の資本調達手段に対するエクスポージャーの信用リ

スク・アセットの額は、標準的手法採用行であれば一律100％のリスク・ウェイトが適用されています（Q42参照）。

また、内部格付手法採用行であれば、株式等エクスポージャーとして信用リスク・アセットの額を算出します（Q64、Q65参照）。その場合、永久劣後債は、通常、上場していないので、PD／LGD方式によった場合のリスク・ウェイトは300％以上、マーケット・ベース方式によった場合は、内部モデル手法では300％以上、簡易手法では400％のリスク・ウェイトが適用されます。株式等エクスポージャーに該当しない場合は、事業法人等向けエクスポージャーとして信用リスク・アセット額を算出します（Q51参照）。

バーゼルⅢ規制では、国際統一基準行が、銀行・証券・保険を含む国内外の連結外金融機関等の劣後債等（普通株式等に該当しないもの）を保有する場合、控除項目に該当しなければ、標準的手法の場合は、出資等または金融機関向けエクスポージャーとして100％のリスク・ウェイトが適用されます。内部格付手法が適用される場合は、株式等（または事業法人等向け）エクスポージャーとして取り扱われます。

国内基準行が保有する場合、バーゼルⅢ告示の適用後（2014年3月31日以後）は、控除項目に該当しなければ、250％のリスク・ウェイトが適用されることとなります（Q71、Q97参照）。

ちなみに、国内基準行が、連結外金融機関等が発行した資本調達手段のうち、普通株式または強制転換条項付優先株式を保有する場合、少数出資金融機関等向けでコア資本の10％以下であるため、控除項目に該当しないケースでは、標準的手法では100％のリスク・ウェイト、内部格付手法では、株式等（または事業法人等向け）エクスポージャーとしてのリスク・ウェイトが適用されます。

ただし、国内基準行がバーゼルⅢの適用日において保有する国内外の連結外金融機関等の劣後債等（普通株式または強制転換条項付優先株式に該当しないもの。たとえば国際統一基準行が発行するバーゼルⅢ準拠のその他Tier1・Tier2資本に該当するものや証券会社が発行する劣後債、生命保険会社が発行する基

金債）については、当該銀行がその保有を継続している場合に限り、適用日から起算して5年を経過する日までの間、250％のリスク・ウェイトではなく、次の表の左欄に掲げる区分に応じ、段階的にリスク・ウェイトを引き上げることとされています（改正告示附則12条1項参照）。

2014年3月31日〜2015年3月30日（2014年3月期を含む）	100％
2015年3月31日〜2017年3月30日（2016年3月期を含む）	150％
2017年3月31日〜2019年3月30日（2018年3月期を含む）	200％

また、国内基準行がバーゼルⅢ適用日において保有する、金融機関[1]、銀行持株会社または最終指定親会社[2]が発行した適格旧非累積的永久優先株（Q96参照）または適格旧資本調達手段（Q96参照）については、適用日から起算して15年を経過する日までの間、すなわち2014年3月31日から2029年3月30日までの間（2028年3月期を含む）、リスク・ウェイトを100％とすることとされています。

なお、後者の「15年間は100％」の経過措置が適用される適格旧非累積的永久優先株または適格旧資本調達手段には、国際統一基準行の発行する資本調達手段（2013年3月31日から2014年3月30日までの間に発行されたものを含む）が包含される余地があるようです。すなわち、たとえば国内基準行が国際統一基準行の発行するTier 2資本調達手段を保有する場合（当該国際基準行との間で資本調達手段の意図的な持合いは存在しないものとする）、保有する当該Tier 2資本調達手段が、新たな国際統一基準（2013年3月31日より適用）におけるTier 2資本調達手段の要件を満たさない場合には、適用日から15年

---

1 「金融機関」とは、預金保険法2条1項に規定する金融機関（銀行、長期信用銀行、信用金庫、信用協同組合、労働金庫、信用金庫連合会、信用協同組合連合会、労働金庫連合会、株式会社商工組合中央金庫）、預金保険法2条5項に規定する銀行持株会社等、農林中央金庫、一定の事業を行う農業協同組合および農業協同組合連合会、一定の事業を行う漁業協同組合および漁業協同組合連合会、そして一定の事業を行う水産加工業協同組合および水産加工業協同組合連合会をいいます。
2 金融商品取引法上の特別金融商品取引業者（総資産の額が1兆円を超える証券会社）を子会社にもつグループの頂点となるべき親会社をいいます。

図表75-1　国際統一基準行が保有する金融機関等の資本調達手段の取扱い

分類	相当するもの	取扱いと残額の有無	リスク・ウェイト 標準的手法	リスク・ウェイト 内部格付手法
意図的に保有している他の金融機関等の対象資本調達手段	その他Tier 1 資本調達手段	全額調整項目	—	—
	Tier 2 資本調達手段			
少数出資金融機関等の対象資本調達手段	その他Tier 1 資本調達手段	調整項目に算入した後の残額	100%	株式等または事業法人等向けエクスポージャーとしてのリスク・ウェイト
	Tier 2 資本調達手段	調整項目に算入した後の残額		
特定項目に該当するその他金融機関等の普通株式等	普通株式等	調整項目に算入した後の残額	250%（Q74参照）	250%（Q74参照）
その他金融機関等の対象資本調達手段	その他Tier 1 資本調達手段	全額調整項目	—	—
	Tier 2 資本調達手段			

(出所)　大和総研金融調査部制度調査課作成

間、100％のリスク・ウェイトが適用されます。他方、当該Tier 2 資本調達手段が上記Tier 2 資本調達手段の要件を満たす場合には、適用日に保有していたものについては、前者の経過措置により100％から250％にかけて段階的に引き上げられるリスク・ウェイトが適用され、また、当該適用日より後に保有することになったものについては250％のリスク・ウェイトが適用されます。

なお、内部格付手法採用行の場合、ここで算出された信用リスク・アセットの額を自己資本比率の分母に加算するにあたっては、それぞれの額に1.06

図表75-2　国内基準行が保有する金融機関等の資本調達手段の取扱い

分類	取扱いと残額の有無	リスク・ウェイト	
		標準的手法	内部格付手法
意図的に保有している他の金融機関等の対象資本調達手段	全額をコア資本の調整項目	―	―
少数出資金融機関等の普通株式等	コア資本の調整項目に算入した後の残額	100%	株式等または事業法人等向けエクスポージャーとしてのリスク・ウェイト
特定項目に該当するその他金融機関等の普通株式等	コア資本の調整項目に算入した後の残額	250% （Q74参照）	250% （Q74参照）
その他金融機関等の対象資本調達手段	資本控除せず	250% （附則12条1項の経過措置）	250% （附則12条1項の経過措置）

（出所）　大和総研金融調査部制度調査課作成

を乗じることとされている点に留意が必要です。

5 証券化

Q76 証券化とは何ですか。バーゼルⅠでは、どのような点が問題とされていましたか

A

証券化とは、企業が資産を自ら切り離して特別目的事業体（SPE）などに移転し、SPEがそれを裏付けとした証券を発行して資金調達を行うことをいいます。従来の規制（バーゼルⅠ）のもとでは、自己資本比率引上げのための規制回避（いわゆるレギュラトリー・アービトラージ）に利用されるケースがあり、この点が問題になっていました。

解説

証券化の特徴として、特別目的事業体（SPE）から発行される証券について、①その信用度がオリジネーター（資産をSPEに切り離した企業）の信用力ではなく、切り離した資産のキャッシュフロー等に依存する点、②損失の負担やキャッシュフローの回収順位に応じ、優先部分と劣後部分（あるいはその中間であるメザニン）に分かれている点があげられます。こうした特徴をふまえ、金融庁告示19号「銀行法第14条の2の規定に基づき、銀行がその保有する資産等に照らし自己資本の充実の状況が適当であるかどうかを判断するための基準」では「原資産に係る信用リスクを優先劣後構造の関係にある二以上のエクスポージャーに階層化し、その一部又は全部を第三者に移転する性質を有する取引をいう。ただし、特定貸付債権に該当するものを除く」と定義しています（同告示1条2号）。

証券化では、資産の一部、特に最も劣後する部分（最劣後部分）をオリジネーターが保有することがあります。この場合、たしかにオリジネーターは資産を移転しているのですが、実質的には証券化前のリスクの大部分をその

まま負担していることになります。しかしながら、バーゼルⅠでは、こうした実態を捕捉しきれない仕組みになっており、これを悪用して規制を回避するケースがみられるようになりました。つまり、バーゼルⅠでは、証券化という新しい手法に対応しきれなくなったのです。この点が問題視され、新たな規制の仕組みが必要とされるようになりました。

1　バーゼルⅠの問題点

バーゼルⅠのもとでは、証券化エクスポージャーが複数のリスクレベルに応じて階層化された構造を有しているにもかかわらず、リスク・ウェイトは一律に100%となっていました。優先部分であってもメザニン部分であっても、さらには最劣後部分であってもリスク・ウェイトは100%で変わりませんでした。

一方、原資産の信用リスクはそのキャッシュフローのみに依存しており、オリジネーターには遡及しません（ノン・リコース）。したがって、原資産の信用リスクは特に最劣後部分に集中することになり、最劣後部分を保有するオリジネーターの負う信用リスクは、実際のところ証券化の前後でほとんど変わりませんでした。それにもかかわらず、リスク・ウェイトはどの部分についても一律100%であったので、証券化によって移転した資産の分だけ、オリジネーターの負担する信用リスクは減少したかのようにみえたことになります。言い換えると、より少ない資産で証券化前とほぼ同じ信用リスクを負いながら、自己資本比率を向上させることが可能になってしまっていたということです。

2　規制の改善とバーゼルⅡ

オリジネーターによる規制回避に対応するため、1998年3月31日付大蔵省告示「銀行法第14条の2の規定に基づき自己資本比率の基準を定める件の一部を改正する件」で取扱いの見直しが行われました。すなわち、移転後も劣後部分を保有し、原資産の信用リスクを負担している場合は、劣後部分だけ

ではなく、売却前の資産額（劣後部分を8％で割り返した金額が上限）について自己資本比率の分母に算入することになりました（求償権付資産売却、いわゆる「8％ルール」）。また、算入金額に関する規定も改められました。しかし、リスク・ウェイトを一律100％とする点は維持されたため、オリジネーターとしての銀行が負担する信用リスクと自己資本比率の連動性は高まりましたが、「投資家」としての銀行が負担する信用リスクについて、引き続き課題が残ることになりました。投資家として証券化商品を保有する場合は、たとえそれが劣後部分であっても、自己資本比率には反映されないという問題です。バーゼルⅡでは、信用リスク計算の精緻化によってこの問題の克服を図っています（詳細はＱ77以後参照）。

Q77 バーゼルⅡでは証券化はどのように取り扱われますか。その概略を教えてください

A

バーゼルⅡでは、証券化取引の信用リスク度合いをより適切に表すように見直しが行われました。1つには、金融機関が資産の証券化を行った場合でも、一定の要件を満たさない場合は、その資産を引き続き保有しているものとして信用リスク・アセット額を算出することにしています。信用リスク・アセットの算出方法には標準的手法と内部格付手法があります。また、自己資本控除に関する規定も設けられています。

解説

バーゼルⅡでは、バーゼルⅠにおける問題点を克服するため、信用リスク・アセットの計算の精緻化を図っています。その内容として、第一に証券化によるSPEへの資産の移転が認められるための要件（自己資本比率規制上の要件）を設けています。第二に信用リスク・アセットの計算方法も整備しています。また、自己資本控除に関する規定も設けられています。

1 自己資本比率規制上の資産移転の要件

バーゼルⅡでは、SPEへの資産の移転が認められるためには、以下の要件を満たす必要があります。

① 原資産の主要な信用リスクが第三者に移転されていること
② 当該金融機関（以下、「銀行」）が原資産に有効な支配権（買戻権、原資産の信用リスクの負担）を有しておらず、法的に銀行の倒産等から隔離されており、かつ、かかる状態について、弁護士のリーガル・オピニオンを取得していること
③ 投資家の権利には原資産の譲渡人である銀行への請求権を含まない

こと
④ 譲受人がSPEであり、かつ、当該SPEの出資持分を有する者が当該出資持分について質権設定・譲渡等を行えること
⑤ 譲渡契約に以下の条項が含まれないこと
◇原資産の平均的な信用力向上のため、銀行に証券化の裏付資産の交換を義務づける条項（市場価額での売却は妨げない）
◇譲渡日以後に銀行に最劣後部分や信用補完の追加的引受けを認める条項
◇証券化の裏付資産の信用力の劣化に応じて、投資家や信用補完提供者、その他の銀行以外の者に対する利益の支払を増加させる条項
⑥ クリーン・アップ・コールが付されている場合は、(ⅰ)そのクリーン・アップ・コールの行使が銀行の裁量にのみ依存すること、(ⅱ)投資家に損失が移転することを妨げる目的または信用補完目的ではないこと、(ⅲ)コールの行使は、原資産またはオリジネーター以外のものが保有する未償還残高が、当初の残高の10%以下となった場合に限られることといった要件をすべて満たすこと
⑦ 契約外の信用補完等を提供していないこと

なお、⑥の「クリーン・アップ・コール」とは、証券化商品の投資家がその全額について支払を受ける前に、SPEが残存する証券化商品の買戻しや償還を行うことができる権利のことです。

2　信用リスク・アセットの計算方法

信用リスク・アセットの計算方法には「標準的手法」と「内部格付手法」があります。標準的手法についてはQ78で、内部格付手法についてはQ79で詳しく取り扱います。ここでは概要をご説明します。

(1) 標準的手法

まず、標準的手法では、外部格付に対応するオリジネーター・投資家別の

リスク・ウェイトが設けられています。保有部分に対する格付に応じて、リスク・ウェイトが重くなったり軽くなったりする仕組みになっています。

(2) 内部格付手法

内部格付手法には、「RBA方式（外部格付準拠方式）」「SF方式（指定関数方式）」「IAA方式（内部評価方式）」があります。融資等で内部格付手法を適用している場合、証券化についても内部格付手法を適用しなければならないことになっています。

「RBA方式（外部格付準拠方式）」は、格付機関等による外部の格付がある場合、あるいは一定の要件を満たす推定格付が利用できる場合に適用されます。リスク・ウェイトには、オリジネーター・投資家別の差は設けられていません。

「SF方式（指定関数方式）」は、外部格付や推定格付を利用できない場合に適用され、当局が定める指定関数（SF）によってリスク・ウェイトを算定します。

「IAA方式（内部評価方式）」は、一定の要件を満たすABCPについて適用が認められます。ABCPプログラムに提供される信用供与枠等の無格付の証券化エクスポージャーについて、外部格付機関の格付に準拠してリスク・ウェイトを算定します。

内部格付手法を採用する場合、証券化取引について保有する証券化エクスポージャーに対する金融機関の所要自己資本の総額は、原資産に内部格付手法を適用した場合の所要自己資本の額を超えないこととされています。標準的手法にはこのような上限が金融庁告示19号「銀行法第14条の2の規定に基づき、銀行がその保有する資産等に照らし自己資本の充実の状況が適当であるかどうかを判断するための基準」の本文上は設けられていませんが、同様の上限設定や激変緩和措置を求める声が多く寄せられたことから、2006年3月31日において保有する証券化エクスポージャーについて、2014年6月30日までに限り、バーゼルⅠにおける原資産の信用リスク・アセットの額と、バーゼルⅡにおける原資産の信用リスク・アセットの額のいずれか大きい額

を上限とすることができます。

(3) 自己資本控除

バーゼルⅡでは、以下のものを自己資本から控除することが定められています。

① 証券化に伴う自己資本増加額（証券化した資産の譲渡益等）
② 信用補完機能をもつI／Oストリップス（譲渡資産から将来において生ずることが見込まれた金利収入等の全部または一部を受ける権利であって、証券化取引の他の証券化エクスポージャーの信用補完として利用されるように仕組まれたもの）

つまり、オリジネーターは、資産の証券化により会計上は譲渡益が計上できても、自己資本比率規制上の自己資本には反映されないということです。Q76等でも述べましたが、オリジネーターである銀行等が劣後部分を保有している限りは証券化の前後でオリジネーターの負う信用リスクはあまり変わりません。たとえ資産の譲渡を行っても、優先部分について計上した売却益が、その金融機関等の損失に対するバッファーとして機能するとは限りません。こうした事情を反映するため、バーゼルⅡでは自己資本控除項目とされています（バーゼルⅡでは、このような「将来の不確定な収入（future margin income）」は、自己資本に算入しないという方針がとられています）。

ただし、バーゼルⅢの導入を機に、上記②の取扱いは、自己資本控除にかえて、1250％のリスク・ウェイトを乗じた額を信用リスク・アセットの額に加算することとされています。もっとも、「自己資本控除」をリスク・ウェイトに換算すると1250％であることから、この変更は実質的なものではないものと考えられます。

Q78 標準的手法では証券化はどのように取り扱われますか

A

標準的手法では、長期・短期の各外部格付に対応するリスク・ウェイトが、オリジネーターと投資家それぞれについて設けられています。無格付部分は基本的に1250％のリスク・ウェイトになりますが、一定の要件を満たすことを条件に、例外措置も設けられています。また、所要自己資本の上限について、一定の経過措置が設けられています。

解説

1 格付に基づいたリスク・ウェイト

標準的手法では、外部格付に応じたリスク・ウェイトが、オリジネーター・投資家それぞれについて定められています。

なお、金融機関が複数の適格格付機関の格付を利用しており、リスク・ウェイトが異なる場合は、2番目に小さいリスク・ウェイトを用いなければなりません。ただし、複数の格付が最も小さいリスク・ウェイトに対応するものである場合は、最も小さいリスク・ウェイトを用います。

2 リスク・ウェイト1250％

図表78－1にあるとおり、証券化エクスポージャーが「無格付」の場合のリスク・ウェイトは1250％になります。また、以下の場合も同様です。

① 適格格付機関の付与する格付が、次の証券化取引における格付の適格性に関する基準のいずれかを満たさない場合
　◇適格格付機関の付与する格付が、元本、利息その他の要素に照らして金融機関（以下、「銀行」）が保有するエクスポージャーの信用リスクを適切に反映していること

図表78-1　標準的手法におけるリスク・ウェイト

保有部分の格付		オリジネーター	投資家
長期格付	AAA～AA-	20%	
	A+～A-	50%	
	BBB～BBB-	100%	
	BB+～BB-	1250%	350%
	BB-未満	1250%	
	無格付	1250%（例外措置あり）	
短期格付	A-1/P-1	20%	
	A-2/P-2	50%	
	A-3/P-3	100%	
	A-3/P-3未満	1250%	
	無格付	1250%（例外措置あり）	

◇当該格付が、証券化エクスポージャーの格付機関として実績のある適格格付機関により付与されたものであること
◇当該格付が、公表されており、かつ、格付推移行列に含まれるものであること
◇銀行が保有する証券化エクスポージャーに対して付与された格付が、当該銀行による流動性補完等（流動性補完、信用補完その他の事前の資金の払込みを伴わない方法による信用供与をいう）に基づき付与されたものではないこと
② 銀行が証券化取引における格付の利用に関する次の基準のいずれかを満たさない場合
(i) 銀行が、同種の証券化エクスポージャーに対して利用する一または複数の適格格付機関を定め、当該適格格付機関が付与する格付を継続性をもって利用すること
(ii) 同一の証券化取引を構成する証券化エクスポージャーについて個

別の証券化エクスポージャーごとに異なる適格格付機関から取得した格付を利用していないこと
(iii) 銀行の保有する証券化エクスポージャーについて、包括的なリスク特性に係る情報を継続的に把握するために必要な体制が整備されていること
(iv) 銀行の保有する証券化エクスポージャーの裏付資産について、包括的なリスク特性およびパフォーマンスに係る情報を適時に把握するために必要な体制が整備されていること
(v) 銀行の保有する証券化エクスポージャーについて、当該証券化エクスポージャーに係る証券化取引についての構造上の特性を把握するために必要な体制が整備されていること
(vi) 銀行が、再証券化取引から除かれる証券化取引(Q80参照)に係るエクスポージャーを保有している場合には、当該証券化取引の裏付資産の一部または全部となっている証券化エクスポージャーに係る裏付資産について、包括的なリスク特性およびパフォーマンスに係る情報を適時に把握するために必要な体制が整備されていること
(vii) (iii)から(vi)の基準を満たすための管理規程等を作成していること
③ 適格格付機関が当該証券化エクスポージャーに付与する格付がSPEに対して直接提供されている保証またはクレジット・デリバティブの効果を反映しているものである場合であって、かつ、保証人またはプロテクション提供者が一定の適格基準(Q59参照)に該当しない場合

3 無格付部分に関する例外措置

証券化エクスポージャーの無格付部分は、原則として1250%のリスク・ウェイトが適用されます。ただし、一定の例外措置が設けられています(図表78-2)。

図表78-2　無格付部分に関する例外措置

条件	取扱い
最優先部分を保有しており、銀行が裏付資産の構成を常に把握している場合	当該証券化エクスポージャーの裏付資産を構成する個別のエクスポージャーに対して適用されるリスク・ウェイトの加重平均値を適用することができる（加重平均値を計算できない場合は1250％のリスク・ウェイトが適用される）
以下の要件をすべて満たす場合 ・当該証券化エクスポージャーが経済的に最劣後部分に該当せず、かつ、最劣後部分が当該証券化エクスポージャーに対して十分な信用リスクを引き受けていると認められる ・銀行が、当該証券化エクスポージャーに係る証券化取引の最劣後部分を保有していない	ABCPプログラムに提供される無格付の融資枠契約（コミットメントライン）および信用補完等の証券化エクスポージャーについて、原資産を構成する個別の資産に対して適用されるリスク・ウェイトのうち、最も高いもの（下限100％）を適用することができる
適格流動性補完	当該流動性補完の対象となる個々の裏付資産に対して適用されるリスク・ウェイトのうち、最も高いもの（下限なし）を適用できる

4　適格流動性補完

　ABCPプログラムの場合、裏付資産から受け取るキャッシュフローと証券化商品の支払キャッシュフローのミスマッチを解消するため、通常は金融機関がスポンサーになってコミットメントライン等の流動性補完を付しています。流動性補完には、タイミングの問題で生ずる純粋な流動性リスクに対する信用を供与するものと、デフォルト等に対する信用をあわせて供与するものとがありますが、負担するリスク量には差があります。そこでバーゼルⅡでは前者を適格流動性補完とし、該当しないものとは異なる取扱いをしています。適格流動性補完と認められるには次の要件をすべて満たす必要があり

ます。
　　◇信用供与の条件が契約で明確に定められていること
　　◇極度額が、裏付資産の処分・信用補完により全額回収可能な額に設定されていること
　　◇信用供与実行以前の損失の補填には利用されず、実際の資金需要と無関係に定期的または継続的に無条件に実行されるものでないこと
　　◇デフォルト時の信用補完にならないよう、裏付資産の信用力を審査していること
　　◇対象となる証券化エクスポージャーに適格格付機関の格付がある場合は、格付が投資適格以上のときに限り実行されるものであること
　　◇流動性補完の提供銀行が利益を受けうる信用補完がすべて利用された場合は、信用の供与が停止されること
　　◇証券化取引上、他の投資家に劣後せず、かつ債務の繰延べまたは放棄の対象とならないこと

　また、適格流動性補完の内容により、証券化エクスポージャーの信用リスク・アセット額の算定に用いる掛け目について差を設けています（図表78－3）。掛け目を掛けたうえで、証券化エクスポージャーとしてのリスク・ウェイトを適用します。

図表78－3　適格流動性補完の信用リスク・アセット額の算定に用いる掛け目

適格格付機関による格付が付与された適格流動性補完	100%
無格付の適格流動性補完	50%

図表78－4　他のオフバランスの証券化エクスポージャーに関する掛け目

適格なサービサー・キャッシュ・アドバンスの信用供与枠のうち未実行部分	0%
その他のオフバランスの証券化エクスポージャー	100%

なお、他のオフバランスの証券化エクスポージャーに関する掛け目は図表78－4のとおりです。「適格なサービサー・キャッシュ・アドバンス」とは、投資家への支払を滞りなく行うために、約定の範囲内でサービサーが行う信用供与で、一定のものをいいます。

5　早期償還条項がついている場合の取扱い

クレジット・カード債権の証券化商品など、リボルビング型のリテール向け証券化エクスポージャーは、証券化した資産の質が低下し始めた時点で取引を解消する等、早期償還条項がついていることがあります。早期償還事由が生じれば、オリジネーターは発生した損失の一部を負担することになり、実質的には、当該負担部分に相当するリスクはいまだ移転していないことになります。このようなケースを想定し、バーゼルⅡではオリジネーターの金融機関に対し、一定の場合を除いて、早期償還条項の内容に応じた信用リスク・アセットの額を算定するよう求めています。算定は次のように行います（留保された証券化エクスポージャーの信用リスク・アセットの額または証券化されなかった場合の原資産の信用リスク・アセットの額のいずれか大きいほうの額を上限とします）。

$$\text{信用リスク・アセット額} = \text{投資家の保有する早期償還条項部分の額} \times \text{早期償還条項の内容に応じた掛け目} \times \text{証券化が行われなかった場合の原資産に適用されるリスク・ウェイト}$$

6　所要自己資本の上限に関する経過措置

内部格付手法については、金融庁告示19号「銀行法第14条の2の規定に基づき、銀行がその保有する資産等に照らし自己資本の充実の状況が適当であるかどうかを判断するための基準」が所要自己資本の上限を定めています（Q79を参照）。一方、標準的手法については、告示本文内にこのような規定は見当たりません。しかし、標準的手法をそのまま採用した場合、標準的手

法を採用する金融機関の証券化取引に係る所要自己資本が跳ね上がる可能性があります。そこで金融庁告示19号の附則は、標準的手法を採用する銀行について経過措置を設けています。すなわち、2006年3月31日時点で保有する証券化エクスポージャーの信用リスク・アセットの額には、継続保有を条件に、①バーゼルⅠにおける原資産の信用リスク・アセットの額と②バーゼルⅡにおける原資産の信用リスク・アセットの額のうち、いずれか大きい額を上限とすることができます（2014年6月30日まで）（Q77参照）。

　ちなみに、原資産が100億円の住宅ローン債権（バーゼルⅡにおける一定の要件を満たすもの）を例に考えると、リスク・ウェイトはそれぞれ①50％、②35％であることから、①の50億円が上限になります。

Q79 内部格付手法ではどのように取り扱われますか

A

　証券化エクスポージャーは、内部格付手法では3つの方式が準備されています。基本的には「RBA方式（外部格付準拠方式）」または「SF方式（指定関数方式）」になりますが、一定の要件を満たすABCPプログラムについては「IAA方式（内部評価方式）」を適用することができます。また、保有する証券化エクスポージャーに対する銀行の所要自己資本の総額は、原資産に内部格付手法を適用した場合の所要自己資本の額が上限とされます。

解　説

　内部格付手法は、銀行が蓄積してきた過去の実績に基づく内部データを活用し、リスク量をより精緻に算定しようとする方法です。

　証券化エクスポージャーの内部格付手法には3つの方式があります。①格付機関等の外部格付がある、あるいは一定の推定格付が利用できる場合は「RBA方式（外部格付準拠方式）」、②外部格付がなく、推定格付の利用もできない場合は「SF方式（指定関数方式）」、③一定の要件を満たすABCPについては「IAA方式（内部評価方式）」により、それぞれリスク・ウェイトを求めます。①～③で信用リスク・アセットを算出できない場合の証券化エクスポージャーは1250％のリスク・ウェイトが適用されます。ここでは①②について説明します（③はQ81で解説）。

1　RBA方式（外部格付準拠方式）の仕組み

　対象となる証券化エクスポージャーに適格格付機関による外部格付がある場合はRBA方式が適用されます。また無格付の証券化エクスポージャーで

も、次の要件を満たす場合は、外部格付があるものとみなして（これを「推定格付」といいます）、RBA方式を適用します。

① 参照証券化エクスポージャー（当該無格付の証券化エクスポージャーに劣後する証券化エクスポージャーのなかで最も優先するもの）は、裏付資産、CRM（信用リスク削減）手法の適用状況その他の優先劣後構造に関する要素を勘案したうえで、当該無格付の証券化エクスポージャーに劣後するものであること

② 参照証券化エクスポージャーの残存期間が、当該無格付の証券化エクスポージャーの残存期間を下回らないこと

③ 参照証券化エクスポージャーに付与された格付は、「証券化取引における格付の利用に関する基準」を満たすものであること

なお、「証券化取引における格付の利用に関する基準」とは、次に掲げるものを指します（Q78参照）。

(i) 銀行が、同種の証券化エクスポージャーに対して利用する一または複数の適格格付機関を定め、当該適格格付機関が付与する格付を継続性をもって利用すること

(ii) 同一の証券化取引を構成する証券化エクスポージャーについて個別の証券化エクスポージャーごとに異なる適格格付機関から取得した格付を利用していないこと

(iii) 銀行の保有する証券化エクスポージャーについて、包括的なリスク特性に係る情報を継続的に把握するために必要な体制が整備されていること

(iv) 銀行の保有する証券化エクスポージャーの裏付資産について、包括的なリスク特性およびパフォーマンスに係る情報を適時に把握するために必要な体制が整備されていること

(v) 銀行の保有する証券化エクスポージャーについて、当該証券化エクスポージャーに係る証券化取引についての構造上の特性を把握す

るために必要な体制が整備されていること
(vi) 銀行が、再証券化取引から除かれる証券化取引（Q80参照）に係るエクスポージャーを保有している場合には、当該証券化取引の裏付資産の一部または全部となっている証券化エクスポージャーに係る裏付資産について、包括的なリスク特性およびパフォーマンスに係る情報を適時に把握するために必要な体制が整備されていること
(vii) (iii)から(vi)の基準を満たすための管理規程等を作成していること

図表79－1　証券化エクスポージャー算出上のリスク・ウェイト

	適格格付機関の格付	Nが6以上かつ最優先部分	Nが6以上	Nが6未満
長期格付	AAA	7％	12％	20％
	AA	8％	15％	25％
	A＋	10％	18％	35％
	A	12％	20％	
	A－	20％	35％	
	BBB＋	35％	50％	
	BBB	60％	75％	
	BBB－	100％		
	BB＋	250％		
	BB	425％		
	BB－	650％		
	BB－未満および無格付	1250％		
短期格付	A－1／P－1	7％	12％	20％
	A－2／P－2	12％	20％	35％
	A－3／P－3	60％	75％	
	A－3／P－3未満および無格付	1250％		

RBA方式では、当該証券化エクスポージャーの額に図表79－1にあるリスク・ウェイトを掛けて信用リスク・アセットの額を算定します。

図表79－1中の「N」は「エクスポージャーの実効的な個数」と定義されており、裏付資産の分散度合いを表しています。したがって、Nが大きいほど当該証券化エクスポージャーの信用リスクもまた分散されていることになります。そこで金融庁告示19号「銀行法第14条の2の規定に基づき、銀行がその保有する資産等に照らして自己資本の充実の状況が適当であるかどうかを判断するための基準」はNが6以上か否かでリスク・ウェイトに差を設け、さらにNが6以上でかつ最優先部分である場合には、リスク・ウェイトをより軽減した数値に設定しています。

2　SF方式（指定関数方式）の仕組み

証券化エクスポージャーが無格付（推定格付も利用できない）である場合には、SF方式で信用リスク・アセットの額を算出することができます。「SF（Supervisory Formula）」は「当局が設定する関数」という意味です。SF方式では、「所要自己資本の額×12.5」で証券化エクスポージャーの信用リスク・アセットの額を算定します。所要自己資本の額について、金融庁告示19号では数式を含めた詳細な規定を置いています（数式等は同告示19号257条以下を参照）。SFのイメージを示すと図表79－2のとおりです。

図表79－2の左図は、当該証券化エクスポージャーがどの信用補完レベルに位置しているかを表しています。また、同じく右図は信用補完レベルによってSFがどのように変化するかを表しています。右図の限界所要自己資本は1～0.0056（リスク・ウェイトは1250～7％）で推移し、1以上となる場合は1250％のリスク・ウェイトが適用されます。すなわち保有する証券化エクスポージャーの信用補完レベルがK_{IRB}以下の場合はリスク・ウェイトが1250％となり、K_{IRB}を超える場合はSFによって限界所要自己資本が逓減していくことになります。

SF方式は前出のT、L、N、K_{IRB}、LGD（原資産のデフォルト時の証券化エ

図表79-2　SFのイメージ

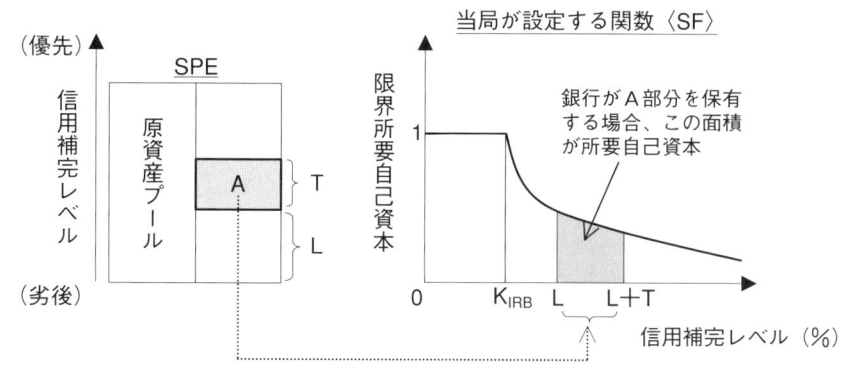

(注1)　T：エクスポージャーの厚さ……裏付資産のエクスポージャーの総額に対して当該証券化エクスポージャーの額が占める割合。
(注2)　L：信用補完レベル……裏付資産のエクスポージャーの総額に対して、所要自己資本の額の計算の対象となる証券化エクスポージャーに劣後する証券化エクスポージャーの総額が占める割合。
(注3)　K_{IRB}：裏付資産の所要自己資本率……裏付資産のエクスポージャーの総額に対して裏付資産の期待損失額および信用リスク・アセットの8％の合計額が占める割合。
(出所)　金融庁、日本銀行資料をもとに作成

クスポージャーに生ずる損失額の割合。ここではその加重平均を指します）等を用いて所要自己資本と信用リスク・アセットを算定する方法です。数式は複雑ですが、RBA方式と同様、リスク量を精緻に計算する有用な方法とされています。

3　所要自己資本の上限

標準的手法と異なり、内部格付手法では所要自己資本について次のような上限を設定することが認められています（金融庁告示19号255条）。

① 内部格付手法採用行が一の証券化取引について保有する証券化エクスポージャーに対する所要自己資本の総額は、原資産に内部格付手法を適用した場合の所要自己資本の額を超えないものとすることができる。

② 証券化取引に伴い増加した自己資本に係る控除額および信用補完機能をもつI/Oストリップスは、所要自己資本の総額に含めないもの

とする。

　I/Oストリップスとは、「資産譲渡型証券化取引において証券化目的導管体（筆者注：SPE）に譲渡した原資産から将来において生じることが見込まれた金利収入等の全部または一部を受ける権利であって、当該証券化取引に係る他の証券化エクスポージャーに対する信用補完として利用されるように仕組まれたもの」をいいます（金融庁告示19条1条66号）。内部格付手法では過去の実績データの分析等を通じ、リスク量を精緻に計算することができます。そのためこのような上限を設けることが認められています。

4　適格流動性補完など

　オフバランス資産項目に係る証券化エクスポージャーの未実行部分についてRBA方式またはIAA方式（Q 81参照）を用いる場合は、信用リスク想定元本額の未実行部分の額に100％の掛け目を掛けた額に証券化エクスポージャーとしてのリスク・ウェイトを適用します。

　SF方式で算定する場合で、所要自己資本の計算を行うことができないときは、オフバランス資産項目に係る未実行部分の額に1250％のリスク・ウェイトを適用します。ただし、適格流動性補完に関しては、想定元本額のうち未実行部分の額を与信相当額として、裏付資産を構成する個々の資産に対して標準的手法で適用されるリスク・ウェイトのうち、最も高いリスク・ウェイトを適用します。

　適格なサービサー・キャッシュ・アドバンスの信用供与枠のうちの未実行部分については、掛け目は0％となります。

5　早期償還条項がついている場合の取扱い

　クレジット・カード債権の証券化商品など、リボルビング型のリテール向け証券化エクスポージャーは、証券化した資産の質が低下し始めた時点で取引を解消する等、早期償還条項がついていることがあります。早期償還事由

が生じれば、オリジネーターは発生した損失の一部を負担することになり、実質的には、当該負担部分に相当するリスクはいまだ移転していないことになります。このようなケースを想定し、バーゼルⅡではオリジネーターの金融機関に対し、一定の場合を除いて、早期償還条項の内容に応じた信用リスク・アセットの額を算定するよう求めています。算定は次のように行います（留保された証券化エクスポージャーの信用リスク・アセットの額または証券化されなかった場合の原資産の信用リスク・アセットの額のいずれか大きいほうの額を上限とします）。

信用リスク・アセット額
＝（証券化エクスポージャーを対象とする実行済みの信用供与の額
　＋想定元本額の未実行部分×実行済み部分の投資家の持分割合）
　×早期償還条項の内容に応じた掛け目
　×証券化が行われなかった場合の原資産に適用されるリスク・ウェイト

Q80 再証券化取引についてはどのように取り扱われますか

A
バーゼルⅡまでは、証券化商品を再度証券化して組成した再証券化商品についても、通常の証券化商品と同様のリスク・ウェイトが適用されていました。しかし、金融危機の際、再証券化商品は通常の証券化商品以上に大幅な格下げやデフォルトの発生が相次いだため、バーゼル2.5をふまえた改正告示（2011年12月31日適用）では、再証券化商品に対して通常の証券化商品よりも高いリスク・ウェイト（約1.1～3.5倍）を適用することとされました（Q16）。

解説

1 再証券化商品の定義

再証券化取引は、「証券化取引のうち、原資産の一部または全部が証券化エクスポージャーである取引」（告示1条2号の2）と定義されています。

もっとも、経済実態を考慮して、形式的に再トランチングを行っているにすぎないと整理できる証券化商品（具体的には下記①②）については、再証券化取引に該当しないものとしています。

① 裏付資産が単一の証券化商品で、再トランチングの前後でリスク特性が変化しないもの

> 再証券化エクスポージャーに該当しない⇒2回目は、形式的に優先劣後構造に切り分けているため、<u>1次証券化商品とリスク特性は変わらない。</u>

(出所) 金融庁「バーゼル2.5について」

② 政府関係機関等により、中小企業に対する金融円滑化を主たる目的として行われている証券化取引に係る証券化商品

（⇒日本政策金融公庫のシンセティック型CLO等を想定）

2 再証券化エクスポージャーの取扱い

(1) 標準的手法

標準的手法における再証券化エクスポージャーの取扱いは、図表80－1のとおりです。

(2) 内部格付手法

内部格付手法のRBA方式（外部格付準拠方式）（Q79参照）における再証券

図表80－1　標準的手法におけるリスク・ウェイト

保有部分の格付		証券化エクスポージャー		再証券化エクスポージャー	
		オリジネーター	投資家	オリジネーター	投資家
長期格付	AAA～AA－	20%		40%	
	A＋～A－	50%		100%	
	BBB＋～BBB－	100%		225%	
	BB＋～BB－	1250%	350%	1250%	650%
	BB－未満	1250%		1250%	
	無格付	1250%（例外措置あり）（注）		1250%（例外措置あり）（注）	
短期格付	A－1／P－1	20%		40%	
	A－2／P－2	50%		100%	
	A－3／P－3	100%		225%	
	A－3／P－3未満	1250%		1250%	
	無格付	1250%（例外措置あり）（注）		1250%（例外措置あり）（注）	

(注)　Q78参照。
(出所)　大和総研金融調査部制度調査課作成

図表80−2　証券化エクスポージャー算出上のリスク・ウェイト

適格格付機関の格付		証券化エクスポージャー			再証券化エクスポージャー	
		Nが6以上かつ最優先部分	Nが6以上	Nが6未満	最優先部分	最優先部分以外
長期格付	AAA	7%	12%	20%	20%	30%
	AA	8%	15%	25%	25%	40%
	A+	10%	18%	35%	35%	50%
	A	12%	20%		40%	65%
	A−	20%	35%		60%	100%
	BBB+	35%	50%		100%	150%
	BBB	60%	75%		150%	225%
	BBB−		100%		200%	350%
	BB+		250%		300%	500%
	BB		425%		500%	650%
	BB−		650%		750%	850%
	BB−未満および無格付	1250%				
短期格付	A−1／P−1	7%	12%	20%	20%	30%
	A−2／P−2	12%	20%	35%	40%	65%
	A−3／P−3	60%	75%		150%	225%
	A−3／P−3未満および無格付	1250%				

（出所）　大和総研金融調査部制度調査課作成

化エクスポージャーの取扱いは、図表80−2のとおりです。なお、図表80−2中の「N」は「エクスポージャーの実効的な個数」と定義されており、裏付資産の分散度合いを表しています。したがって、Nが大きいほど当該証券化エクスポージャーの信用リスクもまた分散されていることになります（Q79参照）。

　SF方式（指定関数方式）でも、再証券化エクスポージャーのリスク・ウェイトの下限は20％となります。

Q81 ABCPプログラムにはどのような特例が認められていますか

A

ABCPプログラムに対する流動性補完、信用補完等の証券化エクスポージャーは、無格付でも一定の要件を満たすことを条件に特別の取扱いが認められています。標準的手法では原資産を構成する個別の資産に対して適用されるリスク・ウェイトの最も高いもの（下限100％）を適用できます。内部格付手法では、SF方式のほか、IAA方式（内部評価方式）により信用リスク・アセットを算定することができます。

解説

証券化エクスポージャーが無格付の場合、標準的手法採用行では1250％のリスク・ウェイトが適用され、内部格付手法採用行ではSF方式によるか1250％のリスク・ウェイトが適用されるのが原則です。ただし、一定のABCPプログラムに対する流動性補完、信用補完等の証券化エクスポージャーについては特例が認められています。内部格付手法の場合、満期が1年以内のABCPプログラムに対する流動性補完、信用補完その他の証券化エクスポージャー（コミットメントラインなど）であれば、無格付でもIAA方式（内部評価方式）により算出することが認められています。IAA方式で算出できない場合はSF方式によるか1250％のリスク・ウェイトが適用されます（Q79参照。標準的手法についてはQ78参照）。

1 IAA方式（内部評価方式）とは

IAA（Internal Assessments Approach）方式（内部評価方式）とは、内部格付手法採用行が、内部格付を適格格付機関の格付に紐付けし、RBA方式のリスク・ウェイトを用いて証券化エクスポージャーの信用リスク・アセット

の額を算出する方法です。金融庁長官の承認を受け、一定の要件を満たす場合に用いることができます。承認が取り消された場合は、SF方式によるか1250％のリスク・ウェイトが適用されます（Q79参照）。

2　IAA方式を用いるための要件

　内部格付手法採用行がIAA方式により証券化エクスポージャーの額を算出するためには、次の16項目にわたる要件をすべて満たす必要があり、厳しく制限されています。

①　ABCPに適格格付機関による格付があり、かつ、当該格付が適格性基準をすべて満たすこと

②　ABCPプログラムに対する証券化エクスポージャーの信用リスクに係る内部評価が、適格格付機関が当該ABCPプログラムの購入した原資産に用いる評価基準に準拠したものであり、かつ、最初に評価した日において投資適格相当以上であること

③　内部評価が銀行の内部リスク管理のプロセスに組み込まれており、内部格付手法の最低要件に沿っていること

④　内部評価手続によってリスクの程度が識別され、かつ、各内部評価と適格格付機関の対応関係が明確に定められていること

⑤　内部評価プロセス（信用補完の水準を定めるためのストレス・ファクターを含む）が主要な適格格付機関の評価基準以上に保守的であること

⑥　ABCPに対して二以上の適格格付機関による格付が付与されている場合で、同等の格付を取得するのに必要とされる信用補完の水準が異なるときは、より保守的な信用補完の水準を要求する適格格付機関のストレス・ファクターを用いること

⑦　ABCPに格付を付与する適格格付機関の選択は、格付手法の比較的緩やかな格付機関のみとせず、かつ、選択した適格格付機関が格付手法（ストレス・ファクターを含む）を変更した場合は、内部評価の基準

を変更する必要性について検討すること
⑧ 評価の対象とする資産またはエクスポージャーについて適格格付機関の格付手法が公表されていること（一部例外あり）
⑨ 内部もしくは外部の監査人、適格格付機関または行内の信用評価もしくはリスク管理部門が内部評価のプロセスおよびその有効性について定期的な見直しを行うこと
⑩ 監査を行う者が顧客対応およびABCPを担当する営業部門から独立していること
⑪ 内部評価方式による運用の実績を評価するために当該実績が継続的に記録されており、かつ、エクスポージャーの実績が対応する内部評価が恒常的に乖離している場合は必要に応じて調整が行われていること
⑫ ABCPプログラムにおける資産の引受けに関するガイドラインがあり、かつ、原資産の購入取引の仕組みの概要が定められていること
⑬ 証券化取引における原資産の譲渡人のリスク特性に関する信用分析が行われていること
⑭ 次に掲げる事項その他の購入する原資産の適格性に関する基準を設けていること
　(i) 長期にわたって延滞している債権およびデフォルトした債権の購入の禁止
　(ii) 個別債務者または地域的な信用供与の集中制限
　(iii) 購入可能な債権の満期に関する上限
⑮ ABCPプログラムにおいて購入を検討している資産のプールの損失を推計するにあたり、信用リスクおよび希薄化リスクその他の生じるリスクに関するすべての要因を勘案すること
⑯ 裏付資産のポートフォリオの潜在的な信用力低下を防止するため、エクスポージャーのプールごとに購入停止措置等の購入対策がABCPプログラムに組み込まれていること

Q82 証券化とプロジェクト・ファイナンス等はどのようにして区分されますか

A

ノン・リコース形態や優先劣後構造など、証券化とプロジェクト・ファイナンスには類似している点があります。しかし、通常の銀行実務では、プロジェクト・ファイナンスを貸出債権（ローン）に分類し、証券化とは区別するのが一般的のようです。そのため金融庁告示19号では、プロジェクト・ファイナンスを含めた4項目を内部格付手法における「特定貸付債権」と定義する一方、証券化取引の定義に「ただし、特定貸付債権に該当するものを除く」という一文を加え、明確に区分しています。

解 説

ノン・リコース形態をとることや優先劣後構造をとることが証券化の特徴といえますが、内部格付手法における特定貸付債権（Q52参照）とされる4項目（プロジェクト・ファイナンス、オブジェクト・ファイナンス、コモディティ・ファイナンス、事業用不動産向け貸付）も、通常はノン・リコース形態をとり、多くは優先劣後構造を有しています。そのため、これらをまとめて「証券化」としたほうが合理的であるようにも思えます。しかし、銀行実務では、これらの特定貸付債権は基本的に「貸出債権（ローン）」として管理されているようです。そのため、金融庁告示19号「銀行法第14条の2の規定に基づき、銀行がその保有する資産等に照らし自己資本の充実の状況が適当であるかどうかを判断するための基準」では、それぞれ以下のように定義し、銀行実務にあわせて区分しています。

1　証券化取引

　証券化取引は「原資産に係る信用リスクを優先劣後構造の関係にある二以上のエクスポージャーに階層化し、その一部又は全部を第三者に移転する性質を有する取引をいう。ただし、特定貸付債権に該当するものを除く」と定義されています（金融庁告示19号1条2号）。

2　特定貸付債権

　特定貸付債権は「プロジェクト・ファイナンス、オブジェクト・ファイナンス、コモディティ・ファイナンス及び事業用不動産向け貸付けを総称していう」と定義されています（金融庁告示19号1条47号）。

(1)　プロジェクト・ファイナンス

　プロジェクト・ファイナンスは「事業法人向けエクスポージャーのうち、発電プラント、化学プラント、鉱山事業、交通インフラ、環境インフラ、通信インフラその他の特定の事業に対する信用供与のうち、利払い及び返済の原資を主として当該事業からの収益に限定し、当該事業の有形資産を担保の目的とするものであって、かつ、信用供与の条件を通じて信用供与を行った者が当該有形資産及び当該有形資産からの収益について相当程度の支配権を有しているものをいう」と定義されています（同条43号）。

(2)　オブジェクト・ファイナンス

　オブジェクト・ファイナンスは「事業法人向けエクスポージャーのうち、船舶、航空機、衛星、鉄道、車両その他の有形資産の取得のための信用供与のうち、利払い及び返済の原資を当該有形資産からの収益に限定し、当該有形資産を担保の目的とするもの（中略）をいう」と定義されています（同条44号）。

(3)　コモディティ・ファイナンス

　コモディティ・ファイナンスは「事業法人向けエクスポージャーのうち、原油、金属、穀物その他の商品取引所の上場商品の支払準備金、在庫又は売掛債権の資金調達のための短期の信用供与のうち、利払い及び返済の原資を

当該商品の売却代金に限定し（中略）ているものをいう」と定義されています（同条45号）。

(4) 事業用不動産向け貸付け

事業用不動産向け貸付けは「事業法人向けエクスポージャーのうち、賃貸用オフィスビル、商業ビル、居住用不動産、ホテル、工場、倉庫その他の不動産の取得のための信用供与のうち、利払い及び返済の原資を当該不動産からの収益に限定し、当該不動産を担保の目的とするもの（中略）をいう」と定義されています（同条46号）。

第4章

マーケット・リスク規制

Q83 バーゼル2.5、バーゼルⅢ導入後のマーケット・リスク規制の内容を教えてください

A

　バーゼルⅡでは、トレーディング勘定取引について、焦点を市場価格の変動に由来するマーケット・リスクに当てる一方、発行体（債務者）のデフォルト・リスクや信用度が悪化するリスクといった信用リスクは十分に織り込まれていませんでした。そこで、バーゼル2.5では、マーケット・リスク規制が明確に強化されました。

　まず、バーゼル2.5では、（信用リスクを有する）債券等の個別リスクを内部モデル方式で計測する場合に、その債券等の追加的リスク（デフォルト・リスクおよび格付遷移リスク）を計測し、マーケット・リスクに加えることが求められています。

　次に、金融危機時にトレーディング勘定において多額の損失が発生したことに対する反省をふまえ、バーゼル2.5では、新たにストレス期間を前提とするVaR（ストレスVaR）の算出が求められ、これに従来どおりのVaRを加えたものがマーケット・リスク相当額とされました。

　さらに、金融危機以前、一部の金融機関が本来銀行勘定取引に計上すべき取引をトレーディング勘定に計上して所要自己資本額を少なくするケースが見受けられたことを受け、バーゼル2.5では、証券化商品の取扱いを見直しています。すなわち、個別リスクに関し、（内部モデル方式、標準的方式のいずれを採用する場合でも）トレーディング勘定に計上される証券化商品については銀行勘定に準じた取扱いとし、マーケット・リスクに対する所要自己資本額を基本的に信用リスクに対する所要自己資本額に準じた方法（外部格付に応じた自己資本賦課）で算出することで、そのような裁定行為を防止しています。もっとも、いわゆる「コリレーション・トレーディング」に該当する場合は、例外的に、銀行勘

定とは異なる取扱いがなされます。

解　説

1　バーゼルⅡ以降のマーケット・リスク規制強化

　バーゼルⅡでは、トレーディング勘定取引について、焦点を市場価格の変動に由来するマーケット・リスクに当てる一方、発行体（債務者）のデフォルト・リスクや信用度が悪化するリスクといった信用リスクは十分に織り込まれていませんでした（Ｑ８参照）。バーゼルⅡにおけるトレーディング勘

図表83－1　バーゼルⅡ：トレーディング勘定に係る所要自己資本額算出手法の概要
所要自己資本＝一般市場リスク＋個別リスク

リスクの種類		標準的方式	内部モデル方式
一般市場リスク	金利リスク	●マチュリティ法またはデュレーション法で算出	●VaR（99％、10日）×乗数 ●乗数は、バックテストの結果に応じ、「3」から「4」までの値
	株式リスク 為替リスク	●所定の方法で算出したポジションの額に8％を掛けて算出	
	コモディティ・リスク	●各コモディティ等のネット・ポジションの額に15％を、当該コモディティ等のロングおよびショート・ポジションの合計額に3％を掛けて合算	
個別リスク	金利リスク	●所定の方法で算出したポジションの額に債券等の種類別（政府債〈格付・残存期間別〉、優良債〈残存期間別〉、その他〈格付別〉）のリスク・ウェイトを掛けて算出	●同上 ●ただし、内部モデルがイベント・リスクおよびデフォルト・リスクを把握していない場合、乗数は「4」
	株式リスク	●所定の方法で算出したポジションの額にリスク・ウェイト8％（ただし、流動性が高く、かつ分散されているポートフォリオには4％）を掛けて算出	

（出所）　金融庁・日本銀行「バーゼルⅡの枠組みの強化　マーケット・リスクの枠組み関連の概要」（2009年9月）

定に係る所要自己資本額算出手法の概要は、図表83－1のとおりです。

そこで、バーゼル2.5（およびこれに付随する告示の改正。以下同）では、マーケット・リスク規制が明確に強化されました。規制強化の内容は、おおむね以下のとおりです（Q14参照）。

◇マーケット・リスクの算出方法の強化
 ・（クレジット関連商品について）追加的リスク（デフォルト・リスクおよび格付遷移リスク）の導入
 ・内部モデル方式の強化（ストレスVaRの導入、VaRモデル運用条件の見直し）
◇証券化商品に関する取扱い（リスク捕捉）の強化
 ・トレーディング勘定で保有する証券化商品について、原則として銀行勘定に準じる取扱い（外部格付に応じた自己資本賦課）を導入

これを図表化したものが、図表83－2（図表15－1再掲）です。

以下、後述の2から7にわたって、バーゼル2.5におけるマーケット・リスク規制強化の内容を説明します（Q14、Q15、そしてQ16もあわせてご参照ください）。

図表83－2　トレーディング勘定に係るマーケット・リスク計測手法の見直しの概要

所要自己資本＝一般市場リスク＋個別リスク＋追加的リスク＋包括的リスク

リスクの種類		標準的方式	内部モデル方式
一般市場リスク	金利リスク	（変更なし（注2））	●ストレスVaR（99％、10日）を新たに算出し、これと従来どおりのVaR（99％、10日）の両方を用い算出
	株式リスク		
	為替リスク		
	コモディティ・リスク		

個別リスク	金利リスク	(イ)コリレーション・トレーディングの対象商品（注1）以外の証券化商品	●銀行勘定に準じた方法で算出（ロング・ポジションとショート・ポジションの双方に係る所要自己資本額を合算） ●2年間の移行措置期間中は、ロング・ポジションとショート・ポジションいずれか大きいほうの所要自己資本額を採用	
		(ロ)コリレーション・トレーディングの対象商品	●上記と同様。ただし、ロング・ポジションとショート・ポジションいずれか大きい方の所要自己資本額を採用	●包括的リスクに係る所要自己資本を算出 ⇒包括的リスク参照
		(ハ)上記以外の金利リスクを有する商品	（変更なし（注3））	●ストレスVaR（99％、10日）を新たに算出し、これと従来どおりのVaR（99％、10日）の両方を用い算出
	株式リスク		●リスク・ウェイトを8％に統一（従来、流動性が高く、かつ分散されているポートフォリオには4％）	
追加的リスク	上記(ハ)に係る金利リスク		（計測対象外）	●デフォルト・リスクおよび格付遷移リスクを対象に、VaR（99.9％、1年）を追加的リスクとして算出
	株式リスク			●監督当局の承認を条件に、上場株とそのデリバティブを追加的リスクの算出対象に加えることも可
包括的リスク	上記(ロ)に係るリスク			●デフォルト・リスク及び格付遷移リスクに加え、信用スプレッド・リスク、ベーシス・リスク等を含めた包括的リスクを算出 ●標準的方式の所要自己資本額に対し、8％のフロアを設定

(注1) コリレーション・トレーディングの対象商品とは、参照対象（裏付）資産が単一名（シングル・ネーム）の商品で構成され、かつ当該資産が売買双方向に流動性のある市場を有する証券化商品およびバスケット型クレジット・デリバティブ。

(注2) 金利リスクは、マチュリティ法またはデュレーション法で算出。株式リスク・為替リスクは、所定の方法で算出したポジションの額に8％を掛けて算出。コモディティ・リスクは、各コモディティ等のネット・ポジションの額に15％を、当該コモディティ等のロング・ポジションとショート・ポジションの合計額に3％を掛けて合算。

(注3) 所定の方法で算出したポジションの額に債券等の種類別のリスク・ウェイトを掛けて算出。

(出所) 金融庁・日本銀行「バーゼル銀行監督委員会による規制改革案に関する最近の議論」（2010年8月）を一部修正（注2、注3を追加）

2 「追加的リスク」の導入

バーゼル2.5では、(信用リスクを有する) 債券等の個別リスクを内部モデル方式で計測する場合に、その債券等のデフォルト・リスクおよび格付遷移リスク (格下げなど格付が変更されたことによって生じる金融商品の価格変動リスク) を計測し、マーケット・リスクに加えることが求められています。このデフォルト・リスクと格付遷移リスクをまとめたものを、「追加的リスク」と呼びます。

追加的リスクを算出する対象となるポジションは債券等のクレジット関連商品ですが、上場株式とその派生商品取引も追加的リスクの算出対象に加えることが認められています。

内部モデル方式を用いて算出する追加的リスクに係るマーケット・リスク相当額は、「算出基準日の追加的リスクの額」と「算出基準日を含む直近12週間の追加的リスクの額の平均値」のうちいずれか大きい額です。銀行は、この追加的リスクを少なくとも週次で算出しなければなりません。

内部モデル方式の場合、このポジションに関してVaRモデルで追加的リスクを計測することとなりますが、このVaRモデルでは、信頼区間99.9%、ポジションの保有期間は原則として1年以上 (各ポジションの流動性ホライズン (保有するポジションの市場価値に影響を与えることなく、当該ポジションをすべて入れ替えるために必要な期間 (3カ月以上に限る)) 末におけるポジションのリバランス (再調整) の効果は勘案可能) としなければなりません。さらに、追加的リスクを計測するモデルは、以下のような条件を満たさなければなりません。

◇債務者間でのデフォルトおよび格付遷移が連鎖することにより追加的リスクが増幅される効果を勘案していること
◇追加的リスクとその他のリスクとの間の分散効果を勘案していないこと
◇集中リスクを把握していること

◇同一の金融商品に係るショート・ポジションとロング・ポジションとの間以外でのエクスポージャーの額の相殺をしていないこと
◇主要なベーシス・リスクを把握していること
◇債券等の満期が流動性ホライズンを上回ることが確実でないと見込まれ、かつ、それによる影響が重大と認められるときは、当該債券等の流動性ホライズンよりも短い期間に償還されることに伴う潜在的なリスクを把握していること
◇ダイナミック・ヘッジ（ヘッジのリバランス）における流動性ホライズンよりも短い期間におけるヘッジのリバランスの効果について、次に掲げる要件を満たしている場合にのみ当該効果を認識し、当該ダイナミック・ヘッジにより軽減されないリスクを反映していること
・追加的リスク計測モデルにおいて、マーケット・リスク相当額の計測対象となるポジションに対しヘッジのリバランスによる影響を勘案していること
・銀行が当該リバランスの効果を認識することがリスクの把握の向上に寄与することを説明していること
・銀行がヘッジに用いる金融商品が取引される市場が十分に流動的であることを説明していること
◇債券等の非線形リスクを把握していること

3　内部モデル方式の強化

　金融危機時にトレーディング勘定において多額の損失が発生したことに対する反省をふまえ、バーゼル2.5では、トレーディング勘定のリスク計測を強化するため、マーケット・リスクを算出する内部モデル方式を強化する改正が行われています。

　すなわち、バーゼルIIでは、内部モデル方式で算出されたマーケット・リスク相当額はVaR（信頼区間片側99％、保有期間10営業日以上）の値によっ

て求められていましたが（図表83－1参照）、バーゼル2.5では、ストレス期間を前提とするVaR（ストレスVaR）を算出することとされました。さらに、マーケット・リスクに対する所要自己資本賦課が有するプロシクリカリティ（景気循環増幅効果）を抑制すべく、このストレスVaRに従来どおりのVaRを加えたものがマーケット・リスク相当額とされました（図表83－2参照）。

このストレスVaRは、「適切なストレス期間を含む12月を特定し、当該ストレス期間におけるヒストリカル・データを銀行が現に保有するポートフォリオに適用して算出したVaR」と定義されており、金融商品によっては、（金融危機発生時の）2007年から08年のストレス期間のヒストリカル・データを基づいて算出されることとなります。

ストレスVaRを加えた自己資本賦課の算出式は、以下のとおりです。

自己資本賦課＝算出基準日のVaR（注1）

　　　　　　＋算出基準日のストレスVaR（注2）

（注1）「算出基準日のVaR」と、「算出基準日を含む直近60営業日のVaRの平均値」×乗数（3〜4）のいずれか大きい額
（注2）「算出基準日のストレスVaR」と、「算出基準日を含む直近60営業日のストレスVaRの平均値」×乗数（3〜4）のいずれか大きい額
（注3）（注1）（注2）の乗数は、バック・テスティングの結果に応じて変動

銀行は、ストレスVaRを少なくとも週次で算出しなければなりません。

4　証券化商品のマーケット・リスク算出方法の強化

(1) 銀行勘定に準じた取扱い

バーゼルⅡまでの所要自己資本額の計算方法では、（トレーディング勘定取引によるリスクである）マーケット・リスクに対する所要自己資本額が（銀行勘定取引によるリスクである）信用リスクに対する所要自己資本額より小さくなる傾向がありました。そのため、金融危機以前、一部の金融機関が本来銀

行勘定取引に計上すべき取引をトレーディング勘定に計上して所要自己資本額を少なくするケースがみられました。

そこで、バーゼル2.5では、特にそのような事例がみられた証券化商品について、個別リスクに関し、(内部モデル方式、標準的方式のいずれを採用する場合でも) トレーディング勘定に計上される証券化商品については銀行勘定に準じた取扱いとし、マーケット・リスクに対する所要自己資本額を基本的に信用リスクに対する所要自己資本額に準じた方法(外部格付に応じた自己資本賦課)で算出することで、そのような裁定行為を防止しています(図表83－2参照)。もっとも、いわゆる「コリレーション・トレーディング」に該当する商品については、別の方法で所要自己資本額を算出することが認められています。コリレーション・トレーディングに関する例外については、後述5をご参照ください。

それでは、「トレーディング勘定に計上される証券化商品については銀行勘定に準じた取扱い」の内容を具体的に説明することとします。

(2) 外部格付がある場合の取扱い

まず、証券化商品に外部格付がある場合の取扱いについては、図表83－3のとおりです。

銀行勘定で標準的手法を採用している銀行(標準的手法採用行)の場合、トレーディング勘定に計上された証券化商品のリスク・ウェイトを、銀行勘定に計上された証券化商品の信用リスクを算出する際のリスク・ウェイト(Q78参照)に8％を掛けた数値としています。これによって、銀行勘定とトレーディング勘定で所要自己資本額が同額になります。

たとえば、長期格付AAAの証券化商品100億円を保有している場合で説明すると、次のようになります。まず、自己資本比率の算式により、以下の算式を満たすことが求められます(国際統一基準行の場合)。

図表83−3 証券化商品のマーケット・リスク（個別リスク）算出方法の強化：外部格付がある場合のリスク・ウェイト

〈バーゼルⅡまでの取扱い〉〈標準的方式〉

格付 長期／短期	残存期間 6カ月以内	残存期間 6カ月超 24カ月以内	残存期間 24カ月超
AAA／A−1	0.25%	1.00%	1.60%
AA			
A+			
A／A−2			
A−			
BBB+	28.00%		
BBB／A−3			
BBB−			
BB+			
BB			
BB−			
BB−／A−3未満・無格付	自己資本から控除		

〈バーゼル2.5・Ⅲ以降の取扱い〉

（銀行勘定で内部格付手法採用行）（標準的手法採用行）

格付 （長期）	証券化			再証券化			証券化	再証券化
	Nが6以上 かつ 最優先部分	Nが6以上	Nが6未満	最優先部分	最優先部分 以外			
AAA	0.56%	0.96%	1.60%	1.60%	2.40%		1.60%	3.20%
AA	0.64%	1.20%	2.00%	2.00%	3.20%			
A+	0.80%	1.44%	2.80%	2.80%	4.00%		4.00%	8.00%
A	0.96%	1.60%	2.80%	3.20%	5.20%			
A−	1.60%	2.80%		4.80%	8.00%			
BBB+	2.80%	4.00%		8.00%	12.00%		8.00%	18.00%
BBB	4.80%	6.00%		12.00%	18.00%			
BBB−	8.00%			16.00%	28.00%			
BB+	20.00%			24.00%	40.00%		28.00%	52.00%
BB	34.00%			40.00%	52.00%			
BB−	52.00%			60.00%	68.00%			
BB−未満・無格付	100.00%			100.00%			100.00%	100.00%

格付 （短期）	証券化			再証券化			証券化	再証券化
	Nが6以上 かつ 最優先部分	Nが6以上	Nが6未満	最優先部分	最優先部分 以外			
A−1／P−1	0.56%	0.96%	1.60%	1.60%	2.40%		1.60%	3.20%
A−2／P−2	0.96%	1.60%	2.80%	3.20%	5.20%		4.00%	8.00%
A−3／P−3	4.80%	6.00%		12.00%	18.00%		8.00%	18.00%
A−3／P−3未満・無格付	100.00%			100.00%			100.00%	100.00%

（出所）金融庁・日本銀行「バーゼルⅡの枠組みの強化　マーケット・リスクの枠組み関連の概要」（2009年9月）を参考に大和総研金融調査部作成

$$\text{自己資本} \geq \frac{\text{信用リスク・アセット}} \times 8\% + \text{マーケット・リスク} + \text{オペレーショナル・リスク}$$

　上記証券化商品をトレーディング勘定で保有している場合、標準的手法採用行であれば、長期格付AAAの証券化商品に対するリスク・ウェイトは1.60%とされているため（図表83－3参照）、所要自己資本額は、100億円×1.60%＝1.6億円となります。一方、同じ証券化商品を銀行勘定で保有していた場合、標準的手法採用行であれば、長期格付AAAの証券化商品に対するリスク・ウェイトは20%とされているため、所要自己資本額は、100億円×20%×8%＝1.6億円となり、トレーディング勘定で保有している場合と等しくなります。

　銀行勘定で内部格付手法を採用している銀行（内部格付手法採用行）においても、標準的手法採用行と同様、トレーディング勘定に計上された証券化商品の個別リスクを、銀行勘定に計上された証券化商品の信用リスクを算出する際のリスク・ウェイト（Q79参照）に8%を掛けたリスク・ウェイトを適用して算出することで、トレーディング勘定と銀行勘定とで所要自己資本額が同額になるようにしています。

(3)　外部格付がない場合の取扱い

　次に、証券化商品に外部格付がない場合、当該証券化商品の個別リスクは、以下のいずれかの方式で算出されます。

---

① 　リスク・ウェイトを100%とする方式
② 　指定関数方式（Q79参照）
③ 　集中レシオ方式（証券化商品の裏付資産のリスク・ウェイトを利用して算出する方式）

---

　①②は、銀行勘定に計上された証券化商品の信用リスクを算出する際に認

められる方式と同じものであり、これらによった場合、トレーディング勘定と銀行勘定が同様に扱われることになります。厳密には、トレーディング勘定に計上した証券化商品の所要自己資本額のうち個別リスク由来の部分が、その証券化商品を銀行勘定に計上した場合の所要自己資本額と同額になります。①の方式の場合、その証券化商品の一般市場リスクは算出対象から除外されることから、所要自己資本額はトレーディング勘定の場合と銀行勘定の場合とで基本的に同額となります。

③は、証券化エクスポージャーに以下の計算式で算出されるリスク・ウェイトを適用する方法です。この方式はトレーディング勘定独自の取扱いであり、銀行勘定の場合と所要自己資本額が異なることになります。

$$\text{リスク・ウェイト} = \text{裏付資産を構成する個別のエクスポージャーの標準的手法におけるリスク・ウェイトの加重平均値} \times 8\% \times \text{集中レシオ} = \frac{\text{証券化商品の全トランシェの額の合計}}{\text{算出対象トランシェとそれより劣後するトランシェの額の合計}}$$

（注）集中レシオが12.5以上の場合、当該無格付の証券化エクスポージャーは、100％のリスク・ウェイトを適用する。

5 コリレーション・トレーディングに関する例外

(1) コリレーション・トレーディングの対象となる商品

前述4のように、トレーディング勘定に計上された証券化商品は基本的に銀行勘定と同様の取扱いがなされますが、いわゆる「コリレーション・トレーディング」に該当する場合は、例外的に、銀行勘定とは異なる取扱いがなされます。

「コリレーション・トレーディング」の対象となる商品は、以下のとおりです。

① 裏付資産または参照資産等（注）が単一名（シングルネーム）の商品で構成され、かつ当該資産が売買双方向に流動性のある市場を有する証券化商品（再証券化商品を除く）または特定順位参照型クレジット・デリバティブ（証券化商品を原資産とするものを除く）
② 上記①のポジションをヘッジするための商品
（注）特定順位参照型クレジット・デリバティブを組成するにあたって指定する複数の法人または資産をいう。

　これは、ヘッジ対象資産とそれをヘッジする資産との間の相関に着目したリスク・ヘッジ手法として、一部の金融機関で確立している取引であることから、そのリスク・ヘッジ効果を考慮し、マーケット・リスクの算出方法に内部モデル方式を認めるというかたちで、例外的な取扱いが認められています。
　具体的には、コリレーション・トレーディングについては、その個別リスクを算出する方式として、修正標準方式と内部モデル方式の二通りが認められます。

(2) 修正標準方式
　まず、修正標準方式を説明します。
　修正標準方式では、コリレーション・トレーディングの個別リスクは、「ネットのロング・ポジションについての個別リスク」および「ネットのショート・ポジションについての個別リスク」をそれぞれ標準的方式（Q8参照）により計測し、いずれか大きい額とされます（図表83－2参照）。

(3) 内部モデル方式
　次に、内部モデル方式を説明します。
　銀行は、金融庁長官の承認を受けた場合には、修正標準方式によって算出されるコリレーション・トレーディングの個別リスクの額にかえて、内部モデル方式によって算出されるコリレーション・トレーディングの「包括的リ

スク」の額を用いることができます。

「包括的リスク」とは、追加的リスク（デフォルト・リスクおよび格付遷移リスク）その他コリレーション・トレーディングに係る資産の価格の変動を引き起こすリスクを指します。

内部モデル方式の採用に係る金融庁長官の承認を受けるためには、次に掲げる基準をクリアしなければなりません。

① 包括的リスク計測モデルが少なくとも次に掲げるものを含むリスクを計測するものであること
  ・デフォルト・リスク
  ・格付遷移リスク
  ・複合的なデフォルトに係るリスク
  ・インプライド・コリレーションのボラティリティに係るリスク
  ・ベーシス・リスク
  ・回収率の変動に係るリスク
  ・ヘッジのリバランスに係るリスク
② 主要なリスクを把握するための十分の市場に関する情報を保有していること
③ 包括的リスク計測モデルがコリレーション・トレーディングのポートフォリオに関する過去の価格変動を説明できること
④ 内部モデル方式を用いているポジションと用いていないポジションが明確に区別されていること
⑤ 包括的リスク計測モデルに対し少なくとも毎週ストレス・テストを実施していること
⑥ ⑤に規定するストレス・テストの結果の概要を四半期ごとに（当該ストレス・テストの結果が包括的リスクに係る所要自己資本の不足を示している場合には、すみやかに）金融庁長官へ報告するために必要な体制

> が整備されていること

そして、内部モデル方式を用いて算出するコリレーション・トレーディングの包括的リスクの額は、次に掲げる額のうち最も大きい額とされます。

> ◇算出基準日の包括的リスクの額
> ◇算出基準日を含む直近12週間の包括的リスクの額の平均値
> ◇「修正標準方式で算出された個別リスクの額」×8％

なお、銀行は、包括的リスクを少なくとも週次で算出しなければなりません。

6 その他

(1) 株式の個別リスクに係る自己資本賦課を算出する場合のリスク・ウェイトを8％に統一（標準的方式）

バーゼルIIまでは、標準的方式においては、株式ポートフォリオの流動性が高く、かつ分散されている場合、通常の株式よりも低いリスク・ウェイト（4％）が適用されていました（Q8参照）。

しかし、バーゼル2.5では、株式ポートフォリオのマーケット・リスクの捕捉を強化すべく、この緩和措置が廃止され、標準的方式で株式の個別リスクを算出する場合のリスク・ウェイトが8％に統一されました。

(2) 債券等のショート・ポジションの個別リスクの代替的算出手法の導入

バーゼルIIまでは、標準的方式の場合、債券等の個別リスクはネット・ポジションに所定のリスク・ウェイトを掛けて得た額の合計額によって算出されていました。しかし、バーゼル2.5では、標準的方式の場合に、債券等のショート・ポジションについては、その債券等のショート・ポジションにおいて発生しうる最大損失額を個別リスクの額とすることが認められています。

(3) 証券化商品のウェアハウジング・ポジションのトレーディング勘定からの除外の明確化

バーゼル2.5では、「証券化取引を目的として保有している資産」、すなわち証券化商品のウェアハウジング・ポジション（組成準備段階のポジション）がトレーディング勘定の定義に該当しない旨明確化しています。

なお、この証券化商品のウェアハウジング・ポジション（組成準備段階のポジション）は、マーケット・リスクの算出対象からは除外されるものの、信用リスクの枠組みでリスクを計測することが求められています。

7　経過措置

前述のとおり、バーゼル2.5は、2011年12月31日から適用されています（Q14参照）。

ただし、証券化商品のマーケット・リスク相当額の算出に関しては、経過措置が設けられています。具体的には、証券化エクスポージャー（コリレーション・トレーディングに係るものを除く）の個別リスクの額は、2013年12月31日までは、「ネットのロング・ポジションについての個別リスク」および「ネットのショート・ポジションについての個別リスク」をそれぞれ標準的方式（Q8参照）により計測し、いずれか大きい額とする方式（修正標準方式）が認められます。

8　国内基準行向けの特例（2014年3月31日以降）

2013年3月31日から適用されているバーゼルⅢ（国際統一基準行）では、マーケット・リスク規制の見直しは特に行われていません。

もっとも、国内基準行については、前記2から7の記述にかかわらず、国内基準行向けバーゼルⅢ（Q31参照）により、2014年3月31日以降、マーケット・リスク相当額の算出にあたって次のような特例が適用されることになります。

(1) 金融機関等の劣後債等に係る特例

銀行・証券・保険を含む国内外の連結外金融機関等の劣後債等（普通株式または強制転換条項付優先株式に該当しない資本調達手段をいう）のマーケット・リスク相当額は、当該部分の額に20％のリスク・ウェイトを乗じた額とされています。

(2) 特定項目のうち調整項目に算入されない部分に係る特例

特定項目（Q91、Q96参照）のうち調整項目に算入されなかった部分のマーケット・リスク相当額は、当該部分の額に20％のリスク・ウェイトを乗じた額とされています。

Q84 現在、マーケット・リスク規制についてどのような見直しが検討されていますか

A

バーゼル銀行監督委員会は、2012年5月、「トレーディング勘定の抜本的見直し」と題する市中協議文書を公表しています。市中協議文書における見直し案で最も注目される点の第一は、リスク指標としてVaRを廃止し、期待ショートフォールに変更することです。期待ショートフォールの基本的な考え方は、損失額がVaRを超える場合の損失額の期待値（平均値）を求めるというものです。市中協議文書では、資本賦課額を算出する際の具体的なパラメーターの水準が未定であり、定量的案評価はできませんが、この見直しによって、（マーケット・リスクに係る）資本賦課額が大きく増加する可能性が高いものと思われます。

解 説

1 トレーディング勘定の抜本的見直しの背景

バーゼル銀行監督委員会は、2012年5月、「トレーディング勘定の抜本的見直し」と題する市中協議文書を公表しています。

市中協議文書は、バーゼル規制のうちトレーディング業務に関する規制に関して、（リーマンショックを発端とする）金融危機において明らかになった不備に対処するため、抜本的な見直し案を示すものです[1]。

なお、トレーディング業務に関する規制の見直しは、バーゼル2.5として、すでに2009年7月に見直しが合意されています（各国は2011年12月末までに施行することが合意され、わが国では2011年12月末から施行）（Q83参照）。

---

1 なお、本稿では割愛しますが、バーゼル銀行監督委員会は、市中協議文書に対して寄せられたコメントを基に、2013年10月、「トレーディング勘定の抜本的見直し：マーケット枠組みの改定」と題する第二次市中協議文書を公表しています（コメント提出期限2014年1月31日）。

しかし、バーゼル銀行監督委員会では、あくまでもバーゼル2.5を今般の金融危機への応急措置とみなしており、この市中協議文書でそれにとどまらない抜本的な見直し案を示しているのです（Q14参照）。

バーゼル2.5、バーゼルⅢによっても解決されていない課題は、図表84－1のとおりです。これをふまえ、市中協議文書で見直し案が示された項目

図表84－1　課題一覧

項　目	具体的課題
枠組みの一貫性の欠如	通常VaRとストレスVaRの足し上げ等につき、資本の二重賦課となっている懸念があるほか、リスクごとに異なるモデル設計、検証を行う必要があるなど枠組みに一貫性がない。
銀行勘定とトレーディング勘定の境界	バーゼル2.5で、証券化については原則共通の手法が適用されることとなったが（Q83参照）、両勘定間でリスク捕捉手法・対象が異なり、勘定間のポジション移し替えのインセンティブが銀行にある。
市場流動性リスクの捕捉が不十分	バーゼル2.5のIRC（追加的リスク）やCRM（包括的リスク）、ストレスVaRにより市場流動性リスクが部分的に捕捉されるようになったが（Q83参照）、包括的な枠組みはない。
銀行の視点からみたリスク捕捉の枠組み	VaRの保有期間は10日で、銀行が10日でポジションを解消できるとの仮定に基づいているが、ストレス時に全銀行が同じ行動に出た場合にポジションの解消ができない。
標準的方式の課題	リスク感応的でない点や、ポジションによっては内部モデル方式と比較して過小資本となる点などが解決されていない。
内部モデル方式を補完する枠組みの欠如	VaRモデルの説明力が低い場合に、これを是正・代替する適切な手段が必ずしもない。
CVAリスクに対する資本賦課とトレーディング勘定の関係	バーゼル3ではCVAリスクをマーケット・リスクとは別の枠組みで独立して捕捉することとなったが（Q48参照）、先進的な銀行は、実務上、両リスクをあわせて捕捉しているため、実務との不整合がある。

(出所)　金融庁・日本銀行「トレーディング勘定の抜本的見直し　市中協議文書の概要」より作成

は、以下のとおりです。

> ◇銀行勘定とトレーディング勘定の境界
> ◇ストレス時のデータを用いた資本水準の設定
> ◇VaRから期待ショートフォールへ
> ◇市場流動性リスクの捕捉
> ◇ヘッジ効果と分散効果の勘案
> ◇標準的方式と内部モデル方式の関係
> ◇内部モデル方式の見直し
> ◇標準的方式の見直し

2 銀行勘定とトレーディング勘定の境界

　銀行勘定とトレーディング勘定それぞれの概要と対象エクスポージャーの例は、おおむね図表84－2のように整理されます。

　現行規制上、トレーディング勘定に計上されるか否かは、その商品をトレーディング対象とするかどうかという、銀行の主観的な意図によって決定されます。そのため、トレーディング勘定と銀行勘定との間で、より資本賦課額の少ない勘定に計上するという裁定機会が生じることになります（証券化商品のケースに対するバーゼル2.5の見直しは、Q83をご参照ください）。

　そこで、市中協議文書は、この点に関する見直し案として、以下の2つの選択肢を提示しています。

> ① 「トレーディングの証拠」に基づく境界
> ② 公正価値評価に基づく境界

a 「トレーディングの証拠」に基づく分類
　この手法は、「トレーディングの証拠」が認められる商品をトレーディン

図表84-2 銀行勘定とトレーディング勘定

〈銀行勘定〉	〈トレーディング勘定〉
【概要】 ● トレーディング勘定に含まれないポジション ● リスク捕捉対象は資産側のみ ● 信用リスク(デフォルト・リスク)を捕捉 【対象エクスポージャー】 × 貸出金 × 満期保有目的有価証券 × その他有価証券等 　(国債、政策保有株式等)	【概要】 ● 短期売買・ヘッジ目的のポジション(注) ● 資産・負債両方のポジションが捕捉対象 ● マーケット・リスク(価格変動リスク)を捕捉 【対象エクスポージャー】 × 売買目的有価証券 　(売買目的の債券、株式、為替、デリバティブ等)

(注) バーゼル2におけるトレーディング勘定の定義
　・トレーディング(短期売買)の意図があるまたはヘッジ目的の取引で以下の要件を満たすもの。
　　① 取引可能性に制限がないまたはヘッジが完全に可能である。
　　② ポジションの価値が頻繁かつ正確に評価されている。
　　③ ポートフォリオが能動的に管理されている。

⇒ 本邦における取扱い
　・トレーディング勘定を「特定取引勘定」と定義。
　・特定取引勘定とその他の勘定間の振替えを原則禁止。
　⇒勘定間の振替えを原則禁止することで、規制裁定行為を防止。

(出所) 金融庁・日本銀行「トレーディング勘定の抜本的見直し　市中協議文書の概要」

グ勘定に計上し、それが認められなければ銀行勘定に計上するというものです。これは、現行規制の、「トレーディングの意図」に基づく境界の改良(強化)版であり、(公正価値評価に基づく境界と異なり)「銀行自身がトレーディング目的で保有しているか否か」と、自己資本規制上のトレーディング勘定に計上されるか否か」との間のつながりは維持します。

　具体的には、「トレーディングの意図」が示されたうえで、次のような条件を満たす場合はトレーディング勘定に計上し、それ以外の場合は銀行勘定に計上するという提案です。

◇トレーディング目的で(またはトレーディング勘定のリスク・ポジショ

ンのヘッジのために）保有され、日次で時価評価される商品であること
◇どの商品がトレーディング勘定に計上されるかを決定する公式な文書・方針（policy）を備えていること
◇商品が適切にトレーディング勘定に振り分けられているか、内部管理部門が継続的に評価していること
◇トレーディング対象商品が積極的に（actively）管理されているという客観的な証拠を示すこと
◇市場の流動性をモニターすること
◇トレーディングの実行可能性があること

　この手法によった場合、前記のような条件を満たす必要があることから、トレーディング勘定の範囲が現行規制よりも狭くなると考えられています。

b　公正価値評価に基づく分類

　この手法は、現行規制の「トレーディングの意図」という概念を放棄したものであり、公正価値評価（時価評価）の対象となる金融商品をトレーディング勘定に計上し、それ以外の商品は銀行勘定に計上するというものです。

　この手法は、（銀行の意図にかかわらず）金融商品がもたらすリスクを自己資本規制の設計に連動させようとするものということができます。現行規制上は銀行勘定に計上される金融商品であっても、公正価値評価の対象となり、マーケット・リスクをもたらす金融商品であれば、トレーディング勘定に計上されることになります。たとえば、わが国では、現行規制上「その他有価証券」に該当するものは銀行勘定に計上されていますが（図表84-2参照）、公正価値評価の対象であることから、この手法ではトレーディング勘定に計上されることとなります。

　この手法によると、一般的に、現行規制よりもトレーディング勘定の範囲が拡大するものと思われます。もっとも、会計基準の相違のため、国によってトレーディング勘定の範囲が異なる可能性がある点には留意する必要があ

ります。

　なお、この手法のように公正価値評価の対象をすべてトレーディング勘定に計上することとすると、銀行勘定における金利リスクのヘッジに負のインセンティブを与える可能性が考えられます。そこで、市中協議文書は、この手法の修正案として、公正価値評価の対象であっても、銀行勘定の金利リスクをヘッジする目的で保有されていると認められる明確な証拠を示すことができる場合には、例外的に、当該商品を銀行勘定に計上することを許容するという手法もあわせて提示しています。

c　両手法に共通する見直し

　市中協議文書では、上記ａｂの両手法に共通する見直しとして、次の点をあげています

◇トレーディング勘定の構成についての開示の強化
◇トレーディング勘定と銀行勘定との間の振替えを厳しく制限

3　ストレス時のデータを用いた資本水準の設定

　先般の金融危機以前には、トレーディング勘定の資本賦課額の水準が平時の市場状況に基づいて設定されていたため、危機時に資本不足に陥る銀行が見受けられました。

　こうした銀行の例からわかるとおり、資本は良好な状況のときよりも、金融危機のようなストレス状況において（損失吸収のために）必要となります。そこで、市中協議文書では、内部モデル方式と標準的方式のいずれにおいてもストレス時のデータを勘案したカリブレーション（水準設定）を行うことを提案しています。

4　VaRから期待ショートフォールへ

　市中協議文書は、リスクを測定するための指標として、現行規制のVaRを

廃止し、「期待ショートフォール」に変更することを提案しています。

　VaRとは、単純化していうと、一定の確率（信頼区間）を前提としたとき（信頼区間外の事象を除いたとき）の最大損失額を計測する指標です（図表84－3）。

　たとえば、信頼区間99％のVaRが100億円であった場合、99％の確率で損失額は100億円に収まるということを意味します。逆に、残りの１％の確率で損失額が100億円を超えることになりますが、その場合の損失額がいくらになるかはVaRでは表現されません。そのため、金融危機のような、実際に実現すれば非常に損失額が大きくなるものの、実現する可能性が低いリスク（いわゆる「テイル・リスク」）は、VaRでは捕捉できないということになります。

　このような問題が認識されたため、市中協議文書では、新たなリスク指標として、「期待ショートフォール」を導入することが提案されています。

　期待ショートフォールとは、単純化していうと、損失額がVaRを超える場合における、当該損失額の期待値（平均値）です（図表84－4）。

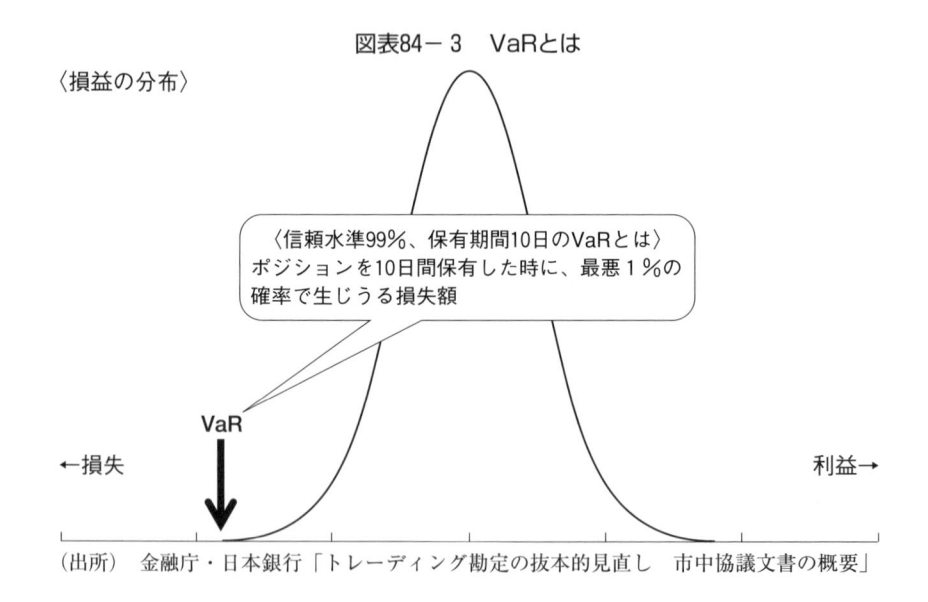

図表84－3　VaRとは

〈損益の分布〉

〈信頼水準99％、保有期間10日のVaRとは〉
ポジションを10日間保有した時に、最悪１％の確率で生じうる損失額

VaR

←損失　　　　　　　　　　　　　　　　　　　　利益→

（出所）　金融庁・日本銀行「トレーディング勘定の抜本的見直し　市中協議文書の概要」

図表84-4　期待ショートフォールとは

〈損益の分布〉

〈保有期間10日、信頼水準99％の期待ショートフォールとは〉
ポジションを10日間保有したときに、最悪1％以下の確率で生じうる損失の期待値（平均値）
⇒分布の裾の部分のリスク（テイル・リスク）を捕捉可能

期待ショートフォール
（Expected Shortfall）

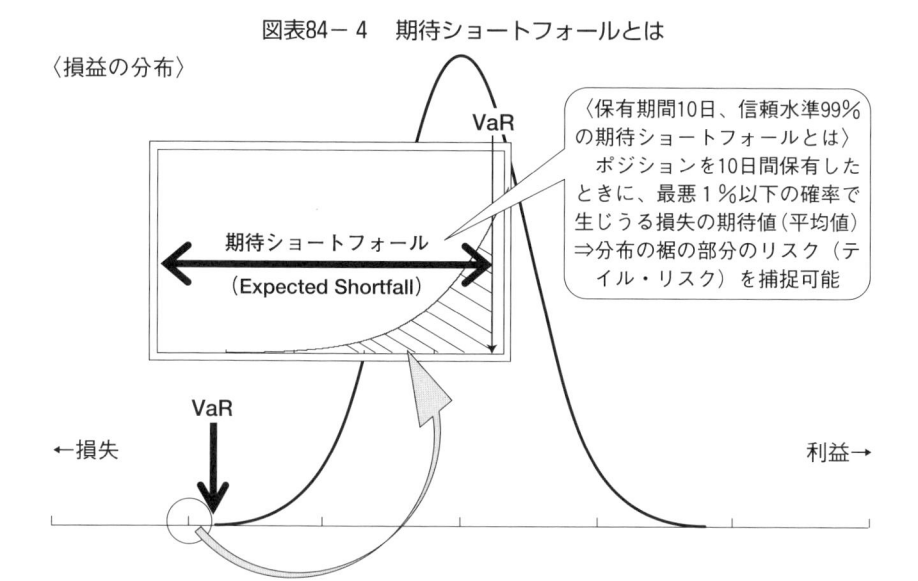

VaR

←損失　　　　　　　　　　　　　　　　　利益→

（出所）　金融庁・日本銀行「トレーディング勘定の抜本的見直し　市中協議文書の概要」

　これを前記の例に当てはめると、損失額が100億円を超える場合における、当該損失額の期待値（平均値）となります。期待ショートフォールでは、VaRと異なり、テイル・リスクの捕捉が可能となります。
　なお、現行規制上、VaRは内部モデル方式のリスク指標として利用されていますが、標準的方式では所定のリスク・ウェイトが定められており、VaRによってリスクが計測されているわけではありません（Q8参照）。しかし、市中協議文書では、内部モデル方式のリスク指標をVaRから期待ショートフォールに変更するのみならず、標準的方式の所定のリスク・ウェイトについても期待ショートフォールに基づく水準に修正することを提案しています。

5　市場流動性リスクの捕捉

(1)　背　景

　現行規制は、内部モデルではポジションの保有期間を10日間として、すな

わち10日間あればすべてのポジションが解消可能との前提に立ってVaRが計算されているように、基本的にトレーディング勘定に計上される商品は比較的短期間で売却でき、流動性が高いという前提に基づいています。しかし、先般の金融危機では、幅広い市場において流動性が大きく低下し、ストレス期においてはこのような前提が成立しないことが明らかになりました。

そこで、バーゼル2.5では、追加的リスクおよび包括的リスクを通じて、デフォルト・リスクおよび格付遷移リスクに対する内部モデル要件のなかで、部分的に市場流動性リスクを勘案することとされました（Q83参照）。

市中協議文書では、これをさらに推し進め、市場流動性リスクをより包括的に勘案することが提案されています。その手法は、次の3つの要素からなります。

◇「流動性ホライズン」に基づく市場流動性の評価
◇リスク・ファクターごとに異なる「流動性ホライズン」を適用
◇将来の流動性のジャンプに備えた追加資本賦課

(2)　「流動性ホライズン」に基づく市場流動性の評価

市中協議文書では、市場流動性リスクを勘案するにあたって、市場流動性リスクの大きさを、「流動性ホライズン」という概念を利用して計測することを提案しています。この流動性ホライズンは、ストレス時において、市場価格に大きな影響を与えることなく、金融商品を売却またはそれに係るすべての重要なリスクをヘッジするために必要な期間と定義されています。

流動性ホライズンは、市場流動性に応じ、10日、1カ月、3カ月、6カ月、そして1年の5段階が設定されています。

(3)　リスク・ファクターごとに異なる「流動性ホライズン」を適用

5段階ある流動性ホライズンのいずれのバケットに分類されるかは、商品ごとではなく、（各商品の）リスク・ファクターごとに決定します。

この「リスク・ファクター」とは、たとえば、自国為替の為替レート水準

（為替関連）、世界全体の金利水準（金利関連）、世界全体の株式インデックス（株式関連）、コモディティ価格インデックス（コモディティ関連）等、トレーディング対象商品の価格に影響を及ぼす要因であり、金利、株式、為替、コモディティといった区分ごとに設定されます。

バーゼル2.5の追加的リスクでは、3カ月の流動性ホライズンでポジションがリバランスされると仮定し、最終的に保有期間1年のリスクを計測することとされました（Q83参照）。

これに対し、市中協議文書では、流動性ホライズンが終了した際にポジションが清算されるとの仮定を置いています。たとえば、流動性ホライズンが3カ月であるとすると、3カ月分のリスクに見合う資本賦課が求められます。

(4) 将来の流動性のジャンプに備えた追加資本賦課

先般の金融危機前には流動性のあった証券化商品等の複雑な商品の多くは、危機時に急速に流動性が枯渇しました。

市中協議文書は、流動性が枯渇した商品を保有する投資家から要求される追加的補償を、「流動性プレミアム」と定義しています。市中協議文書では、将来の流動性プレミアムのジャンプ（急騰）に対して追加の資本賦課を行うことが提案されています。

もっとも、流動性プレミアムは、（マーケット・リスクを計測する）リスク指標の水準設定に織り込まれていることから、これに別途資本賦課を求めることは、リスクのダブル・カウントになりえます。そこで、市中協議文書では、このダブル・カウントを回避する観点から、きわめて限定的な条件に抵触した場合に限り、追加の資本賦課を行うこととしています。

具体的には、各流動性ホライズンに分類されたリスク・ファクターについて、ベンチマーク（指標）となるボラティリティを設定します（ホライズンが長いリスク・ファクターほど、ボラティリティが高くなります）。そして、ベンチマーク・ボラティリティに比べ、あるリスク・ファクターのボラティリティが低い場合（たとえば、流動性ホライズン1年のベンチマーク・ボラティリ

ティが100で、当該ホライズンに分類されたリスク・ファクターAのボラティリティが100より小さい場合)に、過去にストレスを経験していないとみなし、当該リスク・ファクターについて追加の資本賦課を行います。

(5) 内生的流動性リスクの捕捉

市場流動性リスクは、市場一般について生じるだけでなく、銀行自身の(すなわち、銀行の内生的な)事情によっても生じえます。たとえば、市場規模に比して当該銀行のエクスポージャーが大きいもしくは当該銀行の集中度が高いといった場合、そのエクスポージャーを解消することは容易でないことから、市場流動性リスクが生じえます。市中協議文書では、このようなリスクを「内生的流動性リスク」と称しています。

市中協議文書では、内生的流動性リスクの捕捉手法として、流動性ホライズンの延長のなかで勘案するという案と、保守的な公正価値評価調整のなかで勘案するという案の二通りを検討しています。

6　ヘッジ効果と分散効果の勘案

ヘッジ効果と分散効果は、トレーディング・ポートフォリオの能動的な管理に不可欠のものです。もっとも、先般の金融危機にみられたように、ストレス時にはこれらの効果は消滅します。

そこで、市中協議文書は、ヘッジ効果と分散効果の勘案を抑制することを提案しています。

また、現行規制上、標準的方式ではヘッジ効果と分散効果の勘案が著しく制限されているのに対し、内部モデル方式ではこれらの効果によるリスク消滅効果を認識するための広範な裁量が認められています。すなわち、標準的方式では、ヘッジの認識を、完全なヘッジが行われている等の限定的な場合にのみ認められます。これに対し、内部モデル方式では、直近のヒストリカル・データに市場から示唆される相関関係が反映されてさえすれば、実際上無制限にヘッジの認識が認められます。この点について、バーゼル銀行監督委員会は、内部モデル方式の採用が、危機時において実現しないポートフォ

リオの分散効果の著しい過大評価につながるかもしれないという懸念を有しています。

そこで、市中協議文書は、内部モデル方式と標準的方式の間で、ヘッジ効果と分散効果の取扱いをより整合的なものとする調整を提案しています。

7　標準的方式と内部モデル方式の関係

バーゼル銀行監督委員会は、トレーディング勘定に係る現行規制の枠組みは、銀行の内部モデルに依存しすぎており、リスクに対する銀行独自の見方を反映した枠組みであると認識しています。また、標準的方式と内部モデル方式との間で資本賦課額が大きく異なっていることが、競争条件の平等に関する大きな懸念をもたらしています。さらに、内部モデルのパフォーマンスが十分でない場合に、内部モデル方式の承認を取り消すという選択肢にかわる有効な手段が監督当局に与えられていません。

そこで、市中協議文書は、標準的方式と内部モデル方式との間の関係を強化するため、次の3点を提案しています。

◇両方式の水準設定につき、より整合的な関連性を設ける。
◇（内部モデル方式採用行を含む）すべての銀行に対して、標準的方式に基づく計算を義務づける。
◇標準的方式を、内部モデル方式に対するフロアまたはサーチャージ（追加資本賦課）として導入することの利点を検討する。

8　内部モデル方式の見直し

(1)　内部モデル方式の見直し案の全体像

内部モデル方式の見直しのポイントは、内部モデル方式を承認する単位を、現行規制の「銀行ごと」から、（国内株式や外国金利デリバティブといったトレーディング業務ごとに区分けされた）「トレーディング・デスクごと」に変

更することです。現行規制上は、内部モデルのパフォーマンスが不十分な場合、当局にはその銀行全体について内部モデル方式の承認を取り消すという対応策しかありません。しかし、この見直しにより、内部モデル方式の承認・取消しの是非を、トレーディング・デスクごとに行うことができるようになります。

市中協議文書の見直し案による内部モデル方式の枠組みは、図表84－5のようになります。

(2) 第一段階：トレーディング勘定全体の評価

内部モデル方式の見直し案では、第一段階として、トレーディング勘定全体について内部モデルと組織上のインフラを全般的に評価します。

この段階で、その内部モデルが基準を満たさなければ、その銀行のトレーディング勘定全体については標準的方式に基づいて資本賦課額が算出されます。一方、基準を満たす場合、次の第二段階に進みます。

(3) 第二段階：トレーディング・デスクごとの評価

第二段階では、トレーディング・デスクごとに、内部モデルのパフォーマンスが十分であるか否かを定量的に評価します。パフォーマンスが十分であれば「適格トレーディング・デスク」、不十分であれば「不適格トレーディング・デスク」とされます（この指定は恒久的なものではなく、内部モデルのパフォーマンスが十分改善されれば、適格トレーディング・デスクに指定を変更することが可能とされています）。

不適格トレーディング・デスクと判断された場合、そのトレーディング・デスクについての資本賦課額は標準的方式に基づいて算出することが求められます。一方、適格トレーディング・デスクと判断された場合は、次の第三段階に進みます。

ちなみに、第二段階の定量的な評価の方法として、市中協議文書は、「損益要因分析」と「バックテスト評価」の二通りを検討しています。損益要因分析は、理論上の損益と実際の損益を比較し、実際の損益の変動要因となるリスク・ファクターを、銀行のリスク管理モデルがどの程度捕捉できている

図表84-5　内部モデル方式の見直し：内部モデル方式における資本賦課額算出プロセス

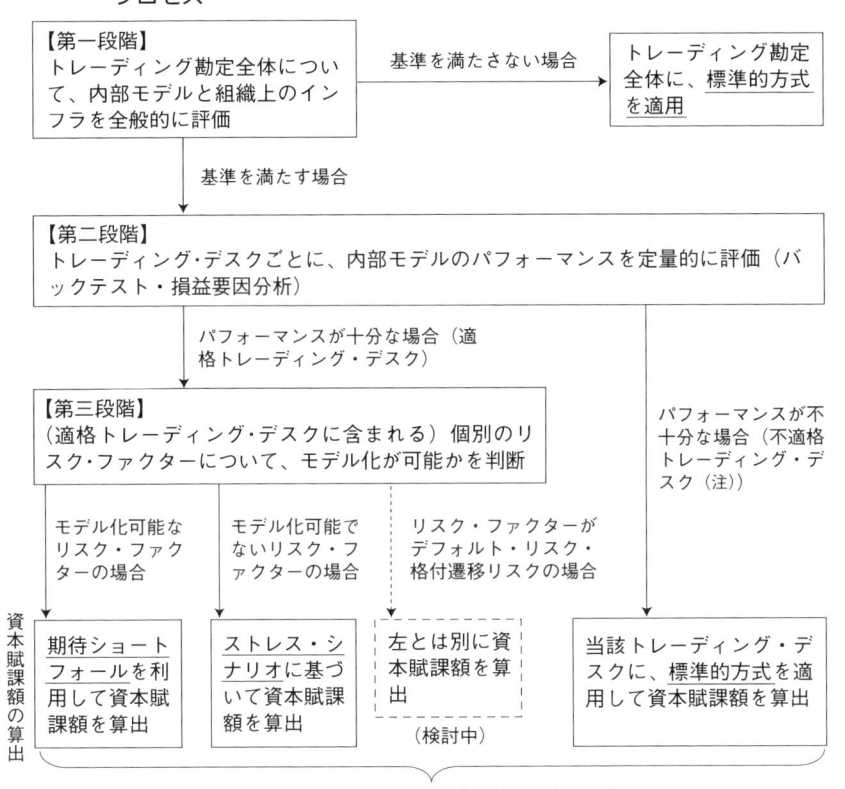

```
【第一段階】
トレーディング勘定全体について、内部モデルと組織上のインフラを全般的に評価
          │基準を満たさない場合→ トレーディング勘定全体に、標準的方式を適用
          │基準を満たす場合
          ▼
【第二段階】
トレーディング・デスクごとに、内部モデルのパフォーマンスを定量的に評価（バックテスト・損益要因分析）
          │パフォーマンスが十分な場合（適格トレーディング・デスク）
          │                                              パフォーマンスが不十分な場合（不適格トレーディング・デスク（注））
          ▼
【第三段階】
（適格トレーディング・デスクに含まれる）個別のリスク・ファクターについて、モデル化が可能かを判断

 ┌─────────┬─────────┬─────────┐                ┌─────────────┐
 モデル化可能な   モデル化可能で   リスク・ファクターが                
 リスク・ファク   ないリスク・ファ  デフォルト・リスク・                
 ターの場合     クターの場合    格付遷移リスクの場合                

 期待ショート   ストレス・シ   左とは別に資              当該トレーディング・
 フォールを利   ナリオに基づ   本賦課額を算              デスクに、標準的方式を
 用して資本賦   いて資本賦課   出                       適用して資本賦課額を算出
 課額を算出    額を算出      （検討中）
```

資本賦課額の算出

（マーケット・リスクの）合計資本賦課額

（注）　不適格指定は恒久的ではなく、パフォーマンスが改善されれば、適格指定に変更される可能性がある。
（出所）　市中協議文書に基づき大和総研金融調査部制度調査課作成

かを評価する分析です。バックテスト評価は、実際の損益と予想損失を比較する日次のバックテストです。

　なお、評価の対象となるトレーディング・デスクの定義は、銀行自身がその構造を設計・文書化する必要があります。監督当局は、当該構造が金融機関横断的に整合的か否かを検証します。トレーディング・デスクの例としては、株式デスク（国内現物・国内デリバティブ・新興国等）、債券・為替デスク

（国内金利・海外金利・為替現物・高格付信用等）、複数資産トレーディング・デスク（戦略的資本・定量ストラテジー等）、商品デスク（農業、エネルギー、金属等）といったものが考えられます。

(4)　第三段階：個別リスク・ファクターごとに内部モデル化が可能か分析し、資本賦課額を算出

第三段階では、適格トレーディング・デスクについて、個別の「リスク・ファクター」ごとに内部モデル化が可能か否かを分析します。

内部モデル化が可能な場合、そのリスク・ファクターに関する資本賦課額は、期待ショートフォールによって算出されます。一方、内部モデル化が不可能な場合は、ストレス・シナリオを適用して資本賦課額を算出します。

(5)　合計資本賦課額の算出

前記(2)(3)(4)のプロセスにより、それぞれの場合における資本賦課額が算出されるため、これらを合計したものが、マーケット・リスクに係る合計資本賦課額となります（図表84－5参照）。

9　標準的方式の見直し

市中協議文書は、標準的方式についても見直し案を示しており、現行規制の標準的方式の延長（カテゴリーは細分化）である「部分的リスク・ファクター方式」を提案しています。また、その代替案として、「より完全なリスク・ファクター方式」も示しています。

a　部分的リスク・ファクター方式

部分的リスク・ファクター方式は、現行規制の標準的方式と同様、商品を所定のカテゴリーに分類したうえで、各カテゴリーについて規定されるリスク・ウェイトを、商品の市場価格に乗じることによって資本賦課額を算出するものです（ただし、資本賦課額算出の際、ヘッジ効果や分散効果を勘案するため所定の相関関数が投入されます）。

この方式は、ポジションを金利、株式、信用（証券化を含む）、為替、コモディティの5個のブロード・リスク・カテゴリーごとの約20個の細分化され

た資産カテゴリー（満期や投資適格性等で分類）に分類します（合計100程度のカテゴリー）。

　各カテゴリーのリスク・ウェイトは、期待ショートフォールに基づいて設定するとされており、（内部モデル方式だけでなく）標準的方式においても期待ショートフォールがリスク指標となります。

b　より完全なリスク・ファクター方式

　より完全なリスク・ファクター方式は、商品を所定のリスク・ファクターに分類したうえで、各リスク・ファクターについてのリスク・ポジション（リスク額）を測定し、そのリスク・ポジションを所定の合算アルゴリズムに投入することによって資本賦課額を算出するものです。

10　市中協議文書の提案の対象から外れた論点

　市中協議文書は、検討を行ったが、詳細な提案を示さなかった論点として、次の2点に言及しています。

a　銀行勘定における金利リスクの資本賦課額の算出

　市中協議文書は、銀行勘定とトレーディング勘定との間で取扱いが相違することにより、裁定機会が発生するという問題は認識しつつも、両者を区別することは継続する（両者の境界の存在は維持する）こととしています。

　銀行勘定とトレーディング勘定との間で取扱いが相違しているものの1つとして、金利リスクがあります。金利リスクは、トレーディング勘定では、「第1の柱」のもとで明示的に捕捉され、資本賦課額が算出されます（Q83参照）。一方、銀行勘定では、「第2の柱」のもとで、金利リスク量を適切に管理することが求められるものの、自己資本規制における資本賦課額が算出されるわけではありません（Q101、Q102参照）。

　この点に関して、バーゼル銀行監督委員会は、市中協議文書の公表にあたって、銀行勘定における金利リスクについて、「第1の柱」のもとでの資本賦課額を算出することに関して準備的な検討を行いました。バーゼル銀行監督委員会は、本件に関するさらなる検討のタイミングと範囲について、2012

年後半に検討する予定としています。

b　マーケット・リスクの枠組みにおけるカウンターパーティ・リスクの捕捉

　バーゼルⅢでは、デリバティブ取引に係るエクスポージャーが、相手方の信用力低下により変動するリスクとして、新たに信用評価調整（CVA）の変動リスクが捕捉され、資本賦課額の算出が求められることとなります（Q48参照）。

　このCVAリスクは、信用リスクの枠組みにおいて捕捉されます。しかし、一部の銀行は、CVAリスクを（信用リスクに係るマーケット・リスクの要素として）マーケット・リスク枠組みのなかで捕捉すべきと考えています。

　バーゼル銀行監督委員会は、この点に関して検討することに合意はしたものの、CVAリスクと他のマーケット・リスクを、単一の統合されたモデルにおいて効果的に捕捉できるかについては慎重に考えています。そのため、結論としては、マーケット・リスクの枠組みにおいてカウンターパーティ・リスクを捕捉することに関して、市中協議文書では特段の提案はされていません。

11　若干の検討

　市中協議文書における見直し案で最も注目される点の第一は、リスク指標としてVaRを廃止し、期待ショートフォールに変更することです。

　期待ショートフォールの基本的な考え方は、損失額がVaRを超える場合の損失額の期待値（平均値）を求めるというものです。市中協議文書では、資本賦課額を算出する際の具体的なパラメーターの水準が未定であり、定量的な評価はできませんが、この見直しによって、（マーケット・リスクに係る）資本賦課額が大きく増加する可能性が高いものと思われます。

　また、この見直し以外でも、ストレス時のデータを用いた水準設定や市場流動性リスクの包括的な勘案もまた、（マーケット・リスクに係る）資本賦課額を増加させる方向に作用します。

ただし、多くの銀行においては、トレーディング業務に関連するマーケット・リスク・アセットの額は、信用リスク・アセットの額に比して、自己資本比率の分母に占める割合が相対的に小さいものとなっています。特に、わが国の銀行は、一般的には欧米の銀行よりもトレーディング業務が相対的に小さく、市中協議文書による見直しの影響も相対的に小さいのではないかと推測されます（ただし、銀行勘定とトレーディング勘定の境界の見直しについて、公正価値評価に基づく境界の案が採用された場合は、トレーディング勘定の範囲が拡大する可能性がある点に留意する必要があります）。

わが国では、一部の大手証券会社グループにもバーゼル規制同様の自己資本規制比率（連結）が適用されていますが、証券会社グループでは銀行グループよりも（銀行勘定の占める割合が小さく）トレーディング勘定の占める割合が大きいため、市中協議文書の見直しの影響が相対的に大きいものと推測されます（ただし、銀行勘定とトレーディング勘定の境界の見直しについて、公正価値評価に基づく境界の案が採用された場合は、トレーディング勘定の範囲は証券会社グループと銀行グループとで大きな違いはなくなる可能性がある点には留意が必要です）。

第二の注目点としては、銀行勘定とトレーディング勘定の境界の見直しについて、公正価値評価に基づく境界の案が提案されていることがあげられます。

仮に、（現行規制の延長である、「トレーディングの証拠」に基づく境界の案ではなく）この案が採用された場合、トレーディング勘定の範囲が拡大することになります。具体的には、わが国の現行規制上、銀行勘定に計上されている「その他有価証券」が、トレーディング勘定に計上され、マーケット・リスク規制の枠組みでの自己資本賦課が求められることが予想されます。

この2点以外では、銀行勘定における金利リスクの扱いの見直しが検討されている点が注目されます。具体的内容は未定であり、今後の見直し内容次第ではありますが、仮に銀行勘定における金利リスクについて「第1の柱」のもとでの資本賦課が求められることとなれば、国債を大量に保有し、比較

的大きな金利リスクを負っているわが国の銀行の自己資本比率には、一定程度の影響が出ることは避けられないでしょう。

第5章

オペレーショナル・リスク規制

Q85 オペレーショナル・リスクとは何ですか

A

　オペレーショナル・リスクとは、銀行業務における事務処理上のミスやシステム障害、役職員による不正行為などによって損失が生ずるリスクのことをいいます。証券仲介業務や信託代理店業務への参入、業務のシステム化等、銀行業務が多角化・複雑化するにつれて、銀行のオペレーショナル・リスクは増加していくと考えられます。

　バーゼルⅡ以降、信用リスク、マーケット・リスクに加え、オペレーショナル・リスクを反映した自己資本の維持が求められるようになっています。

解　説

1　オペレーショナル・リスクとは何か

　銀行の日常業務にはさまざまなリスクが潜んでいます。たとえば、端末への入力作業などの事務処理上のミスや、業務処理システムなどにおける障害の発生、役職員が行う横領などの不正行為などです。このようなものが発生しないよう、各行ではさまざまな事務マニュアルや手順書、チェック態勢を整備しているはずですが、それでも100％起こらないとは言い切れません。また、このようなリスク要因が現実のものとなったとき、銀行はその問題解決のため、多大な費用を負担しなければならなくなる場合もあります。

　このように、日常業務のなかで発生しうるリスクが銀行に多額の損失をもたらし、財務面に大きな打撃を与える可能性があります。こうしたリスクのことをオペレーショナル・リスクといいます。そして、オペレーショナル・リスクについても、可能な範囲で所要自己資本に織り込もうとする試みがオペレーショナル・リスク規制です。

以下では、バーゼル銀行監督委員会や金融庁告示による定義など、オペレーショナル・リスクの概要を説明します。

2　オペレーショナル・リスクの定義

バーゼル銀行監督委員会では、オペレーショナル・リスクを「内部プロセス・人・システムが不適切であることもしくは機能しないこと、又は外生的事象に起因する損失に係るリスク」と定義しています（バーゼル銀行監督委員会「オペレーショナル・リスクの管理と監督に関するサウンド・プラクティス」）（仮訳）。また、金融庁告示19号「銀行法第14条の2の規定に基づき、銀行がその保有する資産等に照らし自己資本の充実の状況が適当であるかどうかを判断するための基準」（以下、「告示」）では、「銀行の業務の過程、役職員の活動若しくはシステムが不適切であること又は外生的な事象により損害が発生しうる危険をいう」（告示307条2項3号）と定義されています。こうした定義に該当するリスクは複数考えられますが、リスクの数値化（計量化）が可能なものが対象になります。たとえば法務リスク（監督上の措置や和解等により生ずる罰金、違約金および損害賠償金等）は含まれますが、戦略リスクや風評リスクは含まないこととされています。戦略リスクや風評リスクは、第1の柱（信用リスク、マーケット・リスク、オペレーショナル・リスクに備えるための最低自己資本規制）では把握できないリスクとして、第2の柱（各行の自己資本戦略の妥当性に関する監督当局による検証）で対応することになります（ただし、これらのリスクも、各行の判断で内部管理上オペレーショナル・リスクとして捕捉することも認められます（金融庁「自己資本比率規制に関するQ&A」第307条－Q1））。第2の柱については第8章を参照してください。

3　オペレーショナル・リスク損失

オペレーショナル・リスクが現実のものとなった場合、銀行はその内容や規模に応じて損失を被ることになります。告示では、オペレーショナル・リスク損失として次の7種類を示しています（告示308条6号、別表第2）。

① 内部の不正

詐欺もしくは財産の横領または規制、法令もしくは内規の回避を意図したような行為による損失であって、銀行またはその子会社等の役職員が最低1人は関与するもの（差別行為を除く）

② 外部からの不正

第三者による、詐欺、財産の横領または脱法を意図したような行為による損失

③ 労務慣行および職場の安全

雇用、健康もしくは安全に関する法令もしくは協定に違反した行為、個人傷害に対する支払、労働災害または差別行為による損失

④ 顧客、商品および取引慣行

特定の顧客に対する過失による職務上の義務違反（受託者責任、適合性等）または商品の性質もしくは設計から生ずる損失

⑤ 有形資産に対する損傷

自然災害その他の事象による有形資産の損傷による損失

⑥ 事業活動の中断およびシステム障害

事業活動の中断またはシステム障害による損失

⑦ 注文等の執行、送達およびプロセスの管理

取引相手や仕入先との関係から生ずる損失または取引処理もしくはプロセス管理の失敗による損失

4　オペレーショナル・リスク規制

　オペレーショナル・リスクの存在そのものは、従来から認識されてはきたものの、バーゼルⅡ以前は所要自己資本には反映されていませんでした。起こるかどうかわからない、どの程度の頻度で起こるかわからない、起こったとしてもどのような規模の損失が発生するかわからない等、リスクの存在は知りえても、そもそも未確定の要素が多く、把握するのが困難とされていたためです。しかし、オペレーショナル・リスクに関する情報の蓄積、共有化

などが進んだ結果、発生の頻度、損失の規模などについて、従来よりも高い精度で予測することができるようになってきています。

また、銀行の業務範囲が拡大するにつれ、あるいはシステム化が進むにつれ、こうしたリスクから損失が発生する可能性は相対的に高まっています。さらには、影響を与える範囲が拡大するとともに、その損失規模も増大していると思われます。

このような技術的な面と必要性の高まりを受け、バーゼルⅡでは新たにオペレーショナル・リスク規制を設け、各行の有するオペレーショナル・リスクに応じ、所要自己資本に織り込むこととされました。

5　オペレーショナル・リスクの計測方法

各行のオペレーショナル・リスクを所要自己資本に反映させるためには、オペレーショナル・リスクを定量化する方法が必要です。告示では、オペレーショナル・リスク相当額の算出手法として、基礎的手法、粗利益配分手法、先進的計測手法の3つを定めています。そこで求められた値の合計額を8％で割り（12.5倍し）、算出した金額を自己資本比率の計算上、分母に算入します（自己資本比率の算定式はQ32を参照）。基礎的手法、粗利益配分手法、先進的計測手法の詳細はQ88、Q89で説明しますが、簡単にまとめると次のとおりです。

(1) 基礎的手法

基礎的手法は、1年間の粗利益に0.15を掛けた金額の、直近3年間の平均値をオペレーショナル・リスク相当額とする手法です。

(2) 粗利益配分手法

粗利益配分手法は、1年間の粗利益を8つの業務区分に配分し、一定の掛け目を掛けた額の合計額を求め、その合計額の直近3年間の平均値をオペレーショナル・リスク相当額とする手法です。金融庁長官に申請し、承認を得ることが必要です。

⑶　先進的計測手法

　先進的計測手法は、過去の実際の損失データ等に基づき、銀行の内部管理で使用される方法でオペレーショナル・リスク相当額を算出する方法です。使用には予備計算の実施と報告、および金融庁長官への申請と、承認が必要です。

Q86 なぜ、オペレーショナル・リスクの管理手法の高度化が求められているのですか

A
　オペレーショナル・リスクは銀行業務に必然的に潜在するリスクといえますが、このリスクが現実のものとなり、実際に銀行が大規模な損失を被るケースが世界各地で発生しました。また、銀行業務の多様化・高度化が進み、事務処理上のミスやシステム障害の発生する可能性も高まっています。さらに、影響の及ぶ範囲の拡大、損失額の増大なども懸念されます。こうした事情を背景に、オペレーショナル・リスクの管理手法の高度化が求められているのです。

解　説

1　バーゼルⅡにおける規制導入の背景

　バーゼルⅡ以降、信用リスクおよびマーケット・リスクのみならず、オペレーショナル・リスクにも対応した自己資本の維持が求められています。

　従来からオペレーショナル・リスクの存在そのものは認識されてきましたが、かつては損失の発生時期や規模等について不確定な要素が多く、定量化にはなじまないとの考え方が主流であり、また技術的にも困難とされてきました。

　しかし、損失事象を集積し、データベース化する作業が進められた結果、オペレーションに起因した事故の発生頻度や損失額を予測する技術は大きく向上しました。これに伴い、オペレーショナル・リスクを数値化して把握することが、従来よりも高い精度で行えるようになっています。バーゼルⅡにおけるオペレーショナル・リスク規制導入の背景として、1つにはこうしたリスク捕捉技術の進歩があげられます。

　また、銀行業務が多角化・高度化するにつれ、オペレーショナル・リスク

に起因した損失の発生率が高まるとともに、損失規模が拡大していることも導入の要因としてあげられます。たとえば現在の銀行業務は、証券仲介業務や信託代理店業務、保険代理店業務等へと拡大していることに加え、取り扱う商品そのものの仕組みが複雑化してきています。さらに業務合理化の要請を受けて事務処理の集中化（センター化）が進み、業務のシステム依存度が高まっています。プログラムミス等の内的要因によるシステム障害のみならず、コンピュータ・ウイルスやハッキング等の外的要因によるものもあり、対応の困難度も増しています。

こうした環境の変化がオペレーショナル・リスクの影響力を強め、自己資本上の手当の必要性を高めているのです。

2 バーゼル銀行監督委員会の考え方

バーゼル銀行監督委員会は、オペレーショナル・リスクをどのように考えているのでしょうか。これを知るための重要な資料が、バーゼル銀行監督委員会が2003年2月に公表した「オペレーショナル・リスクの管理と監督に関するサウンド・プラクティス」（以下、「サウンド・プラクティス」）です。そのなかでバーゼル銀行監督委員会は、「金融サービスに関する規制緩和とグローバル化は、金融技術の高度化とも相俟って、銀行の行動、ひいてはリスク・プロファイル（すなわち、銀行の活動全体あるいはリスクの諸カテゴリーを通じたリスクの水準）をより複雑なものにしている。銀行における業務の発展は、信用リスクや金利リスクやマーケット・リスク以外のリスクも重大なものとなる可能性を示唆している」と述べています（2003年5月7日付日本銀行「バーゼル銀行監督委員会「オペレーショナル・リスクの管理と監督に関するサウンド・プラクティス」（仮訳）」を参照）。

サウンド・プラクティスは、このようにオペレーショナル・リスクの重要性が増しているとの認識を示すとともに、次の具体例を掲げています。

① グローバルに統合されたシステムにますます依存するなか、より高度に自動化された技術のいっそうの利用は、適切に管理されない場

合、手作業による処理エラーのリスクをシステム障害リスクに変換する可能性があること
② eコマースの成長はいまだ完全には理解されていない潜在的なリスクをもたらすこと（たとえば内部者および外部者による不正やシステムセキュリティ問題など）
③ 大規模の買収、合併、分離、統合により、新しい、あるいは新しく統合されたシステムの有効性が試されていること
④ 大規模なサービスの提供者として活動する銀行が出現していることにより、高水準の内部統制とバックアップ・システムを継続的に維持する必要性が生まれていること
⑤ 銀行は市場リスクや信用リスクに対するエクスポージャーを最適化するためにリスク削減技術に携わるかもしれないが（たとえば、担保、クレジット・デリバティブ、ネッティング契約、資産証券化など）、そのかわりに別の形態のリスク（たとえば法務リスク）を生み出す可能性があること
⑥ アウトソーシング取引の利用の進展および第三者が運営する決済システムへの参加は、一部のリスクを削減することになるかもしれないが、重大な「その他のリスク」を銀行に与える可能性があること

そして、サウンド・プラクティスは、大きな損失につながる可能性が高いオペレーショナル・リスク事象のタイプとして、次の7つを提示しています。Q85で紹介した金融庁告示19号「銀行法第14条の2の規定に基づき、銀行がその保有する資産等に照らし自己資本の充実の状況が適当であるかどうかを判断するための基準」における「オペレーショナル・リスク損失」は、以下の記述を参考にしていると思われます。

① 内部の不正行為：意図的なポジションの誤報告、職員による窃盗、職員の口座を使用したインサイダー取引など
② 外部の不正行為：窃盗、偽造、融通手形の発行、コンピュータの

ハッキングによる損害など

③　雇用慣行と職場の安全：労働者の補償請求、従業員の健康および安全性に関するルールの違反、組織的な労働運動、差別補償請求、一般的な賠償責任など

④　顧客、商品と取引実務：受託責任違反、顧客機密情報の悪用、銀行口座を利用した不適切な取引活動、マネー・ロンダリング、認可されていない商品の販売など

⑤　物的資産の損傷：テロリズム、破壊行為、地震、火災、洪水など

⑥　事業活動の中断とシステム障害：ハードおよびソフト障害、通信障害、電力供給の停止など

⑦　取引実行、デリバリー、プロセス管理：データ入力エラー、担保管理不全、不完全な法律文書、顧客口座への未承認のアクセス、顧客以外の取引相手の債務不履行、ベンダーとの争議など

　このように、銀行は常にさまざまなオペレーショナル・リスクにさらされています。銀行が経済に与える影響は非常に大きく、オペレーショナル・リスクを適切に管理することは社会全体の要請といえます。また、銀行を取り巻く多様な利害関係者（株主、取引先など）にとっても非常に重大な関心事になっています。バーゼルⅡの導入はこうした声に応えるものであり、いわば銀行任せになっていたオペレーショナル・リスク管理を、官民共同で推進しようという意思の表れと考えられます。

　なお、バーゼル銀行監督委員会は、2011年6月、サウンド・プラクティスの改訂版に当たる、「健全なオペレーショナル・リスク管理のための諸原則」（以下、「諸原則」）を公表しています。「諸原則」は、サウンド・プラクティスの進化を織り込み、健全なオペレーショナル・リスク管理に関する11の原則について詳述しています。それらの原則では、①ガバナンス、②リスク管理環境、そして③ディスクロージャーの役割、が取り上げられています。

図表86-1　バーゼル委員会　健全なオペレーショナル・リスク管理のための諸原則

項　目		番号	内　容
オペレーショナル・リスク管理の基本原則		原則1	取締役会は、強靭なリスク管理文化を育成するため、自ら指導的な役割を果たすべきである。取締役会と上級管理職は、強靭なリスク管理によって導かれる企業文化を育成すべきである。取締役会と上級管理職が育成する企業文化はまた、適切な基準とインセンティブを支持および提示することによって、職業意識と責任感に基づく行動を促すものとなるべきである。この観点から、強靭なオペレーショナル・リスク管理の文化が組織全体に存することを確保する責任は、取締役会に存する。
		原則2	銀行は、「枠組」を構築、実施および維持し、銀行の総合的なリスク管理プロセスに完全に組み入れるべきである。個別銀行が選択するオペレーショナル・リスク管理の「枠組」は、それぞれの銀行の性質、規模、複雑性、リスク・プロファイルを含む様々な要因に依存する。
ガバナンス	取締役会	原則3	取締役会は、「枠組」を設定・承認し、定期的に検証すべきである。取締役会は上級管理職を監督し、方針、プロセスおよびシステムが全ての意思決定レベルにおいて有効に実施されていることを確保すべきである。
		原則4	取締役会、オペレーショナル・リスクに係るリスク選好度ないしリスク許容度を定めた趣意書（statement）を承認し、検証すべきである。本趣意書には、当該銀行として、どのような性質、タイプおよび水準のオペレーショナル・リスクを引き受ける用意があるかが明記されているべきである。
	上級管理職	原則5	上級管理職は、明快、実効的かつ頑健なガバナンス構造を構築し、取締役会の承認を受けるべきである。同構造には、明確に定義され、透明性と一貫性を備えた責任系統が設けられているべきである。上級管理職は、自行の主要な商品、業務、プロセスおよびシステムに伴うオペレーショナル・リスクを管理するための方針、プロセスおよびシステムを組織全体にわたって

			一貫性をもって実施し、維持することについて責任を有する。上級管理職は、定められたリスク選好度ないしリスク許容度との整合性に配意しつつ本責任を果たすべきである。
リスク管理環境	リスクの特定と評価	原則6	上級管理職は、全ての主要な商品、業務、プロセスおよびシステムに付随するオペレーショナル・リスクが特定および評価され、それらのリスクとインセンティブが十分に理解されることを確保すべきである。
		原則7	上級管理職は、全ての新しい商品、業務、プロセスおよびシステムが所定の承認プロセスを経て導入されること、また、同プロセスにおいてオペレーショナル・リスクも十分に評価されることを確保すべきである。
	モニタリングと報告	原則8	上級管理職は、オペレーショナル・リスク・プロファイルと大規模な損失エクスポージャーを定期的にモニターするプロセスを実施すべきである。オペレーショナル・リスクの能動的管理を支えるものとして、取締役会、上級管理職および業務ラインの各レベルに適切な報告メカニズムが設けられているべきである。
	統制と削減	原則9	銀行は、方針とプロセスとシステム、適切な内部統制、適切なリスク削減および（または）リスク移転戦略から成る、強靭な統制環境を整備すべきである。
	業務の復旧と継続	原則10	銀行は、業務の復旧と継続に関する計画を策定し、業務に甚だしい混乱が生じた場合にも事務を継続し、損失の拡大を防ぐ能力を確保すべきである。
ディスクロージャーの役割		原則11	銀行のパブリック・ディスクロージャーは、当該銀行がオペレーショナル・リスク管理に如何に取り組んでいるかを利害関係者が評価できるような方法で行われるべきである。

（出所）　バーゼル銀行監督委員会「健全なオペレーショナル・リスク管理のための諸原則（仮訳）」（2011年6月）

Q87 オペレーショナル・リスクの管理手法、定量化の方法としてどのような方法がありますか

A

オペレーショナル・リスクの特徴として、頻度や損失規模に関する不確実性、リスクおよび発生元の多様性、定量化の困難性に伴う定性的管理への依存性などがあげられます。このような特徴をふまえ、従来は、内部チェックの厳格化や基準の統一化、規程の整備、指導・教育体制の構築などによる管理が行われてきました。また、定量化の方法は、過去に発生した損失事象のデータ分析などを通じてリスク量を見積もる「損失分布手法」によるのが一般的です。

解説

1 オペレーショナル・リスクの管理方法

Q85やQ86でも述べたとおり、オペレーショナル・リスクの存在そのものは従来認識されてきましたが、不確定要素が多く、定量的に把握することは困難とされ、自己資本比率規制には盛り込まれていませんでした。

しかし、オペレーショナル・リスクが放置されてきたというわけではなく、各行ではさまざまな方法を用いて管理に努めてきました。たとえば、従来は、図表87－1のような管理手法が実施されていました（2005年7月28日付日本銀行金融機構局「オペレーショナル・リスク管理の高度化」より）。

こうした管理手法は、事務品質を向上させ「相応の成果をあげてきた」と評価されています。

しかし、業務の多様化や金融商品の複雑化、業務処理のシステム化等に加え、オペレーショナル・リスクに起因する大規模な損失事例の増加などを背景に、管理手法のいっそうの高度化が求められるようになっています。

図表87−1　オペレーショナル・リスクの管理手法

項　目	具体例	内　　容
重層的な牽制体制の構築	再鑑・検印制度	担当者が単独で事務処理を行うのではなく、再鑑者や検印者が事務処理内容をチェックする
	権限の分離	市場部門においてフロント部署とバック・ミドル部署とを分離するなど、単独で取引ができないように権限を分離する
	部店内検査	規程に準拠した事務処理が行われているか、現物残高が帳簿と一致しているか等を現場の各部署が自主点検を行う
	記録主義	事務処理内容を細部にわたり記録し、事後的な検証を可能にする
事務内容の標準化・効率化	事務規程・マニュアル等の整備	リスク管理のための手順を組み込んだ規程・マニュアル、事務帳票等を作成する
	本部による事務指導	本部スタッフによる営業店・事務センター等への臨店指導を通じ、各部署の事務処理水準を向上させる
	システム・サポートの強化	事務処理上のミスを削減するため、事務処理をSTP化(注)する
規律・動機づけ	人事面の管理、業績評価	人事上の業績評価や報奨制度を通じて、正確かつ適切な事務処理やチームワークの確保に努めるよう動機づける
事件・事故対応	再発防止策の実施	事件・事故が発生した際、関連する事務フロー等の点検を行い、再発防止策を検討、実施する
内部監査		独立した内部監査部署が、現場部署におけるリスクの状況を点検するとともに、事務処理体制の改善を働きかける

（注）　STP化：Straight Through Processingの略で、取引の約定や決済などの事務処理を電子化し、できるだけ人手を介さないようにする仕組みのこと。

管理手法の高度化の例として、次のものがあげられます。
　① オペレーショナル・リスクを専門に扱う部署の設置

②　業務ラインごとにオペレーショナル・リスクに対する脆弱性等を自己評価する仕組みの採用
　③　早期にリスクを検知するための重要リスク管理指標の導入
　④　オペレーショナル・リスクの定量化

2　自己評価による管理

　「自己評価による管理」とは、銀行内部の各業務ラインが自らに内在するリスクを点数化する管理方法です。銀行全体におけるリスクの分布状況が把握できるとともに、各業務ラインの自主的なリスク削減努力を促すことができるという長所があります。ただし、運用に際して、恣意的な判断を排除し、評価の公平性を保つための工夫が必要になります。

3　重要リスク管理指標による管理

　「重要リスク管理指標」とは、一定のオペレーショナル・リスク要因となりうる事象（事務処理上のミスの件数、システムトラブルの発生件数など）や、オペレーショナル・リスク損失の潜在的な発生率を高めうる事象（1人当りの処理件数の増加量や、システム変更の回数など）を指標とし、オペレーショナル・リスクの推移を把握する管理方法です。指標の変動を通じて早期にリスクの高まりを検知できるという長所があります。運用の際は、実際の損失事例をふまえた指標を採用することが必要です。

4　オペレーショナル・リスクの定量化

(1)　定量化の意義

　前述のとおり、オペレーショナル・リスクはその性質上定量化が困難とされてきました。しかし、定量化が実現すれば、オペレーショナル・リスクの状況の把握が容易になり、より適切なリスク管理方針の作成、損失に対応する自己資本の確保、リスク度合いに応じた順位づけと対策のための効率的な経営資源の配賦、業績評価への組込みによるリスク管理へ向けた意識の向上

図表87-2 損失分布手法を使用する際の留意点(例)

項目	留意点
損失データの収集	重要な子会社や委託先等を含め、さまざまな業務ラインで発生した損失事例を収集すること
	事務ミス、システム障害、訴訟等、さまざまな要因に基づく事例を収集すること
	対応に要したコスト、逸失利益等、さまざまな種類の損失を含んだ事例を収集すること
	グロス、ネット(回収できた分と相殺)、それぞれの損失金額を収集すること
	費用対効果の観点から、収集する事例の損失額について一定の水準を設けること(業務区分等によって異なる基準を設けることも可)
	収集した事例は明確な基準によって分類すること
	収集後の事後的な変化(回収金額の変化等)を、適時に反映させること
	内部損失データだけで十分なデータ数を得られない場合は、外部損失データやシナリオ分析を活用すること
	「高い頻度で発生する損失規模の小さな事例」だけでなく、「低い頻度で発生する損失規模の大きな事例」も収集すること(通常は後者の事例が不足する)
定性的情報による修正	現在の実態に即したものになるよう、定性的情報(注)により適切な修正を行うこと
定量化プロセスの検証	定量化に関する各作業に関し、内容や手続を文書化して明確にし、経営陣による審査と承認を受け、独立した第三者の検証を受けること
その他	内部における隠蔽や過小申告等の不正が生じない仕組みを工夫すること

(注) 定性的情報の例:内部監査結果、自己評価の結果、重要リスク管理指標によるリスクの推移、組織変更、経営方針の変更など。

など、多くの改善を図ることが可能になります。

(2) 定量化の方法

このような多くのメリットを享受できる定量化を行うための手法として、Q86で紹介したバーゼル銀行監督委員会の「オペレーショナル・リスクの管理と監督に関するサウンド・プラクティス」（以下、「サウンド・プラクティス」）では、「個々の損失事象の頻度、影響度、その他の関連する情報を系統的に追跡して記録する」手法があげられています。また、「一部の金融機関では内部の損失データと外部の損失データ、シナリオ分析、リスク評価要因を組み合わせている」例が紹介されています。過去の損失事例やシナリオ分析に基づくデータを統計的に処理し、リスク量を見積もるこのような定量化手法のことは「損失分布手法」と呼ばれ、最も一般的な方法とされています。バーゼル規制における「先進的計測手法」は、この損失分布手法を用いた内部管理上の計測手法を制度化したものです（詳しくはQ89参照）。

損失分布手法の使用にあたって、いくつかの留意点があります。図表87－2は、留意点の一例をまとめたものです。

なお、定量化の技術はいまだ発展途上にあり、実際にバーゼル規制でも戦略リスクや風評リスクは対象から除かれています。つまり、現時点で監督当局は戦略リスクや風評リスクを定量化が可能なリスクとして認知していないということです。もっとも、内部管理では、オペレーショナル・リスクとして捕捉することを禁じているわけではなく、各行の判断により適切に管理していくことが期待されています。

5 国内におけるオペレーショナル・リスク管理の現状

国内各行の公表資料によると、多くの金融機関で、システム障害や事務ミスといったリスク顕在化事象の集計・分析体制等の整備が進められています。また、大手金融機関はもとより地域金融機関においても、CSA（Control Self-Assessment）等の導入を通じて業務やシステムに内在するリスクの洗い出しに取り組むところがふえてきています。

CSAは、オペレーショナル・リスク管理における比較的新しい手法であり、業務およびシステムの所轄部署自らがリスクを特定・認識し、必要な対応策を策定・実施することにより、自律的にリスク管理上の課題に対応するための枠組みと位置づけられています。わが国でも、大手金融機関のみならず、地域銀行や信用金庫を含めて、CSAの取組みが進んでいます。日本銀行の調査によると、2010年3月末の時点で地域銀行のうち3分の1がCSAを導入済みです[1]。2011年6月の「諸原則」（Q 86参照）でも、KRI（Key Risk Indicators：主要リスク指標）などとともに取り上げられています。

　CSAを導入した金融機関の多くは、（バーゼル規制では管理の対象となっていない）風評リスクもオペレーショナル・リスク管理の対象としています。

　そして、オペレーショナル・リスクの定量化についても、わが国の金融機関では、CSAの実施を伴う計量モデルによりこれを定量化しています（図表87－3参照）。この計量モデルは、サウンド・プラクティスによって例示されている損失分布手法に合致するものといえるでしょう。

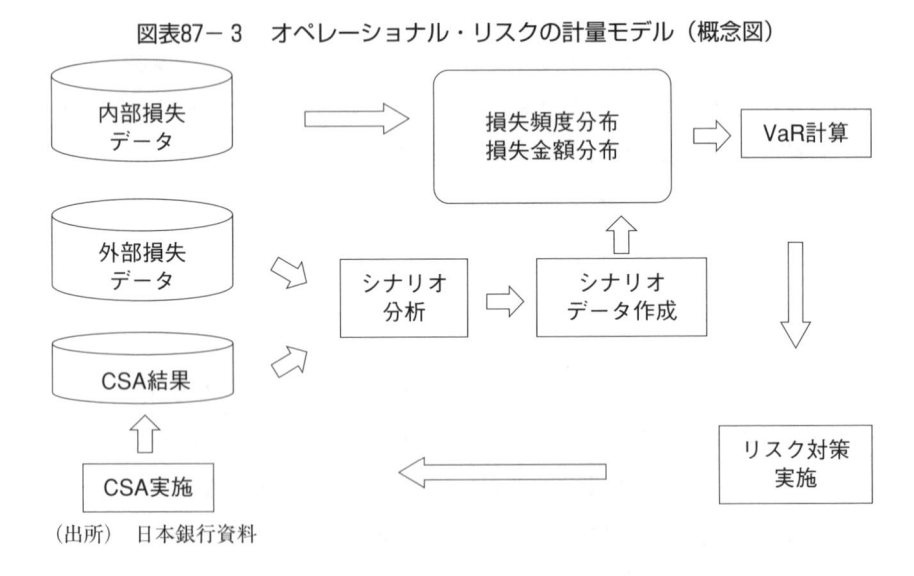

図表87－3　オペレーショナル・リスクの計量モデル（概念図）

（出所）　日本銀行資料

---

[1] 日本銀行「オペレーショナルリスク管理を巡る環境変化と今後の課題―日本銀行考査等における着眼点と確認された課題事例」（2011年8月）参照

Q88 バーゼル規制でのオペレーショナル・リスクの取扱いを教えてください

A

バーゼル規制では、オペレーショナル・リスク相当額の合計額を8％で割った金額を、自己資本比率の計算上、算式の分母に加えることになっています。

オペレーショナル・リスク相当額の算出方法は、1年間の粗利益をベースに算出する基礎的手法、リテール・バンキングや決済業務など8つの業務区分に配分された1年間の粗利益をベースに算出する粗利益配分手法、銀行の内部管理における計測手法をベースに算出する先進的計測手法の3つが用意されています。粗利益配分手法と先進的計測手法を用いるためには、金融庁長官の承認が必要になります。

解説

オペレーショナル・リスクの存在は従来認識されていたものの、数値化することが困難なため、従来の規制（バーゼルⅠ）には盛り込まれていませんでした。

しかし、技術の向上とともに把握の必要性も高まっていることから、バーゼルⅡ以降、オペレーショナル・リスクを自己資本比率の計算に反映させることとしています（自己資本の割当て）。具体的にはオペレーショナル・リスク相当額の合計額を8％で割った金額（12.5倍した金額）を自己資本比率の算定式の分母に算入することになっています。

オペレーショナル・リスク相当額の算出方法として3つの方法が用意されています。銀行全体の年間粗利益をもとに算出する基礎的手法、8つの業務区分ごとの年間粗利益をもとに算出する粗利益配分手法、そして、銀行の内部管理で使用される過去の損失データ等をもとにした計測手法を用いる先進

的計測手法です。このうち粗利益配分手法、先進的計測手法を用いる場合は、事前に所定の申請書を提出し、金融庁長官の承認を受けることが必要です。さらに、先進的計測手法の場合は、使用する営業年度の前営業年度以後に、先進的計測手法を用いて自己資本比率の予備計算を行う必要があります。なお、承認が取り消された場合、もしくは粗利益配分手法使用中に先進的計測手法に関する承認を受けた場合を除き、粗利益配分手法や先進的計測手法を継続して用いなければならないとされています。

以下、これら3つの手法について順番に説明します。

1　基礎的手法

基礎的手法とは、1年間の粗利益に0.15を掛けた金額の直近3年間の平均値をオペレーショナル・リスク相当額とする手法です。ただし、直近3年間のなかに1年間の粗利益がプラスにならない年がある場合は、その年を除いて平均値を求めます。

たとえば、直近3年間のうち1年間だけプラスにならなかった場合は、残り2年間の各年間粗利益に0.15を掛けた金額の合計額を2で割って求めることになります。

なお、粗利益は「業務粗利益から国債等債券売却益及び国債等債券償還益を除き、国債等債券売却損、国債等債券償還損、国債等債券償却及び役務取引等費用を加えたもの」(金融庁告示19号「銀行法第14条の2の規定に基づき、銀行がその保有する資産等に照らし自己資本の充実の状況が適当であるかどうかを判断するための基準」(以下、「告示」)304条) と定義されています。ただし、役務取引等費用のうち、銀行業務のアウトソーシングに当たらない部分は、役務取引等費用から除くことができます。

　　リスク量＝直近3年間(注)の(1年間の粗利益×15％)の平均値
(注)　粗利益がプラスにならない年は除く。
　　粗利益＝業務粗利益－(国債等債券売却益＋国債等債券償還益)

$$+(国債等債券売却損+国債等債券償還損$$
$$+国債等債券償却+役務取引等費用(注))$$

(注) アウトソーシング費用に当たらないものは役務取引等費用から除くこともできる。

2 粗利益配分手法

粗利益配分手法とは、1年間の粗利益を図表88−1の8つの業務区分に配分し、各業務区分に付された掛け目を掛けた額の合計額を求め、その直近3年間分の平均値をオペレーショナル・リスク相当額とする手法です。ただし、直近3年間中に1年間でも合計額がマイナスとなる年がある場合は、その年の粗利益をゼロとして平均値を求めます（平均値を求める際は、粗利益をゼロとした年がある場合も3で割ることになります）。

> リスク量＝直近3年間（注）における「各業務区分の粗利益
> 　　　　　×掛け目の合計」の平均値
> (注) 各年の合計がマイナスになる年はゼロとして算出。

粗利益配分手法を使用するためには、金融庁長官に申請書を提出し、承認を受けることが必要です。申請書には所定の事項の記載と、書類の添付が求められています。記載事項と添付書類は以下のとおりです。

① 記載事項
　◇商号
　◇自己資本比率を把握し管理する責任者の氏名および役職名
② 添付書類
　◇理由書
　◇自己資本比率を把握し管理する責任者の履歴書
　◇オペレーショナル・リスク管理方針（評価・管理の方針・手続を規定）

◇粗利益の業務区分配分基準・手順に関する明確・詳細な書類
◇その他参考書類

図表88-1　業務区分ごとの掛け目

	業務区分	掛け目	備　考
①	リテール・バンキング	12%	リテール（中小企業等および個人）向け預貸関連業務等
②	リテール・ブローカレッジ		主として小口の顧客を対象とする証券関連業務
③	資産運用		顧客のために資産の運用を行う業務
④	コマーシャル・バンキング	15%	リテール向け以外の預貸関連業務等
⑤	代理業務		顧客の代理として行う業務
⑥	決済業務	18%	決済に係る業務
⑦	トレーディングおよびセールス		特定取引に係る業務および主として大口の顧客を対象とする証券、為替、金利関連業務等
⑧	コーポレート・ファイナンス		企業の合併・買収の仲介、有価証券の引受け・売出・募集の取扱い等、その他顧客の資金調達関連業務等 （①④に該当するものを除く）

（注1）　銀行の全業務から発生する粗利益を、重複せずにいずれかの項目に配分する。ただし、どの項目にも当てはまらない場合は掛け目を18%とする。
（注2）　信用リスク・アセットの額やマーケット・リスク相当額を算出する際に用いる基準に類似の区分がある場合は、整合性をとることが必要。整合性がとれない場合は文書による明確な理由が必要。
（注3）　付随業務の粗利益も各業務区分に配分する。複数の業務区分に含まれうる場合は、各行の客観的な基準に従って配分する。
（注4）　粗利益の配分手順は、取締役会等の承認に基づき執行役員（当該管理業務の業務執行権限を授権された者）が責任をもつ。また内部監査部門による検証を要する。
（注5）　配分した粗利益の合計額は、基礎的手法の場合の粗利益の額と等しくなることが必要。
（注6）　複数の業務区分に粗利益を配分する際は、財務会計または管理会計に基づく適切な基準を用いなければならない。
（出所）　金融庁告示19号別表第1より作成

申請書の提出がなされると、金融庁長官は以下の基準に適合しているか否かを審査します。

- ◇オペレーショナル・リスクの管理体制の整備につき、取締役会等および執行役員（当該管理業務の業務執行権限を授権された者）の責任が明確化されているか
- ◇営業部門から独立した管理部門を設置しているか
- ◇管理部門、各業務部門、内部監査部門に、十分な人材が確保されているか
- ◇管理部門により、オペレーショナル・リスクを特定、評価、把握、管理し、かつ、削減するための方策が策定されているか
- ◇オペレーショナル・リスクの評価体制が、管理体制と密接に関連しているか
- ◇オペレーショナル・リスク損失（Q85参照）のうち重大なものを含む情報について、管理部門から各業務部門の責任者・取締役会等・執行役員に定期的に報告が行われ、適切な措置をとるための体制が整備されているか。なお、「オペレーショナル・リスク損失のうち重大なもの」とは、各行で実態に照らして策定した合理的な基準に基づいて判断する
- ◇内部監査部門により、管理部門・各業務部門における活動状況を含めた管理体制に対し、定期的に監査が行われているか

なお、承認後に申請書の記載事項に変更が生じた場合や添付書類に重要な変更が生じた場合、基準を満たさない事由が生じた場合はその旨の届出が必要です。基準を満たさない事由が生じた場合は、改善計画書や当該事由が重要でない旨の説明書を提出しなければなりません。その結果、粗利益配分手法の使用が不適当と判断されれば、承認は取り消されることになります。

3　先進的計測手法（AMA）

　先進的計測手法とは、銀行の内部管理で使用される過去の損失データ等に基づいた計測手法を使用して、オペレーショナル・リスク相当額を算出する方法です。具体的には「片側99.9％の信頼区間で、期間を1年間として予想される最大のオペレーショナル・リスク損失の額に相当する額」（告示19号311条）とされています（Q85参照）。ただし、「当該期間におけるオペレーショナル・リスク損失の額の期待値が適切に把握され、当該期待値に相当する額の引当が行われている場合には」（告示19号311条）、この期待値相当の引当額を控除することができるとされています。

　先進的計測手法を使用するためには、粗利益配分手法の場合と同様、金融庁長官に対して申請書を提出し、承認を受けなければなりません。また、使用開始日の属する営業年度の前営業年度以後に予備計算を行い、事前に報告書を提出しなければなりません。詳しくはQ89で取り上げます。

　先進的計測手法については、バーゼル銀行監督委員会のオペレーショナル・リスク・サブグループが「2008年オペレーショナル・リスクの損失データ収集実態調査の結果」（2009年7月）、「先進的計測手法（AMA）の主な論点についてみられたプラクティスの幅」（2006年10月、2009年7月）を公表しています。さらに2011年6月には「オペレーショナル・リスクの先進的手法のための監督指針」を公表しています。

4　オペレーショナル・リスク規制の見直しに係る動向

　オペレーショナル・リスクの取扱いは、バーゼルⅡ（2004年6月公表）の時点から抜本的な変更がされていません（2013年9月30日時点）。

　もっとも、バーゼル銀行監督委員会委員長で、リクスバンク総裁のステファン・イングベス氏は、2012年11月15日に行われた講演（"Current focus of the Basel Committee：Raising the bar"）にて、2013年の検討課題の1つとして、オペレーショナル・リスクの粗利益配分手法の改善をあげています。

Q89 どのような条件を満たせば、先進的計測手法を導入できますか

A

先進的計測手法を導入するためには、金融庁長官に所定事項を記載した申請書を、必要書類を添付して提出し、承認を受けなければなりません。また、申請書の提出に先立って、事前に予備計算の届出を行い、予備計算を実施し、報告書を提出することが求められます。

粗利益配分手法を使用する際も金融庁長官の承認が必要になりますが、先進的計測手法の場合は、定性的基準や定量的基準等に分類されたより詳細な承認基準が定められています。

解説

先進的計測手法とは、銀行の内部管理で使用される過去の損失データ等に基づいた計測手法を使用し、オペレーショナル・リスク相当額を算出する手法です。この手法におけるオペレーショナル・リスク相当額は「片側99.9％の信頼区間で、期間を1年間として予想される最大のオペレーショナル・リスク損失の額に相当する額」（金融庁告示19号「銀行法第14条の2の規定に基づき、銀行がその保有する資産等に照らし自己資本の充実の状況が適当であるかどうかを判断するための基準」311条）です。

オペレーショナル・リスク損失とは図表89－1のとおりです。

ただし、期間中のオペレーショナル・リスク損失の額の期待値が適切に把握されており、当該期待値相当額の引当がされている場合は「最大のオペレーショナル・リスク損失の額」から当該期待値に相当する引当金額を控除した額とすることができます。

先進的計測手法を導入するためには、①予備計算の届出、②予備計算の実施、③予備計算結果の報告、④申請書・添付書類の提出、⑤金融庁長官によ

図表89－1　オペレーショナル・リスク損失

損失事象の種類	オペレーショナル・リスク損失
内部の不正	詐欺もしくは財産の横領または規制、法令もしくは内規の回避を意図したような行為による損失で、銀行またはその子会社等の役職員が最低1人は関与するもの（差別行為を除く）
外部からの不正	第三者による、詐欺、財産の横領または脱法を意図したような行為による損失
労務慣行、職場の安全	雇用、健康もしくは安全に関する法令もしくは協定に違反した行為、個人傷害に対する支払、労働災害または差別行為による損失
顧客、商品、取引慣行	特定の顧客に対する過失による職務上の義務違反（受託者責任、適合性等）または商品の性質もしくは設計から生じる損失
有形資産に対する損傷	自然災害その他の事象による有形資産の損傷による損失
事業活動の中断、システム障害	事業活動の中断またはシステム障害による損失
注文等の執行、送達およびプロセスの管理	取引相手や仕入先との関係から生じる損失または取引処理もしくはプロセス管理の失敗による損失

（出所）　金融庁告示19号別表第2

る審査・承認という手続を経なければなりません。

　以下では、予備計算（①②③）、申請書の記載事項と添付書類（④）、承認基準（⑤）の3点について説明します。

1　予備計算

　先進的計測手法の使用について金融庁長官の承認を受けるためには、予備計算の手続が必要です。予備計算とは、先進的計測手法の使用開始予定日の属する営業年度の前営業年度以後に、先進的計測手法によって自己資本比率を予備的に計算することです。

予備的計算を行う際は、後述する申請書等に準ずる書類を添付し、金融庁長官に事前に届出を行うことが必要です。また、予備計算を実施した際は、中間予備計算報告書・予備計算報告書を作成し、申請書等に準ずる書類を添付したうえでそれぞれの対象期間終了後3カ月以内に提出しなければなりません。なお、中間予備計算報告書・予備計算報告書は次のように定められています。

　　◇中間予備計算報告書：営業年度開始の日から当該営業年度の9月30日までの管理体制の運用状況、当該営業年度の9月30日の自己資本比率の状況に関する事項を記載した書類
　　◇予備計算報告書：営業年度の管理体制の運用状況、当該営業年度の末日の自己資本比率の状況に関する事項を記載した書類

2　申請書の記載事項と添付書類

　先進的計測手法の承認を受けるためには、所定事項を記載した申請書と添付書類の提出が必要です。記載事項と添付書類は次のとおりです。

　　①　記載事項
　　　◇商号
　　　◇自己資本比率を把握し管理する責任者の氏名および役職名
　　②　添付書類
　　　◇理由書
　　　◇自己資本比率を把握し管理する責任者の履歴書
　　　◇オペレーショナル・リスク管理方針（計測や管理の方針・手続）
　　　◇先進的計測手法実施計画
　　　◇その他参考書類

　先進的計測手法実施計画には、先進的計測手法を用いる範囲、使用開始日のほか、先進的計測手法を用いない業務区分または法人単位を記載します。

3　承認基準

先進的計測手法の承認基準は、①定性的基準、②定量的基準に適合し、かつ③自己資本比率が8％以上になることが見込めること、および④所定の開示が行われると見込めることです。

(1) 定性的基準

定性的基準とは次のものをいいます。

◇オペレーショナル・リスクの管理体制の整備につき、取締役会等および執行役員（当該管理業務の業務執行権限を授権された者）の責任が明確化されていること

◇他の部門から独立した管理部門が設置されていること

◇管理部門、各業務部門、内部監査部門に、十分な人材が確保されていること

◇管理部門により、オペレーショナル・リスクを特定、計測、把握、管理し、かつ、削減するための方策が策定されていること

◇オペレーショナル・リスクの計測体制が、管理体制と密接に関連していること

◇オペレーショナル・リスク損失（Q85参照）のうち重大なものを含む情報について、管理部門から各業務部門の責任者・取締役会等・執行役員に定期的に報告が行われ、適切な措置をとるための体制が整備されていること（「オペレーショナル・リスク損失のうち重大なもの」か否かは、各行で実態に照らして策定した合理的な基準に基づき判断する）

◇内部監査部門により、管理部門・各業務部門における活動状況を含めた管理体制に対し、定期的に監査が行われていること

◇各業務部門におけるオペレーショナル・リスク管理の向上のため、オペレーショナル・リスク損失の額、オペレーショナル・リスク相当額、その他の関連情報が適切に活用されていること

◇オペレーショナル・リスクの計測手法における関連情報の取扱方法が明確化され、金融庁長官が検証可能な状態に整備されていること

◇先進的計測手法実施計画が合理的であること
(2) **定量的基準**
定量的基準とは次のものをいいます。
　① オペレーショナル・リスクの計測手法でオペレーショナル・リスクの損失事象が適切に把握されていること
　② リスクの特性、損失事象の種類、業務区分、その他の区分に応じ、オペレーショナル・リスク相当額の算出する場合は、区分ごとに算出した額を合計すること（各々の相関関係が適切に把握されている場合は、その相関関係に基づき調整可能）
　③ オペレーショナル・リスク相当額を算出する際、内部損失データ（銀行の内部で生じたオペレーショナル・リスク損失に関する情報）、外部損失データ（銀行の外部から収集したオペレーショナル・リスク損失に関する情報で、銀行のオペレーショナル・リスク管理に資するもの）、シナリオ分析（重大なオペレーショナル・リスク損失の額・発生頻度について、専門的な知識・経験・関連情報に基づいて推計する手法）が適切に用いられていること。また、業務環境・内部統制要因（オペレーショナル・リスクに影響を与える要因で、銀行の業務環境・内部統制状況に関するもの）が適切に反映されていること
　④ オペレーショナル・リスク相当額の算出において3年以上の期間にわたり銀行が収集した内部損失データが用いられていること
　⑤ 内部損失データの収集について、次の基準が満たされていること
　　(ⅰ) 過去の内部損失データに含まれるオペレーショナル・リスク損失の額と回収額を、内部で定める客観的基準により業務区分ごとに損失事象の種類に応じて配分した結果について、金融庁長官の求めがあった際に提出できるよう整備していること
　　(ⅱ) 銀行の全業務における一定の閾値以上のオペレーショナル・リスク損失のデータが内部損失データにすべて含まれていること
　　(ⅲ) (ⅱ)の閾値は100万円以下で銀行が定めた値とすること（オペレー

ショナル・リスク相当額の算出に重要な影響を与えない場合は、業務区分、損失事象、地域（国）、法人単位等により異なる閾値を設定可能）

(ⅳ) 内部損失データは、各損失事象の発生日（不明のときは発覚日）、各オペレーショナル・リスク損失の額、回収額、発生要因に関する情報を含み、発生要因に関する情報はオペレーショナル・リスク損失の額に応じて詳細なものとすること

(ⅴ) 以下の基準を作成していること

◇情報システム部門その他の複数の業務区分に関係する特定の業務を集中的に行う部門や、複数の業務区分にまたがる活動におけるオペレーショナル・リスク損失のデータを業務区分に分類する基準

◇異なる時点に発生した相互に関連する複数の事象から発生したオペレーショナル・リスク損失のデータを、損失事象の種類に応じて分類する基準

(ⅵ) 信用リスクとオペレーショナル・リスクの両方に該当する損失は、信用リスク・アセットの額の算出に反映されていること。当該損失のうち重要なものはオペレーショナル・リスク・データベース（オペレーショナル・リスク損失関連情報の集合物で、特定の情報の検索ができるよう体系的に構成したもの）ですべて特定されていること

(ⅶ) マーケット・リスクとオペレーショナル・リスクの両方に該当する損失は、オペレーショナル・リスク相当額の算出に反映されていること。当該損失はオペレーショナル・リスク・データベースですべて特定されていること

⑥ 外部損失データについて以下の基準が満たされていること

(ⅰ) 外部損失データに、オペレーショナル・リスク損失の額、損失事象が発生した業務の規模に関する情報、発生の要因・状況に関する情報、当該損失データを参照することの妥当性の判断に必要な情報が含まれていること

(ⅱ) 外部損失データをオペレーショナル・リスク相当額の算出に使用する条件・方法・手続が体系的に規定され、かつ、定期的に検証されていること

⑦ シナリオ分析において損失額が大きい損失事象の発生が合理的に想定されており、その結果について実際のオペレーショナル・リスク損失との比較による検証が適切に行われていること

⑧ オペレーショナル・リスクの計測手法への業務環境・内部統制要因の反映につき、次の基準が満たされていること

　(ⅰ) 各要因のオペレーショナル・リスク相当額への影響が可能な限り定量化されていること

　(ⅱ) 当該影響の定量化につき、各要因の変化に対するリスク感応度や要因ごとの重要性が合理的に考慮され、業務活動の複雑化・業務量の増加による潜在的リスクの増大の可能性が適切に勘案されていること

⑨ 内部損失データ・外部損失データの使用方法、業務環境・内部統制要因の反映方法の適切性を検証していること

⑩ 自己資本比率が8％以上であること（ただし、審査の段階では「8％以上」になる「見込み」があれば、承認基準を満たすことになっている。次の(3)参照）

(3) 自己資本比率

先進的計測手法の導入を希望する場合は、国内基準行についても「自己資本比率が8％以上になる見込みがある」と判断される必要があります（先進的計測手法を導入しない国内基準行の最低所要自己資本比率は4％以上）。

(4) 開　　示

承認を受けるためには、金融庁長官が定める所定の事項に関し、開示が行われることが見込まれると判断されることが必要です。オペレーショナル・リスクに関連する開示事項は以下のとおりです。バーゼル規制で求められる開示事項全体については、Q104に掲載している一覧をご参照ください。

① 定性的な開示事項
◇オペレーショナル・リスクの管理方針・手続の概要
◇オペレーショナル・リスク相当額の算出方法（部分的に先進的計測手法を使用する場合はその適用範囲）
◇先進的計測手法の概要、保険によるリスク削減の有無（「有」の場合は保険の利用方針と概要）
② 定量的な開示事項
◇オペレーショナル・リスクに対する所要自己資本額
◇基礎的手法、粗利益配分手法、先進的計測手法ごとのオペレーショナル・リスク相当額

(5) その他

　先進的計測手法採用行は、使用開始日から1年経過後1年間は4年以上、2年経過後以後は5年以上にわたって収集した内部損失データに基づきオペレーショナル・リスク相当額を算出することが必要です。また、申請書の記載事項の変更等が生じた場合の届出に関する事項は、粗利益配分手法の場合と同様です（Q88参照）。

4　その他の特則等

(1) 段階的適用と部分適用の特例

　先進的計測手法を採用する銀行は、原則として全業務区分、全法人単位について適用しなければなりません。ただし、先進的計測手法実施計画に定めている場合は、先進的計測手法の使用開始から一定期間、業務区分または法人単位ごとに基礎的手法や粗利益配分手法を使用することができます（段階的適用）。もっとも、相当部分については先進的計測手法によりオペレーショナル・リスク相当額を算出することが必要です。

　また、一定期間を経過した後も、実施計画に定めてあれば、一定の条件下で業務区分または法人単位の一部について基礎的手法や粗利益配分手法を用いることができます。ただし、業務区分の一部について先進的計測手法を使

用しない場合は、粗利益配分手法によることが必要です。

この特例が認められるための条件は以下のとおりです。

◇全業務区分、全法人単位について、先進的計測手法、基礎的手法、粗利益配分手法のいずれかを使用していること

◇先進的計測手法を使用する部分が定性的基準を満たし、粗利益配分手法を使用する部分も所定の基準を満たしていること

◇法人単位ごとに異なる計測手法を使用する場合でも、重要な法人単位はすべて先進的計測手法を使用すること（「重要な法人単位」とは、「異なる計測手法の適用により、その法人単位のオペレーショナル・リスクが適切に反映されなくなるおそれがあると考えられる法人単位」および「その法人単位の粗利益が、先進的計測手法採用行の連結財務諸表に基づく粗利益の2％以上を占める法人単位」）

◇業務区分ごとに異なる計測手法を使用する場合でも、重要な業務区分は先進的計測手法を使用し、かつ、業務区分ごとに適切な管理体制を構築していること（「重要な業務区分」とは、「年間合計値に占める業務区分配分値の割合が、3年連続で先進的計測手法採用行の連結財務諸表に基づく粗利益の2％以上を占める業務区分」または「過去3年以内（使用から1年経過後は過去4年以内、2年経過後は過去5年以内）に重大なオペレーショナル・リスク損失が発生した業務区分」）

◇先進的計測手法を使用しない業務区分または法人単位の粗利益の合計が、その先進的計測手法採用行の連結財務諸表に基づく粗利益の10％を超えないこと

(2) リスク削減

先進的計測手法採用行は、オペレーショナル・リスクに対する保険契約を締結している場合、その保険金額の範囲でオペレーショナル・リスク相当額を削減することができる場合があります。ただし、引受保険会社の格付や契約内容について一定の要件を満たす必要があるほか、オペレーショナル・リスク相当額の20％が限度とされています。

第6章

自己資本（国際統一基準行）

Q90 バーゼルⅢ導入後の自己資本の構成を教えてください

A

バーゼルⅢ導入後の自己資本の構成は、図表90-1のとおりです。

図表90-1　バーゼルⅢ導入後の自己資本の構成

〈自己資本の構成（バーゼルⅢ導入前）〉

基本的項目 (Tier 1)	主要な部分	・普通株式（普通株式転換権付優先株式を含む） ・内部留保
	上記以外	・上記以外の優先株式 ・優先出資証券
補完的項目 (Tier 2)		・劣後債、劣後ローン ・土地再評価差額金の45％相当額 ・その他有価証券評価差額金の45％相当額 ・一般貸倒引当金（リスク・アセットの1.25％まで）　等
準補完的項目 (Tier 3)		・短期劣後債務

Tier 1 （または自己資本全体） からの控除項目	・その他有価証券評価損 ・のれん、営業権 ・繰延税金資産（Tier 1の20％を超える部分）（注） ・自己株式 ・他の金融機関（国内預金取扱金融機関）および連結外の子法人等への出資（ダブルギアリング）　等

〈自己資本の構成（バーゼルⅢ導入後）〉

普通株式等 Tier 1	・普通株式 ・内部留保 ・その他の包括利益累計額　等
その他Tier 1	・優先株式 ・優先出資証券（ステップ・アップ付は算入不可） ・コンティンジェント・キャピタル（ゴーイング・コンサーンおよびゴーン・コンサーン）　等
Tier 2	・劣後債、劣後ローン（初回コール日までが5年以上） ・一般貸倒引当金（信用リスク・アセットの1.25％まで） ・コンティンジェント・キャピタル（ゴーン・コンサーン）　等
	(Tier 3＝廃止)

原則として普通株式等Tier 1 （または自己資本全体）から控除される項目	・のれん、営業権＋その他の無形固定資産 ・繰延税金資産 ・自己株式 ・他の金融機関（証券会社・保険会社等を含む）および連結外の子法人等への出資（ダブルギアリング）　等

（注）　主要行に対して適用。
（出所）　金融庁・日本銀行資料「バーゼル委市中協議文書　自己資本の質、一貫性及び透明性の向上に関する規制の概要」（2010年1月）を参考に大和総研金融調査部制度調査課作成

解　説

　バーゼルⅢ導入後の自己資本の構成を、バーゼルⅢ導入前のそれと比較しつつ、要約して示すと、図表90－1のようになります。

　両者の相違点を端的に表すとすれば、バーゼルⅢ導入により、（控除項目の強化を含めて）自己資本の質の向上が図られているということになります（Q21参照）。

　自己資本への算入項目や控除項目の詳細については、Q91、Q92、Q93、そしてQ94をご参照ください。

Q91 普通株式等Tier 1 資本はどのように算出するのですか

A

　普通株式等Tier 1 資本は、基礎項目（プラス項目）から調整項目（マイナス項目）を控除することによって算出します。基礎項目は、おおむね普通株式と内部留保によって構成されます。子会社（銀行と証券会社に限定）の少数株主持分の基礎項目への算入は、当該子会社の自己資本比率における分母の7％に限定されます。調整項目では、金融機関向けの出資（ダブルギアリング）の防止が厳格化されています。なお、基礎項目と調整項目には、それぞれ経過措置が設けられている点に留意する必要があります。

解　説

1　普通株式等Tier 1 資本

　Q21で述べたように、バーゼルⅢでは、損失吸収力の高い資本を十分備えるべきという考えから、「普通株式等Tier 1 資本」という概念が導入されました。普通株式等Tier 1 資本には、普通株式・内部留保（およびその他の包括利益）などが含まれる一方、金融機関向けの出資（ダブルギアリング）、繰延税金資産、無形固定資産、前払年金費用などが控除されます。改正告示では、前者を「普通株式等Tier 1 資本に係る基礎項目」（プラス項目）、後者を「普通株式等Tier 1 資本に係る調整項目」（マイナス項目）と定義し、普通株式等Tier 1 資本を前者から後者を控除した額と定義しています。

2　基礎項目（プラス項目）

(1)　基礎項目の類型

　基礎項目の額は、以下の額の合計額です（後記4の経過措置に留意してくだ

さい）。

> 一　普通株式に係る株主資本の額（剰余金の配当の予定額を除く）
> 二　その他の包括利益累計額およびその他公表準備金の額
> 三　普通株式に係る新株予約権の額
> 四　普通株式等Tier 1 資本に係る調整後少数株主持分の額

　上記二の「その他の包括利益累計額」[1]には、具体的には、その他有価証券評価差額金、繰延ヘッジ損益、為替換算調整勘定等が含まれます。ただし、繰延ヘッジ損益のうち、「その他有価証券」のヘッジ目的以外のデリバティブに関するものは、後述のように普通株式等Tier 1 資本から控除されます。新退職給付会計により、2014年 3 月期末からは、「その他の包括利益累計額」には「退職給付に係る調整額」[2]が計上されます。

　また、その他Tier 1 資本、Tier 2 資本の場合とは異なり、普通株式等Tier 1 資本に係る基礎項目には、特別目的会社が発行する資本調達手段は含まれません。

(2)　「普通株式」の定義

　Q21で述べたように、バーゼルⅢで「普通株式等Tier 1 資本」という概念が導入されたのは、金融危機以前に多数発行されていたハイブリッド商品の損失吸収力に疑問が呈され、損失吸収力の高い普通株式や内部留保で構成される最上級資本を導入する必要性が生じたためです。具体的には、前記(1)一および三の「普通株式」は、以下のすべての要件を満たす株式と定義されています。通常の普通株式であれば、これらの要件を満たすものと考えられます。

1　わが国においては連結財務諸表においてのみ計上され、連結自己資本比率規制においてのみ反映されます。単体の自己資本比率規制では評価換算差額等が計上されます。
2　連結財務諸表においてのみ計上されます。したがって、単体の自己資本比率には反映されません。

① 残余財産の分配について、最も劣後するものであること
② 残余財産の分配について、一定額または上限額が定められておらず、他の優先的内容を有する資本調達手段に対する分配が行われた後に、株主の保有する株式の数に応じて公平に割当てを受けるものであること
③ 償還期限が定められておらず、かつ、法令に基づく場合を除き、償還されるものでないこと
④ 発行者が発行時に将来にわたり買戻しを行う期待を生ぜしめておらず、かつ、当該期待を生ぜしめる内容が定められていないこと
⑤ 剰余金の配当が法令の規定に基づき算定された分配可能額を超えない範囲内で行われ、その額が株式の払込金額を基礎として算定されるものでなく、かつ、分配可能額に関する法令の規定により制限される場合を除き、剰余金の配当について上限額が定められていないこと
⑥ 剰余金の配当について、発行者の完全な裁量により決定することができ、これを行わないことが発行者の債務不履行となるものでないこと
⑦ 剰余金の配当について、他の資本調達手段に対して優先的内容を有するものでないこと
⑧ 他の資本調達手段に先立ち、発行者が業務を継続しながら、当該発行者に生じる損失を公平に負担するものであること
⑨ 発行者の倒産手続（注1）に関し当該発行者が債務超過（注2）にあるかどうかを判断するにあたり、当該発行者の債務として認識されるものでないこと
⑩ 払込金額が適用される企業会計の基準において株主資本として計上されるものであること
⑪ 発行者により現に発行され、払込済みであり、かつ、取得に必要な資金が発行者により直接または間接に融通されたものでないこと

⑫ 担保権により担保されておらず、かつ、発行者または当該発行者と密接な関係を有する者による保証に係る特約その他の法的または経済的に他の資本調達手段に対して優先的内容を有するものとするための特約が定められていないこと
⑬ 株主総会、取締役会その他の法令に基づく権限を有する機関の決議または決定に基づき発行されたものであること
⑭ 発行者の事業年度に係る説明書類において他の資本調達手段と明確に区別して記載されるものであること

(注1) 破産手続、再生手続、更生手続または特別清算手続。
(注2) 債務者が、その債務につき、その財産をもって完済することができない状態。

(3) 「普通株式等Tier 1 資本に係る調整後少数株主持分の額」

a　ポイント

続いて、前記(1)四の「普通株式等Tier 1 資本に係る調整後少数株主持分の額」の説明に移ります。

改正前告示では、銀行の子会社の少数株主持分は、原則として全額「基本的項目」（改正前告示におけるTier 1 資本）に算入されていました。子会社である特別目的会社が発行する優先出資証券も算入の対象となっていました。これに対して、改正後の告示では、「普通株式等Tier 1 資本に係る基礎項目」に算入される額が限定されており、そのポイントは以下のようになります（図表91－1）。

① 少数株主持分の算入が認められる子会社を銀行・証券会社等に限定
② 算入する額に上限を設定
　上限：自己資本比率の分母（子会社）の7％のうちの第三者持分の部分

図表91－1　普通株式等Tier 1 資本に算入される少数株主持分

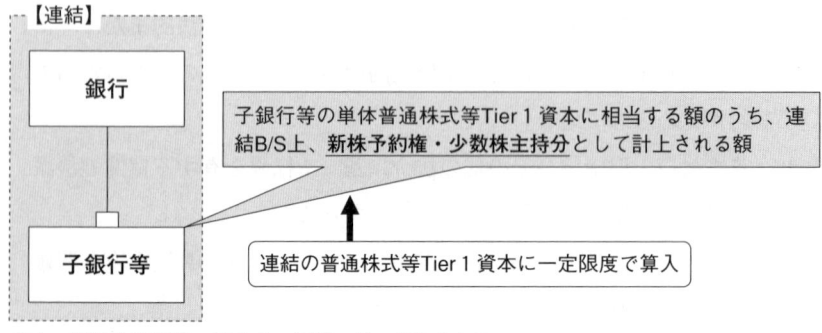

【連結】
銀行
子銀行等

子銀行等の単体普通株式等Tier 1 資本に相当する額のうち、連結B/S上、**新株予約権・少数株主持分**として計上される額

連結の普通株式等Tier 1 資本に一定限度で算入

（注）　持株会社形態の場合も、同様の扱いがなされる。
（出所）　大和総研金融調査部作成

　上記②は、少数株主持分のうち、子会社について自己資本比率を想定した際の分母（または連結の自己資本比率の分母のうち、子会社に関連する部分）の7％（普通株式等Tier 1 資本の最低所要水準（4.5％）＋資本保全バッファー（2.5％））に相当する額を、「親銀行の普通株等Tier 1 資本に係る基礎項目」に算入する額の上限とすることを表しています（図表91－1）。
　この見直しにより、少数株主持分のうち、普通株式等Tier 1 資本に算入される額が、子銀行・子証券会社の（連結バランスシートに計上される）少数株主持分のうち、子銀行・子証券会社の自己資本比率の分母の7％に相当する部分のうちの、第三者持分の部分に制限されることとなります。

b　計算方法

　「普通株式等Tier 1 資本に係る調整後少数株主持分の額」は、下記の計算式で求められる額以下の額とされています（後述の計算例参照）。

　下記の［算式A］によって求められる額以下の額。ただし、「特定連結子法人等（※2）の少数株主持分相当普通株式等Tier 1 資本に係る基礎項目の額（※3）」（少数株主持分に相当）が上限。

　［算式A］　下記イ・ロのいずれか少ない額×「普通株式等Tier 1 資

> 本に係る第三者持分割合（※１）」
> イ （特定連結子法人等の自己資本比率の分母（注））×７％
> ロ （銀行の（連結）自己資本比率の分母のうち、特定連結子法人等に関連するもの）×７％

（注） 特定連結子法人等が銀行以外の場合は、これに相当する額。

「普通株式等Tier１資本に係る第三者持分割合（※１）」は、以下の値です。

> 特定連結子法人等（※２）の
> 少数株主持分相当普通株式等Tier１資本に係る基礎項目の額（※３）
> 特定連結子法人等の単体普通株式等Tier１資本に係る基礎項目の額

「特定連結子法人等（※２）」は、特別目的会社等を除く連結子法人等のうち「金融機関[3]又はバーゼル銀行監督委員会の定める自己資本比率の基準若しくはこれと類似の基準（金融商品取引業等に関する内閣府令を含む。）の適用を受ける者」とされ、銀行・証券会社が含まれます（保険会社は、連結自己資本比率を算出する際、そもそも連結の範囲に含まれません）。

「特定連結子法人等の少数株主持分相当普通株式等Tier１資本に係る基礎項目の額（※３）」は、特定連結子法人等に係る以下の額のうち、親銀行の連結貸借対照表の純資産の部に新株予約権または少数株主持分として計上される部分です。

---

[3] 「金融機関」とは、預金保険法２条１項に規定する金融機関（銀行、長期信用銀行、信用金庫、信用協同組合、労働金庫、信用金庫連合会、信用協同組合連合会、労働金庫連合会、株式会社商工組合中央金庫）、預金保険法２条５項に規定する銀行持株会社等、農林中央金庫、一定の事業を行う農業協同組合および農業協同組合連合会、一定の事業を行う漁業協同組合および漁業協同組合連合会、そして一定の事業を行う水産加工業協同組合および水産加工業協同組合連合会をいいます。

① 普通株式に係る株主資本の額
② 評価換算差額等およびその他公表準備金の額
③ 普通株式に係る新株予約権の額

[参考]「普通株式等Tier1資本に係る調整後少数株主持分の額」の計算例

【事例】

- 子会社が、銀行や証券会社など「特定連結子法人等」に該当し、その単体普通株式資本が100億円
- 親銀行の保有比率：80%（第三者持分割合は20%）
- 「特定連結子法人等」の自己資本比率の分母：1,050億円
- グループの（連結）自己資本比率の分母のうち「特定連結子法人等」に関連する額：1,000億円

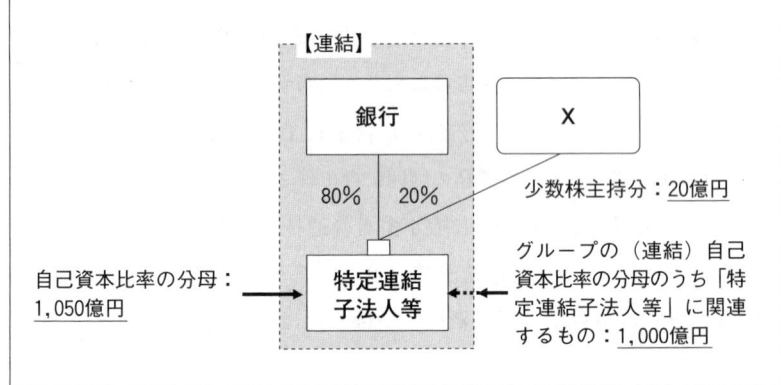

【連結】

銀行 ――80%／20%―― X

少数株主持分：20億円

自己資本比率の分母：1,050億円 → 特定連結子法人等 ← グループの（連結）自己資本比率の分母のうち「特定連結子法人等」に関連するもの：1,000億円

【計算過程】

　まず、上限の額が「特定連結子法人等（※2）の少数株主持分相当普通株式等Tier1資本に係る基礎項目の額（※3）」（少数株主持分に相当）であり、具体的には20億円です。

　次に、前記の［算式A］のうち、イの額は1,050億円×7％＝73.5億円、ロの額は1,000億円×7％＝70億円なので、「イ・ロのいずれか少ない額」は70億円となります。そして、「普通株式等Tier1資本に係る第三者持分割合」は

20億円／100億円＝20％であるため、前記の［算式A］で求められる額は、70億円×20％＝14億円。この額は上限の20億円を超えないため、この14億円が「普通株式等Tier 1 資本に係る調整後少数株主持分の額」となります。

「特定連結子法人等」の自己資本のうち、銀行の普通株式等Tier 1 資本に算入される部分（「普通株式等Tier 1 資本に係る調整後少数株主持分の額」）を図示すると、以下のようになります。

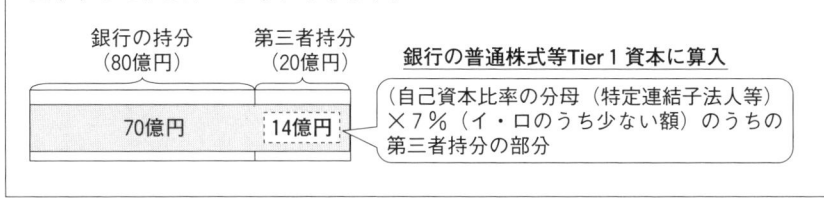

```
銀行の持分            第三者持分       銀行の普通株式等Tier 1 資本に算入
（80億円）            （20億円）
                                    （自己資本比率の分母（特定連結子法人等）
   70億円              14億円          ×7％（イ・ロのうち少ない額）のうちの
                                     第三者持分の部分
```

3　調整項目（マイナス項目）

(1) 調整項目の類型

調整項目の額は、以下の額の合計額です（後記4 の経過措置に留意してください）。

一　以下の合計額
　イ　次に掲げる無形固定資産の額の合計額
　　(1)　無形固定資産（のれんおよびのれん相当差額）の額
　　(2)　無形固定資産（のれんおよびモーゲージ・サービシング・ライツ（注1）に係るものを除く）の額（注2）
　ロ　繰延税金資産（一時差異に係るものを除く）の額（注3）
　ハ　繰延ヘッジ損益（注4）の額
　ニ　内部格付手法採用行において、事業法人等向けエクスポージャーおよびリテール向けエクスポージャーの期待損失額の合計額が適格引当金の合計額を上回る場合における、当該期待損失額の合計額から当該適格引当金の合計額を控除した額（注5）
　ホ　証券化取引に伴い増加した自己資本に相当する額（注5）
　ヘ　負債の時価評価（注6）により生じた時価評価差額であって、自

己資本に算入される額（注7）

　　ト　前払年金費用の額（注8）

二　自己保有普通株式の額

三　意図的に保有している他の金融機関等の普通株式の額

四　少数出資金融機関等の普通株式の額

五　特定項目に係る10％基準超過額

六　特定項目に係る15％基準超過額

七　その他Tier 1 資本不足額

(注1)　「回収サービス権」（将来のキャッシュの流入の管理・回収業務に係る権利。金融商品会計に関する実務指針第36項参照）のうち住宅ローンに係るものをいう。

(注2)　バーゼルⅢの原文では、どの資産を無形資産とし、控除対象とすべきかを判断する際に、監督当局の事前の承認に基づき、IFRSの無形資産の定義を活用することを認めている。わが国の告示では特に記述はないが、銀行に限らず一定の要件に該当する場合には、IFRSの任意適用が認められており、IFRSを任意適用する銀行においては、IFRSの無形資産の定義を活用することができるということになる。IFRSを任意適用しない銀行の場合は、わが国の会計基準（日本基準）の定義に基づくことになる。

(注3)　繰延税金資産は、一時差異に係るものとそうでないものとで取扱いが異なる。一時差異には、有税で計上する貸倒引当金や有価証券の減損などが該当する。一時差異に係らないものの例としては、未使用の繰越欠損金や税額控除の繰越しなどといった営業損失に絡むものなどが、バーゼルⅢの原文ではあげられている。一時差異に係らないものについては、全額を控除する。これに対し、一時差異に係るものについては、「特定項目に係る10％基準超過額」を控除する（後述(6)参照）。

(注4)　ヘッジ対象に係る時価評価差額が、その他の包括利益累計額の項目として計上されている場合（すなわち、ヘッジ対象がその他有価証券の場合）における、ヘッジ手段として用いているデリバティブ等の損益または時価評価差額は除かれる。すなわち、普通株式等Tier 1 資本から控除されない。

(注5)　一のニおよびホは、従来から控除項目とされていた。もっとも、従来はTier 1 とTier 2 から50％ずつの控除であったのが、改正告示では全額を普通株式等Tier 1 から控除することとしている。

(注6)　銀行または連結子法人等自身の信用リスクの変動に基づくものに限る。

(注7)　たとえば、デリバティブ取引によるものが該当すると考えられる。な

お、バーゼル銀行監督委員会は、2012年7月に、デリバティブ取引の時価のうち自社の信用リスクの変動に基づく部分を区分することは複雑であるため、普通株式等Tier 1資本から控除する額を、店頭デリバティブの「負債評価調整」とする内容の最終規則を公表している。この「負債評価調整」とは、一般に、銀行のデフォルト・リスクがないと仮定して評価したデリバティブ取引の価値と、銀行のデフォルト・リスクを反映して評価したデリバティブ取引の価値の差額を指す。わが国の会計基準では、通常は該当なしと考えられている。

(注8) バーゼルⅢの原文でいう「確定給付年金資産及び負債」に該当する。
バーゼルⅢの原文では、バランスシートに計上される確定給付年金の負債については、全額を普通株式等Tier 1の計算に含める（普通株式等Teir 1は当該負債の除外によってかさ上げすることはできない）こととされている。すなわち、財務諸表上、普通株式等Tier 1の減額要因となっている部分は減額したままとする。他方で、バランスシート上の資産となる各確定拠出年金基金について、関連繰延税金負債と相殺のうえで、普通株式等Tier 1の計算上控除されなければならないこととされている。わが国の場合、現行の退職給付会計では、確定給付年金の積立不足額の一部は、退職給付費用として、税効果相当額調整後の金額が、当期費用として計上される（留保利益の減少により普通株式等Tier 1が減少）。退職給付引当金として負債に計上されているが、数理計算上の差異や過去勤務費用でまだ費用等として計上されていない部分は、貸借対照表上もオフバランスとなっている。このオフバランスの部分は、普通株式等Tier 1の計算に影響を及ぼさない。年金資産が退職給付債務（オフバランス項目控除後）を上回り、前払年金費用が生じている場合（複数の退職給付制度を有している場合は、各制度ごとに計算）は、税効果相当額を控除した金額が退職給付費用のマイナス（利益）として当期の利益に計上されているため、前払年金費用から関連する繰延税金負債を差し引いた額を、普通株式等Tier 1から控除する。2013年4月1日以後開始する事業年度の年度末（期首からの早期適用も可能）から適用される新退職給付会計では、連結財務諸表上、確定給付年金の積立不足額の全額が「退職給付に係る負債」として計上される。退職給付費用の計上は従来どおりであるが、その一方で、費用等に計上されない未認識の数理計算上の差異や過去勤務費用は、税効果を調整のうえ、「退職給付に係る調整累計額」として「その他の包括利益累計額」に計上される。これにより、確定給付年金負債については、税効果調整後の金額が、留保利益と「その他の包括利益累計額」の減少を通じて、普通株式等Tier 1の減少として反映されることになる。年金資産が退職給付債務（退職給付に係る調整累計額は控除せず）を上回る場合は、「退職給付に係る資産」が計上される（複数の退職給付制度を有している場合は、各制度

ごとに計算)。この場合は、税効果相当額を控除した金額が退職給付費用のマイナス（利益）として当期の利益に計上されているか、または税効果相当額調整後の「退職給付に係る調整累計額」が「その他の包括利益累計額」のプラスの項目として計上されているため、「退職給付に係る資産」から関連する繰延税金負債を差し引いた金額を、普通株式等Tier 1から控除することになる。なお、単体の自己資本比率については、新退職給付会計による変更はない。

(注9) 特定項目のうち、調整項目に算入されない部分のリスク・ウェイトは250％（Q74参照）。

三、四、そして五、六のうち「その他金融機関等」（10％超の議決権を保有しているものなど）への普通株式出資は、「ダブルギアリング規制」と総称することができます（後述(4)(5)(6)(7)参照）。

(2) 改正告示5条2項1号に列挙されている項目

前記(1)一に列挙されている項目（改正告示5条2項1号に列挙されている項目）については、以下の点に留意が必要です。

まず、イ（一定の無形固定資産の額）またはト（前払年金費用の額）の額を算出する場合、これらの規定の額に関連する繰延税金負債の額がある場合は、これらの規定の額と当該関連する繰延税金負債の額を相殺することができます。

また、ロ（一定の繰延税金資産の額）の額を算出する場合、繰延税金資産の額およびこれに関連する繰延税金負債の額があるときは、以下の区分に応じ、当該額と以下に定める額を相殺することができます。

繰延税金資産の区分	相殺対象となる繰延税金負債の額
一時差異に係るもの	(A) = 繰延税金負債の額 × $\dfrac{\text{繰延税金資産（一時差異に係るものに限る）の額}}{\text{繰延税金資産の額}}$
一時差異に係らないもの	繰延税金負債の額から(A)の額を控除した額

(3) 「自己保有普通株式の額」

前記(1)二の「自己保有普通株式」とは、銀行または連結子法人等が自らの

普通株式（自己株式に該当するものを除く4）を保有している場合における当該普通株式をいいます。

ここでいう「保有」には、連結範囲外の法人等に対する投資その他これに準ずる行為を通じて実質的に保有している場合に相当すると認められる場合その他これに準ずる場合も含まれます。これは、投信やファンド等を通じた間接保有等、直接的な保有以外の幅広い形態での保有を捕捉する趣旨であるものと思われます。

なお、自己保有普通株式の額を算出する場合において、銀行または連結子法人等が自己保有普通株式に係る一定のショート・ポジションを保有するときは、当該自己保有普通株式と対応するショート・ポジションを相殺することができます。

(4) 「意図的に保有している他の金融機関等の普通株式の額」

a　ポイント

続いて、前記(1)三の「意図的に保有している他の金融機関等の普通株式の額」の説明に移ります。これを調整項目とする取扱いは、前述のとおり、ダブルギアリング規制の一類型です。

改正前告示でも、「意図的に保有している他の金融機関の資本調達手段」は自己資本（基本的項目＋補完的項目＋準補完的項目）から控除されています。そして、改正告示でも、「意図的に保有している他の金融機関等の普通株式の額」が調整項目として全額控除することとされていますが、次のように具体的な内容が見直されています。

- ・相手も意図的保有を行っている場合（資本かさ上げ目的の持合いの場合）に限定
- ・「相手」に含まれる範囲を、銀行以外（証券会社・保険会社等）や外国の者も含むように拡大

4　自己株式は、会社法上、および企業会計上の資本控除項目であり、自己資本比率規制で控除する前の時点で、すでに自己資本から控除されています。

> ・持合保有の形態は、直接的保有に限らず、投信・ファンド等を通じた間接的保有も含まれる

b　具体的な内容

「意図的に保有している他の金融機関等の普通株式の額」は、以下のとおりです。

> ・銀行または連結子法人等が、他の金融機関等（注1）との間で相互に自己資本比率を向上させるため、
> ・意図的に当該他の金融機関等（注1）の対象資本調達手段（注2）を保有していると認められ、かつ、
> ・当該他の金融機関等（注1）が意図的に当該銀行または連結子法人等の普通株式、その他Tier 1資本調達手段またはTier 2資本調達手段を保有していると認められる場合（注3）（銀行もしくは連結子法人等または他の金融機関等が連結範囲外の法人等に対する投資その他これに類する行為を通じて実質的に保有している場合に相当すると認められる場合その他これに準ずる場合を含む）
> における当該他の金融機関等（注1）の対象資本調達手段（注2）のうち普通株式に該当するものの額

（注1）　金融機関もしくはこれに準ずる外国の者または金融業、保険業その他の業種に属する事業を主たる事業として営む者（これに準ずる外国の者を含み、金融システムに影響を及ぼすおそれがないと認められる者その他の者を除く）であって連結自己資本比率の算出にあたり連結の範囲に含まれないものをいう。具体的には、日本標準産業分類の「J．金融業、保険業」に該当する事業を主たる事業として営む者（証券会社を含む）、および「K．不動産業、物品賃貸業」のうち「7011．総合リース業」に該当する事業を主たる事業として営む者がこれに該当する（外国法人についても同様）。
（注2）　資本調達手段のうち、普通株式に該当するもの、その他Teir 1資本調達手段に相当するものまたはTier 2資本調達手段に相当するものをいい、規

制金融機関の資本調達手段にあっては、当該規制金融機関に適用される経営の健全性を判断するための基準またはこれと類似の基準において連結自己資本比率の算式の分子の額を構成するものに相当するものに限る。
(注3) 対預金取扱金融機関（銀行等）は1997年7月31日以後、対それ以外の金融機関（保険会社等）は2010年12月17日以後の意図的保有を指す。

(5) 「少数出資金融機関等の普通株式の額」

a ポイント

次に、前記⑴四の「少数出資金融機関等の普通株式の額」の説明に移ります。これを調整項目とする取扱いは、前述のとおり、ダブルギアリング規制の一類型です。

前述のとおり、改正告示では、「意図的に保有している他の金融機関等の普通株式の額」が調整項目（マイナス項目）とされていますが、改正告示では、さらに、意図的な保有に限らず、他の金融機関等に対する普通株式出資を（議決権保有割合が10％超か否かによって異なる方法で）銀行の普通株式等Tier 1 資本から控除することとしています。

「少数出資金融機関等の普通株式の額」は議決権保有割合が10％以下の場合に相当し（議決権保有割合が10％超の場合は後記⑹参照）、以下のように扱われます（図表91－2）。

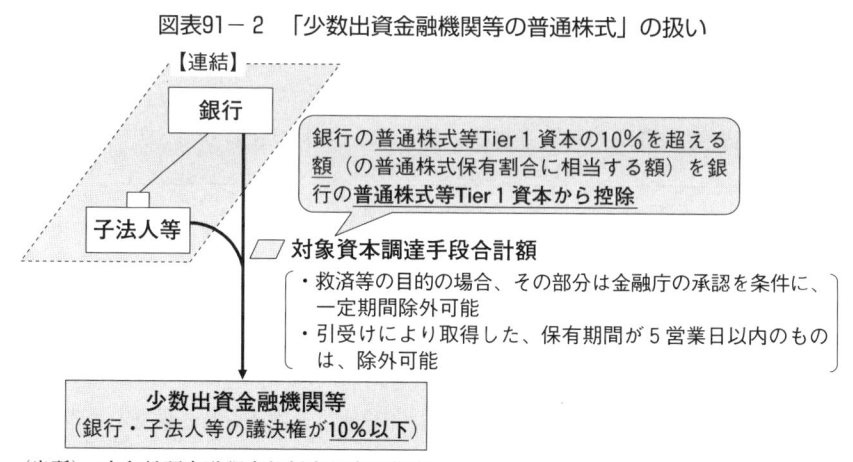

図表91－2 「少数出資金融機関等の普通株式」の扱い

【連結】
銀行
子法人等

銀行の普通株式等Tier 1 資本の10％を超える額（の普通株式保有割合に相当する額）を銀行の普通株式等Tier 1 資本から控除

対象資本調達手段合計額
・救済等の目的の場合、その部分は金融庁の承認を条件に、一定期間除外可能
・引受けにより取得した、保有期間が5営業日以内のものは、除外可能

少数出資金融機関等
（銀行・子法人等の議決権が10％以下）

（出所） 大和総研金融調査部制度調査課作成

> - 銀行または連結子法人等による議決権保有割合が10%以下の金融機関等（銀行以外や外国の者も含みます）（注1）に対する出資（当該金融機関等の対象資本調達手段（注2））のうち、保有する側の銀行の普通株式等Tier 1 資本の10%を超える部分のなかで、保有される金融機関等の普通株式に相当する額を、銀行の普通株式等Tier 1 資本から控除
> - 資本調達手段の保有形態は、直接的保有に限らず、投信・ファンド等を通じた間接的保有も含む
> - 引受けにより取得した、保有期間が5営業日以内のものは除外可能
> - 救済等の目的の場合は、金融庁の承認を条件に一定期間除外可能

（注1）　(4)b（注1）参照。
（注2）　(4)b（注2）参照。

　たとえば、銀行の普通株式等Tier 1 資本が1,000億円（調整項目控除後）であり、少数出資金融機関等に対する出資（対象資本調達手段）300億円のうち普通株式相当部分が150億円である場合、出資額300億円のうち1,000億円の10%である100億円を超える部分である200億円に、少額出資金融機関等の普通株式相当部分の割合（＝150億円÷300億円）を掛けた100億円が、銀行等の普通株式等Tier 1 資本から控除されます。

b　具体的な内容

　「少数出資金融機関等の普通株式の額」は、以下のとおりです。

> 少数出資金融機関等（銀行および連結子法人等の議決権割合が10%以下の他の金融機関等（注1））（親会社および兄弟会社を除く）の対象資本調達手段（注2）を銀行または連結子法人が保有している場合（連結範囲外の法人等に対する投資その他これに類する行為を通じて当該銀行または連結子法人等が実質的に保有している場合に相当すると認められる場合その他これに準ずる場合を含む）における当該対象資本調達手段（注2）の額の合

計額（以下、「少数出資に係る対象資本調達手段合計額」）から少数出資に係る10％基準額（注3）を控除した額（注4）に少数出資に係る普通株式保有割合（注5）を乗じて得た額

(注1) (4) b (注1) 参照。
(注2) (4) b (注2) 参照。
(注3) 普通株式等Tier 1資本に係る基礎項目の合計額から、この規定を考慮する前の時点における普通株式等Tier 1資本に係る調整項目の合計額（すなわち、「少数出資金融機関等の普通株式の額」「特定項目に係る10％基準超過額」および「特定項目に係る15％基準超過額」を除いた、普通株式等Tier 1資本に係る調整項目の合計額）を控除した額に、10％を乗じて得た額をいう。
(注4) 当該額が零を下回る場合には、零とする。
(注5) 少数出資金融機関等の対象資本調達手段のうち普通株式に該当するものの額を少数出資に係る対象資本調達手段合計額で除して得た割合をいう。

c 留意点

なお、「少数出資金融機関等の普通株式の額」を算出する際には、以下の点に留意が必要です。まず、銀行（または連結子法人等）が少数出資金融機関等の対象資本調達手段に係る一定のショート・ポジションを保有するときは、これらの対象資本調達手段と対応するショート・ポジションを相殺することができます。

また、以下に該当する対象資本調達手段があるときは、当該対象資本調達手段を算出の対象から除外することができます。ただし、下記一については、当該資本調達手段の保有に係る特殊事情その他の事情を勘案して金融庁長官が承認した場合に限り、当該承認において認められた期間に限られます。

一 その存続がきわめて困難であると認められる者の救済または処理のための資金の援助を行うことを目的として保有することとなった資本調達手段

> 二　引受けにより取得し、かつ、保有期間が5営業日以内の資本調達手段

⑹　「特定項目に係る10%基準超過額」
a　ポイント

　次に、前記⑴五の「特定項目に係る10%基準超過額」の説明に移ります。これを調整項目とする取扱いは、前述のとおり、ダブルギアリング規制の一類型です。

　改正告示では、以下の3項目（以下、「特定項目」）は、それぞれ普通株式等Tier 1 資本（前記⑵から⑸の調整項目を控除後）の10%を超える部分については、銀行の普通株式等Tier 1 資本から控除されることとしています。

> ①　「その他金融機関等」（10%超の議決権を保有しているものなど）への普通株式出資
> ②　モーゲージ・サービシング・ライツ
> ③　（一時差異に基づく）繰延税金資産

　すなわち、銀行の普通株式等Tier 1 資本の10%の部分までは、普通株式等Tier 1 資本から控除する必要がない（普通株式等Tier 1 資本への算入が認められる）ということです（後述のように、普通株式等Tier 1 資本への算入が認められるのは、これら3項目の合計で普通株式等Tier 1 資本の15%までです）。3項目のうち、②はわが国では該当例がないといわれているため、たとえば、銀行の普通株式等Tier 1 資本が1,000億円（前記⑵から⑸の調整項目を控除後）であり、①が70億円、②が0円、③が120億円である場合、①②③それぞれのうち、1,000億円の10%である100億円を超える部分である、③のうちの20億円が銀行の普通株式等Tier 1 資本から控除されることになります（図表91－3）。

　特定項目のうち、①「その他金融機関等」（10%超の議決権を保有している

図表91-3　特定項目のうち、普通株式等Tier1から控除される部分

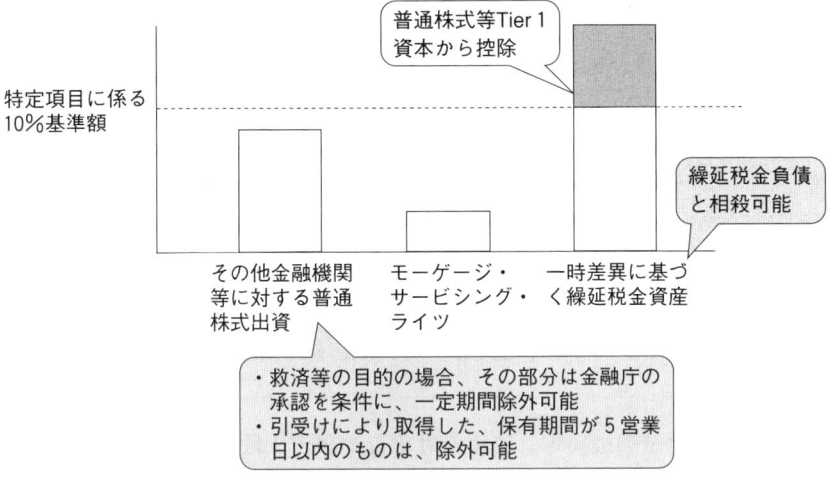

特定項目に係る10％基準額

その他金融機関等に対する普通株式出資

モーゲージ・サービシング・ライツ

一時差異に基づく繰延税金資産

普通株式等Tier1資本から控除

繰延税金負債と相殺可能

・救済等の目的の場合、その部分は金融庁の承認を条件に、一定期間除外可能
・引受けにより取得した、保有期間が5営業日以内のものは、除外可能

（出所）　大和総研金融調査部制度調査課作成

図表91-4　その他金融機関等に係る対象資本調達手段のうち普通株式に該当するものの扱い

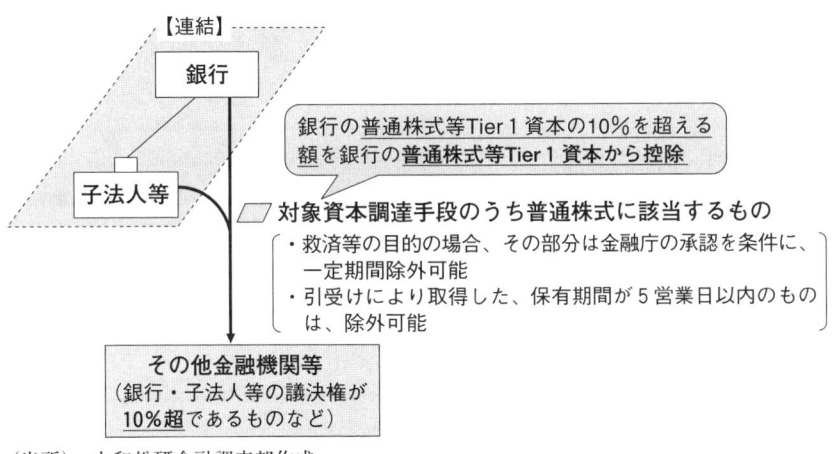

【連結】
銀行
子法人等

銀行の普通株式等Tier1資本の10％を超える額を銀行の普通株式等Tier1資本から控除

対象資本調達手段のうち普通株式に該当するもの

・救済等の目的の場合、その部分は金融庁の承認を条件に、一定期間除外可能
・引受けにより取得した、保有期間が5営業日以内のものは、除外可能

その他金融機関等
（銀行・子法人等の議決権が10％超であるものなど）

（出所）　大和総研金融調査部作成

ものなど）への普通株式出資の扱いのポイントは以下のようになります（図表91-4）。

第6章　自己資本（国際統一基準行）

- 銀行の普通株式等Tier 1 資本の10%を超える部分を控除
- 保有の形態は、直接的保有に限らず、投信・ファンド等を通じた間接的保有も含む
- 引受けにより取得した、保有期間が5営業日以内のものは除外可能
- 救済等の目的の場合は、金融庁の承認を条件に一定期間除外可能

b　具体的な内容

「特定項目に係る10%基準超過額」は、次に掲げる額の合計額です。

一　「その他金融機関等」に係る対象資本調達手段（注1）のうち普通株式に相当するものの額から特定項目に係る10%基準額（注2）を控除した額（注3）
二　モーゲージ・サービシング・ライツに係る無形固定資産の額から特定項目に係る10%基準額（注2）を控除した額（注3）
三　繰延税金資産（一時差異に係るものに限る）の額から特定項目に係る10%基準額（注2）を控除した額（注3）

（注1）　(4) b（注2）参照。
（注2）　普通株式等Tier 1 資本に係る基礎項目の合計額から、この規定を考慮する前の時点におけるコア資本に係る調整項目の合計額（すなわち、「特定項目に係る10%基準超過額」および「特定項目に係る15%基準超過額」を除いた、普通株式等Tier 1 資本に係る調整項目の合計額）を控除した額に、10%を乗じて得た額をいう。
（注3）　当該額が零を下回る場合には、零とする。

前記一の「その他金融機関等」は、次に掲げる者をいいます。

イ．銀行および連結子法人等がその総株主等の議決権の10%を超える議決権を保有している他の金融機関等（注1）

ロ．連結財務諸表規則5条1項各号に該当するため、連結自己資本比率の算出にあたり連結の範囲に含まれない金融子会社（注2）（イに掲げる者を除く）

　ハ．当該銀行が金融業務を営む会社を子法人等としている場合における当該子法人等であって、連結財務諸表規則5条1項各号または2項に該当するため、連結自己資本比率の算出にあたり連結の範囲に含まれないもの（イ・ロに掲げる者を除く）

　ニ．当該銀行が関連法人等としている金融業務を営む関連法人等（イに掲げる者を除く）

　ホ．他の金融機関等（注1）であって、当該銀行を子法人等とする親法人等である者（イに掲げる者を除く）

　ヘ．他の金融機関等（注1）であって、当該銀行を子法人等とする親法人等の子法人等（当該銀行を除く）または関連法人等である者（イからホまでに掲げる者を除く）

（注1）　(4) b（注1）参照。
（注2）　銀行が銀行法16条の2第1項1号〜11号または13号に掲げる会社を子会社としている場合における当該子会社をいう。

c　留意点

「特定項目に係る10％基準超過額」を算出する際には、(5) c と同様の点に留意が必要です。

そして、（一時差異に基づく）繰延税金資産に係る10％基準超過額を算出する場合において、繰延税金資産の額およびこれに関連する繰延税金負債の額があるときは、前記(2)と同様の区分に応じて相殺をすることができます。

(7)　「特定項目に係る15％基準超過額」

a　ポイント

次に、前記(1)六の「特定項目に係る15％基準超過額」の説明に移ります。これを調整項目とする取扱いは、前述のとおり、ダブルギアリング規制の一

類型です。

　前記(6)のように、「特定項目」（①「その他金融機関等」（10％超の議決権を保有しているものなど）への普通株式出資、②モーゲージ・サービシング・ライツ、③（一時差異に基づく）繰延税金資産）は、それぞれ、銀行の普通株式等Tier 1 資本の10％の部分までは普通株式等Tier 1 資本への算入が認められます

図表91－5　「特定項目に係る15％基準超過額」の額

「特定項目に係る15％基準超過額」＝
「特定項目に係る10％基準対象額」－「特定項目に係る15％基準額」

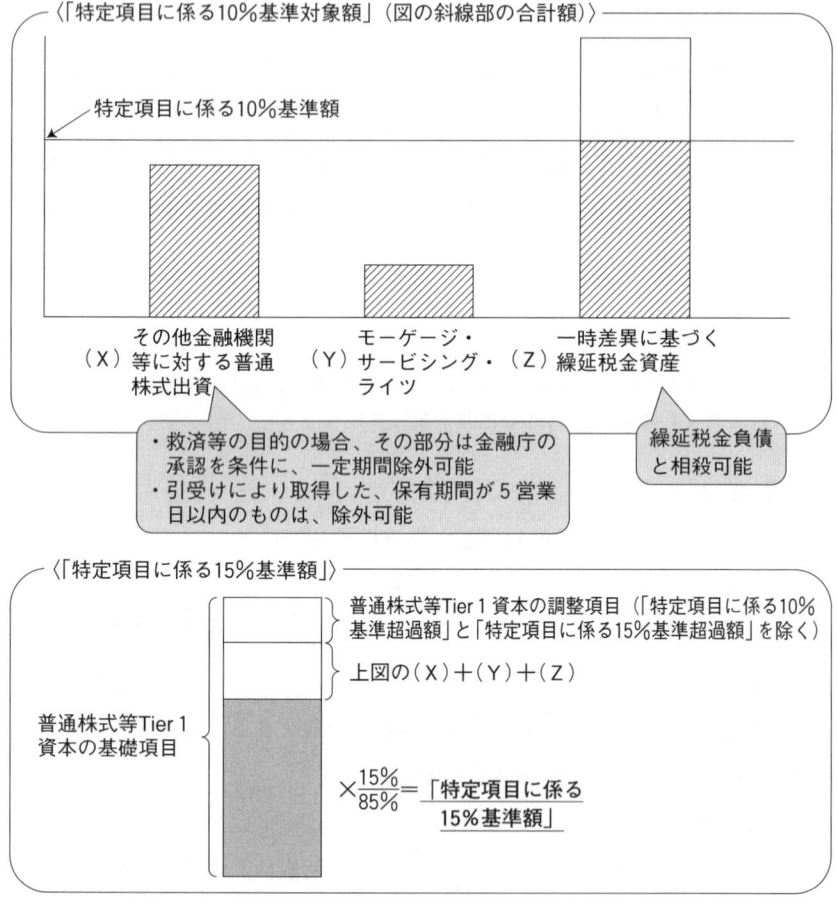

〈「特定項目に係る10％基準対象額」（図の斜線部の合計額）〉

　　特定項目に係る10％基準額

（X）その他金融機関等に対する普通株式出資
（Y）モーゲージ・サービシング・ライツ
（Z）一時差異に基づく繰延税金資産

・救済等の目的の場合、その部分は金融庁の承認を条件に、一定期間除外可能
・引受けにより取得した、保有期間が5営業日以内のものは、除外可能

繰延税金負債と相殺可能

〈「特定項目に係る15％基準額」〉

普通株式等Tier 1 資本の基礎項目

普通株式等Tier 1 資本の調整項目（「特定項目に係る10％基準超過額」と「特定項目に係る15％基準超過額」を除く）

上図の（X）＋（Y）＋（Z）

$\times \dfrac{15\%}{85\%}$＝「特定項目に係る15％基準額」

（出所）大和総研金融調査部制度調査課作成

が、普通株式等Tier 1資本への算入が認められるのは、「特定項目」の合計で普通株式等Tier 1資本の15％までです。そのため、これら「特定項目」の合計のうち、普通株式等Tier 1資本（前記(2)から(5)の調整項目および特定項目の合計額を控除後）の15％を超える部分（すなわち「特定項目に係る15％基準超過額」）は控除されます。

　たとえば、銀行の普通株式等Tier 1資本が1,000億円（前記(2)から(5)の調整項目および特定項目の合計額を控除後）であり、①が70億円、②が0円（前述のように、②はわが国では該当例がないといわれています）、③が120億円である場合の大まかな控除額を考えます。これら「特定項目」の3項目はそれぞれ、1,000億円の10％である100億円までは普通株式等Tier 1資本への算入が認められるため、①②③のうち普通株式等Tier 1資本への算入が認められるのは、①が70億円、③が100億円、の計170億円となります。しかし、普通株式等Tier 1資本への算入が認められるのは、「特定項目」の3項目の合計で、1,000億円の15％である150億円までなので、170億円のうち150億円を超える部分である20億円は、「特定項目に係る15％基準超過額」として、普通株式等Tier 1資本から控除されます（この額はあくまでも考え方をわかりやすく伝えるための大まかな控除額であり、正確な額を求める場合の計算方法は、図表91－5および後記bをご参照ください）。

b　具体的な内容

「特定項目に係る15％基準超過額」は、以下のとおりです。

特定項目に係る10％基準対象額（注1）から特定項目に係る15％基準額（注2）を控除した額（注3）

（注1）　特定項目の合計額から「特定項目に係る10％基準超過額」（前記(6)参照）を控除した額をいう。図表91－5の斜線部がこれに該当する。
（注2）　普通株式等Tier 1資本に係る基礎項目の合計額から、この規定を考慮する前の時点における普通株式等Tier 1資本に係る調整項目の合計額（すなわち、「特定項目に係る10％基準超過額」および「特定項目に係る15％基準

超過額」を除いた、普通株式等Tier 1 資本に係る調整項目の合計額）および特定項目の額の合計額を控除した額に15％を乗じ、これを85％で除して得た額をいう。
（注３）　当該額が零を下回る場合には、零とする。

　　c　留意点

　「特定項目に係る15％基準超過額」を算出するにあたっての留意点は、「特定項目に係る10％基準超過額」を算出するにあたってのそれと同一です（前記(6) c 参照）。

　(8)　「その他Tier 1 資本不足額」

　最後に、前記(1)七の「その他Tier 1 資本不足額」を説明します。

　「その他Tier 1 資本不足額」は、以下の額です（0 を下回る場合は 0 とされます）。

| 「その他Tier 1 資本に係る調整項目の額」 | － | 「その他Tier 1 資本に係る基礎項目の額」 |

　上記項目については、Q 92をご参照ください。

4　普通株式等Tier 1 資本に係る経過措置

⑴　公的機関による資本の増強に関する措置に係る経過措置

　公的機関による資本の増強に関する措置を通じて適用日（2013年3月31日）前に発行された資本調達手段であって、バーゼルⅡ（2.5）におけるTier 1（基本的項目）（以下、「旧Tier 1」）に該当するもの（たとえば普通株式転換権付優先株式等）の額については、2018年3月31日までの間（2018年3月期を含む）は、その全額を普通株式等Tier 1 資本に係る基礎項目の額に算入することができます。

⑵　その他の包括利益累計額に係る経過措置（段階的調整）

　その他の包括利益累計額（前記2 ⑴参照）については、適用日から起算して5 年を経過する日までの間は、次の表の左欄に掲げる区分に応じ、当該額

に次の表の右欄に掲げる率を乗じて得た額を、普通株式等Tier 1 資本に係る基礎項目の額に算入するものとされています。

2013年3月31日～2014年3月30日（2013年3月期を含む）	0％
2014年3月31日～2015年3月30日（2014年3月期を含む）	20％
2015年3月31日～2016年3月30日（2015年3月期を含む）	40％
2016年3月31日～2017年3月30日（2016年3月期を含む）	60％
2017年3月31日～2018年3月30日（2017年3月期を含む）	80％

上記の経過措置によって普通株式等Tier 1 資本に係る基礎項目の額に算入された額に対応する部分以外の部分の額については、当該額のうち、旧Tier 1 に該当する部分の額はその他Tier 1 資本に係る基礎項目の額（Q 92参照）に算入するものとし、バーゼルⅡ（2.5）におけるTier 2 （補完的項目）（以下、「旧Tier 2 」）に該当する部分の額はTier 2 資本に係る基礎項目の額（Q 93参照）に算入するものとされています。

そして、当該額のうち、旧Tier 1 および旧Tier 2 のいずれにも該当しない部分の額については、「なお従前の例による」とされています。具体的には、図表91－6 のように取り扱われます。

(3) 少数株主持分等に係る経過措置（グランドファザリング）

連結子法人等の少数株主持分等相当自己資本に係る経過措置のうち、普通株式等Tier 1 資本に係る調整後少数株主持分の額（前記2(3)参照）に算入されなかった額に対応する部分の額については、適用日から起算して5 年を経過する日までの間は、次の表の左欄に掲げる区分に応じ、当該額に次の表の右欄に掲げる率を乗じて得た額のうち、連結子法人等の普通株式に対応する部分の額については、普通株式等Tier 1 資本に係る基礎項目の額に算入することができます。

2013年3月31日～2014年3月30日（2013年3月期を含む）	100％
2014年3月31日～2015年3月30日（2014年3月期を含む）	80％
2015年3月31日～2016年3月30日（2015年3月期を含む）	60％
2016年3月31日～2017年3月30日（2016年3月期を含む）	40％

| 2017年3月31日〜2018年3月30日（2017年3月期を含む） | 20% |

図表91－6　その他の包括利益累計額に係る経過措置：「なお従前の例による」

対象		取扱い	
その他有価証券評価差額金（注1）		正の値の場合	グロス評価益の45％相当額：T2算入（注2） 上記以外の部分の額：不算入
		負の値の場合	AT1算入
土地再評価差額金			45％相当額：T2算入 上記以外の部分の額：不算入
繰延ヘッジ損益	第5条第2項第1号ハの括弧書き以外の部分（注3）		不算入
	第5条第2項第1号ハの括弧書き部分（注4）	正の値の場合	AT1算入
		負の値の場合	45％相当額：T2算入 上記以外の部分の額：不算入
為替換算調整勘定			AT1算入

※なお、各記号の定義は以下のとおり。
　　AT1：その他Tier1資本に係る基礎項目の額
　　T2：Tier2資本に係る基礎項目の額
（注1）　連結子会社の計上する「その他有価証券評価差額金」および「土地再評価差額金」の少数株主持分相当額のうち、支配獲得後の増減に係る部分について、自己資本比率算出上は「少数株主持分」から控除し、それぞれ「その他有価証券評価差額金」または「土地再評価差額金」に合算するという旧告示における取扱いは行わない。
（注2）　旧告示8条1項1号等に規定する「意図的に保有している他の金融機関等の資本調達手段」に該当するものに係るその他有価証券評価差額金を除くという旧告示における取扱いは行わない。
（注3）　ヘッジ対象に係る時価評価差額がその他の包括利益累計額の項目として計上されている場合におけるヘッジ手段に係る損益または時価評価差額以外の部分を指す。
（注4）　ヘッジ対象に係る時価評価差額がその他の包括利益累計額の項目として計上されている場合におけるヘッジ手段に係る損益または時価評価差額を指す。
（出所）　「自己資本比率規制に関するQ&A」附則第5条―Q1より作成

⑷ 調整項目に係る経過措置（段階的控除）

普通株式等Tier 1 資本に係る調整項目の額（前記3参照）については、適用日から起算して5年を経過する日までの間は、次の表の左欄に掲げる区分に応じ、当該額に次の表の右欄に掲げる率を乗じて得た額を、普通株式等Tier 1 資本に係る調整項目の額に算入することができます。

2013年3月31日～2014年3月30日（2013年3月期を含む）	0％
2014年3月31日～2015年3月30日（2014年3月期を含む）	20％
2015年3月31日～2016年3月30日（2015年3月期を含む）	40％
2016年3月31日～2017年3月30日（2016年3月期を含む）	60％
2017年3月31日～2018年3月30日（2017年3月期を含む）	80％

もっとも、上記の経過措置によって普通株式等Tier 1 資本に係る基礎項目の額に算入された額に対応する部分以外の部分の額であっても、当該額のうち、旧Tier 1 に該当する部分の額はその他Tier 1 資本に係る調整項目の額（Q 92参照）に、旧Tier 2 に該当する部分の額はTier 2 資本に係る基礎項目の額（Q 93参照）に算入しなければなりません。

⑸ 特定項目に係る15％基準超過額に係る経過措置

適用日から起算して5年を経過する日までの間、すなわち2013年3月31日から2018年3月30日までの間（2017年3月期を含む）については、3の⑺のbの（注2）の「特定項目に係る15％基準額」を算出するにあたって、「－『特定項目の合計額』」および「÷85％」の手続は省略することとしています。具体的には、普通株式等Tier 1 資本に係る基礎項目の合計額から、この規定を考慮する前の時点における普通株式等Tier 1 資本に係る調整項目の合計額（すなわち、「特定項目に係る10％基準超過額」および「特定項目に係る15％基準超過額」を除いた、普通株式等Tier 1 資本に係る調整項目の合計額）を控除した額に15％を乗じて得た額ということになります。

Q92 Tier 1 資本はどのように算出するのですか

A

　Tier 1 資本は、基礎項目（プラス項目）から調整項目（マイナス項目）を控除することによって算出します。Tier 1 資本のうち、普通株式等Tier 1 資本（Q91参照）を除いたその他Tier 1 資本の基礎項目は、おおむね優先株式や資本性の強い（損失吸収力の高い）負債商品によって構成されます。子会社の少数株主持分の基礎項目への算入は、当該子会社の自己資本比率における分母の8.5％に限定されます。調整項目では、金融機関向けの出資（ダブルギアリング）の防止が厳格化されています。なお、基礎項目と調整項目には、それぞれ経過措置が設けられている点に留意する必要があります。

解　説

1　Tier 1 資本

　Tier 1 資本の額は、「普通株式等Tier 1 資本の額」と「その他Tier 1 資本の額」の合計額です。「普通株式等Tier 1 資本の額」については、Q91で説明しましたので、ここでは「その他Tier 1 資本の額」について説明します。

　「その他Tier 1 資本」も、普通株式等Tier 1 資本と同様、「その他Tier 1 資本に係る基礎項目」（プラス項目）から「その他Tier 1 資本に係る調整項目」（マイナス項目）を控除した額と定義されます。

2　基礎項目（プラス項目）

(1) 基礎項目の類型

　その他Tier 1 資本に係る基礎項目の額は、以下の額の合計額です（後記 4 の経過措置に留意してください）。

> 一 「その他Tier 1 資本調達手段」に係る株主資本の額（剰余金の配当の予定額を除く）
> 二 「その他Tier 1 資本調達手段」に係る負債の額
> 三 「その他Tier 1 資本調達手段」に係る新株予約権の額
> 四 特別目的会社等の発行する「その他Tier 1 資本調達手段」の額
> 五 その他Tier 1 資本に係る調整後少数株主持分等の額

　上記四にあるように、その他Tier 1 資本に係る基礎項目には、特別目的会社が発行する資本調達手段が含まれます。

(2)　「その他Tier 1 資本調達手段」の定義

　前記(1)の「その他Tier 1 資本調達手段」とは、普通株式以外で、負債より劣後し、償還期限がなく、ステップ・アップ金利が付されておらず、仮に償還を行う場合でも原則として発行後5年以後にしか行ってはならず（金融庁の確認が必要）、社外流出（剰余金の配当・利息の支払）をコントロールできる資本調達手段です。具体的には、普通株式以外で、以下の要件のすべてを満たす資本調達手段です。

> ① 発行者により現に発行され、かつ、払込済みのものであること
> ② 残余財産の分配または倒産手続における債務の弁済もしくは変更について、発行者の他の債務に対して劣後的内容を有するものであること
> ③ 担保権により担保されておらず、かつ、発行者または当該発行者と密接な関係を有する者による保証に係る特約その他の法的または経済的に他の同順位の資本調達手段に対して優先的内容を有するものとするための特約が定められていないこと
> ④ 償還期限が定められておらず、「ステップ・アップ金利等」（注1）に係る特約その他の償還を行う蓋然性を高める特約が定められていな

いこと
⑤ 償還を行う場合には発行後5年を経過した日以後（注2）に発行者の任意による場合に限り償還を行うことが可能であり、かつ、償還または買戻しに関する次に掲げる要件のすべてを満たすものであること
　イ　償還または買戻しに際し、自己資本の充実について、あらかじめ金融庁長官の確認を受けるものとなっていること
　ロ　償還または買戻しについての期待を生ぜしめる行為を発行者が行っていないこと
　ハ　その他次に掲げる要件のいずれかを満たすこと
　　⑴　償還または買戻しが行われる場合には、発行者の収益性に照らして適切と認められる条件により、当該償還または買戻しのための資本調達（注3）が当該償還または買戻しの時以前に行われること
　　⑵　償還または買戻しの後においても発行者が十分な水準の連結自己資本比率を維持することが見込まれること
⑥ 発行者が⑤イの確認が得られることを前提としておらず、当該発行者により当該確認についての期待を生ぜしめる行為が行われていないこと
⑦ 剰余金の配当・利息の支払の停止について、次に掲げる要件のすべてを満たすものであること
　イ　剰余金の配当・利息の支払の停止を発行者の完全な裁量により常に決定することができること
　ロ　剰余金の配当・利息の支払の停止を決定することが発行者の債務不履行とならないこと
　ハ　剰余金の配当・利息の支払の停止により流出しなかった資金を発行者が完全に利用可能なこと
　ニ　剰余金の配当・利息の支払の停止を行った場合における発行者に対するいっさいの制約（同等以上の質の資本調達手段に係る剰余金の

配当および利息の支払に関するものを除く）がないこと
⑧ 剰余金の配当・利息の支払が、法令の規定に基づき算定された分配可能額を超えない範囲内で行われるものであること
⑨ 剰余金の配当額・利息の支払額が、発行後の発行者の信用状態を基礎として算定されるものでないこと
⑩ 発行者の倒産手続に関し当該発行者が債務超過にあるかどうかを判断するにあたり、当該発行者の債務として認識されるものでないこと
⑪ 負債性資本調達手段である場合には、以下の特約その他これに類する特約が定められていること
　―連結普通株式等Tier 1比率が一定の水準を下回ったときに、同比率が当該水準を上回るために必要な額またはその全額の元本の削減または普通株式への転換が行われる特約
⑫ 発行者または当該発行者の子法人等もしくは関連法人等により取得されておらず、かつ、取得に必要な資金が発行者により直接または間接に融通されたものでないこと
⑬ ある特定の期間において他の資本調達手段が発行価格に関して有利な条件で発行された場合には補償が行われる特約その他の発行者の資本の増強を妨げる特約が定められていないこと
⑭ 特別目的会社等が発行する資本調達手段である場合には、発行代り金（注4）を利用するために発行される資本調達手段が①～⑬および⑮に掲げる要件のすべてを満たし、かつ、当該資本調達手段の発行者が発行代り金の全額を即時かつ無制限に利用可能であること
⑮ 元本の削減または普通株式への転換または公的機関による資金の援助その他これに類する措置が講ぜられなければ発行者が存続できないと認められる場合において、これらの措置が講ぜられる必要があると認められるときは、元本の削減等が行われる旨の特約が定められていること（注5）

(注1) あらかじめ定めた期間が経過した後に上乗せされる一定の金利または配当率。
(注2) 発行の目的に照らして発行後5年を経過する日より前に償還を行うことについてやむをえない事由があると認められる場合にあっては、発行後5年を経過する日より前。
(注3) 当該償還または買戻しが行われるものと同等以上の質が確保されるものに限る。
(注4) 資本調達手段の発行によって得られる資金。
(注5) ただし、法令の規定に基づいて、元本の削減等を行う措置が講ぜられる場合または公的機関による資金の援助その他これに類する措置が講ぜられる前に当該発行者に生じる損失を完全に負担することとなる場合は、この特約は不要。

　負債性資本調達手段（劣後債を含む）の場合は、⑪の（実質的な破綻状態に至る前の）一定の水準（Q100参照）を下回った場合には元本の削減または普通株式への転換がなされる、という特約（ゴーイング・コンサーン・ベース（事業継続ベース）のコンティンジェント・キャピタル条項）が定められていることも必要となります。元本の削減または普通株式への転換の選択ですが、これを特約のうえで任意に選択することが認められない場合があります。それは、銀行に預金保険法102条1項3号の措置（一時国有化）の認定がされる場合です。この場合において、特約で普通株式への転換を選択するためには、かかる普通株式への転換が、一時国有化の認定に基づき預金保険機構による全株式の取得がなされるまでにすべて完了することが必要です。これができない場合には、元本の削減を選択しなければなりません。

　さらに、負債性資本調達手段の場合に限らず、⑮の銀行が実質的な破綻状態に至った場合（実質破綻認定時）には元本の削減または普通株式への転換がなされる、という特約（ゴーン・コンサーン・ベース（破綻時を想定したベース）のコンティンジェント・キャピタル条項）が定められていることが必要となります。銀行における「実質破綻認定時」とは、次の①②をともに満たす場合を指すこととされています。

① 預金保険法102条1項に定める危機対応措置を実施しなければわが

> 国または当該金融機関が業務を行っている地域の信用秩序の維持にきわめて重大な支障が生ずるおそれがある。
> ② 業務もしくは財産の状況に照らし預金等の払戻しを停止するおそれがありもしくは預金等（貯金等）の払戻しを停止しまたはその財産をもって債務を完済することができないとの事実をわが国当局によって認定される。

他方で、銀行持株会社については、現行法令においては、銀行における預金保険法102条のような金融危機対応枠組みが存在しないことから、「実質破綻認定時」が明確化されていないということになります。そのため、銀行持株会社については、ゴーン・コンサーン・ベースのコンティンジェント・キャピタル条項を規定する必要はあるものの、実質破綻認定がされないということになります（ただし、Q35を参照）。

(3) 「特別目的会社等の発行する『その他Tier 1 資本調達手段』の額」

続いて、前記(1)四の「特別目的会社等の発行する『その他Tier 1 資本調達手段』の額」の説明に移ります。

その他Tier 1 資本に係る基礎項目に含まれる「特別目的会社等の発行する『その他Tier 1 資本調達手段』の額」は、特別目的会社等（もっぱら銀行の資

図表92－1　特別目的会社を利用した「その他Tier 1 資本調達手段」発行スキームの例

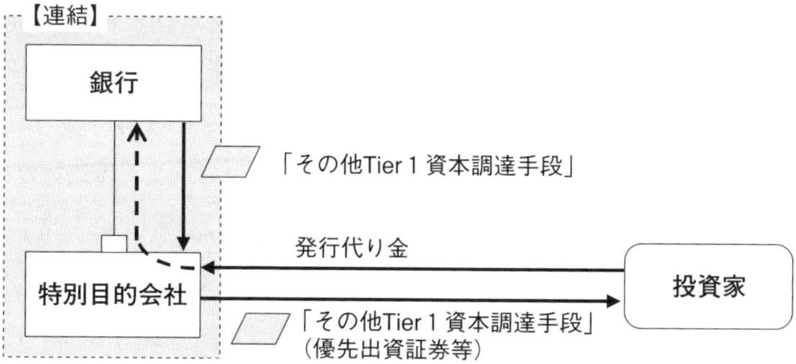

（出所）　大和総研金融調査部制度調査課作成

本調達を行うことを目的として設立された連結子法人等をいいます）の資本調達手段のうち、次に掲げる要件のすべてを満たすものの額です（図表92－1）。

> ① 当該特別目的会社等の発行する資本調達手段が、「その他Tier 1 資本調達手段」に該当するものであること
> ② 当該特別目的会社等の発行する資本調達手段の発行代り金の全額を、(当該特別目的会社等の親法人等である）銀行が即時かつ無制限に利用可能であること
> ③ ②の発行代り金を利用するために発行される資本調達手段が、「その他Tier 1 資本調達手段」に該当するものであること
> ④ 当該特別目的会社等の親法人等である銀行が、議決権のすべてを保有すること

(4) 「その他Tier 1 資本に係る調整後少数株主持分等の額」

a　ポイント

続いて、前記(1)五の「その他Tier 1 資本に係る調整後少数株主持分等の額」の説明に移ります。

改正前告示では、銀行の連結子法人等の少数株主持分は、原則として全額自己資本の基本的項目（改正前告示におけるTier 1 資本）に算入されていました。子会社である特別目的会社が発行する優先出資証券も算入の対象となっていました。これに対して、改正後の告示では、その他Tier 1 資本に係る基礎項目に算入される「その他Tier 1 資本に係る調整後少数株主持分等の額」は、連結子法人等（特別目的会社等を除きます）の少数株主持分等のうち、連結子法人等について自己資本比率を想定した際の分母（または連結の自己資本比率の分母のうち、連結子法人等に関連する部分）の8.5％（Tier 1 比率に関する最低所要水準（6％）＋資本保全バッファー（2.5％））に相当する額が上限とされています（図表92－2）。

普通株式等Tier 1 資本（連結）に係る基礎項目に算入される「普通株式等

図表92-2 「その他Tier 1資本に係る調整後少数株主持分等の額」の扱い

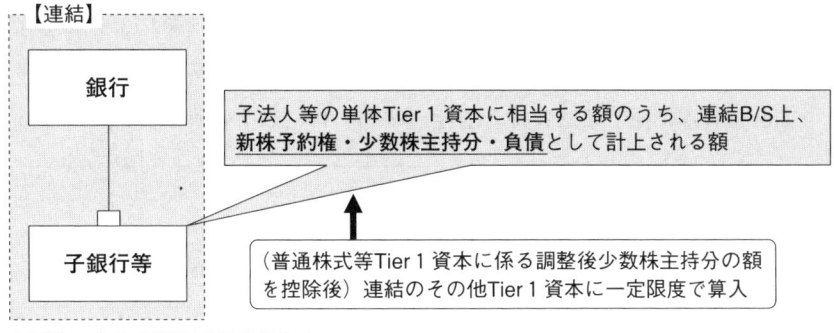

【連結】

銀行 ─ 子銀行等

子法人等の単体Tier 1資本に相当する額のうち、連結B/S上、**新株予約権・少数株主持分・負債**として計上される額

(普通株式等Tier 1資本に係る調整後少数株主持分の額を控除後)連結のその他Tier 1資本に一定限度で算入

(出所) 大和総研金融調査部作成

Tier 1資本に係る調整後少数株主持分の額」は、連結子法人等が銀行等である場合に限定されているのに対し(Q91参照)、その他Tier 1資本の場合はそのような限定がない点には留意が必要です。

b　計算方法

その他Tier 1資本に係る基礎項目に含まれる「その他Tier 1資本に係る調整後少数株主持分等の額」は、以下の額です(後述の計算例参照)。

「[算式A]で求められる額以下の額」(ただし、「連結子法人等の少数株主持分相当Tier 1資本に係る基礎項目の額(※3)」(少数株主持分に相当)が上限)から、「普通株式等Tier 1資本に係る調整後少数株主持分の額(※1)」を控除した額

[算式A]　(イ・ロのいずれか少ない額)×「Tier 1資本に係る第三者持分割合(※2)」
　イ　(連結子法人等の自己資本比率の分母(注))×8.5%
　ロ　(銀行の(連結)自己資本比率の分母のうち、連結子法人等に関連するもの)×8.5%

第6章　自己資本(国際統一基準行)　557

(注) 当該連結子法人等が銀行以外の場合にあっては、これに相当する額。

「普通株式等Tier 1 資本に係る調整後少数株主持分の額（※1）」については、Q91をご参照ください。

「Tier 1 資本に係る第三者持分割合（※2）」は、以下の値です。

$$\frac{連結子法人等の少数株主持分相当Tier 1 資本に係る基礎項目の額（※3）}{連結子法人等の単体Tier 1 資本に係る基礎項目の額（※4）}$$

「普通株式等Tier 1 資本に係る調整後少数株主持分の額（※1）」を控除する前の額の上限額となる「連結子法人等の少数株主持分等相当Tier 1 資本に係る基礎項目の額（※3）」は、以下の算式で求められる「連結子法人等の単体Tier 1 資本に係る基礎項目の額（※4）」のうち、親銀行の連結貸借対照表の純資産の部または負債の部に、新株予約権、少数株主持分または負債として計上される部分の額です。

$$\begin{bmatrix}（単体）普通株式\\等Tier 1 資本に係\\る基礎項目の額\end{bmatrix} + \begin{bmatrix}その他Tier 1 資本に係る基礎項目の額\\（特別目的会社等の発行するその他Tier\\ 1 資本調達手段の額を除く）\end{bmatrix}$$

なお、「連結子法人等の少数株主持分等相当Tier 1 資本に係る基礎項目の額（※3）」には、銀行の100％子会社が第三者に発行する資本調達手段であって、その他Tier 1 相当の要件を満たすものも含まれます。従来は、SPCが発行する優先出資証券でＱ4の要件を満たすものは、Tier 1 への算入が可能でしたが、改正告示では、これを普通株式等Tier 1 に算入することはできません。もっとも、その他Tier 1 およびTier 2 への算入は、一定の要件を満たせば可能です。

c　特別目的会社等の発行する資本調達手段の算入

上記「その他Tier 1 資本に係る調整後少数株主持分等の額」を算出する場

図表92-3 特特別目的会社（連結子法人等の子法人等）を利用した資本調達手段発行スキームの例

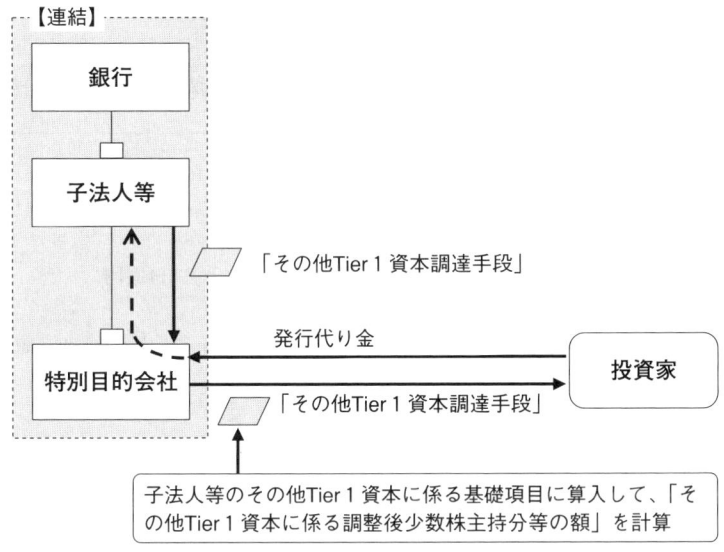

```
【連結】
 ┌─────────┐
 │   銀行    │
 └────┬────┘
      │
 ┌────┴────┐
 │  子法人等  │
 └────┬────┘
      ↑     「その他Tier1資本調達手段」
      │
 ┌────┴────┐  発行代り金    ┌─────┐
 │特別目的会社│←──────────│ 投資家 │
 │         │──────────→│      │
 └─────────┘            └─────┘
         「その他Tier1資本調達手段」
```

子法人等のその他Tier1資本に係る基礎項目に算入して、「その他Tier1資本に係る調整後少数株主持分等の額」を計算

（出所）大和総研金融調査部作成

合において、連結子法人等が特別目的会社等を保有するとき、以下の①～④の要件のすべてを満たす場合に限り、当該特別目的会社等の発行する資本調達手段の額を、その他Tier1資本に係る基礎項目の額に算入することができます（図表92-3）。

① 当該特別目的会社等の発行する資本調達手段が、「その他Tier1資本調達手段」に該当するものであること
② 当該特別目的会社等の発行する資本調達手段の発行代り金の全額を、当該連結子法人等が即時かつ無制限に利用可能であること
③ ②の発行代り金を利用するために発行される資本調達手段が、「その他Tier1資本調達手段」に該当するものであること
④ 当該連結子法人等が、当該特別目的会社等の議決権のすべてを保有

すること

[参考]「その他Tier 1 資本に係る調整後少数株主持分等の額」の計算例

- 子会社（連結子法人等）の単体Tier 1 資本：120億円
- 子会社の「少数株主持分等相当Tier 1 資本に係る基礎項目の額」：24億円
- 「普通株式等Tier 1 資本に係る調整後少数株主持分」：14億円
- 子会社の自己資本比率の分母：1,050億円
- グループの（連結）自己資本比率の分母のうち、子会社に関連する額：1,000億円

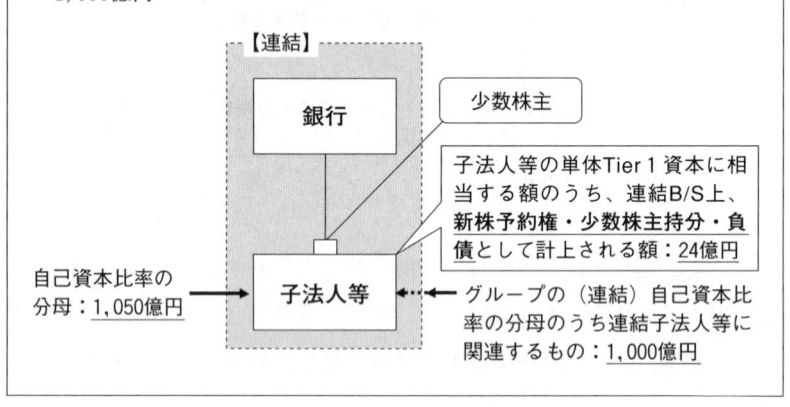

【連結】

銀行

少数株主

子法人等

自己資本比率の分母：1,050億円

子法人等の単体Tier 1 資本に相当する額のうち、連結B/S上、**新株予約権・少数株主持分・負債**として計上される額：24億円

グループの（連結）自己資本比率の分母のうち連結子法人等に関連するもの：1,000億円

　まず、「普通株式等Tier 1 資本に係る調整後少数株主持分の額（※1）」を控除する前の額の上限額が「連結子法人等の少数株主持分等相当Tier 1 資本に係る基礎項目の額（※3）」（少数株主持分に相当）であり、具体的には24億円です。

　次に、前記の［算式A］のうち、イの額は1,050億円×8.5％＝89.25億円、ロの額は1,000億円×8.5％＝85億円なので、「イ・ロのいずれか少ない額」は85億円となります。そして、「Tier 1 資本に係る第三者持分割合」は24億円／120億円＝20％であるため、［算式A］で求められる額は、85億円×20％＝17億円。この額は、「普通株式等Tier 1 資本に係る調整後少数株主持分の額（※1）」を控除する前の額の上限額の24億円を超えないため、この17億円が「［算式A］で求められる額以下の額」となります。

　この額から、「普通株式等Tier 1 資本に係る調整後少数株主持分」（14億円）

を控除すると3億円となり、この額が「その他Tier 1資本に係る調整後少数株主持分等の額」となります。

銀行のその他Tier 1資本に算入される部分（「その他Tier 1資本に係る調整後少数株主持分等の額」）を図示すると、以下のようになります。

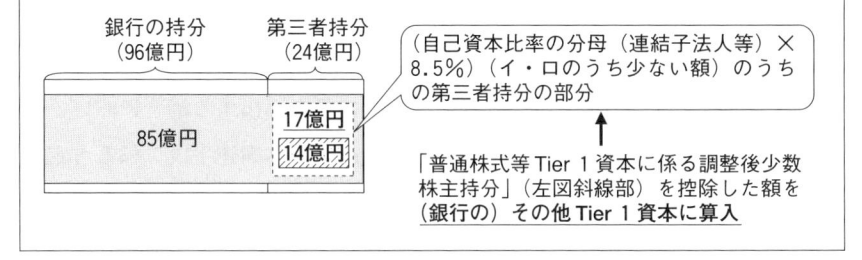

```
銀行の持分        第三者持分
 (96億円)          (24億円)
┌─────────────┬─────────┐  （自己資本比率の分母（連結子法人等）×
│             │         │   8.5%）（イ・ロのうち少ない額）のうち
│             │ 17億円  │   の第三者持分の部分
│   85億円    ├─────────┤           ↑
│             │ 14億円  │   「普通株式等Tier 1資本に係る調整後少数
│             │         │   株主持分」（左図斜線部）を控除した額を
└─────────────┴─────────┘   （銀行の）その他Tier 1資本に算入
```

3　調整項目（マイナス項目）

(1)　調整項目の類型

調整項目の額は、以下の額の合計額です（後記4の経過措置に留意してください）。

一　自己保有その他Tier 1 資本調達手段の額
二　意図的に保有している他の金融機関等のその他Tier 1 資本調達手段の額
三　少数出資金融機関等のその他Tier 1 資本調達手段の額
四　その他金融機関等のその他Tier 1 資本調達手段の額
五　Tier 2 資本不足額

二、三、四は、「ダブルギアリング規制」と総称することができます（後述(3)(4)(5)参照）。これらのように、相手方金融機関のその他Tier 1資本相当額は、自行の（普通株式等Tier 1資本やTier 2資本からではなく）その他Tier 1資本から控除することとされます。この方式を「対応控除アプローチ」（コレスポンディング・アプローチ）と呼びます。

(2) 「自己保有その他Tier 1 資本調達手段の額」

前記(1)一の「自己保有その他Tier 1 資本調達手段」とは、銀行または連結子法人等が自らの資本調達手段を保有している場合における当該資本調達手段のうちその他Tier 1 資本調達手段に該当するものをいいます。

「保有」の定義はQ91の普通株式等Tier 1 資本の場合と同じです。

なお、自己保有その他Tier 1 資本調達手段の額を算出する場合において、銀行または連結子法人等が自己保有その他Tier 1 資本調達手段に係る一定のショート・ポジションを保有するときは、当該自己保有その他Tier 1 資本調達手段と対応するショート・ポジションを相殺することができます。

(3) 「意図的に保有している他の金融機関等のその他Tier 1 資本調達手段の額」

続いて、前記(1)二の「意図的に保有している他の金融機関等のその他Tier 1 資本調達手段の額」の説明に移ります。これを調整項目とする取扱いは、前述のとおり、ダブルギアリング規制の一類型です。

改正前告示でも、「意図的に保有している他の金融機関の資本調達手段」は自己資本（基本的項目＋補完的項目＋準補完的項目）から控除されています。そして、改正告示でも、「意図的に保有している他の金融機関等のその他Tier 1 資本調達手段の額」がその他Tier 1 資本の調整項目（マイナス項目）として全額控除することとされていますが、Q91の 3 (4)でも説明したように対象となる場合が見直されています。なお、証券会社や保険会社など銀行以外の者が発行する資本調達手段におけるコンティンジェント・キャピタル条項の取扱いは、Q94の 4 を参照してください（(4)、(5)も同様です）。

(4) 「少数出資金融機関等のその他Tier 1 資本調達手段の額」

a　ポイント

次に、前記(1)三の「少数出資金融機関等のその他Tier 1 資本調達手段の額」の説明に移ります。これを調整項目とする取扱いは、前述のとおり、ダブルギアリング規制の一類型です。

前述のとおり、改正告示では、「意図的に保有している他の金融機関等の

図表92−4 「少数出資金融機関等のその他Tier 1 資本調達手段」の扱い

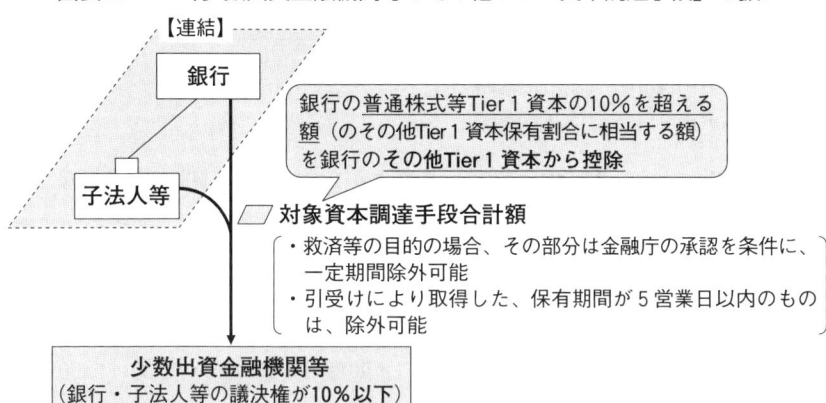

【連結】
銀行
子法人等

銀行の普通株式等Tier 1 資本の10％を超える額（のその他Tier 1 資本保有割合に相当する額）を銀行のその他Tier 1 資本から控除

対象資本調達手段合計額
・救済等の目的の場合、その部分は金融庁の承認を条件に、一定期間除外可能
・引受けにより取得した、保有期間が5営業日以内のものは、除外可能

少数出資金融機関等
（銀行・子法人等の議決権が10％以下）

（出所） 大和総研金融調査部作成

その他Tier 1 資本調達手段の額」が調整項目（マイナス項目）とされていますが、改正告示では、さらに、意図的な保有に限らず、他の金融機関等の「その他Tier 1 資本調達手段」を（議決権保有割合が10％超か否かによって異なる方法で）銀行のその他Tier 1 資本から控除することとしています。「少数出資金融機関等のその他Tier 1 資本調達手段の額」は、議決権割合が10％以下の場合の場合に相当し（議決権保有割合が10％超の場合は後記(5)参照）、以下のように扱われます（図表92−4）。

・銀行または連結子法人等による議決権保有割合が10％以下の金融機関等（銀行以外や外国の者を含みます）（注1）に対する出資（当該金融機関等の対象資本調達手段（注2））のうち、保有される金融機関等のその他Tier 1 資本に相当する額について、保有する側の銀行の普通株式等Tier 1 資本の10％を超える部分を、銀行のその他Tier 1 資本から控除

・資本調達手段の保有形態は、直接的保有に限らず、投信・ファンド等を通じた間接的保有も含む

・引受けにより取得した、保有期間が5営業日以内のものは除外可能

・救済等の目的の場合は、金融庁の承認を条件に一定期間除外可能

（注１） Q91の３(4)ｂ（注１）参照。
（注２） Q91の３(4)ｂ（注２）参照。

　たとえば、銀行の普通株式等Tier 1 資本が1,000億円（調整項目控除後）であり、少数出資金融機関等に対する出資（対象資本調達手段）300億円のうちその他Tier 1 資本相当部分が90億円である場合、出資額300億円のうち1,000億円の10%である100億円を超える部分である200億円に、少額出資金融機関等のその他Tier 1 資本相当部分の割合（＝90億円÷300億円）を掛けた60億円が、銀行等のその他Tier 1 資本から控除されます。

ｂ　具体的な内容

　「少数出資金融機関等のその他Tier 1 資本調達手段の額」は、以下のとおりです。

少数出資金融機関等（銀行および連結子法人等の議決権割合が10%以下の他の金融機関等（注１））（親会社および兄弟会社を除く）の対象資本調達手段（注２）を銀行または連結子法人が保有している場合（連結範囲外の法人等に対する投資その他これに類する行為を通じて当該銀行または連結子法人等が実質的に保有している場合に相当すると認められる場合その他これに準ずる場合を含む）における当該対象資本調達手段（注２）の額の合計額（以下、「少数出資に係る対象資本調達手段合計額」）から少数出資に係る10%基準額（注３）を控除した額（注４）に少数出資に係るその他Tier 1 資本保有割合（注５）を乗じて得た額

（注１） Q91の３(4)ｂ（注１）参照。
（注２） Q91の３(4)ｂ（注２）参照。
（注３） Q91の３(5)ｂ（注３）参照。
（注４） 当該額が零を下回る場合には、零とする。
（注５） 少数出資金融機関等の対象資本調達手段のうちその他Tier 1 資本調達手

段に該当するものの額を少数出資に係る対象資本調達手段合計額で除して得た割合をいう。

c　留意点

「少数出資金融機関等のその他Tier 1 資本調達手段の額」を算出する際には、普通株式の額と同様の点に留意が必要です（Q91の3(5)c 参照）。

(5)　「その他金融機関等のその他Tier 1 資本調達手段の額」

a　ポイント

次に、前記(1)四の「その他金融機関等のその他Tier 1 資本調達手段の額」の説明に移ります。これを調整項目とする取扱いは、前述のとおり、ダブルギアリング規制の一類型です。

本項目により、「その他金融機関等」（10％超の議決権を保有しているものなど）に係る対象資本調達手段のうちその他Tier 1 資本調達手段に該当するものが調整項目（マイナス項目）とされ、以下のように扱われます（図表92－5）。

・議決権が10％超の金融機関等（銀行以外や外国の者を含む）のその他

図表92－5　その他金融機関等に係る対象資本調達手段のうちその他Tier 1 資本調達手段に該当するものの扱い

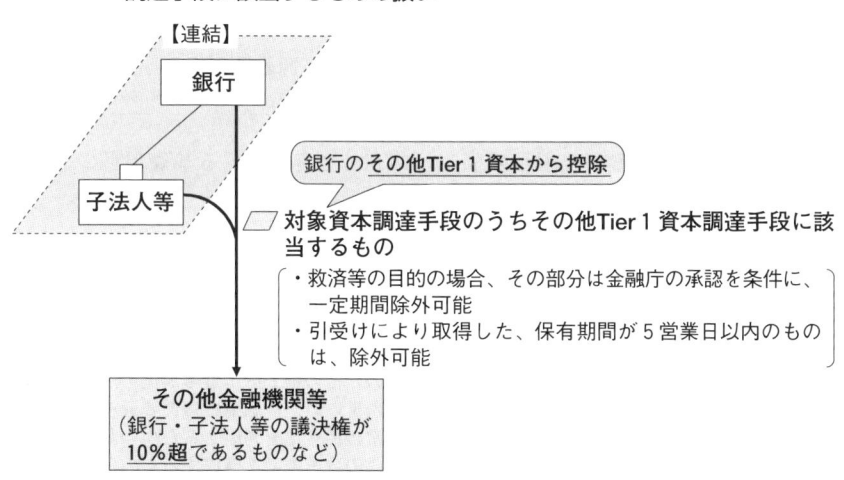

【連結】
銀行
子法人等

銀行のその他Tier 1 資本から控除

対象資本調達手段のうちその他Tier 1 資本調達手段に該当するもの
・救済等の目的の場合、その部分は金融庁の承認を条件に、一定期間除外可能
・引受けにより取得した、保有期間が5営業日以内のものは、除外可能

その他金融機関等
（銀行・子法人等の議決権が10％超であるものなど）

（出所）　大和総研金融調査部作成

Tier 1 資本調達手段の額を、銀行のその他 Tier 1 資本から全額控除
・資本調達手段の保有形態は、直接的保有に限らず、投信・ファンド等を通じた間接的保有も含む
・引受けにより取得した、保有期間が 5 営業日以内のものは除外可能
・救済等の目的の場合は、金融庁の承認を条件に一定期間除外可能

b　具体的な内容

「その他金融機関等のその他 Tier 1 資本調達手段の額」は、「その他金融機関等」に係る対象資本調達手段1のうちその他 Tier 1 資本調達手段に相当するものの額です。

「その他金融機関等」の定義は普通株式等 Tier 1 資本の場合と同じです（Q91 の 3 (6) b 参照）。次に掲げる者をいいます。

c　留意点

「その他金融機関等のその他 Tier 1 資本調達手段の額」を算出するにあたっての留意点は、「少数出資金融機関等のその他 Tier 1 資本調達手段の額」を算出するにあたってのそれと同一です（前記(4) c 参照）。

(6)　「Tier 2 資本不足額」

最後に、前記(1)五の「Tier 2 資本不足額」を説明します。

「Tier 2 資本不足額」は、以下の額です（0 を下回る場合は 0 とされます）。

「Tier 2 資本に係る調整項目の額」－「Tier 2 資本に係る基礎項目の額」

上記項目については、Q93 をご参照ください。

1　資本調達手段のうち、普通株式に該当するもの、その他 Teir 1 資本調達手段に相当するものまたは Tier 2 資本調達手段に相当するものをいい、規制金融機関の資本調達手段にあっては、当該規制金融機関に適用される経営の健全性を判断するための基準又はこれと類似の基準において連結自己資本比率の算式の分子の額を構成するものに相当するものに限ります。

4　その他Tier 1 資本に係る経過措置

(1)　「適格旧Tier 1 資本調達手段」に係る経過措置（グランドファザリング）

2010年9月12日前に発行された、バーゼルⅡ（2.5）における優先出資証券または非累積的永久優先株であって「その他Tier 1 資本調達手段」に該当しないもの[2]（以下、「適格旧Tier 1 資本調達手段」）の額については、適用日（2013年3月31日）から起算して9年を経過するまでの日は、次の表の左欄に掲げる区分に応じ、当該額に次の表の右欄に掲げる率を乗じて得た額を超えない部分の額を、その他Tier 1 資本に係る基礎項目の額に算入することができます。

2013年3月31日～2014年3月30日（2013年3月期を含む）	90%
2014年3月31日～2015年3月30日（2014年3月期を含む）	80%
2015年3月31日～2016年3月30日（2015年3月期を含む）	70%
2016年3月31日～2017年3月30日（2016年3月期を含む）	60%
2017年3月31日～2018年3月30日（2017年3月期を含む）	50%
2018年3月31日～2019年3月30日（2018年3月期を含む）	40%
2019年3月31日～2020年3月30日（2019年3月期を含む）	30%
2020年3月31日～2021年3月30日（2020年3月期を含む）	20%
2021年3月31日～2022年3月30日（2021年3月期を含む）	10%

（注）　適格旧Tier 1 資本調達手段にステップ・アップ金利等を上乗せする特約が付されている場合において、当該特約により適用日後にステップ・アップ金利等が上乗せされたときは、その上乗せされた日以後、当該適格旧Tier 1 資本調達手段の額は、その他Tier 1 資本調達手段に係る基礎項目の額に算入してはならない。

(2)　少数株主持分等に係る経過措置（グランドファザリング）

普通株式等Tier 1 資本と同様の経過措置が設けられています。

---

[2]　ステップ・アップ金利等（あらかじめ定めた期間が経過した後に上乗せされる一定の金利または配当率）を上乗せする特約が付されたものであって、適用日（2013年3月31日）前に当該特約によりステップ・アップ金利等が上乗せされたものを除きます。

(3) 調整項目に係る経過措置(段階的控除)

普通株式等Tier 1 資本と同様の経過措置が設けられています。

なお、(1)の経過措置の対象となる他の銀行等の資本調達手段を保有している場合に、経過措置に合わせて、調整項目の対象となる当該銀行等の資本調達手段を減額することはできません。

Q93 総自己資本はどのように算出するのですか

A

　Tier 2 資本は、基礎項目（プラス項目）から調整項目（マイナス項目）を控除することによって算出します。Tier 2 資本の基礎項目は、おおむね、初回コール日までが5年以上の劣後債や劣後ローン、そして一般貸倒引当金によって構成されます。子会社の少数株主持分の基礎項目への算入は、当該子会社の自己資本比率における分母の10.5％に限定されます。調整項目では、金融機関向けの出資（ダブルギアリング）の防止が厳格化されています。なお、基礎項目と調整項目には、それぞれ経過措置が設けられている点に留意する必要があります。

――解　説――

1　総自己資本

　総自己資本の額は、「Tier 1 資本の額」と「Tier 2 資本の額」の合計です。「Tier 1 資本の額」についてはQ92で説明しましたので、ここでは「Tier 2 資本の額」について説明します。

　「Tier 2 資本」も、普通株式等Tier 1 資本・Tier 1 資本と同様、「Tier 2 資本に係る基礎項目」（プラス項目）から「Tier 2 資本に係る調整項目」（マイナス項目）を控除した額と定義されます。

2　基礎項目（プラス項目）

(1) 基礎項目の類型

　基礎項目の額は、以下の額の合計額です（後記4の経過措置に留意してください）。

第6章　自己資本（国際統一基準行）　569

一　「Tier 2 資本調達手段」に係る株主資本の額（剰余金の配当の予定額を除く）

　二　「Tier 2 資本調達手段」に係る負債の額

　三　「Tier 2 資本調達手段」に係る新株予約権の額

　四　特別目的会社等の発行する「Tier 2 資本調達手段」の額

　五　Tier 2 資本に係る調整後少数株主持分等の額

　六　次に掲げる額の合計額

　　イ　一般貸倒引当金（注1）の額（注2）

　　ロ　「適格引当金の合計額」から「事業法人等向けエクスポージャー及びリテール向けエクスポージャーの期待損失額の合計額」を控除した額（注3）〔内部格付手法採用行の場合〕

(注1)　内部格付手法採用行においては改正告示151条の規定により標準的手法により算出される信用リスク・アセットの額に対応するものとして区分された一般貸倒引当金に限る。

(注2)　当該額が改正告示2条各号の算式における信用リスク・アセットの額の合計額（内部格付手法採用行にあっては、改正告示152条2号に掲げる額）に1.25%を乗じて得た額を上回る場合にあっては、当該乗じて得た額とする。

(注3)　当該額が改正告示152条1号に掲げる額に0.6%を乗じて得た額を上回る場合にあっては、当該乗じて得た額とする。

ただし、「Tier 2 資本調達手段」のうち、償還期限の定めがあり、かつ、当該償還期限までの期間が5年以内になったものについては、以下の額とされます。

$$\text{連結貸借対照表計上額} \times \frac{\text{算出基準日から当該償還期限までの期間の日数}}{\text{当該償還期限までの期間が5年になった日から当該償還期限までの期間の日数}}$$

これは、「Tier 2 資本調達手段」の要件として、(償還期限が定められている場合は)償還期限が5年以上であることが必要なため（(2)④参照）、償還期限

までの期間が5年以内になったものについては、Tier 2 資本に係る基礎項目に算入できる額を制限するものです。

(2) 「Tier 2 資本調達手段」の定義

前記(1)の「Tier 2 資本調達手段」とは、普通株式・「その他Tier 1 資本調達手段」以外で、一般債務（劣後債務以外の債務）に劣後し、償還期限が定められている場合は償還期限までの期間が5年以上であり（償還の際には金融庁の確認が必要）、剰余金の配当額・利息の支払額が発行者の信用状態を基礎として算定されるものでない資本調達手段です。具体的には、普通株式・「その他Tier 1 資本調達手段」以外で、以下の要件のすべてを満たす資本調達手段です。

① 発行者により現に発行され、かつ、払込済みのものであること
② 残余財産の分配または倒産手続における債務の弁済もしくは変更について、発行者の他の債務（劣後債務を除く）に対して劣後的内容を有するものであること
③ 担保権により担保されておらず、かつ、発行者または当該発行者と密接な関係を有する者による保証に係る特約その他の法的または経済的に他の同順位の資本調達手段に対して優先的内容を有するものとするための特約が定められていないこと
④ 償還期限が定められている場合には発行時から償還期限までの期間が5年以上であり、かつ、ステップ・アップ金利等に係る特約その他の償還等（注1）を行う蓋然性を高める特約が定められていないこと
⑤ 償還等を行う場合には発行後5年を経過した日以後（注2）に発行者の任意による場合に限り償還等を行うことが可能であり、かつ、償還等または買戻しに関する次に掲げる要件のすべてを満たすものであること
　イ 償還等または買戻しに際し、自己資本の充実について、あらかじめ金融庁長官の確認を受けるものとなっていること

ロ　償還等または買戻しについての期待を生ぜしめる行為を発行者が行っていないこと

ハ　その他次に掲げる要件のいずれかを満たすこと

　⑴　償還等または買戻しが行われる場合には、発行者の収益性に照らして適切と認められる条件により、当該償還等または買戻しのための資本調達（注3）が当該償還等または買戻しの時以前に行われること

　⑵　償還等または買戻しの後においても発行者が十分な水準の連結自己資本比率を維持することが見込まれること

⑥　発行者が債務の履行を怠った場合における期限の利益の喪失についての特約が定められていないこと

⑦　剰余金の配当額または利息の支払額が、発行後の発行者の信用状態を基礎として算定されるものでないこと

⑧　発行者または当該発行者の子法人等もしくは関連法人等により取得されておらず、かつ、取得に必要な資金が発行者により直接または間接に融通されたものでないこと

⑨　特別目的会社等が発行する資本調達手段である場合には、発行代り金を利用するために発行される資本調達手段が①～⑧および⑩に掲げる要件のすべてまたは「その他Tier 1 資本調達手段」の要件に掲げる要件のすべてを満たし、かつ、当該資本調達手段の発行者が発行代り金の全額を即時かつ無制限に利用可能であること

⑩　元本の削減または普通株式への転換または公的機関による資金の援助その他これに類する措置が講ぜられなければ発行者が存続できないと認められる場合において、これらの措置が講ぜられる必要があると認められるときは、元本の削減等が行われる旨の特約が定められていること（注4）

(注1)　償還期限が定められていないものの償還または償還期限が定められてい

るものの期限前償還。
(注2)　発行の目的に照らして発行後5年を経過する日前に償還等を行うことについてやむをえない事由があると認められる場合にあっては、発行後5年を経過する日前。
(注3)　当該償還等または買戻しが行われるものと同等以上の質が確保されるものに限る。
(注4)　ただし、法令の規定に基づいて、元本の削減等を行う措置が講ぜられる場合または公的機関による資金の援助その他これに類する措置が講ぜられる前に当該発行者に生じる損失を完全に負担することとなる場合は、この特約は不要。

⑩の銀行が実質的な破綻状態に至った場合には元本の削減または普通株式への転換がなされる、という特約（ゴーン・コンサーン・ベース（破綻時を想定したベース）のコンティンジェント・キャピタル条項）が定められていることが必要となります。銀行における「実質破綻認定時」はその他Tier 1 資本の場合と同じです（Q92の2(2)参照）。

他方で、銀行持株会社については、現行法令においては、銀行における預金保険法102条のような金融危機対応枠組みが存在しないことから、「実質破綻認定時」が明確化されていないということになります。そのため、銀行持株会社については、ゴーン・コンサーン・ベースのコンティンジェント・キャピタル条項を規定する必要はあるものの、実質破綻認定がされないということになります（ただしQ35を参照）。

(3)　「特別目的会社等の発行する『Tier 2 資本調達手段』の額」

続いて、前記(1)四の「特別目的会社等の発行する『Tier 2 資本調達手段』の額」の説明に移ります。

Tier 2 資本に係る基礎項目に含まれる「特別目的会社等の発行する『Tier 2 資本調達手段』の額」は、特別目的会社等の資本調達手段のうち、以下の要件のすべてを満たすもの（特別目的会社等の発行する「その他Tier 1 資本調達手段」の要件のすべてを満たすもの（Q92参照）を除きます）の額です（図表93－1）。

図表93－1　特別目的会社を利用した「Tier 2 資本調達手段」発行スキームの例

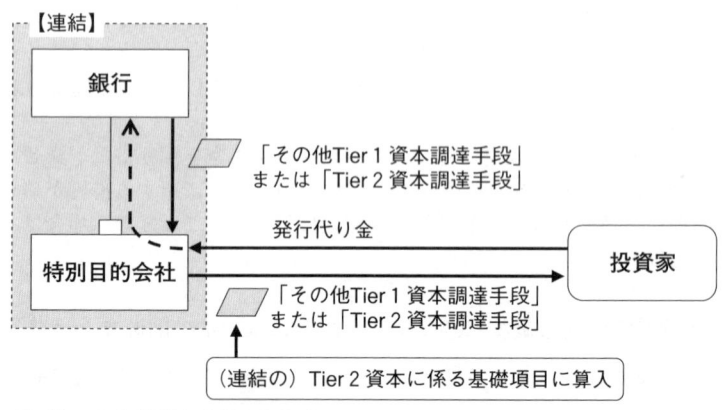

【連結】
銀行 ⇔ 特別目的会社
「その他Tier 1 資本調達手段」または「Tier 2 資本調達手段」
発行代り金 → 投資家
「その他Tier 1 資本調達手段」または「Tier 2 資本調達手段」
（連結の）Tier 2 資本に係る基礎項目に算入

（出所）　大和総研金融調査部作成

---

① 当該特別目的会社等の発行する資本調達手段が、「その他Tier 1 資本調達手段」または「Tier 2 資本調達手段」に該当するものであること

② 当該特別目的会社等の発行する資本調達手段の発行代り金の全額を、（当該特別目的会社等の親法人等である）銀行が即時かつ無制限に利用可能であること

③ ②の発行代り金を利用するために発行される資本調達手段が、「その他Tier 1 資本調達手段」または「Tier 2 資本調達手段」に該当するものであること

④ （当該特別目的会社等の親法人等である）銀行が、その総株主等の議決権のすべてを保有すること

---

(4)　「Tier 2 資本に係る調整後少数株主持分等の額」

a　ポイント

続いて、前記(1)五の「Tier 2 資本に係る調整後少数株主持分等の額」の説

図表93－2 「Tier2資本に係る調整後少数株主持分等の額」の扱い

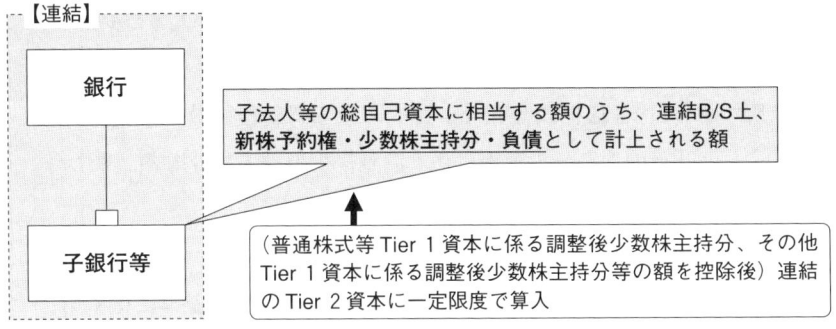

【連結】
銀行
子銀行等

子法人等の総自己資本に相当する額のうち、連結B/S上、**新株予約権・少数株主持分・負債として計上される額**

（普通株式等Tier1資本に係る調整後少数株主持分、その他Tier1資本に係る調整後少数株主持分等の額を控除後）連結のTier2資本に一定限度で算入

（出所）　大和総研金融調査部作成

明に移ります。

　改正前告示では、銀行の連結子法人等の少数株主持分は、原則として全額自己資本の基本的項目（改正前告示におけるTier1資本）に算入されていました。子会社である特別目的会社が発行する優先出資証券も算入の対象となっていました。これに対して、改正後の告示では、Tier2資本に係る基礎項目に算入される「Tier2資本に係る調整後少数株主持分等の額」は、連結子法人等（特別目的会社等を除きます）の少数株主持分等のうち、連結子法人等について自己資本比率を想定した際の分母（または連結の自己資本比率の分母のうち、連結子法人等に関連する部分）の10.5％（総自己資本比率に関する最低所要水準（8％）＋資本保全バッファー（2.5％））に相当する額が上限とされています（図表93－2）。

　普通株式等Tier1資本（連結）に係る基礎項目に算入される「普通株式等Tier1資本に係る調整後少数株主持分の額」は、連結子法人等が銀行等である場合に限定されているのに対し（Q91参照）、Tier2資本の場合は、その他Tier1資本の場合と同様に、そのような限定がない点には留意が必要です。

b　計算方法

　Tier2資本に係る基礎項目に含まれる「Tier2資本に係る調整後少数株主持分等の額」は、以下の額です（後述の計算例参照）。

「［算式A］で求められる額以下の額」(ただし、「連結子法人等の少数株主持分等相当自己資本に係る基礎項目の額(※4)」(「少数株主持分」に相当)が上限)から、「普通株式等Tier 1資本に係る調整後少数株主持分の額(※1)」と「その他Tier 1資本に係る調整後少数株主持分の額(※2)」の合計額を控除した額

> ［算式A］ (イ・ロのいずれか少ない額) ×「総自己資本に係る第三者持分割合(※3)」
> イ (連結子法人等の自己資本比率の分母(注)) ×10.5%
> ロ (銀行の(連結)自己資本比率の分母のうち、連結子法人等に関連するもの) ×10.5%

(注) 当該連結子法人等が銀行以外の場合にあっては、これに相当する額。

「普通株式等Tier 1資本に係る調整後少数株主持分の額(※1)」、「その他Tier 1資本に係る調整後少数株主持分等の額(※2)」については、それぞれQ91・Q92をご参照ください。

「総自己資本に係る第三者持分割合(※3)」は、以下の値です。

$$\frac{連結子法人等の少数株主持分等相当総自己資本に係る基礎項目の額(※4)}{連結子法人等の単体総自己資本に係る基礎項目の額}$$

「連結子法人等の少数株主持分等相当総自己資本に係る基礎項目の額(※4)」は、以下の算式で求められる「連結子法人等の単体総自己資本に係る基礎項目の額」のうち、親銀行の連結貸借対照表の純資産の部または負債の部に、新株予約権もしくは少数株主持分または負債として計上される部分の額です。

$$\boxed{\begin{array}{c}\text{(単体) Tier 1 資}\\\text{本に係る基礎項}\\\text{目の額}\end{array}} + \boxed{\begin{array}{c}\text{Tier 2 資本に係る基礎項目の額(特別目的会}\\\text{社等の発行するTier 2 資本調達手段の額を除}\\\text{く)}\end{array}}$$

なお、「連結子法人等の少数株主持分等相当総自己資本に係る基礎項目の額(※4)」には、銀行の100％子会社が第三者に発行する資本調達手段であって、Tier 2 相当の要件を満たすものも含まれます。従来は、SPCが発行する優先出資証券でQ 4 の要件を満たすものは、Tier 1 への算入が可能でしたが、改正告示では、これを普通株式等Tier 1 に算入することはできません。もっとも、その他Tier 1 およびTier 2 への算入は、一定の要件を満たせば可能です。

c 特別目的会社等の発行する資本調達手段の算入

なお、上記「Tier 2 資本に係る調整後少数株主持分等の額」を算出する場

図表93－3　特別目的会社(連結子法人等の子法人等)を利用した資本
　　　　　調達手段発行スキームの例

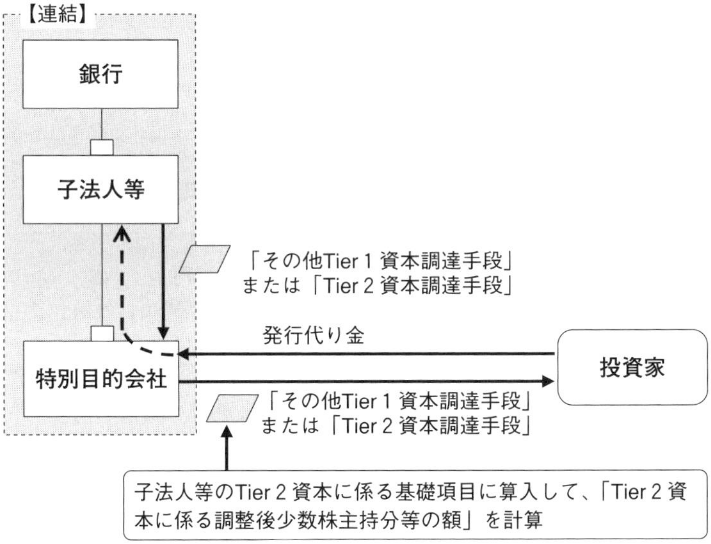

(出所)　大和総研金融調査部作成

合において、連結子法人等が特別目的会社等を保有するときは、以下の要件のすべてを満たす場合に限り、当該特別目的会社等の発行する資本調達手段（「その他Tier 1 資本に係る基礎項目」に算入できる、特別目的会社等の発行する資本調達手段の要件（Q92の2(4)参照）のすべてを満たすものを除きます）の額を、（連結子法人等の）Tier 2 資本に係る基礎項目の額に算入することができます（図表93－3）。

> ① 当該特別目的会社等の発行する資本調達手段が、「その他Tier 1 資本調達手段」または「Tier 2 資本調達手段」に該当するものであること
> ② 当該特別目的会社等の発行する資本調達手段の発行代り金の全額を、当該連結子法人等が即時かつ無制限に利用可能であること
> ③ ②の発行代り金を利用するために発行される資本調達手段が、「その他Tier 1 資本調達手段」または「Tier 2 資本調達手段」に該当するものであること
> ④ 当該連結子法人等が、当該特別目的会社等の総株主等の議決権のすべてを保有すること

[参考]　「Tier 2 資本に係る調整後少数株主持分等の額」の計算例

・子会社（連結子法人等）の単体総自己資本：150億円
・子会社の「少数株主持分等相当総自己資本に係る基礎項目の額」：30億円
・「普通株式等Tier 1 資本に係る調整後少数株主持分」：14億円
・「その他Tier 1 資本に係る調整後少数株主持分等」：3億円
・子会社の自己資本比率の分母：1,050億円
・グループの（連結）自己資本比率の分母のうち、子会社に関連する額：1,000億円

```
                    【連結】
              ┌──────────────┐
              │     銀行     │──── 少数株主
              └──────┬───────┘
                     │         子法人等の単体総自己資本に相
                     │         当する額のうち、連結B/S上、
                     │         **新株予約権、少数株主持分、負**
                     │         **債として計上される額：30億円**
自己資本比率の       │
分母：1,050億円  → 子法人等  ←── グループの（連結）自己資本比
              └──────────────┘    率の分母のうち連結子法人等に
                                   関連するもの：1,000億円
```

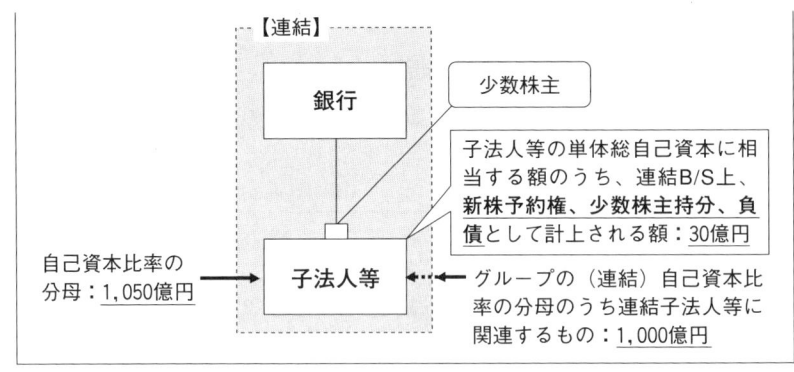

 「普通株式等Tier 1 資本に係る調整後少数株主持分の額（※ 1 ）」と「その他Tier 1 資本に係る調整後少数株主持分の額（※ 2 ）」の合計額を控除する前の額の上限額が「連結子法人等の少数株主持分等相当自己資本に係る基礎項目の額（※ 4 ）」（「少数株主持分」に相当）であり、具体的には30億円です。

 次に、前記の［算式A］のうち、イの額は1,050億円×10.5％＝110.25億円、ロの額は1,000億円×10.5％＝105億円なので、「イ・ロのいずれか少ない額」は105億円となります。そして、「総自己資本に係る第三者持分割合」は30億円／150億円＝20％であるため、［算式A］で求められる額は、105億円×20％＝21億円。この額は、「普通株式等Tier 1 資本に係る調整後少数株主持分の額（※ 1 ）」と「その他Tier 1 資本に係る調整後少数株主持分の額（※ 2 ）」の合計額を控除する前の額の上限額の30億円を超えないため、この21億円が「（算式A）で求められる額以下の額」となります。

 この額から、「普通株式等Tier 1 資本に係る調整後少数株主持分」（14億円）と「その他Tier 1 資本に係る調整後少数株主持分等」（ 3 億円）を控除すると 4 億円となり、この額が「Tier 2 資本に係る調整後少数株主持分等の額」となります。

 銀行のTier 2 資本に算入される部分（「Tier 2 資本に係る調整後少数株主持分等の額」）を図示すると、以下のようになります。

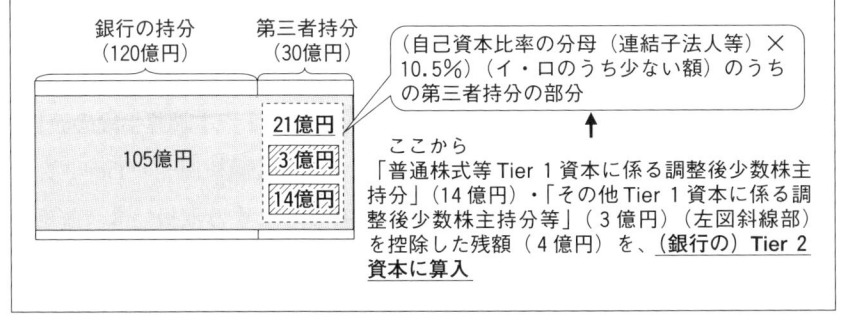

```
 銀行の持分      第三者持分
 (120億円)       (30億円)
┌──────────┬──────────┐   （自己資本比率の分母（連結子法人等）×
│          │   21億円  │   10.5％）（イ・ロのうち少ない額）のうち
│          ├──────────┤   の第三者持分の部分
│  105億円 │   3億円  │              ↑
│          ├──────────┤   ここから
│          │  14億円  │   「普通株式等Tier 1 資本に係る調整後少数株
└──────────┴──────────┘   主持分」（14億円）・「その他Tier 1 資本に係る調
                              整後少数株主持分等」（ 3 億円）（左図斜線部）
                              を控除した残額（ 4 億円）を、**（銀行の）Tier 2**
                              **資本に算入**
```

3 調整項目（マイナス項目）

(1) Tier 2 資本に係る調整項目の類型

調整項目の額は、以下の額の合計額です（後記4の経過措置に留意してください）。

一　自己保有Tier 2 資本調達手段の額
二　意図的に保有している他の金融機関等のTier 2 資本調達手段の額
三　少数出資金融機関等のTier 2 資本調達手段の額
四　その他金融機関等のTier 2 資本調達手段の額

二、三、四は、「ダブルギアリング規制」と総称することができます（後述(3)(4)(5)参照）。これらのように、相手方金融機関のTier 2 資本相当額は、自行の（普通株式等Tier 1 資本やその他Tier 1 資本からではなく）Tier 2 資本から控除することとされます（「対応控除アプローチ」）。

(2) 「自己保有Tier 2 資本調達手段の額」

前記(1)一の「自己保有Tier 2 資本調達手段」とは、銀行または連結子法人等が自らの資本調達手段を保有している場合における当該資本調達手段のうちTier 2 資本調達手段に該当するものをいいます。

「保有」の定義はQ91の普通株式等Tier 1 資本の場合と同じです。

なお、自己保有Tier 2 資本調達手段の額を算出する場合において、銀行または連結子法人等が自己保有Tier 2 資本調達手段に係る一定のショート・ポジションを保有するときは、当該自己保有Tier 2 資本調達手段と対応するショート・ポジションを相殺することができます。

(3) 「意図的に保有している他の金融機関等のTier 2 資本調達手段の額」

続いて、前記(1)二の「意図的に保有している他の金融機関等のTier 2 資本調達手段の額」の説明に移ります。これを調整項目とする取扱いは、前述のとおり、ダブルギアリング規制の一類型です。

改正前告示でも、「意図的に保有している他の金融機関の資本調達手段」

は自己資本（基本的項目＋補完的項目＋準補完的項目）から控除されています。そして、改正告示でも、「意図的に保有している他の金融機関等のTier 2 資本調達手段の額」がTier 2 資本の調整項目（マイナス項目）として全額控除することとされていますが、Q91でも説明したように対象となる場合が見直されています。

なお、証券会社や保険会社など銀行以外の者が発行する資本調達手段におけるコンティンジェント・キャピタル条項の取扱いは、Q94の 4 を参照してください（(4)、(5)も同様です）。

⑷　「少数出資金融機関等のTier 2 資本調達手段の額」

a　ポイント

次に、前記⑴三の「少数出資金融機関等のTier 2 資本調達手段の額」の説明に移ります。これを調整項目とする取扱いは、前述のとおり、ダブルギアリング規制の一類型です。

前述のとおり、改正告示では、「意図的に保有している他の金融機関等のTier 2 資本調達手段の額」が調整項目（マイナス項目）とされていますが、改正告示では、さらに、意図的な保有に限らず、他の金融機関等の「Tier 2 資本調達手段」を（議決権保有割合が10％超か否かによって異なる方法で）銀

図表93－ 4　「少数出資金融機関等のTier 2 資本調達手段」の扱い

【連結】
銀行
子法人等

銀行の普通株式等Tier 1 資本の10％を超える額（のTier 2 資本保有割合に相当する額）を銀行のTier 2 資本から控除

対象資本調達手段合計額
・救済等の目的の場合、その部分は金融庁の承認を条件に、一定期間除外可能
・引受けにより取得した、保有期間が 5 営業日以内のものは、除外可能

少数出資金融機関等
（銀行・子法人等の議決権が10％以下）

（出所）　大和総研金融調査部制度調査課作成

行のTier 2 資本から控除することとしています。「少数出資金融機関等のTier 2 資本調達手段の額」は、そのうち議決権割合が10％以下の場合の場合に相当し（議決権保有割合が10％超の場合は後記(5)参照）、以下のように扱われます（図表93－4）。

・銀行または連結子法人等による議決権保有割合が10％以下の金融機関等（銀行以外や外国の者を含みます）（注１）に対する出資（当該金融機関等の対象資本調達手段（注２））のうち、保有される金融機関等のTier 2 資本に相当する額について、保有する側の銀行の普通株式等Tier 1 資本の10％を超える部分を、銀行のTier 2 資本から控除
・資本調達手段の保有形態は、直接的保有に限らず、投信・ファンド等を通じた間接的保有も含む
・引受けにより取得した、保有期間が５営業日以内のものは除外可能
・救済等の目的の場合は、金融庁の承認を条件に一定期間除外可能

（注１）　Q91の３(4) b　（注１）参照。
（注２）　Q91の３(4) b　（注２）参照。

　たとえば、銀行の普通株式等Tier 1 資本が1,000億円（調整項目控除後）であり、少数出資金融機関等に対する出資（対象資本調達手段）300億円のうちTier 2 資本相当部分が60億円である場合、出資額300億円のうち1,000億円の10％である100億円を超える部分である200億円に、少額出資金融機関等のTier 2 資本相当部分の割合（＝60億円÷300億円）を掛けた40億円が、銀行等のTier 2 資本から控除されます。

b　具体的な内容
　「少数出資金融機関等のTier 2 資本調達手段の額」は、以下のとおりです。

少数出資金融機関等（銀行および連結子法人等の議決権割合が10％以下の他の金融機関等（注１））（親会社および兄弟会社を除く）の対象資本調達

手段（注2）を銀行または連結子法人が保有している場合（連結範囲外の法人等に対する投資その他これに類する行為を通じて当該銀行または連結子法人等が実質的に保有している場合に相当すると認められる場合その他これに準ずる場合を含む）における当該対象資本調達手段（注2）の額の合計額（以下、「少数出資に係る対象資本調達手段合計額」）から少数出資に係る10％基準額（注3）を控除した額（注4）に少数出資に係るTier 2 資本保有割合（注5）を乗じて得た額

（注1）　Q91の3⑷b（注1）参照。
（注2）　Q91の3⑷b（注2）参照。
（注3）　Q91の3⑸b（注3）参照。
（注4）　当該額が零を下回る場合には、零とする。
（注5）　少数出資金融機関等の対象資本調達手段のうちTier資本調達手段に該当するものの額を少数出資に係る対象資本調達手段合計額で除して得た割合をいう。

c　留意点

「少数出資金融機関等のTier 2 資本調達手段の額」を算出する際には、普通株式の額と同様の点に留意が必要です（Q91の3⑸c参照）。

⑸　「その他金融機関等のTier 2 資本調達手段の額」

a　ポイント

次に、前記⑴四の「その他金融機関等のTier 2 資本調達手段の額」の説明に移ります。これを調整項目とする取扱いは、前述のとおり、ダブルギアリング規制の一類型です。

本項目により、「その他金融機関等」（10％超の議決権を保有しているものなど）に係る対象資本調達手段のうちTier 2 資本調達手段に該当するものが、調整項目（マイナス項目）とされ、以下のように扱われます（図表93－5）。

・議決権が10％超の金融機関等（銀行以外や外国の者を含む）のTier 2 資本調達手段の額を、銀行のTier 2 資本から全額控除

- 資本調達手段の保有形態は、直接的保有に限らず、投信・ファンド等を通じた間接的保有も含む
- 引受けにより取得した、保有期間が5営業日以内のものは除外可能
- 救済等の目的の場合は、金融庁の承認を条件に一定期間除外可能

b　具体的な内容

　「その他金融機関等のTier 2資本調達手段の額」は、「その他金融機関等」に係る対象資本調達手段1のうちTier 2資本調達手段に相当するものの額です。

　「その他金融機関等」の定義は普通株式等Tier 1資本の場合と同じです（Q91の3(6)b）。

c　留　意　点

　「その他金融機関等のTier 2資本調達手段の額」を算出するにあたっての留意点は、「少数出資金融機関等のTier 2資本調達手段の額」を算出するにあたってのそれと同一です（前記(4)c参照）。

図表93-5　その他金融機関等に係る対象資本調達手段のうちTier 2資本調達手段に該当するものの扱い

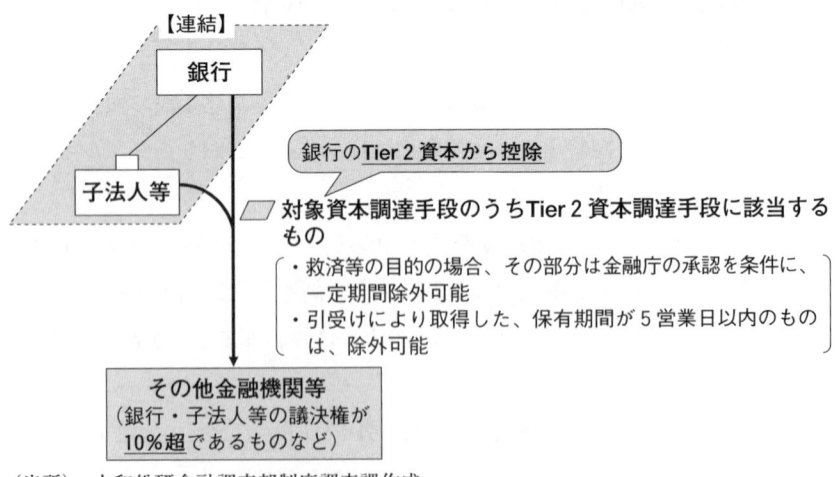

```
     【連結】
      銀行
       │
      子法人等         銀行のTier 2資本から控除
                     ┌──────────────────┐
                     │ 対象資本調達手段のうちTier 2資本調達手段に該当する
                     │ もの
                     │ ・救済等の目的の場合、その部分は金融庁の承認を条件に、
                     │   一定期間除外可能
                     │ ・引受けにより取得した、保有期間が5営業日以内のもの
                     │   は、除外可能
       ↓
   その他金融機関等
   （銀行・子法人等の議決権が
    10％超であるものなど）
```

（出所）　大和総研金融調査部制度調査課作成

4 Tier 2 資本に係る経過措置

(1) 「適格旧Tier 2 資本調達手段」に係る経過措置(グランドファザリング)

バーゼルⅡ (2.5)における一定の要件 (Q 3 参照) を満たす負債性資本調達手段、期限付劣後債務 (契約時における償還期間が 5 年を超えるものに限る) および期限付優先株であって、「Tier 2 資本調達手段」に該当しないもの (2010年9月12日前に発行されたものに限る)2、または (ゴーン・コンサーン・ベースのコンティンジェント・キャピタル条項を除く)「Tier 2 資本調達手段」の要件をすべて満たす資本調達手段 (2010年9月12日から2013年3月30日までの間に発行されたものに限る) (以下、「適格旧Tier 2 資本調達手段」) の額については、適用日 (2013年3月31日) から起算して 9 年を経過するまでの日は、次の表の左欄に掲げる区分に応じ、当該額に次の表の右欄に掲げる率を乗じて得た額を超えない部分の額を、Tier 2 資本に係る基礎項目の額に算入することができます。

2013年3月31日〜2014年3月30日 (2013年3月期を含む)	90%
2014年3月31日〜2015年3月30日 (2014年3月期を含む)	80%
2015年3月31日〜2016年3月30日 (2015年3月期を含む)	70%
2016年3月31日〜2017年3月30日 (2016年3月期を含む)	60%
2017年3月31日〜2018年3月30日 (2017年3月期を含む)	50%
2018年3月31日〜2019年3月30日 (2018年3月期を含む)	40%
2019年3月31日〜2020年3月30日 (2019年3月期を含む)	30%
2020年3月31日〜2021年3月30日 (2020年3月期を含む)	20%

---

1 資本調達手段のうち、普通株式に該当するもの、その他Teir 1 資本調達手段に相当するものまたはTier 2 資本調達手段に相当するものをいい、規制金融機関の資本調達手段にあっては、当該規制金融機関に適用される経営の健全性を判断するための基準またはこれと類似の基準において連結自己資本比率の算式の分子の額を構成するものに相当するものに限ります。

2 ステップ・アップ金利等 (あらかじめ定めた期間が経過した後に上乗せされる一定の金利または配当率) を上乗せする特約が付されたものであって、適用日 (2013年3月31日) 前に当該特約によりステップ・アップ金利等が上乗せされたものを除きます。

| 2021年3月31日～2022年3月30日（2021年3月期を含む） | 10% |

(注) 適格旧Tier 2資本調達手段にステップ・アップ金利等を上乗せする特約が付されている場合において、当該特約により適用日後にステップ・アップ金利等が上乗せされたときは、その上乗せされた日以後、当該適格旧Tier 2資本調達手段の額は、Tier 2資本調達手段に係る基礎項目の額に算入してはならない。

(2) 公的機関による資本の増強に関する措置に係る経過措置

公的機関による資本の増強に関する措置を通じて適用日前に発行された資本調達手段であって、旧Tier 2に該当するものの額[3]については、2018年3月31日までの間（2018年3月期を含む）は、その全額をTier 2資本に係る基礎項目の額に算入することができます。

(3) 少数株主持分等に係る経過措置（グランドファザリング）

普通株式等Tier 1資本と同様の経過措置が設けられています。

(4) 調整項目に係る経過措置（段階的控除）

普通株式等Tier 1資本と同様の経過措置が設けられています。

なお、(1)の経過措置の対象となる他の銀行等の資本調達手段を保有している場合に、経過措置に合わせて、調整項目の対象となる当該銀行等の資本調達手段を減額することはできません。

---

[3] 償還期限の定めがあり、かつ、当該償還期限までの期間が5年以内になったものについては、連結貸借対照表計上額に、「算出基準日から当該償還期限までの期間の日数」を「当該償還期限までの期間が5年になった日から当該償還期限までの期間の日数」で除して得た割合を乗じた額とされています。

Q94 国際統一基準行向けのダブルギアリング規制の詳細について教えてください

A

「ダブルギアリング」とは、銀行による連結外金融機関向けの出資のことです。バーゼル規制では、一般的に、これを自己資本から控除するという取扱いをしていますが、これをダブルギアリング規制といいます。ダブルギアリングに該当する出資には、他の金融機関等が発行する資本調達手段の直接的な保有に限らず、いわゆる「間接保有」も含まれます。「間接保有」には、他の金融機関等に係る資本調達手段を保有するファンドに対して出資している場合や、第三者による他の金融機関等への出資について保証やCDSのプロテクションを提供している場合が該当します。バーゼルⅢでは、ダブルギアリング規制が適用される場合、コレスポンディング・アプローチ（対応控除アプローチ）により、保有している資本調達手段が該当する資本類型（Tier）に応じて、自行の資本類型から控除が行われます。改正告示の適用日（2013年3月31日）より前に銀行が発行した資本調達手段や、（他の金融機関等のうち）銀行以外の者が発行するその他Tier1資本調達手段およびTier2資本調達手段がいずれの資本類型に該当するかについては、コンティンジェント・キャピタル条項の要件以外の算入要件に照らし、どの資本類型の要件に最も適合しているかをふまえ、該当する資本類型を判断します。

― 解　説 ―

1 「ダブルギアリング」とは

「ダブルギアリング」とは、銀行による連結外金融機関向けの出資のことです。

バーゼル規制では、一般的に、これを自己資本から控除するという取扱い

図表94-1 バーゼルⅢにおける控除項目（調整項目）

	普通株式等Tier 1からの控除項目	その他Tier 1からの控除項目	Tier 2からの控除項目
一 以下の合計額	○	—	—
イ）(1)(2)の合計額			
(1) 無形固定資産（のれんおよびのれん相当差額）の額			
(2) 無形固定資産（のれんおよびモーゲージ・サービシング・ライツを除く）の額			
ロ）繰延税金資産（一時差異に係るものを除く）の額			
ハ）繰延ヘッジ損益の額			
ニ）内部格付手法採用行において、事業法人等向けエクスポージャーおよびリテール向けエクスポージャーの期待損失額の合計額が適格引当金の合計額を上回る場合における、当該期待損失額の合計額から当該適格引当金の合計額を控除した額			
ホ）証券化取引に伴い増加した自己資本に相当する額			
ヘ）負債の時価評価により生じた時価評価差額であって、自己資本に算入される額			
ト）前払年金費用の額			
二a 自己保有普通株式の額	○	—	—
二b 自己保有その他Tier 1資本調達手段の額	—	○	—
二c 自己保有Tier 2資本調達手段の額	—	—	○
三a 意図的に保有している他の金融機関等の普通株式の額	○	—	—
三b 意図的に保有している他の金融機関等のその他Tier 1資本調達手段の額	—	○	—
三c 意図的に保有している他の金融機関等のTier 2資本調達手段の額	—	—	○
四a 少数出資金融機関等（注1）の普通株式の額	○（注2）	—	—
四b 少数出資金融機関（注1）のその他Tier 1資本調達手段の額	—	○（注2）	—
四c 少数出資金融機関（注1）のTier 2資本調達手段の額	—	—	○（注2）
五 以下の3項目（特定項目）に係る10％基準超過額	○	—	—

	(1) 「その他金融機関等」(注3)への普通株式出資		
	(2) モーゲージ・サービシング・ライツ		
	(3) （一時差異に基づく）繰延税金資産		
六	以下の3項目（特定項目）に係る15％超基準超過額	○	—	—
	(1) 「その他金融機関等」(注3)への普通株式出資		
	(2) モーゲージ・サービシング・ライツ		
	(3) （一時差異に基づく）繰延税金資産		
七 a	「その他金融機関等」(注3)のその他Tier 1 資本調達手段の額	—	○	—
七 b	「その他金融機関等」(注3)のTier 2 資本調達手段の額	—	—	○
八 a	その他Tier 1 資本不足額	○	—	—
八 b	Tier 2 資本不足額	—	○	—

「○」は控除
（注1） 議決権割合が10％以下の金融機関等をいう。
（注2） 自己の普通株式等Tier 1 資本の10％超相当部分を対応する規制資本から控除する（コレスポンディング・アプローチ）。
（注3） 議決権割合が10％超の金融機関等をいう。
（出所） 改正告示をもとに大和総研金融調査部制度調査課作成

をしていますが、これをダブルギアリング規制といいます。

　ここで、ダブルギアリング規制の説明に入る前に、バーゼルⅢにおける控除項目（調整項目）を再度確認します。バーゼルⅢにおける控除項目を一覧化したのが、図表94－1です（Q21、Q91、Q92、そしてQ93もあわせてご参照ください）。

　バーゼルⅢにおけるダブルギアリング規制といった場合、図表94－1中の三、四、五(1)、六(1)、そして七を控除項目とする取扱いを指します。バーゼルⅡとバーゼルⅢにおけるダブルギアリング規制の概要は、図表94－2のとおりです（Q21、Q91、Q92、そしてQ93もあわせてご参照ください）。

図表94－2　ダブルギアリング規制の概要

バーゼルⅡ	バーゼルⅢ
連結外金融機関向け出資のうち、	
下記を控除 ・国内預金取扱金融機関への意図的保有 ・関連会社向け出資	銀行、証券、保険を含む国内外の金融機関向け出資について、 ①　資本かさ上げ目的の持合い→全額控除 ②　議決権10％以下保有先→自己の普通株式等Tier 1 部分の10％超相当分を控除（コレスポンディング・アプローチ） ③　議決権10％超保有先→ 　（i）普通株式への出資：自己の普通株式等Tier 1 部分の10％超相当分を控除（注） 　（ii）その他Tier 1 ・その他Tier 2 への出資：全額控除（コレスポンディング・アプローチ）

（注）　普通株式等Tier 1 資本への算入上限は、モーゲージ・サービシング・ライツおよび（一時差異に基づく）繰延税金資産との合計で普通株式等Tier 1 の15％までとされている。
（出所）　金融庁資料「バーゼル3 の全体像」を参考に大和総研金融調査部制度調査課作成

2　「間接保有」の範囲

　ダブルギアリングに該当する出資には、他の金融機関等が発行する資本調達手段の直接的な保有に限らず、いわゆる「間接保有」も含まれます（詳細については、Q91、Q92、そしてQ93をご参照ください）。

　金融庁は、この間接保有に該当するケースとして、次のようなものをあげています。

・「自己資本調達手段又は他の金融機関等に係る資本調達手段の取得及び保有を行う連結範囲外の法人等（例：ファンド又はSPC）に対する投資を行い、これにより当該資本調達手段の価値変動や信用リスク等を

> 実質的に負担することとなる場合」
> ・「これらの資本調達手段の価値に直接連動する派生商品取引（例：株式オプション）を行っている場合」

（出所）「自己資本比率規制に関するQ&A」第8条－Q5

　さらに、金融庁は、この間接保有に該当する具体的な事例として、次のようなものをあげています（これらの事例に限られるわけではありません）。

> ① 他の金融機関等に係る資本調達手段を保有するファンドに対して出資している場合
> 　（日経平均株価や東証株価指数に連動する株式投資信託やETFを含む。）
> ② 連結範囲外の法人等に対する貸付を通じて当該法人等に他の金融機関等に係る資本調達手段を保有させていると認められる場合
> ③ 他の金融機関等に係る資本調達手段について、第三者とトータル・リターン・スワップ契約を結んでいる場合
> ④ 第三者による他の金融機関等への出資について保証やCDSのプロテクションを提供している場合
> ⑤ 他の金融機関等に係る資本調達手段についてコール・オプションを購入しているまたはプット・オプションを売却している場合
> ⑥ 他の金融機関等に係る資本調達手段を将来取得する契約を結んでいる場合
> ⑦ 他の金融機関等に係る資本調達手段を裏付資産とする特定社債や証券化商品に対して出資している場合

（出所）「自己資本比率規制に関するQ&A」第8条－Q5

　金融庁は、（上記①にあるように）ファンド等を通じた間接保有について

は、原則としてルックスルーを行ったうえで（すなわち、銀行が直接保有しているとみなして）、自己保有資本調達手段または他の金融機関等に係る資本調達手段への投資割合を勘案して保有額を算出する必要があるとしています。

3　「他の金融機関等」の範囲

　バーゼルⅢでは、ダブルギアリング規制により、「他の金融機関等」との間における資本かさ上げ目的の持合いは、全額自己資本から控除されます（詳細については、Q91、Q92、そしてQ93をご参照ください）。

　金融庁は、ここでいう「他の金融機関等」の具体的な範囲を、次の事業を主たる事業として営む者（およびこれらに準ずる外国法人）としています。

・銀行業（中央銀行を除く）
・協同組織金融業
・貸金業、クレジットカード業等非預金信用機関
・金融商品取引業、商品先物取引業
・補助的金融業等（信託業および金融代理業を含む）
・保険業（保険媒介代理業および保険サービス業を含む）
・総合リース業

（出所）「自己資本比率規制に関するQ&A」第8条－Q10および日本標準産業分類

4　コレスポンディング・アプローチの判別基準

　バーゼルⅢでは、ダブルギアリング規制が適用される場合、コレスポンディング・アプローチ（対応控除アプローチ）により、保有している資本調達手段が該当する資本類型（Tier）に応じて、自行の資本類型から控除が行われます（Q92およびQ93をあわせてご参照ください）。

　たとえば、他の金融機関等のその他Tier 1資本調達手段を保有している場合、自行のその他Tier 1資本から控除が行われます。

そのため、ダブルギアリングに該当する資本調達手段が、いずれの資本類型に該当するか（普通株式等か、その他Tier 1資本調達手段か、Tier 2資本調達手段か）を判別する必要があります。

　金融庁は、この判別方法について、「原則として、各Tierの算入要件に照らし、どのTierの要件に最も適合しているかを踏まえ、判断する」（「自己資本比率規制に関するQ&A」第8条－Q11）としています。

　ここで、その他Tier 1資本調達手段およびTier 2資本調達手段の算入要件を思い起こすと、これらにはコンティンジェント・キャピタル条項を付すという要件が課されています（詳細については、Q92およびQ93をご参照ください）。しかし、改正告示の適用日（2013年3月31日）より前に銀行が発行した資本調達手段や、（他の金融機関等のうち）銀行以外の者が発行する資本調達手段は、通常、コンティンジェント・キャピタル条項が付されておらず、この要件を満たさないことが考えられます。そのため、これらの資本調達手段がどの資本類型に属すると考えるべきか(すなわち、その他Tier 1資本調達手段およびTier 2資本調達手段に該当しないと考えるべきか）という問題が生じます。

　そこで、金融庁は、これらの資本調達手段については、コンティンジェント・キャピタル条項の要件以外の算入要件に照らし、どの資本類型の要件に最も適合しているかをふまえ、該当する資本類型を判断することとしています。（他の金融機関等のうち）銀行以外の者が発行する資本調達手段については、「健全性を判断するための基準等における取扱いを勘案する必要はなく、保有している資本調達手段の商品性（満期の有無や優先・劣後構造、利払いの裁量性等）に着目し」（「自己資本比率規制に関するQ&A」第8条－Q11)て判断すれば足りるとしています。

　これは、あくまで実態をみて判断すれば足りるとしているにとどまり、具体的な判断基準までは示されていないという見方が可能でしょう。

　なお、他の金融機関等向けの出資がいずれの資本類型にも該当しない場合は、みなし普通株式として、銀行の普通株式等Tier 1から控除されることになります。

第7章

自己資本（国内基準行）

Q95 国内基準行向けバーゼルⅢ導入後の自己資本の構成を教えてください

A

国内基準行向けバーゼルⅢ導入後の自己資本の構成は、図表95-1のとおりです。

図表95-1 国内基準行向けバーゼルⅢ導入後の自己資本の構成

〈自己資本の構成（国内基準行向けバーゼルⅢ導入前）〉

基本的項目 （Tier 1）	・普通株式（非累積的永久優先株を含む） ・内部留保
補完的項目 （Tier 2）	・劣後債、劣後ローン ・期限付優先株 ・土地再評価差額金の45％相当額 ・一般貸倒引当金（リスク・アセットの0.625％まで）　等
準補完的項目 （Tier 3）	・短期劣後債務

Tier 1（または自己資本全体）からの控除項目	・その他有価証券評価損（注1） ・のれん、営業権 ・繰延税金資産（Tier 1の20％を超える部分）（注2） ・自己株式 ・他の金融機関（国内預金取扱金融機関）および連結外の子法人等への出資（ダブルギアリング）　等

〈自己資本の構成（国内基準行向けバーゼルⅢ導入後）〉

コア資本 （Tier 1・Tier 2・Tier 3の区分廃止）	・普通株式 ・強制転換条項付優先株式 ・内部留保 ・その他の包括利益累計額（為替換算調整勘定、退職給付に係る調整額のみ） ・一般貸倒引当金（信用リスク・アセットの1.25％まで）　等
コア資本から控除される項目	・のれん、営業権＋その他の無形固定資産 ・繰延税金資産 ・自己株式 ・他の金融機関（証券会社・保険会社等を含む）および連結外の子法人等への出資（ダブルギアリング）　等

(注1) ただし、自己資本比率規制の一部を弾力化する特例により、2014年3月30日までの間は、その他有価証券評価損を自己資本に反映する必要はない。
(注2) 主要行に対して適用。
(出所) 大和総研金融調査部制度調査課作成

解　説

　国内基準行向けバーゼルⅢ導入後の自己資本の構成を、国内基準行向けバーゼルⅢ導入前のそれと比較しつつ、要約して示すと、図表95－1のようになります。

　両者の相違点を端的に表すとすれば、国内基準行向けバーゼルⅢ導入により、（控除項目の強化を含めて）自己資本の質の向上が図られているということになります。

　自己資本への算入項目や控除項目の詳細については、Q96、Q97をご参照ください。

Q96 コア資本はどのように算出するのですか

A

　コア資本は、基礎項目（プラス項目）から調整項目（マイナス項目）を控除することによって算出します。基礎項目は、おおむね普通株式・内部留保・強制転換条項付優先株式、一般貸倒引当金などによって構成されます。子会社（銀行と証券会社に限定）の少数株主持分の基礎項目への算入は、当該子会社の自己資本比率における分母の4％に限定されます。調整項目では、金融機関向けの出資（ダブルギアリング）の防止が厳格化されています。なお、基礎項目と調整項目には、それぞれ経過措置が設けられている点に留意する必要があります。

解　説

1　コア資本

　Q31で述べたように、国内基準行向けバーゼルⅢでは、自己資本の質の向上を促すべく、従来のTier 1（基本的項目）・Teir 2（補完的項目）・Tier 3（準補完的項目）の区分が廃止され、「コア資本」という概念が導入されます。コア資本には、普通株式・内部留保・強制転換条項付優先株式（およびその他の包括利益累計額）等が含まれる一方、金融機関向けの出資（ダブルギアリング）、繰延税金資産、無形固定資産、退職給付に係る資産の額等が控除されます。改正告示では、前者を「コア資本に係る基礎項目」（プラス項目）、後者を「コア資本に係る調整項目」（マイナス項目）と定義し、自己資本の額を前者から後者を控除した額と定義しています。

2 基礎項目（プラス項目）

(1) 基礎項目の類型

基礎項目の額は、以下の額の合計額です（後記4の経過措置に留意してください）。

一 普通株式または強制転換条項付優先株式に係る株主資本の額（社外流出予定額を除く）（注1）

二 その他の包括利益累計額（注2）（その他有価証券評価差額金（注3）、繰延ヘッジ損益、土地再評価差額金を除く（注4）。連結ベースでは為替換算調整勘定、退職給付に係る調整額（注5）を含む）

三 普通株式または強制転換条項付優先株式に係る新株予約権の額

四 コア資本に係る調整後少数株主持分の額

五 次に掲げる額の合計額

　イ 一般貸倒引当金の額（≦信用リスク・アセットの額の合計額×1.25％）

　ロ 内部格付手法採用行において、適格引当金の合計額が事業法人等向けエクスポージャーおよびリテール向けエクスポージャーの期待損失額の合計額を上回る場合における当該上回る額（≦信用リスク・アセットの額の合計額×0.6％）

（注1） 協同組織金融機関の非累積的永久優先出資を含む。

（注2） その他の包括利益累計額が計上されるのは連結財務諸表のみであり、単体の財務諸表では計上されない。農業協同組合・同連合会、漁業協同組合・同連合会は「その他の包括利益累計額」をコア資本に含まない。

（注3） 現行告示においても、「その他有価証券評価差額金」がプラスの場合は、自己資本に反映しない。さらに、自己資本規制の一部を弾力化する特例により、2014年3月30日までの間は、「その他有価証券評価差額金」がマイナスの場合も、自己資本に反映する必要はない。

（注4） 他方で、資産再評価法（第2次大戦後のインフレーション下において、「適正な減価償却を可能にして企業経理の合理化を図り、資産譲渡等の場合

における課税上の特例を設けてその負担を適正にし、もつて経済の正常な運営に寄与することを目的と」（同法第１条）して昭和25年に公布）に基づく再評価積立金（資産の再評価に係る再評価差額から、当該再評価差額による損失のてん補等に充てた金額を控除した残額を積み立てた金額をいう（同法102条参照））については、現行規制においても基本的項目（Tier 1）に算入されるほか、資本組入れが法律上認められている（同法109条参照）こと等をふまえ、コア資本に算入可能としている。

(注５)　新退職給付会計による数理計算上の差異のうち費用処理されない部分については、税効果を調整のうえ、その他の包括利益を通じて純資産の部のその他の包括利益累計額に計上されることとなるが、当該その他の包括利益累計額に計上される額については、正の値であるか負の値であるかにかかわらず、その額がコア資本に係る基礎項目の額に算入されることとなる。

(2)　「普通株式」の定義

前記(1)一、三の「普通株式」の定義は、国際統一基準行における「普通株式」と同義です（Q91の２(2)参照）。通常の普通株式であれば、要件を満たすものと考えられます。

(3)　「強制転換条項付優先株式」の定義

前記(1)一、三の「強制転換条項付優先株式」の定義は、国際統一基準行における「その他Tier 1 資本調達手段」と同様の考え方に基づいています（Q92参照）。すなわち、「強制転換条項付優先株式」とは、優先株式で、一定の時期の到来を条件として普通株式へ転換される、負債より劣後し、償還期限がなく、ステップ・アップ金利が付されておらず、仮に償還を行う場合でも原則として発行後５年以後にしか行ってはならず（金融庁の確認が必要）、発行者が社外流出（剰余金の配当）をコントロールする資本調達手段です。もっとも、「その他Tier 1 資本調達手段」と異なり、コンティンジェント・キャピタル条項の含有は求められていません。かわりに、「その他Tier 1 資本調達手段」と異なり、一定の時期の到来を条件として普通株式へ転換されることという要件が課されています。具体的には、次に掲げる要件のすべてを満たす株式とされています。

　一　発行者により現に発行され、かつ、払込済みのものであること

二　残余財産の分配について、発行者の他の債務に対して劣後的内容を有するものであること
三　担保権により担保されておらず、かつ、発行者または当該発行者と密接な関係を有する者による保証に係る特約その他の法的または経済的に他の同順位の資本調達手段に対して優先的内容を有するものとするための特約が定められていないこと
四　償還期限が定められておらず、ステップ・アップ金利等に係る特約その他の償還を行う蓋然性を高める特約が定められていないこと
五　償還を行う場合には発行後5年を経過した日以後（発行の目的に照らして発行後5年を経過する日前に償還を行うことについてやむをえない事由があると認められる場合にあっては、発行後5年を経過する日前）に発行者の任意による場合に限り償還を行うことが可能であり、かつ、償還または買戻しに関する次に掲げる要件のすべてを満たすものであること

　イ　償還または買戻しに際し、自己資本の充実について、あらかじめ金融庁長官の確認を受けるものとなっていること

　ロ　償還または買戻しについての期待を生ぜしめる行為を発行者が行っていないこと

　ハ　その他次に掲げる要件のいずれかを満たすこと

　　①　償還または買戻しが行われる場合には、発行者の収益性に照らして適切と認められる条件により、当該償還または買戻しのための資本調達（当該償還または買戻しが行われるものと同等以上の質が確保されるものに限る）が当該償還または買戻しの時以前に行われること

　　②　償還または買戻しの後においても発行者が十分な水準の連結自己資本比率を維持することが見込まれること

六　発行者が五イの確認が得られることを前提としておらず、当該発行者により当該確認についての期待を生ぜしめる行為が行われていない

こと
七　剰余金の配当の停止について、次に掲げる要件のすべてを満たすものであること
　　イ　剰余金の配当の停止を発行者の完全な裁量により常に決定することができること
　　ロ　剰余金の配当の停止を決定することが発行者の債務不履行とならないこと
　　ハ　剰余金の配当の停止により流出しなかった資金を発行者が完全に利用可能であること
　　ニ　剰余金の配当の停止を行った場合における発行者に対するいっさいの制約（同等以上の質の資本調達手段に係る剰余金の配当に関するものを除く）がないこと
八　剰余金の配当が、法令の規定に基づき算定された分配可能額を超えない範囲内で行われるものであること
九　剰余金の配当額が、発行後の発行者の信用状態を基礎として算定されるものでないこと
十　発行者の倒産手続に関し当該発行者が債務超過にあるかどうかを判断するにあたり、当該発行者の債務として認識されるものでないこと
十一　発行者または当該発行者の子法人等もしくは関連法人等により取得されておらず、かつ、取得に必要な資金が発行者により直接または間接に融通されたものでないこと
十二　ある特定の期間において他の資本調達手段が発行価格に関して有利な条件で発行された場合には補償が行われる特約その他の発行者の資本の増強を妨げる特約が定められていないこと
十三　一定の時期の到来を条件として普通株式へ転換されるものであること

⑷ 「コア資本に係る調整後少数株主持分の額」

a ポイント

続いて、前記⑴四の「コア資本に係る調整後少数株主持分の額」の説明に移ります。

現行告示では、銀行の子会社（連結子法人等）の少数株主持分は、一般的に、（当該連結子法人等が株主資本に計上している負債性調達手段および期限付優先株を除き）Tier 1 に算入することが認められています。

これに対し、改正告示では、連結子法人等の少数株主持分のコア資本への算入可能額を制限しています。ポイントは、次のとおりです（図表96－1もあわせてご参照ください）。たとえば、海外の連結子法人等である特例目的会社を通じて発行していた優先出資証券については、コア資本から除外されます。

・少数株主持分のコア資本への算入が認められる「連結子法人等」を金融機関等に限定
・コア資本への算入可能額のキャップを設定（連結子法人等の自己資本比率計算における分母の4％（上限あり）のうちの第三者持分相当部分）

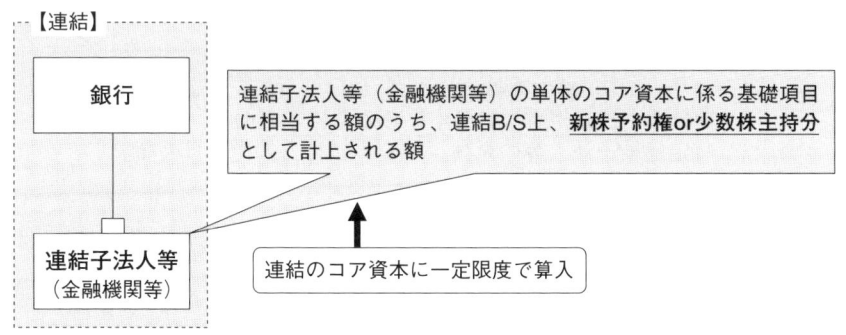

図表96－1　コア資本に算入される少数株主持分

【連結】
銀行
　│
連結子法人等
（金融機関等）

連結子法人等（金融機関等）の単体のコア資本に係る基礎項目に相当する額のうち、連結B/S上、**新株予約権or少数株主持分**として計上される額

連結のコア資本に一定限度で算入

（注）　持株会社形態の場合も、同様の取扱いがなされる。
（出所）　大和総研金融調査部作成

b 計算方法

「コア資本に係る調整後少数株主持分の額」は、次の計算式で求められる額以下の額とされています（後述の計算例参照）。

> 下記の［算式A］によって求められる額以下の額。ただし、「特例連結子法人等（※2）の少数株主持分相当コア資本に係る基礎項目の額（※3）」（少数株主持分に相当）が上限。
>
> > ［算式A］　下記イ・ロのいずれか少ない額×「コア資本に係る第三者持分割合（※1）」
> > イ　（「特定連結子法人等（※2）」の自己資本比率の分母（注））×4％
> > ロ　銀行の（連結）自己資本比率の分母の額のうち特定連結子法人等に関連するものの額×4％

（注）　当該特定連結子法人等が銀行以外の場合にあっては、これに相当する額とする。

「コア資本に係る第三者持分割合（※1）」とは、次の算式により得た割合です。

> $$\frac{\text{特定連結子法人等（※2）の少数株主持分相当コア資本に係る基礎項目の額（※3）}}{\text{特定連結子法人等の単体コア資本に係る基礎項目の額}}$$

「特定連結子法人等（※2）」とは、「連結子法人等のうち金融機関1又はバーゼル銀行監督委員会の定める自己資本比率の基準若しくはこれと類似の基準の適用を受ける者」です。したがって、特定連結子法人等には、銀行と証券会社は含まれるが、保険会社は含まれないということになるものと考え

られます。

「特定連結子法人等の少数株主持分相当コア資本に係る基礎項目の額（※3）」とは、「特定連結子法人等の単体コア資本に係る基礎項目の額（中略）のうち当該特定連結子法人等の親法人等である銀行の連結貸借対照表の純資産の部に新株予約権又は少数株主持分として計上される部分の額（当該額が零を下回る場合にあっては、零とする。）」です。

[参考]「コア資本に係る調整後少数株主持分の額」の計算例

- 連結子法人等（金融機関等）（「特定連結子法人等」）の単体コア資本（基礎項目）：60億円
- 連結子法人等（金融機関等）の少数株主持分相当コア資本（基礎項目）：12億円
- 連結子法人等（金融機関等）の自己資本比率の分母：1,050億円
- 銀行の（連結）自己資本比率の分母のうち連結子法人等（金融機関等）に関連するものの額：1,000億円

【連結】

銀行 ─── 少数株主

連結子法人等（金融機関等）のコア資本に相当する額のうち、連結B/S上、**新株予約権、少数株主持分**として計上される額：12億円

自己資本比率の分母：1,050億円 → 連結子法人等（金融機関等）← 銀行の（連結）自己資本比率の分母のうち連結子法人等（金融機関等）に関連するもの：1,000億円

---

1 「金融機関」とは、預金保険法2条1項に規定する金融機関（銀行、長期信用銀行、信用金庫、信用協同組合、労働金庫、信用金庫連合会、信用協同組合連合会、労働金庫連合会、株式会社商工組合中央金庫）、預金保険法2条5項に規定する銀行持株会社等、農林中央金庫、一定の事業を行う農業協同組合および農業協同組合連合会、一定の事業を行う漁業協同組合および漁業協同組合連合会、そして一定の事業を行う水産加工業協同組合および水産加工業協同組合連合会をいいます。

まず、上限の額が「特例連結子法人等（※2）の少数株主持分相当コア資本に係る基礎項目の額（※3）」（少数株主持分に相当）であり、具体的には12億円である。

次に、前記の［算式A］のうち、「イ」の額は1,050億円×4％＝42億円、「ロ」の額は1,000億円×4％＝40億円なので、「イ・ロのいずれか少ない額」は40億円となる。

そして、「コア資本に係る第三者持分割合」は12億円／60億円＝20％であるため、前記の［算式A］で求められる額は、40億円×20％＝8億円。この額は上限の12億円を超えないため、この8億円が「コア資本に係る調整後少数株主持分の額」ということになる。

銀行のコア資本に算入される部分（「コア資本に係る調整後少数株主持分の額」）を図示すると、以下のようになる。

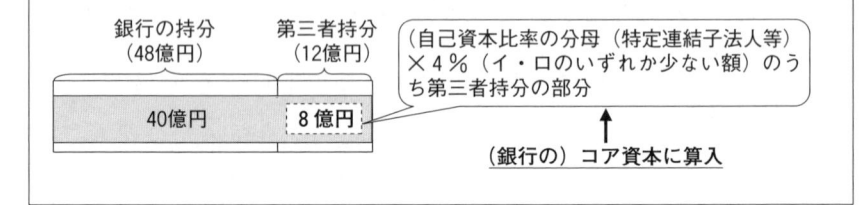

```
 銀行の持分      第三者持分   ┌──────────────────┐
 （48億円）      （12億円）   │（自己資本比率の分母（特定連結子法人等）│
                              │×4％（イ・ロのいずれか少ない額）のう  │
┌────────────┬──────┐      │ち第三者持分の部分                    │
│            │      │      └──────────────────┘
│   40億円   │ 8億円│              ↑
└────────────┴──────┘      （銀行の）コア資本に算入
```

3 調整項目（マイナス項目）

(1) 調整項目の類型

調整項目の額は、以下の額の合計額です（後記4の経過措置に留意してください）。

一　次に掲げる額の合計額
　　イ　次に掲げる無形固定資産の額の合計額
　　　　① 無形固定資産（のれんに係るものに限る）の額
　　　　② 無形固定資産（のれんおよびモーゲージ・サービシング・ライツ（注1）に係るものを除く）の額（注2）
　　ロ　繰延税金資産（一時差異に係るものを除く）の額（注3）
　　ハ　内部格付手法採用行において、事業法人等向けエクスポージャーおよびリテール向けエクスポージャーの期待損失額の合計額が適格

引当金の合計額を上回る場合における当該期待損失額の合計額から当該適格引当金の合計額を控除した額（注4）
　　ニ　証券化取引に伴い増加した自己資本に相当する額（注4）
　　ホ　負債の時価評価（銀行または連結子法人等の信用リスクの変動に基づくものに限る）により生じた時価評価差額であって自己資本に算入される額（注5）
　　ヘ　退職給付に係る資産の額
　二　自己保有普通株式等の額
　三　意図的に保有している他の金融機関等の資本調達手段の額
　四　少数出資金融機関等の普通株式等の額
　五　特定項目に係る10％基準超過額
　六　特定項目に係る15％基準超過額

（注1）　Q91の3⑴（注1）参照。
（注2）　Q91の3⑴（注2）参照。
（注3）　Q91の3⑴（注3）および後記⑹を参照。
（注4）　一のハおよびニは、現行告示においても控除項目とされている。
（注5）　Q91の3⑴（注7）参照。
（注6）　特定項目のうち調整項目に算入されない部分のリスク・ウェイトは250％（Q74参照）。

　三、四、そして五、六のうち「その他金融機関等」（10％超の議決権を保有しているものなど）への普通株式等出資は、「ダブルギアリング規制」と総称することができます（後記⑷⑸⑹⑺参照）。

⑵　改正告示28条2項1号に列挙されている項目

　前記⑴一に列挙されている項目（改正告示28条2項1号に列挙されている項目）については、以下の点に留意が必要です。

　まず、イ（一定の無形固定資産の額）またはヘ（退職給付に係る資産の額）を算出する場合、これらの規定の額に関連する繰延税金負債の額があるときは、これらの規定の額と当該関連する繰延税金負債の額を相殺することがで

きます。

　また、ロ（繰延税金資産の額）を算出する場合、繰延税金資産の額およびこれに関連する繰延税金負債の額があるときは、次の区分に応じて相殺をすることができます。

繰延税金資産の区分	相殺対象となる繰延税金負債の額
一時差異に係るもの	$(A) = 繰延税金負債の額 \times \dfrac{繰延税金資産（一時差異に係るものに限る）の額}{繰延税金資産の額}$
一時差異に係らないもの	繰延税金負債の額から(A)の額を控除した額

（注）　ここでいう繰延税金資産の額と繰延税金負債の額は、その他有価証券評価差額金、繰延ヘッジ損益および土地再評価差額金に係るものが含まれないものとした場合の額である。ただし、土地再評価差額金について、経過措置を定めた改正告示附則5条に基づき、2014年3月31日以降10年間、同条に従い計算される額をコア資本に係る基礎項目の額に算入する場合、その期間中はこの取扱いを適用しない。すなわち、再評価に係る繰延税金資産・負債の額はそのまま調整項目の計算の際に勘案する（後記4(4)参照）。

(3)　「自己保有普通株式等の額」

　前記(1)ニの「自己保有普通株式等」とは、銀行または連結子法人等が自らの普通株式等（普通株式または強制転換条項付優先株式をいい、自己株式に該当するものを除く[2]）を保有している場合における当該普通株式等をいいます[3]。

　「保有」の意味や一定のショート・ポジションの取扱いは、国際統一基準行の普通株式等Tier 1資本の場合と同じです（Q91の3(3)参照）。

---

[2]　自己株式は、会社法上、および企業会計上の資本控除項目であり、自己資本比率規制で控除する前の時点で、すでに自己資本から控除されています。

[3]　金融庁は、「自己保有普通株式等」の具体的な範囲として、「Q&Aにおいて考え方を明らかにいたしますが、例えば連結範囲外の法人等を通じて自己の普通株式等を保有していると認められる場合や、デリバティブ取引を通じて実質的にその損益を負担しているような場合が考えられます」としています。

⑷ 「意図的に保有している他の金融機関等の資本調達手段の額」

a ポイント

続いて、前記⑴三の「意図的に保有している他の金融機関等の資本調達手段の額」の説明に移ります。これを調整項目とする取扱いは、前述のとおり、ダブルギアリング規制の一類型です。

現行告示でも、「意図的に保有している他の金融機関の資本調達手段の額」は自己資本から控除されています。そして、改正告示でも、「意図的に保有している他の金融機関等の資本調達手段の額」を調整項目として全額控除することとされていますが、次のように具体的な内容が見直されています。

・相手も意図的保有を行っている場合（資本かさ上げ目的の持合いの場合）に限定
・「相手」に含まれる金融機関等の範囲を、銀行以外（証券会社・保険会社）や外国の者にまで拡大
・持合保有の形態は、直接的保有に限らず、投信やファンド等を通じた間接的保有も含まれる

---

b 具体的な内容

「意図的に保有している他の金融機関等の資本調達手段の額」は、以下のとおりです。

・銀行または連結子法人等が、他の金融機関等（注1）との間で相互に自己資本比率を向上させるため、
・意図的に当該他の金融機関等（注1）の対象資本調達手段（注2）（注3）を保有していると認められ、かつ、
・当該他の金融機関等（注1）が意図的に当該銀行または連結子法人等の普通株式または強制転換条項付優先株式を保有していると認められ

第7章 自己資本（国内基準行）

る場合（注4）（銀行もしくは連結子法人等または他の金融機関等が連結範囲外の法人等に対する投資その他これに類する行為を通じて実質的に保有している場合に相当すると認められる場合その他これに準ずる場合を含む）における当該他の金融機関等（注1）の対象資本調達手段（注2）（注3）の額（注5）

(注1) Q91の3(4)b（注1）参照。
(注2) Q91の3(4)b（注2）参照。
(注3) 「他の金融機関等の対象資本調達手段」には、他の国内基準行において経過措置により資本算入が認められる「適格旧非累積的永久優先株」（後記4(1)参照）、「適格旧資本調達手段」（後記4(2)参照）、および公的機関による資本の増強に関する措置を通じて適用日（2014年3月31日）前に発行された資本調達手段（後記4(3)参照）も含まれるのか否かという疑問が生じる。この点に関して、金融庁は、「第8条第6項等において『対象資本調達手段』として定義されているとおり、預金取扱金融機関や保険会社等の規制金融機関の発行する資本調達手段については、当該規制金融機関に適用される経営の健全性を判断するための基準又はこれと類似の基準において資本算入が認められるものは、『他の金融機関等の対象資本調達手段』に含まれます」と述べている。資本調達手段の意図的な持合いがないケース、さらに同ケースで国際統一基準行の発行する「対象資本調達手段」を保有する場合についてはQ75を参照されたい。
(注4) Q91の3(4)b（注3）参照。ただし、対それ以外の金融機関（保険会社等）は2012年12月12日以後の意図的保有を指す。
(注5) これを算出する場合において、その時価評価差額がその他の包括利益累計額の項目として計上される他の金融機関等の対象資本調達手段については、時価による評価替えを行わない場合の額をもって当該他の金融機関等の対象資本調達手段の額とする。

(5) 「少数出資金融機関等の普通株式等の額」

a　ポイント

次に、前記(1)四の「少数出資金融機関等の普通株式等の額」の説明に移ります。これを調整項目とする取扱いは、前述のとおり、ダブルギアリング規制の一類型です。

前述のとおり、改正告示では、「意図的に保有している他の金融機関等の

資本調達手段の額」が調整項目（マイナス項目）とされていますが、改正告示では、意図的な保有に限らず、他の金融機関等に対する普通株式等出資を（議決権保有割合が10％超か否かによって異なる方法で）銀行のコア資本から控除することとしています。

「少数出資金融機関等の普通株式等の額」は議決権保有割合が10％以下の他の金融機関等（親会社および兄弟会社を除く）への普通株式等出資の場合に相当し（議決権保有割合が10％超の他の金融機関等への普通株式等出資の場合は後記(6)参照）、次のように取り扱われます（図表96－2）。

・銀行または連結子法人等による議決権保有割合が10％以下の金融機関等（銀行以外や外国の者も含みます）に対する普通株式等出資のうち、保有する側の銀行のコア資本（前記(2)から(4)の調整項目を控除後）の10％を超える部分を、銀行のコア資本から控除（注）
・出資の形態は、直接的保有に限らず、投信やファンド等を通じた間接的保有も含む
・引受けにより取得した、保有期間5営業日以内のものは除外可能
・救済等の目的による出資の場合は、金融庁長官の承認を条件に一定期

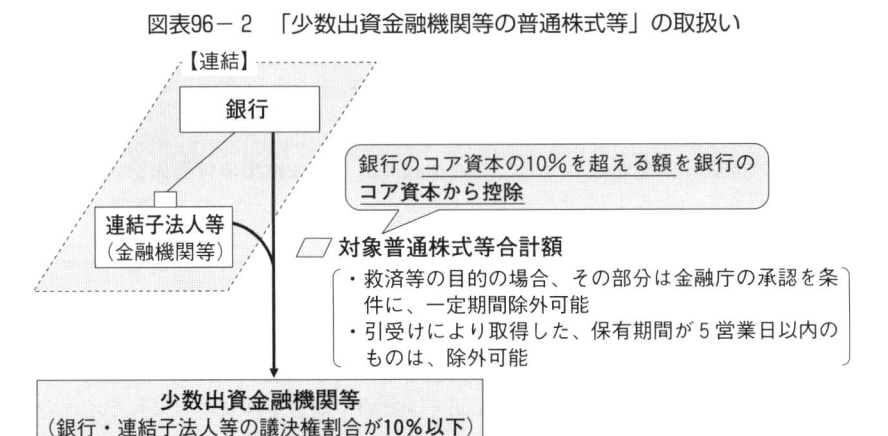

図表96－2 「少数出資金融機関等の普通株式等」の取扱い

（出所）大和総研金融調査部制度調査課作成

間除外可能

(注) 銀行のコア資本の10％以下の部分については、標準的手法採用行の場合、リスク・ウェイト100％（従来どおりの取扱い）を適用する。内部格付手法採用行の場合、従来の取扱いに準ずる。

　たとえば、銀行のコア資本が1,000億円（調整項目控除後）であり、少数出資金融機関等に対する出資のうち普通株式相当部分が150億円である場合、150億円のうち1,000億円の10％である100億円を超える部分である50億円が、銀行等のコア資本から控除されます。

b　具体的な内容

　「少数出資金融機関等の普通株式等の額」は、以下のとおりです。

　少数出資金融機関等（銀行および連結子法人等の議決権割合が10％以下の他の金融機関等（注1））（親会社および兄弟会社を除く）の対象普通株式等（注2）を銀行または連結子法人が保有している場合（連結範囲外の法人等に対する投資その他これに類する行為を通じて当該銀行または連結子法人等が実質的に保有している場合に相当すると認められる場合その他これに準ずる場合を含む）における当該対象普通株式等（注2）の額の合計額から少数出資に係る10％基準額（注3）を控除した額（注4）（注5）

（注1）　Q91の3⑷b（注1）参照。

（注2）　対象資本調達手段のうち、普通株式又は強制転換条項付優先株式に相当するもの（みなし普通株式を含む）をいう。したがって、「対象普通株式等」には、普通株式（前記2⑵参照）および強制転換条項付優先株式（前記2⑶参照）に相当するもののみが含まれることとなり、他の国内基準行において経過措置により資本算入が認められる「適格旧非累積的永久優先株」（後記4⑴参照）、「適格旧資本調達手段」（後記4⑵参照）、および公的機関による資本の増強に関する措置を通じて適用日（2014年3月31日）前に発行された資本調達手段（後記4⑶参照）は含まれない点に留意されたい。

(注3) コア資本に係る基礎項目の合計額から、この規定を考慮する前の時点におけるコア資本に係る調整項目の合計額（すなわち、「少数出資金融機関等の普通株式等の額」「特定項目に係る10％基準超過額」および「特定項目に係る15％基準超過額」を除いた、コア資本に係る調整項目の合計額）を控除した額に、10％を乗じて得た額をいう。
(注4) 当該額が零を下回る場合には、零とする。
(注5) これを算出する場合において、その時価評価差額がその他の包括利益累計額の項目として計上される他の金融機関等の対象普通株式等については、時価による評価替えを行わない場合の額をもって当該他の金融機関等の対象普通株式等の額とする。

c　留意点

「少数出資金融機関等の普通株式等の額」を算出する際には、以下の点に留意が必要です。

まず、銀行または連結子法人等が少数出資金融機関等の対象普通株式等に係る一定のショート・ポジションを保有するときは、これらの対象普通株式等と対応するショート・ポジションを相殺することができます。

また、次に掲げる対象資本調達手段に該当する対象普通株式等があるときは、当該対象普通株式等を「少数出資金融機関等の普通株式等の額」の算出の対象から除外することができます。ただし、下記一については、当該資本調達手段の保有に係る特殊事情その他の事情を勘案して金融庁長官が承認した場合に限り、当該承認において認められた期間に限るものとされています。

一　その存続がきわめて困難であると認められる者の救済または処理のための資金の援助を行うことを目的として保有することとなった資本調達手段

二　引受けにより取得し、かつ、保有期間が５営業日以内の資本調達手段

⑹　「特定項目に係る10％基準超過額」

a　ポイント

　次に、前記⑴五の「特定項目に係る10％基準超過額」の説明に移ります。これを調整項目とする取扱いは、前述のとおり、ダブルギアリング規制の一類型です。

　改正告示では、次の 3 項目（以下、「特定項目」）は、それぞれコア資本（前記⑵から⑸の調整項目を控除後）の10％を超える部分については、銀行のコア資本から控除されることとしています。

> ①　「その他金融機関等」（10％超の議決権割合を保有しているもの等）への普通株式等出資
> ②　モーゲージ・サービシング・ライツ
> ③　（一時差異に基づく）繰延税金資産

　これは、銀行のコア資本の10％の部分までは、コア資本から控除する必要がない（コア資本への算入が認められる）ということです（後述のように、コア資本への算入が認められるのは、特定項目の合計でコア資本の15％までです）。

　たとえば、銀行のコア資本が1,000億円（前記⑵から⑸の調整項目を控除後）であり、①が60億円、②が10億円、③が120億円である場合、①②③のうち、1,000億円の10％である100億円を超える部分に当たる、③のうちの20億円が銀行のコア資本から控除されます（図表96－3参照）。

　特定項目のうち、①の「その他金融機関等」（10％超の議決権割合を保有しているもの等）への普通株式等出資の取扱いの概要は、以下のとおりです（図表96－4）。

> ・銀行のコア資本の10％を超える部分を、銀行のコア資本から控除
> ・出資の形態は、直接的保有に限らず、投信やファンド等を通じた間接的保有も含む

- 引受けにより取得した、保有期間5営業日以内のものは除外可能
- 救済等の目的による出資の場合は、金融庁長官の承認を条件に一定期間除外可能

図表96-3 特定項目のうち、コア資本から控除される部分

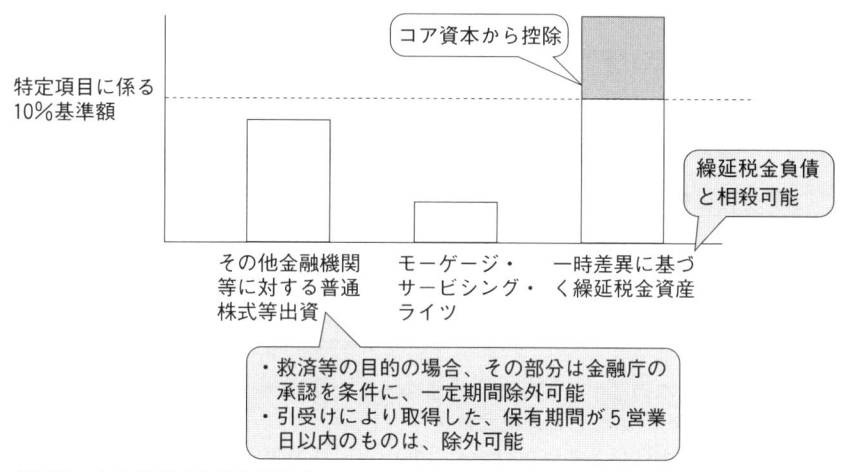

特定項目に係る10％基準額

コア資本から控除

その他金融機関等に対する普通株式等出資　モーゲージ・サービシング・ライツ　一時差異に基づく繰延税金資産

繰延税金負債と相殺可能

- 救済等の目的の場合、その部分は金融庁の承認を条件に、一定期間除外可能
- 引受けにより取得した、保有期間が5営業日以内のものは、除外可能

（出所）大和総研金融調査部作成

図表96-4 「その他金融機関等」への普通株式等出資の取扱い

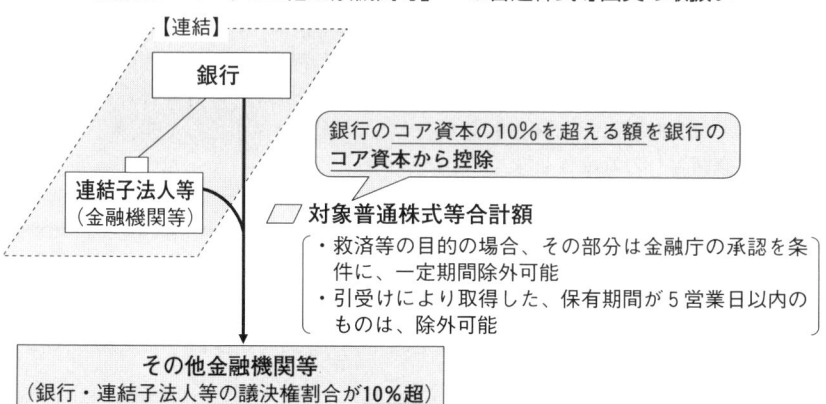

【連結】
銀行
連結子法人等（金融機関等）

銀行のコア資本の10％を超える額を銀行のコア資本から控除

対象普通株式等合計額

- 救済等の目的の場合、その部分は金融庁の承認を条件に、一定期間除外可能
- 引受けにより取得した、保有期間が5営業日以内のものは、除外可能

その他金融機関等
（銀行・連結子法人等の議決権割合が10％超）

（出所）大和総研金融調査部作成

b　具体的な内容

「特定項目に係る10％基準超過額」は、次に掲げる額の合計額です。

> 一　「その他金融機関等」の対象普通株式等（注1）を銀行または連結子法人等が保有している場合（連結範囲外の法人等に対する投資その他これに類する行為を通じて当該銀行または連結子法人等が実質的に保有している場合に相当すると認められる場合その他これに準ずる場合を含む）における当該対象普通株式等の額から特定項目に係る10％基準額（注2）を控除した額（注3）（注4）
> 二　モーゲージ・サービシング・ライツに係る無形固定資産の額から特定項目に係る10％基準額（注2）を控除した額（注3）
> 三　繰延税金資産（一時差異に係るものに限る）の額（注5）から特定項目に係る10％基準額（注2）を控除した額（注3）

（注1）　対象資本調達手段のうち、普通株式または強制転換条項付優先株式に相当するもの（みなし普通株式を含む）をいう。
（注2）　コア資本に係る基礎項目の合計額から、この規定を考慮する前の時点におけるコア資本に係る調整項目の合計額（すなわち、「特定項目に係る10％基準超過額」および「特定項目に係る15％基準超過額」を除いた、コア資本に係る調整項目の合計額）を控除した額に、10％を乗じて得た額をいう。
（注3）　当該額が零を下回る場合には、零とする。
（注4）　これを算出する場合において、その時価評価差額がその他の包括利益累計額の項目として計上される「その他金融機関等」の対象普通株式等については、時価による評価替えを行わない場合の額をもって当該「その他金融機関等」の対象普通株式等の額とする。
（注5）　ここでいう繰延税金資産の額は、その他有価証券評価差額金、繰延ヘッジ損益および土地再評価差額金に係るものが含まれないものとした場合の額とする。

　前記一の「その他金融機関等」の定義は、国際統一基準行の場合と同じです（Q91の3(6)b参照）。

c 留意点

「特定項目に係る10％基準超過額」を算出する際には、(5) c と同様の点に留意が必要です。

そして、（一時差異に基づく）繰延税金資産に係る10％基準超過額を算出する場合において、繰延税金資産の額およびこれに関連する繰延税金負債の額があるときは、前記(2)と同様の区分に応じて相殺をすることができます。

(7) 「特定項目に係る15％基準超過額」

a ポイント

次に、前記(1)六の「特定項目に係る15％基準超過額」の説明に移ります。これを調整項目とする取扱いは、前述のとおり、ダブルギアリング規制の一類型です。

前記(6)のように、「特定項目」（①「その他金融機関等」への普通株式等出資、②モーゲージ・サービシング・ライツ、③（一時差異に基づく）繰延税金資産）は、それぞれ、銀行のコア資本の10％の部分まではコア資本への算入が認められます。

もっとも、コア資本への算入が最終的に認められるのは、特定項目の合計でコア資本の15％までです。そのため、特定項目の合計のうち、コア資本（前記(2)から(5)の調整項目および特定項目の合計額を控除後）の15％を超える部分（すなわち「特定項目に係る15％基準超過額」）は、コア資本から控除されます。

たとえば、銀行のコア資本が1,000億円（前記(2)から(5)の調整項目および特定項目の合計額を控除後）であり、①が60億円、②が10億円、③が120億円である場合の大まかな控除額を考えます。この3項目はそれぞれ、1,000億円の10％である100億円まではコア資本への算入が認められるため、①②③のうちコア資本への算入が認められるのは、①が60億円、②が10億円、③が100億円であり、計170億円となります。しかし、コア資本への算入が最終的に認められるのは、1,000億円の15％に当たる150億円までです。そのため、170億円のうち、150億円を超える部分に当たる20億円は、「特定項目に係る

図表96−5 「特定項目に係る15%基準額」

「特定項目に係る15%基準超過額」＝「特定項目に係る10%基準対象額」−「特定項目に係る15%基準額」

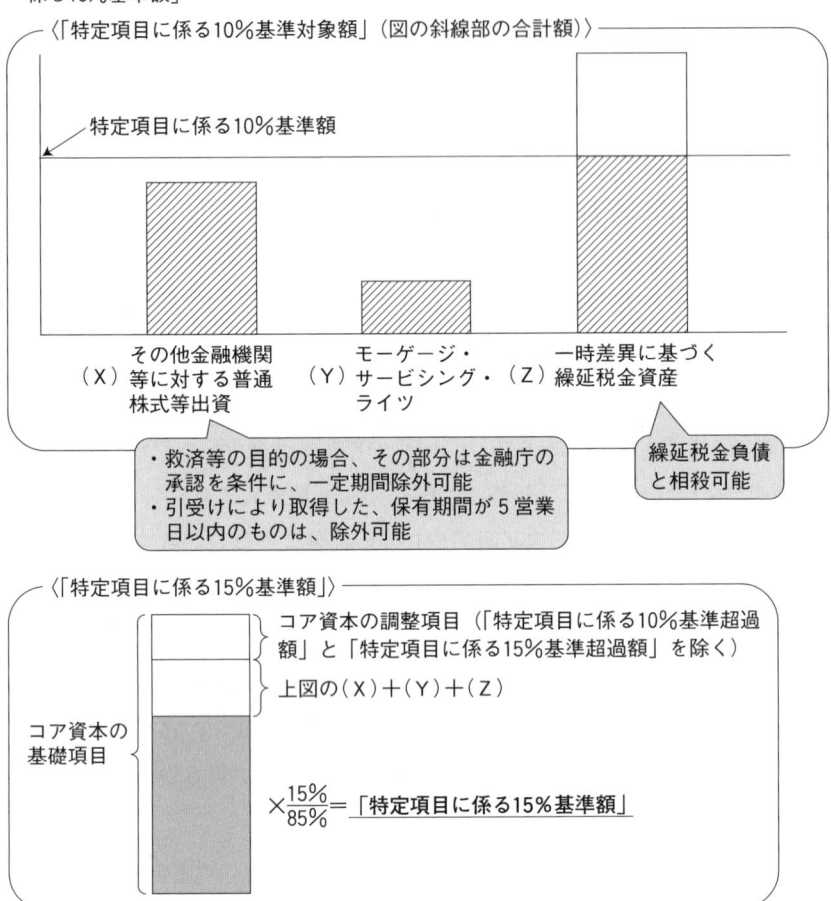

〈「特定項目に係る10%基準対象額」（図の斜線部の合計額）〉

・特定項目に係る10%基準額

（X）その他金融機関等に対する普通株式等出資

（Y）モーゲージ・サービシング・ライツ

（Z）一時差異に基づく繰延税金資産

・救済等の目的の場合、その部分は金融庁の承認を条件に、一定期間除外可能
・引受けにより取得した、保有期間が5営業日以内のものは、除外可能

繰延税金負債と相殺可能

〈「特定項目に係る15%基準額」〉

コア資本の基礎項目

コア資本の調整項目（「特定項目に係る10%基準超過額」と「特定項目に係る15%基準超過額」を除く）

上図の（X）＋（Y）＋（Z）

$\times \dfrac{15\%}{85\%}=$「特定項目に係る15%基準額」

（出所）大和総研金融調査部作成

15%基準超過額」として、コア資本から控除されます（この額はあくまでも考え方をわかりやすく伝えるための大まかな控除額であり、正確な額を求める場合の計算方法は、図表96−5および後記bをご参照ください）。

b 具体的な内容

「特定項目に係る15%基準超過額」は、以下のとおりです。

> 特定項目に係る10％基準対象額（注１）から特定項目に係る15％基準額（注２）を控除した額（注３）（注４）

（注１） 特定項目の合計額から「特定項目に係る10％基準超過額」（前記(6)参照）を控除した額をいう。図表96－５の斜線部がこれに該当する。
（注２） コア資本に係る基礎項目の合計額から、この規定を考慮する前の時点におけるコア資本に係る調整項目の合計額（すなわち、「特定項目に係る10％基準超過額」および「特定項目に係る15％基準超過額」を除いた、コア資本に係る調整項目の合計額）および特定項目の額の合計額を控除した額に15％を乗じ、これを85％で除して得た額をいう。
（注３） 当該額が零を下回る場合には、零とする。
（注４） このうち、その他金融機関等の対象普通株式等に係る部分の額を算出する場合において、その時価評価差額がその他の包括利益累計額の項目として計上される「その他金融機関等」の対象普通株式等については、時価による評価替えを行わない場合の額をもって当該「その他金融機関等」の対象普通株式等の額とする。

c　留　意　点

「特定項目に係る15％基準超過額」を算出するにあたっての留意点は、(5) c と同様です。

4　経過措置

(1)　「適格旧非累積的永久優先株」に係る経過措置（グランドファザリング）

適用日（2014年3月31日）前に銀行が発行した非累積的永久優先株で、強制転換条項付優先株式に該当しないもの（以下、「適格旧非累積的永久優先株」）の額については、適用日から起算して15年を経過する日までの間は、次の表の左欄に掲げる区分に応じ、適用日における適格旧非累積的永久優先株の額に次の表の右欄に掲げる率を乗じて得た額を超えない部分の額を、コア資本に係る基礎項目の額に算入することができます。

2014年3月31日〜2020年3月30日（2019年3月期を含む）	100%
2020年3月31日〜2021年3月30日（2020年3月期を含む）	90%
2021年3月31日〜2022年3月30日（2021年3月期を含む）	80%
2022年3月31日〜2023年3月30日（2022年3月期を含む）	70%
2023年3月31日〜2024年3月30日（2023年3月期を含む）	60%
2024年3月31日〜2025年3月30日（2024年3月期を含む）	50%
2025年3月31日〜2026年3月30日（2025年3月期を含む）	40%
2026年3月31日〜2027年3月30日（2026年3月期を含む）	30%
2027年3月31日〜2028年3月30日（2027年3月期を含む）	20%
2028年3月31日〜2029年3月30日（2028年3月期を含む）	10%

（注）　適格旧非累積的永久優先株にステップ・アップ金利等（あらかじめ定めた期間が経過した後に上乗せされる一定の金利または配当率）を上乗せする特約が付されている場合において、当該特約により適用日後にステップ・アップ金利等が上乗せされたときは、その上乗せされた日以後、当該適格旧非累積的永久優先株の額は、コア資本に係る基礎項目の額に算入することができなくなる。

(2)　「適格旧資本調達手段」に係る経過措置（グランドファザリング）

　適用日前に発行された、現行Tier 1（基本的項目）または現行Tier 2（補完的項目）に該当する資本調達手段であって、普通株式および強制転換条項付優先株式のいずれにも該当しないもの（以下、「適格旧資本調達手段」）の額[4,5]については、適用日から起算して10年を経過する日までの間は、次の表の左欄に掲げる区分に応じ、適用日における適格旧資本調達手段の額に次の表の右欄に掲げる率を乗じて得た額を超えない部分の額を、コア資本に係る基礎項目の額に算入することができます。

---

[4]　償還期限の定めがあり、かつ、当該償還期限までの期間が5年以内になったものについては、連結貸借対照表計上額に、算出基準日から当該償還期限までの期間の日数を当該償還期限までの期間が5年になった日から当該償還期限までの期間の日数で除して得た割合を乗じた額とされています。

2014年3月31日〜2015年3月30日（2014年3月期を含む）	100%
2015年3月31日〜2016年3月30日（2015年3月期を含む）	90%
2016年3月31日〜2017年3月30日（2016年3月期を含む）	80%
2017年3月31日〜2018年3月30日（2017年3月期を含む）	70%
2018年3月31日〜2019年3月30日（2018年3月期を含む）	60%
2019年3月31日〜2020年3月30日（2019年3月期を含む）	50%
2020年3月31日〜2021年3月30日（2020年3月期を含む）	40%
2021年3月31日〜2022年3月30日（2021年3月期を含む）	30%
2022年3月31日〜2023年3月30日（2022年3月期を含む）	20%
2023年3月31日〜2024年3月30日（2023年3月期を含む）	10%

（注）　適格旧資本調達手段にステップ・アップ金利等（あらかじめ定めた期間が経過した後に上乗せされる一定の金利または配当率）を上乗せする特約が付されている場合において、当該特約により適用日後にステップ・アップ金利等が上乗せされたときは、その上乗せされた日以後、当該適格旧資本調達手段の額は、コア資本に係る基礎項目の額に算入することができなくなる。

(3) 公的機関による資本の増強に関する措置に係る経過措置

現行Tier 1（基本的項目）または現行Tier 2（補完的項目）に該当するものであって、普通株式および強制転換条項付優先株式のいずれにも該当しないもののうち、公的機関による資本の増強に関する措置を通じて適用日前に発行された資本調達手段の額6については、その全額をコア資本に係る基礎項目の額に算入することができます。

5　適格旧資本調達手段のうち現行Tier 2の期限付劣後債務または期限付優先株に該当するものの額が、適用日における「コア資本（＝基礎項目－調整項目）」の額（経過措置を考慮しないものとする。以下同様）の50％に相当する額を上回る場合には、当該期限付劣後債務または当該期限付優先株に該当するものの額から当該「コア資本」の額の50％に相当する額を控除した額を、適用日における適格旧資本調達手段の額から控除して得た額とする。かつ、適格旧資本調達手段のうち、負債性調達手段、期限付劣後債務または期限付優先株に該当するものの額が、適用日における「コア資本（＝基礎項目－調整項目）」の額を上回る場合には、当該負債性調達手段、当該期限付劣後債務または当該期限付優先株に該当するものの額から当該「コア資本」の額を控除した額を、適用日における適格旧資本調達手段の額から控除して得た額とします。

6　脚注4に同じ。

(4) 土地再評価差額金に係る経過措置（グランドファザリング）

　土地再評価差額金の45％に相当する額については、適用日から起算して10年を経過する日までの間は、次の表の左欄に掲げる区分に応じ、当該額に次の表の右欄に掲げる率を乗じて得た額を、コア資本に係る基礎項目の額に算入することができます。

2014年3月31日〜2015年3月30日（2014年3月期を含む）	100％
2015年3月31日〜2016年3月30日（2015年3月期を含む）	90％
2016年3月31日〜2017年3月30日（2016年3月期を含む）	80％
2017年3月31日〜2018年3月30日（2017年3月期を含む）	70％
2018年3月31日〜2019年3月30日（2018年3月期を含む）	60％
2019年3月31日〜2020年3月30日（2019年3月期を含む）	50％
2020年3月31日〜2021年3月30日（2020年3月期を含む）	40％
2021年3月31日〜2022年3月30日（2021年3月期を含む）	30％
2022年3月31日〜2023年3月30日（2022年3月期を含む）	20％
2023年3月31日〜2024年3月30日（2023年3月期を含む）	10％

　上記取扱いを受ける期間（10年間）においては、当該土地の再評価に係る繰延税金資産・負債を、繰延税金資産に係る調整項目の計算過程において勘案します（それ以後は勘案しません）（前記3(2)参照）。

(5) その他の包括利益累計額のうち退職給付に係る調整額に係る経過措置（段階的調整）

　その他の包括利益累計額（前記2(1)参照）のうち、退職給付に係る調整額については、適用日から起算して5年を経過する日までの間は、次の表の左欄に掲げる区分に応じ、当該額に次の表の右欄に掲げる率を乗じて得た額を、コア資本に係る基礎項目の額に算入するものとされています。

2014年3月31日〜2015年3月30日（2014年3月期を含む）	0％
2015年3月31日〜2016年3月30日（2015年3月期を含む）	20％
2016年3月31日〜2017年3月30日（2016年3月期を含む）	40％
2017年3月31日〜2018年3月30日（2017年3月期を含む）	60％

2018年3月31日～2019年3月30日（2018年3月期を含む）	80%

(6) 少数株主持分に係る経過措置（グランドファザリング）

a 特定連結子法人等の少数株主持分

　特定連結子法人等の少数株主持分相当コア資本に係る基礎項目の額のうち、コア資本に係る調整後少数株主持分の額（前記2(4)）に算入されなかった額に対応する部分の額については、適用日から起算して15年を経過する日までの間は、次の表の左欄に掲げる区分に応じ、当該額に次の表の右欄に掲げる率を乗じて得た額を、コア資本に係る基礎項目の額に算入することができます。

2014年3月31日～2020年3月30日（2019年3月期を含む）	100%
2020年3月31日～2021年3月30日（2020年3月期を含む）	90%
2021年3月31日～2022年3月30日（2021年3月期を含む）	80%
2022年3月31日～2023年3月30日（2022年3月期を含む）	70%
2023年3月31日～2024年3月30日（2023年3月期を含む）	60%
2024年3月31日～2025年3月30日（2024年3月期を含む）	50%
2025年3月31日～2026年3月30日（2025年3月期を含む）	40%
2026年3月31日～2027年3月30日（2026年3月期を含む）	30%
2027年3月31日～2028年3月30日（2027年3月期を含む）	20%
2028年3月31日～2029年3月30日（2028年3月期を含む）	10%

b 特定連結子法人等以外の連結子法人等の少数株主持分

　特定連結子法人等以外の連結子法人等の少数株主持分については、適用日から起算して10年を経過する日までの間は、次の表の左欄に掲げる区分に応じ、当該額に次の表の右欄に掲げる率を乗じて得た額を、コア資本に係る基礎項目の額に算入することができます。

2014年3月31日～2015年3月30日（2014年3月期を含む）	100%
2015年3月31日～2016年3月30日（2015年3月期を含む）	90%
2016年3月31日～2017年3月30日（2016年3月期を含む）	80%

2017年3月31日～2018年3月30日（2017年3月期を含む）	70％
2018年3月31日～2019年3月30日（2018年3月期を含む）	60％
2019年3月31日～2020年3月30日（2019年3月期を含む）	50％
2020年3月31日～2021年3月30日（2020年3月期を含む）	40％
2021年3月31日～2022年3月30日（2021年3月期を含む）	30％
2022年3月31日～2023年3月30日（2022年3月期を含む）	20％
2023年3月31日～2024年3月30日（2023年3月期を含む）	10％

(7) **調整項目に係る経過措置（段階的控除）**

　コア資本に係る調整項目の額（前記3参照）については、適用日から起算して5年を経過する日までの間は、次の表の左欄に掲げる区分に応じ、当該額に次の表の右欄に掲げる率を乗じて得た額を、コア資本に係る調整項目の額に算入することができます。

2014年3月31日～2015年3月30日（2014年3月期を含む）	0％
2015年3月31日～2016年3月30日（2015年3月期を含む）	20％
2016年3月31日～2017年3月30日（2016年3月期を含む）	40％
2017年3月31日～2018年3月30日（2017年3月期を含む）	60％
2018年3月31日～2019年3月30日（2018年3月期を含む）	80％

　もっとも、上記の表に従いコア資本に係る調整項目の額に算入される額に対応する部分以外の部分の額であっても、現行Tier 1（基本的項目）または現行の控除項目（現行告示25条参照）に該当する部分の額については、コア資本に係る調整項目の額に算入しなければなりません。

(8) **自己保有普通株式等に係る経過措置（調整項目の範囲の拡大）**

　コア資本に係る調整項目の1項目としてあげられている「自己保有普通株式等」とは、銀行または連結子法人等が自らの普通株式等（普通株式または強制転換条項付優先株式をいい、自己株式に該当するものを除く）を保有している場合における当該普通株式等をいいます。

　もっとも、「自己保有普通株式等」の範囲は、適用日から起算して10年を経過する日までの間（すなわち2014年3月31日から2024年3月30日までの間

(2023年3月期を含む））については（銀行または連結子法人等が保有する自らの）適格旧非累積的永久優先株（前記(1)参照）または適格旧資本調達手段（前記(2)参照）にまで、そして2024年3月31日から2029年3月30日までの間（2028年3月期を含む）については適格旧非累積的永久優先株にまで拡大されることとしています。

(9) 意図的に保有している他の金融機関等の資本調達手段の額に係る経過措置（調整項目の範囲の拡大）

コア資本に係る調整項目の1項目としてあげられている「意図的に保有している他の金融機関等の資本調達手段の額」を算出するにあたっては、「他の金融機関等」が意図的に銀行または連結子法人等の普通株式または強制転換条項付優先優先株式を保有していることが前提となっています。

もっとも、他の金融機関等が意図的に保有する銀行または連結子法人等の資本調達手段の範囲は、適用日から起算して10年を経過する日までの間（すなわち2014年3月31日から2024年3月30日までの間（2023年3月期を含む））については適格旧非累積的永久優先株（前記(1)参照）または適格旧資本調達手段（前記(2)参照）にまで、そして2024年3月31日から2029年3月30日までの間（2028年3月期を含む）については適格旧非累積的永久優先株にまで拡大されることとしています。

(10) 特定項目に係る15％基準超過額に係る経過措置

コア資本に係る調整項目の1項目としてあげられている「特定項目に係る15％基準超過額」は、「特定項目に係る10％基準対象額」から「特定項目に係る15％基準額」を控除した額とされています。そして、「特定項目に係る15％基準額」とは、コア資本に係る基礎項目の合計額から、この規定を考慮する前の時点におけるコア資本に係る調整項目の合計額（すなわち、「特定項目に係る10％基準超過額」および「特定項目に係る15％基準超過額」を除いた、コア資本に係る調整項目の合計額）および特定項目の合計額を控除した額に15％を乗じ、これを85％で除して得た額とされています。

もっとも、適用日から起算して5年を経過する日までの間、すなわち2014

年3月31日から2019年3月30日までの間（2018年3月期を含む）については、「特定項目に係る15％基準額」を算出するにあたって、「－『特定項目の合計額』」および「÷85％」の手続は省略することとしています。具体的には、適用日から起算して5年を経過する日までの間における「特定項目に係る15％基準額」とは、コア資本に係る基礎項目の合計額から、この規定を考慮する前の時点におけるコア資本に係る調整項目の合計額（すなわち、「特定項目に係る10％基準超過額」および「特定項目に係る15％基準超過額」を除いた、コア資本に係る調整項目の合計額）を控除した額に15％を乗じて得た額ということになります。

なお、経過措置に関してはQ75もご参照ください。

Q97 国内基準行向けのダブルギアリング規制の詳細について教えてください

A

「ダブルギアリング」とは、銀行による連結外金融機関向けの出資のことです。バーゼル規制では、一般的に、これを自己資本から控除するという取扱いをしていますが、これをダブルギアリング規制といいます。ダブルギアリングに該当する出資には、他の金融機関等が発行する資本調達手段の直接的な保有に限らず、いわゆる「間接保有」も含まれます。

解　説

1　「ダブルギアリング」とは

「ダブルギアリング」とは、銀行による連結外金融機関向けの出資のことです。

バーゼル規制では、一般的に、これを自己資本から控除するという取扱いをしていますが、これをダブルギアリング規制といいます。

ここで、ダブルギアリング規制の説明に入る前に、国内基準行向けバーゼルⅢにおける控除項目（調整項目）を再度確認します。国内基準行向けバーゼルⅢにおける控除項目を一覧化したのが、図表97－1です（Q96もあわせてご参照ください）。

国内基準行向けバーゼルⅢにおけるダブルギアリング規制といった場合、図表97－1中の三、四、五(1)、そして六(1)を控除項目とする取扱いを指します。バーゼルⅡと国内基準行向けバーゼルⅢにおけるダブルギアリング規制の概要は、図表97－2のとおりです（Q96もあわせてご参照ください）。

図表97-1　国内基準行向けバーゼルⅢにおける控除項目（調整項目）

コア資本からの控除項目			
一	以下の合計額		
	イ）	(1)(2)の合計額	
		(1)	無形固定資産（のれんおよびのれん相当差額）の額
		(2)	無形固定資産（のれんおよびモーゲージ・サービシング・ライツを除く）の額
	ロ）	繰延税金資産（一時差異に係るものを除く）の額	
	ハ）	内部格付手法採用行において、事業法人等向けエクスポージャーおよびリテール向けエクスポージャーの期待損失額の合計額が適格引当金の合計額を上回る場合における、当該期待損失額の合計額から当該適格引当金の合計額を控除した額	
	ニ）	証券化取引に伴い増加した自己資本に相当する額	
	ホ）	負債の時価評価により生じた時価評価差額であって、自己資本に算入される額	
	ヘ）	退職給付に係る資産の額	
二	自己保有普通株式等の額		
三	意図的に保有している他の金融機関等の資本調達手段の額		
四	少数出資金融機関等（注1）の普通株式等の額（注2）		
五	以下の3項目（特定項目）に係る10％基準超過額		
	(1)	「その他金融機関等」（注3）への普通株式等出資	
	(2)	モーゲージ・サービシング・ライツ	
	(3)	（一時差異に基づく）繰延税金資産	
六	以下の3項目（特定項目）に係る15％超基準超過額		
	(1)	「その他金融機関等」（注3）への普通株式等出資	
	(2)	モーゲージ・サービシング・ライツ	
	(3)	（一時差異に基づく）繰延税金資産	

(注1)　議決権割合が10％以下の金融機関等をいう。
(注2)　自己のコア資本の10％超相当部分を控除する。
(注3)　議決権割合が10％超の金融機関等をいう。
(出所)　大和総研金融調査部制度調査課作成

図表97−2　ダブルギアリング規制の概要

バーゼルⅡ	国内基準行向けバーゼルⅢ
連結外金融機関向け出資のうち、	
下記を控除 ・国内預金取扱金融機関への意図的保有 ・関連会社向け出資	銀行、証券、保険を含む国内外の金融機関向け出資について、 ① 資本かさ上げ目的の持合い→全額控除 ② 議決権10％以下保有先への普通株式等出資 →自己のコア資本の10％超相当分を控除 ③ 議決権10％超保有先への普通株式等出資 →自己のコア資本の10％超相当分を控除 (注)

(注)　コア資本への算入上限は、モーゲージ・サービシング・ライツおよび（一時差異に基づく）繰延税金資産との合計でコア資本の15％までとされている。
(出所)　大和総研金融調査部制度調査課作成

2　「間接保有」の範囲

　ダブルギアリングに該当する出資には、他の金融機関等が発行する資本調達手段の直接的な保有に限らず、いわゆる「間接保有」も含まれます（詳細については、Q96をご参照ください）。

　この間接保有に該当するケースとその具体例は、国際統一基準行の場合と同様です（詳細については、Q94をご参照ください）。

3　「他の金融機関等」の範囲

　バーゼルⅢでは、ダブルギアリング規制により、「他の金融機関等」との間における資本かさ上げ目的の持合いは、全額自己資本から控除されます（詳細については、Q91、Q92、そしてQ93をご参照ください）。

　ここでいう「他の金融機関等」の具体的な範囲は、国際統一基準行の場合と同様です（詳細については、Q94をご参照ください）。

第8章

銀行自身の自己資本戦略と監督当局の検証

Q98 バーゼル規制では、規制上の自己資本でカバーできないリスクには、どのように対応することとしていますか

A

バーゼル規制では、銀行に対して、バンキング勘定の金利リスクや融資先が集中するリスクなど、規制上の自己資本比率でカバーしていないリスクにも考慮し独自に自己資本戦略を立てることを求めています。そのうえで、当局に対し各銀行の自己資本戦略の内容を検証するよう求めています。

解 説

1 バーゼル規制の第2の柱

バーゼル規制は規制上の自己資本比率の維持を求める第1の柱だけでなく、銀行自身の自己資本戦略と監督当局の検証を求める第2の柱、自己資本の内容やリスク管理方針等を開示し市場規律を導入する第3の柱という3つの柱からなります。

第1の柱は、信用リスク、トレーディング取引のマーケット・リスク、オペレーショナル・リスクを対象とし、これらのリスクに対する備えとして一定水準以上の自己資本の維持を求めています。しかし、規制上の自己資本比率を維持するだけでは、銀行の業務の多様化・複雑化には十分対応しきれません。金融監督当局があらかじめ定めた画一的な基準を当てはめるだけでは、銀行の創意工夫の余地をなくし、リスク管理の高度化をかえって妨げる可能性もあります。

そこで、バーゼル規制は、銀行がリスク管理方法を自主的に工夫し、それに基づき独自に自己資本戦略を立てることを求めています。そのうえで、リスク管理手法や自己資本戦略が妥当なものであるかを監督当局が検証し、さ

らに、ディスクロージャーを通じて市場のチェックを受けることとしているわけです。

第2の柱に関しては、2004年6月のバーゼルⅡの最終規則（正式名称（仮訳）：「自己資本の測定と基準に関する国際的統一化：改訂された枠組」）では、銀行と監督当局それぞれに以下の対応を求めています。

　◇銀行は、自行のリスク特性に照らした全体的な自己資本充実度を評価するプロセスと、自己資本水準維持のための戦略を有する必要がある（原則1）。

　◇監督当局は、以下の対応を行う必要がある。

　　○銀行が規制自己資本を満たしているかを自分でモニタリング・検証する能力を有するか否かに加え、銀行自身の自己資本充実度の内部的な評価・戦略を検証し評価する。このプロセスの結果に満足ができない場合は、適切な監督上の措置を講ずる（原則2）。

　　○銀行が最低所要自己資本比率以上の水準で活動することを期待すべきであり、銀行に対して最低所要自己資本を超える自己資本の保有を要求する能力をもつべきである（原則3）。

　　○監督当局は、銀行の自己資本がリスク特性に見合って必要とされる最低水準以下に低下することを防止するために早期介入すべきである（原則4）。

銀行が事業を行う際には、第1の柱でカバーしているリスクのほかに、バンキング勘定の金利リスク、流動性リスク、与信集中リスク、戦略リスク、風評リスク等のさまざまなリスクへの対応が必要になります。銀行はこれらのリスクを適切に管理し、自行のリスク特性や経営戦略に基づき、リスクに見合う自己資本としてどの程度の自己資本を維持すべきか、自分自身の自己資本戦略を立てるよう求められます。銀行経営上必要な自己資本を、規制上の自己資本に対して「経済資本」（エコノミック・キャピタル）といいます。第2の柱は、銀行が「自己管理型」のリスク管理により自分自身の「経済資

本」を把握し、それに基づいて事業を展開するよう求めているわけです。その一方で、監督当局には、銀行が規制上の自己資本を維持するよう監督することだけでなく、銀行のリスク管理態勢や自身で立てた自己資本戦略が妥当なものかを検証するよう求めています。

2　第2の柱実施指針と監督指針

2005年11月22日、金融庁は「バーゼルⅡ第2の柱（金融機関の自己管理と監督上の検証）の実施方針について」（以下、「第2の柱実施指針」）を公表し、第2の柱について以下①～③の三段構えで対応する旨を明らかにしました。

① 　監督上の着眼点を示したうえで金融機関の統合リスク管理に向けた取組みを促進する（原則1への対応）
② 　統合的なリスク管理態勢を検証する（原則2への対応）
③ 　個々のリスクについて早期警戒線を設定する（原則3・4への対応）
　……アウトライヤー規制等への対応

(1)　統合リスク管理の促進

銀行は、業務の規模、特性、複雑さに応じ、各事業部門等が内包するリスクを総体的・定量的に把握し、そのうえで質量ともに十分な自己資本を維持していく必要があります。監督当局はそのために必要な統合的なリスク管理態勢を各銀行が築いているか検証します。「第2の柱実施指針」では、その際の着眼点を監督指針に盛り込むこととしています。

2005年10月28日に初版が公表された「主要行等向けの総合的な監督指針」（以下、「主要行等監督指針」）では、大手銀行に対して、自らのリスク特性に照らした自己資本充実の程度を評価する態勢を整備すること、十分な自己資本を維持するための方策を講ずることを求めています。自己資本充実度の評価の際は自己資本の質を考慮するよう求めています。そのうえで、リスク管理に共通する主な着眼点、統合リスク管理に関する主な着眼点をあげ、主要行等に、これらを基本とする統合的なリスク管理態勢の整備を求めています。

中小・地域金融機関の統合的リスク管理に関しては、2006年3月31日に金融庁が公表した「中小・地域金融機関向けの総合的な監督指針」(以下、「中小・地域金融機関監督指針」)で、その基本的な考え方や着眼点が述べられています。統合的なリスク管理態勢の構築を促していますが、その規模やリスク・プロファイル等からみて高いレベルの統合的なリスク管理を求めることが適当でない金融機関に、相応の態勢整備を求めています。早期警戒制度に基づく対応を基本としつつ、規模や抱えるリスク等に応じ、経営改善のために必要と認められるレベルの統合的なリスク管理態勢の整備を促すにとどめています。

(2) 統合的リスク管理態勢の検証

　金融庁は、(1)で述べた金融機関の自発的な取組みを最大限に尊重しつつ、「第2の柱実施指針」のなかで示した「統合的なリスク管理態勢の評価」によって、各金融機関の統合的なリスク管理態勢の実効性等を、ヒアリング等を通じて把握・検証評価します。

　「統合的なリスク管理態勢の評価」では、金融機関が、第1の柱の規制上の自己資本比率の対象である信用リスク、市場リスク、オペレーショナル・リスクだけではなく、バンキング勘定の金利リスク、与信集中リスク、流動性リスク、その他のリスク(風評リスク、戦略リスク等)も含めて、適切に把握・管理しているかを検証するよう求めています。

　主要行等に対しては「主要行等監督指針」、中小・地域金融機関に対しては「中小・地域金融機関監督指針」に規定された着眼点に基づいて統合リスク管理態勢の評価が行われ、必要に応じ改善報告の徴求や改善命令が行われます。

(3) 早期警戒制度の活用

　規制上の自己資本比率を下回る銀行には早期是正措置が適用されていますが、規制上の自己資本比率を達成している銀行に対してもその健全性の維持と一層の向上のため早期警戒制度が適用されています。早期警戒制度では収益性、信用リスク、安定性(市場リスク等)、資金繰り(流動性リスク)に着

目したモニタリングが実施されます。あらかじめ設定した警戒水準に該当することとなった金融機関に対しては、当局が原因分析、リスク管理の適切性および改善策についてヒアリングを行い、必要に応じて報告を徴求したり、業務改善命令を出したりします。この一連のプロセスを通じて、銀行等に早め早めの経営改善を促します。第2の柱実施指針を受けて「主要行等監督指針」「中小・地域金融機関監督指針」では、安定性改善措置として「バンキング勘定の金利リスク」（アウトライヤー規制）、信用リスク改善措置として「信用集中リスク」への対応を早期警戒制度の枠組みのなかに組み込んでいます。

Q99 バーゼル規制に対応するため、銀行にはどのようなリスク管理手法の導入が求められますか

A

さまざまなリスクを総体的に把握して、これに対応する経済資本を設定し、その範囲内に各事業のリスクを制御する統合リスク管理の導入が必要になります。これにより、各事業のリスクとリターンの関係を分析し、適正なリスクでより大きなリターンを得られる部門に経営資源を注入することが可能になります。

解 説

1 統合リスク管理の導入

Q98で述べたように、銀行は第1の柱で最低自己資本比率を維持しつつ、自行の自己資本の充実度を評価し、第1の柱で対応できないリスクもふまえた適切な対応策の策定や、経営上必要な経済資本（エコノミック・キャピタル）の水準の設定を行う必要があります。

そのための銀行内部のプロセスとして、取締役と上級管理職による監視、健全な自己資本充実度の評価、主要なリスクの把握、モニタリングと報告、内部統制の検証が必要になります。自己資本充実度の評価の際は、ストレス・テストも適切に実施しておく必要があります。

さらに、銀行のリスク管理のあり方として、統合リスク管理態勢の整備が求められます。統合リスク管理とは「様々なリスクを共通の見方で統合的に捉えたうえで、(I)経営体力に見合ったリスク制御による健全性の確保、(II)リスク調整後収益に基づいた経営管理（業績評価、資源配分等）による収益性や効率性の向上、を目指す体制」（「金融機関における統合的なリスク管理」日本銀行調査月報2001年6月号）をいいます。言い換えれば、銀行が自身の多様

図表99-1　統合リスク管理

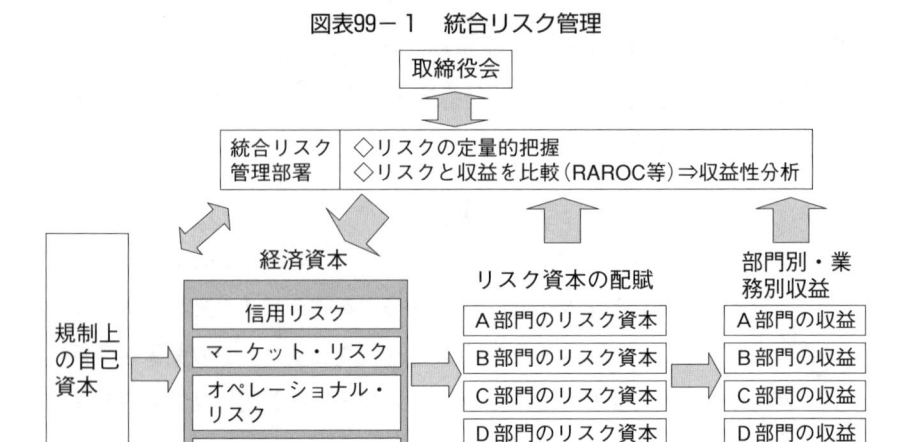

```
                                   取締役会
                                     ↕
         ┌─────────────────────────────────────────────────┐
         │ 統合リスク  ◇リスクの定量的把握                    │
         │ 管理部署    ◇リスクと収益を比較（RAROC等）⇒収益性分析│
         └─────────────────────────────────────────────────┘
              ↕            ↑              ↑              ↑
                         経済資本    リスク資本の配賦   部門別・業務別収益
  ┌──────┐         ┌──────────┐  ┌──────────┐  ┌──────────┐
  │規制上 │         │ 信用リスク    │  │A部門のリスク資本│  │A部門の収益│
  │の自己 │ ⇒       │ マーケット・リスク│  │B部門のリスク資本│⇒│B部門の収益│
  │資本   │         │ オペレーショナル・│  │C部門のリスク資本│  │C部門の収益│
  │       │         │ リスク        │  │D部門のリスク資本│  │D部門の収益│
  │       │         │ その他のリスク │  │E部門のリスク資本│  │E部門の収益│
  └──────┘         └──────────┘  └──────────┘  └──────────┘
```

なリスクを把握して、これに対応する経済資本を設定すること、設定した経済資本の範囲内にリスクを制御すること、リスクとリターンの関係を分析し、適正なリスクでより大きなリターンを得られる部門に経営資源を注入することが必要になります。より具体的にいえば、統合リスク管理は以下の手順で行われます。

① 各事業部門等のリスク量をVaRなどの共通の尺度で可能な限り定量的に把握したうえで、各リスク・カテゴリー、事業部門等に対しそのリスク量に応じたリスク資本を自己資本（経済資本）の範囲内で配賦する。

② 上記①を受けて各事業部門等がポジション枠等を設定し、リスク量がリスク資本を超過しないよう業務管理する。これにより、銀行の負うリスク量全体を常時、経営体力（自己資本）でカバーできる範囲内に制御する。

③ 各事業部門等のリスク調整後の収益という量的指標やRAROC（リスク調整後資本利益率）等の比率指標により、各事業部門等のリスク考慮後の収益性を把握し、そのパフォーマンスを評価する。これにより業務計画や収益計画と関連づけた適切なリスク・リターン管理（リス

クを考慮した収益管理) が可能となり、経営効率化と収益性向上につながることが期待される。

〈量的指標（例）〉
リスク調整後収益（RAR、RACAR）＝業務純益－予想損失
株主資本コスト控除後収益（EP）＝リスク調整後収益－リスク資本
　　　　　　　　　　　　　　　　×資本コスト率
〈比率指標（例）〉
リスク調整後資本利益率（RAROC）＝リスク調整後収益÷リスク資本

2　統合リスク管理の着眼点

「主要行等向けの総合的な監督指針」（主要行等監督指針）では、銀行等がリスク管理態勢を整備するうえで参考になるよう、リスク管理に共通する主な着眼点と統合リスク管理に関する主な着眼点をあげています。

リスク管理に共通する主な着眼点は以下のとおりです。

① 取締役会によるリスク管理方針の設定と組織内での周知

取締役会は、銀行全体の経営方針に沿った戦略目標をふまえたリスク管理の方針を明確に定めているか。リスク管理の方針が組織内で周知されるように適切な方策を講じているか。

② 取締役会による統合管理可能なリスク管理体制の整備

取締役会は、リスク管理部門を整備し、その各リスク部門のリスクを統合し管理できる体制を整備しているか。相互牽制等の機能が十分に発揮される体制となっているか。

③ 取締役会等によるリスク情報の活用

取締役会等は、定期的にリスクの状況の報告を受け、必要な意思決定を行うなど、把握されたリスク情報を業務の執行および管理体制の整備等に活用しているか。

④　海外拠点・連結子会社等を含めた統合リスク管理

リスク管理の際は、海外拠点を含む営業店および連結対象子会社に所在する各種リスクを、法令等に抵触しない範囲でそれぞれが管理するとともに、リスク管理部門が総合的に管理しているか。

各リスク管理部門が管理しているリスクを統合して管理しているか。

⑤　取締役会による内部監査体制の整備

取締役会は、内部監査部門が機能を十分に発揮できる態勢を構築しているか。内部監査部門が有効に機能しているかを定期的に確認しているか。

⑥　内部管理態勢の有効性等の外部監査

内部管理態勢（リスク管理態勢を含む）の有効性等について年1回以上、会計監査人等による外部監査を受けているか、国際統一基準適用金融機関は、海外の拠点ごとに各国の事情に応じた外部監査を実施しているか。

統合リスク管理に関する主な着眼点は、以下のとおりです[1]。

①　適切な対象リスク・カテゴリーの決定

多様なリスクを総合的に把握するため、すべてのリスクを認識したうえで、計量的な統合リスク管理の対象となるリスク・カテゴリーを適切に決定しているか。

②　共通の基準に基づく計量化

対象となるすべてのリスクを共通の基準のもとで計量化している

---

[1] 2013年11月22日に公表された主要行等監督指針の改正（以下、「改正指針」）によると、国内基準行向けバーゼルⅢが適用される2014年3月31日以降は、①から⑦に加えて、その他有価証券評価差額金による影響の勘案も求められることになります。具体的には、統合リスク管理に関する主な着眼点として、「国内基準行については、例えば、リスク資本の配賦等に当たり、その他有価証券評価差額金による影響も適切に勘案する等、自らが抱えるリスクや自己資本の特性等を十分に踏まえた対応を行っているか」（改正指針）が追加される見込みです。金融庁の説明によると、この追加は、国内基準行向けバーゼルⅢにおいては（現状から引き続き）その他有価証券評価差額金が自己資本に反映されないことへの手当という位置づけのようです（Q96参照）。

か。計量化の基準は客観性、適切性を確保しているか。たとえばVaRを用いる場合は、その信頼区間および保有期間の設定の考え方は明確になっているか。

③　計量化の精度の向上に向けた検討

　　計量化の精度をより向上させるための検討を行っているか。たとえば、異なる種類のリスクの間における相関（分散効果）について、適切性を確保すべく検討を行っているか。

④　適切なリスク資本の配賦と見直しのプロセス

　　リスク資本の配賦およびその見直しのプロセスは適切か。

⑤　主要なリスクは損失吸収力の高い資本でカバー[2]

　　国際統一基準行について、主要なリスクは普通株式等Tier 1資本等の損失吸収力の高い資本でカバーされるようになっているか。

　　国内基準行について、主要なリスクは自己資本の基本的項目（Tier 1）でカバーされるようになっているか。

⑥　リスク資本の配賦と業務・収益計画の整合性

　　各事業部門等へのリスク資本の配賦は、業務計画、収益計画等と整合性がとれているか。

⑦　リスク量をリスク資本内に制御

　　各事業部門等のリスク量がリスク資本を超過しないような業務管理が適切に行われているか。

一方、「中小・地域金融機関向けの総合的な監督指針」では、中小・地域金融機関の場合の統合的なリスク管理に関する主な着眼点として以下をあげています[3]。

①　多様なリスクを総体的に把握するため、すべてのリスクを認識した

---

[2] 改正指針によると、国内基準行向けバーゼルⅢが適用される2014年3月31日以降は、主要なリスクについて、「国際統一基準行の場合は普通株式等Tier 1資本でカバーし、また、国内基準行の場合は自己資本比率規制上の自己資本（適格旧資本調達手段のうち補完的項目に該当していたものを除く。）でカバーする」（改正指針）ことが求められることになります。

うえで、銀行自らの規模やリスク特性等に照らし、できる限り統合的なリスク管理の実施に努めているか。

② 対象となるすべてのリスクを可能な限り整合的な考え方で管理しているか。

③ リスク管理の高度化の取組みを評価・検証するための着眼点の例示

(i) 計量化の対象とするリスク・カテゴリーを合理的に選択し、それらを整合的な考え方で計量化しているか。

(ii) リスク資本の配賦およびその見直しのプロセスは適切か。

(iii) 主要なリスクは、Tier 1 （国際統一基準行については普通株式等Tier 1 資本等の損失吸収力の高い資本）でカバーされるようになっているか[4]。

(iv) 各リスク・カテゴリー、各事業部門等へのリスク資本の配賦は、業務計画、収益計画等と整合性がとれているか。

(v) 各事業部門のリスク量がリスク資本を超過しないような業務管理が適切に行われているか。

ただし、中小・地域金融機関のなかでも大規模かつ複雑なリスクを抱える銀行の総合的なリスク管理態勢の評価・検証については、主要行等監督指針を参照し、これに準ずるものとされています。

VaRは、ある一定期間に一定の確率で生じうる損失をリスク量として求めるものです。「一定期間」を「保有期間」、「一定の確率」を「信頼区間」といいます。たとえば、ある資産について保有期間1年で信頼区間は99％で算

---

[3] 2013年11月22日に公表された「中小・地域金融機関向けの総合的な監督指針」の改正（以下、「改正中小・地域指針」）によると、国内基準行向けバーゼルⅢが適用される2014年3月31日以降は、①から③に加えて、その他有価証券評価差額金による影響の勘案も求められることになります（脚注1参照）。

[4] 改正中小・地域指針によると、国内基準行向けバーゼルⅢが適用される2014年3月31日以降は、主要なリスクについて、「国際統一基準行の場合は普通株式等Tier 1 資本でカバーし、また、国内基準行の場合は自己資本比率規制上の自己資本（適格旧資本調達手段のうち補完的項目に該当していたものを除く。）でカバーする」（改正中小・地域指針）ことが求められることになります（脚注2参照）。

定したVaRが10億円という場合、何を意味しているのでしょうか。その資産を１年間保有している場合、99％の確率で損失は10億円以内に収まるが、１％の確率で10億円を超える可能性があるということです。バーゼルⅡでは、信頼区間99％のリスクをTier 1内に収めることを求めているといわれていました。上記の「主な着眼点」で、主要なリスクはTier 1（国際統一基準行については普通株式等Tier 1資本等の損失吸収力の高い資本）でカバーすることとしているのはそれをふまえてのものと思われます。

統合リスク管理で最も注意すべき点は、配賦されたリスク資本の範囲内に単にリスクを収めるためだけの数字合せのツールにしてはいけないということです。算出されるVaRの値を保有期間の短期化等により操作するのは論外としても、数字のつじつま合せに終始したのでは何にもなりません。自行が今後どうあるべきかという大局観や戦略をもち、それを実行するツールとして活用していくべきです。

銀行が業務を行ううえで負うリスクには、VaR等による定量化がむずかしいものもあります。そのようなリスクへの対応方針・手続・管理態勢も整えておく必要があります。

Q100 バーゼルⅢの公表に伴い、わが国の「第2の柱」にはどのような変更がもたらされましたか

A

　2012年8月、金融庁は、国際統一基準行を対象として、「第2の柱」（金融機関の自己管理と監督上の検証）に係る「主要行等向けの総合的な監督指針」（以下、「主要行等監督指針」）の一部改正（以下、「改正監督指針」）を公表しています。改正監督指針は、バーゼルⅢをふまえた「告示」の改正（以下、「改正告示」）が、国際統一基準行に対し、2013年3月31日から適用されることを受けて、従来の主要行等監督指針を見直すものです。改正監督指針では、コンティンジェント・キャピタル条項の内容や、自己資本から控除される意図的持合いの範囲等が一部明確化されています。また、資本バッファー、レバレッジ比率、そして流動性規制についての規定も設けられています。改正監督指針は、改正告示同様、2013年3月31日より適用されています。なお、2013年9月20日に、国内基準行向けバーゼルⅢをふまえた主要行等監督指針の改正案が公表されています。

　なお、バーゼル2.5の適用に伴う第2の柱の見直しについてはQ17をご覧ください。

解説

1　改正監督指針の概要

(1)　自己資本の充実度の評価

　改正監督指針により、国際統一基準行については、自己資本の充実度を評価するにあたっては、自己資本の量のみならず、少なくとも以下の点を含む自己資本の質について分析を行っているか否かに着目して監督を行うとされ

ています。具体的には、普通株式等Tier 1 資本の調達がその他の包括利益累計額に過度に依存しないように求めています。また、ここでいう「普通株式」については、原則として単一の種類の株式によって構成されるように求めています。

> ・「普通株式等Tier 1 資本は、普通株式に係る株主資本が中心の資本構成となっており、普通株式に係る資本金、資本剰余金及び利益剰余金が普通株式等Tier 1 資本の主要な部分を占めているか[1]。普通株式等Tier 1 資本がその他有価証券評価差額金等のその他の包括利益累計額に過度に依存することにより、普通株式等Tier 1 比率が大きく変動するリスクが存在していないか[2]」(改正監督指針Ⅲ－2－1－1－2－2(2)①)
> ・「普通株式は議決権を有する単一の種類の株式によって構成されているか。株主総会において議決権を行使することができる事項について制限のある種類の株式を告示上の普通株式として発行する場合には、議決権に関する事項を除き、議決権を有する普通株式と同一の内容を有し、告示に定める要件を全て満たすものとなっているか」(改正監督指針Ⅲ－2－1－1－2－2(2)③)

(2) コンティンジェント・キャピタル条項(国際統一基準行)

a コンティンジェント・キャピタル条項の位置づけ

コンティンジェント・キャピタル条項とは、その他Teir 1 資本調達手段のうち負債性資本調達手段に係る実質破綻より前のゴーイング・コンサーン水準での元本削減等の要件、および、その他Tier 1 資本調達手段およびTier 2 資本調達手段に係る実質破綻認定時の元本削減等の要件をいいます。

---
[1] 2013年11月22日に公表された「主要行等監督指針」の改正(以下、「改正指針」)では、国内基準行については、国内基準行向けバーゼルⅢが適用される2014年3月31日以降は、「自己資本」に対して同様の要件を求めています。
[2] 改正指針でも、国際統一基準行のみの要件とされています。

バーゼルⅢ本文55.11.は、負債性調達手段がその他Tier 1資本調達手段として認められるためには、以下のいずれかを通じて元本の損失吸収がなされるべきこととしています（全国銀行協会仮訳案）。

> (i)　客観的な事前に特定したトリガー・ポイントにおける普通株式への転換。または、
> (ii)　事前に特定したトリガー・ポイントにおいて、元本削減により損失を当該調達商品に割振る仕組み。元本削減は以下の効果をもたらす。
> 　a　清算において、調達商品の返済請求を減少させる。
> 　b　コールが行使された場合、返済額を減少させる。
> 　c　調達商品のクーポン／配当支払いの一部または全部を減少させる。

　改正告示は、これを受けて、負債性資本調達手段がその他Tier 1資本調達手段として認められるためには、「連結普通株式等Tier 1比率が一定の水準を下回ったときに連結普通株式等Tier 1比率が当該水準を上回るために必要な額又はその全額の元本の削減又は普通株式への転換（以下「元本の削減等」という。）が行われる特約その他これに類する特約が定められていること」（改正告示6条4項11号）が要件として求められることとしています（Q92参照）。ここでは、改正告示が定めるこの要件を、「ゴーイング・コンサーン水準のコンティンジェント・キャピタル条項」と呼称することとします。
　さらに、バーゼル銀行監督委員会は、バーゼルⅢ公表（2010年12月16日）直後の2011年1月13日に、「実質的な破綻状態において損失吸収力を確保するための最低要件」を公表しています。ここでは、国際的に活動する銀行により発行されるその他Tier 1とTier 2資本調達手段のすべてにつき、実質破綻と認定される事由が発生した場合には、関係当局の判断により、元本削減または普通株式への転換が義務づけられる契約条項を発行条件に含むことを要件とする旨定めています。認定事由は、以下のうち早く発生したものとさ

れています（金融庁仮訳）。

> (1) 元本削減がなければ銀行が存続不可能にとなるとして、元本削減が必要である、と関係当局によって決定された場合
> (2) 公的セクターによる資本注入もしくは同等の支援がなければ銀行が存続不可能になるとして、当該支援が関係当局によって決定された場合

改正告示は、これを受けて、その他Tier 1 資本調達手段およびTier 2 資本調達手段は、「元本の削減等又は公的機関による資金の援助その他これに類する措置が講ぜられなければ発行者が存続できないと認められる場合において、これらの措置が講ぜられる必要があると認められるときは、元本の削減等が行われる旨の特約が定められていること」（改正告示 6 条 4 項15号、7 条 4 項10号）が要件として求められることとしています（Q 92、Q 93参照）。ここでは、改正告示が定めるこの要件を、「ゴーン・コンサーン・ベースのコンティンジェント・キャピタル条項」と呼称することとします。

b　ゴーイング・コンサーン水準のコンティンジェント・キャピタル条項

前述のとおり、改正告示により、負債性資本調達手段がその他Tier 1 資本調達手段として認められるためには、「連結普通株式等Tier 1 比率が一定の水準を下回ったときに連結普通株式等Tier 1 比率が当該水準を上回るために必要な額又はその全額の元本の削減又は普通株式への転換（以下「元本の削減等」という。）が行われる特約その他これに類する特約が定められていること」（改正告示 6 条 4 項11号）が要件として求められています。

改正告示や、これを明確化する「自己資本比率規制に関するQ&A」では、上記「一定の水準」の内容は明らかにされていません。これを明らかにしているのが、改正監督指針です。

改正監督指針は、上記「一定の水準」は、「連結普通株式等Tier 1 比率で5.125％以上[3]」（改正監督指針Ⅲ－2－1－1－3(2)①ハa）とすべき旨規定し

ています。

そして、このゴーイング・コンサーン水準を下回ったか否かの判断は、以下の連結普通株式等Tier 1 比率によるものとしています（改正監督指針Ⅲ－2－1－1－3(2)①ハa）。

> (i) 決算状況表（中間期にあっては中間決算状況表）により報告された連結普通株式等Tier 1 比率
> (ii) 業務報告書（中間期にあっては中間業務報告書）により報告された連結普通株式等Tier 1 比率
> (iii) 法令または金融商品取引所の規則に基づき連結普通株式等Tier 1 比率を公表している場合には、これにより報告された連結普通株式等Tier 1 比率[4]
> (iv) 上記(i)から(iii)までの報告がされた時期以外に、当局の検査結果等をふまえた銀行と監査法人等との協議の後、当該銀行から報告された連結普通株式等Tier 1 比率

（注） 脚注4は筆者による。

もっとも、改正監督指針は、連結普通株式等Tier 1 比率がゴーイング・コンサーン水準を下回った場合でも、以下の条件を満たすことにより、元本の削減等の効果を生じさせないことができるものとしています（改正監督指針Ⅲ－2－1－1－3(2)①ハa）。

---

[3] この「普通株式等Tier 1 比率5.125％以上」という数字は、バーゼル銀行監督委員会が2011年10月に公表（同年12月に更新）しているFAQ、"Basel Ⅲ definition of capital - Frequently asked questions" の規定を踏襲したものと思われます。この数字は、もともとは欧州連合のバーゼルⅢ規定であるCRDの改正案（CRDⅣ。2011年7月公表）に由来していると考えられます。

[4] 主要行については、四半期ごとに報告される連結普通株等Tier 1 比率もこの判断基準に包含されることになるものと思われます（「銀行法施行規則第19条の2項第1項第5号ニ等の規定に基づき、自己資本の充実の状況等について金融庁長官が別に定める事項」6条等参照）。

上記(i)から(iii)までの報告によって当該銀行の連結普通株式等Tier 1比率が報告されるまでの間に、元本の削減等がなくても連結普通株式等Tier 1比率につきゴーイング・コンサーン水準を上回らせるものとするために合理的と認められる計画が銀行から当局に提出され、当局の承認が得られた場合

　改正監督指針は、普通株式等Tier 1比率がゴーイング・コンサーン水準を下回ったことによる元本の削減に関する特約が定められている場合、当該特約が以下の要件をすべて満たさなければならない旨規定しています（改正監督指針Ⅲ－2－1－1－3(2)①ハｂ）。

・元本の削減が行われる場合、当該削減がなされる部分に係る残余財産の分配請求権の額または元本金額、償還金額および剰余金の配当額または利息の支払額が減少するものであること
・元本の削減が行われた後に一定の事由を満たすことを条件として当該削減された部分の元本の全部または一部の回復が可能な内容とする場合には、当該元本の回復がなされた直後においても十分に高い水準の連結普通株式等Tier 1比率が維持されることが、その条件に含まれていること

　そして、普通株式への転換に関する特約が定められている場合には、当該特約が以下の要件をすべて満たさなければならない旨規定しています（改正監督指針Ⅲ－2－1－1－3(2)①ハｃ）。

・ゴーイング・コンサーン水準を下回った場合に、普通株式への転換が必要な額その他の転換に関する事項を確定の上、適用ある法令に従い、直ちに当該必要な額またはその全額のその他Tier 1資本調達手段

> が普通株式に転換されるものであること
> ・ゴーイング・コンサーン水準を下回った場合に発行または交付される普通株式が定款の発行可能株式総数を上回ることのないように、適切な転換下限価額が設定されており、かつ、定款において必要な発行可能株式総数が確保されていること

c　ゴーン・コンサーン・ベースのコンティンジェント・キャピタル条項

　前述のとおり、改正告示により、その他Tier 1 資本調達手段およびTier 2 資本調達手段は、「元本の削減等又は公的機関による資金の援助その他これに類する措置が講ぜられなければ発行者が存続できないと認められる場合において、これらの措置が講ぜられる必要があると認められるときは、元本の削減等が行われる旨の特約が定められていること」（改正告示6条4項15号、7条4項10号）が求められます[5]。

　改正監督指針は、上記「特約」の内容が、上記のような場合（以下、「実質破綻事由」）において、銀行の普通株式への転換がなされるというものである場合には、「適用ある法令に従い直ちにその保有者に対して当該銀行の普通株式が交付されるために必要な事前の手続が全て履践されていること」（改正監督指針Ⅲ－2－1－1－3(2)①ニa）を要することとしています（Tier 2 資本調達手段については、改正監督指針Ⅲ－2－1－1－3(2)②ニをご参照ください）[6]。

　また、改正監督指針は、銀行の海外子会社[7]が発行する資本調達手段を当

---

[5] もっとも、「法令の規定に基づいて、元本の削減等を行う措置が講ぜられる場合又は公的機関による資金の援助その他これに類する措置が講ぜられる前に当該発行者に生じる損失を完全に負担することとなる場合」（改正告示6条4項15号、7条4項10号）は、このような特約は不要です。

[6] なお、この場合において、「公的機関による資金の援助その他これに類する措置が必要と認められる場合においては、かかる普通株式の交付は、これらの措置が実施される前に行われなければならない」（改正監督指針Ⅲ－2－1－1－3(2)①ニa）としています。

[7] 「特別目的会社等（専ら銀行の資本調達を行うことを目的として設立された連結子法人等をいう。…）」（改正告示6条3項）を除きます。

該銀行の連結自己資本比率算定上のその他Tier 1 およびTier 2 資本に算入するためには、当該海外子会社の所在地国の監督当局およびわが国当局のいずれか一方または双方が、当該海外子会社に実質破綻事由が認められる場合に、「当該資本調達手段の元本の削減等が、適用ある法令に従い直ちに行われる旨の内容となっている」（改正監督指針Ⅲ－2－1－1－3(2)①ニb）特約が定められていることを要することとしています。なお、「元本の削減等」の内容が普通株式への転換である場合、「当該海外子会社の普通株式に代えて、当該銀行の普通株式を当該資本調達手段の保有者に交付することを妨げない」（改正監督指針Ⅲ－2－1－1－3(2)①ニb）こととしています（Tier 2 資本調達手段については、改正監督指針Ⅲ－2－1－1－3(2)②ニをご参照ください）。

(3) 償還または買戻しのための資本調達（再調達）

改正告示により、その他Tier 1 資本調達手段およびTier 2 資本調達手段の要件の1つとして、償還または買戻しを行う場合には、次に掲げる要件のいずれかを満たすことを求めています（改正告示6条4項5号ハ、7条4項5号ハ）。

> A) 発行者の収益性に照らして適切と認められる条件により、当該償還（等）[8]または買戻しのための資本調達（当該償還（等）または買戻しが行われるものと同等以上の質が確保されるものに限る）が当該償還（等）または買戻しの時以前に行われること
> B) 償還（等）または買戻しの後においても発行者が十分な水準の連結自己資本比率を維持することが見込まれること

改正監督指針は、上記A)への該当の有無を判断するにあたっては、以下の

---

[8] その他Tier 1 資本調達手段の項では「償還」（改正告示6条4項4号）と規定されているのに対し、Tier 2 資本調達手段の項では「償還等（償還期限が定められていないものの償還又は償還期限が定められているものの期限前償還）」（改正告示7条4項4号）と規定されていることから、便宜的にこのように表現しています。以下同様とします。

点に留意することとしています（改正監督指針Ⅲ－2－1－1－3(3)②）。

> イ　当該資本調達手段の償還等または買戻しを行うための資本調達（再調達）が当該償還等もしくは買戻し以前に行われているか、または当該償還等もしくは買戻し以前に行われることが確実に見込まれるか。また、当該資本調達が行われた後に、銀行が十分な水準の自己資本比率を維持できないと見込まれるような事態が生じていないか。なお、その他Tier 1資本調達手段[9]の償還等または買戻しを行うために資本調達（再調達）を行う場合、当該資本調達が行われた時点以降償還日または買戻し日までの間は、当該資本調達により払込みを受けた金額のうち償還予定額相当額以下の部分については自己資本への算入が認められないことに留意する。
> ロ　当該償還等が、もっぱら当該資本調達手段の保有者の償還等への期待に応えるためだけに行われるものではないか。たとえば、資本調達（再調達）のために発行される資本調達手段の適用金利が当該償還等される資本調達手段の適用金利よりも実質的に高いものとなる場合、かかる銀行の金利負担の有無にかかわらず当該資本調達を行う合理的な理由が認められるか。
> ハ　資本調達（再調達）のために発行される資本調達手段の適用金利が、当該銀行の今後の収益見通し等に照らして、自己資本の健全性を維持しつつ十分に支払可能なものとなっているか。

なお、上記ロは、改正告示が、その他Tier 1資本調達手段およびTier 2資本調達手段の要件の1つとして、償還または買戻しを行う場合には「償還又は買戻しについての期待を生ぜしめる行為を発行者が行っていないこと」（改正告示6条4項5号ロ、7条4項5号ロ）を求めていることとも密接に関連

---

[9]　改正指針では、国内基準行については、国内基準行向けバーゼルⅢが適用される2014年3月31日以降は、「強制転換条項付優先株式」を対象としています。

するものといえるでしょう。

(4) 意図的持合いの範囲

バーゼルⅢ本文79.（銀行、金融機関、保険会社の資本の相互持合い）は「銀行の資本勘定を人為的に嵩上げすることを目的とする資本の相互持合いは、全額控除される」（全国銀行協会仮訳案）としています（いわゆるダブルギアリングの一類型）。

改正告示ではこれを受けて、普通株等Tier1資本、その他Tier1資本、Tier2資本それぞれの調整項目（マイナス項目）について、ダブルギアリングを規定しています。改正告示は、バーゼルⅢ本文79.のいう「銀行の資本勘定を人為的に嵩上げすることを目的とする資本の相互持合い」（全国銀行協会仮訳案）を、「他の金融機関等（中略）との間で相互に自己資本比率を向上させるため、意図的に当該他の金融機関等の対象資本調達手段（中略）を保有していると認められ、かつ、当該他の金融機関等が意図的に当該銀行又は連結子法人等の（中略）資本調達手段を保有していると認められる場合」（改正告示8条6項等。以下、「意図的持合い」）と言い換えています。

改正監督指針は、このような意図的持合いとは、具体的に以下のような場合を指すこととしています（改正監督指針Ⅲ－2－1－2－2(2)）。

> イ 銀行または連結子法人等が、平成9年7月31日以降、わが国の預金取扱金融機関との間で、相互に資本増強に協力することを主たる目的の1つとして互いに資本調達手段を保有することを約し、これに従い、銀行または連結子法人等が当該預金取扱金融機関の資本調達手段を保有し、かつ、当該預金取扱金融機関も銀行または連結子法人等の資本調達手段を保有している場合
> ロ 銀行または連結子法人等が、平成22年12月17日[10]以降、他の金融機関等（わが国の預金取扱金融機関を除く）との間で、相互に資本増強に

---

10 改正指針では、国内基準行については、「平成24年12月12日」としています。

> 協力することを主たる目的の1つとして互いに資本調達手段を保有することを約し、これに従い、銀行または連結子法人等が当該他の金融機関等の資本調達手段を保有し、かつ、当該他の金融機関等が銀行または連結子法人等の資本調達手段を保有している場合

　上記により、「他の金融機関等が当該銀行又は連結子法人等の資本調達手段を保有していない場合は、意図的持合には該当しない」(改正監督指針Ⅲ－2－1－2－2(2))こととなります。

　また、改正監督指針は、他の金融機関等との間で資本を相互に持ち合っている場合であっても、「相互に資本増強に協力することを主たる目的の一つとして資本調達手段を互いに保有することが約されているとは認められない場合」(改正監督指針Ⅲ－2－1－2－2(2))であれば、意図的持合いには該当しないこととしています。改正監督指針は、こういった場合の具体例として、以下のケースをあげています（改正監督指針Ⅲ－2－1－2－2(2))。

> ・「専ら純投資目的等により流通市場等において他の金融機関等の資本調達手段を取得及び保有している場合」
> ・「専ら業務提携を行う目的で他の金融機関等の資本調達手段を相互に保有している場合」
> ・「証券子会社がマーケット・メイキング等の目的で一時的に他の金融機関等の資本調達手段を保有している場合」

(5)　その他のダブルギアリング規制に係る除外事由

　さらに、ダブルギアリング規制の対象となる少数出資金融機関等の資本調達手段の額、その他金融機関等の資本調達手段の額、特定項目に係る10％基準超過額、特定項目に係る15％基準超過額の算出において、改正告示では「その存続が極めて困難であると認められる者の救済又は処理のための資金の援助を行うことを目的として保有することとなった資本調達手段」につい

ては、その特殊事情等を勘案して金融庁長官が承認した場合に限り、当該承認で認められた期間、算出の対象から除外することができることとされています。

2013年3月に、主要行等監督指針の改正が行われ、その存続がきわめて困難か否かは総合的に判断することとしつつ、業務もしくは財産の状況に照らし預金等の払戻しを停止するおそれのある金融機関または預金等の払戻しを停止した金融機関、預金保険法65条に基づく救済合併等の際に保有することとなった救済金融機関・持株会社等の資本調達手段が含まれること、当該特例が認められる期間については、経緯や諸事情を勘案し、対象となる資本調達手段の取得日から10年を基本に、合理的に必要と認められる期間とする旨が定められています。

(6) 資本バッファー・流動性比率・レバレッジ比率

a 資本バッファー

国際統一基準行は、バーゼル合意[11]に従い、以下の枠組みに基づく「資本バッファー」を、2016年以降段階的に積み立てることが求められます[12]。

〈資本保全バッファー〉
　普通株式等Tier 1 資本で2.5％（Q23参照）
〈カウンターシクリカル資本バッファー〉
　普通株式等Tier 1 資本[13]で 0 ～2.5％の範囲で各国裁量により決定（Q24参照）
〈G-SIBs（Global Systemically Important Banks）サーチャージ〉

---

[11] ここでは、バーゼルⅢ（2010年12月）および「グローバルにシステム上重要な銀行に対する評価手法と追加的な損失吸収力の要件」（2011年7月）の総称をいうものとします。
[12] 資本バッファーは、(2013年から導入される部分を対象としている）改正告示には規定されていません。
[13] バーゼル銀行監督委員会がガイドラインを策定すれば、普通株式等Tier 1 資本に加えて、「その他の完全に損失吸収力のある資本」も算入が認められますが、2013年9月時点で当該ガイドラインは策定されていません。

> G-SIBsに指定された銀行に対して、そのシステム上の重要性に応じて、普通株式等Tier 1 資本で 1 ～2.5％の範囲で上乗せ（Q33参照）

　改正監督指針は、国際統一基準行の取締役（会）に対し、資本計画の策定[14]にあたっては、「資本バッファーを十分に勘案」（改正監督指針Ⅲ－2－1－1－2－1(5)）することを求めています。

b　レバレッジ比率

　改正監督指針は、国際統一基準行に対し、バーゼルⅢの定義に基づくレバレッジ比率（資本／総資産）[15]（2013年 1 月から2017年 1 月までの試行期間中に 3 ％の最低Tier 1 レバレッジ比率をテストし、2018年 1 月から「第 1 の柱」のもとでの取扱いに移行する予定）[16]を四半期ごとに計算することを求めています（Q28参照）。

c　流動性規制

　改正監督指針は、国際統一基準行の取締役会に対し、バーゼルⅢに定められる流動性カバレッジ比率（LCR）および安定調達比率（NSFR）について、それぞれ2015年（前者）または2018年（後者）から適用されることに向けた体制の整備を検討する旨求めています（Q26、Q27参照）。

(7)　保証およびクレジット・デリバティブを用いた信用リスク削減手法

　バーゼルⅢは、外部格付への依存の見直しという観点から、保証およびクレジット・デリバティブ（以下、「信用保証取引」）を用いた信用リスク削減手法における保証人およびプロテクション提供者の適格要件を見直しており、改正告示もこれを受けて同様の見直しをしています（Q25、Q59参照）。

　バーゼル銀行監督委員会は、これとは別の観点から、バーゼルⅢ公表

---

[14] 主要行等監督指針は、取締役（会）に対し、戦略目標に照らして適切な資本計画の策定を求めています（監督指針Ⅲ－2－1－1－2－1(2)）。
[15] ここにいう「レバレッジ比率」と、一般的によく用いられている「レバレッジ」は、相互に逆の方法で算出される。たとえば、「レバレッジ比率 3 ％（＝3/100）以上」は、「レバレッジ33倍（＝100/3）以下」と言い換えることが可能です。
[16] レバレッジ比率は、（2013年から導入される部分を対象としている）改正告示には規定されていません。

(2010年12月16日）から１年後の2011年12月16日に、「バーゼル銀行監督委員会による高コストの信用保証に係るステートメントの公表」（以下、「ステートメント」）を公表しています（Q29参照）。信用リスク削減手法については、所要自己資本額が削減される一方で、その削減効果を相殺するプレミアムは、契約期間にわたって遅れて計上されることなどによる規制裁定が働く余地があります。ステートメントは規制裁定の余地を削減するため、信用保証取引の信用リスク削減や移転の効果を評価する際に考慮すべき点を示しています。

　改正監督指針は、ステートメントの公表を受けて、信用保証取引を用いた信用リスク削減手法を評価するにあたって、銀行に対し、以下の点を考慮すべき点を求めています。また、監督当局に対しても、以下の点をふまえ、その信用リスク削減手法が適用可能であるか否かを判断するよう求めています（改正監督指針Ⅲ－２－３－２－５－２(1)）。

① 自己資本比率の計算上、まだ認識されていないプレミアムや支払費用の現在価値と、さまざまなストレスシナリオのもとで生じうる保証対象となるエクスポージャーの期待損失の比較
② 市場価格に対する取引価格の比較（金銭以外で支払われるプレミアムについても適切に勘案することを含む）
③ 保証購入者によるプレミアム等の支払のタイミング（保証購入者による保証対象エクスポージャーに対する引当や減損のタイミングと、保証提供者による保証金支払のタイミングの潜在的な違いを含む）
④ 潜在的な将来損失が発生しうるタイミングと信用保証の可能性の高いデュレーションとの関係を評価するための、将来の保証金支払日の分析
⑤ 保証購入者の保証提供者に対する依存度の増加と、保証提供者による支払義務の履行能力の低下が同時に起こりうるような特定の状況に係る分析

⑥　保証購入者がその収益、資本および財務状況等をふまえ、適切にプレミアムの支払を行うことが可能であるか否かの分析
⑦　保証取引の合理性や当該保証取引に伴う将来的な費用および便益に係る保証購入者による分析内容を記した内部の記録の分析

　また、改正監督指針は、監督当局に対して、以下のような特徴をもつ信用保証取引（を用いた信用リスク削減手法）についてはよりいっそうの注意を払うよう求めています（改正監督指針Ⅲ－2－3－2－5－2⑵)。

①　保証対象エクスポージャーの額と比較して支払プレミアムが高額な取引。たとえば、保証に伴う費用の合計額が保証対象エクスポージャーの額と等しくなるまたは超過するような取引や、保証対象エクスポージャーの価格変動やパフォーマンスに応じ、保証提供者が保証購入者にリベートというかたちで支払プレミアムを一部払い戻すことにより、結果として過大なプレミアムの支払となっているような取引
②　保証対象エクスポージャーが時価評価されておらず、当該保証対象エクスポージャーに係る損失が損益計算を通じて認識されない取引
③　信用保証取引の結果として、リスク・ウェイトや規制資本の額が大幅に低下するような取引。たとえば、信用保証の対象となるエクスポージャーに対するリスク・ウェイトが150％を超えるような場合
④　保証に対するプレミアムの支払が保証対象のエクスポージャー額と比例関係にない取引。たとえば、保証対象エクスポージャーの減損やデフォルトの有無にかかわらずプレミアムの支払額が保障されている取引や、前払プレミアムや保証終了時に支払われる予定のプレミアムが損益計算を通じて費用として認識されない取引
⑤　信用リスク削減に係る費用の合計額を増加させるような取引。たとえば、保証購入者にとって高コストな取引、保証提供者に対する追加担保提供義務を負う取引、取引満期時に追加的な支払を行わなければ

> ならない取引、保証購入者が取引を途中で解約する権利を有する取引および事前に定めた価額で将来性のある時点において取引を中断することにつき保証提供者と保証購入者の間であらかじめ合意している取引

　前記①は、ステートメントが監督当局に対し、以下のような特徴を有する信用保証取引（を用いた信用リスク削減手法）についてはよりいっそうの注意を払うよう求めている点に由来します（金融庁によるステートメント仮訳）（Q29参照）。

> 　保証されたエクスポージャーの金額に比して、プレミアム額が高いもの。例えば、保証期間中にかかる保証コストが、購入した保証の対象となるエクスポージャーの金額と等しい、あるいは上回る場合である。払い戻しの仕組み（保証の売り手が、保証されたエクスポージャーの実績や信用劣化度合いに応じて、保証の買い手にプレミアムの一部を払い戻すことに合意した場合等）は、過大なプレミアム、ひいては、規制裁定を示唆するものである。

　前記③は、ステートメントが監督当局に対し、以下のような特徴を有する信用保証取引（を用いた信用リスク削減手法）についてはよりいっそうの注意を払うよう求めている点に由来します（金融庁によるステートメント仮訳）（Q29参照）。

> 　保証取引の結果、リスク・ウェイトや所要自己資本の軽減余地が非常に大きくなる取引。これは、保証されたエクスポージャーについて、保証がなければ例えば150％超といった高いリスク・ウェイトを適用される取引が該当する蓋然性が高い。

Q101 アウトライヤー規制とは何ですか

A

金利が上下2％変動した場合、あるいは保有期間1年、観測期間5年以上とした場合のVaRの1パーセンタイル値と99パーセンタイル値に該当する金利変動が起こった場合、バンキング勘定の資産・負債（オフバランスを含みます）に自己資本の20％を超える損失が生ずる銀行をアウトライヤー銀行といいます。日本では与信集中リスクとともに早期警戒制度の対象になっています。

解説

1 バンキング勘定の金利リスク（アウトライヤー規制）

2004年6月に公表されたバーゼルⅡの最終規則（正式名称（仮訳）：「自己資本の測定と基準に関する国際的統一化：改訂された枠組」）では、以下いずれかの標準的な金利ショックにより、バンキング勘定の資産・負債、オフバランス取引（デリバティブ取引を含みます）で、総自己資本の額（国内基準行については、基本的項目（Tier 1）と補完的項目（Tier 2）の合計額。ただし国内基準行向けバーゼルⅢ適用後は「自己資本の額」[1]）の20％を超える経済価値の低下が発生する銀行を「アウトライヤー銀行」と定義しています。

① 上下200ベーシス・ポイントの平行移動による金利ショック
② 保有期間1年、観測期間最低5年の金利変動の1パーセンタイル値と99パーセンタイル値

---

1 2013年11月22日に公表された、「主要行等向けの総合的な監督指針」および「中小・地域金融機関向けの総合的な監督指針」の改正をご参照ください。

上記①は異なる満期の金利に一律に上下２％を加算・減算する、すなわち、イールドカーブを上下２％平行移動させることによる金利ショックを指します。

　また、上記②は、残存期間ごとに保有期間１年の金利変動幅データ（１年前の営業日との金利の差）について、最低５年分の観測データ（１年240営業日とすると５年分で1,200のデータ）を計測し、下から１％または上から１％に当たる値（総データが1,200個なら下から12個目と上から12個目のデータ）を取り出し、これを基準日の金利に加えます。

　バーゼルⅡ最終規則では、監督当局はアウトライヤー銀行の自己資本充実度に対して特に注意を払わなければならないこととしています。これに対して金融庁は、アウトライヤー銀行に該当したとしても自動的に自己資本の賦課は求めないとの方針を示していました。2005年11月22日に金融庁から公表された「バーゼルⅡ第２の柱（金融機関の自己管理と監督上の検証）の実施方針について」（以下、「第２の柱実施指針」）により、アウトライヤー銀行に該当するか否かの基準（アウトライヤー基準）を早期警戒制度の「安定性改善措置」の枠組みのなかに盛り込むことが明らかにされ、その後、「主要行等向けの総合的な監督指針」（以下、「主要行等監督指針」）および「中小・地域金融機関向けの総合的な監督指針」（以下、「中小・地域金融機関監督指針」）に盛り込まれました。これらの監督指針では、金利リスク量の算出手法として上記①②のいずれによるかは各銀行等が自分で選択することとしています。

　バンキング勘定の金利関連資産・負債、デリバティブ等はすべて金利リスク量の算出対象に含まれます。ただし、コア預金（明確な金利改訂間隔がなく、預金者の要求によって随時引き出される預金のうち、引き出されることなく長期間金融機関に滞留する預金）を対象に含めるか否か、含めるとしてどのように含めるかが大きな焦点となっていました。負債サイドのコア預金を対象に加えることで、国債等の資産サイドのリスク量を相殺し低く抑えることができるからです。

　「第２の柱実施指針」およびそれを受けた監督指針では、金利リスク量の

算出において対象とすることができる「コア預金」の定義を、以下のいずれかによることとしています。

① 下記(i)～(iii)のうち最小の額を上限とし、満期は5年以内（平均2.5年）であるものとして金融機関が独自に定める。
(i) 過去5年の最低残高
(ii) 過去5年の最大年間流出量[2], [3]を現残高から差し引いた残高
(iii) 現残高の50%相当額
② 銀行の内部管理上、合理的に預金者行動をモデル化し、コア預金額の認定と期日への振分けを適切に実施している場合はその定義に従う。

監督指針では、コア預金の内部定義を適切に行い、バックテスト等による検証を行うことを求めています。しかし、これまでゼロ金利政策が長期にわたって継続しており、金利上昇局面でのバックテストを行うことは困難です。金利リスク管理に限った話ではありませんが、監督指針では、統計的手法には一定の限界があることをふまえ、多様なリスク計測手法を活用するとともに、ストレス・テストを含むリスク管理手法の充実を図ることを求めています。リスク管理にあたっては、経済動向等をふまえてその前提条件を機動的に見直すことを求めています。ストレス・テストに際しては、ヒストリカルシナリオ（過去の主な危機のケースや最大損失事例の当てはめ）のみならず、仮想のストレスシナリオによる分析も行うことを求めています。仮想のシナリオとしては、内外の経済動向に関し、保有資産等に対し影響の大きいと考えられる状況を適切に想定しつつ、複数設定すること、前提となってい

---

[2] ネットの流出額を算出します。
[3] 「第2の柱実施指針」では、過去5年で一度も預金の大部分に金利上昇がなかった場合は、最大年間流出量は、過去5年を超える直近の金利上昇時の年間流出量を用いることとされていました。しかし1990年以後金利下降局面が続いたため、金利上昇に関するデータは1990年までさかのぼらないととれないこと、1990年当時とは銀行を取り巻く環境が大きく異なること、信頼に足るデータを得ることが困難なこと等の理由により対応が不可能との銀行界のコメントを受け、当該規定は監督指針では削除されています。

る保有資産間の価格の相関関係が崩れるような事態も含めて検討を行うことを求めています。さらに、ストレス・テストの結果について、経営陣により十分な検証・分析が行われ、リスク管理に対する具体的な判断に活用される態勢の整備を求めています。

銀行が内部管理で使用しているモデルに基づく高度なリスク計算方法は、その合理性を当局に説明できる場合は、金利リスク量の算出の際に使用できることとしています（たとえば、住宅ローンの期限前償還や不良債権のキャッシュフロー等の予測推定等による契約上のキャッシュフローと異なるキャッシュフローに基づくリスク計算や、市場金利と完全に連動しない対顧客レートの予測推定に基づく金利計算など）。

2　与信集中リスク

バーゼル規制の第2の柱の枠組みのなかでは与信集中リスクも重視されていることから、監督指針では、早期警戒制度の枠組みに与信集中リスクに係る基準を導入しています。

具体的には、不良債権比率、大口与信（Tier 1の10％以上の与信先[4]、与信残高が上位一定数以上の先への与信合計額のうち大きいほう）の比率、特定業種への集中や、大口与信先に対するリスクが顕在化した場合の影響額[5]を勘案した自己資本比率を基準として採用し、早期警戒制度の「信用リスク改善措置」の枠組みのなかで適切なモニタリングを行っていくこととしています。信用リスクの管理態勢に改善が必要と認められる銀行に対しては、原因および改善策等について深度あるヒアリングを行い、必要な場合は報告を求めることを通じて、着実な改善を促すこととしています。改善計画を確実に実行

---

[4] 2013年11月22日に公表された、主要行等監督指針及び中小・地域金融機関監督指針の改正によると、国内基準行向けバーゼルⅢが適用される2014年3月31日以降は、「国際統一基準行についてはTier 1資本の額、国内基準行については自己資本の額（適格旧資本調達手段のうち補完的項目に該当していたものを除く。）の10％以上の与信先」となります。

[5] 大口先のうち要管理先以下の者に対する債権の担保・保証および引当金により保全されていない非保全債権額の一定割合が損失となったと仮定した場合の損失額。

させる必要があると認められる場合は業務改善命令を発出することとしています。

なお、バーゼル銀行監督委員会は、2013年3月に、市中協議文書「大口エクスポージャーの計測と管理のための監督上の枠組み」を公表しています。同文書では、「大口」の定義を銀行の「自己資本の10％以上」から「普通株式等Tier 1 又はTier 1 の5％以上」とする等の見直しが行われています。適用は2019年1月1日からの予定です。

3　金融市場等への配慮

「第2の柱実施方針」や監督指針では、上記1、2の規制の基準に該当した金融機関について次のような配慮がなされています。

　　◇早期警戒制度の「安定性改善措置」「信用リスク改善措置」としてヒアリング等の監督上の対応を実施する場合でも、その金融機関の経営が不健全だと自動的にみなされるものではなく、監督当局が必ずしも直ちに経営改善を求めるものではない。
　　◇改善が必要とされる場合でも、金融市場への影響等に十分配慮し、改善計画における方法や時期等が適切に選択されるよう、特に留意して監督を行う。

たとえば、アウトライヤー基準に該当した金融機関に対して直ちに厳格な措置を適用することとした場合、金融機関が金利リスク削減のため長期国債を大量に売却してくる可能性があります。上記の配慮はこのような事態を回避することも念頭に置いているものと思われます。

4　早期警戒制度

バンキング勘定の金利リスク、与信集中リスクへの対応を早期警戒制度に盛り込むため、「主要行等監督指針」および「中小・地域金融機関監督指針」が2006年3月に改正されました。これに伴い、早期警戒制度のうち与信集中

リスクに対する「信用リスク改善措置」は2006年5月から適用されています。一方、バンキング勘定の金利リスクに係る規定（アウトライヤー基準）は、十分な準備期間を経て、2007年3月期から実施されています。

Q102 アウトライヤー規制の実施が実際に金融機関へもたらした影響にはどのようなものがありますか

A

　銀行の積極的な国債投資の気運が広がっている要因の1つとして、銀行の金利リスク量を示すアウトライヤー比率の低下が寄与しているといわれています。ただし、低下の要因は、単なる計測基準の"テクニカル"な要因にすぎないとの見方が強いです。実際に日本の大手6行の国債保有残高の総計は4年半で約2.5倍というスピードで増加しており、実態の金利リスク量を表現しているかは疑問が残ります。

解説

1　銀行の国債投資の増加

　日本の金利水準は低位のまま推移しています。日本国債に格下げの警戒感があるにもかかわらず、欧州債務危機の発端となっているPIIGS諸国のような金利上昇は、2013年9月30日時点でもみられておりません。この低金利の背景として、銀行の積極的な国債投資があげられています。わが国大手主要6行の国債保有残高を総計した推移をみてみると、グローバル金融危機以前の2008年3月末に42.5兆円であった国債保有残高が、2012年9月末には106.6兆円の水準まで達しており、およそ4年半の間に約2.5倍というスピードで増加した格好です。銀行の積極的な国債投資が継続している理由はいくつかあげられます。その1つに、銀行では貸出需要が伸び悩むなか、預金は継続的に流入しており、消去法的に国債投資を実施せざるをえない事情があるからです。

2　アウトライヤー比率の低下による国債投資の追い風

　また銀行が国債投資を積極的に続ける理由は、大和総研が実施しているアンケート調査からも推察できます。図表102－1は、同調査で実施した各預金取扱機関（銀行、信金等）の金利リスク量（アウトライヤー比率）を尋ねた結果を示しています。注目すべきは、アウトライヤー規制で定められている上限である規制資本（Tier 1 ＋ Tier 2）の20％以上の金利リスク量を超えた機関が、2010年度の38.3％から2011年度25.1％へと、同調査開始以来、初めて減少（－13.2％）に転じたことです。2012年度では、さらに急激に減少し、1.1％（－24.0％）の水準となっています。

　年々、国債保有残高が増加し、デュレーションが長期化するなか、なぜ銀行の金利リスク量が減少に転じているのでしょうか。その要因の１つにアウトライヤー比率を計測する手法にあるといわれています。アウトライヤー比率の計測には、①上下200ベーシス・ポイント（以下、「200bp値」）全年限が

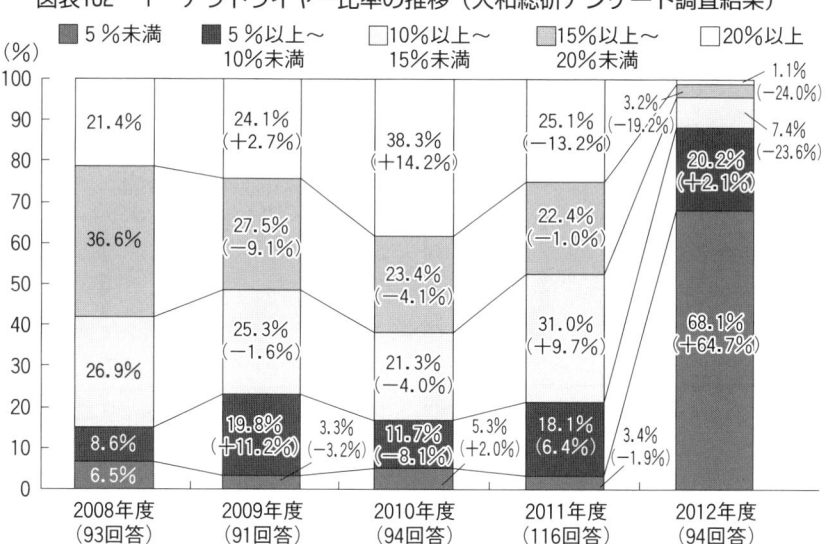

図表102－1　アウトライヤー比率の推移（大和総研アンケート調査結果）

凡例: ■ 5％未満　■ 5％以上～10％未満　□ 10％以上～15％未満　□ 15％以上～20％未満　□ 20％以上

年度	5％未満	5％以上～10％未満	10％以上～15％未満	15％以上～20％未満	20％以上
2008年度（93回答）	6.5％	8.6％	26.9％	36.6％	21.4％
2009年度（91回答）	19.8％（＋11.2％）	25.3％（－1.6％）	27.5％（－9.1％）	24.1％（＋2.7％）	
2010年度（94回答）	3.3％（－3.2％）	11.7％（－8.1％）	21.3％（－4.0％）	23.4％（－4.1％）	38.3％（＋14.2％）
2011年度（116回答）	5.3％（＋2.0％）	18.1％（＋6.4％）	31.0％（＋9.7％）	22.4％（－1.0％）	25.1％（－13.2％）
2012年度（94回答）	3.4％（－1.9％）	68.1％（＋64.7％）	20.2％（＋2.1％）	7.4％（－23.6％） / 3.2％（－19.2％）	1.1％（－24.0％）

（注）　カッコ内は前年度比。
（出所）　大和総研オルタナティブ投資サーベイ

平行移動することを前提とした金利ショック値か、②保有期間１年間、最低５年の観測期間で計測される金利変動の99パーセンタイル値のどちらかを採用することとなっています。特に②の99パーセンタイル値が大手行、地方銀行を問わず多くの金融機関で採用されているのが現状です。その理由として、アウトライヤー比率規制の導入当初から、日本の市場金利が低位安定しているため99パーセンタイル値の計測が金利リスク量を抑制するには有利といわれていたからです。99パーセンタイル値では、残存期間ごとに、保有期間１年の金利変動幅、つまり１年間の営業日における金利変動を最低５年分データとして集め採用することとなっています。観測期間が５年のため、金利のボラテリティが高い期間が外れると、計算上、金利リスクが減少することになります。

　さらに図表102－２は、日本の10年国債金利にて、200bp値と99パーセンタイル値で使用される金利ショック時の金利水準の推移を試算しています。これをみると、全期間、一貫して、200bp値が99パーセンタイル値より高い

図表102－２　200bp値と99パーセンタイル値における金利ショック時の10年国債金利水準

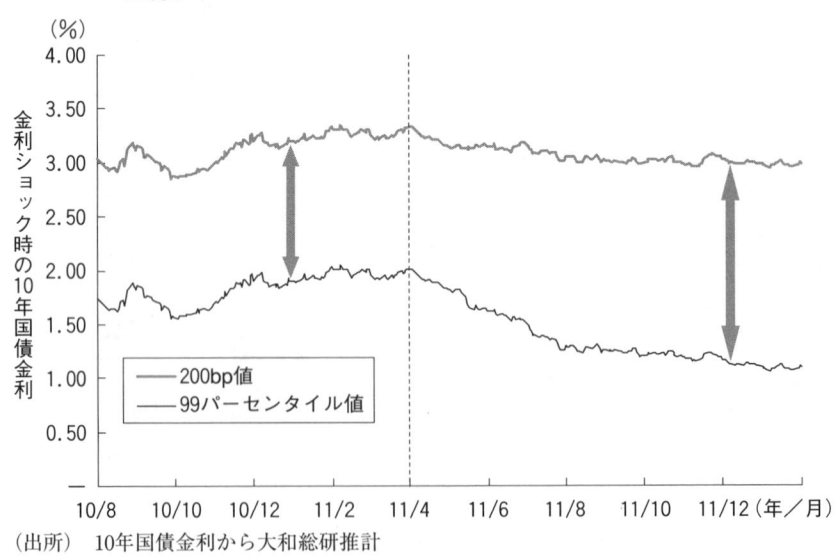

（出所）　10年国債金利から大和総研推計

水準にあることがわかります。特に2011年4月以降は、過去の金利のボラテリティが高い期間が外れ、99パーセンタイル値での金利水準はさらに低下したことも注目すべき点です。

　この影響により、多くの銀行で、実際の国債保有残高が増加しても、アウトライヤー比率が低下するという奇妙な現象が発生したと考えられます。つまり、実際の国債保有額がグローバル金融危機以降大きく増加しているにもかかわらず、"テクニカル"な要因により、名目の金利リスク量が減少したことになります。かつて、わが国の多くの金融機関では、アウトライヤー比率の高止まりを懸念していたところが多かったといわれています。貸出先不足や運用難を解決する方法として、確実に半期に一度インカムゲインを獲得できる国債投資の名目的な金利リスク量の減少は、運用難に悩む金融機関へは朗報となっているようです。

3　今後の国債投資のリスクと課題

　移動平均値として計測される99パーセンタイル値では、急激な金利上昇時では実際の金利リスク量の捕捉が遅行する可能性も高く、金融機関の迅速な意思決定のツールとして利用できるかは疑問が残ります。またアウトライヤー比率は、半期末時点のみ自主的な計測開示が求められているにすぎないことにも留意する必要があります。みた目の金利リスク量を減少させるため、いったん、期中に国債を売却して、期末を越えた後に再度投資するなど抜け道も指摘されているからです。銀行の内部ではバリュー・アット・リスク等で独自に金利リスク量を管理しているとはいえ、外部から金融機関の実態を把握することには限界があるといえます。

　名目の金利リスク量の低下を要因として、国債投資に傾斜していく銀行の姿は、生活習慣を要因とする現代病を抱える成人男性とよく似ています。グローバル金融危機以降、消去法的に国債投資に向かわざるをえない状況を打開するためには、根本的な国債投資以外での治療方法（成長戦略）を描けるかが、銀行経営の新しい舵取りの鍵といえるかもしれません。

(注) 2013年度の「金融法人及び年金基金におけるオルタナティブ投資・バーゼルⅢ実態調査」(2013年12月17日)では、2013年4〜5月の日本国債の一時的なボラティリティの急上昇を受けて、金融法人のアウトライアー比率は5％未満の比率は39.3％、5％以上10％未満が40.5％と、若干上昇しているものの、依然として低位に留まっています。

第9章

ディスクロージャー

Q103 バーゼル規制では、なぜ銀行に自己資本に関する開示を求めるのですか

A

バーゼル規制は「3本の柱」から構成されています。最低所要自己資本を規定する「第1の柱」、監督上の検証を規定する「第2の柱」、そして市場規律を規定する「第3の柱」の3つです。このうち、自己資本の開示は「第3の柱」に含まれます。すなわち、銀行の自己資本管理に市場規律を働かせ、市場の評価を通じた経営の健全性確保を図ることを目的に、リスク管理態勢や自己資本の開示が求められているのです。

解説

　バーゼル規制では、3本の柱がそれぞれの柱を相互に補完して機能することが期待されています。まず、「第1の柱」が最低所要自己資本の維持を要求し、「第2の柱」では、各行の自己資本戦略の妥当性について、監督当局による適切な検証の確保を図っています。さらに「第3の柱」によってこうした銀行のリスク管理態勢や自己資本の内容を開示し、市場の評価を通じて銀行に対する規律を働かせること、健全な経営を促すことが期待されています。

　日本では、金融庁告示や監督指針（「主要行等向けの総合的な監督指針」「中小・地域金融機関向けの総合的な監督指針」）のなかで具体的な開示内容が明らかにされています。2007年7月28日に開示に関する金融庁告示と監督指針の一部改正が公表されました。

　さらに、バーゼル2.5、バーゼルⅢの導入にあわせて開示の充実が図られています。

1 開示が「第3の柱」に位置づけられた背景

　近年、銀行の業務範囲は大きな広がりをみせています。預貯金や融資など

の伝統的な銀行業務に加え、信託、証券、保険などに関する業務も行うようになり、取扱商品の多様化が進んでいます。また、銀行自身が投資家として、あるいはオリジネーターとして携わる金融商品の構造も複雑化しています。これに伴い、銀行が抱えるリスクも多様化・複雑化しています。こうした状況に対応するため、銀行自身もリスク管理技術の高度化を進めてきていますが、その精度を高め、経営の健全性を維持していくためには、より多くの視点・立場から検証することが効果的であると思われます。

　以上のような事情をふまえ、銀行、監督当局に続く第3の検証者としての役割を市場に期待し、開示を「第3の柱」に位置づけているものと考えられます。

2　バーゼル2.5およびバーゼルⅢ導入に伴う開示の充実

　バーゼル2.5により、「追加的リスク」（デフォルト・リスク、格付遷移リスク）と、幅広い価格変動リスクをとらえる「包括的リスク」が新たに定義されたことを受け、これらのリスクを内部モデルで計測している場合には、その概要やそれらのリスクに係る所要自己資本額、「ストレスVaR」の値、再証券化商品の内訳、証券化商品のトレーディング勘定とバンキング勘定での区分開示などを盛り込む改正が2011年5月に行われ、2011年12月31日から適用されています。

　さらに、バーゼルⅢに関連して2011年12月19日にバーゼル銀行監督委員会から「自己資本の構成の開示要件」が公表され、これを受けた改正告示が2013年3月28日に公表されています。

　バーゼルⅢの「自己資本の構成の開示要件」は、以下の開示テンプレート等を示しています。

　① 2018年1月のバーゼルⅢ完全実施後の開示テンプレート
　② 調整に関する開示要件
　③ 調達資本商品の主な特性に関する開示テンプレート
　④ その他の開示要件

⑤　バーゼルⅢへの移行期間用のテンプレート

②では、監査ずみの貸借対照表と規制資本の項目を完全に突合するため、以下の三段階での調整手続を定めています。

◇第一段階：会計目的と規制目的の連結の範囲が異なることから、財務報告用の連結財務諸表と自己資本比率規制上の連結の範囲に基づく貸借対照表を並べて表示する。

◇第二段階：第一段階で作成した自己資本比率規制上の連結の範囲に基づく貸借対照表上で、自己資本の定義に従って、規制上の調整項目や自己資本構成要素を分解表示する。①の開示テンプレートで公表する項目は、規制資本の開示項目との対応関係が把握できるよう拡充する必要がある。

◇第三段階：①の開示テンプレートに、ステップ等で表示した項目とのクロスレファレンス用の参照項目をつける。

④では、バーゼルⅢで定義されていない自己資本を算出する場合の計算方法等の詳細な説明や所要自己資本に算入するすべての適格資本性商品に関するすべての発行条件のウェブサイト上での開示を求めています。

3　開示方法

市場に検証者の役割を担わせるためには、必要な情報が適切に開示される必要があります。前述のとおり、銀行が抱えるリスクは多様化・複雑化しており、その管理手法も高度化しています。したがって、銀行が保有する情報と市場が入手できる情報との間に格差が生じないような開示制度が求められることになります。また、「第1の柱」におけるリスク管理手法では、銀行の内部管理で用いられるデータを活用する内部格付手法や先進的計測手法が導入されているため、その算出根拠も明らかにされなければなりません。

告示と監督指針では、こうした要請に応えるため、開示事項を自己資本の

構成に関する事項、定性的事項、定量的事項などに分類し、詳細な規定を設けています。

ただし、開示によって競争力を失いかねない機密性の高い情報や、顧客情報などの守秘義務にかかわる情報は、非開示の理由と代替的な情報を開示することを条件に、開示しないことが認められます。

詳細はＱ104をご参照ください。

4　開示事項の概要

バーゼルⅢ対応の開示項目

国際統一基準行、農林中央金庫、商工組合中央金庫の場合は、すでに、バーゼルⅢ対応の開示事項が2013年３月28日に公表されています。バーゼルⅢ対応の開示事項の概要を、各項目別に定性的事項と定量的事項を並べてまとめると下記のとおりです（２事業年度分を開示）。

① 自己資本の構成に関する開示（別紙様式で）
② 自己資本の充実度
　◇定性的事項：自己資本の充実度に関する評価方法の概要
　◇定量的事項：信用リスクに対する所要自己資本額と内訳、マーケット・リスクに対する所要自己資本額と内訳、オペレーショナル・リスクに対する所要自己資本額と内訳、総所要自己資本額など
③ 信用リスク
　◇定性的事項：リスク管理方針や手続の概要、標準的手法の適格格付機関等、内部格付手法の種類と内部格付制度と内部格付付与手続の概要など
　◇定量的事項：信用リスク・エクスポージャーの期末残高、内訳など
④ 信用リスク削減手法
　◇定性的事項：信用リスク削減手法に関する管理方針や手続の概要
　◇定量的事項：信用リスク削減手法が適用された場合の内訳など
⑤ 派生商品取引および長期決済期間取引の取引相手のリスク

◇定性的事項：リスク管理の方針および手続の概要

◇定量的事項：算出方式、グロスの再構築コスト、担保考慮前・考慮後の与信相当額など

⑥　証券化エクスポージャー

◇定性的事項：リスク管理方針や手続の概要、リスク特性把握体制の整備と運用状況の概要、信用リスク削減手法として用いる場合の方針、信用リスク・アセットの算出方式、マーケット・リスク相当額の算出方式、証券化目的導管体を用いた場合の導管の種類と保有エクスポージャーの有無、子会社・関連会社での保有状況、会計方針、判定に使用する格付機関など

◇定量的事項：

　　オリジネーターである証券化エクスポージャーに関する額や内訳（証券化と再証券化を区別）、証券化目的資産の種類別の金額、マーケット・リスク相当額の算出対象となる証券化に関する種類別内訳等（証券化と再証券化を区別）

　　投資家である証券化エクスポージャーに関する事項（証券化と再証券化を区別）、マーケット・リスク相当額の算出対象となる証券化に関する種類別内訳等（証券化と再証券化を区別）など

⑦　マーケット・リスク

◇定性的事項：（マーケット・リスク規制を適用する場合）リスク管理方針や手続の概要、算出方式、評価方法、使用する内部モデルの概要とバック・テスティングやストレステストの説明、追加的リスクや包括的リスクの算定内部モデルの内容など

◇定量的事項：（内部モデル方式を使用する場合）期末や開示期間におけるVaRの値、バック・テスティングの結果、期末のストレスVaRの値、期末の追加的リスク・包括的リスクに係る所要自己資本の額など

⑧　オペレーショナル・リスク

◇定性的事項：リスク管理方針や手続の概要、算出方法、先進的計測

手法を使用した場合はその概要など

◇定量的事項：所要自己資本額と使用した算出手法ごとの内訳（自己資本の充実度において規定）…②で開示

⑨　バンキング勘定の出資等や株式等エクスポージャー

◇定性的事項：バンキング勘定の出資や株式等エクスポージャーに関するリスク管理方針や手続の概要

◇定量的事項：B／S計上額や時価、売却や償却に伴う損益額、その他有価証券などの評価損益額など

⑩　バンキング勘定の金利リスク

◇定性的事項：バンキング勘定の金利リスクに関するリスク管理方針や手続の概要、内部管理で使用した算定方法の概要

◇定量的事項：内部管理で使用した金利ショックに対する損益や経済価値の変動額など

⑪　貸借対照表の科目が①の開示項目のいずれに相当するかについての説明

⑫　自己資本調達手段に関する概要（別紙様式で）と詳細（四半期）

さらに、2013年10月23日に公表された改正告示案によれば、2014年3月31日からは、連結ベースの資産および取引の信用リスク・エクスポージャーの期末残高が2,000億ユーロを超える国際統一基準持株会社[1]等については、G-SIBs（グローバルなシステム上重要な銀行）選定指標としての追加項目の開示が義務づけられます。

国内基準行、信用金庫および同連合会、信用協同組合および同連合会、労働金庫および同連合会、農業協同組合等、漁業協同組合等については、上記改正告示案により、2014年3月31日以降は、上述の項目のうち①〜⑩と、⑫に関する簡単な概要を開示することとしています。

---

[1] 国際統一基準行の銀行持株会社をいいます（以下、本章において同じ）。

Q104 開示が要請されるのは具体的にはどのような内容ですか

A

　金融庁の告示では、①自己資本の構成に関する開示事項、②定性的な開示事項、③定量的な開示事項、④貸借対照表の科目と①の項目の関係、⑤四半期の開示事項、⑥自己資本調達手段に関する契約内容の概要と詳細が規定されています。自己資本の構成、自己資本比率とその内訳、各リスクのリスク量と計算方法、リスク管理態勢などの開示を求めています。

　たとえば、国際統一基準行では、事業年度ごとに①②③④、中間事業年度ごとに①③④、四半期ごとに①④⑤⑥が開示されることになります。

解　説

　2013年3月28日に改正された金融庁告示「銀行法施行規則第19条の2第1項第5号ニ等の規定に基づき、自己資本の充実の状況等について金融庁長官が別に定める事項」では、国際統一基準行の事業年度の開示事項（①自己資本の構成に関する開示事項、②定性的な開示事項、③定量的な開示事項、④貸借対照表の科目が①のいずれに相当するかの説明）、中間事業年度（半期）の開示事項（①③④）、四半期の開示事項（①④、⑤自己資本および各資本項目の比率・金額など、⑥自己資本調達手段に関する契約内容の概要と詳細）について規定が置かれています。これらは2013年3月31日以後適用されています。

　さらに、2013年10月23日の改正告示案では、国内基準行の事業年度の開示項目としては①②③、中間事業年度（半期）の開示項目は①③、四半期の開示項目は①⑤とする規定が置かれています。

　銀行や商工組合中央金庫は事業年度、中間期の開示が義務づけられ、さら

に四半期ごとの開示が努力義務として求められています（国際統一基準行または、内部格付手法採用の銀行は監督指針で開示を要求されています）。農林中央金庫は、中間期と四半期の開示は努力義務とされています。信用金庫は中間、信用金庫連合会は中間と四半期の開示、信用協同組合および同連合会、労働金庫および同連合会、農業協同組合等、漁業協同組合等は中間の開示は努力義務とされています（図表104－1参照）。

　2013年10月23日の改正告示案によれば、2014年3月31日からは、連結ベースの資産および取引の信用リスクエクスポージャーの期末残高が2,000億ユーロを超える国際統一基準持株会社については、G-SIBs（グローバルなシステム上重要な銀行）選定指標としての追加項目の開示（図表104－9）が義務づけられます。農林中央金庫に関しても、上記の期末残高が2,000億ユーロを超える場合には同様の規定が設けられています。

　自己資本の構成に関する開示項目、定性的な開示事項、定量的な開示事項、四半期の開示事項、自己資本調達手段の開示項目（四半期）、G-SIBsとしての追加項目の開始はそれぞれ図表104－1～104－9のとおりです。

図表104−1　銀行その他金融機関別の開示内容

	バーゼルⅢ への対応	事業年度	中間	四半期
国際統一基準行	対応（注1）	義務 ①②③④	義務 ①③④	努力義務（注3） ①④⑤⑥
国内基準行	対応（注2）	義務 ①②③	義務 ①③	努力義務（注4） ①⑤
農林中央金庫	対応（注1）	義務 ①②③④	努力義務 ①③④	努力義務 ①④⑤⑥
商工組合中央金庫	対応（注1）	義務 ①②③④	義務 ①③④	努力義務 ①④⑤⑥
信用金庫（国際統一基準）	対応（注2）	義務 ①②③④	努力義務 ①③④	—
信用金庫（国内基準）	対応（注2）	義務 ①②③	努力義務 ①③	—
信用金庫連合会（国際統一基準）	対応（注2）	義務 ①②③④	努力義務 ①③④	努力義務 ①④⑤⑥
信用金庫連合会（国内基準）	対応（注2）	義務 ①②③	努力義務 ①③	努力義務 ①⑤
信用協同組合・同連合会	対応（注2）	義務 ①②③	努力義務 ①③	—
労働金庫・同連合会	対応（注2）	義務 ①②③	努力義務 ①③	—
農業協同組合等	対応（注2）	義務 ①②③	努力義務 ①③	—
漁業協同組合等	対応（注2）	義務 ①②③	努力義務 ①③	—

（注1）　2013年3月31日以後適用。
（注2）　2014年3月31日以後適用。
（注3）　監督指針で要求。
（注4）　内部格付手法採用行は監督指針で要求。その他の銀行は開示が望ましい。
（注5）　①〜⑥の内容は本文参照。
（注6）　国内基準適用行、国内基準適用信用金庫・同連合会、信用協同組合・同連合会、労働金庫・同連合会、農業協同組合等、漁業協同組合等は、②のなかで自己資本調達手段の概要を開示。
（出所）　大和総研金融調査部制度調査課作成

図表104-2　国際統一基準行の自己資本の構成に関する開示様式（連結ベース）

（単位：百万円、％）

項　目	国際様式の該当番号
普通株式等Tier1資本に係る基礎項目　(1)	
普通株式に係る株主資本の額	1a＋2－1c－26
うち、資本金および資本剰余金の額	1a
うち、利益剰余金の額	2
うち、自己株式の額（△）	1c
うち、社外流出予定額（△）	26
うち、上記以外に該当するものの額	
普通株式に係る新株予約権の額	1b
その他の包括利益累計額およびその他公表準備金の額	3
普通株式等Tier1資本に係る調整後少数株主持分の額	5
普通株式等Tier1資本に係る基礎項目の額　　　　　(イ)	6
普通株式等Tier1資本に係る調整項目　(2)	
無形固定資産（モーゲージ・サービシング・ライツに係るものを除く）の額の合計額	8＋9
うち、のれんに係るもの（のれん相当差額を含む）の額	8
うち、のれんおよびモーゲージ・サービシング・ライツに係るもの以外のものの額	9
繰延税金資産（一時差異に係るものを除く）の額	10
繰延ヘッジ損益の額	11
適格引当金不足額	12
証券化取引に伴い増加した自己資本に相当する額	13
負債の時価評価により生じた時価評価差額であって自己資本に算入される額	14
前払年金費用の額	15
自己保有普通株式（純資産の部に計上されるものを除く）の額	16
意図的に保有している他の金融機関等の普通株式の額	17
少数出資金融機関等の普通株式の額	18
特定項目に係る10パーセント基準超過額	19＋20＋21
うち、その他金融機関等に係る対象資本調達手段のうち普通株式に該当するものに関連するものの額	19
うち、無形固定資産（モーゲージ・サービシング・ライツに係るものに限る）に関連するものの額	20

うち、繰延税金資産（一時差異に係るものに限る）に関連するものの額	21	
特定項目に係る15パーセント基準超過額	22	
うち、その他金融機関等に係る対象資本調達手段のうち普通株式に該当するものに関連するものの額	23	
うち、無形固定資産（モーゲージ・サービシング・ライツに係るものに限る）に関連するものの額	24	
うち、繰延税金資産（一時差異に係るものに限る）に関連するものの額	25	
その他Tier1資本不足額	27	
普通株式等Tier1資本に係る調整項目の額 　(ロ)	28	
普通株式等Tier1資本		
普通株式等Tier1資本の額 ((イ)－(ロ)) 　(ハ)	29	
その他Tier1資本に係る基礎項目 (3)		
その他Tier1資本調達手段に係る株主資本の額およびその内訳	31a	30
その他Tier1資本調達手段に係る新株予約権の額	31b	
その他Tier1資本調達手段に係る負債の額	32	
特別目的会社等の発行するその他Tier1資本調達手段の額		
その他Tier1資本に係る調整後少数株主持分等の額	34－35	
適格旧Tier1資本調達手段の額のうちその他Tier1資本に係る基礎項目の額に含まれる額	33＋55	
うち、銀行および銀行の特別目的会社等の発行する資本調達手段の額	33	
うち、銀行の連結子法人等（銀行の特別目的会社等を除く）の発行する資本調達手段の額	35	
その他Tier1資本に係る基礎項目の額 　(ニ)	36	
その他Tier1資本に係る調整項目		
自己保有その他Tier1資本調達手段の額	37	
意図的に保有している他の金融機関等のその他Tier1資本調達手段の額	38	
少数出資金融機関等のその他Tier1資本調達手段の額	39	
その他金融機関等のその他Tier1資本調達手段の額	40	
Tier2資本不足額	42	
その他Tier1資本に係る調整項目の額 　(ホ)	43	
その他Tier1資本		
その他Tier1資本の額 ((ニ)－(ホ)) 　(ヘ)	44	
Tier1資本		
Tier1資本の額 ((ハ)＋(ヘ)) 　(ト)	45	

Tier 2 資本に係る基礎項目 (4)		
Tier 2 資本調達手段に係る株主資本の額およびその内訳		46
Tier 2 資本調達手段に係る新株予約権の額		
Tier 2 資本調達手段に係る負債の額		
特別目的会社等の発行するTier 2 資本調達手段の額		
Tier 2 資本に係る調整後少数株主持分等の額		48－49
適格旧Tier 2 資本調達手段の額のうちTier 2 資本に係る基礎項目の額に含まれる額		47＋49
うち、銀行および銀行の特別目的会社等の発行する資本調達手段の額		47
うち、銀行の連結子法人等（銀行の特別目的会社を除く）の発行する資本調達手段の額		49
一般貸倒引当金Tier 2 算入額および適格引当金Tier 2 算入額の合計額		50
うち、一般貸倒引当金Tier 2 算入額		50 a
うち、適格引当金Tier 2 算入額		50 b
Tier 2 資本に係る基礎項目の額	(チ)	51
Tier 2 資本に係る調整項目		
自己保有Tier 2 資本調達手段の額		52
意図的に保有している他の金融機関等のTier 2 資本調達手段の額		53
少数出資金融機関等のTier 2 資本調達手段の額		54
その他金融機関等のTier 2 資本調達手段の額		55
Tier 2 資本に係る調整項目の額	(リ)	57
Tier 2 資本		
Tier 2 資本の額 ((チ)－(リ))	(ヌ)	58
総自己資本		
総自己資本の額 ((ト)＋(ヌ))	(ル)	59
リスク・アセット (5)		
リスク・アセットの額	(ヲ)	60
連結自己資本比率		
連結普通株式等Tier 1 比率 ((ハ)／(ヲ))		61
連結Tier 1 比率 ((ト)／(ヲ))		62
連結総自己資本比率 ((ル)／(ヲ))		63
調整項目に係る参考事項 (6)		
少数出資金融機関等の対象資本調達手段に係る調整項目不算入額		72
その他金融機関等に係る対象資本調達手段のうち普通株式に係る調整項目不算入額		73

項目	
無形固定資産（モーゲージ・サービシング・ライツに係るものに限る）に係る調整項目不算入額	74
繰延税金資産（一時差異に係るものに限る）に係る調整項目不算入額	75
Tier 2 資本に係る基礎項目の額に算入される引当金に関する事項　(7)	
一般貸倒引当金の額	76
一般貸倒引当金に係るTier 2 資本算入上限額	77
内部格付手法採用行において、適格引当金の合計額から事業法人等向けエクスポージャーおよびリテール向けエクスポージャーの期待損失額の合計額を控除した額（当該額が零を下回る場合にあっては、零とする）	78
適格引当金に係るTier 2 資本算入上限額	79
資本調達手段に係る経過措置に関する事項　(8)	
適格旧Tier 1 資本調達手段に係る算入上限額	82
適格旧Tier 1 資本調達手段の額から適格旧Tier 1 資本調達手段に係る算入上限額を控除した額（当該額が零を下回る場合にあっては、零とする）	83
適格旧Tier 2 資本調達手段に係る算入上限額	84
適格旧Tier 2 資本調達手段の額から適格旧Tier 2 資本調達手段に係る算入上限額を控除した額（当該額が零を下回る場合にあっては、零とする）	85

（注）　2018年3月30日までの間は、経過措置による普通株式Tier 1 資本の基礎項目、その他Tier 1 資本の基礎項目・調整項目、Tier 2 資本の基礎項目・調整項目、リスク・アセットへの算入額合計と主な内訳を記載する。
（出所）　金融庁告示案

図表104－3　国内基準行の自己資本の構成に関する開示様式（連結ベース）

項　目	
コア資本に係る基礎項目　(1)	
普通株式または強制転換条項付優先株式に係る株主資本の額	
うち、資本金および資本剰余金の額	
うち、利益剰余金の額	
うち、自己株式の額（△）	
うち、社外流出予定額（△）	
うち、上記以外に該当するものの額	
コア資本に算入されるその他の包括利益累計額	
うち、為替換算調整勘定	

うち、退職給付に係るものの額	
普通株式または強制転換条項付優先株式に係る新株予約権の額	
コア資本に係る調整後少数株主持分の額	
コア資本に係る基礎項目の額に算入される引当金の合計額	
うち、一般貸倒引当金コア資本算入額	
うち、適格引当金コア資本算入額	
適格旧非累積的永久優先株の額のうち、コア資本に係る基礎項目の額に含まれる額	
適格旧資本調達手段の額のうち、コア資本に係る基礎項目の額に含まれる額	
公的機関による資本の増強に関する措置を通じて発行された資本調達手段の額のうち、コア資本に係る基礎項目の額に含まれる額	
土地再評価額と再評価直前の帳簿価額の差額の45パーセントに相当する額のうち、コア資本に係る基礎項目の額に含まれる額	
少数株主持分のうち、経過措置によりコア資本に係る基礎項目の額に含まれる額	
コア資本に係る基礎項目の額 (イ)	
コア資本に係る調整項目 (2)	
無形固定資産（モーゲージ・サービシング・ライツに係るものを除く。）の額の合計額	
うち、のれんに係るもの（のれん相当差額を含む。）の額	
うち、のれんおよびモーゲージ・サービシング・ライツに係るもの以外の額	
繰延税金資産（一時差異に係るものを除く。）の額	
適格引当金不足額	
証券化取引に伴い増加した自己資本に相当する額	
負債の時価評価により生じた時価評価差額であって自己資本に算入される額	
退職給付に係る資産の額	
自己保有普通株式等（純資産の部に計上されるものを除く。）の額	
意図的に保有している他の金融機関等の対象資本調達手段の額	
少数出資金融機関等の対象普通株式等の額	
特定項目に係る10パーセント基準超過額	
うち、その他金融機関等の対象普通株式等に該当するものに関連するものの額	
うち、モーゲージ・サービシング・ライツに係る無形固定資産に関連するものの額	

		うち、繰延税金資産（一時差異に係るものに限る。）に関連するものの額	
	特定項目に係る15パーセント基準超過額		
		うち、その他金融機関等の対象普通株式等に該当するものに関連するものの額	
		うち、モーゲージ・サービシング・ライツに係る無形固定資産に関連するものの額	
		うち、繰延税金資産（一時差異に係るものに限る。）に関連するものの額	
コア資本に係る調整項目の額			(ロ)
自己資本			
自己資本の額　((イ)－(ロ))			(ハ)
リスク・アセット　(3)			
信用リスク・アセットの額の合計額			
	うち、経過措置によりリスク・アセットの額に算入される額の合計額		
		うち、他の金融機関等向けエクスポージャー	
		うち、上記以外に該当するものの額	
マーケット・リスク相当額の合計額を 8 パーセントで除して得た額			
オペレーショナル・リスク相当額の合計額を 8 パーセントで除して得た額			
信用リスク・アセット調整額			
オペレーショナル・リスク相当額調整額			
リスク・アセットの額の合計額			(ニ)
連結自己資本比率			
連結自己資本比率　((ハ)／(ニ))			

(注)　2019年 3 月30日までの間は、経過措置によりリスク・アセットに算入される無形固定資産、繰延税金資産、退職給付に係る資産を記載する。
(出所)　金融庁告示案

図表104－ 4　定性的な開示事項（連結ベース）

1　連結の範囲
2　自己資本の充実度に関する評価方法の概要
3　信用リスク
　(1)　リスク管理方針・手続の概要
　(2)　標準的手法が適用されるポートフォリオ
　　・判定に使用する適格格付機関等の名称（変更した場合はその理由）

・エクスポージャーの種類と使用する適格格付機関等の名称
  (3) 内部格付手法が適用されるポートフォリオ
    ・使用する内部格付手法の種類
    ・内部格付制度の概要
    ・各ポートフォリオごとの格付付与手続の概要
4 信用リスク削減手法に関するリスク管理の方針および手続の概要
5 派生商品取引および長期決済期間取引の取引相手のリスクに関するリスク管理の方針および手続の概要
6 証券化エクスポージャー
  (1) リスク管理方針・リスク特性の概要
  (2) 証券化エクスポージャーの包括的なリスク特性、構造上の特性、裏付資産の包括的なリスク特性とパフォーマンスを把握するための体制整備とこれらの運用状況の概況
  (3) 信用リスク削減手法として証券化取引を用いる場合の方針
  (4) 信用リスク・アセット額の算出方式の名称
  (5) マーケット・リスク相当額の算出方式の名称
  (6) 第三者の資産を証券化目的導管体を用いて証券化を行った場合の導管体の種類と銀行の連結グループによる当該証券化エクスポージャーの保有の有無
  (7) 銀行の連結グループが行った証券化取引の証券化エクスポージャーを有している子法人等・関連法人等の名称
  (8) 証券化取引の会計方針
  (9) 証券化エクスポージャーの種類ごとのリスク・ウェイトの判定に使用する適格格付機関の名称（変更した場合はその理由）
  (10) 内部評価方式を用いている場合にはその概要
  (11) 定量的な情報の重要な変更
7 マーケット・リスク（マーケット・リスク規制を適用する場合）
  (1) リスク管理方針・手続の概要
  (2) マーケット・リスク相当額の算出方式の名称
  (3) 取引の特性に応じて適切に価格を評価するための方法
  (4) 使用するモデルの概要とバック・テスティング及びストレス・テストの説明（内部モデル方式を使用する場合）
  (5) 追加的リスクを内部モデルで計測している場合の当該モデルの概要
  (6) 包括的リスクを内部モデルで計測している場合の当該モデルの概要
  (7) マーケット・リスクに対する自己資本充実度を内部的に評価する際に用いている各種の前提および評価の方法
8 オペレーショナル・リスク
  (1) リスク管理方針・手続の概要
  (2) オペレーショナル・リスク相当額の算出方法の名称（部分的に先進的計測

手法を使用する場合はその適用範囲を含む）
　(3)　先進的計測手法を使用した場合はその概要、保険によるリスク削減の有無（「有」の場合は保険の利用方針と概要を含む）
9　銀行勘定の出資等または株式等エクスポージャーに関するリスク管理方針・手続の概要
10　銀行勘定の金利リスク
　(1)　リスク管理方針・手続の概要
　(2)　内部管理上使用した銀行勘定の金利リスク算定方法の概要
11　自己資本比率規制の規定に従い作成したと仮定した場合の連結B／Sの各科目の額及びこれらの科目が自己資本の構成に関する開示項目（図表104−1参照）のいずれに該当するかの説明

(注1)　国内基準行は11は記載しない。
(注2)　マーケット・リスクに関する記述はマーケット・リスク規制が適用される場合のみ。
(出所)　金融庁告示を参考に大和総研金融調査部制度調査課作成

図表104−5　定量的な開示事項（連結ベース）

1　その他金融機関等であって銀行の子法人等であるもののうち、所要自己資本を下回った会社名・下回った額の総額
2　自己資本の充実度
　(1)　(2)(3)の額を除いた信用リスクに対する所要自己資本額と、次のポートフォリオごとの額
　　・標準的手法が適用されるポートフォリオ（複数ある場合はその内訳）
　　・内部格付手法が適用されるポートフォリオ、および事業法人向け／ソブリン向け／金融機関等向け／居住用不動産向け／適格リボルビング型リテール向け／その他リテール向けエクスポージャーの内訳
　　・証券化エクスポージャー
　(2)　内部格付手法が適用される株式等エクスポージャーの信用リスクに対する所要自己資本額、および次の区分ごとの額
　　①　マーケット・ベース方式が適用される株式等エクスポージャー、および簡易手法／内部モデル手法の内訳
　　②　PD／LGD方式が適用される株式等エクスポージャー
　(3)　信用リスク・アセットのみなし計算1を適用されるエクスポージャーに係る信用リスクに対する所要自己資本の額
　(4)　マーケット・リスクに対する所要自己資本額、および標準的方式／内部モ

1　内部格付手法採用行が、保有するエクスポージャー（いわゆるファンド）の裏付けとなる個々の資産等の信用リスク・アセットの総額をもって当該エクスポージャーの信用リスク・アセットの額とすることをいいます（Q68参照）。

デル方式ごとの額（標準的方式については、金利リスク／株式リスク／外国為替リスク／コモディティ・リスク／オプション取引のカテゴリーごとの所要自己資本の額）
(5) オペレーショナル・リスクに対する所要自己資本額、および基礎的手法／粗利益配分手法／先進的計測手法ごとの額
(6) 総所要自己資本額
3 信用リスク（みなし計算及び証券化エクスポージャーを除く）
(1) 信用リスクに関するエクスポージャーの期末残高（当期のリスク・ポジションから大幅に乖離している場合は期中平均残高も必要）、および主な種類別の内訳
(2) 信用リスクに関するエクスポージャーの主な種類別の期末残高のうち、地域別／業種別または取引相手別／残存期間別の額
(3) 3月以上延滞またはデフォルトしたエクスポージャーの期末残高、および地域別／業種別または取引相手別の内訳
(4) 一般貸倒引当金、個別貸倒引当金、特定海外債権引当勘定の期末残高・期中増減額（一般貸倒引当金・個別貸倒引当金は地域別／業種別または取引相手別。一般貸倒引当金は区分していない場合は区分不要）
(5) 業種別または取引相手別の貸出金償却の額
(6) 標準的手法が適用されるエクスポージャーのリスク・ウェイト区分ごとの残高（信用リスク削減効果勘案後）、未決済取引や留保・プロテクション提供などに関して1250％リスク・ウェイトが適用される（＝自己資本控除と同様）額
(7) 内部格付手法が適用される以下のエクスポージャーのリスク・ウェイト区分ごとの残高
　① スロッティング・クライテリアに割り当てられた特定貸付債権
　② マーケット・ベース方式の簡易手法が適用される株式等エクスポージャー
(8) 内部格付手法が適用されるポートフォリオに関する次の事項（信用リスク削減手法反映後）
　① 事業法人等（事業法人・ソブリン・金融機関等）向けエクスポージャー
　　→債務者格付ごとのPD、LGD、リスク・ウェイトの加重平均値、オン・バランス／オフバランス資産項目のEAD（先進的内部格付手法の場合は債務者格付ごとのLGDについてデフォルトしたエクスポージャーに係る期待損失、エクスポージャーの種類ごとのコミットメントの未引出額、当該未引出額に乗ずる掛け目の推計値の加重平均値）
　② PD／LGD方式が適用される株式等エクスポージャー
　　→債務者格付ごとのPD、リスク・ウェイトの加重平均値、残高
　③ 居住用不動産向けエクスポージャー、適格リボルビング型リテール向け

エクスポージャー、その他リテール向けエクスポージャー
→次のいずれかの事項
- ・プール単位でのPD、LGD、リスク・ウェイトの加重平均値、オン・バランス／オフバランス資産項目のEAD、コミットメントの未引出額、当該未引出額に乗ずる掛け目の推計値の加重平均値
- ・適切な数のEL区分（期待損失額の水準による区分）を設けたうえでのプール単位でのエクスポージャーの分析

(9) 内部格付手法を適用する(8)の各エクスポージャーごとの直前期における損失の実績値、当該実績値と過去の実績値との対比、要因分析（PD、LGD、EADの水準について分析等）

(10) 内部格付手法を適用する(8)の各エクスポージャーごとの長期にわたる損失額の推計値・実績値の対比

4 信用リスク削減手法

(1) 標準的手法・基礎的内部格付手法が適用されるポートフォリオについて、信用リスク削減手法が適用されたエクスポージャー（適格金融資産担保。基礎的内部格付手法適用の場合は適格資産担保も含む）のうち、信用リスク削減効果が勘案された部分の額（包括的手法を採用し、かつ、ボラティリティ調整率による上方調整を行っている場合は、上方調整額を減額した額）
※基礎の内部格付手法が適用されるポートフォリオについては、事業法人向け／ソブリン向け／金融機関等向けエクスポージャーごとの額

(2) 標準的手法・内部格付手法が適用されるポートフォリオについて、保証またはクレジット・デリバティブが適用されたエクスポージャーのうち、信用リスク削減効果が勘案された部分の額（内部格付手法が適用されるポートフォリオについては、事事業法人向け／ソブリン向け／金融機関等向け／居住用不動産向け／適格リボルビング型リテール向け／その他リテール向けエクスポージャーごとの額）

5 派生商品取引および長期決済期間取引の取引相手のリスク

(1) 与信相当額の算出に用いる方式
(2) グロス再構築コストの額（0以上のもの）の合計額
(3) 担保による信用リスク削減手法の効果を勘案する前の与信相当額（派生商品取引の場合は取引区分ごとの与信相当額を含む）
(4) (2)の合計額およびグロスのアドオンの合計額から(3)を差し引いた額（カレント・エクスポージャー方式を用いる場合に限る）
(5) 担保の種類別の額
(6) 担保による信用リスク削減手法の効果を勘案した後の与信相当額
(7) 与信相当額算出対象となるクレジット・デリバティブの想定元本額をクレジット・デリバティブの種類別、かつ、プロテクションの購入または提供別に区分した額

(8) 信用リスク削減手法の効果を勘案するために用いているクレジット・デリバティブの想定元本額
6 証券化エクスポージャー
(1) オリジネーターである場合の証券化エクスポージャーに関する次の事項
① 原資産の合計額、資産譲渡型と合成型の内訳、主な原資産の種類別の内訳（クレジットカード与信、住宅ローン、自動車ローン等）
② 3月以上延滞エクスポージャーの額またはデフォルトしたエクスポージャーの額、当期の損失額、これらの主な原資産の種類別の内訳
③ 証券化取引を目的として保有している資産の額およびこれらの主な資産の種類別内訳
④ 当期に証券化取引を行ったエクスポージャーの概略
⑤ 証券化取引に伴い当期中に認識した売却損益の額および主な原資産の種類別の内訳
⑥ 保有する証券化エクスポージャーの額、主な原資産の種類別の内訳（再証券化エクスポージャーを区分）
⑦ 保有する証券化エクスポージャーの適切な数のリスク・ウェイト区分（リスク特性について理解可能な程度の区分）ごとの残高と所要自己資本額（再証券化エクスポージャーを区分）
⑧ 証券化取引に伴い増加した自己資本に相当する額および主な原資産の種類別の内訳
⑨ 1250％のリスク・ウェイトが適用される（＝自己資本控除）証券化エクスポージャーの額、主な原資産の種類別の額
⑩ 早期償還条項付きの証券化エクスポージャーに関する次の事項（主な原資産の種類別の内訳を含む）
・早期償還条項付きの証券化エクスポージャーを対象とする実行ずみの信用供与額の合計額
・オリジネーターとして留保するものを対象とする実行ずみの信用供与額、および想定元本額の未実行部分の信用供与額のEADの額の合計額に対する所要自己資本額
・投資家の保有に係るものを対象とする実行ずみの信用供与額および想定元本額の未実行部分の信用供与額のEADの額の合計額に対する所要自己資本額
⑪ 保有する再証券化エクスポージャーに対する信用リスク削減手法の適用の有無および保証人ごとまたは当該保証人に適用されるリスク・ウェイトの区分ごとの内訳
⑫ 標準的手法採用行が保有する証券化エクスポージャーの信用リスク・アセットの額（自己資本比率告示附則15条の経過措置（Q78参照）を適用した場合）

(2) 投資家である場合の証券化エクスポージャーに関する次の事項
  ① (1)の⑥と同様
  ② (1)の⑦と同様
  ③ (1)の⑨と同様
  ④ (1)の⑪と同様
  ⑤ (1)の⑫と同様
(3) オリジネーターである場合のマーケット・リスク相当額の算出対象となる証券化エクスポージャーに関する次の事項
  ① (1)の①と同様
  ② (1)の③と同様
  ③ (1)の④と同様
  ④ (1)の⑤と同様
  ⑤ (1)の⑥と同様
  ⑥ (1)の⑦と同様
  ⑦ 包括的リスクの計測対象としている証券化エクスポージャーの総額ならびに所要自己資本額および適切なリスクの種類別の所要自己資本額の内訳
  ⑧ (1)の⑧と同様
  ⑨ 100%のリスク・ウェイトが適用される証券化エクスポージャーの額および主な原資産の種類別の額
  ⑩ (1)の⑩と同様
(4) 投資家である場合のマーケット・リスク相当額の算出対象となる証券化エクスポージャーに関する次の事項
  ① (1)の⑥と同様
  ② (1)の⑦と同様
  ③ 保有する包括的リスクの計測対象となる証券化エクスポージャーの総額ならびに所要自己資本額および適切なリスクの種類別の所要自己資本額の内訳
  ④ (3)の⑨と同様

7 マーケット・リスク（内部モデル方式を使用する場合のみ）
 (1) 期末のVaR値、開示期間におけるVaRの最高値・平均値・最低値
 (2) 期末のストレスVaR値、開示期間におけるストレスVaRの最高値・平均値・最低値
 (3) 期末の追加的リスクおよび包括的リスクに係る所要自己資本額ならびに開示期間におけるこれらのリスクに係る所要自己資本額の最高値・平均値・最低値
 (4) バック・テスティング（日ごとの損益とリスク計測モデルによる損益を比較して行う計測モデルの正確性の検定）の結果、および損益の実績値がVaR値から大幅に下方乖離した場合の説明（「大幅に下方乖離」については、当

面、各行の合理的判断による基準を許容。ただし、基準と判断理由の開示が必要)
8 銀行勘定の出資等または株式等エクスポージャー
　(1) B／S計上額、時価、次の事項に係るB／S計上額
　　① 上場している出資等または株式等エクスポージャー(以下、「上場株式等エクスポージャー」)
　　② 上場株式等エクスポージャー以外の出資等または株式等エクスポージャー
　(2) 出資等または株式等エクスポージャーの売却・償却に伴う損益額
　(3) B／Sに計上され、かつ、P／Lに計上されない評価損益額(その他有価証券を想定。時価が不明の非上場有価証券の含み損益は除く)
　(4) B／SにもP／Lにも計上されない評価損益額(子会社株式、関連会社株式等を想定。時価が不明の非上場有価証券の含み損益は除く)
　(5) 内部格付手法採用行が保有する株式等エクスポージャーの額、ポートフォリオ区分ごとの額(自己資本比率告示附則13条の経過措置(Q65参照)を適用した場合)
9 信用リスク・アセットのみなし計算(脚注1参照)が適用されるエクスポージャーの額
10 銀行勘定の金利リスクについて、内部管理上使用した金利ショックに対する損益または経済的価値の増減額

(注) マーケット・リスクに関する開示はマーケット・リスク規制が適用される場合のみ。
(出所) 金融庁告示を参考に大和総研金融調査部制度調査課作成

図表104－6　国際統一基準行の四半期の開示事項

1	単体および連結の自己資本比率
2	単体および連結のTier 1比率(自己資本比率の分母に対するTier 1の割合)
3	単体および連結の普通株式等Tier 1比率(自己資本比率の分母に対する普通株式等Tier 1の割合)
4	単体および連結の総自己資本の額
5	単体および連結のTier 1の額
6	単体および連結の普通株式等Tier 1の額
7	単体および連結の総所要自己資本額
8	単体での自己資本の構成に関する開示事項
9	単体B／Sの各科目の額が自己資本の構成に関する開示項目のいずれに該当するかの説明
10	連結での自己資本の構成に関する開示事項(図表104－2参照)
11	連結B／Sの各科目の額が自己資本の構成に関する開示項目(図表104－2参

照）のいずれに該当するかの説明
12　自己資本調達手段に関する契約内容の概要（図表104－8参照）
13　自己資本調達手段に関する契約内容の詳細

（出所）　金融庁告示を参考に大和総研金融調査部制度調査課作成

図表104－7　国内基準行の四半期の開示事項

1. 単体および連結の自己資本比率
2. 単体および連結の総自己資本の額
3. 単体および連結の総所要自己資本額
4. 自己資本の構成に関する開示事項

（出所）　金融庁告示案を参考に大和総研金融調査部制度調査課作成

図表104－8　自己資本調達手段に関する契約内容の概要様式

1	発行者	
2	識別のために付された番号、記号その他の符号	
3	準拠法	
	規制上の取扱い	
4	平成34年3月30日までの期間における自己資本に係る基礎項目の額への算入に係る取扱い	
5	平成34年3月31日以降における自己資本に係る基礎項目の額への算入に係る取扱い	
6	自己資本比率の算出において自己資本に算入する者	
7	銘柄、名称または種類	
8	自己資本に係る基礎項目の額に算入された額	
	連結自己資本比率	
	単体自己資本比率	
9	額面総額	
10	表示される科目の区分	
	連結貸借対照表	
	単体貸借対照表	
11	発行日	
12	償還期限の有無	
13	その日付	
14	償還等を可能とする特約の有無	
15	初回償還可能日およびその償還金額	

	特別早期償還特約の対象となる事由およびその償還金額	
16	任意償還可能日のうち初回償還可能日以外のものに関する概要	
	剰余金の配当または利息の支払	
17	配当率または利率の種別	
18	配当率または利率	
19	配当等停止条項の有無	
20	剰余金の配当または利息の支払の停止に係る発行者の裁量の有無	
21	ステップ・アップ金利等に係る特約その他の償還等を行う蓋然性を高める特約の有無	
22	未配当の剰余金または未払の利息に係る累積の有無	
23	他の種類の資本調達手段への転換に係る特約の有無	
24	転換が生じる場合	
25	転換の範囲	
26	転換の比率	
27	転換に係る発行者の裁量の有無	
28	転換に際して交付される資本調達手段の種類	
29	転換に際して交付される資本調達手段の発行者	
30	元本の削減に係る特約の有無	
31	元本の削減が生じる場合	
32	元本の削減が生じる範囲	
33	元本回復特約の有無	
34	その概要	
35	残余財産の分配または倒産手続における債務の弁済もしくは変更について優先的内容を有する他の種類の資本調達手段のうち、最も劣後的内容を有するものの名称または種類	
36	非充足資本要件の有無	
37	非充足資本要件の内容	

(出所) 金融庁告示

図表104－9　G-SIBs選定指標の開示事項

1．資産および取引に関する次に掲げる事項の残高の合計額
　(1) 派生商品取引および長期決済期間取引のグロス再構築コストの額（0以上のもの）およびカレント・エクスポージャー方式で計算したアドオン額
　(2) レポ形式の取引に係るグロスの資産残高および貸出資産と借入資産との評価差額

(3) 資産の額（(1)(2)に掲げるもの、普通株等Tier 1資本に係る調整項目の額、その他Tier 1資本に係る調整項目の額を除く）
(4) オフバランス取引（派生商品取引および長期決済期間取引を除く）の与信相当額
2．金融機関等（証券会社、保険会社、中央清算機関、厚生年金基金などを含む）向け与信に関する次に掲げる事項の残高の合計額
(1) 金融機関等向け預金および貸出金の額（コミットメントの未引出額を含む）
(2) 金融機関等が発行した有価証券（担保付社債、一般無担保社債、劣後債、短期社債、譲渡性預金、株式をいう）の保有額
(3) 金融機関等とのレポ取引のカレント・エクスポージャーの額（法的に有効な相対ネッティング契約を勘案した、0以上のもの）
(4) 金融機関等のとの相対の派生商品取引および長期決済期間取引に係る公正価値評価額およびカレント・エクスポーヤーの額（法的に有効な相対ネッティング契約を勘案した、0以上のもの）
3．金融機関等に対する債務に関する次に掲げる事項の残高の合計額
(1) 金融機関等向け預金および貸出金の額（コミットメントの未引出額を含む）
(2) 金融機関等とのレポ取引のカレント・エクスポージャーの額（法的に有効な相対ネッティング契約を勘案した、0以上のもの）
(3) 金融機関等との相対の派生商品取引および長期決済期間取引に係る公正価値評価額およびカレント・エクスポージャーの額（法的に有効な相対ネッティング契約を勘案した、0以上のもの）
4．発行済有価証券の時価の残高
5．直近の連結会計年度末の日本銀行金融ネットワークシステム、善幸銀行資金決済ネットワークその他これらに類する決済システムを通じた決算の年間の合計額
6．信託財産およびこれに類する資産の残高
7．直近の連結会計年度末の債券および株式に係る引受の年間の合計額
8．金融機関等との相対の派生商品取引および長期決済期間取引に係る想定元本の合計額
9．次に掲げる有価証券（流動性が高いと思われるものを除く）の残高の合計額
(1)売買目的有価証券、(2)その他有価証券
10．観察可能な市場データではない情報に基づき公正価値評価された資産の額
11．対外与信の残高
12．対外債務の残高

(出所) 金融庁告示案を参考に大和総研金融調査部制度調査課作成

Q105 会計上の開示ルールや他の国際機関が定める開示ルールとはどのような違いがありますか

A

わが国の場合、有価証券報告書等における情報開示と第3の柱における情報開示は、その目的の違いから、開示内容において大きく異なります。有価証券報告書等では規制上の自己資本の内訳などの開示は求められません。国際会計基準では、規制上の自己資本に関する開示規定が盛り込まれています。その他、投資家に対する金融機関の情報開示が不十分との指摘を受け、FSB（金融安定化理事会）から諮問を受けたEDTF（ENHANSED DISCLOSURE TASK FORCE）が、2012年10月に「銀行のリスク情報開示の強化」という報告書を公表しています。

解 説

1 会計基準上の開示ルールとの違い

(1) 国内会計基準との違い

有価証券報告書等における金融商品の情報開示については、ASBJ（企業会計基準委員会）が2008年3月に設定・公表した企業会計基準適用指針第19号「金融商品の時価等の開示に関する適用指針」に定められています。同適用指針は、銀行に限らず、有価証券報告書等の提出会社に適用されます。適用指針は、「金融商品の状況に関する事項」と「金融商品の時価等に関する事項」の開示を義務づけています。

「金融商品の状況に関する事項」としては、①金融商品に対する取組方針、②金融商品の内容およびそのリスク、③金融商品に係るリスク管理体制、④金融商品の時価等に関する事項についての補足説明の開示を求めています。②の開示対象のリスクとしては、信用リスク、市場リスク、資金調達

に係る流動性リスクがあげられています。デリバティブをヘッジ目的で利用している場合は、②の情報としてヘッジに関する記載が求められます。

③のリスク管理体制の注記においては、一定の要件を満たした企業には、市場リスクに関する定量的な情報の開示を求めています。ベーシス・ポイント・バリュー[1]やバリュー・アット・リスク等に基づいて、経営者が市場リスクに関する定量的分析を利用したりリスク変数の変動に対応したりできるように、リスク管理を行っている場合を想定し、当該分析に基づく定量的情報の注記を求めることとしています。これに対して、リスク管理上、市場リスクに関する定量的分析を利用していない場合には、ベーシス・ポイント・バリューに基づく定量的情報の注記を求めることとしています。市場リスクに関する定量的な情報の開示が求められるのは、「総資産及び総負債の大部分を占める金融資産及び金融負債の双方が事業目的に照らして重要であり、かつ、主要な市場リスクに係るリスク変数（金利や為替、株価等）の変動に対する当該金融資産及び金融負債の感応度が重要な企業」であり、銀行や証券会社、ノンバンク等はこれに含まれるものと解されています。

「金融商品の時価等に関する事項」としては、デリバティブを含んだ金融資産・金融負債の時価情報のほか、金融債権および満期のある有価証券の一定の期間ごとの償還予定額、社債、長期借入金、リース債務その他の有利子負債の一定の期間ごとの返済予定額、企業自身の信用リスクの変化は反映しない利子率・割引率で割り引いた金銭債務の割引現在価値などの開示が求められます。詳しい内容は図表105－1のとおりです。

この適用指針に基づく情報開示のほか、有価証券報告書等では非財務情報として「事業等のリスク」や「株式等の状況」の開示が求められています。自己資本に関しては、自己資本比率規制上の自己資本ではなく、会計上の純資産についてその内訳と期中の増減などが開示されています。

第3の柱での開示内容と比較すると、有価証券報告書等では、規制上の自

---

[1] たとえば、金利が1ベーシス・ポイント（0.01％）変化したときの価値の変動。

図表105−1 金融商品の時価等の開示に関する適用指針による開示項目

Ⅰ 金融商品の状況に関する事項
　1　金融商品に関する取組方針
　　(1)　金融資産であれば資金運用方針、金融負債であれば資金調達方針およびその手段（内容）、償還期間の状況など
　　(2)　金融資産と金融負債との間や金融商品と非金融商品との間に重要な関連がある場合には、その概要
　　(3)　金融商品の取扱いが主たる業務である場合には、当該業務の概要
　2　金融商品の内容およびリスク
　　(1)　内容……取り扱っている主な金融商品の種類（たとえば、有価証券であれば、株式および債券等、デリバティブ取引であれば、先物取引、オプション取引、先渡取引およびスワップ取引等）やその説明
　　(2)　リスク……取引相手先の契約不履行に係るリスク（信用リスク）や市場価格の変動に係るリスク（市場リスク）、支払期日に支払を実行できなくなるリスク（資金調達に係る流動性リスク）が含まれる。
　　(3)　デリバティブ……取引の内容、取引に係るリスクのほか、取引の利用目的（ヘッジ会計を行っている場合には、ヘッジ手段とヘッジ対象、ヘッジ方針およびヘッジの有効性の評価方法等についての説明を含む）を記載
　　(4)　留意事項
　　　・市場リスクについては、為替、金利などの種類ごとに記載する。
　　　・金融商品に係る信用リスクが、ある企業集団、業種や地域などに著しく集中している場合には、その概要（貸借対照表計上額および契約額に対する当該信用リスクを有する取引相手先の金額の割合を含む）を記載
　　　・金融商品の内容およびそのリスクに関する記載には、現物の金融資産・負債（区分経理していない複合金融商品を含む）のうちでリスクの高いものや、デリバティブ取引の対象物の価格変動に対する当該取引の時価の変動率が大きい特殊なものについては、その概要（貸借対照表計上額や商品性（金利、償還期限等）に係る説明など）が含まれる。
　3　金融商品に係るリスク管理体制
　　(1)　リスク管理方針、リスク管理規程および管理部署の状況、リスクの減殺方法または測定手続等が含まれる
　　(2)　市場リスクの定量的情報（銀行など、総資産および総負債の大部分を占める金融資産および金融負債の双方が事業目的に照らして重要であり、かつ、主要な市場リスクに係るリスク変数（金利や為替、株価等）の変動に対する当該金融資産および金融負債の感応度が重要な企業が開示）
　　　　①　バリュー・アット・リスクやベーシス・ポイント・バリュー等、市場リスクに関する定量的分析を利用している金融商品：当該分析に基づく定量的情報の注記

② 市場リスクに関する定量的分析を利用していない金融商品：ベーシス・ポイント・バリューに基づく定量的情報の注記
　4　金融商品の時価等に関する事項の補足説明：金融商品の時価に関する重要な前提条件など
Ⅱ　金融商品の時価等に関する事項
　1　時価情報
　　(1)　原則として、金融商品に関する貸借対照表の科目ごとに、貸借対照表計上額、時価、およびその差額を開示する。時価については算定方法も記載
　　(2)　有価証券は保有目的別（評価方法別）に開示項目が異なる。
　　(3)　デリバティブは、対象物の種類別に開示（ヘッジ目的・非ヘッジごとに開示事項が異なる）
　2　金銭債権、満期がある有価証券（売買目的のものを除く）については、償還予定額の合計額を一定の期間ごとに区分して開示
　3　社債、長期借入金、リース債務、その他の有利子負債については、返済予定額の合計額を一定の期間ごとに区分して開示
　4　金銭債務については、貸借対照表日における時価の開示に加えて、約定金利に金利水準の変動のみを反映した利率で割り引いた金銭債務の金額または無リスク利子率で割り引いた金銭債務の金額のいずれかを開示可能。この場合は、算定方法と時価との差額について適切な補足説明を行う
　5　時価を把握することがきわめて困難と認められる金融商品については、その商品の概要、貸借対照表計上額およびその理由の開示

（出所）　ASBJ資料

己資本の構成などに関する情報開示は求められていません。市場リスクや信用リスクについては類似の開示が行われていますが、証券化商品に関する詳細な開示、オペレーショナル・リスクに関する開示は求められていません。もっとも、非財務情報である「事業等のリスク」として、自己資本比率規制上の自己資本への影響、オペレーショナル・リスクなどについて記載している例もみられます。時価情報や（銀行については）市場リスクに関する定量的な情報開示は求められていますが、第3の柱のような各種リスクに関する定量的な情報開示は求められていません。他方、資金調達に係る流動性リスクの情報開示は、有価証券報告書等では求められていますが第3の柱では開示は求められていません。

　このような相違点は、両者がその目的を異にしているために生じるもので

す。

　有価証券報告書等での開示の目的は財務諸表利用者による対象企業の評価を助けるために、必要な情報を提供することにあります。一方、バーゼル規制の第3の柱の目的は、「第1の柱、第2の柱を補完し、市場による外部評価の規律づけによって金融機関の健全性（自己資本）を維持すること」にあります。すなわち、「市場による評価」を経由する点は共通ですが、目指す最終目標は異なっているわけです。

　(2)　国際会計基準での情報開示

　国際会計基準（IAS／IFRS）とは、ロンドンに本部を置く国際会計基準審議会（IASB）が設定主体となって策定される会計基準のことです。従来の国際会計基準では、IAS第32号「金融商品：開示及び表示」が一般的な開示ルールを、IAS第30号「銀行業及び類似する金融機関の財務諸表における開示」が銀行に追加される開示ルールを定めていました。しかし、2005年にすべての企業を対象として整理・統合された開示ルールとしてIFRS第7号「金融商品：開示」が策定されています。また、IAS第1号「財務諸表の表示」が改正され、自己資本に関する開示ルールとして「自己資本の開示」が加えられました。IFRS第7号は、その後も、適宜、開示内容の充実に向けた改正が行われています。

　IAS第32号、IAS第30号改正の作業過程にはバーゼル銀行監督委員会も参加していました。その成果として、自己資本規制に関する開示がIAS第1号に盛り込まれております。IFRS第7号およびIAS第1号での開示項目は図表105－2のとおりです。

図表105-2　IFRS第7号の開示事項：抜粋

金融商品の重要性に関する情報
1　財政状態計算書（貸借対照表）の内訳（会計処理方法の相違を関連づけた内訳等の開示、相殺、担保、貸倒引当金、債務不履行等）
2　包括利益計算書（会計処理方法の相違と関連づけた内訳等の開示）
3　他の開示事項
　(1)　金融商品の会計方針
　(2)　ヘッジ会計に関する情報
　(3)　金融資産と金融負債の種類ごとの公正価値に関する情報
4　金融商品から生じるリスクの内容、程度
　(1)　定性的開示
　　①　リスクに対するエクスポージャーと当該リスクがどのように生じたのか
　　②　リスクを管理する目的、方針、手続、リスクの測定方法
　　③　過年度からの変更事項
　(2)　定量的開示
　　①　貸借対照表日時点の各リスク・エクスポージャーの定量的データの要約
　　②　信用リスク、流動性リスク、マーケット・リスク
　　③　リスクの集中度
　　④　企業のリスクエクスポージャーを表す追加的な情報
　(3)　信用リスク
　　①　担保価値・信用補完を考慮する前のエクスポージャーの最大量、担保・信用補完の説明、期日が経過しておらず、減損もしていない金融資産の信用度に関する情報
　　②　期日が到来しているか、または減損している金融資産に関する分析
　　③　担保の行使もしくは信用補完の要求により獲得した資産に関する情報
　(4)　流動性リスク
　　①　デリバティブ以外の金融債務の満期の分析
　　②　デリバティブ金融負債の満期分析
　　③　リスク管理手法の説明
　(5)　マーケット・リスク
　　マーケット・リスクの種類ごとの感応度の分析（分析手法・仮定・VAR等を用いている場合はデータの基礎となる主要なパラメーターと仮定の説明）
　　上記の感応度分析が金融商品の固有のリスクを表していない場合は、その旨と理由
5　金融資産の譲渡

> (1) 全体が認識の中止(オフバランス)とはなるわけではない譲渡金融資産と、関連する負債との関係を理解するための情報
> (2) 認識の中止(オフバランス)を行った金融資産に対する企業の継続的な関与の内容および関連するリスクの評価
> (IAS第1号に追加された開示事項:抜粋)
>   1 自己資本の開示
>   自己資本規制や資本がどのように運営されているかの開示をまとめて行うことが有用な情報を提供しない場合等は、各自己資本規制ごとに個別に開示
>   (1) 自己資本の管理に対する目的、方針、手続についての定性的情報
>   (2) 自己資本とみなしているものに関する定量的データの要約
>   (3) (1)(2)の前期からの変更
>   (4) 求められる自己資本を達成したかどうか
>   (5) 達成できなかった場合は、その帰結について

(出所) IASB資料

2 他の国際機関での検討

　バーゼル規制の第3の柱や会計上の開示以外にも、金融機関のディスクロージャー充実に向けた動きがあります。

　FSB(金融安定化理事会)から諮問を受けたEDTF(ENHANSED DISCLOSURE TASK FORCE)が、2012年10月に「銀行のリスク情報開示の強化」という報告書を公表しています。投資家に対する金融機関の情報開示が不十分との指摘を受け、FSBは金融機関の情報開示の実態調査を行い、2011年3月に結果を公表し、同年12月に関係者によるラウンド・テーブルを開催しました。その後、2012年3月にEDTFの設置が公表されました(実際の設置は5月)。EDTFは、投資家、国際的に業務展開する金融機関、格付会社、会計事務所系コンサルタントなどのメンバーで構成されています。

　報告書では、リスク情報開示の強化のため、以下の7つの原則をあげています。

　① 情報開示は明確で、質と量のバランスがとれていて、理解可能であるべき
　② 情報開示は包括的で、銀行のキーとなる活動とリスクをすべて含む

図表105－3　EDTFの「銀行のリスク情報開示の強化」

一般
1　すべての関連するリスク情報をなんらかの特別な報告でまとめて提供する。
2　銀行のリスク用語とリスクの測定方法を定義し、使用されたキーとなるパラメーターの価値を提供する。
3　目的に適合した情報が複数の適時の外部への報告に含まれているよう、最重要で緊急のリスクに関して記述および議論する。
4　適用可能な規則がひとたび決定された場合に、新しいキーとなる規制上のレシオそれぞれを達成するための計画の概略を述べる。

リスクのガバナンスとリスク管理戦略／ビジネスモデル
5　銀行のリスク管理機構、手続、キーとなる機能をわかりやすく要約する。
6　銀行のリスク文化とその文化を支えるためにどのような手続と戦略が適用されるかを記述する。
7　銀行のビジネスモデルと事業活動から生じるキーとなるリスク、ビジネスモデルの文脈における銀行のリスク・アペタイト、およびそれらのリスクを銀行がどのように管理するかについて記述する。
8　銀行のリスクのガバナンスと資本の枠組みの範囲内でのストレステストの使用について記述する。

資本の適切性とリスク・ウェイト適用後の資産
9　銀行の最低所要自己資本（G-SIBs、カウンターシクリカル、資本補助バッファーによる資本上乗せを含む）および経営陣によって確立された内部の最低所要レシオの情報を提供する。
10　資本の主要な構成要素の概略―資本調達手段と規制上の調整を含む―を提供するためバーゼル委員会が採用した資本構成のテンプレートに含まれる情報を要約する。会計上のB／Sと規制上のB／Sとの調整表は開示されるべきである。
11　前年度からの資本の推移（普通株式等Tier 1、Tier 1、Tier 2の変動を含む）を提供する。
12　経営陣の戦略的計画のより一般的な議論のなかで資本計画を質と量の両面で議論する。要求されるまたは目標となる資本の水準に対する経営陣の見通しの記述を含む。
13　リスク・ウェイト適用後の資産が事業活動や関連するリスクとどのように関与しているかを説明するためにグラニュラーな情報を提供する。
14　所要自己資本を示すテーブルを、カウンターパーティ・リスクを含んだ信用リスク・アセットを計算するために用いる各手法ごと、各資産クラスごと、資産クラス内の主要なポートフォリオごとに提供する。
15　平均的なPD、LGD、EADを示す銀行の帳簿上の信用リスク、総リスク・

アセットを、バーゼル規制上の資産分類ごと、バーゼル規制上の資産分類内の主要なポートフォリオごとに、内部格付水準に基づく適切な区分で作表する。
16 リスク・アセットの種類ごとに、リスク・アセットの期中の推移を示す調整表を提供する。
17 バーゼル規制の第3の柱のバックテストの要求についての説明を提供する。説明にはどのようにして銀行がデフォルトと損失に対して、モデルのパフォーマンスを把握・有効化したかを含む。

流動性
18 銀行がどのようにして潜在的な流動性要求を管理しているかを記述し、流動性要求を達成するために保有する流動性のリザーブの構成要素の定量的分析を、できれば平均値と期首・期末の残高として、提供する。

資金調達
19 担保に提供された資産と提供されていない資産を、受け取った担保—二重担保に提供されうるか移転されうる—を含めて、表形式で貸借対照表の分類ごとに要約する。
20 貸借対照表日における残存期間ごとに、連結ベースの資産・負債・オフバランス項目を表形式で示す。
21 銀行の資金調達戦略を論じる。

マーケット・リスク
22 貸借対照表と損益計算書の科目間の関係に対する開示情報の利用者理解を促進する情報を、VaR等のマーケット・リスク情報で開示されるポジションとともに提供する。
23 トレーディング勘定とトレーディング勘定以外の重要なマーケット・リスク・ファクターを質的・量的にいっそう細かく情報提供する。
24 マーケット・リスク測定モデルの重要な制約、仮定、確認手続等を記述した定性的・定量的な情報開示を提供する。
25 損失がVaR等の報告されたリスクパラメータ等を超えるリスクを測定・把握するために銀行が用いている主要なリスク管理技術に関する記述を提供する。

信用リスク
26 重要な信用リスクの集中を含んだ、銀行の信用リスク・プロファイルに対する利用者の理解を促進する情報を提供する。
27 減損が生じた、あるいは収益を生まない貸付を特定する方針について記述する。
28 収益を生まない、または減損が生じている貸付金の残高と貸倒引当金の期首・期末の推移を提供する。
29 デリバティブ取引から生じる銀行のカウンターパーティ・リスクの質的・

> 量的な分析を提供する。
> 30 すべての信用リスクに備えて保有される担保を含む信用リスク削減手法の質的な情報と有用な場合は量的な情報を提供する。
>
> その他のリスク
> 31 他のリスクを経営陣の分類に基づいて記述し、どのようにして特定、制御、測定、管理するかを論じる。
> 32 重要なまたは潜在的に重要な損失が発生するイベントが発生した場合は、オペレーショナル、規制上のコンプライアンス、法的なリスクを含んだ他のリスクに関する公に知られたリスク・イベントについて論じる。

(出所) EDTF資料

　　　　べき
　③　情報開示は目的に適合（relevant）した情報を提供すべき
　④　情報開示は銀行がどのようにリスクを管理しているかを反映すべき
　⑤　情報開示は時間を超えて矛盾がない状態にあるべき
　⑥　情報開示は銀行間の比較が可能であるべき
　⑦　情報開示は適時に行われるべき

　そのうえで、32の提言を行っています。提言の概要は図表105－3のとおりです。

第10章

銀行の
コーポレート・ガバナンスと
バーゼル規制

Q106 なぜ銀行のコーポレート・ガバナンスが問題となるのですか

A

　銀行はその公的性格から、国の支援を受けることができ、それが経営者のモラルハザードを招く可能性があります。したがって、通常の企業以上に、コーポレート・ガバナンスが問題となります。エンロン事件等により、世界的にコーポレート・ガバナンスの見直しの動きが生じたこと、さらに2008年のリーマンショック以降の金融危機で表面化した銀行のコーポレート・ガバナンス上（特にリスク管理）の失敗・逸脱を背景に、銀行のコーポレート・ガバナンスの強化や報酬体系の見直しが求められたことも背景としてあげられます。

解　説

1　日本の銀行における問題点

　いわゆるバブル崩壊後においては、1990年のイトマン事件、1991年の東洋信用金庫の架空預金証書事件、1994年の木津信用金庫の偽造債券事件、1995年の大和銀行ニューヨーク支店事件、住専処理問題、1997年の北海道拓殖銀行の破綻、1998年の日本長期信用銀行および日本債券信用銀行の特別公的管理、2000年のそごうの破綻など、さまざまな問題が起こりました。これらの問題は、銀行のコーポレート・ガバナンスのあり方に疑問を投げかけました。

　日本ではもともと、間接金融を中心に産業が発展してきました。株式市場が未成熟であり、株式持合いにより議決権の行使も制限されていたことから、株主によるガバナンスは機能せず、銀行が融資先のコーポレート・ガバナンスにおいて重要な役割を果たしてきました。しかし、間接金融から直接金融への移行が進んできたことやバブルの発生に伴う収益重視の姿勢への急

激な転換に伴い、銀行は支店に案件の審査の権限を移していきました。その結果、銀行の融資先に対する審査能力は低下し、銀行は融資先に対するガバナンス機能を果たさなくなっていきます。銀行と企業との株式持合いの解消により、議決権を行使できる株主も増加し、外国人の株主も増加し、それとともに、日本でもコーポレート・ガバナンスに関する議論が活発となっていきました。

　バブル崩壊後の数々の問題や一般企業におけるコーポレート・ガバナンスの議論の活発化に伴い、銀行自身のガバナンスのあり方も問題となりました。一般にコーポレート・ガバナンスといった場合、株主と企業の経営陣との関係で問題となります。簡潔にいえば、コーポレート・ガバナンスとは、企業が継続的かつ健全に株主価値を高めていくための「経営者に対するチェック機能」ということになるでしょう。銀行も私企業として、企業価値を高め株主に還元していく責任があります。しかし、銀行の場合、企業として利益を追求する側面のほかに、預金を集め企業等に融資する機能や決済機能など金融システムとしての公的機能を有しています。銀行の経営が不安定になり預金の元本が確保できなくなれば、金融システムの安定性を阻害し連鎖的な倒産を招く可能性があります。そのような事態を回避するため、預金に対しては1,000万円までの預金保険が設けられていますし、経営が不安定となった金融機関には、公的資金が注入されるわけです。このように、いざとなったら国が支援する体制は、金融システムの安定化には役に立ちますが、銀行の経営者のモラルハザードを招く可能性があります。冒頭であげた事件の多くは、経営者のモラルハザードが招いた事件であるということができます。

　そのため、銀行のガバナンス向上は、銀行を監督するうえでの重要課題として位置づけられてきました。たとえば、公的資金を注入した場合は、経営健全化計画の提出を義務づけ、計画が大幅に未達成の場合は、公的資金注入の際に銀行から取得した優先株の転換権を行使して普通株に転換し、経営陣の責任を問いうることとしています。また不良債権問題を解決した金融再生

プログラムでも、外部監査人の機能向上や業務改善命令など、銀行の経営の規律づけが重視されました。金融庁が2004年12月に策定した「金融改革プログラム」でも、「金融機関のガバナンス向上とリスク管理の高度化を通じた健全な競争の促進」をテーマにあげていました。

そのほか、銀行の業務の多角化に伴う利益相反の防止という観点も重要になります。たとえば、銀行またはグループ企業が販売する金融商品の購入を条件に融資を行う、経営状態の悪い企業にグループの証券会社を通じて証券を発行させ、その一方で融資を回収するといった行為が行われないよう監督する必要もあります。

最近では、2007年半ば以降の金融危機とその反省に立ったバーゼル規制の見直しを受けて、リスク管理体制のいっそうの整備、資本バッファーを勘案した資本政策の策定などを求める監督指針の見直しが行われています。他方で、会社法において社外取締役の社外性要件の厳格化、東京証券取引所規則等により、上場企業に、社外取締役の選任の義務づけが図られる予定です。

2 バーゼル銀行監督委員会での検討

バーゼル銀行監督委員会は、1999年9月に銀行のコーポレート・ガバナンス原則を公表しています。さらに、2006年2月、2010年10月にその改訂版を公表しています。

2006年の改訂では、利益相反の抑制、監査人の独立性確保、情報公開の充実、持株会社傘下の銀行のガバナンスなどについて議論が行われています。これは、2004年のOECDのコーポレート・ガバナンス原則の改訂の影響も受けています。2001年から2002年にかけて、米国でエンロン、ワールド・コムなどの有名企業の粉飾決算や経営陣の不正が相次いで発覚しました。米国では資本市場の信頼回復に向けて2002年7月にサーベンス・オクスリー法が可決しました。OECDは、このエンロン事件等の企業不祥事を受けて、コーポレート・ガバナンスの枠組み、株主の権利、株主に対する平等な取扱い、ステークホルダーの役割、情報開示と透明性などについてポイントを整理して

います。

　2010年の改訂では、金融危機を招いた一因として、取締役による管理職の監視が不十分であったこと、不適切なリスク管理、銀行の過度に複雑で不透明な組織と活動に問題があったとして、取締役会の全般的な責務、リスク管理とコントロール、報酬、複雑な組織構造がはらむリスクへの対応の点で見直しが図られました。さらに、FSB（金融安定理事会）が2009年4月に「健全な報酬慣行に関する原則」、9月に実施基準、バーゼル銀行監督委員会も2010年1月の「報酬に関する原則と基準の遵守状況を評価するためのメソドロジー」や2010年版の改訂ガバナンス原則で、金融機関の報酬慣行の見直しを促しています。

Q107 バーゼル銀行監督委員会は、銀行のコーポレート・ガバナンスがどうあるべきだとしていますか

A

　バーゼル銀行監督委員会は、銀行の金融仲介という役割や影響の大きさ、預金者保護の観点等から、銀行のコーポレート・ガバナンスを「国際金融システムにとって極めて重要」とし、銀行組織と監督当局のためのガイダンスを作成しています。ガイダンスでは、取締役会と上級管理職によるガバナンス構造を想定し、取締役（会）や上級管理職が適切な管理を行うこと、監督当局が的確に評価すること、健全なコーポレート・ガバナンスを支える環境を育成することが必要との考えが示されています。さらに2008年のリーマンショック以降の金融危機で表面化した銀行のコーポレート・ガバナンス上（特にリスク管理）の失敗・逸脱を背景に、取締役会や上級管理職のリスク管理への関与の強化や短期の収益に左右されない報酬体系の導入が求められています。

――解　説――

1　バーゼル銀行監督委員会によるガイダンス

　バーゼル銀行監督委員会は、銀行のコーポレート・ガバナンスに関し、「Principles for Enhancing Corporate Governance（仮訳：コーポレート・ガバナンスを強化するための諸原則）」を作成しています。1999年に最初のガイダンス、2006年に改訂原則を公表し、2010年10月に最新版を公表しています。

　2006年版の冒頭では、本ガイダンスが新たな規制を各国に課すことを意図するものではなく、各国の銀行の取締役、経営陣、監督当局のための行動指針として、銀行組織がコーポレート・ガバナンスの枠組みを向上させ、監督当局がその質を評価する作業を支援するために作成されたと述べられていま

す。2010年版では、銀行監督当局が自国の銀行組織に対して健全なコーポレート・ガバナンス実務の採用を促すことを支援し、そのための目安を提供するものとしています。

　2006年版では、銀行内部における「経営機能」「監督機能」を「取締役会」「上級管理職」という用語で表し、取締役会と上級管理職で形成されるガバナンス構造を論じています。2010年版では、今般の金融危機の原因として、取締役による管理職の監視が不十分であったこと、不適切なリスク管理、銀行の過度に複雑で不透明な組織と活動に問題があったとして、取締役会の全般的な責務、リスク管理とコントロール、報酬、複雑な組織構造がはらむリスクへの対応の点で見直しが図られています。

　以下、本ガイダンスの構成に従って、バーゼル銀行監督委員会の考え方をみていくことにしましょう。

2　銀行のコーポレート・ガバナンスの概観

　バーゼル銀行監督委員会のコーポレート・ガバナンス原則では、銀行のコーポレート・ガバナンスについて、以下のように概観しています。

　銀行システムに対する公衆の信認と信頼を獲得・維持するために有効なコーポレート・ガバナンスは不可欠であり、銀行部門や経済全体が適切に機能するためにも重要であると述べています。コーポレート・ガバナンスの脆弱性は銀行破綻の一因になりえます。銀行破綻は、預金保険制度、伝播リスクや決済システムへの影響など、より広くマクロ経済全般に影響する可能性があることが2007年半ば以降の金融危機によって明確になりました。またコーポレート・ガバナンスが脆弱であれば、銀行の資産・負債（預金を含む）を適切に管理する能力に対する市場の信認が失われ、預金取付けや流動性危機を引き起こす可能性があります。銀行は株主のみならず、預金者やその他の認識された利害関係者に対しても責任を負っています。銀行のコーポレート・ガバナンスはこのような点を念頭に置いて、実務の運営を行っていく必要があります。

具体的には、銀行のコーポレート・ガバナンスは、権限と責任の配分、すなわち取締役会や上級管理職が銀行の業務や事業を統治する方法を伴うものであり、「銀行の戦略と目標を設定する」「銀行のリスク許容度／リスク選好度を定める」「銀行業務の日々の運営」「預金者の利益を保護し、株主に対する責任を果たし、その他の認識された利害関係者の利益を考慮する」「銀行は安全かつ健全な方法で、誠実に、関係法規を遵守しつつ業務を行う、といった期待に沿った企業活動及び行動をとる」といったことを含むとしています。

　コーポレート・ガバナンスは、監督当局が効率的で費用対効果の高い監督システムを維持するためにも重要であり、監督当局が銀行の内部プロセスに信頼を置く余地を高める可能性があること、銀行が問題を抱えている状況においては、健全なコーポレート・ガバナンスが行われていることは一助となることも述べられています。

　コーポレート・ガバナンスの法規の体系は、国によって大きく異なりますが、適切なチェック・アンド・バランスを確保するためには、「取締役会による監視」「上級管理職による監視」「各種業務分野の直接的な監督」「独立したリスク管理・コンプライアンス・監査機能」が含まれているべきとしています。

　一方、監督当局に対して、支配株主や内部者が銀行の活動に不適切な影響力を行使することがないよう、重要な銀行所有者、取締役（会）および上級管理職の適格性を評価する能力を備えているべきであるとしています。さらに、健全なコーポレート・ガバナンスを阻害する法的・制度的な要因を認識し、その権限内の事項に関しては改善策を講ずることを推奨しています。

3　健全なコーポレート・ガバナンスの原則

　バーゼル銀行監督委員会は、銀行の健全なコーポレート・ガバナンスに関する責任は、第一に取締役会と上級管理職にあるとし、有効なコーポレート・ガバナンスのプロセスの重要な要素として、取締役会と上級管理職に関

図表107−1　コーポレート・ガバナンスを強化するための諸原則（バーゼル銀行監督委員会）

番　号	内　容
A　取締役会の実務	
原則1：取締役会の全般的な責務	◇取締役会は、銀行の戦略的目標、リスク戦略、コーポレート・ガバナンスおよび企業の価値基準を承認し、その実践を監督することを含め、銀行に対する全般的な責任を有する。 ◇また、取締役会は上級管理職を監督する責任も有する。
原則2：取締役の資質	◇取締役は、自らの職責にふさわしい資質を有しているべきであり、研修などによってそうした資質を維持すべきである。 ◇取締役は、コーポレート・ガバナンスにおける自らの役割を明確に理解し、銀行にかかわる事柄について健全で客観的な判断を下す能力を有しているべきである。
原則3：取締役会自身の実務と構造	取締役会は、自らの業務について適切なガバナンスや実務を明確に定めるべきであり、そうした実務が励行されていることや、継続的な改善のため定期的に検証されていることを確保する手段を備えているべきである。
原則4：グループ構造	グループ構造において、親会社の取締役は、グループ全体に適切なコーポレート・ガバナンスを行き渡らせること、および、グループやグループ内企業の構造、業務およびリスクに照らして適切なガバナンス方針やガバナンスの仕組みを確保することについて、全般的な責任を有する。
B　上級管理職	
原則5	取締役会の指揮のもと、上級管理職は、銀行の事業が取締役会によって承認された業務戦略、リスク許容度／リスク選好度、および方針と整合的であることを確保すべきである。
C　リスク管理と内部コントロール	
原則6	銀行は、十分な権限、地位、独立性、経営資源および取締役会へのアクセスをもつ効果的な内部コントロール体制およびリスク管理機能（最高リスク責任者〈Chief Risk Officer〉ないし同等の職位者を含む）を他とは別の部署として有するべきである。
原則7	◇リスクは、企業全体および個別法人のレベルで継続的に把

	握され、モニターされるべきである。 ◇また、リスク管理および内部コントロールのための社内基盤は、銀行のリスク特性（規模の拡大を含む）および外部的なリスク環境の変化にあわせて高度化されるべきである。
原則8	リスクを実効的に管理するためには、組織全体を貫くコミュニケーションと取締役会や上級管理職への報告の双方において、リスクに関する銀行内部の堅固なコミュニケーションが必要である。
原則9	取締役会と上級管理職は、内部監査機能、外部監査人および内部コントロール機能によって行われる作業を効果的に活用すべきである。
D　報酬	
原則10	取締役会は、報酬制度の設計と運用を積極的に監督すべきであり、意図したとおりに運用されていることを確保するため、報酬制度を監視し、検証すべきである。
原則11	◇従業員の報酬は、慎重なリスク・テイクとの整合性が実効的に確保されているべきである。 ◇報酬はすべてのタイプのリスクに照らして調整されるべきであり、報酬実績はリスク実績と対称をなすべきであり、報酬の支払スケジュールはリスクの時間軸に対応すべきであり、現金、株式およびその他の形態の報酬はリスクとの整合性という観点から妥当に組み合わせられるべきである。
E　複雑または不透明な組織構造	
原則12	取締役会および上級管理職は、銀行の業務構造およびその構造がはらむリスクを認識し、理解しているべきである（すなわち、"know-your-structure"）。
原則13	◇取締役会および上級管理職は、銀行が特別目的またはそれに関連する構造を通じて業務を行っている場合、もしくは、透明性を阻害する法域や国際的な銀行業務基準を満たしていない法域で業務を行っている場合、当該業務の目的、構造および特有のリスクを理解すべきである。 ◇取締役会および上級管理職は、認識したリスクを緩和するよう努めるべきである（すなわち、"understand-your-structure"）。

F	情報開示と透明性
原則14	銀行は、株主、預金者、その他の主な利害関係者および市場参加者に対して十分に透明な手法で統治されるべきである。

（出所）　金融庁仮訳に基づき大和総研金融調査部制度調査課作成

する14の原則を示しています（図表107-1参照）。また、ガイダンスでは各原則の具体的な内容に関する補足説明が付されています。

　2010年版では、金融危機に際して、取締役（会）によるリスク管理が不十分であったとの認識から、原則1（およびガイダンス、以下同じ）において、リスク戦略、リスク管理方針などの承認・監視を行うべき旨が定められています。リスク戦略には、リスク許容度やリスク選好度も含まれます。取締役会は、財務上の長期的利益を考慮すること、内部コントロール体制やコーポレート・ガバナンスの枠組み等を承認・監視すべきこと、グループ内を含む関係者との取引に対する適切な制限（たとえば、アームズ・レングス・ルール）を確保すべきこと、取締役は銀行に対する注意義務（duty of care）や忠実義務（duty of loyalty）を履行すべきことなども述べられています。さらに、金融危機に際して取締役（会）による上級管理職の監視が不十分であったという分析から、上級管理職の監督は取締役会の責務であり、その選解任に加えて、上級管理職の行動のモニタリング、上級管理職との定期的な会合、上級管理職から提出される説明・情報への質問や批判的検討、上級管理職について銀行の長期的な目標、戦略および財務の健全性と整合的な業績基準を決定し・業績をモニター、上級管理職の知識や専門能力を確保するといった監視をすべきとしています。

　取締役に関する資質（原則2）において、取締役会には、個々のメンバーとしても全体としても、適切な経験、能力、高い職業意識と高潔性（integrity）が求められること、研修体制の整備の必要性、十分な人数と適切な構成の取締役を有すべきこと、取締役が競合する会社や取引先の取締役や上級管理職を兼務しているあるいは相互に取締役を出し合っている場合は、取締

役会の判断の独立性が損われ、潜在的な利益相反が生じる可能性があることなどが述べられています。

　取締役会の実務と構造（原則3）に関しては、取締役会の組織・権限・責任・主要業務を定め文書化し定期的に更新すべきことを述べています。取締役会の議長については、非執行取締役が務めることをルール化する銀行が多くなっているが、業務執行と非執行取締役の区分がない場合や議長とCEOが同一人物の場合、銀行内のチェック・アンド・バランスへの影響を最小限にとどめるための措置（たとえば、取締役会のリーダー、独立した上級取締役会メンバー、もしくはこれらと同等の地位を設ける等）が必要としています。取締役会に設置されている専門委員会に関しては、大規模銀行や国際的に活動する銀行には監査委員会または同等の組織の設置を義務づけるべきであることや同委員会の機能、十分な数の独立した非執行取締役によって構成されていることが望ましいこと、多くの銀行においてリスク委員会または同等の組織の設置が望ましいこと、その他の専門委員会として銀行業界では、報酬委員会、指名・人事・ガバナンス委員会、倫理・コンプライアンス委員会が一般化しつつあることなどが述べられています。また、さまざまな局面で利益相反が発生しうることから、取締役会に、潜在的な利益相反を把握するための方針の策定・実施、回避しえない利益相反が適切に管理されていることを確保するよう求めています。

　グループ全般に適切なガバナンスを行きわたらせること等に全般的な責任を有することに言及している（原則4）、上級管理職の役割を取締役会によって承認されたリスク許容度／リスク選好度の確保等、より細かく記述している（原則5）ほか、リスク管理と内部コントロールに関する記述を大幅に拡充しています（原則6～9）。なかでも原則6では、独立性をもつ「最高リスク責任者（Chief Risk Officer）」（異なる役職名をもつ同等の職位者を包含する）を有するべき旨を述べています。「最高リスク責任者（Chief Risk Officer）」（CRO）とは、「リスク管理機能ならびに当該銀行の組織全体をカバーする包括的なリスク管理の枠組みについて明確な責任を有する、上級の

独立した執行役員」をいいます。リスク分析については定量的分析と定性的分析の双方を含むべきであり、その一部として、フォワードルッキングなストレス・テストとシナリオ分析を用い、さまざまな悪環境下においてどのようなリスク・エクスポージャーが発生しえるかをより明確に把握すべき、さらに事後的に実際の業績とリスク推計値と比較するバック・テストを定期的に行うべきとしています。その他、リスク管理機能は、外部のリスク評価に過度に依拠するよりもむしろ、上級管理職と業務ライン・マネージャーがリスクを把握し批判的に評価することの重要性を促進すべきであること、リスク・エクスポージャーの把握・計測に加え管理する方法を検討すべきこと、ITインフラ等の基盤を高度化すべきこと、新商品の承認のプロセスには、その商品のリスクに加え、既存商品の大幅な変更、新しい業務ラインの設置、新市場参入のリスクの評価も含まれているべきことなどが述べられています。

原則9に関しては、非執行取締役は、上級経営陣を同席させずに、外部監査人および内部監査・コンプライアンス機能の長と定期的に面談する権利を有するべき旨が述べられています。

報酬に関しては、FSBの「健全な報酬慣行に関する原則」（図表107－2）と「実施基準」（図表107－3）、あるいはこれらの原則や基準と整合的な地域・国内の規程を完全に実施すべきとしています。2006年版でも、銀行組織の報酬制度について、過度のリスク・テイクへのインセンティブを回避すべき旨は記述されていました。しかし、金融危機に際して、過度のリスク・テイクを助長する銀行組織の報酬制度の実態が問題となったことから、FSB（当時はFSF（金融安定化フォーラム））は2009年4月に「健全な報酬慣行に関する原則」を、2009年9月にその「実施基準」を公表しました。これらには、金融機関の報酬制度について、より具体的に健全なリスク・テイクとの整合性を確保するための原則が述べられています。たとえば、変動報酬の相当部分（例：40～60％）の支給繰延べ（3年以上）、変動報酬の相当部分（例：50％超）の株式・ストックオプション等での支給、支給繰延べの対象となっ

た変動報酬の業績悪化時におけるキャンセル・回収等があげられます。これを受けて、EUや英国でも、上記FSBの原則・実施基準を踏襲した金融機関の報酬規制改革が実施されました。バーゼル銀行監督委員会も2010年1月に、各金融機関が、FSBの原則・実施基準に従った報酬体系を導入しているかを監督当局が評価する方法として「報酬原則及びその実施基準に係る評価方法に関する報告書」を公表し、さらに2010年版の諸原則でFSBの原則・実施基準を支持することを明らかにしています。

2011年5月にはリスクを勘案した報酬に対する銀行や監督当局の理解を強

図表107－2　健全な報酬慣行に関する原則（概要）

報酬についての実効的なガバナンス

1．金融機関の取締役会は、報酬制度の仕組み及び運用を主体的に監督しなければならない。
2．金融機関の取締役会は、報酬制度が意図された通りに機能していることを確保すべく、報酬制度を監視・点検しなければならない。
3．財務・リスク管理に携わる職員については、①独立するとともに適切な権限を与えられなければならず、また、②その監督する業務分野から独立した形で、かつ、社内におけるその重要な役割に見合うよう報酬が支払われなければならない。

健全なリスクテイクとの整合性確保

4．報酬は、あらゆるタイプのリスクに応じて調整されなければならない。
5．報酬額は、リスクに対する業績と整合的でなければならない。
6．報酬支払のスケジュールは、リスクの発生する時間軸に応じたものでなければならない。
7．現金、株式及びその他の形態の報酬の組み合わせは、リスクと整合的でなければならない。

実効的な監督と関係者の関与

8．報酬慣行に対する監督上の検証は、厳格かつ継続的でなければならず、問題に対しては迅速に監督上の措置で対処しなければならない。
9．全ての関係者による建設的な関与を図るため、金融機関は自社の報酬慣行について、明確で包括的かつ適時の情報開示をしなければならない。

（出所）　金融庁仮訳（2009年4月3日）

図表107-3　健全な報酬慣行に関する原則実施基準（概要）

> **ガバナンス**
> 1．重要な金融機関は、その報酬制度の設計や実施を経営陣から独立して監視する報酬委員会を設置するべき。
> 2．リスク管理部門やコンプライアンス部門の従業員の報酬は、他の業務分野とは独立して決定され、能力と経験のある職員にとって十分な水準であるべき。
>
> **報酬と資本**
> 3．監督当局は、変動報酬が健全な資本基盤の維持と整合的でない場合には、純収入全体に対する変動報酬の比率を制限すべき。
>
> **報酬の体系及びリスクとの整合性**
> 4．重要な金融機関は、変動報酬全体の規模やその配分については、現存及び潜在するリスク全体を考慮に入れるべき。
> 5．金融機関が業績不振の際には、変動報酬の総額が相当程度縮小されるべき。
> 6．金融機関のリスク・エクスポージャーに重要な影響力のある職員や経営幹部については、報酬体系は以下のようであるべき。
> 　・報酬の相当部分は業績に連動した変動報酬とする。
> 　・変動報酬の相当部分（例えば40～60％）については、支払いが一定期間繰り延べられる。また、最高経営幹部や最高給の従業員は、その割合が大幅に高くされる（例えば60％超）。
> 7．上記の繰延期間は、3年間を下回るべきではない。
> 8．変動報酬の相当部分（例えば50％超）は、株式やストックオプション等によって付与されるべき。
> 9．変動報酬のうち現金で段階的に支払われる部分は、業績不振の際には取り戻すことができるものとする。
> 10．政府が救済のために例外的な介入をする場合には、監督当局は金融機関の報酬を修正する権限を有するべき。
> 11．原則として、ボーナスの最低保証は健全なリスク管理や業績に応じた支払原則と整合的ではない。
> 12．現存する雇用終了に伴う報酬支払契約は見直し、長期的な価値創出と健全なリスク・テイクと整合的な場合に限り存続されるべき。
> 13．重要な金融機関は、FSBの報酬基準及び監督上の関連する措置を遵守するために必要な手段を講ずるべき。
> 14．重要な金融機関は、従業員に対し、報酬設計におけるリスクとの整合性を減ずるヘッジ手段や保険を利用しないよう求めるべき。

> **開示**
> 15. 報酬体系の概要や、リスク・エクスポージャーに重要な影響力のある職員や経営幹部の報酬総額を含む、報酬に関する年1回の報告が適時に公表されるべき。
>
> **監督**
> 16. 監督当局は、各国において、FSBの報酬原則及び基準を確実に実施すべき。
> 17. 監督当局は、重要な金融機関に対して、報酬体系に伴うインセンティブがリスク、資本、流動性及び収益の見込み等を適切に考慮していることを示すよう求めるべき。
> 18. 監督当局は、金融機関が健全な報酬政策や慣行を実施しない場合には、迅速に矯正措置をとるべき。
> 19. 監督当局は、こうした基準が国・地域を越えて、一貫して確実に実施されるよう、国際的に協調する必要がある。

(出所) 金融庁仮訳(2009年12月13日)

化するために「報酬実務におけるリスクと業績の調整手法」を公表しました。これは、監督当局の情報に基づき、リスクを勘案した報酬スキームの構造を説明することで、より多くの銀行に健全な報酬実務の採用を促すことを目的としています。さらに2011年7月に、「第3の柱における報酬についての開示要件」を公表し、銀行に対して、報酬を監視する組織の情報、報酬プロセスの設計・構造と見直しの頻度、リスク部門・コンプライアンス部門のスタッフ報酬の独立性、リスク調整方法、報酬と業績の結びつきについて、定性的・定量的情報の開示を2012年1月1日から実施することを期待するとしています(図表107-4)。

原則13では、取締役会および上級管理職は、複雑または不透明な組織構造を通じた活動から生じうるリスク(特別目的事業体〈SPE〉やそれにかかわる構造から生じるリスク等)を緩和するよう努めるべきとしています。さらに、複雑または不透明な組織構造を通じた活動から生じうるリスクに対して、一定のリスク緩和措置をとるべきとしています。

図表107-4　第3の柱における報酬についての開示要件

①シニアマネジメントと②その他の重要なリスク取得者（risk taker）について、主に以下の項目の開示が求められる。	
(A)　定性的情報	
(a)　報酬を監視する組織に関する情報	◇報酬を監視する主な組織の名前、構成、権限 ◇勧告を求められた外部コンサルタント、外部コンサルタントが委託を受けた組織・報酬プロセスの分野 ◇銀行の報酬方針の範囲（例：地域ごと、業務ラインごと）（外国の子会社および支店のどこまでに適用されるかを含む） ◇重要なリスク取得者とシニアマネジメントとみなされる従業員の種類（各グループごとの従業員の数を含む）
(b)　報酬プロセスの設計・構造に関する情報	◇報酬の方針の重要な特徴と目的の概要 ◇報酬委員会が報酬の方針を前年に検証したか。検証した場合、行われた変更の概要 ◇リスク部門・コンプライアンス部門の従業員が、監視対象の事業から独立して報酬を与えられることをどのように確保しているか
(c)　報酬プロセスにおいて現在および将来のリスクが考慮される方法	◇報酬の査定に際して考慮される重要なリスクの概要 ◇上記のリスクを考慮するために利用される重要な尺度の性質と種類の概要（計測困難なリスクを含む（値は開示不要）） ◇上記の尺度が報酬に影響を与える方法 ◇上記の尺度の性質と種類が前年にどのように変化したか、変化した理由、変化が報酬に与える影響
(d)　業績評価期間における業績と報酬の水準を結びつける方法	◇銀行、業務ライン（最上位）、個人に適用される業績評価基準の概要 ◇個人の報酬額がどのように銀行全体と個人の業績に結びついているか ◇業績評価基準が脆弱な場合に報酬を調整するために一般的に行われる措置
(e)　長期的な業績を考慮して、銀行が報酬を調整する方法	◇変動報酬の繰延べと支払に関する方針。繰り延べられる変動報酬の部分が従業員または従業員グループによって異なる場合は、その部分を決定する要因および関連する重要性についても記載する ◇払戻し条項を通じて支払前および（各国の国内法で許容

		される場合）支払後に繰延べ報酬を調整するための方針と基準
(f)	銀行が利用する変動報酬の各形態および異なる形態を利用する根拠	◇変動報酬の形態の概要（現金、株式、株式連動商品その他） ◇変動報酬の各形態の利用と、変動報酬の各形態のミックスが従業員または従業員グループによって異なる場合は、そのミックスを決定する要因とその重要性についても記載する
(B)	定量的情報	
(g)	報酬を監視する主要な組織がその事業年度に開いた会合の数と社員に支払った報酬額	
(h)	◇その事業年度に変動報酬を受け取った従業員数 ◇その事業年度に授与された前払いボーナス（guaranteed bonus）の数と合計額 ◇その事業年度に締結された契約金（sign-on award）の数と合計額 ◇その事業年度に支払われた退職金の数と合計額	
(i)	◇未払いの繰延べ報酬（現金、株式、株式連動商品その他の内訳を含む）の合計額 ◇その事業年度に実際に支払われた繰延べ報酬の合計額	
(j)	その事業年度の報酬額	固定報酬と変動報酬、繰延べ報酬と非繰延べ報酬、報酬の形態（現金、株式、株式連動商品その他）の内訳を明示する。
(k)	繰延べ報酬と留保された報酬（retained remuneration）についての、黙示的な（株価または業績単位の変動によるものなど）および明示的な（繰延べ報酬の留保、払戻しその他の報酬の減額評価など）調整を受ける従業員の報酬に関する、以下の定量的情報 ◇事後的な、明示的な調整および／または黙示的な調整を受ける、未払繰延べ報酬および留保された報酬の合計額 ◇その事業年度における、事後的な明示的調整による減少額の合計額 ◇その事業年度における、事後的な黙示的調整による減少額の合計額	

（出所）　大和総研金融調査部制度調査課作成

4　銀行のコーポレート・ガバナンスに関する監督当局の役割

　監督当局の役割は、先ほどの14の原則を銀行が実施しているか否かを検証し、評価することによって、銀行のコーポレート・ガバナンスの強化を促進することとされています。評価に際し、監督当局のなすべきこととして次の5つの原則をあげています。

① 　監督当局は、銀行に対し、健全なコーポレート・ガバナンスの観点から銀行に期待される事柄について、ガイダンスを提供すべきである。

② 　監督当局は、コーポレート・ガバナンスに係る銀行の方針と実務を定期的に包括評価し、銀行における原則の実施状況を検証すべきである。

③ 　監督当局は、コーポレート・ガバナンスに係る銀行の方針と実務を定期的に評価する作業を補完するため、適切な場合には外部監査人のような第三者からの報告書も含め、銀行の内部報告と健全性関連報告を組み合わせてモニターすべきである。

④ 　監督当局は、コーポレート・ガバナンスに係る方針や実務に欠陥が認められた銀行に対し、実効的かつすみやかに是正措置をとることを求めるべきであり、そのための適切な手段を有するべきである。

⑤ 　監督当局は、コーポレート・ガバナンスに係る方針や実務の監督において、他の法域の関連する監督当局と協力すべきである。協力のための手段には、覚書（MOU）、監督カレッジおよび監督当局間の定期的会合が含まれる。

　監督当局に関する原則についても補足説明が付されています。たとえば①については、監督当局は、銀行にコーポレート・ガバナンスに関する強固な戦略、方針および手続を設けるよう求める努力をすべきとしています。②については、コーポレート・ガバナンスの手法にはさまざまなものがあることを考慮すべきであること、コーポレート・ガバナンスが銀行のリスク特性に

どのような影響を与えているか理解することが重要であること等、③については銀行から情報を入手し定期的に更新すべきであることなどが述べられています。

さらに、バーゼル銀行監督委員会は、「実効的な銀行監督のためのコアとなる諸原則」（2012年9月）の原則14で、監督当局に対して、銀行または銀行グループが、たとえば、戦略的方向性、グループおよび組織構造、統制環境、銀行の取締役会および上級管理職の責任ならびに報酬をカバーするコーポレート・ガバナンスに関する堅固な方針と手続を有していることを確認するよう求めています。

5　健全なコーポレート・ガバナンスを支える環境の育成

銀行の健全なコーポレート・ガバナンスを促進する主体として、バーゼル銀行監督委員会は取締役会・上級管理職、監督当局に加え、図表107－5の項目を例示しています。

また、健全な事業環境や法律環境の育成を助け、健全なコーポレート・ガバナンスの改善につながる方策の例として、次の4つをあげています。

① 株主、預金者およびその他の主要な利害関係者の権利を保護、促進する。

② 会社組織におけるガバナンスの役割を明確化する。

③ 汚職や賄賂のない環境で企業が機能することを確保する。

④ 適切な法規等により経営者・職員・預金者・株主の利害調整を促進する。

図表107－5　健全なコーポレート・ガバナンスを促進できる主体

株主	積極的かつ十分な情報に基づいた株主権の行使を通じて
預金者およびその他の顧客	不健全な方法で運営されている銀行と取引を行わないことによって
外部監査人	十分に確立され有能な監査業務の遂行、監査基準、取締役会・上級管理職・監督当局とのコミュニケーションを通じて
銀行業界団体	自主的な業界原則の設定や、健全実務に関する合意と公表を通じて
専門的なリスク顧問会社およびコンサルタント	健全なコーポレート・ガバナンス実務の実施に関して銀行を支援することを通じて
政府	法規、法執行、実効的な司法制度を通じて
信用格付機関	コーポレート・ガバナンスの実務が銀行のリスク特性に及ぼす影響を検証し、評価することを通じて
証券監督当局、証券取引所、その他の自主規制機関	情報開示や上場に関する規則を通じて
職員	違法行為、倫理的に問題のある行為、その他のコーポレート・ガバナンス上の正当な懸念事項についての情報伝達を通じて

(出所)　バーゼル銀行監督委員会「コーポレート・ガバナンスを強化するための諸原則」（2010年10月）金融庁仮訳に基づき大和総研金融調査部制度調査課作成

Q108 日本ではどのように対応していますか

A

金融庁による「主要行等向けの総合的な監督指針」「中小・地域金融機関向けの総合的な監督指針」がガバナンスの体制として最低限必要な項目を定めています。これらの監督指針では、取締役会、監査役会（委員会設置会社の場合は取締役会、監査委員会等）によるチェック機能が働いていること、各部門間の牽制や内部監査部門が健全に機能していること、内部統制システムの構築などを求めています。最近では、金融危機を受けた取締役または取締役会のリスク管理へのさらなる関与、反社会的勢力への対応なども盛り込まれています。さらに、報酬体系に関する情報開示が銀行法施行規則などにより求められています。

解 説

2006年5月に公表され、その後も改訂を重ねている「主要行等向けの総合的な監督指針」「中小・地域金融機関向けの総合的な監督指針」では、銀行のガバナンスについて次のような対応を求めています。

　◇取締役会、監査役会（委員会設置会社の場合は取締役会、監査委員会等）が経営をチェックできていること
　◇各部門間の牽制や内部監査部門が健全に機能していること
　◇代表取締役、取締役、執行役、監査役および職員が自らの役割を理解し、そのプロセスに十分関与すること

銀行の公共性をふまえ、銀行の常務に従事する取締役（委員会設置会社の場合は執行役）は、きわめて高い資質が求められるとしたうえで、次のようなガバナンスの態勢を構築することを求めています。

1　監査役設置会社である銀行

(1)　代表取締役

◇率先して法令遵守態勢の構築に取り組む

◇リスク管理部門の重視

◇財務情報等を適切に開示するための内部管理態勢の構築

◇内部監査部門の機能が十分発揮できるための態勢の構築

◇監査役監査の有効性確保のための環境整備の重視（監査役の円滑な監査活動の保障など）

◇断固たる態度で反社会的勢力との関係を遮断・排除し、「企業が反社会的勢力による被害を防止するための指針について」（平成19年6月19日犯罪対策閣僚会議幹事会申合せ。以下、「政府指針」）の内容をふまえて取締役会で決定された基本方針を行内外に宣言すること

(2)　取締役および取締役会

a　取締役

◇代表取締役の独断専行のけん制・抑止、取締役会における業務執行の意思決定および取締役の業務執行の監督への積極的な参加

◇社外取締役の積極的な取締役会への参加、社外取締役の独立性・適格性等の慎重な検討、社外取締役への継続的な情報提供

◇法令遵守等に率先して取り組むこと

◇監査役監査の有効性確保のための環境整備の重視、監査役（特に社外監査役）の独立性・適格性の確保、社外監査役への継続的な情報提供

◇取締役の善管注意義務・忠実義務の履行としての法令等遵守態勢、リスク管理態勢および財務報告態勢等の内部管理態勢（いわゆる内部統制システム）の構築

◇常務に従事する取締役の選任議案の決定にあたり、経営管理を的確、公正かつ効率的に遂行できる知識・経験を有しているか、十分な社会的信用があるかなどを適切に勘案

b 取締役会
◇法令等遵守、信用リスク管理等に関する経営上の重要な意思決定・経営判断に際し、必要に応じ、外部の有識者の助言を得る、外部の有識者による委員会等を活用し、その公正性・妥当性を客観的に確保
◇金融機関が目指すべき全体像等に基づいた経営方針の明確化とそれに沿った経営計画の周知、達成度合いの定期的検証と見直し
◇法令遵守等に率先して取り組むこと
◇リスク管理部門の重視
◇戦略目標をふまえたリスク管理方針の決定・周知と定期的・必要に応じた見直し、定期的にリスク情報の報告を受け、業務執行および管理体制の整備等に活用
◇ガバナンス（経営管理）の重要性を強調・明示する風土の醸成、適切・有効な経営管理の検証と構築
◇内部監査部門の機能が十分発揮できるための態勢の構築（内部監査部門の独立性確保を含む）、実効性ある内部監査態勢の整備への継続的な取組み、監査方針や重点項目等の内部監査計画の基本事項の承認、監査結果への迅速な対応
◇政府指針をふまえた基本方針決定、それを実現するための体制整備と定期的な有効性検証等、法令等遵守・リスク管理事項として、反社会的勢力による被害の防止を内部統制システムに明確に位置づける。

(3) **監査役および監査役会**
◇監査役（注）および監査役会の独立性が確保されていること
◇会計監査に加え、業務監査を的確に実施し必要な措置を適時に講じていること
◇監査役の職務遂行を補助する体制等を確保し、有効に活用していること
◇監査役が独任制の機関であることを自覚し、積極的な監査を実施していること、社外監査役は、客観的に監査意見を表明することが期待さ

れていることを認識し監査していること、常勤監査役は、行内の経営管理態勢とその運用状況を日常的に監視・検証していること

◇監査役会は監査役選任議案について、その独立性・適格性等を慎重に検討していること、社外監査役の利害関係を検証していること

◇監査役の善管注意義務の履行として、取締役が内部管理態勢（いわゆる内部統制システム）を構築しているか否かを監査していること

(4) 支店長以上の管理者

◇リスクの所在・種類・管理手法を十分に理解し、リスク管理方針に従い、適切なリスク管理を実行している

◇取締役会等で定められた方針に従い、相互けん制機能を発揮させるための施策を実施していること

(5) 内部監査部門

◇被監査部門に対して十分にけん制機能が働くよう独立する一方、被監査部門の情報収集態勢・能力の維持等、実効性のある監査のできる体制となっていること

◇被監査部門のリスク管理状況等を把握し、リスクの種類・程度に応じ、効率的・実効性ある内部監査計画を立案し内部監査を実施すること

◇内部監査で指摘した重要な事項を遅滞なく代表取締役または取締役会に報告すること

(6) 外部監査の活用

◇実効性のある外部監査の有効活用

◇外部監査の有効性の検証、監査結果等について適切な措置を講じていること

◇公認会計士の監査継続年数等を適切に考慮すること

(7) 監査機能の連携

◇外部監査機能、内部監査機能または監査役・監査役会の連携が有効に機能すること

2　委員会設置会社である銀行

　取締役および取締役会に対して、以下を求めています。執行役（代表執行役を含む）には取締役会の決議により権限と責任の委任を受け、取締役会の基本方針をふまえた業務執行の意思決定を行うことを前提に、上記1の取締役（代表取締役を含む）とおおむね同じ対応を求めています。

a　取締役
　　◇取締役の善管注意義務・忠実義務の履行としての法令等遵守態勢、リスク管理態勢および財務報告態勢等の内部管理態勢（いわゆる内部統制システム）の構築（注）

b　取締役会
　　◇業務執行の決定権限等の明確化
　　◇監査委員会の職務遂行のために必要な体制整備への取組み
　　◇ガバナンス（経営管理）の重要性を強調・明示する風土の醸成、適切・有効な経営管理の検証と構築
　　◇各委員会を活用し、各委員会と連携し、経営執行の監督権限を的確に行使
　　◇財務情報等を適切に開示するための内部管理態勢の構築
　　◇政府指針をふまえた基本方針決定、それを実現するための体制整備と定期的な有効性検証等、法令等遵守・リスク管理事項として、反社会的勢力による被害の防止を内部統制システムに明確に位置づける。

　各委員会に対してはその独立性の確保を求めています。監査委員会（注）には、会計監査に加え業務監査を的確に実施し必要な措置を適時に講じること、監査委員会の職務を補助すべき使用人、内部監査部門、会計監査人等の有効活用を求めています。内部監査部門が監査委員会をサポートする体制の整備を求めています。

　上記のほか、複雑なリスクを抱える金融商品を導入するにあたっては、経

営陣が十分な能力・資質を備え、多種多様なリスクの適時適切な報告を受け、統合リスク管理（または統合的なリスク管理）の態勢を整えたうえで、指導的・横断的見地から、迅速・的確な経営判断を行う態勢を整えること、各種リスク管理における取締役会や経営陣のさらなる関与、国際統一基準行の場合は、バーゼルⅢの導入に対応し、資本計画の策定にあたり、2016年以降段階的に積立てが求められる資本バッファーを十分に勘案すること、なども求められています。

報酬等に関しては銀行法施行規則第19条の2および「銀行法施行規則第19条の2第1項第6号等の規定に基づき、報酬等に関する事項であって、銀行等の業務の運営又は財産の状況に重要な影響を与えるものとして金融庁長官が別に定めるものを定める件」で、下記の情報の開示が求められています。

① 対象役員または対象従業員等──役員（取締役、執行役、会計参与および監査役。ただし、社外取締役・社外監査役を除くことができる）、対象となる従業員等で、銀行から高額の報酬等を受ける者のうち、銀行の業務の運営、財産の状況に重要な影響を与える者──の報酬等の決定および報酬等の支払その他の報酬等に関する業務執行の監督を行う委員会その他の主要な機関の名称、構成および職務に関する事項
② 対象役員および対象従業員等の報酬等の体系の設計および運用の適切性の評価に関する事項
③ 対象役員および対象従業員等の報酬等の体系とリスク管理の整合性ならびに対象役員および対象従業員等の報酬等と業績の連動に関する事項
④ 対象役員および対象従業員等の報酬等の種類、支払総額および支払方法に関する事項
⑤ その他報酬等の体系に関し参考となるべき事項

（注） 2013年6月19日に公布された金融商品取引法等の一部を改正する法律により、銀行法が改正され、下記の取締役・監査役についても、下記の知識と経験

を有し、かつ、十分な社会的信用を有する者であることが求められることになりました（公布日から1年6カ月以内に施行）。
① 監査役設置会社の場合
　・監査役については、銀行の取締役の職務の執行の監査を的確、公正かつ効率的に遂行することができる知識および経験
② 委員会設置会社の場合
　・銀行の常務に従事する取締役については、銀行の経営管理を的確、公正かつ効率的に遂行することができる知識および経験
　・監査委員については、銀行の執行役および取締役の職務の執行の監査を的確、公正かつ効率的に遂行することができる知識および経験
これにあわせた監督指針の改正が行われる予定です。

第11章

バーゼル2.5および
バーゼルⅢ導入の影響

Q109 バーゼルⅡの経過措置が切れる平成26年6月末の影響はありますか

A

2014（平成26）年6月末に到来するバーゼルⅡ規制の経過措置終了を境に、邦銀の保有株式および証券化商品のリスク・ウェイトが大きく上昇する可能性が指摘されています。規制導入からすでに6年以上経過しておりますが、対象資産の多くはいまだ具体的な対策がなされていないと指摘されています。

解説

1 バーゼルⅡの激変緩和措置（経過措置）の終了

バーゼルⅢ規制が、大きな混乱もなく導入できる理由の1つとして、長期間に及ぶ激変緩和措置（経過措置）の設定があげられています。普通株式等Tier1比率の最低基準の達成においても、原則、調整・控除項目を含めて2019年までの猶予期間が設けられています。同様に2007年3月に導入されたバーゼルⅡ規制においても、経過措置を利用している銀行は多いとされています。ただし、このバーゼルⅡの経過措置は2014年6月末（平成26年6月30日）を期限として終了することが予定されています。各金融機関はこの経過措置の終了を境に、保有株式および証券化商品（証券化エクスポージャー）のリスク・ウェイトが大きく上昇する可能性があると指摘されています。

2 株式等エクスポージャーの経過措置の終了について

特に大手行を中心に影響が大きいのが、内部格付手法採用行による株式等エクスポージャーに関する経過措置と指摘されています（Q65参照）。内部格付手法の保有株式リスク・ウェイト計測では、価格変動リスクへの対応を重視する「マーケット・ベース方式」と融資等で利用される「PD／LGD方

式」とがありますが、バーゼルⅡへ移行する際に大幅に引き上げられました。いずれの計測手法でもバーゼルⅠで適用された株式のリスク・ウェイト（100％）と比べて、1.5倍から4倍程度（150～400％）に上昇するケースが多く、株式の売却が加速することを懸念されました。そこで株式リスク・ウェイトは当面の間、標準的手法と同様の計測を可能とする経過措置が用意されています。

　この経過措置では、2004年9月末時点（厳密には2004年6月28日以後9月30日までの期間）で保有している既保有株式等に対しては、2014年6月30日まで100％のリスク・ウェイトをそのまま使用できることとなっています。ただし、各行の資料を確認すると、すでにバーゼルⅡ規制導入から5年以上が経過しているにもかかわらず、2012年3月末の時点で、いまだに多くの内部格付手法採用行がこの経過措置に頼っているのが実情です。図表109－1は内部格付手法採用行4行（大手4行）の経過措置適用株式が株式リスク・アセット全体に占める割合を示していますが、2012年3月末時点では60.2％と、多くの保有株式において適用されていました。さらに2009年3月末から2012年3月末までの経年的な推移をみても、いずれも全体の株式エクスポージャーの50％以上（過半数）となっている様子が確認できます。

　さらに図表109－1では、経過措置終了後、どの程度、株式リスク・ウェイトが上昇するかのストレス・テストを実施した結果も示しています。各時点での「PD／LGD方式」による計測値と「マーケット・ベース方式」による計測値を加重平均して算出される株式リスク・ウェイトの計測値平均（2012年3月末で247％）を使い試算すると、2012年3月末の時点で平均2兆4,317億円の株式リスク・アセットが増加し、現行の株式リスク・アセットのおよそ1.7倍程度となることがわかります。しかしながら、経過措置の期限が迫り、早急に解約・償還等にて対処しようとしても限界があるとされています。特に政策保有株式等においては株式発行会社との関係性も重視されるため短期間での売却は困難との見方もあります。

図表109-1 経過措置対象の保有株式の割合とリスク・アセット増加のストレス・テスト

〈株式リスク・アセット試算（大手4行平均）〉

	2009年3月末	2010年3月末	2011年3月末	2012年3月末
経過措置対象が株式リスク・アセット全体に占める割合（％）	55.4％	58.0％	55.6％	60.2％
株式リスク・アセット（億円）①	4兆7,494億円	4兆6,042億円	4兆1,820億円	3兆6,994億円
株式リスク・アセット（億円）②（経過措置適用解除後試算）	7兆5,067億円	7兆989億円	6兆6,534億円	6兆1,311億円
リスク・アセットの増加額（億円）②－①	2兆7,573億円	2兆4,947億円	2兆4,714億円	2兆4,317億円
リスク・アセットの増加額（倍）②÷①	1.6倍	1.5倍	1.6倍	1.7倍

〈株式リスク・ウェイト計測前提（大手4行平均）〉

	2009年3月末	2010年3月末	2011年3月末	2012年3月末
経過措置適用分（注）	106％	106％	106％	106％
PD／LGD方式適用分	205％	184％	157％	160％
マーケット・ベース方式適用分	373％	320％	359％	342％
株式等エクスポージャー合計	150％	137％	137％	136％
加重平均株式エクスポージャー（PD／LGD、マーケットベース方式加重平均）	275％	240％	247％	247％

(注) 実際の計測は100％であるが、信用リスク・アセットにおけるスケーリングファクター1.06が設置されているため106％となる。
(出所) 各金融機関の公表資料より大和総研推計

3　証券化商品のリスク・ウェイトの経過措置の終了について

　同様に標準的手法採用行においても、証券化エクスポージャーに対する経過措置（Q78参照）の終了が懸念されています。バーゼルⅡの証券化エクスポージャーは、バーゼルⅠと比較して証券化の階層により大幅にリスク・ウェイトが改定されました。バーゼルⅠのもとでは、証券化エクスポージャーが複数のリスク・レベルに応じて階層化された構造を有しているにもかかわらず、優先部分（AAA）、メザニン部分（BB）、最劣後部分（無格付）のいずれでもリスク・ウェイトは一律100％となっていました。そこでバーゼルⅡにおいては、証券化の階層別リスクを適切に表すために、標準的手法では外部格付に依拠したリスク・ウェイトに変更されています。

　ただし、既存の証券化商品にとっても本規制が全面的に適用されると証券化マーケットへの影響が少なからず懸念されていたのも事実です。一般的に住宅ローン等で組成された証券化エクスポージャーのエクイティ、メザニン部分の多くは格付が付与されていない場合が多いとされています。いったん、バーゼルⅡ規制上、証券化エクスポージャーとして認定されてしまうと、ほとんどリスク・ウェイト1250％（当初は自己資本控除）が適用される資産としての取扱いを余儀なくされてしまいます。そこで標準的手法に限っては、2014（平成26）年6月末までの間、証券化エクスポージャーに関する経過措置が用意されており、計上すべきリスク・アセット額を大幅に削減させることができます。

　図表109－2に同措置を解説した実際の適用事例（ケーススタディ）を示しています。簡単に解説すると、証券化エクスポージャーの保有者は、「①証券化商品の原資産部分（ここでは住宅ローン債権）の所要自己資本額を新旧規制にて計算し、劣後比率と掛け合わせる（今回は最劣後のケースなので100％）」、次に、「②これらのうち所要自己資本額の大きいほうを採用する」、さらに、「③新規制での証券化商品として計算した所要自己資本と②の結果を比較して小さいほうを採用する」といった手順を踏みます。実際に図表109－2のケースではバーゼルⅠでの所要自己資本額が上限となり、それ

図表109-2　証券化商品の経過措置のケーススタディ（オリジネーター）
〈ケース：100億円の住宅ローン債権を原資産として証券化を行った場合〉

ステップ1「上限値の算出」

原資産：住宅ローン債権
① バーゼルⅠにおける所要自己資本の額
100億円×50%（注1）
×4％
＝2億円

② バーゼルⅡ（標準的手法）における所要自己資本の額
100億円×35%（注2）
×4％
＝1.4億円

③ バーゼルⅠの所要自己資本の額（2億円）が「上限値」となる

裏付資産プール（100億円）
シニア（60億円）
メザニン
エクイティ

ステップ2「経過措置」の適用の判断

④ オリジネーター側がエクイティ（最劣後部分）を保有した場合
⇒通常、最劣後部分は無格付のため、標準的手法では自己資本控除の扱いとなる

⑤ 最劣後部分を20億円保有している場合
・標準的手法における所要自己資本の額
＝20億円×1250％×4％＝10億円
⇒「上限値」を上回るので「経過措置」を適用し、所要自己資本の額を2億円まで圧縮可能

⑥ 経過措置期間中は10億円⇒2億円（約5分の1）の所要自己資本ですむ試算

（注1）　バーゼルⅠの住宅ローンのリスク・ウェイト。
（注2）　バーゼルⅡの住宅ローンのリスク・ウェイト。
（出所）　大和総研

以上の自己資本額は必要とはされないことになります。このケーススタディでは、リスク・アセットに関して本来計上すべき金額から5分の1程度に圧縮できていたことがわかります。

　また、この経過措置を利用できるのは、2006年3月末（平成18年3月31日）までに取得した資産に限定されています。ゆえに各行が今回経過措置の対象資産とした多くが、バーゼルⅡ規制の骨格が固まる以前の、2004年前後のタイミングで証券化された資産が対象となったもようです。現在でも、証券化エクスポージャーの最劣後部分の多くは各銀行のバランスシートに残されており、経過措置が終了する2014年6月末を境に、急激にリスク・アセットが増加するのではないかと懸念されています。そもそも証券化エクスポージャーの原資産である住宅ローン債権は、貸出期間が長期にわたるものが多く、償還による自然減の期待は薄いともいえます。またオリジネーター側のエクイティ部分を償却することは困難なケースが多いといわれています

(注：当該経過措置は投資家、オリジネーター双方利用可能)。今後、他社への転売等も視野に入れて、いかにして資産償却（オフバランス）を図るかが鍵といえるかもしれません。

Q110 バーゼル2.5が金融機関に与えた影響を教えてください

A

邦銀は、グローバル金融危機を受けて、証券化商品等のクレジット資産を大幅に売却していったといわれています。邦銀が、サブプライム関連資産を含む証券化商品の保有はそれほど大きくはなかったのですが、その他の証券化商品まで影響が及んだため影響が広がったといわれています。これらの問題点を改善するべく、バーゼル2.5が2011年12月末から開始しましたが、証券化商品等の管理規定を新たに作成する必要があるなど、運用に関する今後の課題は多いといえます。

解　説

1　邦銀は安全資産にシフト

　一連のグローバル金融市場の混乱により、邦銀は、多額のポートフォリオの評価損計上を余儀なくされてきたといわれています。この金融危機をきっかけに、邦銀は、運用手法の変更やリスク管理の高度化を目指しました。特に、さまざまな規制の強化がポートフォリオの改善に寄与したといわれています。古くはバーゼルⅠからバーゼルⅡに移行する際、内部格付手法採用行が株式投資のリスク・ウェイトを大幅に増加させたことや、ファンドのルックスルーを厳格化させたことも想起されます。直近では、2011年12月に再証券化エクスポージャーのリスク・ウェイト引上げやマーケット・リスクの強化等を求めるバーゼル2.5への対応を急ぐために、証券化商品やファンド、株式等など、よりリスクの高い資産への投資が手控えられたといわれています。

　そのかわりに邦銀がふやしているのが国債です。金融危機前後（リーマンショック前の2007年3月から、欧州債務危機が発生した直後の2011年9月）の邦

図表110－1　邦銀の資産配分の推移

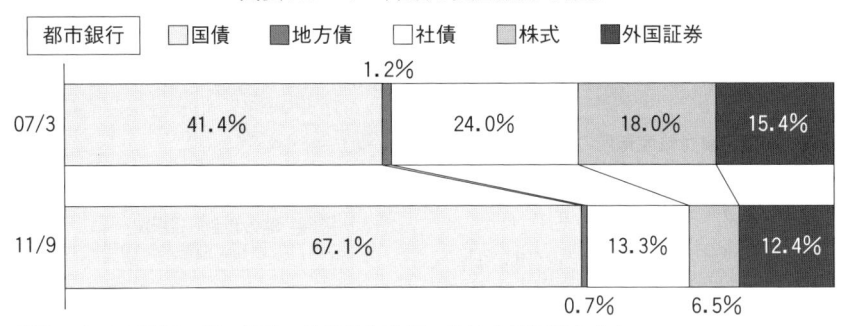

| 都市銀行 | □国債 | ■地方債 | □社債 | ■株式 | ■外国証券 |

	国債	地方債	社債	株式	外国証券
07/3	41.4%	1.2%	24.0%	18.0%	15.4%
11/9	67.1%	0.7%	13.3%	6.5%	12.4%

（注）　大手主要行7行の総計。社債は金融債、公社公団債等を含む。
（出所）　大和総研オルタナティブ投資サーベイ

銀（大手行）の資産配分の変化（図表110－1）をみると、リスク性資産（株式と外国証券）を大きく減らす一方で、安全資産である国債の投資比率を高めていることがわかります。この規制強化に促された資産配分の変化が、ギリシャに端を発した欧州債務危機による直撃を避ける要因の1つとなったとされています。

2　バーゼル2.5の意識調査結果

また図表110－2は、バーゼル2.5に関して懸念している項目を尋ねたアンケート結果を示しています。この結果をみると、すでにCDO等の解約、減損により多くの金融法人は保有比率が低下している等の影響により「再証券化商品（ABS-CDO）のリスク・ウェイトの引上げ」は11.0％にとどまる結果となっています。また、「証券化商品の裏付資産管理の強化」が47.9％と最も高い回答率となっていることがわかります。証券化商品のローンプール（裏付資産）まで管理規定が及ぶことへの警戒感は、特に人材面で不安がある信用金庫、信用組合といった地域金融機関から多くの回答が寄せられたことは注目すべき事実です。

図表110－2　バーゼル2.5（バーゼルⅡの改定）への懸念項目（大和総研アンケート調査結果）

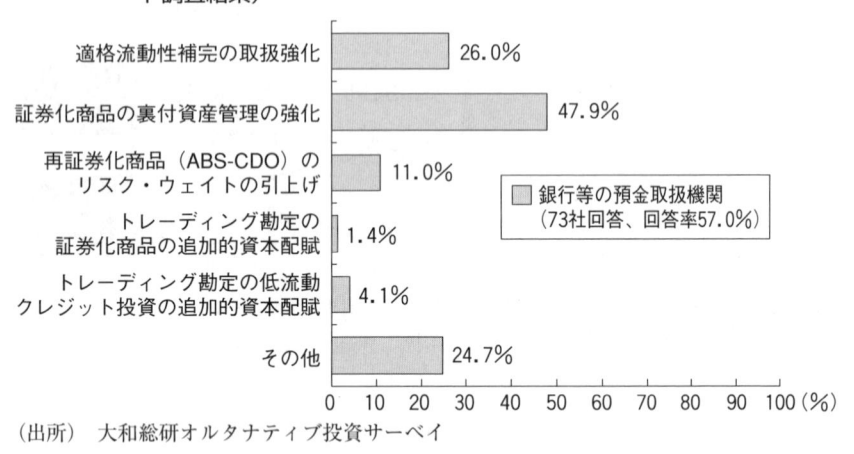

項目	割合
適格流動性補完の取扱強化	26.0%
証券化商品の裏付資産管理の強化	47.9%
再証券化商品（ABS-CDO）のリスク・ウェイトの引上げ	11.0%
トレーディング勘定の証券化商品の追加的資本配賦	1.4%
トレーディング勘定の低流動クレジット投資の追加的資本配賦	4.1%
その他	24.7%

銀行等の預金取扱機関（73社回答、回答率57.0%）

（出所）　大和総研オルタナティブ投資サーベイ

Q111 コンティンジェント・キャピタルに対して銀行はどのように発行・投資を検討していますか

A

ヨーロッパでは、CRDⅣやスイス・フィニッシュといった概念が先行したため、バーゼルⅢの最終的な資本適格要件が確定する前の段階から、コンティンジェント・キャピタルの発行に踏み切るケースが増加しています。わが国においても2013年3月から国際統一基準行へのバーゼルⅢ適用が開始されているため、コンティンジェント・キャピタルの発行環境の整備は急がれるところです。

解説

1 バーゼルⅢ規制での各国の適格資本比較

ヨーロッパでは、欧州連合（EU）での統一的なバーゼルⅢ規制であるCRDⅣ（The fourth Capital Requirements Directive）[1]やスイス独自の規制（スイス・フィニッシュ）[2]等のローカルルールで、いち早くコンティンジェント・キャピタルの適格要件を発表しており、2014年1月（予定）から段階的に実施される規制変更への整備を進めています（図表111-1参照）。特にCRDⅣのなかでは、その他Tier1への算入条件として普通株Tier1比率が5.125％を下回った時点で元本削減や普通株に転換するトリガーポイントを設置することを義務づけており、明確な数値基準が定められています[3]。さらにスイ

---

[1] バーゼルⅢのEU域内の銀行へのルール適合を示した欧州連合（EU）の自己資本規制（CRD）の第4弾の法案（2011／7）。
[2] スイスは欧州連合（EU）の加盟国ではないため、独自のバーゼルⅢ規制を設定しています。
[3] CRDⅣでは、Tier2の具体的な適格要件は未定。ただし、実質的に破綻したことを当局が認定（当局トリガー）等の条件が予想されます。

図表111-1　ヨーロッパおよびわが国のその他Tier 1 およびTier 2 の算入要件の比較

基準	EUバーゼルⅢ基準 （CRDⅣ）		SwissバーゼルⅢ基準 （Swiss finish）		バーゼルⅢ改正告示	
対象国	ヨーロッパ		スイス		日本	
資本性	その他 Tier 1	Tier 2	Progressive component (Low Level Trigger)	Buffer (High Level Trigger)	その他 Tier 1	Tier 2
規制適用日	2014年1月		2013年1月		2013年3月	
トリガー事由	普通株 Tier 1 ＜ 5.125%	未定	普通株 Tier 1 ＜ 5.0%	普通株 Tier 1 ＜ 7.0%	未定	
損失吸収条項 （元本削減、株式転換）	必要あり	未定	必要あり		必要あり	
年限／フォーマット	永久 ※ただし5年目に償還可能 (PerpNC5)	最低5年以上	最低5年以上 (Tier 2 の要件を満たす必要あり)		永久 ※ただし5年目に償還可能 (PerpNC5)	最低5年以上

（出所）　各国当局発表資料より大和総研作成

ス・フィニッシュでは、国際規制よりもさらに厳格にした国内規制を大手2行に採用する方針が発表されています。ここでは、バッファー（ハイ・レベル・トリガー）とプログレッシブ・コンポーネント（ロー・レベル・トリガー）というトリガー水準の違いにより、資本の質が決定される仕組みとなっており、従来のフレームワークから一歩前進した概念ともいえます。またバッファーが、"従来の"その他Tier 1 とTier 2 の概念を継承するものと定義されていることにも留意する必要があります。Tier 2 の発行に際しても、バッファー部分での調達との意図があるときには、その他Tier 1 と同じトリガー水準となり、Tier 2 といえども、より厳格な資本性を求めると同時に、発行体側の調達コストも上昇することが想定されます。

2　ヨーロッパでのコンティンジェント・キャピタルの発行事例

　図表11-2は昨今、ヨーロッパ地域の銀行により発行された、バーゼルⅢ資本を意図したコンティンジェント・キャピタルの発行事例を示しています。各銘柄とも適格資本要件をクリアすべく、一定水準の普通株Tier 1比率等をトリガーとして、株式転換もしくは元本削減の条項が付与されています。しかしながらバーゼルⅢでの最終的な適格資本要件が未確定であり、現段階では完全に基準に適合するとは断定できません。そこで、当該銘柄がバーゼルⅢでの適格資本要件に当てはまらなかった場合に、強制的に償還する条項などが付されているケースも一般的となっています。

　さらにCredit Suisseが発行した2つの銘柄（Tier 1 BCN、Tier 2 BCN）では、その他Tier 1とTier 2という資本性の違いにかかわらず、スイス・フィニッシュでのバッファー部分に該当するため両方ともトリガーポイントが7％に設定されていることも注目すべき点です。返済順位ではTier 2 BCNが、Tier 1 BCNより優先されると明記されていますが、損失の負担順位が違うにもかかわらず、トリガー水準が同じであるなど、投資家の判断を混乱させる内容となっています。同様に普通株Tier 1比率のフロアーである4.5％よりも前の段階（5〜7％）でトリガーが引かれると、発行体が存続するためエクイティ投資家が損失を負担することなく、デットの投資家が先に損失を被るかたちとなり、損失負担の順位が崩れることも重要な事実として認識すべきでしょう。そのほかにも、普通株Tier 1比率が一定の閾値を下回る前でも、実質的な破綻に陥ったと当局が判断した場合（存続事由：Viability Event）にトリガーが引かれる条項を付与されていることに対して、破綻時の判断を当局に委ねることへの投資家からの懸念の声も根強くなっています。

3　日本の発行体・投資家での反応

　わが国においても発行環境の整備は急がれていますが、銀行や投資家の反

図表111-2 ヨーロッパでのコンティン

発行体	Lloyds	Rabo bank		
国	英国	オランダ		
銘柄	株式転換条項付劣後債	元本削減条項付シニア債	元本削減条項付資本性証券	元本削減条項付資本性証券
資本性	Tier 2	Senior	その他Tier 1	その他Tier 1
発行日	2009年11月	2010年3月	2011年1月	2011年11月
トリガー事由（Contingency Event）	普通株Tier 1 比率＜5％	株主資本比率＜7％	株主資本比率＜8％	株主資本比率＜8％
損失吸収条項	普通株式転換（転換株数は固定）	75％元本削減（削減した部分は償還益としてTier 1 算入）	元本削減（トリガー抵触時に比率は決定）	元本削減（トリガー抵触時に比率は決定）
存続事由（当局裁量によるトリガー）	―	―	有	有
年限／フォーマット	10〜22年bullet	10年bullet	PerpNC5.5	PerpNC5.5
利率（クーポン）	6.385〜16.125％	7.400％	8.375％	8.400％

（出所）　各行の発表資料より大和総研作成

応はどうなっているでしょうか。そこで大和総研では、日本の金融法人、年金基金を対象としたコンティンジェント・キャピタルに関する意識調査を実施し、主に調達・投資の際の留意点をまとめています（図表111-3参照）。

ジェント・キャピタルの発行事例

	Credit Suisse		UBS	Bank of Cyprus	UniCredit	Intesa Sanpaolo
	スイス		スイス	キプロス	イタリア	イタリア
	株式転換条項付資本性証券 (Tier1 BCN)	株式転換条項付劣後債 (Tier2 BCN)	元本削減条項付劣後債	株式転換条項付資本性証券	元本削減条項付永久劣後債	元本削減条項付永久劣後債
	その他Tier 1 (Buffer)	Tier 2 (Buffer)	Tier 2 (Progressive component)	その他Tier 1	その他Tier 1	その他Tier 1
	2010年10月 (2013年10月に既存証券と交換)	2011年2月	2012年2月	2011年2月	2010年6月	2010年10月
	普通株Tier 1比率<7%		普通株Tier 1比率<5%	普通株Tier 1比率<5%	自己資本比率<6%（もしくは監督当局の定める最低自己資本要件に抵触したとき）	自己資本比率<6%（もしくは監督当局の定める最低自己資本要件に抵触したとき）
	普通株式転換（転換時に条件決定：フロアはあり）		100%元本削減	普通株式転換	元本削減（解除されるWrite-upも付与）	元本削減（解除されるWrite-upも付与）
	有	有	有	有	―	有
	PerpNC5	30NC5.5	10NC5	PerpNC5	PerpNC10	PerpNC10（規制動向によりPerpNC5）
	9.5%（USD）／9.0%（CHF）	7.875%	7.25%	6.5%（EUR）／6.0%（USD）	9.375%	9.50%

発行体としての意見を主に金融法人・総合企画部門（以下、「総企」）から、投資家としての意見を主に金融法人・市場金融部門（以下、「市場金融」）および年金基金（以下、「年金」）から集計しています。この結果をみると、コ

図表111-3 コンティンジェント・キャピタルに対する発行・投資の留意点

	金融法人 総合企画部門 (32社回答)	金融法人 市場金融部門 (53社回答)	年金基金 (36基金回答)
株式なのか債券なのか区分が不明確	28.1%	30.2%	33.3%
運用商品としての評価が困難	62.5%	64.2%	44.4%
商品特性が複雑すぎる	28.1%	32.1%	33.3%
流動性リスク	31.3%	41.5%	33.3%
想定されるリスクに対して利回りが低い	18.8%	9.4%	5.6%
格付	3.1%	13.2%	5.6%
普通株転換型であると、株式が手元に残る	18.8%	13.2%	2.8%
銀行(特に邦銀)の資本の脆弱性		5.7%	16.7%
運用規制上さらなる銀行資本へ投資が困難(ダブルギアリング)	34.4%	28.3%	8.3%
コンティンジェント・キャピタルに投資するなら同じ銀行の株式に投資		5.7%	
コンティンジェント・キャピタルでの調達により高いクーポン設定が必要なら株式での調達を検討したほうがよい	25.0%		
その他	3.1%	0.0%	5.6%

(出所) 大和総研オルタナティブ投資サーベイ(2011年度)

ンティンジェント・キャピタルの懸念点としては、「運用商品としての評価が困難」(総企:62.5%、市場金融:64.2%、年金:44.4%)が発行体、投資家ともに最も高い回答率となっています。次いで「流動性リスク」(総企:31.3%、市場金融:41.5%、年金:33.3%)、「商品特性が複雑すぎる」(総企:28.1%、市場金融:32.1%、年金:33.3%)の比率が高率となっています。たしかに現在の適格資本要件をすべて満たすとなると、普通株Tier 1 比率による

トリガー（元本削減、株式転換条項オプション）、任意配当停止リスク（その他Tier 1）、期間延長リスク（償還インセンティブ不可）等々、新しい変数が多いため適正な公正価値算定は複雑となります。商品のストラクチャーが複雑になると、その結果、発行業者以外（他の証券会社）では評価等が困難となります。それに伴い、クレジットクランチ時に、（リーマンショック時の仕組債やCDOのように）セカンダリーマーケットが確立されない分、流動性が低く過度に低いプライシングともなりかねない可能性も指摘されています。

　そのほかに、普通株式へ転換するストラクチャーへの懸念も多く寄せられました。投資家からは、株式自体に投資制約がある生命保険会社等を中心に「普通株転換型であると、株式が手元に残る」（総企：18.8％、市場金融：13.2％、年金：2.8％）が指摘されています。保険会社では株式への投資制約等が存在するため、結果的に当該商品が「株式投資」の範疇では新たに採用することが困難なケースが多いのです。また「株式」と「債券」とでは、投資するセクション（部署）が異なるケースも多く、商品性が途中で変化する投資は管理がむずかしいとの意見も目立ちました。さらに発行体側においても、普通株式転換トリガーを有する場合には、事前に授権枠を確保しておく必要が出てきます。そのため授権枠が不足している場合には、株主総会で定款変更等を行う必要があり、既存の投資家にとっては、潜在株式増加による希薄化懸念による株価下落のリスクがあります。また、バーゼルⅢでのダブルギアリングの厳格化（対応控除アプローチ）により、純投資の意味合いでも控除金額の計測が求められており、金融法人同士の投資を懸念する意見も多いのです。「運用規制上さらなる銀行資本へ投資が困難（ダブルギアリング）」（総企：34.4％、市場金融：28.3％、年金：8.3％）との意見からもその様子がうかがえます。

　さらに興味深い意見としては、発行体（総企）からの回答で、「コンティンジェント・キャピタルでの調達により高いクーポン設定が必要なら株式での調達を検討したほうがよい」が25.0％に達しています[4]。支払利息の高さから、初めからコンティンジェント・キャピタルでの調達は困難とみる金融

図表111－4　コンティンジェント・キャピタルに対する発行・投資の際に想定するクーポン（2011年）

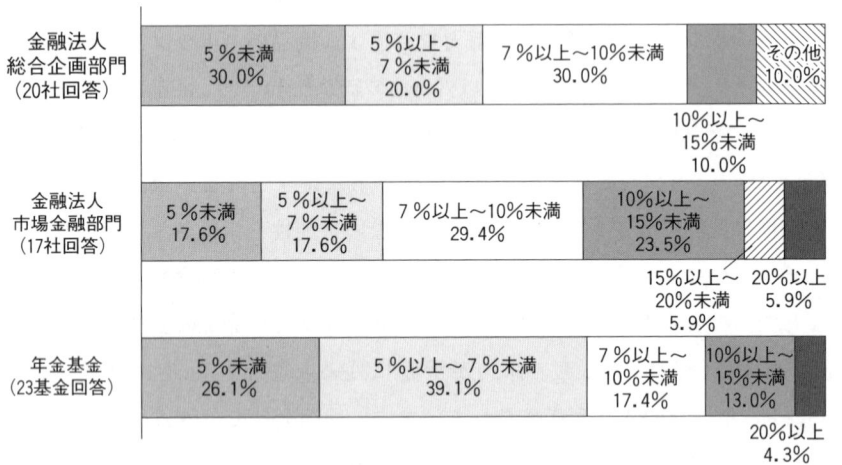

金融法人 総合企画部門 （20社回答）	5％未満 30.0％	5％以上～ 7％未満 20.0％	7％以上～10％未満 30.0％	10％以上～ 15％未満 10.0％	その他 10.0％
金融法人 市場金融部門 （17社回答）	5％未満 17.6％	5％以上～ 7％未満 17.6％	7％以上～10％未満 29.4％	10％以上～ 15％未満 23.5％	15％以上～20％未満 5.9％／20％以上 5.9％
年金基金 （23基金回答）	5％未満 26.1％	5％以上～7％未満 39.1％	7％以上～ 10％未満 17.4％	10％以上～ 15％未満 13.0％	20％以上 4.3％

（出所）　大和総研オルタナティブ投資サーベイ（2011年度）

法人も多いといわれています。これは、コンティンジェント・キャピタルを発行・投資の際に想定しているクーポン（インカムゲイン）からも読み取れます（図表111－4参照）。金融法人では、発行体側（総企）、投資家側（市場金融）双方ともに「7％以上～10％未満」の回答が最も多く、現在、邦銀が発行する資本性証券（劣後債、優先出資証券）よりも高いインカムゲインを想定しているとみられます。

しかしながら、大和総研が2012年に実施したアンケートによると、想定しているクーポン（インカムゲイン）が大幅に低下している状況が鮮明になりつつあります。金融法人では、総合企画部門、市場金融部門ともに「1％以上～3％未満」（総合企画部門：50.0％、市場金融部門：38.9％）の回答が最も多くなっていることがわかります（図表111－5参照）。双方ともに、日本の金融機関で初めて発行されたコンティンジェント・キャピタル（2011年12月

4　翌年度（2012年度）の大和総研オルタナティブ投資サーベイによると、同回答が5.0％増加（30.0％）しており、発行体からの調達ニーズがいっそう減少していることがうかがえます。

図表111-5 コンティンジェント・キャピタルに対する発行・投資の際に想定するクーポン（2012年）

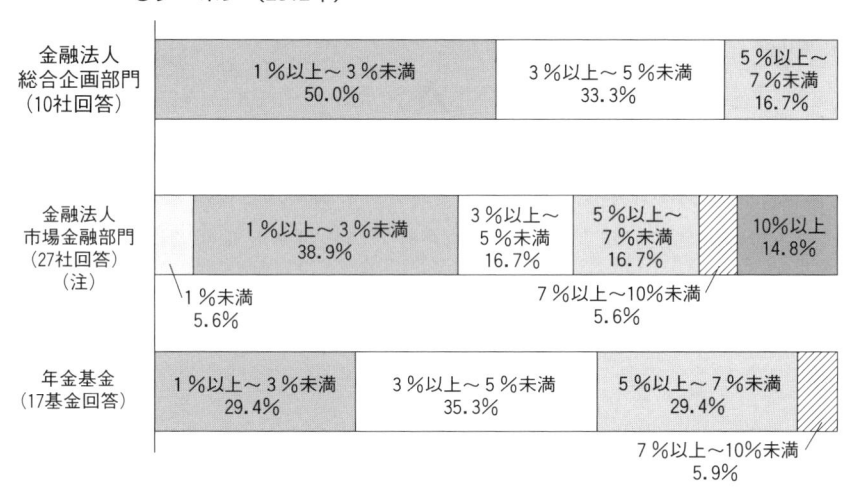

区分	1％未満	1％以上～3％未満	3％以上～5％未満	5％以上～7％未満	7％以上～10％未満	10％以上
金融法人総合企画部門（10社回答）		50.0%	33.3%	16.7%		
金融法人市場金融部門（27社回答）（注）	5.6%	38.9%	16.7%	16.7%	5.6%	14.8%
年金基金（17基金回答）		29.4%	35.3%	29.4%	5.9%	

（注）　無回答もしくは複数回答が占める1.7％は図示していません。
（出所）　大和総研オルタナティブ投資サーベイ（2012年度）

野村ホールディングス）の発行利率（当初5年のクーポンで2.24％）を意識して、欧州金融機関の発行事例よりも大幅に低いインカムゲインによる発行・投資を模索している様子がうかがえます。

　一方、年金基金においては、2011年は「5％以上～7％未満」、2012年では「3％以上～5％未満」が最も高い比率となっていることがわかります。金融法人よりは大きく変化がなく、ターゲットとするリターンが明確であることが特徴です。この理由として、年金基金ではコンティンジェント・キャピタルを株式と債券の中間のリターンであるオルタナティブ投資商品としての位置づけとして検討しているためと思われます。

Q112 バーゼルⅢが金融機関のバランスシートに与えた影響を教えてください

A

バーゼルⅢにおいては、主に資本としての厳格性等が求められているため、自己資本比率の計算式の分子部分に影響が大きいといわれています。対照的に2007年3月から開始されているバーゼルⅡでは信用リスク・ウェイトでの計測手法の変更が主に行われたため分母部分への影響が大きいといわれています。

解 説

1 分母よりも分子への影響が中心（普通株Tier 1 という概念の導入）

バーゼルⅢでは、バランスシート上では特に分子（資本調達）部分に関する変更が多いといわれております。図表112－1では、バーゼルⅡ導入で影響を受けた部分を☐☐☐で、バーゼルⅢ導入の際に影響を受けた部分を☐☐☐で示しております。バーゼルⅡ導入時にはリスク・アセットにおける、信用リスク・ウェイトにおける変更が主に行われたために、バランスシート上も運用（左側）の項目に☐☐☐の部分が多いことがわかります。一方で、バーゼルⅢでは、普通株式等Tier 1 比率の導入に代表されるように、資本の強化等が主な変更項目となり、バランスシート上では調達（右側）項目に多く影響があるといわれております。

2 ダブルギアリングに関する影響

ただし、バーゼルⅢにおいても、バランスシートの左側（運用側）の項目でもバーゼルⅡと同様に、一定の影響があったといわれています。その代表格が、バーゼルⅢで新たに改定された控除項目である連結外金融機関向け出

図表112-1 バーゼル規制で影響したバランスシートの項目

運　用		調　達	
貸出金		負債	
	コール		流動性預金（円貨）
	住宅ローン		流動性預金（外貨）
	変動貸出		定期預金
	固定貸出		無担保調達（円貨）
有価証券運用			無担保調達（外貨）
	国債		
	地方債	負債性資本（Tier 2）	
	クレジット投資		期限付劣後債（10年NC5等）
	事業社債		劣後ローン
	金融債		
	株式	資本（その他Tier 1）	
	上場株式		優先出資証券
	未上場株式		優先株式
	その他有価証券		少数株主持分
	ETF		
	株式ファンド	資本（普通株式等Tier 1）	
	優先株式、劣後債		資本金（普通株）
	プライベートエクイティファンド		剰余金（内部留保）
	ヘッジファンド		公的資金
	CDO等、証券化商品		自己株式
	プライベートエクイティファンド		
	不動産ファンド	資本（その他包括利益累計額）	
その他資産			その他有価証券評価差額金
	無形固定資産（のれん、ソフトウェア）		繰延ヘッジ・キャッシュフローヘッジ損益
	前払年金費用		未認識数理計算上の差異
	繰延税金資産（純額）		

右側注記：
- 流動性規制の実施
- ステップアップ金利の廃止
- コンティンジェント・キャピタル
- 資本保全バッファー・資本サーチャージ
- 普通株式等Tier 1 規制の新設
- 普通株式等Tier 1 の追加項目

左側注記：
- ダブルギアリング規制の変更
- 普通株式等Tier 1 の控除項目

凡例：
☐ バーゼルⅠからⅡに移行する際に特に影響が大きかった項目
▨ バーゼルⅡからバーゼルⅢの改定の際に影響が大きいと想定される項目

（出所）大和総研

資（新ダブルギアリング）の項目です。新しいダブルギアリングのルールには大きく分けて３つの項目があり、それぞれで計測手法が異なることが大きな特徴です（図表112－２参照）。

特に影響が大きいといわれているのが、対象となる金融機関の定義が証券、保険、ノンバンク等、銀行以外にも適用されることがあげられます。従前から銀行同士に関する政策株式の持合いに関しては、資本から控除するルールはありましたが、その他の金融機関にも同ルールが適用されることが大きな懸念となっております。特に全額控除される①の項目と、純投資としてファンドやETFに含まれる金融機関向け株式への投資に関しても控除される③の項目ルールに関して特に懸念が大きいといわれています。

大和総研が2012年に実施したアンケートによると、このダブルギアリング

図表112－２　バーゼルⅢの連結外金融機関向け出資（新ダブルギアリング）

① 持合いのケースおよび兄弟金融機関出資は出資比率にかかわらず全額控除

A銀行 ←持合い→ B銀行　　　　A銀行 ─出資→ グループ内の兄弟金融機関

② 連結外の他の金融機関への出資比率が10％を超える場合⇒当該出資額のうち自行の普通株等Tier１の10％を超える部分が控除

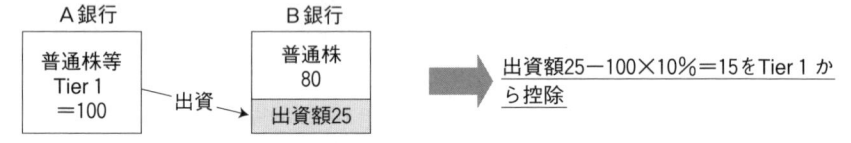

A銀行　普通株等Tier１＝100　─出資→　B銀行　普通株80　出資額25

⇒　出資額25－100×10％＝15をTier１から控除

③ 上記以外の他の金融機関への出資額（含むファンド投資）合計が比率が10％を超える場合⇒当該超過額を控除

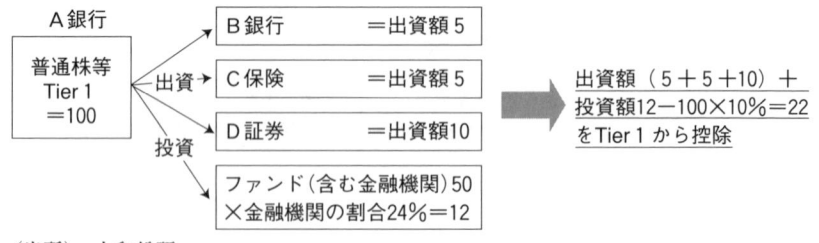

A銀行　普通株等Tier１＝100　─出資／投資→
B銀行　＝出資額5
C保険　＝出資額5
D証券　＝出資額10
ファンド（含む金融機関）50×金融機関の割合24％＝12

⇒　出資額（5＋5＋10）＋投資額12－100×10％＝22をTier１から控除

（出所）　大和総研

図表112-3 バーゼルⅢに関する懸念（金融法人、総合企画部門、市場金融部門を対象）

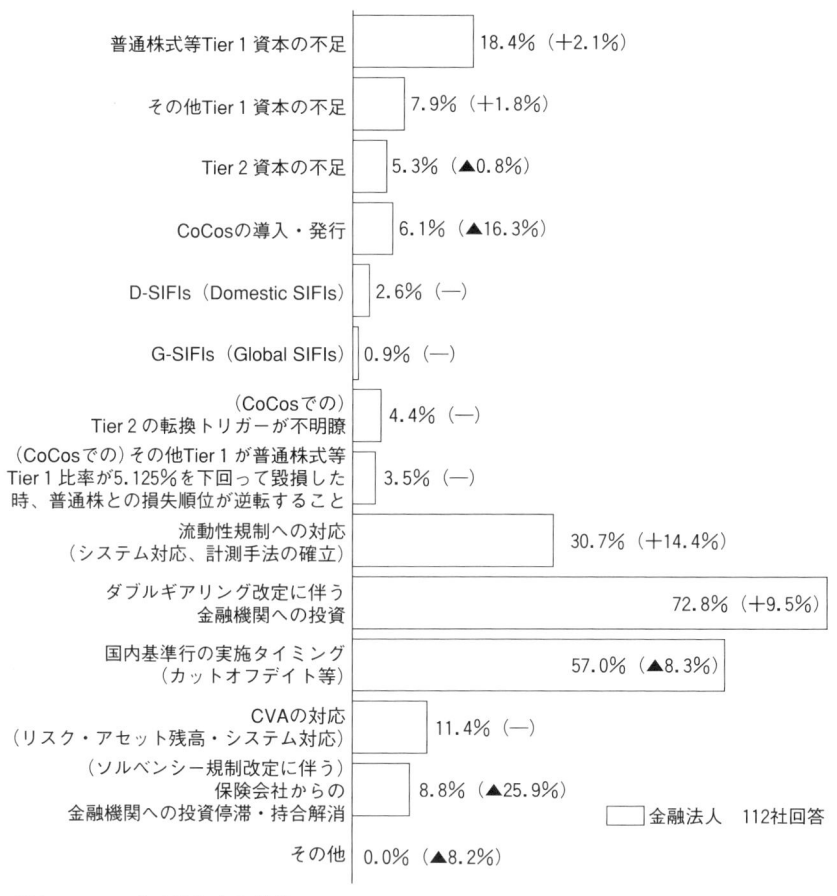

項目	割合
普通株式等Tier1資本の不足	18.4%（＋2.1%）
その他Tier1資本の不足	7.9%（＋1.8%）
Tier2資本の不足	5.3%（▲0.8%）
CoCosの導入・発行	6.1%（▲16.3%）
D-SIFIs（Domestic SIFIs）	2.6%（―）
G-SIFIs（Global SIFIs）	0.9%（―）
（CoCosでの）Tier2の転換トリガーが不明瞭	4.4%（―）
（CoCosでの）その他Tier1が普通株式等Tier1比率が5.125％を下回って毀損した時、普通株との損失順位が逆転すること	3.5%（―）
流動性規制への対応（システム対応、計測手法の確立）	30.7%（＋14.4%）
ダブルギアリング改定に伴う金融機関への投資	72.8%（＋9.5%）
国内基準行の実施タイミング（カットオフデイト等）	57.0%（▲8.3%）
CVAの対応（リスク・アセット残高・システム対応）	11.4%（―）
（ソルベンシー規制改定に伴う）保険会社からの金融機関への投資停滞・持合解消	8.8%（▲25.9%）
その他	0.0%（▲8.2%）

金融法人　112社回答

(注)　カッコ内は前年度比増減。
(出所)　バーゼルⅢの実態調査、大和総研（2012年）

に関する懸念をあげている金融機関の数が全体の項目のなかで最も多く、前年度からさらに増加していることがわかります（図表112-3参照）。特に国債以外で数少ない利回りが高い債券として、多くの金融機関が投資をしていた劣後債に関しては懸念が多いのが現状でした。多くの金融機関からは、有価証券投資といえども、普通株式等Tier1比率の控除金額が増加するという懸念から、投資を手控える動きが顕著になっていたといえます。

Q113 バーゼルⅢ実施の際に導入される普通株式等Tier 1 比率は邦銀に対してどのような影響がありますか

A

バーゼル銀行監督委員会の「定量的影響度調査の結果（QIS）」の結果によると、世界26カ国の主要銀行において普通株式Tier 1 比率が4.5％に達するための資本の不足分が、474億ユーロ（G 1：€388億、G 2：€86億）、また資本保全バッファーも含め、普通株Tier 1 比率、7％以上となるための不足分が、5,180億ユーロ（G 1：€4,856億、G 2：€324億）という試算結果が出ております。ただし、普通株に関しては大手行を中心に国際基準行は、数年前から、大型の資本調達が実施されたところであり、さらなる市場から調達は容易でないとの見方が強いといわれております。

解　説

1　国際統一基準行として普通株Tier 1 導入の義務化

　邦銀では、震災を挟み、事業の継続や再開等に必要な運転資金の貸出需要が重なり順調に融資が拡大したもようです。しかしながら、多くの国内金融機関では貸出金の増加と裏腹に資金利益は冴えない状況です。貸出金が増加しているにもかかわらず資金利益が減少する背景としては、慢性的な資金需要の低迷による金利の引下げ競争の激化があげられております。特に企業経営環境が厳しい地域では、県外への進出にて融資拡大を目指すため、より収益性の低い金利条件で貸さざるをえない状況が鮮明となっているのが現状です。貸出金の収益性を高める1 つとして利鞘が厚い海外での融資拡大を目指す選択肢が有力とされております。しかしながら海外業務への参入は、（国際基準行として）普通株を中心とした高い資本比率が必要となるバーゼルⅢ

規制の適用が求められるため、今後、ますます対象行は限定される可能性が高いといわれております。

　この普通株Tier 1 の各国の状況に関しては、バーゼル委員会から発表された、第 2 回定量的インパクトスタディー（QIS）があります。当該試算結果は、2011年 6 月末の時点（邦銀は2011年 3 月末）で、無形固定資産や繰延税金資産等の調整項目（控除項目）について段階的施行を考慮せず完全に実施したものとして試算を行っております。第 1 回（2009年12月末時点）のQISからはグループ分けや参加国が拡大され、対象銀行のグループ分けに関しての違いはありますが、第 1 回と第 2 回の普通株式等Tier 1 比率、自己資本比率の増減、控除項目に関する比較をまとめたのが図表113－ 1 となります。

　第 2 回の結果では、グループ 1 （Tier 1 資本が30億ユーロ超で国際的に活動している銀行：大手行中心で103行：うち邦銀13行）とグループ 2 （その他の銀行109行：うち邦銀 5 行）を定義しており、普通株式等Tier 1 比率が4.5％に達しない銀行の規制資本の不足分が、474億ユーロ（G 1 ：€388億、G 2 ：€86億）、普通株Tier 1 、 7 ％に達するための不足分が、5,180億ユーロ（G 1 ：€4,856億、G 2 ：€324億）という結果となっております。やはり結果的に大手行を中心としたグループ 1 のほうがより資本不足を指摘されており厳しい結果となっている様子がわかります。

　ただし、全体の平均値としては、グループ 1 で、5.7％（09／12月末）から7.1％（11／ 6 月末）、グループ 2 では、7.8％（同）から8.3％（同）に改善しており、すでに最低所要普通株Tier 1 比率の 7 ％を上回っていることが確認できます。また同時点での邦銀（国際基準行）13行の平均値も計測しておりますが、同様に普通株Tier 1 比率が7.6％から7.8％と若干ながら改善している傾向がみられます。この調査結果だけをみて判断すれば、世界各国の銀行が、バーゼルⅢの各国の進捗状況が順調であるとの見方もできます。

2 　普通株式等Tier 1 の控除項目への影響

　また、国際統一基準行といえども高い資本比率を達成するために、①市場

図表113-1 QIS対象行の平均規制資本比率

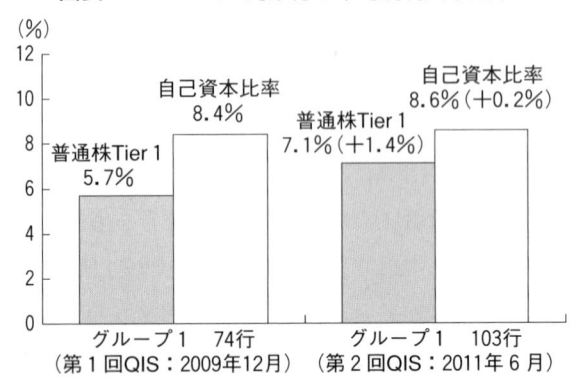

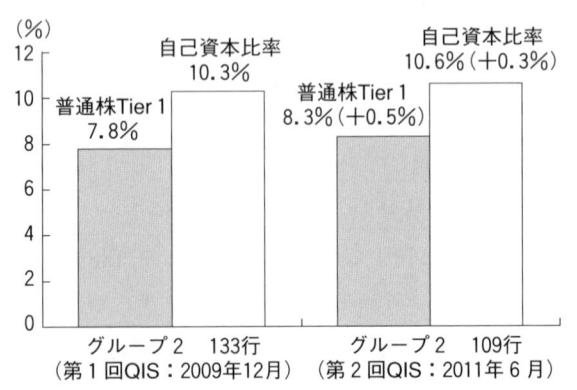

【グループ1 74行(第1回QIS：2009年12月)】
- 普通株Tier1　5.7%
- 自己資本比率　8.4%

【グループ1 103行(第2回QIS：2011年6月)】
- 普通株Tier1　7.1%(+1.4%)
- 自己資本比率　8.6%(+0.2%)

【グループ2 133行(第1回QIS：2009年12月)】
- 普通株Tier1　7.8%
- 自己資本比率　10.3%

【グループ2 109行(第2回QIS：2011年6月)】
- 普通株Tier1　8.3%(+0.5%)
- 自己資本比率　10.6%(+0.3%)

【邦銀13行平均(2010年3月)】
- 普通株Tier1　7.7%
- 自己資本比率　8.5%

【邦銀13行平均(2011年3月)】
- 普通株Tier1　8.0%(+0.3%)
- 自己資本比率　8.7%(+0.2%)

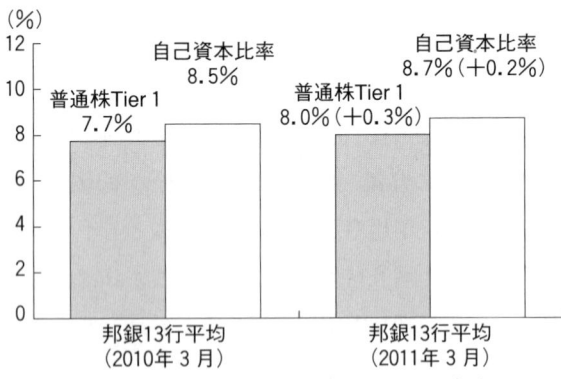

(注1) 控除項目を除いた完全実施ベースでの計測、カッコ内は第1回との増減。
(注2) 邦銀平均は国際基準行13行を対象に大和総研で試算。
(出所) 大和総研

での資本調達によって自己資本を増加させるか、②リスク・アセットや控除項目を減少させることがあげられております。①の手段は、数年前から大手行を中心に、大型の資本調達が実施されたところであり、さらなる市場での調達は容易でないとの見方が強くなっております。よって普通株式等Tier 1 比率を上昇させる1つの方法としては、②の手段も無視することはできないともいえます。特に控除項目を減少させる効果は大きく注目されているところです。

　第2回のQISでは、普通株式等Tier 1の控除項目も同様に順調に削減していることが示されております。図表113－2は普通株式等Tier 1の控除項目も当該調査結果と邦銀との比較した結果を示しております。この結果をみると、グループ2では若干上昇しましたが、グループ1の控除項目は大きく減

図表113－2　普通株式等Tier1比率での控除項目の推移

		全体合計（MSRs、15%超項目は除外）	のれん	無形固定資産（注1）	繰延税金資産（10%超過部分＋繰越欠損金）	ダブルギアリング（注2）	その他（年金費用等）
グループ1平均	第1回QIS 2009年12月（87行）	－38.5%	－19.0%	－4.60%	－7.00%	－4.30%	－3.60%
	第2回QIS 2011年6月（103行）	－29.8%	－15.4%	－3.60%	－4.90%	－2.90%	－3.00%
グループ2	平均第1回QIS 2009年12月（136行）	－23.7%	－9.4%	－2.30%	－2.80%	－5.50%	－3.70%
	第2回QIS 2011年6月（109行）	－25.1%	－10.5%	－2.50%	－4.30%	－4.40%	－3.50%
国際基準行平均（邦銀13行）	2010月3月	－22.1%	－2.9%	－5.29%	－3.43%	－5.14%	－5.29%
	2011年3月	－22.0%	－2.4%	－4.62%	－4.11%	－4.93%	－5.91%

（注1）　のれんを除く。
（注2）　従来のダブルギアリングの控除項目＋対応控除アプローチ3番ルールを試算して計測。
（出所）　バーゼル銀行監督委員会資料により大和総研作成

少しており、おおむね、各国の銀行はバーゼルⅢ対策を進めている状況が鮮明になるつつあるといえます。また、項目別に邦銀の特徴を確認すると、国際的にみても政策株の保有額が多い邦銀のダブルギアリングの比率は若干高い印象を受けます。また前払年金費用等が含まれる、その他の項目も他国と比較すると大きいことも特徴の1つです。さらに年金費用として、2014年3月期からは、わが国でも連結財務諸表上、年金の積立不足額は、「その他包括利益累計額」に算入されることになります。

Q114 国内基準行がバーゼルⅢを実施するにあたり、投融資行動にどのような影響がありますか

A

　金融庁は2013年3月8日、地方銀行や信用金庫など国内基準行を対象としたバーゼルⅢの新基準を発表しました。資本水準の最低比率は従来どおり4％を維持しますが、従来のTier1、Tier2、Tier3のフレームワークが廃止となり、(普通株式を中心とする)定義づけを厳格化したコア資本の概念が導入されることとなりました。また従前から資本としての役割不足を指摘されてきた劣後債、劣後ローン(Tier2)の廃止も決定され、地域金融機関も含めて包括的に規制強化を推し進める姿勢がみられております。

解説

1　大きな混乱なく国内基準行へのバーゼルⅢ適用はソフトランディングへ

　国内基準行へのバーゼルⅢの新基準の適用に関しては、国際統一基準行の新基準と同様に、長期間の経過措置が加わり（最長15年）、一部の銀行を除いて資本政策を再構築する時間的猶予は十分ともいわれています。コア資本の達成水準も4％と現行の自己資本比率の最低比率が維持されたため、現時点では、多くの地域金融機関は十分達成できる水準との見方が大宗を占めています。さらに、のれん、自己資本の10％超の繰延税金資産、その他無形固定資産等の調整・控除項目に関しても国際統一基準行にほぼ準拠した内容となっているため大きな混乱はないもようです。

　また新基準では、国際統一基準行では（普通株式等Tier1資本へ）算入できる有価証券評価差額金や土地再評価差額金はコア資本から除外されることと

なっています。これは信用供与以外の項目によって（たとえば国債等の含み損益など）、規制資本の水準が不安定になり、貸渋り等の信用収縮を引き起こすことを抑制する意図があるもようです。その一方で、一般貸倒引当金が（Tier 2 から）コア資本に算入可能となったことは重要であるといわれています。一般貸倒引当金はもともと損金算入される（一度資本が減少する）ため資本の増減には影響はありませんが、中小企業金融円滑化法の失効を迎えた地域金融機関にとって引当金を躊躇なく積み増すことが可能となっているからです。また対象はリスク・アセット全体（オペレーショナル・リスク含む）から信用リスク・アセットのみへと縮小されていますが、掛け目は0.625%から1.25%と国際統一基準行と同様の比率まで引き上げられたことも地域金融機関の多くに意味があるものといえます。

2　資本政策への影響

　国内基準行では、足もと、株式市場が回復したこともあり、すでに十分に比率がクリアされているコア資本をすぐに積み増す意向は低いといわれています。しかしながら一方で、自己資本比率の水準は頻繁に他行と比較対照とされる傾向にあるため、経過措置の期間中に少しでも多くのコア資本調達に踏み切りたいという意向があることも事実です。

　さらにコア資本を少しでも積み増したい理由の1つに、アウトライヤー規制対策があげられています。アウトライヤー比率に関しては、2011年度以降、日本国債市場の歴史的低ボラティリティを反映して低下し続けている一方、なんらかの要因でいったん、金利のボラティリティが上昇すれば、当面（5年間）の間は比率が高止まりする可能性もあるといわれています。乏しい資金需要の代替として国債投資に傾斜していた地域金融機関にとっては、金利リスク・バッファーを少しでも積み増しておきたいというのが真相のようです。

　特に経過措置を視野に入れた社債型優先株（適格旧非累積的永久優先株）の調達は、劣後債・劣後ローン等（適格旧資本調達手段）と比較すると、新基準

が実施される2014年3月末までの間に少しでも規制資本を積み増したい金融機関にとっては有利な条件となっています。劣後債に与えられている10年間の経過措置に比べて、社債型優先株に関しては、さらに長期間の15年間の経過措置が用意されていることも要因の1つです。さらに2019年3月期までの（実施より6年間の）経過措置期間中は100％コア資本に算入可能となっていることも追い風となります（図表114－1参照）。

ただし実際のところ、社債型優先株による調達に踏み切ろうとする国内基

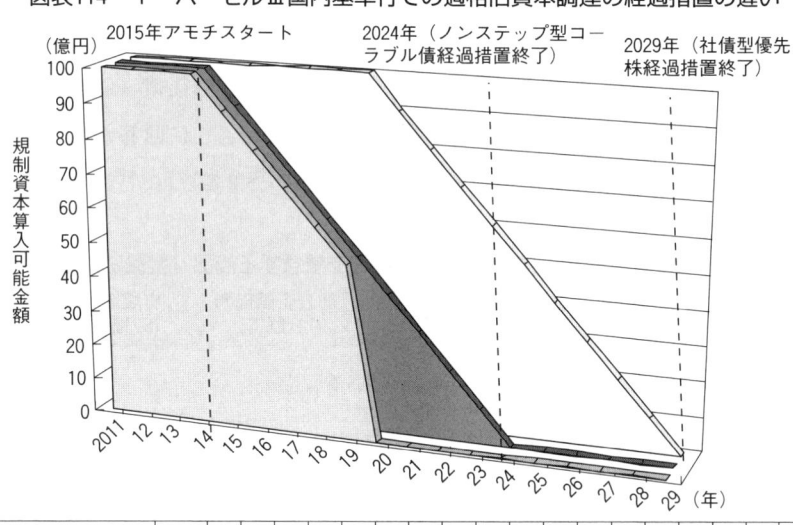

図表114－1　バーゼルⅢ国内基準行での適格旧資本調達の経過措置の違い

	2011	12	13	14	15	16	17	18	19	20	21	22	23	24	25	26	27	28	29
金利ステップアップ条項付期限付劣後債（10NC5）	100	100	100	100	90	80	70	60	50	0	0	0	0	0	0	0	0	0	0
ノンステップアップ型コーラブル債（10NC5）	100	100	100	100	90	80	70	60	50	40	30	20	10	0	0	0	0	0	0
社債型優先株	100	100	100	100	100	100	100	100	100	90	80	70	60	50	40	30	20	10	0

社債型優先株は当初6年は全額算入可能（15年かけて償却に）

（注）　2013年度に100億円の旧規制資本を発行したと仮定。
（出所）　大和総研

準行は少数にとどまるともいわれております。当面、高い調達コストをかける必要性が乏しいことに加えて、金利ステップアップ条項付期限付劣後債（10NC5）のほうが、償還期間が事実上確定（5年でほぼ全額償還）しているため需要が高く、投資家が集まりやすい環境にあるともいわれているからです。

3 投資への影響

さらに今回の新基準のなかでも最も注目されたのは、ダブルギアリングに関する内容といっても過言ではありません。2013年度の大和総研アンケート結果からも示されているように、とりわけ各金融機関の間では、バーゼルⅢの実施に伴い投資を懸念する商品としては圧倒的に「劣後債（金融機関）」（75.7％：内訳、総合企画部門11.7％、市場金融部門64.1％）に回答が集中していることからもその様子が感じとれます（図表114－2参照）。特に2013年3

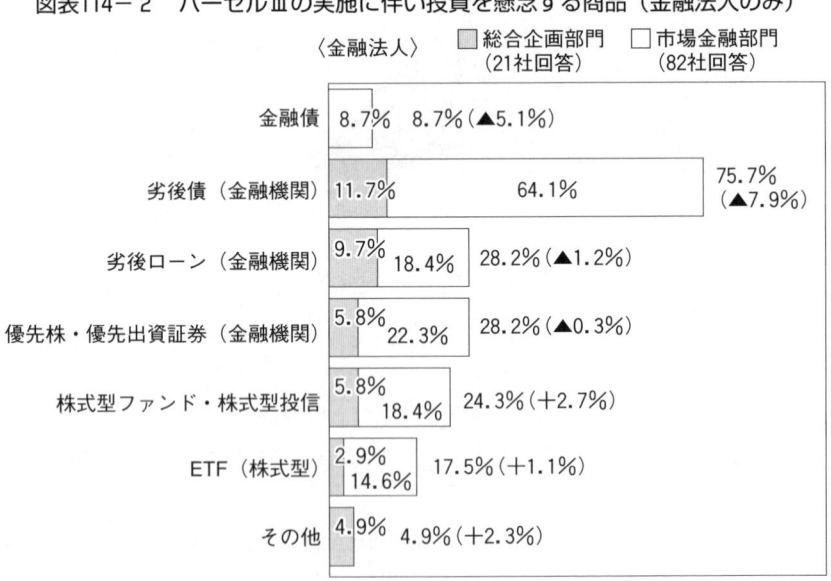

図表114－2　バーゼルⅢの実施に伴い投資を懸念する商品（金融法人のみ）

〈金融法人〉　総合企画部門（21社回答）　市場金融部門（82社回答）

商品	総合企画部門	市場金融部門	合計（前年度比）
金融債	8.7%	8.7%	(▲5.1%)
劣後債（金融機関）	11.7%	64.1%	75.7%（▲7.9%）
劣後ローン（金融機関）	9.7%	18.4%	28.2%（▲1.2%）
優先株・優先出資証券（金融機関）	5.8%	22.3%	28.2%（▲0.3%）
株式型ファンド・株式型投信	5.8%	18.4%	24.3%（＋2.7%）
ETF（株式型）	2.9%	14.6%	17.5%（＋1.1%）
その他	4.9%		4.9%（＋2.3%）

（注）　カッコ内は前年度比増減。
（出所）　大和総研オルタナティブ投資サーベイ（2013年度）

月に先行して新基準が実施される国際統一基準行は、その他Tier 1、Tier 2で義務化されるコンティンジェント・キャピタル（CoCos）の取扱いに対して、国内基準行が今後も安定的な投資家となりうるのかが注目されていました。

新基準を確認すると、ダブルギアリング対象の金融機関（証券、保険、ノンバンクも含む）が発行する規制資本においても、純投資（対応控除アプローチ1②③）に該当する場合は、コア資本を構成する他の金融機関等の普通株、強制転換条項付優先株のみ控除対象となります。すなわち既存の劣後債や国際基準行が発行するコンティンジェント・キャピタルについてはダブルギアリングの対象外となります。ただし「意図的保有」（対応控除アプローチ①）に該当する場合は、劣後債、劣後ローン（適格旧資本調達手段）、社債型優先株（適格旧非累積的永久優先株）も経過措置の間は控除対象となるようです。したがって、相互にプライマリーで（生保や銀行間で）持ち合うケースの多い劣後ローン等の投資に関してはいまだリスクが払拭されなかったことになります。

さらに新基準では、2014年3月以降、新規制適格資本（生保等が発行している永久劣後債も対象）等への投資に関しては、リスク・ウェイトが100％から250％へ段階的に引き上げられることも重要な点ともいわれています。これにより、コンティンジェント・キャピタルへの投資は、国内基準行にとって現行の株式投資（出資：リスク・ウェイト100％）より高い掛け目が要求されるため、一定程度の投資抑制効果が働く可能性があります。そもそも、コンティンジェント・キャピタルはその内容の複雑さから、投資に慎重なスタンスをとる機関投資家も多いともいわれております。個人向けに発行したとし

---

1 対応控除アプローチ（corresponding deduction approach）では、連結外金融機関向け出資のうち、①持合いのケースおよび出資比率10％超出資先の普通株以外の資本調達手段は全額控除、②出資比率10％超出資先の普通株については、当該出資額のうち自行の普通株等Tier 1比率の10％を超える部分が控除（繰延税金資産、モーゲージ・サービシング・ライツと合算で最大15％が控除対象外）、③②以外の他の金融機関等への出資（純投資等）については、当該出資額のうち自行の普通株等Tier 1比率の10％を超える部分が控除される。

ても、適合性の原則をどこまで担保できるかは懸念の1つです。それゆえに、新基準が発表され国内基準行からの投資が期待できないいまとなっては、すぐにでもコンティンジェント・キャピタルの発行に踏み切る国際統一基準行は少ないともいえるかもしれません。

第12章

バーゼルⅢ後の動き

Q115 バーゼルⅢ規則の同等性評価およびバーゼルⅢへの対応状況について教えてください

A

　2012年10月1日、バーゼル銀行監督委員会は、バーゼルⅢと、日本、米国、そして欧州連合（EU）における規則の整合性を検証（バーゼルⅢ規制の同等性評価）した結果を公表しています。ここでは（米国とEUはドラフト段階のため、結果は暫定であるものの）、日本のみがバーゼルⅢとの同等性テストに合格したという結果が出ています。

　また、バーゼル銀行監督委員会は、2013年9月25日、223の銀行（金融機関）におけるバーゼルⅢへの対応状況（2012年12月末時点）を公表しています。全体として、前回のモニタリング結果（2012年6月末時点）からの改善がみられており、とりわけ普通株式等Tier1の資本不足額は大幅に減少しています。今回のモニタリング結果から、銀行（金融機関）は、主として現状のペースで内部留保を積み立てていくことにより、2019年の完全実施までに、普通株式等Tier1比率7.0％、ひいては総自己資本比率10.5％に対する資本不足額の大部分を補うことが可能となりそうなことがうかがわれます。

解　説

1　バーゼルⅢ規制の同等性評価

　2012年10月1日、バーゼル銀行監督委員会は、「バーゼルⅢの実施状況（レベル2審査）に関する評価報告書」を公表しています。

　このレベル2審査は、バーゼルⅢと各国規制の整合性を検証するためのものであり、今回の公表では、他のバーゼル銀行監督委員会メンバー国（地域）に先んじて行われた日本、米国、欧州連合（EU）に対する審査の結果をまとめたものとなっています。

ここでは、このレベル2審査の結果を簡単に紹介します。

(1) **日本の審査結果**

わが国では、バーゼルⅢを実施するための規則は、「告示」1の改正（以下、「改正告示」）というかたちで定められています。

図表115-1　「国際統一基準行」リスト

	銀行名	銀行システムに占める資産割合(%)	金融システムに占める資産割合(%)
1	三菱UFJフィナンシャル・グループ	17.4	10.4
2	みずほフィナンシャルグループ	13	7.8
3	三井住友フィナンシャルグループ	10.7	6.4
4	農林中央金庫	5.6	3.4
5	三井住友トラスト・ホールディングス	2.9	1.7
6	横浜銀行	1	0.6
7	商工組合中央金庫（注）	1	0.6
8	千葉銀行	0.8	0.5
9	静岡銀行	0.8	0.5
10	山口フィナンシャルグループ	0.7	0.4
11	八十二銀行	0.5	0.3
12	群馬銀行	0.5	0.3
13	中国銀行	0.5	0.3
14	伊予銀行	0.4	0.2
15	滋賀銀行	0.4	0.2
16	名古屋銀行	0.2	0.1
	計	56.4	33.8

(注)　商工組合中央金庫については、バーゼルⅢ基準の遵守は努力目標とされている（「株式会社商工組合中央金庫法第23条第1項の規定に基づき、株式会社商工組合中央金庫がその経営の健全性を判断するための基準」参照）。
(出所)　バーゼル銀行監督委員会 "Basel Ⅲ regulatory consistency assessment（Level 2）Japan"（2012年10月1日）

加えて、改正告示に付随する「自己資本比率規制に関するQ&A」、そして「第2の柱」(金融機関の自己管理と監督上の検証)に係る監督指針の改正（Q100参照）もまた、わが国においてバーゼルⅢを実施するための規則の一部を成しています。

バーゼル銀行監督委員会は、わが国のバーゼルⅢ規制に対し、バーゼルⅢとの同等性があるという評価を与えています。

なお、バーゼル銀行監督委員会は、このレベル2審査の結果において、わが国におけるバーゼルⅢ規制の適用対象となる「国際統一基準行」のリストを公表しています（図表115－1）。

(2) 米国（ドラフト）の審査結果

米国では、バーゼルⅢを実施するための規則は、主に、ドッド・フランク法の171に基づき、連邦準備制度理事会（FRB）、連邦預金保険公社（FDIC）、そして通貨監督庁（OCC）が共同で提案している3つのドラフト[2]と1つの最終ルール[3]からなります（ともに2012年6月公表）。

バーゼル銀行監督委員会によるレベル2審査は、主にこれらを対象として行われています（ドラフトが審査対象の中心となることから、審査結果はあくまで暫定である点にご留意ください）。

バーゼル銀行監督委員会は、米国のバーゼルⅢ規則（ドラフト）に対し、おおむねバーゼルⅢとの同等性があるという評価を与えています。

ただし、1点、バーゼルⅢとの間に重大な不一致があるとしています。それは、証券化エクスポージャーの信用リスクの取扱いです。この点につい

---

[1] 「銀行法第14条の2の規定に基づき、銀行がその保有する資産等に照らし自己資本の充実の状況が適当であるかどうかを判断するための基準（平成18年金融庁告示第19号）」を指します。

[2] ① "Regulatory Capital Rules：Regulatory Capital, Implementation of Basel Ⅲ, Minimum Regulatory Capital Ratios, Capital Adequacy, Transition Provisions, and Prompt Corrective Action"、② "Regulatory Capital Rules：Standardized Approach for Risk-weighted Assets；Market Discipline and Disclosure Requirements"、③ "Regulatory Capital Rules：Advanced Approaches Risk-based Capital Rule；Market Risk Capital Rule" の3つをいいます。

[3] "Risk-Based Capital Guidelines：Market Risk" をいいます。

て、簡単に経緯と理由を紹介します。

　バーゼル銀行監督委員会は、従前から、バーゼルIIに外部格付を参照する旨の規定が多く含まれていることを懸念し、外部格付への過度の依存を緩和する手法を検討しています。

　「バーゼルIII：より強靭な銀行および銀行システムのための世界的な規制の枠組み」（以下、「バーゼルIII」）の15では、特に証券化エクスポージャーを例にあげて、引き続きこの問題を検討する意向を表明しています。もっとも、あくまで、「外部格付への依存を含む、証券化の枠組みに関するより抜本的な見直しを実施中である」（全国銀行協会仮訳案）としているにとどまります。

　こういったバーゼル銀行監督委員会の検討状況を受けて、米国は、バーゼル銀行監督委員会に先んじて、ドッド・フランク法の939Aにて、外部格付の参照を義務づける規制を撤廃すべき旨定めています。その詳細は、米国のバーゼルIII規制（ドラフト）、すなわち、FRB、FDIC、そしてOCCが共同で提案している3つのドラフトと1つの最終ルールにて規定されています（脚注2、3参照）。

　米国のバーゼルIII規則（ドラフト）は、ドッド・フランク法に従い、証券化エクスポージャーのリスク・ウェイトを決定するにあたって、外部格付を参照することを認めていません。代替手法として、SSFA（Simplified Supervisory Formula Approach）という手法を提案しています。これは、主に（外部格付ではなく）、原資産の不履行率や損失に基づいて証券化エクスポージャーのリスク・ウェイトを決定する手法です。

　しかし、こういった証券化エクスポージャーの取扱いは、現行のバーゼル規制と乖離しています。というのも、先述のとおり、バーゼルIIIはあくまでも、外部格付への過度の依存を緩和する手法の検討を継続中である旨示しているにとどまるためです。

　現行のバーゼル規制では、内部格付手法採用行であっても、外部格付の利用が可能である限り、証券化エクスポージャーのリスク・ウェイトはその外

部格付に基づいて決定しなければならないとしています（バーゼルⅡ609）。こういった取扱いは、「ヒエラルキー・ルール」と呼称されることもあります。2013年7月2日に承認された最終規則でも、証券化に関して、外部格付を参照する方法ではなく、SSFAによることとしています。最終規則は、大手金融機関は2014年1月から適用が開始されますが、中小の複雑な業務を行っていない銀行の場合は、2015年1月より前には適用されません。

　バーゼル銀行監督委員会によると、米国のSSFAによった場合のほうが、バーゼル規制の「ヒエラルキー・ルール」によった場合と比較して、証券化エクスポージャーのリスク・ウェイトが大きくなるということです（保守的な傾向であり、審査の立場からするとポジティブな要素といえるでしょう）。

　しかし、これが逆になるケースもあるとしています。それが、格付機関による格下げのケースです。

　バーゼル規制の「ヒエラルキー・ルール」は、外部格付への準拠を義務づけることから、格付機関による格下げは証券化エクスポージャーのリスク・ウェイトを大きく跳ね上げる要因となります。しかし、米国のSFFAは、外部格付を参照しないことから、格付機関による格下げは証券化エクスポージャーのリスク・ウェイトを拡大させる（直接の）原因とはなりません。バーゼル銀行監督委員会は、この点について、米国のバーゼルⅢ規則（ドラフト）の懸念材料としています。

　なお、米国当局が提出したデータによると、米国コア銀行11行の総資産に占める証券化エクスポージャーの割合（2012年3月末時点）は、「ヒエラルキー・ルール」の適用が義務づけられる非トレーディング勘定が約1.6％、トレーディング勘定が約0.5％と、非常に小さなものとなっています。

　もっとも、バーゼル銀行監督委員会は、証券化エクスポージャーの重要性が将来的に増す可能性にかんがみ、この取扱いの差異を「重大な不一致」としています。

(3) EU（ドラフト）の審査結果

　EUでは、バーゼルⅢを実施するための規則として、CRDⅣ/CRRがドラ

フト段階にあります。このドラフトはすでに、幾度かの修正を経て2012年5月15日に欧州理事会と欧州議会の間で合意ずみで、2013年6月27日に最終規則（EU官報）が公表されました。2014年1月1日から適用が開始されます。

このレベル2審査は、2012年5月15日に合意されたバージョンのCRDⅣ／CRR（ドラフト）を対象として行われています（ドラフトが審査対象となることから、審査結果はあくまで暫定である点にご留意ください）。

バーゼル銀行監督委員会は、EUのバーゼルⅢ規則（ドラフト）に対し、おおむねバーゼルⅢとの同等性があるという評価を与えています。

ただし、2点、バーゼルⅢとの間に重大な不一致があるとしています。それは、「資本」の定義、および信用リスク計測における内部格付手法です。この2点について、簡単に経緯と理由を紹介します。

a 資本の定義

① CET1が「普通株式」でなければならない旨の記述の欠如

バーゼルⅢは、国際的に活動する銀行の場合、普通株式等Tier1（CET1）に算入できる資本を、「普通株式」のみである旨明記しています（バーゼルⅢ53）。

しかし、EUのバーゼルⅢ規則（ドラフト）では、この点が明記されていません。

EU当局の説明では、加盟国には各々会社法があり、これらに共通する「普通株式」の定義が存在しない点が、この欠如の理由としてあげられています。

もっとも、EUのバーゼルⅢ規則（ドラフト）は、欧州銀行監督機構（EBA）に対し、CET1に算入可能な金融商品のリストを作成することを要求しています。これにより、将来的には、EU共通のCET1を形成することが可能となっています。また、EUのバーゼルⅢ規則（ドラフト）の前文では、CET1は普通株式によって構成されることが望ましい旨謳われています[4]。

しかし、バーゼル銀行監督委員会は、EUのバーゼルⅢ規則（ドラ

フト）本文に規定がないことから、CET1に普通株式以外の金融商品が混入するリスクが残るとしています。

② 相互形態、組合形態の銀行に対するCET1要件の緩和（保有者の償還オプションの容認）

バーゼルⅢは、CET1への算入要件の1つとして、（清算時を除いて）償還されないことをあげています（バーゼルⅢ53 3.）。

これに対して、EUのバーゼルⅢ規則（ドラフト）は、相互形態、組合形態の銀行が発行する商品については、保有者に償還オプションがあるものでも、CET1に算入することを認めています。

③ 少数株主持分のCET1算入範囲の拡大

バーゼルⅢは、少数株主持分のCET1への算入範囲を、リスク・アセットの7.0%、すなわち最低所要水準（4.5%）と資本保全バッファー（2.5%）の合計のうちの第三者持分部分に限定しています（バーゼルⅢ62）。

これに対して、EUのバーゼルⅢ規則（ドラフト）は、その範囲を、上記に加えて、システミック・リスク・バッファーおよびカウンターシクリカル・バッファーのうちの第三者持分部分にまで拡大することを許容しています。

④ 自己の信用リスクの変化に起因する負債の公正価値の変動によって生じる未実現損益のオフセットの容認

バーゼルⅢは、自己の信用リスクの変化に起因する負債の公正価値の変動によって生じる未実現損益の全部を、CET1の計算から除外しなければならないとしています（バーゼルⅢ75）。

これに対して、EUのバーゼルⅢ規則（ドラフト）は、こういった未実現損益を、他の金融商品の公正価値との間でオフセットすること

---

4 最終規則では、CET1の定義に該当するか否かを監督当局が判断するとしつつ、2014年12月31日より後の発行に関しては、監督当局の許可を得た後でのみ、資本性金融商品をCET1に分類できることとしています。監督当局は、許可を与えるか否か判断するにあたり、EBAに助言を求めることができます。

を許容しています[5]。

バーゼル銀行監督委員会は、この差異は、特に銀行がストレス下にあるケースで、重大な不一致をもたらしうるとしています。

⑤ 「間接保有」の定義の緩和（ダブルギアリング関連）

バーゼルⅢは、ダブルギアリングの対象となる「間接保有」を、広範に定義しています（バーゼルⅢ80・脚注26）。具体的には、直接保有分の価値が減少した場合に、その損失額とほぼ同水準の損失をもたらすようなエクスポージャー全般をいうとしています。

サンプルとしては、銀行が、他の金融機関の資本に対するエクスポージャーを有する仲介業者（非連結対象）に投資するケースがあげられます。この投資により、他の金融機関の資本を「間接保有」するというわけです。

ここで重要なのは、上記仲介業者への「投資」は、仲介業者の「資本商品」への投資に限定されないことです。

これに対して、EUのバーゼルⅢ規則（ドラフト）は、この「間接保有」をより狭く定義しています。すなわち、上記のサンプルを用いて説明すると、仲介業者への「投資」を、仲介業者の「資本商品」への投資に限定しているのです[6]。

このように「間接保有」を狭義に解釈することにより、上記仲介業者への「投資」がその資本への投資に該当しないようにアレンジすることで、ダブルギアリングへのカウントを免れることが可能になります。

たとえば、単に上記仲介業者に貸付を行うことや、仲介業者による他の金融機関への出資について保証やクレジット・デフォルト・スワップ（CDS）のプロテクションを提供しているケースでは、実質的

---

[5] 最終規則では、オフセットを制限する規定を設けています。
[6] 最終規則では、仲介業者の「資本商品」以外のエクスポージャーにも対象が拡大されています。

にはこれらの「投資」の価値は仲介業者の他の金融機関へのエクスポージャー価値に左右されるにもかかわらず、「間接保有」には該当しないとすることができてしまいます。

⑥ ゴーン・コンサーン・ベースのコンティンジェント・キャピタル条項の導入規定がバーゼルⅢの施行に間に合わない

　バーゼルⅢは、国際的に活動する銀行により発行されるその他Tier 1 およびTier 2 のすべてにつき、トリガー事由（関係当局による元本削減または公的支援の決定をいう）が発生した場合には、関係当局の判断により、元本削減または普通株式への転換が義務づけられる契約条項（ゴーン・コンサーン・ベースのコンティンジェント・キャピタル条項）を発行条件に含むことを要件とする旨定めています（2011年1月13日「実質的な破綻状態において損失吸収力を確保するための最低要件」）。もっとも、この要件は、当該銀行の所管国において、トリガー事由発生時にその発行するその他Tier 1 やTier 2 が元本削減される旨の法令が施行されている場合等、一定の場合には免除されます。

　EUは、このゴーン・コンサーン・ベースのコンティンジェント・キャピタル条項を、破綻処理枠組みで定めようとしています（ドラフト段階）。

　問題は、この破綻処理枠組みの導入のタイミングです。

　EUは、各加盟国の当局に対し、このゴーン・コンサーン・ベースのコンティンジェント・キャピタル条項を、2014年末までに法制化することを要求しようとしています[7]。となると、その実施は早くても2015年です。これは、バーゼルⅢの施行時期（2013年1月）との間に、少なくとも2年間のタイムラグが発生することを意味します。このため、厳密にいうと、少なくともこの2年間は、バーゼルⅢの基準に照らすと、EUの銀行はその他Tier 1 とTier 2 の要件を満たす資本

---

[7] もっとも、ゴーン・コンサーン・ベースのコンティンジェント・キャピタル条項については、加盟国は遅くとも2018年1月1日から適用すればよい旨提案されています。

を発行することができないということになります。なぜなら、ゴーン・コンサーン・ベースのコンティンジェント・キャピタル条項は、契約条件ではなく関係当局の判断を介して発動されることを前提としており、その関係当局の判断は、なんらかのかたちで法制化されなければならないからです[8]。

b　信用リスク計測における内部格付手法

現行のバーゼル規制は、内部格付手法（IRB）採用行であっても、規制当局の承認を得ることを条件として、重要でない資産や事業単位のエクスポージャーについては、標準的手法を用いることを許容しています。

ただし、こういった取扱いは、これらのエクスポージャーの規模とリスクが重要でない場合に限定されます（バーゼルⅡ256～261）。

これに対し、EUのバーゼルⅢ規則（ドラフト）は、（規制当局の承認は要求するものの）このような「重要でない」場合に限定せず、ソブリン向けエクスポージャーであれば、内部格付手法採用行であっても標準的手法を用いることを許容しています。

16行が提出したデータによると、この特例が適用されるソブリン向けエクスポージャーは、総エクスポージャーの5.49％（平均）にのぼるということです。最も恩恵を受ける銀行では、この割合は20％にのぼるということです。

バーゼル銀行監督委員会は、この割合が規模として「重要でない」とはいえないとしています。

なお、バーゼル銀行監督委員会は、この取扱いの差異が規制資本の大きさにもたらすインパクトまでは検証していません（今後実施の予定)[9]。

2　バーゼルⅢへの対応状況（2012年末時点）

2013年9月25日、バーゼル銀行監督委員会は、「バーゼルⅢモニタリング

---

[8]　2013年6月27日にEUの閣僚会議が合意した指令案では、加盟国は、新しい破綻処理の枠組みを、新指令の施行後12月以内に法制化すること、ゴーン・コンサーン・ベースのコンティンジェント・キャピタル条項の適用は、最長で新指令施行後4年間の猶予期間を設けることとされています。

レポート」を公表しています。

　このモニタリングは、12月末および6月末（わが国の場合は9月末および3月末）を基準日として、半年ごとに実施されることになっています。今回は、3回目である「2012年6月30日時点におけるバーゼルⅢモニタリングの結果」（2013年3月19日公表）に続き、4回目のモニタリングの結果（2012年末時点）の公表となります。

　なお、このモニタリングでは、グローバルにシステム上重要な銀行（G-SIBs）に対する資本サーチャージ（Q33参照）が考慮されています。もっとも、バーゼルⅢに係る段階適用の経過措置、グランドファザリング（Q20参照）は考慮されていない点にご留意ください。また、3回目のモニタリングに引き続き、このモニタリングでも、モニタリング対象となった銀行（金融機関）は、中央清算機関（CCP）向けエクスポージャーに対する資本賦課（Q25参照）の適用がもたらす影響についての情報を提出することは求められていない点にもご留意ください。

(1) モニタリング対象

　このモニタリングの対象となった銀行（金融機関）は、全部で223です。

　その内訳は、グループ1（Tier1資本30億ユーロ超の国際的に活動する銀行（金融機関））が101、グループ2（その他すべての銀行（金融機関））が122です。

　223の銀行（金融機関）を法域で分類した場合、図表115－2のようになります。

(2) 規制資本へのインパクト

a　資本水準

　バーゼルⅢでは、普通株式等Tier1（CET1）比率、Tier1比率、総自己

9　上記で取り上げたほかにも、バーゼル銀行監督委員会は、各国のバーゼルⅡ、2.5、Ⅲの導入状況調査を過去4回実施・公表し、2012年10月と2013年4月の調査結果をアップデートし、2013年4月と8月にG20首脳（財務大臣・中央銀行総裁）に報告しています。2013年8月の報告では、バーゼル銀行監督委員会の27の加盟国・地域のうち、日本を含んで11カ国がバーゼルⅢを実施しており、14カ国（米国とEU加盟国のうち9カ国を含む）が規則は発出したが、施行はまだという状況です。さらに、同委員会への非参加国・非EU国のうち26カ国が実施または実施途上にあります。

図表115-2　モニタリング対象（規模および法域別）

法　　域	グループ1	グループ2
アルゼンチン	0	3
オーストラリア	4	1
ベルギー	1	2
ブラジル	2	0
カナダ	6	2
中国	6	0
フランス	5	5
ドイツ	7	35
香港	0	7
インド	5	5
インドネシア	0	2
イタリア	2	11
日本	14	4
韓国	5	3
ルクセンブルク	0	1
メキシコ	0	7
オランダ	3	16
ロシア	0	1
サウジアラビア	3	0
シンガポール	3	0
南アフリカ	3	3
スペイン	2	4
スウェーデン	4	0
スイス	2	5
トルコ	6	0
英国	5	5
米国	13	0
計	101	122

（出所）「バーゼルⅢモニタリングレポート」Table A.1

資本比率の水準が図表115-3のように定められています。

グループ1およびグループ2の銀行（金融機関）におけるCET1比率、Tier1比率、総自己資本比率の平均水準は、図表115-4のとおりです。

CET1比率に関しては、グループ1の99％が最低所要水準（4.5％）を、90％が最低所要水準と資本保全バッファーの合計（7.0％）をクリアしています。

同じくグループ2では、94％が最低所要水準（4.5％）を、82％が最低所要水準と資本保全バッファーの合計（7.0％）をクリアしています。

図表115-3　バーゼルⅢが定める資本水準

	最低所要水準	最低所要水準＋資本保全バッファー
CET1比率	4.5％	7.0％
Tier1比率	6.0％	8.5％
総自己資本比率	8.0％	10.5％

（出所）「バーゼルⅢモニタリングレポート」Table1より大和総研金融調査部制度調査課作成

図表115-4　資本水準（平均）

	グループ1			グループ2		
	CET1比率	Tier1比率	総自己資本比率	CET1比率	Tier1比率	総自己資本比率
2011年6月	7.1％	7.4％	8.6％	8.8％	9.1％	11.1％
2011年12月	7.7％	8.0％	9.2％	8.7％	9.1％	11.0％
2012年6月	8.5％	8.8％	9.9％	9.0％	9.5％	11.3％
2012年12月	9.2％	9.4％	10.6％	8.6％	9.0％	10.8％

（注）　グループ2の2012年12月の資本水準の数値は、「バーゼルⅢモニタリングレポート」のTable1とTable A.3との間に相違があるが、本文との適合性にかんがみ、本稿では前者の数値を用いている。
（出所）「バーゼルⅢモニタリングレポート」Table1およびTable A.3より大和総研金融調査部制度調査課作成

b 規制資本の内訳

グループ1およびグループ2の銀行(金融機関)における、バーゼルⅢベースの規制資本(CET1、その他Tier1、Tier2)の内訳は、図表115-5のとおりです。

また、バーゼルⅢベースの規制資本のうち、CET1の基礎項目(プラス項目)の内訳は、図表115-6のとおりです。

c 資本不足額

グループ1およびグループ2の銀行(金融機関)における、バーゼルⅢの

図表115-5　規制資本の内訳

	グループ1			グループ2		
	CET1	その他Tier1	Tier2	CET1	その他Tier1	Tier2
2011年6月	82.6%	3.1%	14.2%	79.1%	2.7%	18.2%
2011年12月	83.7%	2.8%	13.5%	79.5%	3.1%	17.4%
2012年6月	86.1%	2.4%	11.5%	79.9%	4.2%	15.9%
2012年12月	86.7%	2.1%	11.2%	79.4%	3.3%	17.3%

(出所)「バーゼルⅢモニタリングレポート」Table A.6より大和総研金融調査部制度調査課作成

図表115-6　CET1の基礎項目の内訳

CET1の基礎項目	グループ1		グループ2	
	2012年6月	2012年12月	2012年6月	2012年12月
払込資本	46.7%	45.7%	42.2%	42.9%
内部留保	50.3%	50.4%	51.0%	49.4%
その他の包括利益累計額	2.2%	3.0%	5.2%	5.1%
CET1に係る調整後少数株主持分	0.8%	0.9%	1.7%	2.5%
計	100%	100%	100%	100%

(出所)「バーゼルⅢモニタリングレポート」本文等より大和総研金融調査部制度調査課作成

資本水準に対する資本不足額の合計は、図表115－7のとおりです。

モニタリングの結果によると、暫定G-SIBs 28行（2012年11月時点。以下、本章において同じ）[10]のうち15行はすでに、最低所要水準と資本保全バッファーの合計（7.0％）にG-SIBsサーチャージを上乗せしたCET 1比率をクリアしています。

また、8行の暫定G-SIBsは、最低所要水準と資本保全バッファーを合計

図表115－7　資本不足額　　　　（単位：10億ユーロ）

	グループ1					
	最低所要水準			最低所要水準 ＋資本保全バッファー ＋G-SIBsサーチャージ		
	CET 1 比率	Tier 1 比率	総自己 資本比率	CET 1 比率	Tier 1 比率	総自己 資本比率
2011年6月	38.8	66.6	119.3	485.6	221.4	223.2
2011年12月	11.9	32.5	107.7	384.1	226.3	232.0
2012年6月	3.7	16.2	61.8	197.9	197.0	224.0
2012年12月	2.2	10.2	45.7	115.0	154.8	171.3

	グループ2					
	最低所要水準			最低所要水準 ＋資本保全バッファー		
	CET 1 比率	Tier 1 比率	総自己 資本比率	CET 1 比率	Tier 1 比率	総自己 資本比率
2011年6月	8.6	7.3	5.5	32.4	16.6	11.6
2011年12月	7.6	2.1	4.1	21.7	11.9	8.6
2012年6月	4.8	1.6	5.0	16.0	7.3	12.0
2012年12月	11.4	2.3	8.7	25.6	11.5	14.6

(出所)　「バーゼルⅢモニタリングレポート」Table 1およびTable A.4より大和総研金融調査部制度調査課作成

10　2013年11月時点の暫定G-SIBs29行については、Q33をご参照ください。

したCET 1 比率（7.0%）をクリアしていますが、G-SIBsサーチャージの上乗せをクリアできていません。

したがって、残りの 5 行の暫定G-SIBsは、最低所要水準と資本保全バッファーを合計したCET 1 比率（7.0%）をクリアできていないということに

図表115－ 8　CET 1 の調整項目の内訳

（サンプル数）	グループ 1 (100)	(100)	グループ 2 (105)	(116)
CET 1 の調整項目	2012年 6 月	2012年12月	2012年 6 月	2012年12月
のれん	－13.5%	－12.4%	－7.0%	－6.8%
無形固定資産（のれん・MSR（注 1 ）を除く）	－3.3%	－3.1%	－2.2%	－2.3%
繰延税金資産（一時差異に係るものを除く）	－2.5%	－2.6%	－0.6%	－1.9%
他の金融機関等（注 2 ）の普通株式（注 3 ）	－1.7%	－2.3%	－4.7%	－5.3%
一時差異に基づく繰延税金資産	－1.1%	－1.2%	－1.3%	－3.0%
特定項目（注 4 ）に係る15%基準超過額	－1.3%	－1.1%	－1.3%	－1.6%
その他	－3.3%	－2.8%	－3.0%	－3.0%
計	－26.8%	－25.5%	－20.1%	－23.9%

（注 1 ）　モーゲージ・サービシング・ライツの略。「回収サービス権」（将来のキャッシュの流入の管理・回収業務に係る権利。「金融商品会計に関する実務指針」第36項参照）のうち、住宅ローンに係るものをいう。
（注 2 ）　「他の金融機関等」とは、おおむね、連結対象外の銀行（金融機関）、証券会社および保険会社をいう。
（注 3 ）　ここでいう「他の金融機関等の普通株式」とは、意図的に保有している他の金融機関等の普通株式（資本かさ上げ目的の持合い）の全額、少数出資金融機関等（議決権割合が10%以下の他の金融機関等）および議決権割合が10%を超える他の金融機関等の普通株式のうち銀行（金融機関）のCET 1 の10%を超える部分に相当する額をいう。
（注 4 ）　「特定項目」とは、おおむね、議決権割合が10%を超える他の金融機関等の普通株式、MSR、そして一時差異に基づく繰延税金資産の 3 項目をいう。
（出所）　「バーゼルⅢモニタリングレポート」Table A.7等より大和総研金融調査部制度調査課作成

なります。

  d　CET 1 に係る調整項目

　グループ 1 およびグループ 2 の銀行（金融機関）における、バーゼルⅢベースのCET 1 は、調整項目（マイナス項目）の控除により、それぞれ（控除前と比して）25.5％、23.9％の縮小がなされています。

　CET 1 の調整項目の内訳は、図表115－ 8 のとおりです。

  (3)　リスク・アセットの変動要因

　グループ 1 およびグループ 2 の銀行（金融機関）におけるリスク・アセット（自己資本比率計算における分母）は、バーゼルⅢを適用することにより、それぞれ（バーゼルⅡベースと比して）14.1％、7.4％の増加がみられています。

　リスク・アセットの変動要因の内訳は、図表115－ 9 のとおりです。

　また、信用評価調整（CVA）の導入により受ける影響について回答したグループ 1 （86行）およびグループ 2 （80行）の銀行（金融機関）におけるリスク・アセットは、それぞれ（バーゼルⅡベースと比して）5.7％、2.2％の増加がみられています。

　CVA導入によるリスク・アセットの変動のモデル別の内訳は、図表115－10のとおりです。

  (4)　レバレッジ比率

　バーゼルⅢは、レバレッジ比率（資本／総資産）[11]を「 3 ％以上」（Tier 1 ベース）としている。

　今回のモニタリングでは、バーゼル銀行監督委員会が2013年 6 月26日に公表した市中協議文書、「改訂されたバーゼルⅢレバレッジ比率の枠組みと開示要件」の提案（Q28参照）が部分的に反映されています[12]。

---

[11]　ここでいう「レバレッジ比率」と、一般的によく用いられている「レバレッジ」は、相互に逆の方法で算出されます。たとえば、「レバレッジ比率 3 ％（＝ 3 ／100）以上」は、「レバレッジ33倍（＝100／ 3 ）以下」と言い換えることが可能です。

[12]　あくまでも市中協議文書の提案の部分的な反映であり、とりわけクレジット・デリバティブの取扱いに係る提案については完全には反映されていない点にご留意ください。

図表115－9　リスク・アセットの変動要因の内訳

(サンプル数)	グループ1 (100)	グループ1 (100)	グループ2 (105)	グループ2 (116)
リスク・アセットの変動要因	2012年6月	2012年12月	2012年6月	2012年12月
資本の定義　証券化エクスポージャー（注1）	＋3.5％	＋2.5％	＋2.7％	＋3.4％
資本の定義　特定項目のうち調整項目に算入されない部分（注2）	＋2.8％	＋2.9％	＋2.0％	＋1.9％
資本の定義　その他	－1.6％	－1.5％	－0.1％	－0.1％
信用評価調整（CVA）	＋5.5％	＋4.5％	＋2.4％	＋1.6％
カウンターパーティ・リスク（注3）	＋1.2％	＋1.5％	＋0.6％	＋0.3％
トレーディング勘定（注4）	＋4.7％	＋4.2％	＋0.7％	＋0.3％
計	＋16.1％	＋14.1％	＋8.4％	＋7.4％

（注1）　低格付もしくは無格付の証券化エクスポージャーは、バーゼルⅡでは「50：50控除」（Tier 1 資本から50％、Tier 2 資本から50％控除）とされていたが、バーゼルⅢでは1250％のリスク・ウェイトが課されることになっている。なお、バーゼル銀行監督委員会による説明では言及されていないが、バーゼル2.5により、再証券化エクスポージャーのリスク・ウェイトの引上げも行われている（Q16参照）。

（注2）　バーゼルⅢでは、特定項目のうち調整項目に算入されない部分に係るエクスポージャーの信用リスク・アセットの額は、250％のリスク・ウェイトが課されることになっている（Q74参照）。

（注3）　バーゼルⅢでは、内部格付手法の採用行について、資産規模1,000億ドル以上の銀行・証券会社・保険会社等や、金融業を営む者のうちバーゼル規制のような健全性規制が課されていない者（規模は問わない）がカウンターパーティとなる場合、当該エクスポージャーの資産相関係数を1.25倍するという見直しがされている（Q25参照）。

（注4）　バーゼル2.5により、トレーディング勘定においては、デフォルト・リスクおよび格付遷移リスクの導入、ストレスVaRの加算、証券化エクスポージャーのリスク・ウェイトの引き上げ等の見直しがされている（Q83参照）。

（出所）「バーゼルⅢモニタリングレポート」Table A.8等より大和総研金融調査部制度調査課作成

図表115-10　CVA導入によるリスク・アセットの変動の内訳（モデル別）

（サンプル数）	グループ1 (85)	グループ1 (86)	グループ2 (74)	グループ2 (80)
	2012年6月	2012年12月	2012年6月	2012年12月
信用リスク・アセット（credit RWA）	+8.4%	+6.9%	+3.7%	+2.4%
モデル内訳　標準的リスク測定方式	+4.9%	+4.4%	+3.7%	+2.4%
モデル内訳　先進的リスク測定方式	+3.5%	+2.5%	0.0%	0.0%
総リスク・アセット（total RWA）（注）	+6.9%	+5.7%	+3.2%	+2.2%
モデル内訳　標準的リスク測定方式	+4.0%	+3.6%	+3.2%	+2.2%
モデル内訳　先進的リスク測定方式	+2.9%	+2.1%	0.0%	0.0%

（注）　総リスク・アセット＝信用リスク・アセット＋マーケット・リスク×12.5
　　　　＋オペレーショナル・リスク×12.5
（出所）　「バーゼルⅢモニタリングレポート」Table A.11等より大和総研金融調査部制度調査課作成

図表115-11　レバレッジ比率（平均）

	グループ1	グループ2	全体平均
2011年6月	3.4%	4.3%	3.5%
2011年12月	3.5%	4.2%	3.6%
2012年6月	3.7%	4.3%	3.8%
2012年12月	3.7%	4.1%	3.8%

（注）　グループ2の2012年12月の数値は、「バーゼルⅢモニタリングレポート」の本文とTable A.13との間に相違があるが、本稿では前者の数値を用いている。
（出所）　「バーゼルⅢモニタリングレポート」本文およびTable A.13より大和総研金融調査部制度調査課作成

　グループ1およびグループ2の銀行（金融機関）におけるレバレッジ比率の平均は、図表115-11のとおりです。
　モニタリングの結果によると、モニタリング対象となった銀行（金融機関）のうち51行がレバレッジ比率3％をクリアできていません。その内訳は、グループ1が25行、グループ2が26行です。

(5) 流動性規制

a 流動性カバレッジ比率（LCR）

バーゼルⅢは、流動性カバレッジ比率（LCR）（適格流動資産／30日間のストレス期間に必要となる流動性）を「100％以上」としています（2015年から2019年にかけて段階的に実施）。

今回のモニタリング結果は、バーゼル銀行監督委員会が2013年1月7日に公表したLCRの改訂版（Q26参照）を初めて反映したものとなっています。

グループ1およびグループ2の銀行（金融機関）におけるLCRの平均は、図表115－12のとおりです。

モニタリングの結果によると、モニタリング対象となった銀行（金融機関）のうち68％がすでに「LCR 100％以上」をクリアしています。

b 安定調達比率（NSFR）

バーゼルⅢは、安定調達比率（NSFR）（安定調達額（資本＋預金・市場性調達の一部）／所要安定調達額（資産×流動性に応じたヘアカット））を「100％超」としています（導入は2018年から）。

図表115－12 LCR（平均）

（サンプル数）	グループ1 （101）	グループ2 （121）
2012年12月	119％（95％）	126％（99％）

（注）カッコ内のパーセンテージは改訂前の基準（2010年12月公表のバーゼルⅢテキスト）を適用した場合の数値。
（出所）「バーゼルⅢモニタリングレポート」より大和総研金融調査部制度調査課作成

図表115－13 NSFR（平均）

グループ1		グループ2	
（101）	（101）	（108）	（121）
2012年6月	2012年12月	2012年6月	2012年12月
99％	100％	100％	99％

（注）カッコ内の数字はサンプル数。
（出所）「バーゼルⅢモニタリングレポート」より作成

グループ 1 およびグループ 2 の銀行（金融機関）におけるNSFRの平均は、図表115－13のとおりです。

　モニタリングの結果によると、モニタリング対象となった銀行（金融機関）のうち53％がすでに「NSFR 100％超」をクリアしています。

3　まとめ

　以上が、バーゼル銀行監督委員会による「バーゼルⅢモニタリングレポート」の概要です。

　グループ 1 の銀行（金融機関）においては、全体として前回のモニタリング結果（2012年 6 月末時点）から資本不足額の改善（減少）がみられており、とりわけCET 1 の資本不足額は大幅に減少しています。具体的には、最低所要水準（4.5％）に対する資本不足額、そして最低所要水準と資本保全バッファーの合計（7.0％）[13]に対する資本不足額が、それぞれ前回から40.1％、41.9％も減少しています（図表115－ 7 参照）[14]。

　前回のモニタリング結果に引き続き、今回のモニタリング結果からも、銀行（金融機関）は、主として現状のペースで内部留保を積み立てていくことにより、2019年の完全実施までに、CET1比率7.0％（最低所要水準と資本保全バッファーの合計）、ひいては総自己資本比率10.5％（最低所要水準と資本保全バッファーの合計）に対する資本不足額の大部分を補うことが可能となりそうなことが窺われます。

　というのは、グループ 1 およびグループ 2 の銀行（金融機関）の双方において、CET 1 が規制資本の 8 割前後を占めているところ（図表115－ 5 参照）、そのCET 1 の 5 割前後を内部留保が占めているためです（図表115－ 6 参照）。

---

[13]　暫定G-SIBs 28行においては、最低所要水準と資本保全バッファーの合計（7. 0％）にG-SIBsサーチャージを上乗せしたCET 1 比率を指します。
[14]　これに対し、グループ 2 の銀行（金融機関）においては、前回のモニタリング結果よりも資本不足額が増加しています（図表115－ 7 参照）。もっとも、この結果は、今回初めてモニタリング対象となった13の銀行（金融機関）に因るところが大きいとされています。

Q116 シャドーバンキングへの規制対応について教えてください

A

　MMF、証券化、証券貸借およびレポ等、「ノンバンク（銀行・預金取扱金融機関ではない金融主体をいいます）が商業銀行のように振る舞う」シャドーバンキングシステムは、商業銀行にとっては規制格差を利用する絶好の「場」であり、実体経済にとってはシステミック・リスクの温床となってきました。目下、FSBやBCBSといった国際会合の場において、シャドーバンキングシステムの規制枠組みが議論されています。通常の銀行システムとの規制格差がどの程度解消されるかが注目されています。

解　説

1　シャドーバンキングシステムの問題点

　米国の経済学者、ポール・クルーグマン氏は、2009年6月18日のニューヨーク・タイムズに寄稿したコラムにて、「金融規制改革が成すべきことの1つは、ノンバンクを影から表に出すことである」と述べています。こうした認識が、「シャドーバンキングシステム」の問題として、規制当局の間では共有されています。目下、金融安定理事会（FSB）やバーゼル銀行監督委員会といった国際会合の場において、シャドーバンキングシステムの規制枠組みが議論されています。

　FSBによると、全世界におけるシャドーバンキングシステムの規模（資産総額）は、金融危機前に急拡大し、金融危機を経て若干ペースは低下したものの、その後も拡大を続けています（2002年：26兆ドル→2007年：62兆ドル→2011年：67兆ドル）[1]。67兆ドルという資産規模は、金融システム全体の資産の

---

[1]　FSB "Global Shadow Banking Monitoring Report 2012"（2012年11月18日）参照。

約25%、そして銀行資産の約50%という大きな割合を占めるものです。

このシャドーバンキングシステムという用語について、米国債券運用大手PIMCOのポール・マカリー氏は、「レバレッジを多用する、ノンバンクのコンデュイット（導管体）、ビークルおよびストラクチャーの総称」と定義しています。これを具体的に言い換えると、シャドーバンキングシステムとは、預金保険の対象とならない短期の市場性資金を資産担保コマーシャル・ペーパー（ABCP）等により調達し、長期の資産担保証券（ABS）や債務担保証券（CDO）等に投資することによって長短の利鞘を確保することを目的とする、ストラクチャード・インベストメント・ビークル（SIV）等のオフバランスシートのコンデュイットをはじめとする、レバレッジを効かせた投資運用スキームの総称であるといえます。すなわち、「ノンバンクが商業銀行のように振る舞うこと」にまつわる分野がシャドーバンキングシステムであると理解されています（図表116－1参照）。

もっとも、主体がノンバンクであることから、シャドーバンキングシステムには、（商業銀行が有する）流動性供給や預金保護といったセーフティーネットへのアクセスがありません。したがって、シャドーバンキングシステムは、自己資本規制をはじめとする銀行規制の対象からはほぼ完全に外れています。金融危機が発生するまで、多くの商業銀行が投資銀行、コンデュイット、SIV、ヘッジファンド等のレバレッジを効かせたノンバンクの投融資主体を（連結対象とならないよう留意しながら）傘下で運営していたのは、この規制格差を利用すること（regulatory arbitrage）がねらいであったものといえます。そして、マカリー氏は、このシャドーバンキングシステムに対する取付騒ぎこそが、金融危機を招いた「システミック・リスク」であったとしています。

このように、目下、シャドーバンキングシステムの規制枠組みが議論されている理由は、シャドーバンキングシステムがもたらす規制格差およびシステミック・リスクへの懸念にあります。とりわけ、規制格差については、バーゼルⅢによる銀行規制の強化に伴い、よりいっそう助長される可能性が

ある旨指摘されています[2]。

　このシャドーバンキングシステムには、その円滑化を促す（拡大に寄与する）存在がありました。それは、銀行や保険会社等による（明示的または黙示的）流動性補完および信用補完と、格付機関のストラクチャード・ファイナンス商品（仕組金融商品。「証券化商品」を包含）に対する格付付与です（図表116－1参照）。シャドーバンキングシステムにおける短期資金の出し手にとって、銀行や保険会社等の流動性補完・信用補完は擬似的なセーフティーネットとなり、格付機関による格付付与（通常は「AAA」等の高格付）はその信用力に対する「お墨付き」となりました。これらは、短期資金の調達コストを下げるという点で経済的に有益でした。同時に、シャドーバ

図表116－1　シャドーバンキングシステムの構造

〈信用仲介の流れ〉　　　　　　　　〈満期／流動性変換の促進〉

段階	主体	
ローン組成（Loan Origination）	◆商業銀行 ◆不動産金融（モーゲージ・ファイナンス） ◆消費者金融　etc.	流動性補完・信用補完（明示的または黙示的）　←　銀行・保険会社等
資金供与（Loan Warehousing）	◆ABCPコンデュイット ◆特別目的事業体（SPV：Special Purpose Vehicle）　etc.	
証券化／アレンジメント（Securitization/Arrangement）	◆SIV ◆SPV（証券会社組成）　etc.	格付付与　←　格付機関
流通／ホールセール資金調達（Distribution/Wholesale Funding）	◆MMF ◆ヘッジファンド ◆商業銀行　etc.	

（出所）　FSB "Shadow Banking：Scoping the Issues" Exhibit 1 を参考に大和総研金融調査部制度調査課作成

---

[2]　G20ソウル・サミット（2010年11月）のコミットメントを参照してください。

ンキングシステムの短期商品に預金と「同等」の信用を供与し、その満期／流動性変換の供給とレバレッジを促進していたといえます。

2　規制枠組みに関する国際議論

こうした懸念を払拭すべく、FSBは、2011年4月以降、シャドーバンキングシステムの規制枠組みに関する検討を続けています。

FSBは、シャドーバンキングシステムを、「（完全にまたは部分的に）通常の銀行システム外の主体または活動による信用仲介」（すなわちノンバンクによる信用仲介）のうち、「システミック・リスクの懸念」（安易な信用リスク移転を伴う、そしてレバレッジを駆使した満期／流動性変換の供給機能）、および／または「規制格差の懸念」をもたらすものと定義し、これに規制の網をかけようとしています。この定義からわかるとおり、FSBは、ノンバンクによる満期／流動性変換の供給という商業銀行類似の信用仲介機能をターゲットにしています。したがって、シャドーバンキングシステムの規制枠組みに関する国際議論は、銀行規制との格差解消を目指したものということが可能です。

図表116-2　政策措置を要する5つの分野

	分　野	管轄
(i)	通常の銀行システムとシャドーバンキングシステムとの間におけるスピルオーバー効果の抑制	BCBS
(ii)	MMFの取付騒ぎの発生しやすさの低減	IOSCO
(iii)	その他のシャドーバンキング主体によりもたらされるシステミック・リスクの評価および抑制	FSB
(iv)	証券化に付随するインセンティブの評価および抑制	IOSCO
(v)	取付騒ぎ時に資金調達の緊張を悪化させる可能性のある、レポ取引等の担保付資金調達および証券貸借取引に付随するリスクおよび景気変動を増幅させるインセンティブの削減	FSB

（出所）　金融庁によるFSBプレス・リリース（2012年11月18日）の仮訳を参考に大和総研金融調査部制度調査課作成

FSBが2012年11月18日に公表した、シャドーバンキングの監督と規制の強化に関するコンサルテーション文書は、FSBが政策措置を要するとして2011年以降焦点を当てている5つの分野の検討の進捗を報告するものとなっています（図表116－2参照）。FSBは、このコンサルテーション文書に寄せられたコメントに基づき、2013年8月に最終報告を公表しました。最終報告もふまえて、政策措置を要する5つの分野への対応をまとめると、図表116－3のとおりになります。

　ここでは、各分野の検討の進捗を簡単に紹介します。

a　通常の銀行システムとシャドーバンキングシステムとの間におけるスピルオーバー効果の抑制

　この分野の検討は、バーゼル銀行監督委員会が管轄しています。

　バーゼル銀行監督委員会は、バーゼル2.5およびバーゼルⅢによる次のような手段を通じて、分野ⅰの規制を強化してきています。

・再証券化エクスポージャーの取扱いの導入（バーゼル2.5）

・資産相関の見直し（内部格付手法採用行につき、総資産1,000億ドル以上の規制金融機関と非規制金融機関に対するエクスポージャーの資産相関を1.25倍に引上げ）（バーゼルⅢ）

・証券化リスクと風評リスクの捕捉に関する「第2の柱」（金融機関の自己管理と監督上の検証）の強化（バーゼル2.5）

・証券化／再証券化エクスポージャーに関する「第3の柱」（市場規律）の強化（バーゼル2.5）

図表116-3　政策措置を要する5つの分野とその進捗状況（2013年8月最終報告バージョン）

	各分野の対応策と現状	今後の予定
(i)	通常の銀行システムとシャドーバンキングシステムとの間におけるスピルオーバー効果の抑制	
	①　健全性規制上の連結ルール	2013年末までに案を公表し、2014年に作業完了予定
	②　大口信用供与規制 ：バーゼル銀行監督委員会が市中協議文書「大口エクスポージャーの計測と管理のための監督上の枠組」を2013年3月に公表	2013年末までに最終報告を公表
	③　銀行のファンド投資 ：バーゼル銀行監督委員会が市中協議文書「銀行のファンド向けエクイティ投資に係る資本賦課」を2013年7月に公表	2013年末までに最終報告を公表し、2014年中に必要に応じファンドに対するバック・アップラインのレビューを実施
(ii)	MMFの取り付け騒ぎの発生のしやすさの軽減 ：IOSCOが2012年10月に最終報告公表ずみ	2014年にIOSCOがピア・レビューを実施予定
(iii)	その他のシャドーバンキング主体によりもたらされるシステミック・リスクの評価および抑制 FSBが、2013年8月に報告書「シャドーバンキング主体の監視および規制の強化のための政策提言」を公表。この報告書で示されたフレームワークは、以下の3点 ①　下記の経済機能（活動）に基づくシャドーバンキングリスクの評価 a　取り付け騒ぎを起こしやすい特徴を有するCIV（collective investment vehicles） b　短期資金調達に基づく貸付提供 ：銀行規制外の融資、ホールセール資金調達（ABCP、CP、レポ、銀行からの短期のコミットメントラインなど）、シクリカルな性格をもつセクターの親会社による融資、銀行に大量に資金調達を依存したノンバンクを規制のバイパスとして用いた信用供与などに基づく資金提供 c　短期資金調達または顧客資産を利用した資金調達（レポや再担保など）に依存した市場活動の仲介 ：市場活動の仲介には、証券やデリバティブの売買の仲介、ヘッジ・ファンドに対するプライムブローカレッジ業務等を含む。	2015年までに各国の実施状況のピア・レビューを開始する予定

	d　信用創造の円滑化 ：銀行・ノンバンクによる信用創造を促進する保証等の信用補完。信用仲介に不可欠な部分となりうるが、不完全なリスク移転や過度のレバレッジにつながる可能性がある。当該リスクの生じる例としてストラクチャードファイナンス商品等を対象とした金融保証保険、ホールセール資金調達や銀行からの短期のコミットメントライン、住宅ローン信用保険業者が紹介されている。 e　証券化に基づいた信用仲介と金融主体への資金供給 ：銀行・ノンバンクからの資産とリスクの移転を伴うまたは伴わない、関連する銀行・ノンバンクへの資金提供。短期で調達した資金を長期の、流動性の低い資産で運用する証券化ビークル、市場で調達した資金を流動性の低い資金で運用する投資ファンド等（シンセティックETFなど）が例示されている。 ②　政策ツールの採用 ・シャドーバンキングリスクを生じさせていると判断されたノンバンクを監督するための包括的な原則を満たす制度の採用 ・①であげた各経済機能ごとの、特定されたリスクを削減する政策オプション（政策ツールキット）から選択した政策ツール ③　他の法域との情報共有プロセス ：政策フレームワークを適用する法域間の一貫性を維持するFSBのプロセスを通じた監督機関間の情報の共有	FSBが2014年3月までに詳細な手続を開発する予定
(iv)	証券化に付随するインセンティブの評価および調整（証券化の透明性の改善およびインセンティブの調整） ：2012年11月のIOSCOの最終報告書では、①リスク・リテンション規制、②証券化商品の透明性向上と標準化を促進する手法などの導入を推奨	IOSCOが2014年中に加盟国に対するピア・レビューを実施する予定
(v)	取り付け騒ぎ時に資金調達の緊張を悪化させる可能性のある、レポ取引等の担保付資金調達および証券貸借取引に付随するリスクおよび景気変動を増幅させるインセンティブの削減 ：FSBが2013年8月に報告書「証券貸借・レポ取引のシャドーバンキングリスクに対処するための政策提言」を発行。この報告書では、下記①、②を新たにを提案 ①　清算集中されない証券貸借取引のヘアカット算定	2014年春までに基準化

方法の最低基準 ②　清算集中されない証券貸借取引のヘアカットの数値上の下限の枠組み規制	
さらに、FSBがグローバルレベルのデータ収集の基準やプロセスを決定	2014年末までに実施

（出所）　FSB資料等に基づき、大和総研金融調査部制度調査課作成

　加えて、バーゼル銀行監督委員会は、次の3つのエリアに関する政策提言を検討しています（図表116-3参照）。

①　健全性規制上の連結ルール：銀行がスポンサーとなっているシャドーバンキング主体を当該銀行の連結対象とすべきか否かに関するガイダンスを策定中
②　大口信用供与規制：銀行のシャドーバンキングシステムに対するエクスポージャーに規模制限を設ける方向で検討中
③　銀行のファンド投資：裏付資産のリスクとレバレッジの双方を反映した、よりリスク・センシティブな資本賦課の方法を導入する方向で検討中

b　MMFの取付騒ぎの発生しやすさの低減

　この分野の検討は、証券監督者国際機構（IOSCO）が管轄しています。

　マネー・マーケット・ファンド（MMF）については、取付騒ぎのリスクが懸念されています。この懸念は、MMFの価格算定方法によるところが大きいと考えられています。MMFの価格算定方法には、安定的基準価額（CNAV：Constant Net Asset Value）と変動的基準価額（VNAV：Variable Net Asset Value）の2つがあります。MMFがCNAVでオファーされる場合、MMF資産の価格は、基準価額を維持すべく、（裏付資産の時価は変動しているにもかかわらず）償却原価アプローチによって算定されます。そのため、市場がストレス下にあるとき（すなわち裏付資産の時価が下落しているとき）、

MMFの投資家には、発行者が基準価額を維持できず基準価額が下落する前に、真っ先に解約して資金を引き揚げるというインセンティブが働きます（いわゆる"first mover advantage"）。こうした投資家の行動が、MMFの取付騒ぎにつながりうるというわけです。

IOSCOは、2012年10月、この分野に関する最終報告を公表しています。この最終報告は15の政策提言からなりますが、とりわけFSBが支持するのは、このうち、CNAVのオファーを廃止し、VNAVのオファーを義務づける旨の提言です。

c　その他のシャドーバンキング主体によりもたらされるシステミック・リスクの評価および抑制

この分野の検討は、FSBが管轄しています。

FSBは、MMF以外のシャドーバンキング主体によりもたらされるシステミック・リスクの評価および抑制に係るハイレベルな政策枠組みを提示しています。それは、①経済機能に基づく評価、②政策ツールの採用、③他の法域との情報共有プロセス、という3つの要素から構成されています。

d　証券化に付随するインセンティブの評価および抑制

この分野の検討は、IOSCOが管轄しており、2012年11月に最終報告を公表しています。

この最終報告は、各加盟国に対し、2014年半ばまでに、リスク・リテンション規制を導入・実施するよう奨励しています。IOSCOは、各加盟国におけるリスク・リテンション規制のピア・レビューを2014年中に行うこととしています。

e　取付騒ぎ時に資金調達の緊張を悪化させる可能性のある、レポ取引等の担保付資金調達契約および証券貸借取引に付随するリスクおよび景気変動を増幅させるインセンティブの削減

この分野の検討は、FSBが管轄しています。

欧州中央銀行（ECB）によると、最近の研究では、レポ市場におけるヘアカットが景気変動を増幅させる点が指摘されています3。

FSBは、この分野に関して、透明性の向上、レポ・証券貸借取引への規制導入、CCP（中央清算機関）の利用促進、破綻処理法制の見直しなど13の政策提言を提示しています。

　透明性の向上のうち、当局の情報収集に関しては、取引情報蓄積機関（TR）の利用が最も効果的な方法としてあげられており、FSBが各国・地域の監督当局にTR導入のフィージビリティー調査を推奨すること、TRが対象とすべき範囲について意見募集したうえで、各国・地域の市場実態調査をコーディネートしTRの設計に活かすことなどが提案されています。

　2013年8月の最終報告では、TRをレポ・証券貸借取引のデータ収集の最も有効な手段とまでは位置づけず、規制上の報告も実行可能な選択肢とし、最も適切な方法は国・地域の監督当局が決定すべきとしています。さらに、最終報告では、レポ・証券貸借取引の月次でのグローバルなデータ収集を可能とするため、FSBはグローバルレベルのデータ収集の基準やプロセスを決定すべきとしています。2014年末までにFSBのデータエキスパートグループが実施する予定です。

　レポ・証券貸借取引への規制導入に関して、景気循環増幅効果（プロシクリカリティ）の抑制のためにヘアカットの算出方法の最低基準の導入、過剰なレバレッジを抑制するため、ヘアカットの数値上の下限の枠組みの導入を提案している点が注目されます。

　FSBが2013年8月に公表した最終報告では、ヘアカットに関しては、清算集中されない証券貸借取引に対するヘアカット算定方法の最低基準とヘアカットの数値上の下限の枠組み規制について新たに提案しています。ヘアカットの数値上の下限の枠組みは、自己資本規制や流動性規制が適用されない主体が、自己資本規制や流動性規制の適用を受ける金融主体（銀行・証券会社等）から資金の供給を受ける場合に適用し、国債などの政府証券を担保とする場合は適用対象から除外することとしています。いずれも、2014年春

3　ECB "Shadow banking － The ECB perspective"（2012年4月27日）参照。

には最終基準化する予定です。

そのほか、現金担保の再投資の最低基準、顧客資産の再担保の制限、担保評価・管理の最低基準に係るミニマム規制の導入なども提案されています。

各市場参加者の取引ネッティングを推進するため中央清算機関（CCP）の利用を促進すべきという提案に対しては監督当局がコスト・ベネフィットを分析すべきとしています。破綻処理法制の見直しに関しては、実行に大きな困難が伴うことから、現段階では、優先的に取り組むものではないとしています。

3　規制枠組みのあるべき姿

欧州シンクタンクのEurofiは、シャドーバンキングシステムの規制枠組みは、通常の銀行規制と整合性を有するべきとしています[4]。クルーグマン氏やマカリー氏も、Eurofiよりも前に、これと同様の主張をしています。すなわち、満期／流動性変換の供給という商業銀行類似の信用仲介機能を果たす以上は、シャドーバンキングシステムの規制枠組みを銀行規制ととりわけ区別するべきではない、という主張です[5]。

とりわけ、レポ取引については、前述のマカリー氏によるシステミック・リスクの認識（システミック・リスク＝シャドーバンキングシステムに対する取付騒ぎ）と重複しますが、レポに対する取付騒ぎこそが金融危機の原因であったと理解されているケースもあります[6]。そのため、レポ取引のような担保付貸付に対しては、商業銀行と同等の規制や預金保険を適用すべきであるという議論もあります。

これらは、銀行規制をシャドーバンキングシステムに拡大するという議論

---

[4] Eurofi "Shadow banking – Improving the consistency of banking and non-banking regulations"（2011年2月23日）参照。
[5] PIMCO "Global Central Bank Focus – After the Crisis：Planning a New Financial Structure Learning from the Bank of Dad"（2010年5月）、The New York Times "Six Doctrines in Search of a Policy Regime"（2010年4月18日）参照。
[6] Gary Gordon and Andrew Metrick "Securitised Banking and the Run on Repo"（2009年8月）等参照。

であるといえます。たしかに、このような議論をそのままルール化することは、資金調達コストの高騰を招き、投資家サイドの需要を無視することになりかねません。しかし、いまとなっては、シャドーバンキングシステムに対する取付騒ぎこそが金融危機を招いたシステミック・リスクであったというマカリー氏の認識（驚くべきことに、マカリー氏は、こうした認識を2007年8月末の時点ですでに示していました[7]）は、ノンバンクのリーマン・ブラザーズの破綻（2008年9月）が通常の銀行システムにおける流動性の枯渇を招いたという事象（いわゆるリーマンショック）や、そのリーマンショック直後の2008年11月における米国政府によるMMF救済プログラム[8]のような動きをみる限り、相当な説得力を有しているといえます。したがって、金融危機の再発を防止するためには、シャドーバンキングシステムの規制について、一定程度以上のドラスティックかつ包括的な対策を打ち出すべきでしょう。

7　PIMCO "Global Central Bank Focus – Teton Reflections"（2007年8月／9月）。
8　米国財務省ウェブサイト参照（http://www.treasury.gov/press-center/press-releases/Pages/hp1286.aspx）。

Q117 マクロプルーデンス政策において、どのような対応が図られていますか

A

　個々の金融機関の健全性の確保の観点からは正しい行動でも、すべての金融機関が同調的な行動をとることで、金融システム全体としての安定性の面では問題が生じることがあります。サブプライムローン問題やリーマンショック後の金融危機において、金融機関が一斉にディレバレッジ等を実行したことが流動性の枯渇を招き、金融危機はかえって増幅されました。このような合成の誤謬を回避するためには、金融システム全体のリスク状況の分析・評価に基づき、金融システム全体の安定性を確保するマクロプルーデンス政策が重要となります。マクロプルーデンス政策の例としては、バーゼルⅢのカウンターシクリカルバッファー、システミック・リスク削減を目的としたシステム上重要な金融機関への対応などが例としてあげられます。同政策の実施のためには、銀行のみならずシャドーバンキングへの規制手段も確保しておく必要があります。

　米国、英国、EUでは、金融監督当局の見直しが行われ、マクロプルーデンスな政策を実施する組織が設けられています。

　政策に必要な情報の収集に向けて、店頭デリバティブの取引情報蓄積機関設置やLEI（取引主体識別子）の導入、シャドーバンキングに関する情報共有など、整備が図られつつあります。

―― 解　説 ――

1　マクロプルーデンス政策の必要性

　マクロプルーデンス政策とは「金融システム全体のリスクの状況を分析・評価し、それに基づき制度設計や政策対応を図ることを通じて、金融システ

ム全体の安定を確保すること」[1]をいいます。ミクロプルーデンス政策が、個々の金融機関の経営危機を防ぎ、消費者（投資家・預金者など）を保護することを目的としているのに対して、マクロプルーデンス政策は金融システム全体に危機が及ぶことを防ぎ、国民経済的なコストを最小化する政策とも説明されています[2]。

　サブプライムローン問題発生以降の金融危機において、「合成の誤謬」という言葉がよく使われました。個々の行動は合理的な行動であったとしても、それらが束ねられ合成されると全体としては変動を増幅することがあります。サブプライムローン問題発生時やリーマンショックの時において、金融機関はリスクを回避するため、ディレバレッジングや資産の圧縮を一斉に行いました。個々の金融機関の対応としては合理的なものでしたが、その結果、金融市場の流動性が急速に低下したために、金融資産の価格の下落を招き、危機はかえって増幅されました。

　このような事態を回避するためには、金融システム全体の安定性を視野に入れたマクロプルーデンス政策を実施する必要があります。

2　マクロプルーデンス政策の手法と留意点

　マクロプルーデンス政策の代表的な手段としては、図表117－1、117－2のような手段が例示されています。

　たとえば、バーゼル規制は、個々の金融機関の健全性を強化するためのミクロプルーデンスな政策手段ですが、そのなかのカウンターシクリカル資本バッファーは、マクロプルーデンス政策の側面があります。自己資本比率規制にはプロシクリカル（景気循環を増幅させる）な側面があることが指摘されています。好況時や市場の活況時には、信用コストの低下、資産価格の上昇などにより銀行の財務内容はよくなり、リスク・テイクや信用供与を促進

---

[1]　日本銀行「日本銀行のマクロプルーデンス面での取組み」（2011年10月18日）。
[2]　Claudio Borio "Towards a macroprudential framework for financial supervision and regulation?" BIS Working Papers No.128（2003年2月）。

図表117-1 マクロプルーデンス手法（脆弱性および金融システムの構成要素による区分）

		金融システムの構成要素				
		銀行または預金取扱金融機関		ノンバンク投資家	証券市場	金融インフラ
		貸借対照表（注）	貸付条件			
脆弱性	レバレッジ	・自己資本比率 ・リスク・ウェイト ・引当 ・配当制限 ・貸出増加上限	・LTV（担保掛け目）上限 ・DTI（収益に対する元利金返済の割合）上限 ・契約期間上限	―	証拠金／ヘアカット制限	―
	流動性またはマーケット・リスク	・流動性規制 ・外貨貸付制限 ・通貨ミスマッチ制限 ・FXのポジション制限	評価手法のルール化（例：MMF）	自国通貨または外貨の準備高規制	中央銀行による貸借対照表上のオペレーション	取引所取引
	相互関連性	・集中規制 ・システム上重要な金融機関に対する追加資本賦課 ・子会社化	―	―	―	中央清算機関（CCP）

（注） 資本規制をはじめとする貸借対照表上の規制は保険会社や年金ファンドにも適用される。しかし、ここでは、信用仲介機能に最も関連性のある金融機関のみを想定している。

（出所） BISグローバル金融システム委員会 "Macroprudential instruments and frameworks：a stocktaking of issues and experience"（2010年5月）Table 1を翻訳

し、景気をさらに活性化させますが、逆に、不況や価格下落の局面では、信用コストの増大、資産価格の下落などにより、銀行はリスク回避的となり信用供与も縮小するようになり、ディレバレッジングや資産圧縮により信用収縮が促進することが指摘されています。

　カウンターシクリカル資本バッファーは、各国のGDPに対する信用量をベースに、好況期には資本を蓄積し、不況時には資本を取り崩せるようにして、景気悪化時のマクロ経済への悪影響を緩和することを目的としていま

図表117-2　マクロプルーデンス手法の目的別比較

	目　的	
	金融システムの ショック耐性強化	金融サイクルの緩和
一般的なアプローチ	システミック・リスクを考慮して、ミクロプルーデンス政策上のツールを再調整	金融循環に応じてツールをダイナミックに適用
特徴	マクロ型にもミクロ型にもなりうる（個々の金融機関特有の要素および調整）	マクロ型となる傾向（「すべての銀行」または「市場全体」というように、広範に適用）
調整の頻度	一般的に低頻度または1回限り（例：金融システムにおける構造変化）、もっとも、高頻度のレビューまたは調整を排斥するものではない	定期的なレビューおよび高頻度の調整となる傾向あり（金融循環の変動に応じて）

（出所）　BISグローバル金融システム委員会 "Macroprudential instruments and frameworks：a stocktaking of issues and experience"（2010年5月）Table 2 を翻訳

す。これはマクロプルーデンス政策の一種ということができます。

　マクロプルーデンス政策の実施にあたっては、金融機関行動の傾向（同調的な行動によりシステミック・リスクが顕在化しないかなど）、金融市場の動向、金融機関の行動と金融市場の動向の相互作用、金融システムとマクロ経済の相互関係などに注意を払う必要があります。

　システミック・リスク予防の観点からは、システム上重要な金融機関の行動の影響にも注意を払う必要があります。システム上重要な金融機関のうち銀行に関しては、バーゼルⅢにおける所要自己資本の上乗せのほか、FSBが破綻処理の枠組みを検討しています。保険会社については保険監督者国際機構（IAIS：International Association of Insurance Supervisors）が2012年10月にグローバルなシステム上重要な保険会社に対する政策対応策（監督強化、実効的な破綻処理制度の整備、追加的損失吸収力の賦課）を提案しています。

　システム上重要な金融機関のシステミック・リスクへの対応としては、こ

れらの方法のほかに、業務範囲を制限し、リスクの高い業務を切り離すという方法も考えられます。米国では銀行による自己勘定取引を禁止するボルカー・ルールの導入が決定され、英国ではグループ内でリテール銀行とホールセール・投資銀行を分離するリング・フェンスの導入に向けた法案が2013年2月に提出されており、ヨーロッパでは、銀行から自己勘定取引、その他の重大なトレーディング業務を分離する報告書が2012年10月に公表されています（いわゆる「リーカネン報告書」）。

　マクロプルーデンス政策のためには、さらに、銀行以外の金融機関等にも目配りする必要があります。バーゼル規制は銀行のみを対象としていますが、今回の金融危機では、投資銀行、保険会社、ヘッジファンド、SIVやSPEなどを用いた投資ビークルなど、銀行以外の信用仲介業者が危機を醸成した側面があります。このようなシャドーバンキングにも十分な注意を払う必要があります。FSBでは、シャドーバンキングについて規制・監視を強化する分野として以下をあげています（Q116参照）。

① 銀行とシャドーバンキングシステムの関係に関する規制（銀行がSIV、SPE等のビークルを活用する場合）：健全性規制上の連結ルール、大口信用供与規制、銀行のファンド投資へのよりリスク・センシティブな資本賦課等の政策提言をバーゼル銀行監督委員会が検討しています。

② MMFの規制改革：2012年10月にIOSCOが報告書を公表。報告書では、MMF内の金融商品は一部の例外を除き公正価値（時価）で評価すること、償還等に備え最低限の流動性を備えること、CNAVからVNAVへの移行を促し、CNAVを用いるMMFには関連するリスクを削減するための手段を講じるよう求める等を内容としています。

③ その他のシャドーバンキング・エンティティ（コンデュイット、SIV、ファイナンス会社、モーゲージ保険会社、クレジット・ヘッジファンドなど）の規制：FSBが2013年8月に最終報告を公表。最終報告では、これらのエンティティによってもたらされるシステミック・リス

クの評価・抑制に係るハイブリッドな政策枠組み（5つの経済的機能に分類し、それぞれに合った政策ツールを採用する、各国の規制当局間で情報を共有する）が提案されています。

④　証券化に付随するインセンティブへの対処：2012年11月にIOSCOが報告書を公表。報告書では、加盟国にリスク・リテンション（リスク保有）規制を2014年半ばまでに導入・実施するよう奨励しています。

⑤　証券貸借取引、レポ取引に関する規制：FSBが2013年8月に最終報告を公表。最終報告では、当該取引のヘアカットにミニマム規制を導入することを提言しています。

3　マクロプルーデンス政策の担当組織

　米国、EU、英国は従来の監督当局や中央銀行の上位に、経営資源を集中した新たな組織を設けて、あるいは中央銀行の権限を強化して、マクロプルーデンス政策に対応しようとしています。

　米国では、2010年7月に成立したドッド・フランク法により業務および連邦・州とで複雑に分かれている金融監督体制の整備が行われ、総資産500億ドル以上の銀行持株会社とシステム上重要な金融会社（銀行以外のノンバンク）は、FRBの監督下となりました。さらに、財務長官が議長を務め、関係当局の長など15名による合議体である金融安定監督評議会（FSOC：Financial Stability Oversight Council）が設けられ、マクロプルーデンスの観点からのモニタリング機能を担うこととされています。さらに、FSOCのための情報収集機関として、金融調査局（Office of Financial Research）が財務省内に設置されています。

　英国では、金融機関の監督はFSAが一元的に行っていましたが、2012年金融サービス法により、以下の体制を設けることとし、2013年4月から適用しています。

　　①　中央銀行であるイングランド銀行（BOE）にマクロプルーデンス政策担当の金融安定政策委員会（FPC：Financial Policy Committee）を設

ける。
② FSAを解体し、BOEの子法人として、ミクロプルーデンス政策担当のプルーデンス規制機構（PRA：Prudential Regulation Authority）と行為規制（消費者保護・市場規制）を担当する金融行為監督機構（FCA：Financial Conduct Authority）を設ける。
③ BOE（PRAを含むBOEグループ）は、英国の金融規制システムの中核として位置づけられ、マクロプルーデンスとミクロプルーデンスの両方の政策を担う。マクロプルーデンス政策を担当するFPCは、PRAおよびFCAに対して、金融安定に関する指図・勧告を行う。

EUでは従来、証券、銀行、保険・年金の各分野ごとに欧州委員会に諮問委員会が設けられていましたが、プルーデンス政策は各国の規制監督機関に委ねられていました。それが2011年1月に改められ、マクロプルーデンスの観点から金融市場全体のシステミック・リスクの監督を行う欧州システミック・リスク評議会（ESRB：European Systemic Risk Board）が設けられました。一方で、ミクロプルーデンスの監督に関しては、各国の監督当局はそのままで、その上位にEUレベルで銀行を監督する欧州銀行監督機構（EBA：European Bank Authority）、保険・年金を監督する欧州保険・年金監督機構（EIOPA：European Insurance and Occupational Pensions Authority）、証券業者などを監督する欧州証券市場監督機構（ESMA：European Securities and Market Authority）、さらにこれらの機構の合同委員会が設けられました。この3つの機構と合同委員会をあわせて欧州監督機構（ESAs：European Supervisory Authorities）、さらにこれに各国の当局を含めたシステム全般を欧州金融監督システム（ESFS：European System of Financial Supervisors）といいます。

ESRBの議長は、欧州中央銀行（ECB）の総裁、第一副議長はECBの副総裁、第二副議長はESAsの合同委員会議長が就任し、ECB理事会、ESAs、欧州委員会、ESAsの合同委員会の提案で任命される独立委員（6名）が議

決権を有しています。

　その後、ギリシャ危機を端緒とするソブリン危機と銀行危機のなかで、2010年10月にEUのファン＝ロンパイ大統領が、資金調達が困難となったユーロ圏17カ国を支援する恒久的な緊急融資制度である欧州版IMFの創設を提言しました。2010年5月には暫定的な支援措置（3年間の時限措置）として欧州金融安定化基金（EFSF）が設けられました。同年10月のEU首脳会議で、2013年7月から欧州安定メカニズム（ESM：European Stability Mechanism）を設立することが合意され、各国政府を経由せず問題行に直接資本注入する途が開かれることになりました。その前提として、単一の銀行監督制度（SSM：Single Supersvisory Mechanism）、単一の預金保険制度、単一の銀行破綻処理制度等からなる銀行同盟を目指すこととされました[3]。そして2012年12月のEU首脳会議では、このうちSSMについて2014年3月から導入されること[4]、ECBと各国の金融監督当局によって構成されること、ECBはEU圏内の6,000行の銀行のうち、資産規模、GDP比、各国当局やECBの判断、公的な支援の有無などにより決定された大手銀行150行程度を直接監督すること[5]、ECBは信用秩序を監督する理事会を新たに設置すること、この理事会にはSSMに参加する非EUの国も参画できることが決定されました。SSM設立後のEBAは、EU全体の銀行監督行政を担います。単一ルールの策定、各国の監督慣行の収れんや一貫性確保を担当することとされています。英国のようにSSMに参加しない国でも参加国と非参加国別の多数決によりEBAの意思決定に関与できます。

　わが国では、日本銀行と金融庁が共同でマクロプルーデンス政策を担うことが想定されているもようです。

---

[3] 2013年7月に欧州委員会が単一の銀行破綻処理制度の導入を提案しました。

[4] 2013年9月に、欧州議会でSSMの設立が正式に決定されました。2014年中（合意文書の施行後1年後）には活動を開始することが想定されています。

[5] 2013年9月の決定によれば、300億ユーロ超の資産を保有する銀行、母国のGDPの少なくとも20％を構成する銀行、EFSFまたはESMから直接の公的金融支援を要求または受けている銀行が、ECBによる直接監督の対象となります。

4　情報収集の拡充

　マクロプルーデンス政策を適切に実施するためには、それに必要な情報収集の体制整備が重要となります。たとえば、原則として店頭デリバティブの取引情報は、日米欧ともに、取引情報蓄積機関に報告されることとされています。

　また、金融取引の実態把握強化のために、金融取引主体である法人に世界共通の識別方式があれば、効率的・効果的にシステミック・リスクを把握できるとの考え方に立って、取引主体識別子（LEI：Legal Entity Identifier）の検討が進行しています。2012年6月のロスカボス・サミットにおいて、LEIシステム整備のための枠組みに関するFSBの提言が承認されました。2012年11月には、LEIシステムのガバナンスを規定するLEI監視委員会憲章が策定されました。

　シャドーバンキングについても、前述したように、FSBから、各国の規制当局間で、シャドーバンキング主体として特定されたノンバンクと経済的機能、規制当局が採用した政策ツールとその採用方法などの情報を共有することが提示されています。証券貸借取引やレポ取引についても、FSBからは規制上の報告、中央銀行・規制当局・業界団体の調査、取引情報データベースを通じて必要なデータを収集することが提案されています。

事項索引

[あ]

IAA方式（内部評価方式）…………426
IASB（国際会計基準審議会）……216
IFRS（国際会計基準、国際財務
　報告基準）………………………216
I／Oストリップス …………………427
アウトライヤー規制 ………………634
アウトライヤー銀行…………………53
Upper-Tier 2 ………………………16
アドオン ……………………………274
洗い替え方式…………………………19
粗利益配分手法………………………52
RRPs（再建・処理計画）…………200
RMBS（住宅ローン証券化商品）…67
RBA方式（外部格付準拠方式）…426
安定調達額 …………………………162
安定調達比率（NSFR）……………99
安定的基準価額（CNAV）………798
EE……………………………………279
EAD（デフォルト時エクスポー
　ジャー）…………………………51, 121
IOSCO（証券監督者国際機構）……71
一般誤方向リスク …………………293
一般市場リスク………………………40
EPE …………………………………279
VIE（変動持分事業体）……………233
VNAV（変動的基準価額）………798
ASBJ（企業会計基準委員会）……216
益出しクロス…………………………20
エコノミック・キャピタル（経
　済資本）…………………………633
SIV……………………………………67
SFT（証券金融取引）………………167
SF方式（指定関数方式）…………426

SPE（特別目的事業体）……………421
NSFR（安定調達比率）……………162
ABS（資産担保証券）………………67
ABCP…………………………………67
ABCPプログラム …………………445
FASB（財務会計基準審議会）……214
FSF（金融安定化フォーラム）……70
FSB（金融安定理事会）……………70
MSR（モーゲージ・サービシン
　グ・ライツ）……………………785
MMF（マネー・マーケット・
　ファンド）………………………798
LEI（取引主体識別子）……………811
LCR（流動性カバレッジ比率）……153
LGD（デフォルト時損失率）………51
大口与信 ……………………………663
OCI（その他の包括利益）…………219
OCIオプション ……………………219
OTCデリバティブ（店頭デリ
　バティブ）………………………286
オブジェクト・ファイナンス ……241
オフバランス取引………………………3
オペレーショナル・リスク ………488
オペレーショナル・リスク規制……34
オペレーショナル・リスク損失 …489
オリジナル・エクスポージャー
　方式…………………………………11
オリジネート・トゥ・ディスト
　リビュート…………………………69

[か]

外部格付………………………………78
外部格付準拠方式（RBA方式）…426
カウンターシクリカル資本バッ
　ファー………………………………98

カウンターパーティ・リスク（CCR） ……………………92	グローバルに（な）システム上重要な銀行（G-SIBs）………75
格付遷移リスク………………………77	KRI（主要リスク指標）…………504
貸出債権証券化商品（CLO）…67	経済資本（エコノミック・キャピタル）……………………633
勝手格付（非依頼格付）………124	コア資本 ……………………………176
カレント・エクスポージャー方式……………………………………11	（アウトライヤー規制における）コア預金 ……………………………661
簡易手法 ……………………………375	（金融商品会計における）コア預金 ……………………………221
間接清算参加者 ……………………301	ゴーイング・コンサーン水準（ゴーイング・コンサーン・ベース）……………………………11
間接保有 ……………………………590	
監督カレッジ…………………………72	
カントリー・リスク・スコア……245	ゴーイング・コンサーン・ベース（ゴーイング・コンサーン水準）……………………………11
簡便手法 ……………………………345	
簡便的手法 …………………………303	
簡便的リスク測定方式 ……………292	交換比率（CCF）…………………270
ギアリング・レシオ方式 ………6,7	控除項目（調整項目）………………12
企業会計基準委員会（ASBJ）……216	公正価値オプション ………………221
基礎的手法……………………………52	国際会計基準、国際財務報告基準（IFRS）………………………216
基礎的内部格付手法…………………50	
期待エクスポージャー方式 ………122	国際会計基準審議会（IASB）……216
期待ショートフォール ……………474	国際決済銀行（BIS）………………2
希薄化リスク（ダイリューション・リスク）………………323	国際統一基準行……………………… 4
	国際統一基準持株会社 ……………677
基本的項目（Tier 1）………………11	国内基準行…………………………… 4
強制転換条項付優先株式 …………177	国内基準行向けバーゼルⅢ…………36
協同組織金融機関……………………36	国内のシステム上重要な銀行（D-SIBs）………………………75
切り放し方式…………………………19	
銀行勘定（バンキング勘定）………53	
金融安定化フォーラム（FSF）……70	個別誤方向リスク …………………293
金融安定理事会（FSB）……………70	個別リスク……………………………40
金融危機………………………………66	誤方向リスク ………………………122
グラム・リーチ・ブライリー法……69	コモディティ・ファイナンス ……241
グランドファザリング ……………547	コリレーション・トレーディング…………………………………81
クリフ効果 …………………………124	
クレジット・イベント ……………355	コレスポンディング・アプローチ（対応控除アプローチ）………561
クレジット・デフォルト・スワップ（CDS）……………………18	
	ゴーン・コンサーン・ベース ……12
クレジット・デリバティブ…………18	

コンティンジェント・キャピタル …………………………745
コンティンジェント・キャピタル条項 …………………………554

[さ]

再建・処理計画（RRPs）…………200
再構築コスト……………………… 3
最終指定親会社 …………………258
再証券化エクスポージャー………78
再証券化商品……………………84
再証券化取引 ……………………442
最低所要自己資本…………………73
最低所要水準 ……………………111
財務会計基準審議会（FASB）……214
債務担保証券（CDO）……………67
サーチャージ……………………184
サブプライムローン………………66
サブプライムローン問題…………66
CRM手法（信用リスク削減手法）……………………………337
CRDⅣ……………………………774
CET 1（普通株式等Tier 1（資本））……………………………775
CET 1比率（普通株式等Tier 1比率）…………………………782
CVA（信用評価調整）…………120
CSA ………………………………503
CMBS（商業不動産証券化商品）…67
CLO（貸出債権証券化商品）……67
事業法人等向けエクスポージャー ……………………………121
仕組金融商品（ストラクチャード・ファイナンス商品）………90
自己資本…………………………… 3
自己資本比率……………………… 2
自己資本比率規制………………… 5
自己保有その他Tier 1 資本調達手段 ………………………………562
自己保有Tier 2 資本調達手段 …580
自己保有普通株式 ………………534
自己保有普通株式等 ……………608
資産担保証券（ABS）……………67
CCR（カウンターパーティ・リスク）……………………………286
CCF（交換比率）………………270
CCP（中央清算機関）…………178
G-SIBs（グローバルに（な）システム上重要な銀行）…………75
システム上重要な金融機関（SIFIs）……………………………75
実効EPE…………………………279
指定関数方式（SF方式）………426
CDS（クレジット・デフォルト・スワップ）……………………287
CDO（債務担保証券）……………67
G 20………………………………72
CNAV（安定的基準価額）………798
CBO（社債証券化商品）…………67
SIFIs（システム上重要な金融機関）………………………………75
資本バッファー……………………73
資本保全バッファー………………98
社債証券化商品（CBO）…………67
シャドーバンキングシステム ……791
修正単純過半数方式 ……………390
住宅ローン証券化商品（RMBS）…67
集中レシオ………………………462
集中レシオ方式 …………………461
重要な出資 ………………………412
主要リスク指標（KRI）…………504
準補完的項目（Tier 3）…………181
商業不動産証券化商品（CMBS）…67
証券化エクスポージャー ………320
証券化商品…………………………67
証券監督者国際機構（IOSCO）……71

事項索引　815

証券金融取引（SFT） ……………167
少数出資金融機関等 ……………537
所要安定調達額 ……………………162
所要自己資本率 ……………………121
シンセティックCLO …………………18
信用評価調整（CVA） ……………120
信用リスク …………………………………3
信用リスク・アセット ……………178
信用リスク削減効果 ………………124
信用リスク削減手法（CRM手法） ……………………………………………169
ステップ・アップ金利（等） ………15
ステップ・アップ条項 ……………110
ストラクチャード・ファイナンス商品（仕組金融商品） ………90
ストレスVaR ……………………………78
スロッティング・クライテリア …317
清算基金 ……………………………302
清算集中 ……………………………297
セカンド・トゥ・デフォルト型 …275
先進的計測手法 ………………………52
先進的内部格付手法 ………………50
先進的リスク測定方式 …………289
相関係数 ……………………………121
早期是正措置 …………………………4
総自己資本比率 ………………………98
想定元本額 …………………………………3
その他金融機関等 …………………414
その他Tier 1 資本 …………………108
その他Tier 1 資本不足額 ………546
その他の包括利益（OCI） ………219
その他の包括利益累計額 ………525

[た]

第1の柱 ……………………………………52
対応控除アプローチ（コレスポンディング・アプローチ） ……561
第3の柱 ……………………………………53

第2の柱 ……………………………………53
ダイリューション・リスク（希薄化リスク） ……………………323
ターナー・レビュー …………………72
ダブルギアリング …………………107
ダブルギアリング規制 ………………17
ダブル・デフォルト効果 …………338
中央銀行総裁・銀行監督当局長官グループ ………………………74
中央清算機関（CCP） ……………123
調整項目（控除項目） ……………414
直接清算参加者 ……………………301
追加的リスク …………………………38
Tier 3 （準補完的項目） ………………3
Tier 2 （補完的項目） ………………3
Tier 2 資本 ……………………………108
Tier 2 資本不足額 …………………566
Tier 1 （基本的項目） …………………3
Tier 1 資本 ……………………………111
Tier 1 比率 ………………………………98
D-SIBs（国内のシステム上重要な銀行） …………………………75
低価法 ……………………………………19
テイル・リスク ………………………474
適格格付機関 …………………………85
適格旧資本調達手段 ………………418
適格旧Tier 2 資本調達手段 ……585
適格旧Tier 1 資本調達手段 ……567
適格旧非累積的永久優先株 ……418
適格金融資産担保 …………………282
適格CCP（適格中央清算機関） ……300
適格中央清算機関（適格CCP） ……300
適格保証人 ……………………………124
適格流動資産 ………………………128
適格流動性補完 ………………………78
TBTF（Too Big To Fail） …………69
デフォルト確率（PD） ………………51
デフォルト時エクスポージャー

（EAD）……………………121
デフォルト時損失率（LGD）……194
デフォルト・リスク ………………77
デュレーション法…………………40
デレバレッジ………………………68
店頭デリバティブ（OTCデリ
　バティブ）………………………297
統合リスク管理 …………………634
Too Big To Fail（TBTF）……69
特定貸付債権 ……………………241
特定項目 …………………………178
（国際統一基準行における）特
　定項目に係る10％基準超過額…540
（国内基準行における）特定項
　目に係る10％基準超過額………614
（国際統一基準行における）特
　定項目に係る15％基準超過額…543
（国内基準行における）特定項
　目に係る15％基準超過額………617
特定順位参照型クレジット・デ
　リバティブ ……………………341
特定取引勘定（トレーディング
　勘定）……………………27, 35
特定連結子法人等 ………………529
特別目的事業体（SPE）…………421
ドッド・フランク法 ……………209
ド・ラロジエール報告 ……………72
取引主体識別子（LEI）…………811
トレーディング勘定（特定取引
　勘定）……………………………27
トレード・エクスポージャー……301

[な]

内部格付手法………………………50
内部評価方式（IAA方式）………426
内部モデル手法 …………………375
内部モデル方式……………………37
NIF ………………………………11

ネッティング・セット …………276

[は]

ハイブリッド商品 ………………104
バスケット型クレジット・デリ
　バティブ ………………………357
バーゼル規制………………………2
バーゼル銀行監督委員会 …………2
バーゼルⅢ…………………………24
バーゼルⅡ…………………………3
バーゼル2.5………………………38
バーゼルⅠ…………………………3
バック・テスティング……………38
発生損失アプローチ ……………223
パリバショック……………………66
VaR（バリュー・アット・リス
　ク）………………………………37
バリュー・アット・リスク
　（VaR）…………………………37
バルクセール………………………17
バンキング勘定（銀行勘定）……53
非依頼格付（勝手格付）…………245
ヒエラルキー・ルール …………774
BIS（国際決済銀行）……………2
PD（デフォルト確率）……………51
PD/LGD方式 …………………318
標準的手法…………………………50
標準的方式…………………………37
標準的リスク測定方式 …………289
標準方式 …………………………273
ファースト・トゥ・デフォルト
　型………………………………275
負債性資本調達手段………………12
普通株式等Tier 1（資本）
　（CET 1）……………………104
普通株式等Tier 1比率（CET
　1比率）…………………………98
不動産投資法人（REIT）………405

事項索引　817

プロジェクト・ファイナンス ……241
プロシクリカリティ………………72
ベイルアウト ……………………199
ベイルイン ………………………200
ヘッジ・セット …………………277
変動的基準価額（VNAV）………798
変動持分事業体（VIE）…………233
包括的手法 ………………………345
包括的リスク………………………38
補完的項目（Tier 2）………………8
ポテンシャル・エクスポージャー………………………………11
ボラティリティ調整率 …………283
PON条項 …………………………108

[ま]

マクロプルーデンス政策 ………803
マーケット・ベース方式 ………180
マーケット・リスク ………………3
マーケット・リスク規制 …………33
マージン・アグリーメント ……279
マージン期間 ……………………280
マチュリティ法……………………40
マチュリティ・ミスマッチ ……364
マネー・マーケット・ファンド（MMF）…………………………798
マンデート方式 …………………390
モーゲージ・サービシング・ライツ（MSR）……………………106

[や]

与信相当額…………………………3

予想損失アプローチ ……………223

[ら]

RUF …………………………………11
リサイクリング …………………220
リスク・アセット …………………9
リスク・アセット・レシオ方式 …6
リスク・ウェイト …………………3
リスク・センシティブ手法 ……303
リストラクチャリング …………356
REIT（不動産投資法人）………405
リーマンショック…………………66
流動性カバレッジ比率（LCR）…74
流動性規制…………………………98
流動性プレミアム ………………477
流動性補完…………………………87
流動性ホライズン ………………456
ルック・スルー方式 ……………390
レバレッジ規制……………………73
レバレッジ比率……………………74
レベル2資産 ……………………131
レベル2A資産 …………………128
レベル2B資産 …………………128
レベル1資産 ……………………131
Lower-Tier 2 ……………………16
ローン・パーペティシペーション………………………………17

バーゼル規制とその実務

平成26年 2月28日　第1刷発行
（平成19年 2月19日　初版発行）

編著者	吉井　一洋
著　者	鈴木　利光
	金本　悠希
	菅野　泰夫
発行者	倉田　勲
印刷所	図書印刷株式会社

〒160-8520　東京都新宿区南元町19
発　行　所　一般社団法人 金融財政事情研究会
　　編集部　TEL 03（3355）2251　FAX 03（3357）7416
販　　売　株式会社きんざい
　　販売受付　TEL 03（3358）2891　FAX 03（3358）0037
　　　　　　URL http://www.kinzai.jp/

・本書の内容の一部あるいは全部を無断で複写・複製・転訳載すること、および磁気または光記録媒体、コンピュータネットワーク上等へ入力することは、法律で認められた場合を除き、著作者および出版社の権利の侵害となります。
・落丁・乱丁本はお取替えいたします。定価はカバーに表示してあります。

ISBN978-4-322-12329-6